한 권 토익 시리즈

시원스쿨 **LAB**

POINT 1
한 권으로 끝내는 900+

POINT 2
고득점 이론 초고속 정리

POINT 3
실전 모의 고사

POINT 4
900+ 전용 특급 자료 제공

최신 기출
완벽 반영

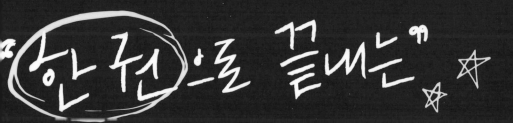

"한 권으로 끝내는"

시원스쿨
실전토익.

시원스쿨어학연구소 지음

LC+RC 핵심이론

시원스쿨 토익 **베스트셀러**가
더 새롭게 더 강해져서 돌아왔다!

기초부터 실전까지 레벨별 한 권으로 끝!

시원스쿨 한 권 토익 시리즈

처음토익
기초영문법

처음토익
PART7

처음토익
550+

기본토익
700+

실전토익
900+

LEVEL 1 ➡ LEVEL 2 ➡ LEVEL 3

시원스쿨 **처음토익**	시원스쿨 **기본토익**	시원스쿨 **실전토익**
토익 입문자를 위한 기초 스킬&포인트를 담아 누구나 부담없이 끝내는 입문 과정	토익 기본기와 실전력을 동시에 완성! 응용력을 기르고 고난도 문제에 대처하는 꿀팁 제공	한 권 안에 핵심이론과 실전모의고사 1000제 수록 고득점에 필수적인 출제포인트와 암기사항 정리 필수 확인

"한 권으로 끝내는"

시원스쿨
실전토익.

900+

시원스쿨어학연구소 지음

LC·RC 핵심이론

시원스쿨 **LAB**

시원스쿨
실전토익 900+

개정 1쇄 발행 2024년 6월 17일
개정 2쇄 발행 2024년 9월 2일

지은이 시원스쿨어학연구소
펴낸곳 (주)에스제이더블유인터내셔널
펴낸이 양홍걸 이시원

홈페이지 www.siwonschool.com
주소 서울시 영등포구 영신로 166 시원스쿨
교재 구입 문의 02)2014-8151
고객센터 02)6409-0878

ISBN 979-11-6150-852-8 13740
Number 1-110104-18180400-09

이 책 한 권으로 토익 900+ 끝!
시원스쿨 실전토익 900+

졸업, 취업, 승진, 이직의 첫 관문인 토익. 하루라도 빨리 900점 이상의 확실한 점수를 확보해 두어야 다음 준비를 본격적으로 할 수 있겠죠. 그런데 이 토익이라는 시험은 처음 방향을 잘못 잡거나 단기간에 집중해서 준비하지 않으면 6개월, 1년까지도 늘어질 수 있고, 그러다 보면 다른 준비에 걸림돌이 되기 쉽습니다.

이에 시원스쿨어학연구소에서는 900+ 고득점을 목표를 하는 수험자들을 위해 단 15일 만에 LC와 RC 고득점 필수 과정을 끝낼 수 있는 「시원스쿨 실전토익 900+」를 개발하였습니다.

「시원스쿨 실전토익 900+」는 고득점 목표 학습자들이 시간적·경제적 부담 없이 최대한 빠르게, 그리고 간편하게 실전 준비를 끝낼 수 있도록 LC/RC 핵심이론과 실전 모의고사를 한 권으로 집약한 교재입니다.

시원스쿨 실전토익 900+는

❶ **이론서와 실전 모의고사 문제집을 한 권에 담아 한 권으로 토익 900+ 준비를 끝냅니다.**
LC/RC 각각 두꺼운 기본서로 공부할 필요가 없습니다. LC/RC 고득점에 필요한 핵심 내용만 뽑아 각각 Unit 10개로 정리하였으며, 최신 기출변형 실전 모의고사 5회분을 수록하였습니다.

❷ **스타강사의 고득점 노하우를 낱낱이 전수합니다.**
점수 수직 상승 현강으로 유명한 길토익 길지연 강사가 인강을 통해 고득점 노하우와 실전 문제를 푸는 가장 효율적인 접근법을 전수해 드립니다. 함정을 피하는 안목이 길러지고, 문제 푸는 속도가 빨라지는 등 변화를 즉각 체험하실 수 있습니다.

❸ **고득점 전용 특급 자료를 모두 무료로 제공합니다.**
[Part 2 의외의 응답 집중 연습], [Part 3&4 최빈출 Paraphrasing], [Part 5 최신 논란 문제], [영국/호주 발음 집중 연습 음원] 등 시중에서 얻기 힘든 기출 문제 기반의 특급 자료들을 제공합니다. 자신의 실제 실력에 플러스 알파가 되어 점수를 확실히 끌어올려 줄 것입니다.

아무쪼록 이 책으로 최단 시간 내에 토익 900+를 달성하고 다음 목표를 향해 힘차게 나아가길 바랍니다.

시원스쿨어학연구소 드림

목차

LC

RC

온라인 부가자료 lab.siwonschool.com

- 본서 음원 MP3
- 영국/호주 발음 집중 듣기 연습 MP3
- 900+ 고득점 전용 특별자료
    - Part 2 의외의 응답 집중 연습
    - Part 3&4 최빈출 Paraphrasing
    - Part 5 최신 기출 논란 문제

- 실전 모의고사 복습 자료
    - Review Note
    - 단어 시험지

왜 「시원스쿨 실전토익 900+」인가?

1 이론서와 실전 모의고사 문제집 두 권을 하나로!

- 1권에서는 초단기 고득점에 필수적인 출제 포인트와 암기 사항을 초고속으로 정리합니다.
- 2권에서는 실제 시험을 보듯이 풀어볼 수 있는 최신 기출변형 실전 모의고사 5회분(1000제)을 제공합니다.

[1권] [LC + RC] 핵심이론
초고속 정리

[2권] 최신 기출변형
실전 모의고사 (5회분)

2 실전 모의고사를 실제 시험처럼!

- 실전 모의고사를 풀 때 중간에 멈추지 않고 실제 시험을 보는 듯한 긴장감을 유지할 수 있도록 「시험장 모드」영상을 제공합니다.
- 「시험장 모드」영상에는 실제 시험에서처럼 리스닝 시험 안내와 리스닝 음원, 리딩 시험 안내, 시험 종료 15분 전, 5분전 안내 등이 나옵니다.
- 「시험장 모드」영상을 플레이하고 모의고사를 풀면 실제 시험장에서 들리는 각종 소음도 나오기 때문에 실전처럼 연습할 수 있습니다.

3 어려워진 최신 기출 트렌드 완벽 반영

- 최근 크게 어려워진 Part 3, 4 난이도를 반영하여 새롭게 등장한 주제와 paraphrasing 유형을 집중적으로 연습할 수 있습니다.
- Part 5는 몇 가지 기본적인 문법 사항 위주로 쉽게 출제되고 있으므로 핵심 내용과 자주 낚이는 포인트 위주로 빠르게 정리합니다.
- Part 7은 시간 내에 얼마나 정확히, 끝까지 푸는지가 관건인 만큼 정확하고 빠르게 푸는 전략을 집중적으로 배우고 연습합니다.

4 따라 하기 쉬운 초스피드 학습 플랜

- LC와 RC 섹션은 각각 10개 Unit으로 구성되어 있으며, 각 Unit은 고득점에 필수적인 핵심 내용만을 담고 있어, 단 10일 만에 고득점 핵심 이론을 완벽하게 정리할 수 있습니다.
- 10일 만에 핵심이론을 끝내고 매일 1회분씩 총 5회분의 실전 모의고사를 푼다면 단 15일 안에 900+ 준비를 마칠 수 있습니다.

5 현강 같은 인강, 저절로 집중되는 기출 포인트 강의

- 점수 수직 상승 현장 강의로 유명한 화제의 길토익, 길지연 강사가 유료 인강을 통해 고득점 노하우와 실전 문제에 접근하는 가장 효율적인 전략을 전수해 드립니다.
- 현장에서처럼 중요 포인트를 확실히 짚어 주며, 중요한 내용을 그 자리에서 외우게 합니다.
- 고득점을 목표로 하는 공부 방법에 대한 코칭을 받을 수 있습니다.

6 900+ 고득점 특급 자료 전부 무료 제공 [온라인]

- 시중에서 얻기 힘든 기출 문제 기반의 초특급 자료를 모두 무료로 제공합니다.
  - 영국/호주 성우 집중 듣기 연습 음원
  - 최신 기출 Part 2 의외의 응답
  - Part 3&4 최신 기출 Paraphrasing
  - Part 5 최신 기출 논란 문제
- 실전 모의고사 문제를 푸는 것으로 그치지 않고 완벽하게 복습해 내 것으로 만들 수 있도록 각 회차별 Review Note와 단어시험지를 제공합니다.

이 책의 구성과 특징

고득점 핵심이론 정리

고득점에 꼭 필요한 핵심 이론을 알기 쉽게, 군더더기 없이
설명하고 기억에 오래 남을 수 있게 정리하였습니다.

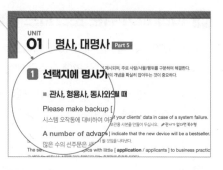

점수 UP POINT

기본적인 학습 내용에서 더 나아가, 고난도 문제 대처 능력
을 높여주는 추가 학습 내용을 정리한 코너입니다. 900+를
목표로 한다면 반드시 챙겨 봐야 합니다.

필수 암기 리스트

반드시 외워야 할 필수 내용을 포스트잇 메모 형식으로 보
기 쉽게 정리하였습니다. 시험 직전 이 부분만 빠르게 훑어
보고 시험장에 가도 몇 문제는 더 맞힐 수 있습니다.

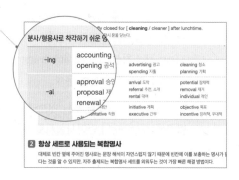

PRACTICE TEST

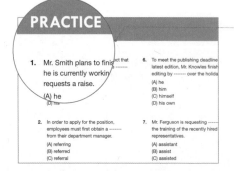

해당 Unit의 학습이 끝나면 기출 변형된 문제들을 풀면서
학습이 잘 되었는지 점검합니다. 채점 후, 틀린 문제는 오답
노트에 기록하여 취약한 부분을 완전히 보충하고 넘어가야
합니다.

도전 990!

990 만점을 목표로 하는 학습자들을 위해 고난도 출제 포인트와 추가 자료들을 정리하였습니다.

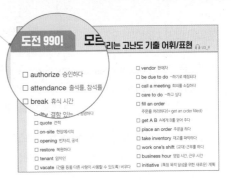

문제풀이 요령

문제 푸는 순서와 전략을 상세하게 짚어주어, 실수를 줄이고 정답 확률을 높일 수 있게 해줍니다.

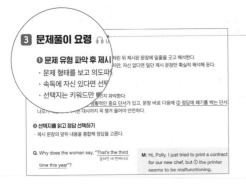

최신 기출변형 실전 모의고사

토익 시험의 최신 출제 트렌드를 반영한 최신 기출변형 실전 모의고사 5회분(1000문제)를 제공하여 토익 고득점 준비를 완벽하게 할 수 있습니다.

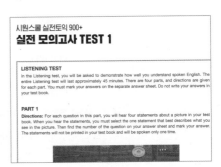

편리한 QR코드

QR코드 스캔을 통해 실전 모의고사 「시험장 모드」 영상을 이용하여 실전 연습을 효과적으로 할 수 있습니다. 또한, 모바일로 간편하게 리스닝 음원을 플레이하거나, 필요한 문제의 해설을 볼 수도 있습니다.

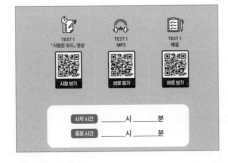

TOEIC이 궁금해

토익은 어떤 시험이에요?

TOEIC은 ETS(Educational Testing Service)가 출제하는 국제 커뮤니케이션 영어 능력 평가 시험(Test Of English for International Communication)입니다. 즉, 토익은 영어로 업무적인 소통을 할 수 있는 능력을 평가하는 시험으로서, 다음과 같은 주제를 다룹니다.

기업 일반	계약, 협상, 홍보, 영업, 비즈니스 계획, 회의, 행사, 장소 예약, 사무용 기기
제조 및 개발	공장 관리, 조립 라인, 품질 관리, 연구, 제품 개발
금융과 예산	은행, 투자, 세금, 회계, 청구
인사	입사 지원, 채용, 승진, 급여, 퇴직
부동산	건축, 설계서, 부동산 매매 및 임대, 전기/가스/수도 설비
여가	교통 수단, 티켓팅, 여행 일정, 역/공항, 자동차/호텔 예약 및 연기와 취소, 영화, 공연, 전시

토익은 총 몇 문제인가요?

구성	파트	내용		문항 수 및 문항 번호		시간	배점
Listening Test	Part 1	사진 묘사		6	1-6	45분	495점
	Part 2	질의 응답		25	7-31		
	Part 3	짧은 대화		39 (13지문)	32-70		
	Part 4	짧은 담화		30 (10지문)	71-100		
Reading Test	Part 5	단문 빈칸 채우기 (문법, 어휘)		30	101-130	75분	495점
	Part 6	장문 빈칸 채우기 (문법, 문맥에 맞는 어휘/문장)		16 (4지문)	131-146		
	Part 7	독해	단일 지문	29 (10지문)	147-175		
			이중 지문	10 (2지문)	176-185		
			삼중 지문	15 (3지문)	186-200		
합계				200 문제		120분	990점

토익 시험을 보려고 해요. 어떻게 접수하나요?

▹ 한국 TOEIC 위원회 인터넷 사이트(www.toeic.co.kr)에서 접수 일정을 확인하고 접수합니다.

▹ 접수 시 최근 6개월 이내에 촬영한 jpg 형식의 사진이 필요하므로 미리 준비합니다.

▹ 토익 응시료는 (2024년 8월 기준) 정기 접수 시 52,500원입니다.

시험 당일엔 뭘 챙겨야 하나요?

- 아침을 적당히 챙겨 먹습니다. 빈속은 집중력 저하의 주범이고 과식은 졸음을 유발합니다.

- 시험 준비물을 챙깁니다.
  - 신분증 (주민등록증, 운전면허증, 기간 만료 전 여권, 공무원증만 인정. 학생증 안됨. 단, 중고등학생은 국내 학생증 인정)
  - 연필과 깨끗하게 잘 지워지는 지우개 (볼펜이나 사인펜은 안됨. 연필은 뭉툭하게 깎아서 여러 자루 준비)
  - 아날로그 시계 (전자시계는 안됨)
  - 수험표 (필수 준비물은 아님. 수험 번호는 시험장에서 감독관이 답안지에 부착해주는 라벨을 보고 적으면 됨)

- 고사장을 반드시 확인합니다.

시험은 몇 시에 끝나나요?

오전 시험	오후 시험	내용
9:30 - 9:45	2:30 - 2:45	답안지 작성 오리엔테이션
9:45 - 9:50	2:45 - 2:50	수험자 휴식 시간
9:50 - 10:10	2:50 - 3:10	신분증 확인, 문제지 배부
10:10 - 10:55	3:10 - 3:55	리스닝 시험
10:55 - 12:10	3:55 - 5:10	리딩 시험

- 최소 30분 전에 입실을 마치고(오전 시험은 오전 9:20까지, 오후 시험은 오후 2:20까지) 지시에 따라 답안지에 기본 정보를 기입합니다.

- 안내 방송이 끝나고 시험 시작 전 5분의 휴식 시간이 주어지는데, 이때 화장실에 꼭 다녀옵니다.

시험 보고 나면 성적은 바로 나오나요?

- 시험일로부터 9일 후 낮 12시에 한국 TOEIC 위원회 사이트(www.toeic.co.kr)에서 성적이 발표됩니다.

초단기 900+ 학습 플랜

- 다음의 학습 진도를 참조하여 **매일** 학습합니다.

- 해당일의 학습을 하지 못했더라도 **이전으로 돌아가지 말고 오늘에 해당하는 학습**을 합니다. 그래야 끝까지 완주할 수 있습니다.

- 교재를 끝까지 한 번 보고 나면 **2회 학습**에 도전합니다. 토익은 천천히 1회 보는 것 보다 빠르게 2회, 3회 보는 것이 훨씬 효과가 좋습니다.

15일 완성 플랜

Day 1	Day 2	Day 3	Day 4	Day 5
LC Unit 01 RC Unit 01	LC Unit 02 RC Unit 02	LC Unit 03 RC Unit 03	LC Unit 04 RC Unit 04	LC Unit 05 RC Unit 05

Day 6	Day 7	Day 8	Day 9	Day 10
LC Unit 06 RC Unit 06	LC Unit 07 RC Unit 07	LC Unit 08 RC Unit 08	LC Unit 09 RC Unit 09	LC Unit 10 RC Unit 10

Day 11	Day 12	Day 13	Day 14	Day 15
모의고사1 응시 및 채점, 복습	모의고사2 응시 및 채점, 복습	모의고사3 응시 및 채점, 복습	모의고사4 응시 및 채점, 복습	모의고사5 응시 및 채점, 복습

20일 완성 플랜

Day 1	Day 2	Day 3	Day 4	Day 5
(LC) Unit 01, 02	(LC) Unit 03, 04	(LC) Unit 05, 06	(LC) Unit 07, 08	(LC) Unit 09, 10

Day 6	Day 7	Day 8	Day 9	Day 10
(RC) Unit 01, 02	(RC) Unit 03, 04	(RC) Unit 05, 06	(RC) Unit 07, 08	(RC) Unit 09, 10

Day 11	Day 12	Day 13	Day 14	Day 15
모의고사 1 응시 및 채점	모의고사 1 복습	모의고사 2 응시 및 채점	모의고사 2 복습	모의고사 3 응시 및 채점

Day 16	Day 17	Day 18	Day 19	Day 20
모의고사 3 복습	모의고사 4 응시 및 채점	모의고사 4 복습	모의고사 5 응시 및 채점	모의고사 5 복습

LISTENING
COMPREHENSION

- Part 1은 총 6문항이 출제되는데, 무조건 다 맞혀야 한다. LC 시험 전체의 페이스를 좌우하기 때문이다.
- 선택지를 들으며 하나씩 오답을 소거해 나가면 별 문제없지만, 생소한 영국/호주식 발음이나 모르는 표현이 나오면 당황해서 틀릴 수 있으니 충분히 연습해 두도록 한다.

1 업무 장소 사진 🎧 U1_1

- A woman **is using** a photocopier[copy machine].
  여자가 복사기를 사용하고 있다.
- A woman **is making** a copy.
  여자가 복사를 하고 있다.
- A copy machine **is being used**.
  복사기가 사용되고 있다.

  🖊 사람이 사물에 특정 동작을 가하는 모습을 묘사할 때:
  사물주어 + be동사 + being + p.p.

- Some people **are listening to** a presentation.
  몇몇 사람들이 발표를 듣고 있다.
- Some people **have gathered** for a presentation.
  = Some people **are gathered** for a presentation.
  몇몇 사람들이 발표를 위해 모여 있다.

- A screen **is hanging** on the wall.
  스크린이 벽에 걸려 있다.
- Some notepads **are arranged** in front of the chairs.
  몇몇 노트패드가 의자 앞에 정렬되어 있다.
- The room **has been set** for a meeting.
  방이 회의를 위해 준비되어 있다.

필수 암기 기출 정답 🎧 U1_2

- She's **adjusting** some equipment. 여자가 장비를 조정하고 있다.
- They're **shaking hands**. 사람들이 악수를 하고 있다.
- They're **facing** each other. 사람들이 서로 마주보고 있다.
- A cabinet drawer **has been left open**. 수납장 서랍이 열려 있다.
- Some papers **are spread out** on a table. 서류들이 테이블 위에 펼쳐져 있다.
- **There are** some power cords **lying** on a desk. 몇몇 전선이 책상 위에 놓여 있다.

2 상점/식당 사진 🎧 U1_3

- Some clothing **is being displayed**.
  의류가 진열되어 있다.
- Clothes **are hanging** on racks.
  옷들이 옷걸이에 걸려 있다.
- A woman **is examining[looking at]** clothing.
  여자가 옷을 자세히 살펴보고[보고] 있다.

- A woman **is pushing[wheeling]** a shopping cart.
  여자가 쇼핑 카트를 밀고 있다.
- Display shelves **are stocked with** items.
  진열 선반이 물건들로 채워져 있다.
- The shelves **are divided by** an aisle.
  선반들이 복도로 나뉘어 있다.

- A woman **is paying for** her purchase.
  여자가 구입한 물건에 대해 값을 지불하고 있다.
- A woman **is paying for** some items.
  여자가 물건들에 대해 값을 지불하고 있다.
- She **is paying** at a cash register.
  여자가 계산대에서 값을 지불하고 있다.
- Some customers **are waiting** in line.
  몇몇 손님들이 줄을 서서 기다리고 있다.

PART 1 | PART 2 | PART 3 | PART 4

필수 암기 기출 정답 🎧 U1_4

- He's **weighing** some fruit on a scale.
  남자가 저울로 몇몇 과일의 무게를 재고 있다.
- She's **selecting[choosing]** an item from a display.
  여자가 진열된 것 중에서 물건을 고르고 있다.
- The tables **are occupied**.
  테이블들이 이용 중이다.
- She's **pouring** a beverage into a glass.
  여자가 유리잔에 음료를 따르고 있다.

물건, 제품 관련 필수 어휘

product 제품   item 물건
goods 상품, 제품   grocery 식료품
merchandise 상품, 제품
purchase 구매품

'진열되어 있다' 표현

is[are] on display
= is[are] displayed
= is[are] being displayed

3 주택/정원 사진 🎧 U1_5

- A light fixture **is hanging** from the ceiling.
  조명 기구가 천장에 매달려 있다.

- The lights **are suspended** above the table.
  조명이 식탁 위에 매달려 있다.

- Some decorations **have been mounted** on the wall.
  몇몇 장식물들이 벽에 올려져 있다.

- A flower arrangement **has been set** on top of a table.
  꽃 장식물이 식탁 위에 놓여 있다.

- A woman **is kneeling** in a garden.
  여자가 정원에서 무릎을 꿇고 있다.

  ✎ kneeling [니-일링] 발음 주의!

- A woman **is watering** some plants.
  여자가 식물들에 물을 주고 있다.

- She **is taking care of** a garden.
  여자가 정원을 돌보고 있다.

- She **is wearing** gloves.
  여자가 장갑을 착용한 상태이다.

필수 암기 기출 정답 🎧 U1_6

- A woman **is mopping** the kitchen floor. 여자가 부엌 바닥을 대걸레로 닦고 있다.
- A man **is wiping** a counter. 남자가 카운터를 닦고 있다.
- A man **is sweeping** the steps. 남자가 계단을 쓸고 있다.
- A man **is trimming** some branches. 남자가 나뭇가지를 다듬고 있다.
- A woman **is bending[leaning] over** some flowers. 여자가 꽃들 위로 몸을 굽히고 있다.
- They **are raking** leaves off the grass. 사람들이 잔디 위의 나뭇잎을 갈퀴로 긁어모으고 있다.
- One man **is mowing** the lawn in a garden. 한 남자가 정원에 있는 잔디를 깎고 있다.
- A wheelbarrow **is propped against** a wall. 외바퀴 손수레가 벽에 기대어져 있다.
- A fence **separates** a seating area from some trees. 울타리가 좌석 구역과 나무들을 가르고 있다.

주택/정원 사진 빈출 동사

mop 대걸레로 닦다	wipe 문질러 닦다
polish 윤을 내다	sweep (빗자루 등으로) 쓸다
trim (나무 잔가지 등을 잘라) 다듬다	rake (나뭇잎 등을) 갈퀴로 모으다
mow (잔디를) 깎다	

4 도심/풍경 사진 🎧 U1_7

- **There are** lampposts **along the walkway.**
  보도를 따라 가로등들이 있다.

- The street lamps **line a walkway.**
  가로등들이 보도를 따라 늘어서 있다.

- The buildings **are overlooking** water.
  건물들이 강을 내려다보고 있다.

- A walkway **runs alongside** a body of water.
  보도가 강을 따라 나 있다.

- Some boats **are docked** at a pier.
  몇몇 배들이 부두에 정박해 있다.

- Some boats **are tied** to a dock.
  몇몇 배들이 부두에 고정되어 있다.

- A dock **has been built** in a harbor.
  부두가 항구에 지어져 있다.

풍경 사진 필수 어휘

water 일반적인 '물' 외에 호수, 강, 바다를 지칭함
waterfront 해안가, 물가, 부둣가
rest, relax 쉬다, 휴식하다 (편안히 앉아 있는 모습 묘사)
umbrella 우산보다는 파라솔을 지칭하는 경우가 많음
run '달리다' 외에 '길 등이 뻗어 있다'라는 뜻으로도 잘 나옴

보트 정박 사진 필수 표현

pier, dock 부두   harbor 항구
be docked 정박해 있다
be tied[secured] to a dock
부두에 고정되어 있다

필수 암기 기출 정답 🎧 U1_8

- Some passengers **are boarding** a boat. 몇몇 승객들이 배에 탑승하고 있다.
- The stairs **lead to** the beach. 계단이 해변으로 이어져 있다.
- Some people **are strolling** along the shore. 몇몇 사람들이 해안을 따라 거닐고 있다.
- Some people **are relaxing** by a fountain. 몇몇 사람들이 분수대 옆에서 쉬고 있다.
- There's an open **umbrella** over a dining area. 식사 구역 위에 파라솔이 펼쳐져 있다.
- Some people **are performing** outdoors. 몇몇 사람들이 야외에서 공연하고 있다.
- One of the hikers **is stepping off** a bridge. 등산객들 중 한 명이 다리에서 내려오고 있다.
- The woman **is posing** for a photograph. 여자가 사진을 찍기 위해 포즈를 취하고 있다.
- Picnic tables **are lined up** in a row. 피크닉 테이블들이 한 줄로 늘어서 있다.
- Some people **are loading** a vehicle with furniture. 몇몇 사람들이 차량에 가구를 싣고 있다.
- Some bicycles **are parked** along a railing. 몇몇 자전거들이 난간을 따라 주차되어 있다.
- Some train rails **run** alongside a building. 기찻길이 건물 옆을 따라 뻗어 있다.

■ 상태를 진행 중인 동작으로 묘사하는 오답

He's putting on a jacket. (X)
재킷을 입는 중이다.

Items are being placed on the shelves. (X)
물건들이 선반에 놓이고 있다.

A railing is being installed. (X)
난간이 설치되고 있다.

A stone bridge is being built over a river. (X)
돌로 된 다리가 강 위에 지어지고 있다.

■ 주어-동사는 맞는데 뒷부분의 묘사가 틀린 오답

She's examining some safety glasses. (X)
보호 안경을 자세히 들여다보고 있다.

Some potted plants have been placed on the table. (X)
몇몇 화분들이 테이블 위에 놓여 있다.

■ 사진의 중심이 아닌 구석에 있는 사물 묘사 정답

Some bushes line the outside of the building. (O)
덤불들이 건물 외부에 줄지어 있다.

Cleaning tools are propped against the boxes. (O)
청소 도구들이 상자에 기대어져 있다.

PART 1 | PART 2 | PART 3 | PART 4

archway 아치형 길

railing 난간

curb 연석

ramp 경사로

wheelbarrow 외바퀴 손수레

scaffolding (공사장의) 비계

trail, path 오솔길, 작은 길

pedestrian 행인

bush 덤불, 관목

checkout counter 계산대
cash register 현금 등록기

column 기둥

aisle 통로

container 용기, 그릇

scale 저울

(electrical) outlet 콘센트

potted plant 화분에 담긴 식물

luggage rack 짐 놓는 선반

🖉 Part 1에서 rack은 옷가게에서 옷들이
걸려 있는 걸이, 짐을 올려두는 선반
(luggage rack), 자전거 거치대(bicycle
rack), 자동차에 짐을 실을 수 있게 설치
된 걸이(car rack) 등으로 다양하게 나온
다.

1.

2.

3.

4.

5.

6.

7.

8.

9.

10.

11.

12.

PART 1

PART 2

PART 3

PART 4

UNIT
02 | 의문사 의문문 Part 2

MP3 바로 듣기

- Part 2에서 출제되는 의문문 유형 중 가장 쉬운 유형이므로 반드시 다 맞혀야 한다.
- 의문사를 반드시 듣고 기억해야 하는데, What/Which 의문문은 뒤에 나오는 명사가 중요하므로 반드시 함께 챙겨 듣도록 한다.

1 When, Where, Who 의문문 🎧 U2_1

[When → 시간, 시점], [Where → 위치, 장소, 출처], [Who → 사람, 부서명]으로 답하는 것이 기본이지만 이 기본 맥락을 벗어나는 의외의 응답에 유의해야 한다.

Q **When** is your first meeting today?
A **Not until** 2 o'clock.

당신의 오늘 첫 회의는 언제인가요?
2시는 되어야 해요.

Q **When** will the construction be completed?
A **By the end of the year.**

언제 공사가 완공될 건가요?
올해 말쯤에요.

Q **When** will the renovation work begin?
A **Once** we get final approval.

개조 작업은 언제 시작될 예정인가요?
일단 우리가 최종 허가를 받고 나서요.

Q **Where's** the closest pharmacy from here?
A There's one **in the building behind you.**

여기에서 가장 가까운 약국이 어디인가요?
당신의 뒤에 있는 건물에 하나 있어요.

Q **Who's** in charge of the Vieta contract?
A I think **Ms. Sato** is.

비에타 계약 건은 누가 담당하나요?
제 생각엔 사토 씨인 것 같아요.

Q **Who** should I talk to about getting the business card?
A **The Personnel Department.**

제가 명함을 받으려면 누구와 이야기해야 하나요?
인사부요.

When 의문문 정답 빈출 시간 표현 🎧 U2_2

- **at the beginning of March** 3월 초에
- **at the latest** 늦어도
- **every 5 minutes** 5분마다
- **sometime next week** 다음 주쯤에
- **no later than 6 PM** 늦어도 오후 6시까지
- **within a week** 일주일 이내에
- **later this month** 이번 달 말에

- **in two hours** 두 시간 후에
- **anytime tomorrow** 내일 언제든
- **any minute** 지금 당장(= right now)
- **a year from now** 지금으로부터 1년
- **not for another week** 일주일 더 있다가
- **between 2 and 3 o'clock** 2시에서 3시 사이에
- **as soon as possible** 가능한 한 빨리

Who 의문문 정답 빈출 직책·직업·부서명 🎧 U2_3

직책	직업	부서
colleague, coworker 동료	security guard 보안 요원	Personnel, Human Resources 인사팀
supervisor 감독관, 상사	editor 편집자	Technical Support 기술지원팀
assistant 조수	inspector 검사원	Sales 영업팀
vice president 부사장	accountant 회계사	Customer Service 고객 서비스팀
applicant 지원자	consultant, advisor 자문 위원	Maintenance 시설 관리팀
CEO 최고경영자	technician 기술자	Security 보안팀
director 이사	receptionist 접수 직원	Finance 재무팀

2 Why 의문문 🎧 U2_4

원인이나 어떤 일에 대한 목적을 묻는 질문으로, 보통은 because를 이용한 문장으로 답하지만, because of, to부정사, 완전한 문장, 전치사구 등으로 답하는 경우도 있으므로 다양한 답변에 익숙해지는 것이 좋다.

Q **Why** did Mr. Hwang leave early today?
A Because he had a dental appointment at 4 o'clock.

왜 황 씨가 오늘 일찍 퇴근했나요?
치과 예약이 4시에 있었기 때문이에요.

Q **Why** is the Japanese restaurant closed today?
A It's a national holiday.

왜 일식당이 오늘 문을 닫았나요?
공휴일이어서요.

Q **Why** are you going to Sydney next week?
A To[In order to] help open a new branch.

왜 다음 주에 시드니에 가시나요?
새 지점 오픈을 돕기 위해서요.

접수 UP POINT **Why don't we[you] ~? 주의!** 🎧 U2_5

「Why don't we[you] ~?」가 제안을 나타내는 경우 수락이나 거절을 언급하는 응답을 골라야 한다. Why만 듣고 무조건 because가 있는 선택지를 고르면 안 된다. 단, 「Why don't we ~?」가 제안이 아니라 이유를 묻는 질문으로도 출제되므로 주의하자.

제안
Q **Why don't we** discuss it again after lunch? 점심 이후에 그것에 대해 다시 논의하는 게 어때요?
A Sure[Okay], I'll come back then. 좋아요, 그때 다시 올게요.

이유
Q **Why don't we** have a company retreat? 회사 야유회를 왜 안 가나요?
A Because it costs a lot. 돈이 많이 들기 때문이죠.

3 What 의문문 🎧 U2_6

What 뒤에 이어지는 명사나 주어에 따라 시간, 날짜, 가격 등 다양한 내용을 묻는 질문으로 출제되며, 의견이나 상황을 묻는 질문도 자주 출제된다.

- **What do you think of[about] ~?** ~에 대해 어떻게 생각하세요?
- **What did A think[say] about B?** A가 B에 대해 뭐라고 생각하던가요[말하던가요]?
- **What happened to ~?** ~은 어떻게 되었나요?, ~에 무슨 일이 생겼나요?
- **What did you do with ~?** ~을 어떻게 했나요?
- **What's wrong with ~?** ~에 무슨 문제가 있나요?
- **What is[was] A about?** A는 무엇에 관한 것인가요[것이었나요]?
- **What kind[type] of ~?** 어떤 종류의 ~?

Q What time do we have to set up the meeting?
A Anytime after 3.
저희가 몇 시에 회의를 준비해야 하나요?
3시 이후로 언제든 괜찮아요.

Q What's the capacity of conference room B?
A It accommodates 50 people.
B 회의실 정원이 어떻게 되나요?
50명을 수용할 수 있어요.

Q What's the price of that shirt?
A 40 dollars plus tax.
저 셔츠는 얼마인가요?
40달러에, 추가로 세금이 있습니다.

Q What do you think of this poster design?
A It seems attractive.
이 포스터 디자인에 대해 어떻게 생각하세요?
매력적인 것 같아요.

Q What happened to the budget report?
A Some figures need to be revised.
예산 보고서가 어떻게 되었나요?
몇몇 수치들이 수정되어야 해요.

4 Which 의문문 🎧 U2_7

Which 의문문은 「Which + 명사 ~?」 또는 「Which of + 명사 ~?」 형태로 출제되는데, 이때 Which (of) 뒤에 오는 명사를 들어야만 무엇을 묻는지 파악할 수 있다. 대명사 one이 들어간 문장이 정답으로 많이 출제되고 있지만, one이 포함되지 않은 선택지도 정답이 되는 경우가 종종 있으므로 유의해야 한다.

Q Which caterer is providing food for the company outing?
A The one we used last month.
어떤 출장 요리 업체가 회사 야유회에 음식을 제공할 건가요?
저희가 지난달에 이용했던 곳이요.

Q Which of these paintings would go well in the hotel lobby?
A My preference is the landscape one.
이 그림들 중에서 어떤 것이 호텔 로비에 잘 어울릴까요?
제가 선호하는 건 풍경 그림이에요.

5 How 의문문 🎧 U2_8

How가 단독으로 쓰일 때는 '어떻게'라는 뜻으로 방법이나 수단을 묻지만, 「How + 형용사/부사」의 형태가 되면 기간, 거리, 가격 등의 정도를 묻는 질문이 된다. 단, 「How about ~?」의 형태는 제안을 나타낸다.

- How would you like + 명사? ~을 어떻게 해드릴까요?
- How is A? A는 (상태, 상황이) 어때요?
- How does A look? A는 (상태, 상황이) 어때 보여요?
- How does A like[enjoy] ~? A가 ~을 마음에 들어 하나요?
- How did A go? A는 어떻게 되었어요?
- How did you hear[find out] about ~? ~에 관해 어떻게 듣게[알게] 되셨나요?
- How about ~ing? ~하는 게 어때요?

- How much ~? (가격) 얼마예요? / 얼마나 많은 ~?
- How long ~? 얼마나 걸리나요?
- How soon ~? 얼마나 빨리 ~?
- How often ~? 얼마나 자주 ~?
- How many ~? 얼마나 많은 ~?
- How much longer ~? 얼마나 더 걸릴까요?
- How far (away) ~? 얼마나 멀리 ~?

Q How do I register for the event?
A By filling out this form.

행사에 등록을 어떻게 하면 되나요?
이 서식을 작성해서요.

Q How did the negotiations with ECTA Company go?
A They were successful.

ECTA 사와의 협상은 어떻게 되었나요?
성공적이었어요.

Q How much longer will the road maintenance take?
A It should be finished by Friday.

도로 수리가 얼마나 더 걸릴까요?
금요일까진 끝날 겁니다.

Q How soon will I receive the budget report?
A I'll send it to you tomorrow.

예산 보고서를 얼마나 빨리 받을 수 있을까요?
내일 보내드리겠습니다.

Q How often does the shop have a sale?
A Once a month.

그 상점이 얼마나 자주 할인을 하나요?
한 달에 한 번이요.

Q How about discussing the product designs after lunch?
A Let me check my schedule.

점심 후에 제품 디자인에 대해 논의하는 게 어때요?
제 일정을 확인해 볼게요.

6 의외의 응답 🎧 U2_9

질문에 대해 직접적인 대답을 하지 않고 관련 정보를 주거나 잘 모르겠다고 하는 등 의외의 응답이 정답으로 출제되기도 한다. 이러한 유형의 응답이 점점 많이 등장하고, 난이도도 높아지는 추세이므로 충분히 연습해 두어야 한다.

■ 질문과 관련된 새로운 정보를 제공

Q **When** will the client visit our office?
고객이 언제 우리 사무실을 방문할 건가요?
A He just canceled.
그가 방금 전에 취소했어요.

Q **Where** should we take the new employees for lunch?
점심 먹으러 신입 직원들을 어디로 데려갈까요?
A That's not in our budget.
그건 우리 예산에 없어요.

■ 질문에 대해 되묻는 응답

Q **When** will Michael send out invitation cards?
마이클 씨가 언제 초대장을 보낼 예정인가요?
A Hasn't he already done that?
이미 보내지 않았나요?

Q **Who's** responsible for updating the catalog?
누가 카탈로그 업데이트 작업을 담당하나요?
A What should be changed?
무엇이 변경되어야 하는데요?

Q **How** do I get a copy of the company newsletter?
어떻게 하면 사보를 한 부 얻을 수 있을까요?
A Wasn't it e-mailed to you?
그거 이메일로 안 갔나요?

■ 질문에 대해 간접적으로 답변

Q **When** is the meeting scheduled for?
회의가 언제로 예정되어 있나요?
A The assistant wrote it on your calendar.
보조 직원이 당신의 달력에 적어 놓았어요.

■ '모르겠다', '아직 안 정해졌다' 류의 응답

Q **Where** will we hold the awards ceremony?
어디에서 시상식을 열 건가요?
A We won't know until April.
4월이 되어야 알 수 있어요.
A It hasn't been decided yet.
아직 결정되지 않았어요.

Q **When** do you expect to complete the report?
언제 보고서가 완성될 거라고 예상하세요?
A Sean didn't give me the final figures yet.
션 씨가 아직 최종 수치를 주지 않았어요.

Q **What was** last week's workshop **about**?
지난주의 워크숍은 무엇에 관한 것이었나요?
A I was meeting with potential investors all day.
전 하루 종일 잠재 투자자분들과 만나고 있었어요.

1. Mark your answer.   (A)   (B)   (C)

2. Mark your answer.   (A)   (B)   (C)

3. Mark your answer.   (A)   (B)   (C)

4. Mark your answer.   (A)   (B)   (C)

5. Mark your answer.   (A)   (B)   (C)

6. Mark your answer.   (A)   (B)   (C)

7. Mark your answer.   (A)   (B)   (C)

8. Mark your answer.   (A)   (B)   (C)

9. Mark your answer.   (A)   (B)   (C)

10. Mark your answer.   (A)   (B)   (C)

11. Mark your answer.   (A)   (B)   (C)

12. Mark your answer.   (A)   (B)   (C)

13. Mark your answer.   (A)   (B)   (C)

14. Mark your answer.   (A)   (B)   (C)

15. Mark your answer.   (A)   (B)   (C)

16. Mark your answer.   (A)   (B)   (C)

17. Mark your answer.   (A)   (B)   (C)

18. Mark your answer.   (A)   (B)   (C)

19. Mark your answer.   (A)   (B)   (C)

20. Mark your answer.   (A)   (B)   (C)

21. Mark your answer.   (A)   (B)   (C)

22. Mark your answer.   (A)   (B)   (C)

23. Mark your answer.   (A)   (B)   (C)

24. Mark your answer.   (A)   (B)   (C)

25. Mark your answer.   (A)   (B)   (C)

PART 1

PART 2

PART 3

PART 4

정답 및 해설 p.186

- Be동사와 조동사(Do, Have, Can, Will, Should 등)로 시작하는 일반 의문문에서는 조동사 자체보다 뒤에 이어지는 주어-동사의 내용이 핵심이므로 이를 주의 깊게 들어야 한다.
- 부정 의문문의 경우 부정어 not이 축약되면서 나타나는 연음에 유의하도록 한다.

1 일반 의문문 🎧 U3_1

일반 의문문에 대해서는 Yes/No로 답한 뒤 추가 정보를 제공하는 문장이 정답이 되는 경우가 많지만, Yes/No를 생략하는 경우나, 의외의 응답이 정답이 되는 경우도 종종 출제된다.

Q Is the **table big** enough **for seven**?
A Yes, it can sit 10 people.

그 테이블이 7명이 앉기에 충분히 클까요?
네, 10명이 앉을 수 있어요.

Q Was the 11 o'clock **meeting** with Mr. Olson **canceled**?
A That's what I heard.

올슨 씨와의 11시 회의가 취소됐나요?
그렇게 들었어요.

Q Does this **meal come with a side salad**?
A No, I'm afraid not.

이 식사에는 곁들임 샐러드가 나오나요?
아니요, 그렇지 않은 것 같아요.

Q Did **you include** last year's **sales figures** in your presentation?
A I'll add them right now.

발표 자료에 매출액을 포함시켰나요?
제가 지금 바로 하겠습니다.

Q Have the **new catalogs arrived** yet?
A I haven't seen them.

새 카탈로그들이 도착했나요?
전 못 봤는데요.

부정 의문문이 나왔을 때는 not이 없다고 간주하고 일반 긍정 의문문처럼 해석한다. 즉, 주어와 동사에 집중해 들으면서 '~하죠?', '~했나요?' 등과 같이 짧은 긍정형으로 파악한 뒤 정답을 선택하면 된다.

Q Isn't **anyone working** in the office **tonight**?
(→ Is anyone working ~?)
A Yes, I heard Jennifer needs to work overtime.

오늘 저녁에 사무실에서 일하는 사람이 있을까요?
네, 제니퍼 씨가 초과근무를 해야 한다고 들었어요.

Q Won't **Eric be leading** the **next** training **workshop**?
(→ Will Eric be leading ~?)
A No, he'll take a year off.

에릭 씨가 다음 교육 워크숍을 진행할 건가요?
아뇨, 그는 한 해 휴직할 거예요.

2 제안/요청 의문문 🎧 U3_2

질문에 자주 사용되는 제안/요청 표현 외에도 답변에 쓰이는 수락이나 거절 표현들을 익혀 두는 것이 좋다. 수락하기 어려운 이유를 들어 우회적으로 거절하거나, 필요한 정보를 되묻는 경우도 있으므로 주의해야 한다.

- Would you like + 명사 ~? ~을 드릴까요?
- Would you like[care, prefer] to do ~? ~하시겠어요?
- Would you like[want] me to do ~? 제가 ~해드릴까요?
- Would you be interested in ~? ~에 관심 있으신가요?
- Would you mind -ing[if] ~? ~해도 될까요?, ~해주시겠어요?
- Could[Can] you ~? ~해주시겠어요?
- Could[Can] I[we] ~? 제가[저희가] ~해도 될까요?
- How about -ing ~? ~하는 게 어때요?
- Why don't we[you, I] ~? 저희가[당신이, 제가] ~하는 건 어때요?

Q Would you like me to begin working on that immediately?
A No, it can wait until tomorrow.

제가 그 일을 당장 시작할까요?

아니요, 내일까지는 여유 있어요.

Q Would you be interested in the position?
A What are the requirements?

그 직책에 관심이 있으신가요?
자격 요건이 무엇인가요?

Q Would you mind if I turn off the air conditioner?
A Don't you think it is still too hot in here?

제가 에어컨을 꺼도 될까요?
이곳이 여전히 너무 덥다고 생각하지 않나요?

Q Can you give me a ride to the train station?
A Sure, I can do that.

기차역까지 태워다 주시겠어요?
물론이죠, 그렇게 해드릴 수 있어요.

Q How about printing some handouts before attending the meeting?
A I already did.

회의 참석 전에 유인물들을 출력하는 게 어때요?

제가 이미 했어요.

Q Why don't we take the new interns out to lunch?
A I'll call Joe's Bistro.

신규 인턴 사원들을 데리고 나가 점심을 먹는 게 어때요?
제가 조스 비스트로에 전화하겠습니다.

우회적 거절 답변 🎧 U3_3

- I have other plans. 저는 다른 계획이 있어요.
- I did already. 저는 이미 했어요.
- I wasn't planning to. 그럴 계획이 아니었어요.
- I wish I could. 저도 그러고 싶어요.
- That's not in the budget. 그건 예산에 없어요.
- Thanks, but Mr. Rice will handle it.
  고맙지만 라이스 씨가 처리할 거예요.

3 선택 의문문 🎧 U3_4

「A or B」 둘 중 하나를 선택하는 응답이 정답으로 가장 많이 출제된다. A, B 둘 다 좋다고 하거나, 둘 다 선택하지 않는 응답, A, B 외에 제3의 선택을 하는 응답, A, B와 관련 없는 의외의 응답도 나오므로 다양한 답변을 익혀 두는 것이 좋다.

Q Would you rather **complete the report alone**, or do you **need my help**?
A I can handle it myself.

보고서를 혼자 완성하는 것이 나으세요, 아니면 제 도움이 필요하세요?
저 혼자 처리할 수 있어요.

Q Do you want to **schedule the interview** for the **morning** or the **afternoon**?
A I'm in meetings all afternoon.

면접을 오전으로 잡길 원하세요, 아니면 오후가 좋으세요?
저는 오후 내내 회의에 들어가 있을 거예요.

Q Should I **reserve Room 5 or 6** for the staff meeting?
A Only Room 3 is available.

직원 회의를 위해 5번 회의실을 예약해야 할까요, 아니면 6번 회의실을 해야 할까요?
3번 회의실만 이용 가능해요.

Q Do you **like this painting** for the office, or do you think **that one would look better**?
A Neither, actually.

사무실에 놓을 것으로 이 그림이 좋으세요, 아니면 저게 더 나을까요?
사실, 둘 다 아니에요.

Q Would you prefer to **take the bus** or the **subway**?
A Which one is faster?

버스를 타시겠어요, 아니면 지하철을 타시겠어요?
어느 것이 더 빠른가요?

Q Should we **purchase a new printer** or just **repair this one**?
A It depends on our budget.

새 프린터를 사야 할까요, 아니면 그냥 이걸 수리해야 할까요?
우리 예산에 달려 있죠.

둘 다 선택하거나 선택하지 않는 응답 🎧 U3_5

- I'll probably do both. 저는 아마 둘 다 할 것 같아요.
- I'm considering both. 둘 다 고려 중이에요.
- Either is fine with me. 저는 둘 중 아무거나 좋아요.
- I'm okay with either. 저는 둘 중 아무거나 좋아요.

선택 사항과 관련 없는 의외의 응답 🎧 U3_6

- It depends on the budget. 그건 예산에 달려 있어요.
- Andrew has the details. 앤드류 씨가 세부 사항을 알고 있어요.
- I haven't decided yet. 아직 결정하지 못했어요.
- Which one costs less? 어느 것이 비용이 덜 드나요?
- We'll find out. 저희가 알아 볼게요.

4 평서문 🎧 U3_7

평서문은 강하게 발음되는 키워드를 중심으로 재빨리 질문 내용을 파악한 뒤, 이 내용을 떠올리며 오답을 소거해 나가는 방식으로 풀도록 한다.

Q We'll be temporarily **closing** the **store** for renovation.

내부 수리를 위해 가게를 일시적으로 닫을 거예요.

A Okay. I'll put up a sign at the entrance.

알겠어요. 제가 입구에 알림판을 게시할게요.

Q The **printer** is **out of order** again.

프린터가 또 고장났어요.

A We should replace it with a new one.

새것으로 교체해야 해요.

Q We're **remodeling** our **office space** next month.

다음 달에 사무실 공간을 리모델링할 거예요.

A I've always worked from home.

저는 줄곧 재택근무를 해왔어요.

Q **I'd like you to give** a **presentation** about your proposal.

제안서에 대해 발표해 주셨으면 좋겠어요.

A Sure, I'd be happy to.

물론이죠, 기꺼이 해드릴게요.

Q I hope our **clients like** our new **designs**.

고객들이 우리 새 디자인을 마음에 들어 하면 좋겠어요.

A They already accepted them.

그분들이 이미 인정해 주셨어요.

5 부가 의문문 🎧 U3_8

평서문 뒤에 꼬리말을 붙인 형태의 의문문으로, 꼬리말을 '그렇죠?', '맞죠?'라고 해석한다. 꼬리말은 그 형태가 어떻든지 무시하고 주어진 문장을 듣되, 문장에 not이 있어도 모두 긍정문으로 해석해서 문장의 내용이 맞으면 Yes, 아니면 No로 답하는 것을 고르면 된다.

Q You've already **ordered** more **file folders**, haven't you?

이미 파일 폴더를 더 주문했죠, 그렇죠?

A Yes, about an hour ago.

네, 한 시간 전쯤에요.

Q The chef didn't **finalize** the **menu**, did she?

주방장이 메뉴를 확정했죠, 그렇죠?

A No, not yet.

아니요, 아직 하지 않았어요.

Q We should **update** the employee training **manual**, shouldn't we?

직원 교육 매뉴얼을 업데이트해야 하죠, 그렇죠?

A Judy said she'd do that.

주디 씨가 하겠다고 했어요.

Q The new **Mexican restaurant** requires **reservations**, right?

새로 생긴 멕시코 식당은 예약이 필수죠, 맞죠?

A It's only busy on the weekends.

그곳은 주말에만 붐벼요.

☐ **authorize** 승인하다

☐ **attendance** 출석률, 참석률

☐ **break** 휴식 시간

☐ **faulty** 결함 있는

☐ **head** v. ~을 이끌다

☐ **name** v. ~을 지명하다, 임명하다

☐ **quote** 견적

☐ **on-site** 현장에서의

☐ **opening** 빈자리, 공석

☐ **restore** 복원하다

☐ **tenant** 임차인

☐ **vacate** (건물 등을 다른 사람이 사용할 수 있도록) 비우다

☐ **vendor** 판매자

☐ **be due to do** ~하기로 예정되다

☐ **call a meeting** 회의를 소집하다

☐ **care to do** ~하고 싶다

☐ **fill an order**
주문을 처리하다(= get an order filled)

☐ **get A B** A에게 B를 얻어 주다

☐ **place an order** 주문을 하다

☐ **take inventory** 재고를 파악하다

☐ **work one's shift** (교대) 근무를 하다

☐ **business hour** 영업 시간, 근무 시간

☐ **initiative** (특정 목적 달성을 위한 새로운) 계획

- Who is **heading** the committee for the city development project?
  누가 도시 개발 위원회를 이끌고 있나요?

- Why has the manager **called** this staff **meeting**?
  왜 부장님께서 직원 회의를 소집하신 건가요?

- Does Dr. Smith have any **openings** in the afternoon?
  스미스 박사님이 오후에 진료 가능하신 시간대가 있을까요?

- Are there any **openings** on your company's design team?
  회사 디자인 팀에 공석이 있나요?

- When will the current **tenants vacate** the apartment?
  현재 임차인들은 언제 아파트를 비울 예정인가요?

- Has the new marketing director **been named** yet?
  신임 마케팅 이사가 지명되었나요?

- Who can I call for a **quote** on auto repair?
  자동차 수리에 대한 견적을 받으려면 누구에게 전화해야 하나요?

- You can't **get us** an earlier **flight**, can you?
  저희에게 더 이른 항공편은 못 구해 주시죠, 그렇죠?

- How about shortening our **business hours**?
  영업 시간을 단축하는 게 어때요?

- I'd like you to **fill this order** by tomorrow.
  당신이 이 주문 건을 내일까지 처리해 주시면 좋겠어요.

- We need to **come up with** a new sales strategy.
  새로운 영업 전략을 생각해 내야 해요.

1. Mark your answer.   (A)   (B)   (C)

2. Mark your answer.   (A)   (B)   (C)

3. Mark your answer.   (A)   (B)   (C)

4. Mark your answer.   (A)   (B)   (C)

5. Mark your answer.   (A)   (B)   (C)

6. Mark your answer.   (A)   (B)   (C)

7. Mark your answer.   (A)   (B)   (C)

8. Mark your answer.   (A)   (B)   (C)

9. Mark your answer.   (A)   (B)   (C)

10. Mark your answer.   (A)   (B)   (C)

11. Mark your answer.   (A)   (B)   (C)

12. Mark your answer.   (A)   (B)   (C)

13. Mark your answer.   (A)   (B)   (C)

14. Mark your answer.   (A)   (B)   (C)

15. Mark your answer.   (A)   (B)   (C)

16. Mark your answer.   (A)   (B)   (C)

17. Mark your answer.   (A)   (B)   (C)

18. Mark your answer.   (A)   (B)   (C)

19. Mark your answer.   (A)   (B)   (C)

20. Mark your answer.   (A)   (B)   (C)

21. Mark your answer.   (A)   (B)   (C)

22. Mark your answer.   (A)   (B)   (C)

23. Mark your answer.   (A)   (B)   (C)

24. Mark your answer.   (A)   (B)   (C)

25. Mark your answer.   (A)   (B)   (C)

PART 1
PART 2
PART 3
PART 4

정답 및 해설 p.191

UNIT 04 | Paraphrasing Part 3

• Part 3 대화에서 정답의 단서가 되는 부분은 선택지에 다른 말로 바뀌어 제시된다. 이것을 얼마나 빨리 알아차리고 정답으로 고를 수 있는지에 따라 Part 3 점수가 결정된다.

1 난이도 하 대화에 나왔던 단어를 거의 그대로 사용하는 유형 🎧 U4_1

가장 쉬운 패러프레이징 유형으로, 대화만 잘 알아듣는다면 어렵지 않게 정답을 고를 수 있다. 수식어구를 생략해서 더 간략히 표현하거나 [동사 → 명사], [명사 → 동사] 등으로 품사를 바꾸어 제시한다.

Q1. Why is the man calling the Somerville Library?

⇒ He is asking about **a meeting room**.

> **W:** This is Somerville Library. How may I help you?
> **M:** Hi, I'm a member of a book club. **We're looking for a room for our weekly meetings.**
> **W:** Okay, we have a few spaces that different groups can use. When are you expecting to hold the meetings?

Q2. What does the woman want to know?

⇒ **Whether a schedule has changed**

> **W:** Do you know **if there's been a change to our shift schedule?**
> **M:** Yes, there has been a change. We now start an hour earlier on Mondays and Wednesdays.
> **W:** Oh, I see. Thanks for letting me know.

2 난이도 중 동의어/상위 개념 어휘를 사용하는 유형 🎧 U4_2

비슷한 의미의 다른 어휘를 이용하여 말을 바꾸는 유형으로, 가장 자주 출제되는 유형이다. 동의어나 큰 범주를 나타내는 상위 개념 어휘(예를 들어, 페인트칠 작업을 work라고 표현하는 것)에 대한 지식과 순발력이 있어야 정답을 제대로 고를 수 있다.

Q1. What information does the man ask for?

⇒ **The sizes** of some **items**

> **M:** I can't give you a cost estimate until I get **the exact dimensions** of **each table**. Would you please e-mail me this information?
> **W:** Certainly, I'll make sure to e-mail you the **measurements** as soon as I have them gathered.

동사

- visit 방문하다, come by, stop by 들르다
- book, reserve 예약하다
- finish 끝내다, complete 완성하다
- start, begin 시작하다, get A started A를 시작하다
- start later 나중에 시작하다, postpone 미루다
- troubleshoot 문제를 해결하다, solve 해결하다
- go over, review 검토하다
- log on to, sign in to ~에 접속하다
- attend ~에 참석하다, participate in ~에 참가하다
- sales are down 매출이 줄다, sales are decreasing 매출이 줄고 있다
- look at A carefully 유심히 보다, examine 자세히 보다
- help, assist 돕다
- hand in, turn in, submit 제출하다
- hand out, pass out, distribute 나눠주다, 배포하다
- launch, release 출시하다
- take notes 메모하다, write down 적다
- come back, return 돌아오다
- arrange[set up] a time 시간을 정하다, schedule 일정을 정하다
- change a date 날짜를 바꾸다, reschedule 일정을 다시 잡다
- pick up (비격식) 사다, buy, purchase 구매하다
- fill out a form, complete a form 서식을 작성하다
- is loading slowly 느리게 로딩되다, is running slowly 느리게 작동되다
- change 변경하다, modify 변경하다, 수정하다
- stand out 눈에 띄다, 돋보이다, unique 독특한
- put together, assemble 조립하다
- carry out, perform 수행하다
- is not allowed, is not permitted 허용되지 않다, is prohibited 금지되다
- see, view 보다
- won't accommodate everyone 모든 사람을 수용하지 못할 것이다, not big enough 충분히 크지 않은
- interact with ~와 상호작용하다, 소통하다, socialize 사람들과 어울리다, 교제하다
- show A around, give A a tour A에게 구경시켜 주다
- see if we have any in stock 재고가 있는지 알아보다, check an inventory 재고를 확인하다
- leave the company 회사를 떠나다, quit 그만두다

- save up to 40% 40%까지 할인 받다, be discounted 할인되다
- work overtime, work extra hours 초과 근무를 하다, stay late at work 야근하다
- run out of ~이 다 떨어지다, do not have ~ any more 더 이상 ~이 없다
- there are lots of interests 관심이 많다, be high in demand 수요가 많다

명사

- dimension 크기, 치수, measurements 치수, size 크기
- a company 회사, a business 업체
- auto shop, car repair shop 차 정비소
- career fair, job fair 취업 박람회
- coupon 쿠폰, voucher 쿠폰, 상품권
- vendor 판매자, supplier 공급업자
- party 파티, celebration 축하 행사
- timeline 행사 스케줄, schedule 일정
- diet 식단, eating habit 식습관
- factory, plant 공장, manufacturing facility 제조 시설
- receipt 영수증, proof of purchase 구매 증거
- manager 관리자, supervisor 상사
- business trip 출장, travel for work 출장 가다
- doctor's appointment, medical appointment 진료 예약
- remodeling, renovation 개조 공사
- main office, headquarters 본사

기타

- lost, missing, misplaced 잃어버린, 실종된
- international, overseas 해외의
- fragile 부서지기 쉬운, break easily 쉽게 부서지다
- affordable 비싸지 않은, reasonable 가격이 합리적인
- free of charge 무료로, complimentary 무료의
- out of stock 재고가 없는, not available 구할 수 없는
- periodically 주기적으로, regularly 정기적으로
- out of order, broken 고장 난, broke down 고장났다, malfunctioning 오작동하는, not working properly 제대로 작동하지 않는
- over the weight limit 중량 제한을 초과한, too heavy 너무 무거운

Q2. What will the woman probably do next?

⇒ **Send** the man a **document**

W: If you'd like us to cater your corporate event, the next step is to sign a **contract**. I'll **e-mail** it to you so you can have a look first.

M: Great, I'll keep an eye out for the e-mail and review the contract thoroughly.

점수 UP POINT · 기출 상위 개념 어휘 패러프레이징

구체적 언급	상위 개념어
project 프로젝트, painting 페인트칠, repair 수리	work 일, 작업
printer paper 인쇄용 종이, vitamins 비타민	items 물품, products 제품, supplies 물품
bus, train, taxi 버스, 기차, 택시	public transportation 대중교통
e-mail 이메일을 보내다, fax 팩스를 보내다, mail 우편으로 보내다, ship 배송하다	send 보내다
part-time designers 시간제 근무 디자이너들	staff 직원, employees 직원, 사원
Chris in the accounting department 회계부의 크리스	colleague 동료
new security camera 새 보안 카메라	equipment 장비
contract 계약서, estimate 견적서, form 서식	document 문서
manual 설명서, handout 유인물	materials 자료
call 전화하다, e-mail 이메일을 보내다	contact 연락하다
phone number 전화번호, e-mail address 이메일 주소	contact information 연락처 정보
sales figures 매출액	data 자료, information 정보
snack 스낵, drink 음료	refreshments 다과
juice 주스, soda 탄산음료, coffee 커피	beverages 음료
breakfast 아침식사, lunch 점심식사, dinner 저녁식사	meal 식사
be discontinued 단종되다	unavailable 구매할 수 없는
have a lot of experience 경험이 많다	be familiar 익숙하다
add items to the order 주문에 물품을 추가하다	update an order 주문을 업데이트하다
storm 폭풍, heavy snow 폭설	bad[inclement] weather 악천후
concert hall 콘서트홀, stadium 경기장	venue 행사 장소
won't turn on 켜지지 않는다	is not working 작동되지 않는다
jazz concert 재즈 콘서트	musical performance 음악 공연
race 경주, art contest 미술 대회	competition 경쟁, 시합
make more user-friendly 더욱 사용자 친화적으로 만들다, upgrade 업그레이드하다	improve 향상시키다
performance 공연, seminar 세미나, conference 학회, job fair 취업 박람회	event 행사
swimming pool 수영장, tennis court 테니스장	facilities 시설
mayor 시장, city council representative 시의회 대표	city official 시 관리, government official 정부 관리

대화에 나온 상황을 종합하여 요약 설명하는 선택지를 재빨리 찾아낼 수 있어야 하는 어려운 유형이다. 시험에 잘 나오는 패러프레이징 유형들을 충분히 연습해야만 자신 있게 정답을 고를 수 있다.

Q1. What does the man suggest doing tomorrow?
⇒ **Discussing an idea with team members**

W: I propose we allocate part of our budget for employee training and development.
M: That sounds good, but **let's run this by the rest of the team at tomorrow's meeting to see what they think.**

Q2. What is the man's problem?
⇒ He **has a scheduling conflict.**

M: I was **planning on attending the marketing seminar** this Friday, but the manager **asked me to do a presentation at the board meeting that day.**
W: Too bad. You've been looking forward to the seminar so much.

Q3. What change has the store recently made?
⇒ It is open **one additional day a week.**

M: Could you tell me your store's new hours? I heard they recently changed.
W: Yes. **We are open from 10 to 7 as usual, but now we're open Saturdays too.**

Q4. What does the man want?
⇒ A **sample document**

W: How's the **market report** going?
M: I'm struggling. **It would be helpful if I could see how it was done last quarter.**
W: Oh, I have a copy of an old one in my office.

Q5. What does the woman say she'll do?
⇒ **Reassign a task**

W: The current logo doesn't seem to be attracting much attention. So, one of our design team members should come up with some new designs.
M: Well, I could do that **after I finish up the brochure designs**.
W: Oh, **I'll let Mario handle that** so you could work on the logo right away.

1. Who most likely is the woman?

    (A) A customer
    (B) A delivery person
    (C) A shop clerk
    (D) A newspaper writer

2. What does the man say about the coupon?

    (A) He did not know about it.
    (B) He used it at another store.
    (C) He thinks it already expired.
    (D) He will use it next week.

3. What does the woman suggest the man do?

    (A) Speak to the manager
    (B) Buy some more items
    (C) Sign up for a membership
    (D) Come back later

---

4. Where is this conversation most likely taking place?

    (A) At a cell phone outlet
    (B) At a publishing company
    (C) At a warehouse
    (D) At an office supply store

5. What will happen the following day?

    (A) A delivery will arrive.
    (B) A new worker will be hired.
    (C) A printer will be repaired.
    (D) A sale will begin.

6. What does the man say about the product?

    (A) It was being offered at a discount.
    (B) It has been discontinued.
    (C) It is high quality.
    (D) It is missing a price tag.

7. What problem does the woman report?

    (A) A manual was not received.
    (B) An item will not function properly.
    (C) An Internet connection is too slow.
    (D) A Web site is inaccessible.

8. What information does the man request from the woman?

    (A) The name of the person who served her
    (B) The Web site password
    (C) The specific item name
    (D) Her phone number

9. What will the woman probably do next?

    (A) Return the product
    (B) Follow the manual instructions
    (C) Talk with a specialist
    (D) Find a Web page

10. What is the woman organizing?

    (A) A staff outing
    (B) A training session
    (C) A tour of a facility
    (D) An event for job seekers

11. Where do the speakers most likely work?

    (A) At a hospital
    (B) In an office
    (C) In a recreation center
    (D) At a factory

12. What does the woman offer to do?

    (A) Provide handouts
    (B) Lead a meeting
    (C) Postpone an event
    (D) Change a policy

13. Why is the woman calling?

    (A) To request a travel brochure
    (B) To suggest a meeting time
    (C) To cancel a holiday
    (D) To organize a vacation

14. Why is Ms. White unavailable to help the woman?

    (A) She is traveling in Mexico.
    (B) She moved to another office.
    (C) She quit her job.
    (D) She is on a business trip.

15. What does the man suggest the woman do?

    (A) Go to a different store
    (B) Talk with a different travel agent
    (C) Send an e-mail to Ms. White
    (D) Choose a different destination

16. Why did the woman most likely contact the man's company?

    (A) To order a replacement item
    (B) To request some repairs
    (C) To complain about a service
    (D) To have a new bath installed

17. What does the man say about the woman's building?

    (A) Many of its tenants reported a problem.
    (B) It recently had new water pipes installed.
    (C) Some of its foundations became weak.
    (D) It had its water supply temporarily cut off.

18. What will the woman do this weekend?

    (A) Go to her friend's apartment
    (B) Eat a meal at a restaurant
    (C) Have some guests over
    (D) Remodel her bathroom

- 의도파악 문제는 대화에 사용된 특정 문장을 제시하며 왜 그 말을 하는지, 그 말의 의미는 무엇인지 묻는 문제로, 대화의 앞뒤 정황에 비추어 그 말 속에 숨은 의미나 의도를 파악해 내야 한다.
- 시각자료 문제는 대화 내용과 제시된 시각자료를 연계해서 문제를 풀어야 하는데, 제시되는 시각자료는 가격표, 메뉴, 스케줄, 층별 안내, 지도/평면도, 교통 상황 안내(표지판), 그래프, 제품 이용 가이드 등 다양하다.

의도파악 문제

1 질문 유형

다음 세 가지 형태로만 나오기 때문에 보자마자 의도파악 문제임을 알 수 있다. 의도파악 문제가 보이면 주어진 문장에 밑줄을 치며 재빨리 읽고 해석해 두어야 한다.

- **What** does the woman **mean** when she says, "I lived in this city all my life"?
  여자가 "전 이 도시에서 평생 살았어요"라고 말할 때 그 말의 의미는 무엇인가?

- **What** does the man **imply** when he says, "The project won't start until summer"?
  남자가 "그 프로젝트는 여름이나 되어야 시작할 거예요"라고 말할 때 그 말의 속뜻은 무엇인가?

- **Why** does the man **say**, "Ms. Chen is a frequent customer"?
  남자는 왜 "첸 씨는 단골 손님이에요"라고 말하는가?

2 특징

■ 주어진 문장 해석 문제가 아니다!

주어진 문장이 어떤 의미인지 묻는 문제가 아니라, '그 말을 한 의도, 이유, 속뜻'을 묻는 문제이기 때문에 단순히 주어진 문장의 의미만 따져서는 정답을 고를 수 없다. 오히려, 주어진 문장의 표면적 의미와 가까운 선택지를 고르면 틀리게 된다.

■ 대화 상황 및 흐름 파악이 필수

예를 들어, 대화 중에 화자가 I lived in this city all my life라고 말했을 때, 대화 내용이 어떻게 흘러왔는지에 따라 이 말은 '다른 지역으로 이사 가고 싶어요'라는 의미일 수도 있고, '이 도시에서 가 볼 곳들을 추천해줄 수 있어요'라는 의미일 수도 있다. 이와 같이 화자의 의도를 간파하기 위해서는 대화의 흐름을 이해해야 한다.

■ 출제 빈도 및 난이도

회당 2문제 정도 출제되며, 대화 흐름을 파악해야 하기 때문에 어려운 문제에 속한다. 또한 네 개의 선택지가 이 모두 긴 문장으로 제시되기 때문에 일일이 읽고 해석하고 들은 대화 내용을 바탕으로 정답을 고르기까지 꽤 많은 시간이 소요된다. 때문에 속독 능력을 키워야 하며, 가장 효과적인 방법은 대화를 듣기 전에 주어진 문장과 함께 네 개의 선택지를 미리 읽어 두는 것이다.

3 문제풀이 요령 🎧 U5_1

❶ 문제 유형 파악 후 제시 문장 해석하기
- 문제 형태를 보고 의도파악 문제임을 알아차린 뒤 제시된 문장에 밑줄을 긋고 해석한다.
- 속독에 자신 있다면 선택지까지 읽으면 좋지만, 자신 없다면 일단 제시 문장만 확실히 해석해 둔다.
- 선택지는 키워드만 빠르게 읽는 것이 좋다.

❷ 대화를 듣고 상황 파악하기
- 대화의 흐름을 따라가며 어떤 상황인지 파악한다.
- 주로 제시 문장 바로 앞에 ① 정황적인 중요 단서가 있고, 문장 바로 다음에 ② 정답에 쐐기를 박는 단서가 나오기 때문에 이어지는 대사까지 꼭 챙겨 들어야 안전하다.

❸ 선택지를 읽고 정답 선택하기
- 제시 문장의 앞뒤 내용을 종합해 정답을 고른다.

Q. Why does the woman say, "That's the third
　　　　　　　　　　　　　　　　　올해만 세 번째네요

time this year"?

(A) She is disappointed that an employee quit.
　　　　　　　실망　　　　　　　　　직원 그만둠
(B) She is impressed with the man's
　　　　　　　감동
performance.
성과
(C) She is dissatisfied with a machine.
　　　　　　　불만족　　　　　　　　기계
(D) She is pleased to see an increase in sales.
　　　　　　　기쁨　　　　　　　　　　매출 증가

M: Hi, Polly. I just tried to print a contract for our new chef, but ① the printer seems to be malfunctioning.
W: I know. I tried to make some copies of our lunch menu this morning, but ① I kept seeing a "System Error" message. That's the third time this year.
M: Well, ② it's about time that we replace it. That one is almost ten years old.
W: ② That's true. Let me go over our budget for this month and see if we can afford a new one.

🅠 이렇게 풀어요

① 제시된 문장에 밑줄을 긋고 해석한다: 올해만 세 번째네요.
　이때 시간이 허락하면 각 선택지도 빠르게 훑는데, 키워드 위주로만 파악한다.
② 대화의 흐름을 따라가며 듣는다.
　프린터가 잘 안 됨 → 에러 메시지가 자꾸 나옴 → 이번이 세 번째네요 → 교체해야 할 때네요 → 맞아요
③ 선택지에서 맞는 답을 고른다.

1 시각자료 빈출 어휘 🎧 U5_2

■ 가격 목록

account 계정
payment 납입, 지불
item 품목
price 가격
receipt 영수증

quote 견적(= estimate)
quantity 수량
amount 양
inventory 재고 (목록)
bill 계산서

description 설명
order # 주문 번호
product code 제품 고유 번호
price per person 인당 가격
price per month 월별 가격

■ 스케줄

booked 예약된(= reserved)
assignment 업무 배정

staff meeting 직원 회의
shareholders' meeting 주주 회의

vendor 판매자

■ 그래프

market share 시장 점유율
capacity 수용력

output 생산량, 산출량

production level 생산 수준

■ 지도, 평면도

route 노선
trail 산책로, 등산길
entrance (출)입구
exit 출구
gate 정문, 대문
parking area[lot] 주차장

city hall 시청
floor plan 평면도
layout 배치도
hallway 통로
booth 부스, 노점
reception 접수처, 안내데스크

checkout counter 계산대
complex 단지, 복합건물
directory 층별 안내
floor 층
level 층

■ 명부/안내

office directory 사무실 안내판
employee directory 직원 안내

telephone directory 전화번호부

extension 내선 번호

■ 쿠폰, 티켓

member 회원
nonmember 비회원
valid[good] until ~까지 유효한

expiration date 유효 기간
ticket holder 티켓 소지자

save 절약
voucher 상품권(= gift certificate)

■ 교통 관련 안내

departure 출발
arrival 도착
gate (공항) 탑승구
status 상황

delayed 지연된
on schedule 일정대로
canceled 취소된
baggage claim 짐 찾는 곳

landed 착륙한
boarding pass 탑승권
flight number 항공편 번호

2 문제풀이 요령 🎧 U5_3

❶ 문제 읽기 + 시각자료 파악하기

- 문제를 먼저 읽고 키워드에 표시해 둔다. 시각자료 연계 문제는 항상 Look at the graphic으로 시작하기 때문에 문제를 보면 바로 알 수 있다.
- 시각자료가 어떤 유형인지 살피며 선택지의 내용이 나타나 있는 곳을 확인한다. 표 유형의 경우 그 옆에 나와 있는 정보가 대화에서 언급되고, 그것이 정답의 단서가 된다.

❷ 대화 듣기

- 시선을 시각자료에 두고, 대화를 들으면서, 미리 읽어 두었던 문제와 시각자료 사이의 연계 고리를 포착한다.

❸ 정답 선택하기

Q. Look at the graphic. Which floor will the woman visit?
(A) 1st Floor
(B) 2nd Floor
(C) 3rd Floor
(D) 4th Floor

TrendSquare Department Store	
5th Floor	Appliances
4th Floor	Restaurants
3rd Floor	Fashion
2nd Floor	Jewelry
1st Floor	Cosmetics

W: Hello, I'm calling because I noticed some lovely **party wear** on your department store's Web site. I'm interested in viewing them in person. Do you have the same **dress selection** in your store?

M: Certainly, we do. We've recently received a new shipment, and we're currently fully stocked. So you'll be able to see everything available on our online catalog.

W: That's great to hear! I'll definitely stop by soon. Do have any special promotions for in-store purchases, by the way?

M: Absolutely, we have several ongoing promotions, including 20% off for loyalty members.

❹ 이렇게 풀어요

① 여자가 가게 될 층을 묻고 있고, 선택지에는 층이 나와 있다.
② 시각자료에서 층이 있는 곳을 찾아 그 옆에 있는 정보(각 층에 해당하는 섹션)를 확인한다.
③ 대화 중에 각 층에 해당하는 섹션 또는 그와 관련된 힌트가 언급될 것이라고 미리 마음의 준비를 한 후 대화를 듣는다.
④ 대화에서 언급된 힌트를 듣고 시각자료에서 그에 해당하는 층을 확인한 후 이를 정답으로 고르면 된다.

일정표

Juwon's Schedule	
Tuesday 10-11 AM	Intern Interviews
Wednesday 1-3 PM	Lunch
Thursday 10-11 AM	Training
Friday 2-4 PM	Webinar

M: 우리 미팅해야 하는데, 이번 주 일정 어때요?
W: 제가 내일은 점심 약속이 있고, 그 다음날은 오후 내내 아무 일 없으니 그날로 잡죠.
Q. 이들은 언제 만나겠는가?

가격 리스트 / 명세서

Membership	Price Per Month
Standard	$29.99
Premium	$39.99
Unlimited	$49.99
Platinum	$59.99

W: 플래티넘 회원권은 너무 비싸니 그 아래 단계인 언리미티드로 할게요.
Q. 여자는 얼마를 지불할 것인가?

출발/도착 안내

Destination	Departure	Status
Chicago	4:20 PM	On time
Los Angeles	7:00 PM	Delayed 30 min.
New York	7:35 PM	Delayed 1 hour
Miami	8:00 PM	Canceled

M: 나 교통체증 때문에 늦을 것 같아. 어쩌지?
W: 괜찮아. 우리 비행기가 1시간 지연된대.
Q. 이들의 목적지는 어디인가?

순서도/설명서

Instructions	
Step 1	Install printer software
Step 2	Set up ink cartridge
Step 3	Load paper
Step 4	Connect to Wi-Fi

M: 왜 컴퓨터가 프린터를 인식하지 못하죠?
W: 무선 네트워크에 연결해야 해요.
Q. 남자가 이어서 할 일은?

막대 그래프

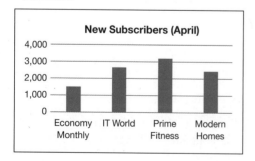

M: 우리 잡지들 중 하나가 이달에 2,000명의 신규 구독자를 확보하는 것에 실패했네요.
W: 다음 회의 때 그것에 대해 논의해봅시다.
Q. 어느 잡지에 대해 논의할 것인가?

원그래프

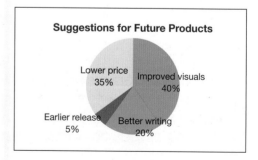

W: 우리 게임 제품의 그래픽은 현재 개선 중이니 그 다음으로 많이 나온 의견에 대해 논의합시다.
Q. 무엇에 대해 논의할 것인가?

평면도

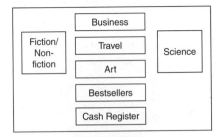

M: 앉아서 읽을 수 있는 좌석을 설치하려는데 어디가 좋을까요?

W: 베스트셀러와 여행 섹션 사이에(between) 있는 것을 옮기고 그 자리에 설치하면 좋겠어요.

Q. 어느 섹션이 옮겨지겠는가?

약도

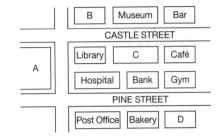

W: 새로 생긴 타코 레스토랑에서 만납시다. 캐슬 스트리트에 있고 박물관 바로 맞은편에 있어요.

M: 네, 거기서 봐요.

Q. 남자는 어디로 갈 것인가?

지하철 노선도

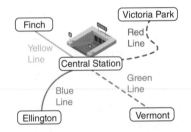

M: 블루라인이 수리 중이라 일부 지역 주민들은 중앙역에 가는 데 지장이 있을 것 같습니다.

Q. 어느 지역이 영향을 받겠는가?

제품 카탈로그

W: 어떤 벽지를 원하세요?

M: 꽃무늬(flower pattern)가 눈에 띄네요. 그런데 너무 비싸서 줄무늬(striped)로 해야 할 것 같아요.

Q. 남자가 선택한 벽지 한 롤의 가격은?

일기예보

Weather Forecast			
Tuesday	Wednesday	Thursday	Friday
30℃	28℃	26℃	33℃

M: 다음 주 수요일엔 하루 종일 비가 오는군요.

W: 일기예보를 보니 그 다음날은 날씨가 아주 좋네요. 그날 봅시다.

Q. 이들은 무슨 요일에 만나겠는가?

쿠폰

W: 쿠폰 코드를 입력했는데 할인 적용이 안 되네요. 저는 총 150달러를 구입했어요.

Q. 여자는 어느 정도 할인을 받겠는가?

1. What will the man be doing tomorrow?

   (A) Visiting another branch
   (B) Leaving for vacation
   (C) Filming a commercial
   (D) Attending a seminar

2. Why does the woman say, "all of my afternoon meetings were canceled"?

   (A) She is upset with her coworkers.
   (B) She is asking to leave work early.
   (C) She is worried about her job.
   (D) She has time to help the man.

3. What does the woman ask the man to do?

   (A) Notify a client
   (B) Make a reservation
   (C) Copy a document
   (D) Write a report

---

4. Why is the woman calling the man?

   (A) To request technical help
   (B) To discuss a project
   (C) To find a lost item
   (D) To plan a meal

5. What does the woman mean when she says, "A candidate is arriving shortly for an interview"?

   (A) She is unprepared for a meeting.
   (B) She cannot be disturbed right now.
   (C) She is unsure of a decision.
   (D) She wants the man to hurry.

6. What does the woman say about the interview?

   (A) It will be at another location.
   (B) It will be held over the Internet.
   (C) It will start after working hours.
   (D) It will not last long.

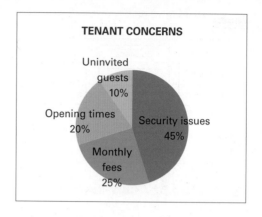

TENANT CONCERNS

Uninvited guests 10%

Opening times 20%

Security issues 45%

Monthly fees 25%

7. What type of facility is being discussed?

   (A) A fitness room
   (B) A swimming pool
   (C) A parking lot
   (D) A business center

8. Look at the graphic. What tenant concern would the man like to discuss?

   (A) Security issues
   (B) Monthly fees
   (C) Opening times
   (D) Uninvited guests

9. What will the woman most likely do next?

   (A) Survey the tenants
   (B) Present a project budget
   (C) Distribute documents
   (D) Put up a notice

Model	Maximum Capacity
Berry	2
Rowan	3
Spring	4
Horizon	5

Clarksburg County Fair

10. What kind of product does the woman's workplace sell?

(A) Children's toys
(B) Camping supplies
(C) Storage containers
(D) Home furnishings

11. Look at the graphic. Which model will the man buy?

(A) Berry
(B) Rowan
(C) Spring
(D) Horizon

12. What is the man concerned about?

(A) The quality
(B) The delivery
(C) The assembly
(D) The price

13. Who most likely are the speakers?

(A) Guest musicians
(B) Restaurant employees
(C) Event organizers
(D) Ride operators

14. Look at the graphic. In which area will the speakers meet in the evening?

(A) Area 1
(B) Area 2
(C) Area 3
(D) Area 4

15. What does the man remind the woman about?

(A) Making a reservation
(B) Entering a contest
(C) Picking up an ID card
(D) Using a complimentary pass

- 주제를 묻는 문제는 각 대화 세트의 첫 번째 문제로 나오며, 선택지는 명사구나 to부정사구 형태이다.
- 문제점이나 걱정거리가 무엇인지 묻는 문제는 선택지가 문장으로 제시되는 경우가 많다.
- 장소/업종/직업을 묻는 문제의 경우 대화에서 그것을 유추할 수 있는 키워드를 잡아내는 것이 관건이다.

주제/목적/문제점 문제

1 질문 유형

이 유형의 질문이 어떻게 나오는지 형태와 종류를 미리 알아 두면 문제 파악에 0.5초밖에 안 걸리므로 남는 시간에 선택지를 읽을 수 있다. 아래에 정리한 유형들을 확실히 익혀 두어 실전에서 문제 읽는 시간을 확보하도록 한다.

주제	• What is the **main topic** of the conversation? 대화의 주제는 무엇인가? • What is the conversation **mainly about**? 대화는 무엇에 대한 내용인가? • What are the speakers **mainly discussing**? 화자들은 주로 무엇에 대해 이야기하고 있는가?
목적	• **Why** is the man **calling**? 남자는 왜 전화하는가? • What is the **purpose** of the woman's call? 여자가 전화한 목적은 무엇인가?
문제점	• What is the **problem**? 무엇이 문제인가? • What is the **man concerned[worried] about**? 남자는 무엇에 대해 걱정하는가? • **Why** has a **training** been **postponed**? 교육이 왜 연기되었는가? • **Why** does the **man apologize**? 남자는 왜 사과하는가?

2 문제풀이 요령 🎧 U6_1

❶ 문제 읽기
- 문제를 읽고 주제/목적을 묻는 문제임을 파악한다.
- 선택지가 비교적 짧기 때문에 빠르게 훑어봐 두면 유리하다.

❷ 대화 듣기
- 특히 전화를 건 목적/이유를 묻는 문제는 첫 대사에서 정답이 나오므로 첫 대사를 정확히 듣고 상황을 파악해야 한다.

❸ 선택지 읽고 정답 선택하기
- 상황을 종합해 한 마디로 요약한 선택지를 찾아내야 한다.
- 대화에 언급되었거나 대화 중의 단어와 연관 깊은 어휘가 오답으로 나오므로 주의한다.

Q. (Why) is the (man) (calling)?

(A) To provide test results
(B) To make an appointment
(C) To inquire about patient records
(D) To get a doctor's opinion

M: This is Noah Morton calling from Doctor Guzman's eye clinic. **The doctor would like to see you for a follow-up appointment** to run more tests. **Would Wednesday the 10th at 3 PM suit you?**

W: Sure, that time works for me.

M: Great, I've scheduled you in for Wednesday the 10th at 3 PM. Would you like me to send you a reminder closer to the appointment date?

W: Yes, please. That would be helpful.

점수 UP POINT　빈출 문제점 유형

기술적인 문제	The computer is malfunctioning[not working properly]. 컴퓨터가 제대로 작동하지 않는다. She can't log on to her computer. 컴퓨터에 로그인을 할 수 없다.
계산 착오	He was overcharged for his purchase. 구매에 대해 과다 청구되었다. A bill is incorrect. 청구서가 잘못되었다.
매출 부진	Business is slow. 사업이 부진하다. Sales have gone down. 매출이 줄었다. Sales are decreasing. 매출이 감소하고 있다. The company's profits have decreased. 회사 수익이 줄었다.
배송 및 일정 문제	A shipment was not delivered. 선적물이 배송되지 않았다. There is a scheduling conflict. 일정상의 충돌이 있다. The order[shipment, permit] has been delayed. 주문[배송, 승인이] 지연되었다. The items[passengers, clients] have not arrived. 물품[승객, 손님이] 도착하지 않았다.
예산 문제	A limited budget 제한적인 예산 Exceeding a budget 예산 초과 There isn't enough budget. 예산이 충분하지 않다. They are short on funds. 자금이 부족하다. The plan is over budget. 그 계획은 예산 초과이다.
제품/서비스 문제	A room[service, material] is unavailable. 방[서비스, 자재]가 이용 불가하다. The product has been discontinued. 제품이 단종되었다.

장소/업종/직업 문제

1 질문 유형

이 유형의 질문이 어떻게 나오는지 형태와 종류를 미리 알아 두면 문제 파악에 0.5초밖에 안 걸리므로 남는 시간에 선택지를 읽을 수 있다. 아래에 정리한 유형들을 확실히 익혀 두어 실전에서 문제 읽는 시간을 확보하도록 한다.

장소	• **Where** most likely are the **speakers**? 화자들은 어디에 있을 것 같은가? • **Where** is the **conversation** most likely taking place? 　대화가 일어나는 장소는 어디일 것 같은가? • **Where** does the **woman** probably **work**? 여자는 어디에서 근무하겠는가?
업종	• **What department** does the **man** work in? 남자는 어느 부서에서 근무하는가? • **What field[industry]** do the **speakers** most likely work in? 　화자들은 어떤 분야[업계]에서 일하는 것 같은가? • **What type of business** is the **man calling**? 남자는 어떤 업체에 전화를 하는가?
직업	• **Who** most likely are the **speakers**? 화자들은 누구인 것 같은가? • **Who** is the **woman**? 여자는 누구인가? • What most likely is the **man's profession**? 남자의 직업은 무엇이겠는가? • What is the **woman's job**? 여자의 직업은 무엇인가?

2 문제풀이 요령 🎧 U6_2

❶ 문제 읽기

- 문제를 읽고 장소/업종/직업 문제임을 파악한다.
- 선택지가 짧기 때문에 빠르게 훑어봐 두면 유리하다.

❷ 대화 듣기

- 첫 대사가 중요하다. 대화 상황을 정확히 파악하기 위해서는 첫 대사를 놓쳐서는 안 된다.
- 대화를 들을 때는 문제와 선택지에 시선을 두고, 모든 신경은 듣는 것에 집중하도록 한다.

❸ 선택지를 읽고 정답 선택하기

- 대화에서 연상하기 쉬운 내용이나 맨 마지막 대사에 나온 단어가 오답 선택지로 잘 나오므로 이에 주의한다.

Q1. (Where) most likely are the (speakers)?

(A) At a bakery
(B) At a television studio
(C) At a restaurant
(D) At a farm

W: Welcome to a special segment of **our news program**, where we spotlight new local businesses for our viewers. Today, **I'm joined by** Terry Barnes, who has launched a new bakery chain. Terry, thank you for being here with us today.

M: **Thank you for having me!** I'm excited to share information about the bakeries I just opened last week. They offer a wide selection of freshly baked goods, all made with organic ingredients sourced locally.

Q2. (Who) most likely is the (man)?

(A) A real estate agent
(B) A maintenance worker
(C) A hotel receptionist
(D) A sales representative

M: Hello Ms. Moon, I'm Shawn Gray. **I've been informed of an issue in your apartment that needs attention.**

W: Thank you for coming promptly. **The problem is with my refrigerator;** it's making a strange noise.

M: Alright, **I'll see what I can do.**

W: Thank you very much. The thing is, I need it fixed as soon as possible because I have perishable items inside.

접수 UP POINT **최빈출 직업 정답**

매장 직원, 판매 직원	sales clerk, sales representative, store clerk, store manager ◉ 고객과 매장 직원이 대화하는 상황
접수 담당 직원	receptionist ◉ 병원에서 환자 예약을 처리해주는 상황, 접수 담당 직원이 택배를 받는 상황, 호텔 프론트 데스크에서 고객의 불편 사항 등을 처리하는 상황
수리 기사	(repair) technician, maintenance worker, electrician ◉ 기기, 배선, 네트워크 문제 등으로 수리를 요청하는 상황
고객 서비스 직원	customer service representative ◉ 제품 및 주문, 배송에 관한 질문에 답하는 상황
언론인	journalist, news reporter ◉ 소속 언론사를 밝히며 인터뷰하는 상황
방송 호스트	program host, radio host, television host ◉ 프로그램 진행
디자이너	interior designer, web designer ◉ 리모델링 작업에 대한 논의, 디자인 시안에 대한 피드백을 주고 받는 상황

장소/업종	관련 직업	키워드	
store 매장	store clerk 매장 직원 sales representative 판매 직원	We carry ~ 저희는 ~을 취급합니다 out of stock 재고가 없는 receipt 영수증 exchange 교환하다 special promotion 특가 행사 place an order 주문하다 accept credit cards 신용카드를 받다 offer a 20% discount on ~에 20% 할인을 제공하다 What colors does it come in? 어떤 색상들이 있나요?	in stock 재고가 있는 inventory 재고목록 warranty 품질 보증서 refund 환불, 환불하다 on sale 할인 중인 register 계산대
magazine company 잡지사 newspaper company 신문사	journalist 언론인 reporter 기자	cover 표지 columnist 칼럼니스트 subscription to ~의 구독 sign up for ~을 신청하다 paper version 종이로 된 판 staff writer 기자(= reporter) your subscription expired 구독이 만료되었습니다 online version of the magazine 잡지 온라인 버전 layout for the next issue 다음 호 레이아웃 the photos look out of focus 사진들 초점이 안 맞아 보인다	better resolution 더 나은 화소 article 기사 feature ~을 특집으로 하다 digital subscription 디지털 구독 October issue 10월호
medical clinic, medical institution, doctor's office 병원 dental office 치과	doctor 의사 nurse 간호사 dentist 치과의사 receptionist 접수직원	patient 환자 medical appointment 진료 예약 test results 검진 결과 medication 약물치료 prescribe 처방하다 be allergic to ~에 알러지가 있다 get some vaccinations 예방접종을 맞다 have an appointment 진료 예약이 있다 cavity 충치 dental appointment 치과 예약	medical records 진료 기록 regular checkup 정기 검진 symptom 증상 medicine 약
catering company 출장연회 업체	caterer 출장연회 업자(업체)	cater the event 행사에 음식을 제공하다 set up the tables 테이블을 세팅하다	
travel agency 여행사	travel agent 여행사 직원	change the flight and hotel reservations 항공편 및 호텔 예약을 변경하다 package tours 여행 패키지 상품	

장소/업종	관련 직업	키워드	
restaurant 식당	server, waiter 서빙 직원 chef 주방장 dinner staff 저녁 식사 시간대 근무 직원 restaurant manager 식당 지배인	dish 요리 entrée[main course] 주 요리 dinner special 특별 저녁 식사 메뉴 seasonal menu 계절 메뉴 complimentary dessert 무료 디저트 lunch shift 점심시간 근무 take orders 주문을 받다 reserve a table for 6 PM 오후 6시로 테이블을 예약하다	starter 전채 요리 dinner shift 저녁시간 근무 a party of 6 일행 6명
hotel 호텔	front desk clerk 프론트데스크 직원 housekeeper 객실 청소 매니저	during your stay 숙박하시는 동안 suite 침실과 거실이 분리된 고급 객실 check in 입실 수속을 하다 book 예약하다 room service 룸서비스	concierge 호텔 안내원 reservation 예약 check out 퇴실 수속을 하다 banquet hall 연회장 lobby 로비
real estate agency 부동산 중개소	real estate agent, realtor 부동산 중개인 property manager 건물 관리인	tenant 세입자 pay the rent 집세를 내다 utilities 공공요금 property for sale 매물로 나온 부동산 lease on an apartment 아파트 임대차 계약 rent a furnished apartment 가구가 완비된 아파트를 임대하다 two bedroom apartment 침실 2개짜리 아파트 rent 임대료, 빌리다, 임대하다	resident 주민 office space 사무 공간 deposit 보증금 vacant (집, 방이) 비어 있는
library 도서관	librarian 도서관 사서	check out books 책을 대출하다 late fee 연체료 circulation desk 대출/반납 데스크	return ~을 반납하다 bookshelf 책장
factory 공장 manufacturing plant 제조 공장 manufacturing facility 제조 시설	factory manager 공장 매니저 assembly worker 조립라인 노동자	give a tour 견학을 시켜주다 machine 기계, 장비 change shifts 교대 근무 시간을 바꾸다 keep up with production 생산량을 따라잡다 safety inspection 안전 점검 conveyor belt 컨베이어 벨트	assembly line 조립 생산 라인

1. What are the speakers mainly discussing?

   (A) A financial report
   (B) A magazine article
   (C) A product demonstration
   (D) A company expansion

2. What problem does the man mention?

   (A) Some employees were fired.
   (B) A meeting was canceled.
   (C) Some information is missing.
   (D) A product shipment is delayed.

3. What does the man agree to do by next Thursday?

   (A) Give a presentation
   (B) Call his supervisor
   (C) E-mail a document
   (D) Speak to a client

---

4. Where is the conversation taking place?

   (A) At a bus station
   (B) At a car rental agency
   (C) At a factory
   (D) At a hotel

5. What does the man imply when he says, "Your reservation is for Thursday, December 17th"?

   (A) An appointment has been postponed.
   (B) A service is available.
   (C) A deadline is approaching.
   (D) A mistake has been made.

6. What will the woman probably do next?

   (A) Check a train schedule
   (B) Reschedule a meeting
   (C) Ask for permission
   (D) Provide a credit card

7. Why are the speakers meeting?

   (A) For a job interview
   (B) For a training session
   (C) For a facility tour
   (D) For a sales presentation

8. What most likely is the man's profession?

   (A) Financial advisor
   (B) Recruitment manager
   (C) Safety inspector
   (D) Marketing director

9. What does the man say he likes about the company?

   (A) Its product range
   (B) Its training methods
   (C) Its recycling policies
   (D) Its advanced equipment

10. Why is the man calling?

    (A) To ask how long a delivery will take
    (B) To change the details of an order
    (C) To inquire about a special offer
    (D) To ask about an extra charge

11. What problem does the woman mention?

    (A) A delivery address was incorrect.
    (B) A store is closing earlier than usual.
    (C) A payment was unsuccessful.
    (D) An item is currently unavailable.

12. What does the woman offer to do?

    (A) Deliver a different item
    (B) Provide a discount
    (C) Increase the size of an order
    (D) Call the man back

13. What are the speakers mainly discussing?

    (A) A business appointment
    (B) A meeting with a competitor
    (C) A job interview
    (D) A training course

14. What is the woman's problem?

    (A) She has to conduct an interview.
    (B) She cannot access a room.
    (C) She will be late for the meeting.
    (D) She has a scheduling conflict.

15. What does the man offer to do?

    (A) Meet with a potential client
    (B) Lead an important meeting
    (C) Write down the details of a meeting
    (D) Talk to management

Common System Errors	Details
#03265	Incorrect Password
#04873	Cannot Locate Folder
#02984	Cannot Save File
#05812	Not Enough Memory

16. Who most likely is the woman?

    (A) A factory worker
    (B) A class instructor
    (C) A store clerk
    (D) A Web site designer

17. Look at the graphic. Which error number is the laptop displaying?

    (A) #03265
    (B) #04873
    (C) #02984
    (D) #05812

18. What will the woman most likely do next?

    (A) Give a demonstration
    (B) Speak with a supervisor
    (C) Repair a device
    (D) Schedule an appointment

PART 1

PART 2

PART 3

PART 4

07 | 문제 유형별 전략 2 Part 3

MP3 바로 듣기

- say about 문제 유형은 화자가 특정 대상에 대해 말한 내용을 정확히 이해했는지 묻는 문제로서, 질문에서 묻는 화자가 말한 내용이 다른 말로 바뀌어 정답으로 제시된다. 이때 선택지가 모두 문장으로 제시되기 때문에 속독 능력이 필요하다.
- 세부사항 문제는 질문의 종류와 형태가 매우 다양한데, 대화를 듣기 전에 문제를 빠르게 파악하는 것이 특히 중요하다.

say about 문제

1 질문 유형

say about 유형의 질문은 아래에서 보는 바와 같이 형태가 고정되어 있어 보자마자 알 수 있다. 대화를 듣기 전 문제를 읽을 때 주어의 성별과, about 바로 뒤의 대상을 빠르게 확인해야 한다.

- What does the **woman** say about **Inez Bowman**? 여자는 이네즈 보우만 씨에 대해 뭐라고 말하는가?
- What does the **man** say about the **restaurant**? 남자는 식당에 대해 뭐라고 말하는가?
- What does the **woman** say about the **Sapler 83**? 여자는 새플러 83에 대해 뭐라고 말하는가?

2 say about 문제의 단서가 paraphrasing되는 유형 🎧 U7_1

인물	**M**: All three candidates seem qualified, but you know, **this job requires a lot of business trips overseas. And Mr. Wood is the only one who expressed interest in doing that.** 문제 What does the **man** say about **Mr. Wood**? 정답 He is willing to travel.
업체/장소	**W**: **I like my new apartment. It's really close to my office**, so I don't have to spend much time commuting anymore. 문제 What does the **woman** say about **her apartment**? 정답 It is near her workplace.
사물	**M**: **This is our best-selling model, the EF 247.** It may look similar to the previous one, but it offers superior image quality. 문제 What does the **man** say about the **EF 247**? 정답 It is popular.

3 문제풀이 요령 🎧 U7_2

❶ 문제 읽기
- 먼저 문제를 읽고 say about 뒤의 키워드에 표시한다.
- 선택지를 일일이 읽고 해석하지 말고, 키워드에 밑줄을 그으며 핵심 내용만 빠르게 파악한다.

❷ 대화 듣기
- 대화에서 문제의 키워드가 나오는 곳을 집중해서 듣는다.
- 대화를 들을 때는 문제와 선택지에 시선을 두고, 모든 신경은 듣는 것에 집중한다.
- 문제와 선택지를 보면서 듣는 것이 함께 안될 경우에는 우선 제대로 들은 후 문제를 푸는 것이 낫다.

❸ 선택지를 읽고 정답 선택하기
- say about 문제의 정답은 패러프레이징되는 경우가 많으므로 이에 유의하여 정답을 고른다.

Q1. What does the woman say about the restaurant?

　(A) It has more customers than usual.
　(B) Its outdoor area is fully booked.
　(C) Its business hours are different today.
　(D) It has increased its prices.

W: Good evening, welcome to our restaurant! How many are dining with us tonight?
M: Hi, there are two of us. Do you have a table available in the outdoor area?
W: Absolutely, but I should mention that **we'll be closing earlier than usual tonight** for a private event. Our last seating will be at 8 PM.
M: Oh, good to know. We'll make sure to wrap up before then. Thanks for letting us know.

Q2. What does the woman say about orders from other stores?

　(A) They take longer than normal orders.
　(B) An extra amount must be paid.
　(C) They may be damaged during shipping.
　(D) An order form must be completed.

M: One of my coworkers bought statues here, and I'd like to get some similar to his.
W: Well, it's good to know someone appreciates our products. Would you like to see the range we have in the store?
M: Actually, there is a specific style I'd like for landscaping my yard. I need 19th century Japanese dragon statues. Do you have them available?
W: Well, we don't have any of them in the store right now, but **we can order some for you. It will cost you extra if we order them from another location**, though.

기타 세부 사항 문제

1 질문 유형

기타 세부 사항 질문 유형은 종류와 형태가 매우 다양해서 가능한 한 많은 문제들을 읽고 해석해 보는 연습이 필요하다. 세부사항 문제를 읽을 때 가장 중요한 것은 질문의 대상과 키워드를 빠르게 파악하는 것이다.

과거의 일	• What did the **woman recently do**? 여자는 최근에 무엇을 했는가? • According to the **man**, what **happened yesterday**? 남자에 따르면, 어제 무슨 일이 있었는가? • What did the **man do in India**? 남자는 인도에서 무엇을 했는가? • According to the **woman**, what did the **company do recently**? 여자에 따르면, 그 회사는 최근에 무엇을 했는가?
대상	• **What event** does the man mention? 남자는 어떤 행사를 언급하는가? • **What information** does the woman give the man? 여자는 남자에게 어떤 정보를 주는가? • What does the **woman warn** the man about? 여자는 남자에게 무엇에 관해 경고하는가? • What is scheduled to be **delivered today**? 오늘 배달되기로 예정된 것은 무엇인가? • What does the **man say he needs**? 남자는 무엇이 필요하다고 말하는가?
이유, 상황	• According to the **man, why** should the **woman go** to an **office**? 남자에 따르면, 여자는 왜 사무실에 가야만 하는가? • According to the **woman, why** will the **process be fast**? 여자에 따르면, 처리 과정이 왜 빠를 것인가? • **How** is the **new product different** than the previous version? 새 제품은 이전 버전과 어떻게 다른가?
장소	• **Where** is the **woman** planning to **go tomorrow morning**? 여자는 내일 아침에 어디에 갈 계획인가? • **Where** does the **man direct** the **woman**? 남자는 여자에게 어디로 안내하는가?
방법	• **How** can **employees get tickets**? 직원들은 어떻게 티켓을 얻을 수 있는가? • **How** will the **man pay**? 남자는 어떻게 지불을 할 것인가? • **How** did the **woman learn** about a **company's products**? 여자는 어떻게 회사 제품에 관해 알게 되었는가?

2 문제풀이 요령 🎧 U7_3

❶ 문제 읽기

• 먼저 문제를 읽고 키워드를 찾아, 노려 들어야 할 내용을 파악한다.
• 세부사항 문제의 경우 단서가 대화에서 잠깐 언급되고 지나가는 경우가 많아 대화를 다 듣고 나서 풀기가 어렵기 때문에 반드시 질문을 미리 읽고 키워드를 기억하면서 해당 정보를 노려 들어야 한다.
• 선택지가 짧은 경우에는 (A)~(D)의 내용을 빠르게 살펴본다.

❷ 대화 듣기

- 대화에서 문제의 키워드가 나오는 곳을 집중해서 듣는다.
- 대화를 들을 때는 문제와 선택지에 시선을 두고, 모든 신경은 듣는 것에 집중하도록 한다.
- 문제와 선택지를 보면서 듣는 것이 함께 안될 경우에는 우선 제대로 들은 후 문제를 푸는 것이 낫다.

❸ 선택지를 읽고 정답 선택하기

Q. According to the (man), what (happened) (yesterday)?

(A) Some equipment was upgraded.

(B) Some employees were hired.

(C) An office was relocated.

(D) A computer stopped working.

W: Hi, Pedro. Did you have any trouble accessing our building this morning? My keycard wouldn't work, so the security guard had to let me in.

M: Oh, it's because **the keycard scanners were changed yesterday. The company installed some better ones to enhance security measures.**

W: Oh, I see. That makes sense. But now I'm worried about being locked out if my keycard doesn't work again.

M: Don't worry too much. I had the same problem yesterday, but I went to Personnel and got a new card. It works perfectly now.

점수 UP POINT 　**세부사항 문제의 키워드 확인하는 요령** 🎧 U7_4

• What does the man **thank** the woman for? 남자는 여자에게 무엇에 대해 고마워하는가?	❍ 동사가 일반적인 경우(say, mention, do, be, want 등)는 크게 신경 쓰지 않아도 되지만 그 외의 경우는 반드시 체크한다.
• What has **Alica Erwin** done? 앨리카 어윈 씨가 무엇을 했는가?	❍ 문제에 고유명사가 등장하면 반드시 확인하여 담화에서 이 고유명사가 언급되는 부분을 노려 듣는다.
• What does the man say has **recently** changed? 남자는 최근에 뭐가 변경되었다고 말하는가?	❍ recently와 같은 시제 관련 단서는 반드시 체크해 두어야 한다.
• **When** is the **shipment** scheduled to **arrive**? 선적물은 언제 도착하기로 예정되어 있는가?	❍ What 이외의 의문사가 등장한다면 반드시 체크하고 노려 듣는다.
• **What policy** does the **woman tell** the men about? 여자는 남자들에게 어떤 정책에 대해 말해주는가?	❍ 「What + 명사」 역시 체크해야 문제를 제대로 이해할 수 있다.

1. Where does the man work?

   (A) An auto repair shop
   (B) A travel agency
   (C) An advertising firm
   (D) A car dealership

2. What does the man say about the special offer?

   (A) It ends on Friday.
   (B) It will run for two days.
   (C) It is for members only.
   (D) It is not available on the weekend.

3. What does the woman want to know?

   (A) How much repairs will cost
   (B) Which vehicle is least expensive
   (C) Which cars are included in the offer
   (D) How long a warranty lasts

---

4. What did the man intend to do?

   (A) Come to work late
   (B) Hand in a report early
   (C) Reschedule his meetings
   (D) Work on the weekend

5. Why is the man upset?

   (A) He did not know about an important meeting.
   (B) He has to go out of town suddenly.
   (C) His boss just gave him a difficult project.
   (D) His computer will be unavailable.

6. What will the man ask his boss to do?

   (A) Extend a deadline
   (B) Hire an assistant
   (C) Listen to a sales proposal
   (D) Raise his salary

7. Where do the speakers agree to go?

   (A) To a parking lot
   (B) To a restaurant
   (C) To a subway station
   (D) To a client meeting

8. What does the woman imply when she says, "we just hired twelve new people"?

   (A) Some training will be required.
   (B) A budget has been reduced.
   (C) Some mistakes will likely occur.
   (D) A department has been successful.

9. What does the woman ask the man about?

   (A) Providing some feedback
   (B) Adding a payment method
   (C) Attending a workshop
   (D) Designing a Web page

---

10. Where most likely does the woman work?

    (A) At a real estate agency
    (B) At a financial institution
    (C) At an electricity company
    (D) At an appliance store

11. What does the man decide to do?

    (A) Extend a subscription
    (B) Reschedule a meeting
    (C) Make a payment by credit card
    (D) Visit a business location

12. What will be sent to the man?

    (A) A monthly account statement
    (B) A membership card
    (C) An information pamphlet
    (D) A payment receipt

13. What most likely is Karen's area of expertise?

(A) Public relations
(B) Accounting
(C) Web design
(D) Staff training

14. What does the man want to review with Karen?

(A) Survey feedback
(B) Workplace regulations
(C) Sales statistics
(D) Employee benefits

15. Why has the orientation been postponed?

(A) A room is unavailable.
(B) A supervisor is absent.
(C) Some equipment is damaged.
(D) A scheduling conflict has occurred.

Belmont Bank - Savings Accounts	
Standard Savings $ Minimum Balance - $10	Extra Savings $$ Minimum Balance - $100
Enhanced Savings $$$ Minimum Balance - $500	Premier Savings $$$$ Minimum Balance - $5,000

16. Why does the woman want to open a savings account?

(A) She wants to travel overseas.
(B) She hopes to purchase a new vehicle.
(C) She is planning to buy property.
(D) She needs to pay her school tuition fees.

17. Look at the graphic. Which savings account will the woman most likely choose?

(A) Standard Savings
(B) Extra Savings
(C) Enhanced Savings
(D) Premier Savings

18. What does the man say comes with a new savings account?

(A) A discount voucher
(B) A scheduler
(C) A coffee mug
(D) A monthly newsletter

PART 1 PART 2 PART 3 PART 4

- 남자 또는 여자가 제안/요청하는 사항이 무엇인지 묻는 문제는 매회 약 4문제 정도 출제된다.
- 미래 행동/계획을 묻는 문제는 대화가 끝난 다음 또는 미래의 특정한 날에 할 일이나 일어날 일 등을 묻는 유형으로, 매회 4~5문제씩 출제된다.
- 선택지가 비교적 짧은 동사구나 동명사구로 출제되므로 선택지를 미리 읽고 대화를 들으면 정답을 빠르게 고를 수 있다.

제안/요청 사항 문제

1 질문 유형

제안/요청 사항 질문 유형은 질문의 능동 또는 수동 문장을 실수 없이 해석해서 누가 누구에게 제안/요청하는 지, 누가 제안/요청을 받는지를 정확히 파악해야 제대로 풀 수 있다.

제안	• What does the **woman suggest**? 여자가 제안하는 것은 무엇인가? • What does the **woman recommend**? 여자가 추천하는 것은 무엇인가? • What does the **woman suggest** the **man do**? 여자는 남자가 무엇을 할 것을 제안하는가?
요청	• What does the **woman ask** the **man** to do? 여자는 남자에게 무엇을 할 것을 요청하는가? • What is the **woman asked** to do? 여자가 요청 받는 것은 무엇인가? (남자가 요청) ✏ 질문이 수동일 때 제안/요청을 받는 사람을 혼동하지 않도록 주의! • What does the **woman remind** the **man** to do? 여자는 남자에게 무엇을 하도록 상기시키는가? • What does the **man request** that the **woman do**? 남자는 여자에게 무엇을 하도록 요청하는가?

2 제안/요청 사항이 드러나는 문장 유형 🎧 U8_1

~하는 게 어때요 • Why don't we[you] ~? • How about -ing? • What do you think about –ing?	**M:** I know of a Web site that has tickets for sale. **Why don't you reserve** them from there? 문제 What does the man suggest the woman do? 정답 Make a reservation online
~해보세요 • It may be a good idea to do ~ • You might want to do ~ • I suggest ~	**W:** **It may be a good idea to meet with all the staff** about this. They may have some ideas to improve the design. 문제 What does the woman suggest? 정답 Having a staff meeting

~해주세요 • Please ~ • Could you ~? • Would you mind –ing? • I'd appreciate it if you ~ • I'd like you to do ~	**M**: **I'd appreciate it if you could send me the cost estimate** for the remodeling work. 문제 What does the man ask the woman to do? 정답 Send the man a document
~해야 합니다 • We should • Maybe you should ~ • You'll need to do ~	**M**: We need to make sure everyone does not use the faulty microwave. **Maybe we should put up a sign** by the machine. 문제 What does the man suggest doing? 정답 Posting a sign

PART 1 PART 2 PART 3 PART 4

③ 문제풀이 요령 🎧 U8_2

❶ 문제 읽기
• 먼저 문제를 읽고 동사 suggest/ask/request 등을 통해 제안/요청 사항 문제임을 파악한다.
• 이때 주의! 누가 누구에게 제안/요청을 하는지를 확실히 파악한다.

❷ 대화 듣기
• 대화에서 제안/요청할 때 쓰이는 표현이 나오는 곳을 노려 듣는다.
• 대화를 들을 때는 문제와 선택지에 시선을 두고, 모든 신경은 듣는 것에 집중한다.

❸ 선택지를 읽고 정답 선택하기

Q. What does the (man)(suggest) the (woman)(do)?
(A) Write a short review
(B) Come to his workstation
(C) Meet him at a restaurant
(D) Make a reservation

W: Hello, John. I need your help. You seem to know all the good restaurants in the area. Are there any that you would recommend?
M: Actually, yes. There is an Indian place downtown that I love. In fact, I was just reading an article online about it. It might help you decide whether the restaurant is suitable for the occasion.
W: Oh, really? I'll definitely have a look. Could you please send me a link to the article?
M: But **why don't you just come over to my computer here in the office?** And I'll show it to you. It's very short.

UNIT 08 문제 유형별 전략 3 65

미래 행동/계획을 묻는 문제

1 질문 유형

미래 행동/계획을 묻는 문제는 대화의 문제 세트에서 주로 마지막 문제로 출제되므로, 대화 후반부를 주의해서 듣도록 한다. 질문에 특정 미래 시점이 언급될 경우에는 해당 부분에 표시하고 그 내용을 노려 들어야 한다.

do next	• What will the **woman** most likely **do next**? 여자는 곧이어 무엇을 할 것 같은가?
	• What will the **speakers** most likely **do next**? 화자들은 곧이어 무엇을 할 것 같은가?
계획	• What is the **man planning to do**? 남자는 무엇을 할 계획인가?
	• What does the **woman want to do**? 여자는 무엇을 하고 싶어 하는가?
	• What does the **woman offer to do**? 여자는 무엇을 해주겠다고 하는가?
	• What does the **man say he will do**? 남자는 무엇을 하겠다고 말하는가?
특정 미래시점의 일	• What will the **man do on Friday**? 남자는 금요일에 무엇을 할 것인가?
	• According to the **man**, what will happen **in December**? 남자에 따르면, 12월에 무슨 일이 있을 것인가?
	• What does the **man say will take place in two weeks**? 남자는 2주 후에 무슨 일이 있을 것이라 말하는가?

2 미래 행동/계획이 드러나는 문장 유형 🎧 U8_3

미래시제 • I'll ~ • I'm planning to do • I'm going to do	**W:** There's not very much flexibility for increasing our spending right now. **I'll bring this up at the managers' meeting** tomorrow. 문제 What does the woman say she will do tomorrow? 정답 Discuss an issue at a meeting
제가 ~할까요?, ~하겠습니다 • Why don't I ~? • Would you like me to • Let me ~	**M: Let me check out** some other office suppliers' homepage to compare prices. 문제 What does the man offer to do? 정답 Check a Web site
기타 • I can ~ • I'd be happy to do • I'd better do ~	**W: I can stop by your office** and help with your report. 문제 What will the woman do next? 정답 Visit the man's office

3 문제풀이 요령 🎧 U8_4

❶ 문제 읽기
• 먼저 문제를 읽고 do next에 표시한 후 대화 마지막 부분에서 단서를 얻을 마음의 준비를 한다.

❷ 대화 듣기
• 대화의 마지막 부분에서 화자가 무엇을 하겠다고 말하는 부분이 단서가 된다.
• 단, 상대방이 다음에 할 일을 지시하거나 안내하며 대화가 끝나는 경우도 있으므로 주의한다.

❸ 선택지를 읽고 정답 선택하기

Q1. What will the (woman)(do next)?

(A) Send a catalogue
(B) Check inventory
(C) Sign an agreement
(D) Provide her phone number

> **W**: Mr. Carr, it's great to have you here at our showroom. I'm Nellie Castro, the sales manager. I've been informed that you're looking for a new vehicle to replace your current one.
> **M**: Yes. As I mentioned earlier on the phone, I run a delivery service, and I need reliable vehicles with excellent fuel efficiency.
> **W**: I think I saw some compact vans that could fit your needs perfectly. **Let me quickly log in to my computer to see if we have any available.**

Q2. What does the (man) (offer to do)?

(A) Recommend a restaurant
(B) Arrange transportation
(C) Confirm a reservation
(D) Send out an invitation

> **W**: I just heard Mr. Clement will be transferring to the Greenway location next month. We need to arrange something to give him a proper send-off.
> **M**: I was thinking about that, too. Why don't we organize a farewell lunch? We can extend the invitation to everyone in our office.
> **W**: Great idea. Let's try the Star Bistro downtown. It has a great atmosphere and a diverse menu selection.
> **M**: That sounds good. **I'll send out an e-mail to invite our colleagues.** I hope everyone can join.

1. Why is the woman calling?

   (A) To purchase tennis equipment
   (B) To cancel a reservation
   (C) To book a sporting venue
   (D) To inquire about a membership

2. What does the man suggest the woman do?

   (A) Bring some equipment
   (B) Change the booking time
   (C) Pay a fee to start early
   (D) Come to a location early

3. What does the man offer to do?

   (A) Extend the business hours
   (B) Provide free equipment
   (C) Give an entry fee discount
   (D) Send a list of services

---

4. What is mainly being discussed?

   (A) A hotel reservation
   (B) A flight itinerary
   (C) Transportation options
   (D) Tour packages

5. What does Harry suggest?

   (A) Renting a vehicle
   (B) Postponing a trip
   (C) Visiting a Web site
   (D) Changing hotels

6. What will the woman probably do next?

   (A) Purchase bus tickets
   (B) Speak with some clients
   (C) Contact a hotel manager
   (D) Work on a presentation

7. What is the woman's area of expertise?

   (A) Art history
   (B) Technology development
   (C) Web design
   (D) Video production

8. What does the man ask the woman to do?

   (A) Reveal new information
   (B) Post instructions online
   (C) Respond to listeners' calls
   (D) Visit the show again

9. Why does the woman say, "you'll have to try it out for yourself"?

   (A) To offer a free demonstration of a device
   (B) To increase consumer interest in a product
   (C) To defend the poor sales of a device
   (D) To explain her absence from an event

10. What position is Ryan interviewing for?

    (A) Furniture salesperson
    (B) Clothing designer
    (C) Interior decorator
    (D) Quality assurance manager

11. What does the woman tell Ryan to bring?

    (A) A writing sample
    (B) A diploma
    (C) Product samples
    (D) A letter of recommendation

12. What does Ryan ask about?

    (A) Flexible hours
    (B) Vacation time
    (C) Store locations
    (D) Commission options

---

13. Where do the speakers work?

    (A) At a bookstore
    (B) At a supermarket
    (C) At a restaurant
    (D) At a fitness center

14. What will happen this week?

    (A) Discounts will be offered.
    (B) Workers will be hired.
    (C) Equipment will be purchased.
    (D) New products will be sold.

15. What will the woman probably do in the afternoon?

    (A) Interview job applicants
    (B) Attend an event
    (C) Place an advertisement
    (D) Create a training program

Quick Troubleshooting Guide - Eclipse KSE Series

"On" (Nomal)	Error #13	Error #19	Error #23	Error #37

16. Who most likely is the woman?

    (A) A computer technician
    (B) A store manager
    (C) A customer service representative
    (D) A television show producer

17. Look at the graphic. Which error are the speakers discussing?

    (A) Error #13
    (B) Error #19
    (C) Error #23
    (D) Error #37

18. What will the man do in the afternoon?

    (A) Visit a Web site
    (B) Go to a store
    (C) Call an inspector
    (D) Purchase a warranty

- Part 4는 한 사람이 하는 말에 대한 질문에 정답을 고르는 유형으로, 문제 푸는 요령은 Part 3와 동일하다.
- 담화 유형별로 일정한 흐름을 보이기 때문에 이를 익혀두면 문제 풀이가 쉬워진다.

1 전화 메시지 🎧 D9_1

출제 빈도가 가장 높은 유형으로, 예약이나 주문, 약속 등의 변경이나 확인, 취소, 일정 조정, 상대방에 대한 요청 또는 요청 사항에 대한 답변이 주된 내용이다.

1. Who most likely is the speaker?

(A) A building manager
(B) A landscaper
(C) A restaurant owner
(D) A maintenance worker

2. What does the speaker suggest?

(A) Extending hours of operation
(B) Improving lighting
(C) Posting a notice
(D) Trying new menu items

3. What does the speaker ask for?

(A) A cost estimate
(B) A sample design
(C) A project timeline
(D) A meeting agenda

Hi George, this is Mina Moon, **owner of Joe's Garden**. I recently had a meeting with our staff, and I wanted to share some thoughts with you since you oversee **our restaurant's** landscaping. **One of our team members suggested enhancing the lighting** of the outdoor dining area by adding string lights or lanterns. I thought it's a great idea, but I'd like to explore it within our budget. So, **could you please provide an estimate of the cost** involved in implementing the idea? You can e-mail it to me at minamoon@joesgarden.com. Thank you and have a good day.

❶ 인사 및 자기소개
❷ 전화 용건

❸ 당부 또는 요청 사항

❹ 마무리 인사

필수 암기 기출 표현 🎧 U9_2

- I'm calling from ABC Company. ABC Company에서 전화 드립니다.
- It's[This is] John Bailey (calling) from Accounting. 저는 회계부의 존 베일리입니다.
- I'm calling about ~ ~에 관해 전화 드립니다.
- I'm calling to confirm ~ ~을 확인하기 위해 전화 드립니다.
- I'm calling to respond to your inquiry about ~ ~에 관한 귀하의 문의에 답변 드리기 위해 전화 드립니다.
- I'd appreciate it if you could ~ ~해 주실 수 있다면 감사하겠습니다.
- Please call me back at 375-4859. 375-4859번으로 저에게 다시 전화 주시기 바랍니다.

2 회의 발췌 🎧 U9_3

회의 발췌 역시 출제 빈도가 높으며 난이도도 높은 편이다. 경쟁 업체의 성장, 판매 실적 부진, 변경된 회사 정책, 성과에 대한 칭찬, 외부 인사 방문에 대한 대비 등 주로 업무 진행이나 회사의 방향성과 관련된 내용이 등장한다.

1. What type of product is being discussed?
   - (A) An electronic device
   - (B) A piece of furniture
   - (C) An item of clothing
   - (D) A computer program

2. What does the speaker say he will give the listeners?
   - (A) A product sample
   - (B) An information pamphlet
   - (C) A market research report
   - (D) A magazine article

3. What are the listeners asked to think about?
   - (A) The location of a launch event
   - (B) The cost of the product
   - (C) A new product design
   - (D) A marketing plan

I'd like to thank everyone for attending this meeting. The reason I have you all here is to show you the **new phone design** that we will be releasing next year. It's been developed a lot quicker than I expected, and I wanted to make sure you all see it before the media hears about it. Before you leave today, **I'm going to give you all a pamphlet that outlines all the features of the phone.** What we don't have is a marketing strategy, and that's where you all come in. I want you to go home and **think about how we can attract attention to this new product.** If any of you come up with something, send me an e-mail and I'll get right back to you.

❶ 인사 및
　회의 소집 이유
❷ 배경 설명 및
　관련 정보 제공

❸ 요청 사항 및
　전달 사항 언급

필수 암기 기출 표현 　🎧 U9_4

- I'd like to start the meeting by ~ ~하는 것으로 회의를 시작하려 합니다.
- I called this meeting to discuss ~ ~에 관해 이야기하기 위해 이 회의를 소집했습니다
- I want to address some things about our workflow. 우리의 작업 속도에 대해 다뤄보고자 합니다.
- I want to extend a special thank you to ~ ~에게 특별한 감사를 전합니다.
- I'm excited to announce we'll be expanding our business.
  사업을 확장할 것이라는 소식을 발표하게 되어 기쁩니다.
- I want to remind everyone that ~ ~라는 점을 기억하시기 바랍니다.
- I have some updates before your shift begins. 여러분의 근무가 시작되기 전에 전해 드릴 새로운 소식들이 있습니다.
- Maybe we should start looking for a different supplier. 다른 공급업자를 찾기 시작해야 할 것 같습니다.
- Please inform customers that ~ 고객들에게 ~라는 점을 알려주세요.
- I need some volunteers to help with ~ ~을 도와줄 자원봉사자가 필요합니다.
- I'd like to get your opinions on ~ ~에 대해 여러분의 의견을 듣고 싶습니다.

3 연설 🎧 U9_5

인물 소개와 행사 소개 연설이 자주 출제되는데, 인물 소개의 경우 강연자나 수상자, 해당 행사에 의미 있는 인물, 새로 입사하거나 은퇴하는 직원과 관련된 내용이 주를 이룬다. 소개되는 인물의 이력/경력에 관해 묻는 문제가 자주 나오므로 업적이 언급되는 부분을 꼭 들어야 한다.

1. What is the purpose of the speech?

(A) To entertain some guests
(B) To provide some instructions
(C) To present an award
(D) To celebrate a milestone

2. What is Cecilia's field of expertise?

(A) Fashion designs
(B) Publishing
(C) Graphic arts
(D) Human resources

3. According to the speaker, what is special about Cecilia Leverson's work?

(A) Its high-quality photos
(B) Its concern for the community
(C) Its useful analysis
(D) Its focus on young talent

Welcome to the Annual Awards Banquet for Expressions Magazine. I'm delighted to **introduce our first honorable recipient, Ms. Cecilia Leverson.** As the **editor-in-chief** of the region's most popular **publication on fashion,** Cecilia has managed the magazine's content for over two decades. Her genuine passion for promoting fashion is what makes her work even more special. **Numerous talented young designers have been showcased to the public thanks to her efforts.** Cecilia, please join me on stage now to receive this award for your outstanding contribution.

❶ 인사 및 행사 소개

❷ 인물 소개

❸ 마무리 인사

필수 암기 기출 표현 🎧 U9_6

- Welcome everyone to the Bella Cosmetics' Annual Awards Dinner.
  벨라 코스메틱 사의 연례 시상식 만찬에 오신 것을 환영합니다.
- I'm pleased to announce the winner of this award. 이 상의 수상자를 발표하게 되어 기쁩니다.
- Our Designer of the Year Award goes to... Audrey Quinn, for her innovative approach to product packaging. 올해의 디자인 상은 제품 포장에 혁신적인 방식을 적용한 오드리 퀸 씨에게 돌아갑니다.
- Most notably, she played a major role in our company's international growth.
  가장 눈에 띄는 것으로, 그녀는 우리 회사의 국제적 성장에 주요한 역할을 하였습니다.
- Mr. Kim is best known for ~ 킴 씨는 ~로 가장 잘 알려져 있습니다.
- Under her leadership, our business expansion has been really successful.
  그녀의 리더십하에, 우리의 사업 확장이 정말로 성공적이었습니다.
- Mr. Yang has served as the president of a design company. 양 씨는 디자인 회사의 사장으로 근무해오셨습니다.
- She has been recognized as a marketing expert. 그녀는 마케팅 전문가로 인정 받아왔습니다.
- Please welcome Collin Richardson to the stage. 콜린 리차드슨 씨를 무대 위로 환영해 주시기 바랍니다.

4 공공장소 공지 🎧 U9_7

공항, 기차역, 터미널 등에서 승객들에게 알리는 유형과, 상점이나 쇼핑몰에서 고객들에게 알리는 유형이 자주 나온다. 특히, 교통 관련된 공지의 경우 문제 상황 및 원인, 그리고 청자들에게 요청하는 일과 관련된 문제가 자주 나오므로 해당 정보를 놓치지 않도록 한다.

1. Who most likely is the speaker?

(A) A train station employee
(B) A construction worker
(C) A bus driver
(D) A tour guide

2. What does the speaker say will be provided?

(A) A meal voucher
(B) A printed map
(C) Alternative transportation
(D) Free parking

3. What does the speaker remind the listeners to do?

(A) Ask for a refund
(B) Check a schedule online
(C) Buy tickets in advance
(D) Avoid leaving trash on the bus

Attention, passengers. We regret to inform you that the 3:30 PM **regional train bound for Albany has been canceled** due to unexpected malfunctions. We apologize for any inconvenience this may cause. However, **alternative bus service will be available** to all stops along the route. All train tickets to Albany will be valid for bus travel. The bus will depart from the corner of Maple Street and Elm Avenue. Additionally, we kindly **request passengers to refrain from leaving any litter on the bus**. Thank you for your understanding and cooperation.

❶ 공지 대상 언급
❷ 변경 사항 알림
❸ 추가 정보 및 요청 사항
❹ 마무리 인사

필수 암기 기출 표현 🎧 U9_8

• Attention, passengers[shoppers, customers]. 승객[쇼핑객, 고객] 여러분께 알립니다.
• Welcome aboard. 탑승을 환영합니다.
• As a reminder, this sales event lasts until the end of the day tomorrow.
  알려드리건대, 이 할인 행사는 내일까지 계속됩니다.
• To celebrate our grand opening, we're holding a sale through the end of the month.
  개장을 기념하여 월말까지 할인 행사를 개최합니다.
• In twenty minutes, there will be a short demonstration in the kitchenware section.
  20분 후에 부엌 용품 코너에서 짧은 시연이 있을 예정입니다.
• We're sorry to inform you that ~ ~임을 알려드리게 되어 유감입니다.
• Boarding has been delayed because of inclement weather. 악천후 때문에 탑승이 지연되고 있습니다.
• Please be informed that ~ ~임을 알아 두시기 바랍니다.
• Please wait for further notice. 추가 공지를 기다려 주시기 바랍니다.
• All passengers to Washington, please proceed to track 5A.
  워싱턴으로 가시는 모든 승객분들은 5A 선로로 가시기 바랍니다.

1. Who most likely is the speaker?

(A) A theater employee
(B) A business owner
(C) A charity founder
(D) A movie director

2. Why does the speaker say, "I hope you brought your wallets!"?

(A) To inform the listeners that a service is expensive
(B) To remind the listeners to take their personal belongings
(C) To recommend that the listeners purchase a ticket
(D) To encourage the listeners to make a donation

3. What will the listeners probably do next?

(A) Watch a video clip
(B) Look at a menu
(C) Enjoy a live performance
(D) Listen to another speaker

---

4. What is being discussed?

(A) The downsizing of the company
(B) The training of new employees
(C) The renovation of a store
(D) The opening of a new headquarters

5. According to the speaker, what is surprising?

(A) A competitor has increased its sales.
(B) Online profits have fallen rapidly.
(C) Certain stores have been successful.
(D) International sales are rising.

6. What will Carol Morrison most likely do?

(A) Organize a meeting with clients
(B) Conduct a training session
(C) Survey some customers
(D) Help to relocate staff

7. What is the purpose of the telephone message?

(A) To inquire about a payment
(B) To change an order
(C) To update delivery information
(D) To apologize for a problem

8. What problem does the speaker mention?

(A) Some items were damaged.
(B) A product was out of stock.
(C) A price was raised.
(D) Some goods were expired.

9. What does the speaker say he will do?

(A) Resend an order
(B) Offer store credit
(C) File a report
(D) Refund a purchase

---

10. Where is the announcement being made?

(A) At a train station
(B) At an airport
(C) At a department store
(D) At a bus station

11. What does the speaker ask listeners to do?

(A) Purchase another ticket
(B) Submit complaints online
(C) Retrieve their luggage
(D) Wait in a designated area

12. According to the speaker, what will be distributed?

(A) Free meals
(B) Hotel vouchers
(C) City maps
(D) Information booklets

Class	Month
Introduction to Soccer	November
Skills Development	December
Fitness and Conditioning	January
Speed and Agility Training	February

Napoli's Italian Restaurant
"A real Taste of Italy"

15% off (Groups of 20 or less)
- Private dining rooms available for 3 hours

Expiration date: January 15
Usable at all locations

13. According to the speaker, what has changed at the academy?

(A) The signboard
(B) The course rates
(C) The number of branches
(D) The opening hours

14. Look at the graphic. What month does the mentioned class take place?

(A) In November
(B) In December
(C) In January
(D) In February

15. What are visitors to the business advised to do?

(A) Dress appropriately
(B) Take public transportation
(C) Complete payments in advance
(D) Sign up for a newsletter

16. Why is the event being held?

(A) To release a product
(B) To welcome new employees
(C) To award outstanding individuals
(D) To celebrate an anniversary

17. Look at the graphic. Why is the speaker unable to use the coupon for the event?

(A) The event will take place at another location.
(B) The event will have too many people in attendance.
(C) The event will last too long.
(D) The event will take place after the expiration date.

18. What does the speaker ask the listener to do?

(A) Send some photos
(B) Distribute menus
(C) Purchase supplies
(D) Update a list

PART 1

PART 2

PART 3

PART 4

UNIT 10 | 최빈출 담화 유형 2 Part 4

MP3 바로 듣기

1 뉴스 보도 🎧 U10_1

뉴스 보도에는 지역 소식, 비즈니스, 경제, 선거, 개발 및 건설 등을 다루는 내용이 주로 나온다. 주제를 명확하게 제시하는 것으로 시작해 관련 정보를 전달하는 흐름으로 진행되므로 처음부터 집중해서 들어야 한다.

1. What is the main topic of the report?

(A) A comedy show
(B) A food festival
(C) A theater production
(D) A musical event

2. What problem does the speaker mention?

(A) The venue has been changed.
(B) There are no tickets left.
(C) The main performer canceled.
(D) The event organizer is sick.

3. What will happen after a commercial break?

(A) Some prizes will be given out.
(B) A guest will be interviewed.
(C) Contest winners will be announced.
(D) A band will begin playing.

And now it's time for *Radio Seven*'s local news. This Saturday marks the beginning of the biggest **jazz festival** in the country. If you are a fan of jazz, this year's festival will be a good one for you, as the world's best jazz bands will be here. Unfortunately, however, **the headlining performer, John Miles, will not be able to appear at this year's festival** due to an unspecified illness. To learn more about the lineup adjustments and any special events planned in light of this change, stay tuned. **We'll be speaking with the festival director right after a short commercial break.**

❶ 인사말 및 뉴스 주제

❷ 뉴스 주요 내용

❸ 당부/요청

❹ 다음 순서 예고

필수 암기 기출 표현 🎧 U10_2

• Thanks for tuning in to Business at Five. <5시의 비즈니스>를 청취해 주셔서 감사합니다.

• This is Andrew Jones with World News Radio. <월드 뉴스 라디오>의 앤드류 존스입니다.

• Starting next week, the renovation project will begin. 다음 주부터, 보수 공사 프로젝트가 시작될 것입니다.

• The city council has approved a proposal to ~ 시의회가 ~하자는 제안을 승인했습니다.

• The CEO announced a merger yesterday. 대표이사가 어제 합병을 발표했습니다.

• On today's show, we're happy to have ~ 오늘 프로그램에서, ~를 모시게 되어 기쁩니다.

• We'll have Ms. Ford shortly, but first, a word from our sponsor.
포드 씨를 곧 모실 텐데요, 그 전에 잠시 후원사 광고를 듣겠습니다.

2 교통 정보 🎧 U10_3

청취자들에게 특정 구역의 교통 상황을 알리는 내용으로, 교통 사고나 도로 수리 등의 문제 상황을 먼저 알리고, 그와 관련된 주의 사항, 대비 요령, 수리 일정 등을 말하면서 우회로 이용 방법 등의 해결책을 제시하는 흐름으로 진행된다.

1. What is the main topic of the report?

(A) A sports tournament
(B) A traffic update
(C) A celebrity interview
(D) A building construction

2. What does the speaker recommend the listeners do?

(A) Subscribe to a newsletter
(B) Take public transportation
(C) Check a route guide
(D) Print a local map

3. What does the speaker say will happen next week?

(A) A budget will be reviewed.
(B) A company will relocate.
(C) New employees will be hired.
(D) Road maintenance will start.

Good evening, listeners. Here's your WTN traffic report. **Highway 85 is experiencing heavy traffic** due to a soccer match happening at the Joshua Stadium this evening. If you're seeking alternative routes, **we suggest checking out the real-time route organizer** on our Web site. Additionally, please be aware that **road repair is scheduled to begin in the city center area next week**, which may lead to temporary closures along Main Street. Rest assured, we'll promptly inform you once the work is complete. Thank you for tuning in, and we hope you have a pleasant evening.

❶ 인사말 및 프로그램 소개
❷ 교통 정보 제공
❸ 대안(우회로) 제시
❹ 끝인사

필수 암기 기출 표현 🎧 U10_4

- This is an alert for those of you driving on Willow Road. 윌로우 로드를 운전해서 가시는 분들께 알립니다.
- drivers heading north 북쪽으로 향하는 운전자들
- Traffic is backed up on the highways. 고속도로에 차량들이 밀려 있습니다.
- Traffic is moving slowly due to ~ ~때문에 차량들이 느리게 이동하고 있습니다.
- Highway 80 will be closed until next month. 80번 고속도로가 다음 달까지 폐쇄될 것입니다.
- Maple Avenue will be closed to traffic for emergency repair work.
  메이플 애비뉴는 긴급 수리 작업으로 교통이 차단될 것입니다.
- Motorists are advised to take Kensington Avenue instead.
  운전자들은 켄싱턴 애비뉴를 대신 이용하시기 바랍니다.
- I would suggest taking a detour by using the alternate route through Maple Avenue.
  메이플 애비뉴를 가로지르는 대체로를 이용해 우회하시기 바랍니다.
- I'll be back with another traffic update. 또 다른 교통 소식과 함께 돌아오겠습니다.
- Stay tuned and keep listening. 채널을 고정하시고 계속 들어주세요.
- I'll be right back after a short commercial break. 짧은 광고 후에 바로 돌아오겠습니다.

광고에서는 전자제품, 사무용품, 가구, 여행 상품, 할인 행사 등 다양한 제품 또는 서비스를 다룬 내용이 제시된다. 광고되는 제품이나 서비스의 특징을 묻는 문제가 반드시 출제되므로 이 부분을 주의 깊게 듣도록 한다.

1. What kind of business is Ginivers?

(A) An online bookstore
(B) A hardware store
(C) An electronics store
(D) A convenience store

2. What does Ginivers offer for technology enthusiasts?

(A) A product trial area
(B) A guidebook
(C) A free electronic device
(D) A monthly catalog

3. What does the advertisement say about online orders?

(A) They incur no delivery charge.
(B) They are eligible for a discount.
(C) They are shipped within five days.
(D) They include free giftwrapping.

Are you sick of carrying newspapers, books, and magazines? If so, come to Ginivers! **We have the largest range of electronic reading devices** in the country, so we are confident that we can satisfy all your technology needs. **We even have an experience zone where serious fans of technology can use and play with most of our electronic devices.** And if you can't come into the store, we have an online store where you can buy all our products from the comfort of your own home. And **if you do choose to buy from our online store, you'll receive a five percent discount off any item.**

❶ 광고 제품/
서비스 소개
❷ 상세 정보 제공

❸ 구매 방법, 혜택 등
안내

필수 암기 기출 표현 🎧 U10_6

• Looking for a great place to exercise? 운동하기에 좋은 곳을 찾고 계시나요?

• (Are you) tired of ~? ~에 싫증 나셨나요?

• Now is the time to ~ 이제 ~하실 때입니다.

• New Way Car Rental is here for you. 뉴웨이 렌터카가 여기 있습니다.

• You can get a 30% discount on your purchase. 구매품에 대해 30% 할인 받으실 수 있습니다.

• You will receive 50% off the regular price. 정가에서 50% 할인 받으시게 될 것입니다.

• We'll be offering a voucher and a free gift. 상품권과 무료 선물을 제공해드릴 것입니다.

• Starting next week 다음 주부터

• For a limited time only 한정된 기간에 한해

• Oakwood Apartments are now available for rent. 현재 오크우드 아파트 임대가 가능합니다.

• To order, just call our store. 주문하시려면, 저희 매장으로 전화 주세요.

• See what other customers are saying on our Web site. 저희 웹사이트에서 다른 고객들의 후기를 보세요.

4 투어 가이드 🎧 U10_7

여행객들을 대상으로 하는 가이드와, 신입 직원 또는 외부 방문객에게 회사 및 관련 시설 등을 소개하는 견학 가이드가 주된 내용이다. 투어 장소 소개와 함께 진행 순서를 언급하는 흐름으로 담화가 이어진다.

1. Who most likely are the listeners?

    (A) Local historians
    (B) Town planning staff
    (C) Potential investors
    (D) Tour group members

2. What did the speaker e-mail the listeners yesterday?

    (A) A brochure
    (B) An itinerary
    (C) A receipt
    (D) A menu

3. What does the speaker imply when he says, "Well, I've lived here my entire life"?

    (A) He wants to change a schedule.
    (B) He is excited to relocate.
    (C) He plans to visit other places.
    (D) He is qualified for his job.

Welcome to the historic Old Town of Norwich City. **I'll be your guide for today's tour.** I'm going to take you around the city's historic market and port districts, where traders have sold their goods for almost two centuries. If you've checked your e-mail since yesterday, you may have seen **I e-mailed an updated schedule** with the four locations we'll visit. We'll start by visiting the docks, and then we'll go to the open-air market. **There is so much to see and do in this area, and you will probably have many things to ask me. Well, I've lived here my entire life.** Okay, then let's get going on our tour.

❶ 환영 인사 및 본인 소개
❷ 투어 일정 소개
❸ 추가 정보 및 요청 사항
❹ 마무리 인사

필수 암기 기출 표현 🎧 U10_8

- Thanks for joining me on today's hike around Sunlit Forest.
  오늘 썬릿 포레스트 하이킹에 함께 해 주셔서 감사합니다.
- I'll be leading you on today's tour. 제가 오늘 투어에서 여러분을 안내할 것입니다.
- I'll show you around this facility. 제가 오늘 이 시설을 견학시켜 드릴 것입니다.
- We will be arriving shortly at ~ 저희는 곧 ~에 도착할 것입니다.
- Our tour will last approximately two hours. 저희 투어는 약 2시간 동안 지속될 것입니다.
- After lunch, we'll spend the afternoon exploring the history museum.
  점심 식사 후에, 역사 박물관을 답사하며 오후 시간을 보낼 것입니다.
- We'll head back to the entrance. 우리는 입구로 돌아갈 것입니다.
- We'll finish the tour on the east side of the island, where you'll have time to relax on the beach.
  섬 동편에서 투어를 마칠 예정이며, 여러분은 그곳 해변에서 휴식을 취하실 것입니다.
- Visitors are not allowed to take pictures of the artwork. 방문객들은 미술품 사진 촬영이 허용되지 않습니다.

1. What is being advertised?

   (A) An apartment complex
   (B) A coworking space
   (C) A travel agency
   (D) A hotel

2. According to the speaker, what will the listeners appreciate most about Synergy Hive?

   (A) Networking opportunities
   (B) Friendly staff
   (C) Affordable pricing
   (D) Convenient location

3. What does the speaker suggest the listeners do online?

   (A) Download a brochure
   (B) Take a virtual tour
   (C) Schedule a visit
   (D) Read some reviews

___

4. Who most likely is the speaker?

   (A) A news reporter
   (B) A football player
   (C) An event organizer
   (D) A city official

5. What does the speaker imply when she says, "That's triple the normal price"?

   (A) The tickets are overpriced.
   (B) A venue doesn't have enough seating.
   (C) Seats to an event are in high demand.
   (D) An event has generated large profits.

6. According to the speaker, how can the listeners get more information?

   (A) By visiting a Web site
   (B) By joining an online discussion
   (C) By following a social media page
   (D) By viewing a special program

7. What type of product is the Bulb Buddy?

   (A) A tablet computer
   (B) A light fixture
   (C) A gardening tool
   (D) A kitchen utensil

8. According to the speaker, what makes the product unique?

   (A) It comes with extra parts.
   (B) It is rechargeable.
   (C) It includes a warranty.
   (D) It has various functions.

9. Why does the speaker say, "You won't find them in any stores"?

   (A) To announce a product recall
   (B) To emphasize the product's popularity
   (C) To promote a new Web site
   (D) To encourage listeners to call

___

10. What project is discussed in the broadcast?

    (A) Redesigning a Web site
    (B) Organizing a fundraiser
    (C) Renovating a city park
    (D) Restoring some artwork

11. According to the speaker, who will benefit from the project?

    (A) Entrepreneurs
    (B) Residents
    (C) Tourists
    (D) Local artists

12. What does the speaker encourage the listeners to do?

    (A) Call the radio station
    (B) Register soon
    (C) Complete a survey
    (D) Check a Web site

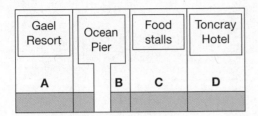

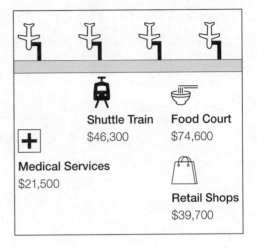

Shuttle Train
$46,300

Food Court
$74,600

Medical Services
$21,500

Retail Shops
$39,700

13. Who most likely are the listeners?

(A) Real estate investors
(B) Hotel guests
(C) Tour group members
(D) New trainees

14. Look at the graphic. Which location can the listeners not visit?

(A) A
(B) B
(C) C
(D) D

15. What does the speaker recommend?

(A) Leaving early
(B) Eating a snack
(C) Using sun block
(D) Buying a souvenir

16. What does the speaker say locals have noticed?

(A) Rising tourist volumes
(B) Diverse flight options
(C) Higher ticket prices
(D) More personalized amenities

17. Look at the graphic. What is the cost of the project currently being worked on?

(A) $21,500
(B) $46,300
(C) $74,600
(D) $39,700

18. What is scheduled for Saturday?

(A) An open audition
(B) A concert
(C) An announcement
(D) A celebration

READING
COMPREHENSION

RC

3초컷 문제 미리보기: 품사 자리 문제 Part 5

품사 자리 문제는 문장 해석을 하지 않고 빈칸 앞뒤의 구조만 파악해 빈칸에 들어갈 품사를 결정하는 문제 유형으로, Part 5에서 매회 9-10문항 출제된다. 출제 비중은 높지만 각 품사가 들어 갈 자리를 빠르게 알아보는 눈만 키우면 문항 당 3초 컷으로 풀 수 있는 쉬운 유형이므로 미리 정리하고 시작하는 것이 좋다.
예문을 읽고 빈칸에 알맞은 품사에 동그라미 표시를 해 보자.

1 빈출 명사 자리

관사, 소유격, 형용사 뒤	1 The [restore / restoration] of the mansion is expected to increase tourism in the region.
	2 The tailor shop on Main Street is known for its expert [alters / alterations] of formal wear.
전치사 앞 또는 뒤	3 [Attendance / Attend] at the conference was 20 percent lower than expected.
	4 Many people are moving out of cities in [respond / response] to higher living costs.
	5 Ms. Eramo is eligible for [promoting / promotion] this month.

2 빈출 동사 자리

주어 뒤	1 PhotoWorld, a new stock photo Web site, [contains / containing] a wide variety of photos.
	2 We at the Wiley Group [value / valuing] the experience each customer has with our services.
be동사 뒤의 분사 자리	3 Anyone with over five years of employment will be [considering / considered] for the position.
명령문의 Please 또는 조동사 뒤는 동사원형 자리	4 Please [keep / keeping] hazardous materials in secure containers that are properly labeled.
	5 All new employees must [attend / attendance] an orientation before starting their work.

3 빈출 형용사 자리

(관사, 동사, 부사 뒤) 명사의 앞	1 The restaurant offers [authenticate / authentic] **Mexican cuisine** at affordable prices.
	2 You can learn how to manage **a** [reasonable / reasonably] **number** of staff effectively today.
전치사와 명사 사이	3 Each piece of feedback from our customers is **of** [critically / critical] **importance**.
2형식 동사와 5형식 동사의 보어 자리	4 Mr. Seth always focuses on skills that **are** [essential / essentially] **to** teamwork.
명사와 전치사구 사이	5 The upcoming workshop covers various **topics** [relation / related] **to higher work efficiency**.

4 빈출 부사 자리

타동사의 앞	1 After a long negotiation, we [finalize / finally] **signed** the contract with Logan Shipping.
자동사의 뒤	2 The successful applicant will **travel** [frequently / frequent] **around the world** for business.
형용사 앞	3 Travel expenses are [definite / definitely] **reimbursable** only if you submit all the receipts.
수동태 또는 진행형의 분사 앞	4 The Welling Bridge **is** [periodical / periodically] **closed** for maintenance.
	5 **When** [consist / consistently] **applied**, sunscreen products reduce UV exposure significantly.
	6 Employees of Global Marketing Services are **evaluated** [annual / annually] for their performance.

정답 및 해석 p.243

1. Executives at Heelflip Software ------- to contribute half a million dollars in order to prevent the closure of a local school.

   (A) agreeing
   (B) to agree
   (C) agreement
   (D) have agreed

2. Because she was overseas on a business trip, Ms. Tucker sent her ------- to the newly appointed CEO by e-mail.

   (A) congratulations
   (B) congratulate
   (C) congratulating
   (D) congratulatory

3. To prevent accidents, AG Chemicals enforces ------- safety measures in all of its production facilities.

   (A) rigor
   (B) rigorously
   (C) rigorous
   (D) rigors

4. In order to achieve the best taste possible, you must ------- monitor the temperature of the sauce.

   (A) vigilantly
   (B) vigilant
   (C) vigilance
   (D) vigil

5. Due to the recent increase in ------- for e-books, Mobius Inc. will double the production of its e-reader models.

   (A) demand
   (B) demanded
   (C) demanding
   (D) to demand

6. Please ------- whether you wish to renew your subscription to our magazine by calling us at 555-0989.

   (A) confirmation
   (B) confirmed
   (C) confirm
   (D) confirms

7. Many companies in Cookville are in ------- need of security personnel for their warehouses.

   (A) urgency
   (B) urgently
   (C) urgent
   (D) urgencies

8. The department supervisor discussed several issues regarding staff with ------- on persistent absenteeism.

   (A) emphatic
   (B) emphasis
   (C) emphasize
   (D) emphasized

9. As mobile technology continues to develop rapidly, people are going online to shop much more ------- than they used to.

   (A) frequency
   (B) frequent
   (C) frequently
   (D) frequence

10. Potential flooding is now making it ------- to close Tillerson Avenue.

    (A) necessity
    (B) necessary
    (C) necessitate
    (D) necessarily

11. The Randle Expo Center ------- will start on July 15th by demolishing the old east wing.

    (A) expansion
    (B) expand
    (C) expandable
    (D) expanded

12. BlueSky Company produces ------- priced clothing and footwear designed for camping and hiking.

    (A) reason
    (B) reasoned
    (C) reasonable
    (D) reasonably

13. When ordering supplies, you must be -------- and ensure you only purchase items that we absolutely need.

    (A) selecting
    (B) select
    (C) selective
    (D) to select

14. The publisher expects to increase sales by ------- promoting the latest book through social media.

    (A) active
    (B) most active
    (C) actively
    (D) more active

15. The city council debate session will be ------- similarly to the planning meeting held in the Mabel Building.

    (A) structure
    (B) structural
    (C) structured
    (D) structuring

16. The CEOs of the two companies mentioned that they have ------- collaborated on billboard advertising projects.

    (A) traditions
    (B) traditional
    (C) traditionally
    (D) traditionalism

17. In his weekly magazine columns, economist Giles Dawkins ------- spending trends in the retail sector.

    (A) analysis
    (B) analyzer
    (C) analyzes
    (D) analyzing

18. ------- from Emiley Entertainment will hold a press conference once the merger contract with Jackson Film Studio is approved.

    (A) Representatives
    (B) Representing
    (C) Represented
    (D) Represents

19. A ramp at the main entrance of the building will make your realty office more ------- to handicapped customers.

    (A) accessed
    (B) accessible
    (C) accessing
    (D) access

20. Ms. Rachel Turner will create a ------- new schedule for members of her yoga classes.

    (A) completion
    (B) completes
    (C) completing
    (D) completely

UNIT

01 | 명사, 대명사 [Part 5]

- 명사 고난도 유형은 선택지에 명사가 둘 이상 제시되며, 주로 사람/사물/행위를 구분하여 해결한다.
- 대명사 고난도 유형은 부정대명사와 재귀대명사의 개념을 확실히 잡아두는 것이 중요하다.

1 선택지에 명사가 두 개 이상 제시될 때

■ 관사, 형용사, 동사와의 수 일치로 구분

Please make backup [**copies** / copier] of your clients' data in case of a system failure.
시스템 오작동에 대비하여 여러분의 고객 자료에 대한 보관용 사본을 만들어 두십시오. 🖋관사가 없다면 복수형

A number of advance [order / **orders**] indicate that the new device will be a bestseller.
많은 수의 선주문은 새로운 기기가 베스트셀러가 될 것임을 나타낸다.

The seminar focused on topics with **little** [**application** / applicants] to business practices.
그 세미나는 비즈니스 실무에 거의 적용되지 않는 주제들에 중점을 두었다.

■ 사람명사 vs. 사물명사 vs. 행위명사는 동사와의 의미 관계를 따져서 구분

You **should** submit your [applicant / **application**] by June 15 in order for it to be considered.
귀하의 지원서가 검토될 수 있도록 6월 15일까지 제출해야 합니다.

Mr. Stone **reviewed** [estimations / **estimates**] from contractors for renovating the office.
스톤 씨는 사무실을 개조하는 건에 대해 업체들로부터 받은 견적서들을 검토했다.

빈출 사람명사 vs. 행위명사

- applicant 지원자 - application 지원(서)
- attendee 참석자 - attendance 참석
- consultant 상담사 - consultation 상담
- director 감독 - direction 지시, 감독
- negotiator 협상가 - negotiation 협상
- participant 참가자 - participation 참가
- representative 직원 - representation 대표
- manager 관리자 - management 경영
- assistant 보조원 - assistance 보조
- accountant 회계사 - accounting 회계
- competitor 경쟁자 - competition 경쟁
- distributor 유통업자 - distribution 유통
- instructor 강사 - instruction 설명
- supervisor 감독관 - supervision 감독
- subscriber 구독자 - subscription 구독
- producer 제작자 - production 제작, 생산량

■ **형태를 착각하기 쉬운 명사**

The employee lounge is briefly closed **for** [**cleaning** / cleaner] after lunchtime.
직원 휴게실은 점심 시간 후에 청소를 위해 잠시 문을 닫는다.

분사/형용사로 착각하기 쉬운 명사			
-ing	accounting 회계 opening 공석	advertising 광고 spending 지출	cleaning 청소 planning 기획
-al	approval 승인 proposal 제안(서) renewal 갱신	arrival 도착 referral 추천, 소개 rental 대여	potential 잠재력 removal 제거 individual 개인
-tive	alternative 대안 representative 직원	initiative 계획 executive 간부	objective 목표 incentive 장려책, 우대책

2 항상 세트로 사용되는 복합명사

대체로 빈칸 옆에 주어진 명사로는 문장 해석이 자연스럽지 않기 때문에 빈칸에 이를 보충하는 명사가 필요하다는 것을 알 수 있지만, 자주 출제되는 복합명사 세트를 외워두는 것이 가장 빠른 해결 방법이다.

Bad weather is likely to cause **price** [**increases** / increased] for groceries this year.
올해는 좋지 않은 날씨가 식료품의 가격 상승을 유발할 수 있다.

The **building** [manager / **management**] **office** requested that tenants keep their pets quiet.
건물 관리실은 입주자들이 애완동물을 조용하게 길러줄 것을 요청했다. 🖉 building manager는 office와 연결되지 않음

빈출 복합명사	
• travel arrangements 출장 준비	• retail stores 소매점
• sales representative 영업사원	• retirement celebration 퇴직 환송식
• product distribution 상품 유통	• job openings 채용
• workplace safety 작업장 안전	• price increases 가격 인상
• photo identification 사진 부착 신분증	• transportation delays 교통 체증
• patient satisfaction 환자 만족	• building residents 건물 입주자
• customer suggestions 고객 제안	• road repairs 도로 보수공사
• design presentation 디자인 발표	• office supplies 사무용품
• recommendation letters 추천서	• employee productivity 직원 생산성

1초 QUIZ

Gold Members also receive 10% discount vouchers redeemable at all our retail -------.

(A) store   (B) stored   (C) storing   (D) stores

3 인칭대명사는 대부분 격 문제로 출제

■ 소유격 자리

명사 앞에 형용사, 특히 own이 있을 경우 빈칸에는 무조건 소유격이 들어간다.

Mr. White has decided to make some changes to [**his** / him] **own design**.
화이트 씨는 자신의 디자인에 대해 몇 가지 수정을 하기로 결정했다.

■ 주격 자리

Due to high demand, [**you** / your] **are advised** to make a reservation well in advance.
수요가 높기 때문에, 충분히 일찍 예약하시기 바랍니다.

■ 목적격 자리

4형식 동사들은 뒤에 목적격 대명사를 가지므로, 명사 앞의 대명사 자리일 때는 무조건 소유격을 고르지 말고 동사가 3형식인지 4형식인지 먼저 확인하는 습관을 기르자.

Mr. Muller is organizing a company outing and will **send** [**you** / your] **details** about the event.
뮬러 씨가 회사 야유회를 기획하고 있으며, 여러분께 행사에 대한 세부사항을 보내 드릴 것입니다.

4 주어/목적어를 대신하는 재귀대명사와 강조 재귀대명사를 구분

주어를 대신할 때(목적어), 주어를 강조할 때(부사), 그리고 전치사 by, among, for와 결합해 숙어처럼 쓰인다.

Mr. Reed proved [him / **himself**] to be an asset to the company by completing the deal.
리드 씨는 그 거래를 성사시킴으로써 자신이 회사의 자산임을 입증했다.

The CEO of Leon Electronics makes all the travel arrangements [her / **herself**].
　　　　　　주어　　　　　　　　　동사　　　　목적어
레온 전자의 대표이사는 직접 모든 출장 준비를 한다.
✐ 문장 구성이 완전하므로 강조 재귀대명사

Test-takers are asked to not talk **among** [them / **themselves**] once they enter the test room.
응시자들이 일단 시험장에 입실하면, 서로 이야기를 나눌 수 없습니다

토익 빈출 재귀대명사 숙어

- by oneself 홀로, 혼자
- for oneself 스스로, 직접
- among themselves 자기들끼리
- in itself 그 자체로

5 부정대명사

불명확한 대상을 가리키는 부정대명사는 대부분 다른 품사와 함께 출제되지만, 대명사 중에 골라야 한다면 수 일치를 확인한다.

명사와의 수 일치	동사와의 수 일치
• one ~ the other … (둘 중에) 하나는 ~ 다른 것은 …	• most + 복수동사 대부분은 ~이다
• one ~ another … (여럿 중에) 하나는 ~ 또 하나는 …	• both + 복수동사 둘 다 ~이다
• one ~ others … (여럿 중에) 하나는 ~ 다른 것들은 …	• neither + 단수동사 둘 중 어느 것도 ~이다
• one ~ the others … (여럿 중에) 하나는 ~ 나머지는 …	• each + 단수동사 각각 ~이다
• some ~ others … (여럿 중에) 일부는 ~ 다른 것들은 …	
• each other = one another 서로	

If you lose your **ID card**, the personnel manager will issue [other / **another**] at a small fee.
만약 신분증을 분실하면, 인사부장이 약간의 수수료를 받고 또 하나를 발급해 줄 것입니다. ✎ other는 형용사

Please try on our jackets freely and choose [some / **one**] that best **suits** your style.
저희 재킷들을 마음껏 입어 보시고 귀하의 스타일에 가장 잘 맞는 것을 고르십시오.

Engineers from around the world will meet [each / **one another**] during the conference.
컨퍼런스 동안, 전 세계에서 온 엔지니어들이 서로 만나게 될 것이다.

범위를 한정하는 부정대명사의 수 일치

• 단수: one[neither, either, each, none] + of the + 가산 복수명사

• 복수: all[many, several, most, some, both] + of the + 가산 복수명사

Roy Farm has [**one** / some] **of the longest histories** of meat processing in the world.
로이 팜은 세계에서 육가공의 역사가 가장 긴 업체들 중 하나이다. ✎ 대상이 하나이므로 one이 정답

숙어 those: ~하는 사람들

• those who + 동사   those + 분사구(V-ing / V-ed)   those + with 전치사구

This book will be very informative for [**those** / them] **who travel** around Europe.
이 책은 유럽 지역을 여행하는 사람들에게 매우 유익할 것이다.

1초 QUIZ

------- of our policies are outdated and are being reviewed by executive officers.

(A) Several   (B) Either   (C) Something   (D) Those

PRACTICE TEST

1. Mr. Smith plans to finish the project that he is currently working on before ------- requests a raise.
   (A) he
   (B) himself
   (C) him
   (D) his

2. In order to apply for the position, employees must first obtain a ------- from their department manager.
   (A) referring
   (B) referred
   (C) referral
   (D) refer

3. Mr. Norris will consider implementing the proposed employee incentive program after evaluating ------- potential benefits.
   (A) they
   (B) it
   (C) them
   (D) its

4. All Lumber King sales staff will be given ------- to attend the Sell More Products seminar.
   (A) permitted
   (B) permission
   (C) permit
   (D) permissive

5. The health inspector had several ------- about the Redwood Diner's outdated refrigeration unit.
   (A) concern
   (B) concerns
   (C) concerned
   (D) concerning

6. To meet the publishing deadline for the latest edition, Mr. Knowles finished the editing by ------- over the holiday.
   (A) he
   (B) him
   (C) himself
   (D) his own

7. Mr. Ferguson is requesting ------- in the training of the recently hired sales representatives.
   (A) assistant
   (B) assist
   (C) assisted
   (D) assistance

8. The Richmond Community Center will undergo renovations to the parking area this month, so its employees should make other transportation -------.
   (A) arrange
   (B) arranging
   (C) arrangements
   (D) arranges

9. Workers interested in receiving additional training should contact ------- supervisor to learn about upcoming workshops.
   (A) theirs
   (B) them
   (C) their
   (D) they

10. Only authorized employees have ------- to the company's confidential files and databases.
    (A) access
    (B) accessible
    (C) accessibility
    (D) accessing

11. Unlike other department managers, Ms. Fawcett would rather create the monthly work schedule -------.

(A) hers
(B) her
(C) herself
(D) her own

12. Mr. Andrews will announce his ------- about the company trip destination next Monday.

(A) decision
(B) decides
(C) decisive
(D) decisively

13. Visitors are consistently impressed by the resort's ------- and the thorough care of its facilities.

(A) clean
(B) cleanliness
(C) cleaning
(D) cleans

14. Even though Martin Cross and Jenny Yu often disagree over marketing strategies, ------- respect the focus and creativity the other brings to a project.

(A) another
(B) both
(C) either
(D) less

15. The survey data shows that the City Explorer travel card has given tourists ------- to use our public transportation system.

(A) motivate
(B) motivation
(C) motivational
(D) motivator

16. Dillon Home Interiors has a large selection of furniture designed for ------- who reside in small condominiums.

(A) those
(B) these
(C) them
(D) they

17. Bringing in a skilled legal team in a timely manner greatly helped with the company's contract -------.

(A) negotiates
(B) negotiator
(C) negotiations
(D) negotiable

18. The HR manager will reserve one suite for Mr. Baggio and ------- for Ms. Gambino.

(A) other
(B) another
(C) one another
(D) other one

19. The Mega Deals House had been the only discount store in Daleview until a new ------- opened on State Avenue last week.

(A) itself
(B) whose
(C) one
(D) another

20. Flight attendants must make sure that ------- of the passengers has securely fastened their seatbelt.

(A) every
(B) all
(C) each
(D) much

UNIT
02 | 동사: 시제, 태 [Part 5]

- 시제 문제는 해석이 필요하지 않으며, 특정 시점을 나타내는 시간부사 어구를 확인한다.
- 동사 문제는 대체로 태와 시제가 복합적으로 출제된다.

1 단순 시제

■ 현재시제

현재시제와 어울리는 부사

- frequently (=often) 자주, 종종
- periodically 주기적으로
- usually 주로
- occasionally 때때로
- normally 통상, 보통
- typically 보통, 일반적으로
- regularly 정기적으로
- commonly 보통
- generally 일반적으로
- routinely 일상적으로
- every day[week/month/year] 매일[주/달/해]

Ms. Hamilton [**reviews** / reviewed] budget plans **every Monday**.
해밀턴 씨는 매주 월요일에 예산안을 검토합니다.

■ 과거시제

과거시제와 어울리는 부사

- last night[week/month/year] 지난 밤[주/달/해]
- ago ~전에
- yesterday 어제
- recently 최근에 (현재완료시제에도 사용 가능)

Our hotel has always been fully booked since it [**was built** / will be built] **two years ago.**
우리 호텔은 2년 전에 세워진 이래로 항상 예약이 꽉 차 있습니다.

■ 미래시제

미래시제와 어울리는 부사

- tomorrow 내일
- soon 곧
- next week[month/year] 다음 주[달/해]
- this + 시점명사 이번 ~에
- until[by] the end of this week[month] 이번 주[달]말까지

One of our technicians [**will visit** / visits] your office **this afternoon** to repair the copier.
저희 기술자 한 분이 복사기 수리를 위해 오늘 오후에 귀하의 사무실을 방문할 것입니다.

2 완료 시제

■ 현재완료시제

현재완료시제와 어울리는 부사
- lately 최근에
- recently 최근에
- just 이제, 막
- for + 기간: ~동안에
- over[for/in/during] the last[past] + 기간 지난 ~의 동안
- so far 지금까지

The digital camera maker [**has grown** / grows] by fifty percent **since last year**.
그 디지털 카메라 제조사는 지난해 이후 50퍼센트나 성장했다.

■ 미래완료시제

미래완료시제와 어울리는 부사구
- next + 시간명사 다음 ~가 되면
- by the time + 주어 + 현재시제 ~할 무렵이면

By the time we **arrive** at the concert, the jazz band [started / **will have started**] the show.
우리가 콘서트장에 도착할 때쯤이면, 재즈 밴드는 공연을 시작했을 것이다.

■ 토익 빈출 가정법 시제

- 가정법 현재: If 현재시제, 미래시제/명령문 만약 ~라면, …할 것이다[…하시오] [아직 발생하지 않은 일]
- 가정법 미래: If should 동사원형, 미래시제/명령문 혹시 ~라면, …할 것이다[…하시오] [발생할 가능성이 희박한 일]
- 가정법 과거완료: If 과거완료, 주절 would/could have p.p. 만약 ~했다면, …했을 텐데 [과거에 발생한 일의 가정]

If your customer [**wishes** / will wish] to make a complaint, you must refer them to your supervisor.
만약 고객이 불만을 제기하려고 한다면, 그를 부서장에게 안내하도록 하십시오.

If I **had known** that extra payment was required, I [**would** / will] not have ordered this dish.
만약 추가 지불이 필요한 걸 알았다면, 이 요리를 주문하지 않았을 것입니다.

1초 QUIZ

So far, Chat Buddies ------- bids from four technology firms hoping to acquire its products and services.
(A) has received   (B) to receive   (C) receive   (D) was receiving

3 태의 출제 형태

■ 자동사와 타동사로 모두 사용되는 동사의 태 구분

동사가 자동사와 타동사로 모두 사용되는 동사일 때, 자연적으로 발생하는 경우에는 현재분사, 사람이 발생을 시키는 경우에는 과거분사가 정답이다.

The use of cell phones for filmmaking is [expanded / **expanding**] due to better technology.
기술 향상 덕분에 휴대폰의 영화 촬영 활용이 확산되고 있다.

🖋 자연스러운 추세이므로 expand는 자동사=현재진행

■ that절을 목적어로 가지는 전달동사의 수동태

Please [advise / **be advised**] **that** you may be refunded if your order is out of stock.
만약 귀하의 주문품이 재고가 없다면, 환불 처리될 수 있음을 유념하십시오.

4 토익 빈출 수동태 숙어

다음 동사들은 토익에서 be동사와 출제된다면 무조건 수동태가 정답이다.

> **전치사와 결합하는 수동태 숙어**
>
> | | | |
> |---|---|---|
> | • be committed to ~에 전념하다 | • be submitted to ~에 제출되다 | • be known for ~ 때문에 유명하다 |
> | • be involved in ~에 연루되다 | • be dedicated to ~에 전념하다 | • be known as ~로서 유명하다 |
> | • be related to ~와 관련되다 | • be limited to ~으로 한정되다 | • be redeemed for ~와 교환하다 |

The CEO praised Mr. Son, who [**was involved** / was involving] **in** finalizing the deal.
대표이사는 거래를 마무리하는 데 관여한 손 씨를 치하하였다.

> **to부정사와 결합하는 수동태 숙어**
>
> | | |
> |---|---|
> | • be expected to do ~하리라고 예상되다 | • be elected to do ~하도록 선출되다 |
> | • be designed to do ~하도록 고안되다 | • be asked[invited] to do ~하도록 요청받다 |
> | • be projected to do ~라고 예측되다 | • be honored to do ~하게 되어 영광이다 |
> | • be planned to do ~하기로 계획되다 | • be prepared to do ~할 준비가 되다 |

Mr. Jackson is [**expected** / expectation] **to answer** questions at the end of the interview.
인터뷰 마지막에서 잭슨 씨가 질문에 답변을 할 것으로 예상됩니다.

5 고난도 태 출제 포인트

태에서 가장 구분이 어려운 경우는 보어의 자리에서 현재분사/과거분사, 분사/형용사, 분사/명사를 구분하는 것이다. 실제 분사/형용사 또는 분사/명사의 경우는 이론상 헷갈린다는 것이지 거의 출제되지 않으므로 주로 현재분사와 과거분사의 싸움이라고 할 수 있다.

■ 감정동사의 능동과 수동 구분

현재분사와 과거분사 중에서 고르는 유형의 동사는 대부분 사람의 감정을 나타내는 경우이기 때문에 감정동사라고 부른다. 이 경우 사람이 감정을 느끼는 주어 자리에 있다면 수동태인 과거분사, 감정을 느끼게 만드는 사람이나 사물이 주어 자리에 있다면 능동태인 현재분사를 선택하면 쉽다.

We are [delighting / **delighted**] to show you our samples a month earlier than we expected.
저희 샘플을 예상했던 것보다 한 달 일찍 귀하에게 보여드리게 되어 기쁩니다.

> **감정동사의 분사**
>
> - pleased 즐거운
> - concerned 걱정을 하는
> - excited 흥분을 느끼는
> - frustrating 좌절시키는
> - amusing 즐겁게 하는
> - satisfied 만족하는
> - delighted 기쁨을 느끼는
> - alarming 놀라운
> - interested 흥미를 느끼는
> - fascinating 매혹시키는
> - disappointed 실망한
> - distracting 산만하게 하는

■ 4형식 동사의 수동태

send, offer, award, issue, grant, vote 등 목적어를 두 개 가지는 4형식 동사의 수동태는 과거분사 뒤에 명사가 남아있게 된다. 이 명사를 보고 3형식 동사의 능동태로 착각하기 쉬우므로 주의해야 한다.

Only disabled **employees** will **be** [**granted** / granting] **access** to the new parking space.
장애를 지닌 직원들에게만 새로운 주차 공간의 이용 권한이 주어질 것입니다.

■ 보어 자리에서 분사와 형용사의 구분

보어 자리에서 분사와 형용사가 모두 제시되는 경우는 매우 드물기는 하지만 일단 출제되는 경우에는 최고난도에 속한다. 이때는 빈칸이 주어에게 가해지는 행위를 나타낸다면 수동태인 과거분사, 주어의 속성을 나타내는 경우라면 형용사를 선택하면 되는데, 이 형용사를 능동의 개념으로 보면 이해하기 쉽다.

We all agreed that the **inventory system** was [disrupted / **disruptive**] to prompt delivery.
우리 모두가 재고 시스템이 신속한 배송을 저해한다는 데 동의했다.

✎ system이 해치는 능동적 요인이므로 형용사가 정답

1초 QUIZ

Ms. Carr was ------- when an e-mail arrived complaining about the new Web site.
(A) surprise　　(B) surprises　　(C) surprising　　(D) surprised

PRACTICE TEST

1. Technicians are performing maintenance on the computer network, so access to e-mail ------- unavailable until tomorrow.
    (A) was
    (B) are being
    (C) has been
    (D) will be

2. Graham Office Supplies recently ------- to terminate its contract with White Fountain Company after several late payments.
    (A) decides
    (B) decided
    (C) to decide
    (D) will decide

3. ------- four weeks, Smartsave Foods Inc. publishes a company newsletter that is distributed to all employees.
    (A) During
    (B) Every
    (C) About
    (D) Only

4. Ms. Idassi ------- care of all the customer complaints while Mr. Hanson is on vacation.
    (A) will take
    (B) had taken
    (C) taking
    (D) to take

5. Photographer Joshua Davies ------- his latest work during last week's exhibition at the Bellevue Gallery of Visual Arts.
    (A) present
    (B) will present
    (C) was presented
    (D) presented

6. In order to adapt to modern dining trends, many restaurants ------- offering more vegetarian options in the last few years.
    (A) will begin
    (B) have begun
    (C) will have begun
    (D) to begin

7. Mr. Peterson, the current Chief Science Officer, ------- at Pharmcom Inc. for 23 years.
    (A) is serving
    (B) will serve
    (C) had served
    (D) has been serving

8. Most customers who responded to our survey were ------- with the new menu we introduced last week.
    (A) satisfaction
    (B) satisfied
    (C) satisfying
    (D) satisfactory

9. The business relationships we ------- over the past decade have helped us become a leading accounting firm in the nation.
    (A) have developed
    (B) developing
    (C) will develop
    (D) develop

10. If Ms. Petrie had not ordered copy paper yesterday, we ------- out of it by now.
    (A) has run
    (B) be run
    (C) will run
    (D) would have run

11. Sales made on the last day of a month
    are ------- in the next month's earnings
    report.

    (A) reflected
    (B) reflects
    (C) reflecting
    (D) reflect

12. Currently, bids ------- publicly by
    Catasauqua Area School District for a
    contract to install and maintain security
    cameras in the region's many schools.

    (A) are accepting
    (B) are being accepted
    (C) accept
    (D) have accepted

13. Happy Press ------- for creating radio
    advertisements that are memorable to
    listeners.

    (A) will know
    (B) is known
    (C) to know
    (D) has known

14. The experiment ------- all day
    Wednesday in Dr. Shin's laboratory on
    the second floor.

    (A) conducts
    (B) has conducted
    (C) was conducted
    (D) are conducted

15. Although Desmond Aitken is an award-
    winning director, early reviews of his
    latest movie have been -------.

    (A) disappoint
    (B) disappointed
    (C) disappointment
    (D) disappointing

16. Ms. Benitez is ------- to hear that
    Professor Jackman has agreed to
    deliver a speech at this year's medical
    conference.

    (A) pleasure
    (B) pleasing
    (C) pleased
    (D) please

17. In accordance with our policy, you
    will ------- a refund for the bouquet of
    flowers that you received three days
    late.

    (A) issue
    (B) to issue
    (C) have issued
    (D) be issued

18. Dana Sullivan ------- the Player of
    the Year by the Women's Soccer
    Association three years in a row.

    (A) had been voting
    (B) has been voted
    (C) to be voting
    (D) having voted

19. The waste disposal method
    implemented by the textile factory was
    ------- environmentally safe.

    (A) deems
    (B) to deem
    (C) deemed
    (D) deeming

20. By the time Mr. Grant retires from Wigler
    Inc. next year, he ------- the company
    for 33 years.

    (A) served
    (B) has served
    (C) will have served
    (D) will served

UNIT
03 | 형용사, 부사 Part 5

- 주로 품사 자리 찾기와 어휘로 출제되는 형용사와 부사는 문법에서는 수 일치로 출제된다.
- 비교급은 접속사와 연계한 알맞은 형태 찾기 또는 알맞은 부사 찾기 유형으로 출제된다.

1 주의해야 하는 형용사 자리

■ 명사를 뒤에서 수식하는 형용사

명사 뒤의 관계대명사절에서 관계대명사와 be동사가 생략되면 형용사가 명사를 뒤에서 수식하는 구조가 된다. 명사는 명사를 뒤에서 수식하지 않는다.

Mr. Simons leads a **team** [responsibility / **responsible**] for repairing equipment.
사이먼스 씨는 설비 수리를 담당하는 팀을 이끌고 있다. ✎ 형용사 앞에서 that/which is가 생략됨

■ 5형식 동사의 목적격 보어

5형식 동사 find, make, keep 등은 「동사 + 목적어 + 목적격보어(형용사)」의 구조를 지니므로 목적어 뒤에 빈 칸이 있다면 주로 형용사 또는 형용사 역할을 하는 분사가 정답이다.

Password protection is considered necessary to **keep your documents** [**secure** / security].
여러분의 문서를 안전하게 보관하려면 비밀번호로 보호하는 것이 필요하다고 여겨진다.

■ 전치사와 결합하는 형용사

- **considerate of** ~에 대해 사려 깊은
- **supportive of** ~을 지지하는
- **representative of** ~을 상징하는

Mr. McCoy always tries to be [considerable / **considerate**] of employee requests for leave.
맥코이 씨는 항상 직원들의 휴가 신청에 대해 관대하려고 노력한다. ✎ considerable은 명사를 바로 수식

2 형용사의 수 일치

단수명사 수식	each 각각의 every 모든 another 또 하나의 any 어떤 ~이든 the other 나머지
복수명사 수식	many 많은 some 몇몇의, 일부의 a few 몇몇의 all 모든 most 대부분의 any 어떤 ~이든 other 다른 the other 나머지 both 두 ~ 모두
불가산명사 수식	much 많은 some 약간의, 어떤 a little 약간의 all 모든 most 대부분의 any 어떤 ~이든

[**Any** / All] **diner** conscious of their weight can find many healthy foods at our restaurant.
체중에 신경을 쓰는 고객은 누구든 저희 식당에 오시면 많은 건강한 음식을 찾으실 수 있습니다.

3 부사의 특별한 수식 기능

■ 형용사, 부사, 동사, 수치를 수식하는 부사

형용사/부사/동사 수식 (정도)	quite 무척 rather 다소 very 매우 so 몹시 considerably 상당히 particularly 특히 well 상당히 substantially 상당히 too 너무 a lot 매우 extremely 몹시 fairly 꽤 much 훨씬 ✏ well, quite, much, considerably는 동사 수식 부사로도 자주 출제된다.
수치 수식 (수준)	approximately 대략 nearly 거의 almost 거의 about 약 around 약 roughly 약 over ~이상 at least 적어도 up to 무려 ~까지 just 바로 only ~밖에

With the help of Mr. Yoon, it took [**only** / right] **three hours** to complete the documentation.
윤 씨의 도움으로, 문서 작업을 끝내는 데 세 시간밖에 걸리지 않았다.

■ 절 또는 분사구를 수식하는 접속부사

accordingly(따라서), otherwise(그렇지 않으면), thereby(그에 따라서) 등의 부사는 앞 절의 내용을 받아서 다음 절 또는 분사구문을 연결하는 기능을 한다.

Half of our workers will work at home, [**thereby** / elsewhere] **reducing operating expenses**.
우리 직원의 절반이 재택근무를 할 것이며, 그로 인해 운영 비용이 줄어들 것입니다.

■ 명사(구)를 수식할 수 있는 부사

다음 부사들은 명사의 앞에서 명사(구)를 강조할 수 있는데, 특히 only는 명사를 뒤에서 강조할 수도 있다.

- only 오직
- even 심지어
- formerly 전에 ~였던
- specifically 특히

For **this week** [before / **only**], the Heywood Restaurant offers a free meal to anyone over 60.
이번 주에 한해 헤이우드 식당은 60세 이상 누구에게나 무료 식사를 제공합니다. ✏ only는 명사를 후치 수식 가능

■ 부정을 포함하는 부사

다음 부사들은 자체에 부정의 의미를 포함하고 있어 문장에서 not과 함께 쓰이지 않는다.

- seldom, rarely, hardly, barely 거의 ~않다

Mr. Madison **pointed out** that many employees [very / **seldom**] **arrive at work on time**.
메디슨 씨는 다수의 직원들이 정시에 출근하는 적이 거의 없다는 점을 지적했다. ✏ very는 동사를 수식하지 않음

1초 QUIZ

The popularity of our mobile phones has been rising dramatically, ------- among young adults.
(A) particular   (B) particularly   (C) particularize   (D) particularity

4 무엇이든 수식하는 만능 부사: 초점부사

다음의 부사들은 어떤 품사든, 그리고 구와 절까지 가리지 않고 강조하려는 어떤 대상도 수식할 수 있다.

- only 오직
- even 심지어
- exclusively 오직
- primarily 주로
- merely 다만
- just 오직 단지
- particularly 특히
- largely 대부분
- mostly 대부분
- especially 특히

Today's presentation will deal [exclusive / **exclusively**] with our new product.
오늘의 설명회는 오직 우리의 신제품만을 다룰 것입니다.

The applicants for the position are [except / **primarily**] employees from within the company.
그 직책의 지원자들은 주로 사내 직원들이다.

5 비교 구문

■ 비교 대상을 나타내는 than이 생략된 비교급

비교 대상이 '지금보다, 전보다'처럼 시점을 비교하는 경우에 접속사「than + 비교 대상」을 생략하기도 한다.

We are committed to creating marketing campaigns that are [some / **more**] cost effective.
우리는 보다 비용 효율적인 마케팅 캠페인을 기획하는 것이 전문입니다.   ✐ some은 형용사를 수식하지 않으므로 오답

■ 비교급을 강조하는 부사

much, still, even, far, a lot 훨씬

✐ 실제 시험에서는 even, considerably, significantly가 비교급을 수식하는 부사로 잘 나온다.

The new version of the software performs [**even** / very] better than the previous one.
새 버전의 소프트웨어는 이전 것보다 성능이 훨씬 더 좋다.

■ 최상급 자리로 착각하기 쉬운「the + 빈칸」자리

We will meet this week to discuss the [most important / **importance**] of the merger.
우리는 이번 주에 합병의 중요성에 대해 논의하기 위해 만날 것이다.

Ms. Heatherway is working on our service to make it ------- for overseas customers.
(A) afford   (B) affordability   (C) more affordable   (D) more affordably

■ 최상급 앞에 사용되는 부사

원급을 수식하는 부사 very가 최상급을 수식하기도 한다는 것을 꼭 기억해 두자.

Buck Media released the [**very** / more] **latest** installment in the series.
벅 미디어는 연재물 중 가장 최신 편을 공개했다.

■ 최상급 숙어

- the second/third/fourth + 최상급 두 번째로/세 번째로/네 번째로 가장 ~한
- the single + 최상급 가장 ~ 한 단 하나
- all the more 더욱 더, 오히려, 한층 더

Sunrise News is **the second** [**most widely** / more widely] watched morning newscast in the nation.
'선라이즈 뉴스'는 국내에서 두 번째로 시청자가 많은 아침 뉴스 방송이다.

Apparently, GDP is the [**single** / much] **most important** economic indicator.
명백히 국내총생산이 단일 요소로는 가장 중요한 경제 지표이다.

Arctic Nights is [**all the more** / too much] impressive when viewed on a 4K screen.
'북극의 밤'은 4K 화면으로 보면 더욱 더 인상적이다.

■ 최상급과 함께 사용되는 전치사

최상급의 비교 범위를 나타내는 전치사 of, in, among 중에서, of는 주로 문장 앞에, in, among은 문장 뒤에 사용된다.

Of the three candidates, Ms. Young is the [**most experienced** / experienced] in accounting.
세 명의 지원자 중에서, 영 씨가 회계에 대한 경험이 가장 많다.

Lightning Blue is the [popularity of / **most popular**] flavor **in** Jolt Soda's line of sports drinks.
라이트닝 블루가 졸트 소다의 스포츠 음료 제품들 중 가장 인기있는 맛이다.

Mr. Barton's new novel is [over / **among**] the best-selling books this year.
바톤 씨의 새 소설은 올해 가장 많이 팔린 도서들 중 하나입니다.

1초 QUIZ

After the housing crisis, the property market recovered ------- more slowly than anticipated.
(A) such   (B) very   (C) much   (D) too

PRACTICE TEST

1. ------- office workers should attend the spreadsheet skills workshop on Monday in the computer lab on the fifth floor.

   (A) All
   (B) Every
   (C) Each
   (D) Neither

2. The Philadelphia Metro expects to have its new subway lines ------- by the end of February.

   (A) functional
   (B) functioned
   (C) functions
   (D) functionally

3. When you proofread the articles, please mark ------- spelling error in the text using a red pen.

   (A) both
   (B) many
   (C) every
   (D) any

4. If ------- employee volunteers to organize the luncheon, we won't have to order catering, saving operating costs.

   (A) few
   (B) some
   (C) one another
   (D) any

5. Architect Penelope Diaz won critical acclaim by designing water fountains for ------ parks in her home country of Spain.

   (A) another
   (B) little
   (C) several
   (D) each

6. Minton Bank can provide you with all the information ------- to manage your investments.

   (A) necessitate
   (B) necessarily
   (C) necessity
   (D) necessary

7. Employee morale at our factory has continued to fall, ------- among night shift workers.

   (A) particular
   (B) particularly
   (C) particularize
   (D) particularity

8. ------- 50 percent of the survey respondents felt that the product packaging was unattractive.

   (A) Nearly
   (B) Increasingly
   (C) Mostly
   (D) Steadily

9. Extra razor blades and handles are ------- stored in the cabinet behind the cashier's desk.

   (A) usually
   (B) recently
   (C) annually
   (D) formerly

10. The survey indicated that ------- 3 out of 10 professional tennis players prefer to use our brand of rackets.

    (A) approximate
    (B) approximates
    (C) approximation
    (D) approximately

11. Despite unfavorable weather conditions, last week's 'Peace, Love & Music Together' event was ------- attended.

    (A) well
    (B) nearly
    (C) most
    (D) every

12. Sales of Fun Furniture products have increased ------- since the store renovation and the introduction of newer products.

    (A) considerable
    (B) considerably
    (C) considering
    (D) considered

13. Labor organizations asked the government to provide citizens with more education, ------- raising the skill levels of potential workers.

    (A) whereas
    (B) in order that
    (C) thereby
    (D) if only

14. Due to increasing demand, our inventory of Reznor headphones sold out ------- quicker than we had anticipated.

    (A) very
    (B) such
    (C) any
    (D) much

15. Bright-Mail is the third ------- used e-mail service in the United Kingdom.

    (A) common
    (B) commonness
    (C) most commonly
    (D) more commonly

16. Mr. Brunt concluded that even the brightest possible security lighting ------- discourages intruders from entering the factory grounds at night.

    (A) hard
    (B) seldom
    (C) in case
    (D) when

17. According to the CEO, the financial status of Saxon Pharmaceuticals is ------- than its quarterly figures would imply.

    (A) stable
    (B) more stable
    (C) most stable
    (D) as stable

18. The Household Heaven is seeking talented staff to resolve customer complaints, ------- those related to product quality.

    (A) one
    (B) most
    (C) some
    (D) especially

19. Most technology companies are able to find highly skilled workers even ------- these days than they could twenty years ago.

    (A) easy
    (B) easier
    (C) more easily
    (D) most easily

20. TJ's Smokehouse is now ------- more expensive than it was when it first opened last year.

    (A) a lot
    (B) so
    (C) very
    (D) really

04 | 전치사 Part 5

- 매월 4~5문항 정도 꾸준히 출제되며, 주로 의미가 비슷한 접속사 자리와 구분하도록 출제된다.
- 기본 의미보다는 숙어로 출제되는 경우가 더 많으므로 어휘처럼 암기하는 것이 중요하다.

1 기본 전치사

■ 시간을 나타내는 전치사

시점	at + 시간/시점 ~에 on + 날짜/요일 ~에 in + 월/연도 ~에
시간 관계	since ~ 이후로 before ~ 전에 after ~ 후에 by [완료] (늦어도) ~까지 until [지속] ~까지 past ~을 지나서 toward(s) ~에 이르러 from A to B: A부터 B까지 between A and B: A와 B 사이에
기간	during ~동안 within ~ 이내에 for ~ 동안 over ~ 동안에 걸쳐 after ~ 후에 in + 시간 ~ 경과 후에 throughout ~ 내내

The concert tour will begin [**at** / on] **the end** of next month.
콘서트 투어가 다음 달 말에 시작될 것입니다.

Your request will be processed [**within** / during] **five business days**.
귀하의 요청은 영업일로 5일 이내에 처리될 것입니다. ✎ during은 숫자와 함께 사용되지 않음

■ 장소 및 위치를 나타내는 전치사 표현

at + (개방된) 지점, 장소	at the intersection 교차로에 at the library 도서관에서 at the reception desk 접수처에서
on, against + 표면	on the 2nd floor 2층에 on [against] the wall 벽에 on the shelf 선반 위에
in + (경계를 지닌) 공간	in the room 방 안에서 in the city 도시에서 in the envelope 봉투 안에

The renovation will be carried out [on / **in**] **the main lobby** next month.
개조 공사가 다음 달 메인 로비에서 진행될 것입니다.

- hang above (=over) the desk 책상 위에 걸려있다
- sit beside (=next to) the manager
  매니저 옆[바로 옆]에 앉다
- sit around the table 테이블에 둘러 앉다
- below (=under) the table 테이블 아래에
- near the entrance 출입구 근처에
- behind [in front of] the building 건물 뒤[앞]에
- past the building 건물을 지나서
- between Seoul and Incheon 서울과 인천 사이

■ 이동 방향을 나타내는 to, from

Trax Sportswear will **relocate its main office** [**to** / as] **Michigan**.
트랙스 스포츠웨어는 본사를 미시간으로 이전할 것이다.

Ms. Dekker has **received a coupon** [**from** / in] **the store**.
데커 씨는 그 가게로부터 쿠폰 한 장을 받았다.

> **to(~로, ~에게)와 자주 출제되는 동사**
> • submit [= donate, deliver, ship, offer, relocate, move] + 목적어 + to + 명사
> (명사)에게 (목적어)를 제출하다 [기부하다, 배달하다, 수송하다, 제공하다, 이전하다]
>
> **from(~로부터)과 자주 출제되는 동사**
> • obtain [= receive, purchase, order, eliminate, remove] + 목적어 + from + 명사
> (명사)로부터 (목적어)를 얻다 [받다, 구매하다, 주문하다, 제거하다]

■ 시간, 장소 또는 대상의 범위를 나타내는 전치사

> • within ~이내에
> • among ~사이에
> • across ~전체에
> • throughout ~전체에, ~내내

There are some concerns [**among** / until] **industry analysts** about rising energy costs.
업계 전문가들 사이에 에너지 비용 상승에 대한 우려가 있다.

■ 범위를 나타내는 빈출 전치사 표현

> • within walking distance 걸어서 갈 수 있는 거리에 있는
> • within ten days of purchase 구매 후 10일 이내에
> • within the company 회사 내부에서
> • morale among workers 직원들 사이의 사기
> • among the best-selling items 가장 잘 팔리는 물품들 중에
> • across the nation (=country) 전국에 걸쳐, 전국적으로
> • throughout the entire period 전체 기간 내내

A variety of events will be taking place [**throughout** / toward] **the summer**.
여름 내내 다양한 행사들이 개최될 것이다.

1초 QUIZ

We will guarantee same-day delivery if you place an order ------- the next three hours.
(A) during　(B) for　(C) within　(D) from

2 전후의 의미 관계를 나타내는 전치사

■ 이유를 나타내는 전치사

- due to ~ 때문에, ~로 인해
- because of ~ 때문에
- on account of ~ 때문에
- owing to ~ 때문에, 덕분에
- thanks to ~ 덕분에

The company picnic **has been canceled** [**due to** / such as] **bad weather**.
회사의 야유회는 악천후로 인해 취소되었다.

■ 주제 및 연관성을 나타내는 전치사

- about ~에 관하여
- regarding ~에 관하여
- concerning ~에 관하여
- on ~에 관하여
- as to ~에 관하여
- pertaining to ~에 관하여
- related to ~에 관하여
- over ~에 대해
- with regard[respect] to ~에 관하여
- in regard[respect] to ~에 관하여

This document contains sensitive **information** [beside / **about**] **the company's finances**.
이 서류는 회사의 재무에 관한 민감한 정보를 담고 있다.

■ 동반 또는 제외를 나타내는 전치사

- with ~와 함께, ~와의, ~을 가지고
- without ~없이, ~가 없다면
- along with ~와 함께, ~에 덧붙여
- aside from ~은 별도로 하고
- together with ~와 함께
- including ~을 포함하여
- except (for) ~을 제외하고
- excluding ~을 제외하고
- apart from ~ 외에
- other than ~을 제외하고
- besides ~ 외에

No one [during / **except**] Mr. Houde can access the confidential data.
호드 씨를 제외하고 누구도 기밀 자료에 접근할 수 없다. 🖋 during 뒤에는 기간 명사

■ 양보 또는 대체를 나타내는 전치사

- despite ~에도 불구하고
- in spite of ~에도 불구하고
- notwithstanding ~에도 불구하고
- regardless of ~와 상관없이
- instead of ~ 대신에
- rather than ~ 대신에, ~가 아니라

The restaurant is still **attracting** many customers [**despite** / although] **bad reviews**.
혹평에도 불구하고, 그 레스토랑은 여전히 많은 손님들을 끌고 있다.

Mr. Lopez decided to pay for overtime [**instead of** / because of] **hiring temporary workers**.
로페즈 씨는 임시 직원들을 채용하는 대신에 초과 근무 수당을 지급하기로 결정했다.

3 **주의해야 하는 전치사**

■ 분사구문에서 유래된 전치사

- including ~을 포함하여
- excluding ~을 제외하고
- following ~후에
- barring ~이 없다면
- notwithstanding ~에도 불구하고
- according to ~에 따르면
- owing to ~ 때문에
- surrounding ~주위에, 둘러싼
- considering ~을 고려하면
- starting (with, on, in) ~부터
- beginning (with, on, in) ~부터
- given ~을 감안하면
- compared to[with] ~에 비해서
- provided that ~라면

We have finally reached an agreement [**following** / regarding] **lengthy debate**.
오랜 논쟁 후에 우리는 마침내 합의에 도달했다.

■ 명사 결합형 전치사구

- in addition to ~에 더해, ~뿐만 아니라
- as a result of ~에 따른 결과로
- on behalf of ~을 대표해, 대신해
- beyond description 이루 말할 수 없는
- in case of ~의 경우에
- in the event of ~의 경우에
- in response to ~에 대응하여
- in observance of ~을 준수해
- in recognition of ~을 인정하여
- in accordance with ~을 준수하여
- under the direction of ~의 감독[지휘] 하에

[In recognition of / **In case of**] **inclement weather**, the final match **will be delayed**.
악천후가 발생할 경우에, 결승전은 연기될 것입니다.

■ for의 다양한 의미와 용법
전치사 for는 목적지(~로), 행위 대상(~에게), 대가(~을 받고), 보상(~에 대해), 목적(~을 위해), 이유(~ 때문에), 기간(~동안) 등 아주 다양한 의미로 출제된다.

Please be advised that the library **will be closed** [**for** / in] **renovation** in August.
도서관이 8월에 수리를 위해 문을 닫는다는 것에 유념하세요. ✎ 도서관이 문을 닫는 이유

■ of의 다양한 의미와 용법
전치사 of는 소유, 소속, 출처, 동격, 행위 대상, 의미상의 목적어 등으로 다양하게 출제된다.

Employees cannot work overtime without **the approval** [**of** / about] **their supervisor**.
직원들은 상사의 승인이 없다면 초과근무를 할 수 없다.

1초 QUIZ

Mr. Jeon has a few concerns ------- revenue projections for the upcoming year.
(A) onto　(B) between　(C) regarding　(D) next

PRACTICE TEST

1. Departmental work schedules must be received ------- Friday if they are to be posted on the notice board over the weekend.
   (A) upon
   (B) beside
   (C) before
   (D) next to

2. During the street festival, the parking lot on Ford Street will be open from 8 AM to 11 PM ------- its usual operating hours.
   (A) instead of
   (B) from
   (C) in case
   (D) between

3. Strenco Corporation's new employee incentive scheme does not take effect ------- the beginning of next year.
   (A) yet
   (B) under
   (C) until
   (D) when

4. Supervisors at Plebbs Manufacturing conduct weekly performance evaluations for each new factory worker ------- the worker's first two months of employment.
   (A) before
   (B) toward
   (C) throughout
   (D) between

5. The Indy Press Gallery is located just ------- the Rainy Day Bakery on Hudson Boulevard.
   (A) into
   (B) over
   (C) among
   (D) past

6. Employees who are promoted from ------- the department are exempt from the computer skills proficiency test.
   (A) after
   (B) into
   (C) above
   (D) within

7. The charity met its fundraising goal of $10,000 ------- a substantial donation from Emmet Chemicals.
   (A) as well as
   (B) overall
   (C) thanks to
   (D) even if

8. Customers of Floyd Bank should take note that transactions made ------- the period of March 12 to March 15 may not appear immediately on account statements.
   (A) while
   (B) during
   (C) under
   (D) above

9. Construction work to enlarge the main hall of the Ashberg Convention Center will be carried out ------- the next eight months.
   (A) above
   (B) over
   (C) along
   (D) with

10. All genres of film ------- documentaries are shown at the annual Hoplite Festival.
    (A) opposite
    (B) toward
    (C) along
    (D) except

11. Volunteering at the animal shelter and playing the piano in a local jazz band are ------- his many hobbies.

(A) among
(B) considering
(C) regarding
(D) about

12. ------- months of disappointing sales, Wesco Industries' latest figures indicate that the company is back on track.

(A) Following
(B) Followed
(C) Follow
(D) Follows

13. ------- Dr. Meaney, the plans for expansion will be delayed until further studies can be conducted.

(A) As well as
(B) Such as
(C) According to
(D) Aside from

14. ------- a reduction in costs for most of its perfumes' ingredients, Penelope Cosmetics has cut production by over fifty percent.

(A) Although
(B) Neither
(C) Despite
(D) As

15. The hiring committee has yet to obtain a letter of recommendation ------- your previous employer, Mr. Vorhees.

(A) over
(B) behind
(C) out of
(D) from

16. Ms. Koumas is thinking of exchanging her automobile ------- a newer model.

(A) for
(B) on
(C) into
(D) by

17. For the duration of the remodeling project, affected employees will be relocated ------- other departments.

(A) on
(B) to
(C) as
(D) for

18. ------- the afternoon rain showers, the environment awareness fair at Holden Park still attracted hundreds of visitors.

(A) On the other hand
(B) As a matter of fact
(C) Notwithstanding
(D) Eventually

19. The urban planning department has finally allocated funds for the leveling ------- the uneven sidewalks on Hirst Avenue.

(A) with
(B) of
(C) out
(D) with

20. Parking permit requests submitted ------- approval must be accompanied by vehicle registration information and proof of residency.

(A) unless
(B) over
(C) from
(D) for

- 접속사는 대부분 타 품사와 구분하도록 출제되며, 형태상 관계사와 혼동하기 쉬우므로 주의한다.
- 관계사는 사람/사물 선행사 구분 및 관계부사/복합관계대명사 구분이 중요하다.

1 등위접속사: 병렬구조 연결

- and 그리고
- but 그러나
- as well as ~와 마찬가지로
- or 또는
- yet ~이지만
- rather than ~라기보다는

We have established a reputation for our **innovative** [**yet** / as well as] **practical** solutions.
우리는 혁신적이지만 실용적인 솔루션에 대한 명성을 쌓아 왔다.

■ 특수한 등위접속사, 상관접속사

- both A and B A와 B 모두
- either A or B A 혹은 B
- not only A but (also) B A뿐만 아니라 B도
- A and B alike A와 B 똑같이
- neither A nor B A도 B도 아닌
- not A but B A가 아니라 B
- B as well as A A뿐만 아니라 B도

You may pay monthly maintenance fees [**either** / neither] by cash **or** credit.
월 유지관리비는 현금 혹은 신용카드로 지불할 수 있습니다.

2 명사절 접속사

명사절 접속사는 대부분 타 품사와 비교하도록 출제되며, 오답으로 관계대명사 또는 접속사 등이 사용된다.

■ 완전한 절을 이끄는 명사절 접속사 that, whether

that 명사절 [확정 내용]	state, decide, determine, suggest, indicate, report, advise, request, announce
whether 명사절 [미확정 내용]	ask, decide, determine, know

The recipe **indicates** [**that** / what] the meat should be cooked at a high temperature.
조리법에는 고기가 고온에서 조리되어야 한다고 알려주고 있다. ✎ 관계대명사 오답

Please let Chris **know** [though / **whether**] you are available to work an extra shift this Sunday.
크리스에게 당신이 이번 일요일에 추가 근무를 할 수 있는지 알려주세요.

■ **제안, 추천, 요구, 주장, 의무: that 명사절의 동사 형태는 동사원형**

동사	ask 요구하다 demand 요구하다 suggest 제안하다 propose 제안하다 insist 주장하다 request 요구하다 recommend 추천하다
형용사	critical 중요한 important 중요한 imperative 필수적인 essential 필수적인 vital 필수적인 necessary 필요한

I insisted the company [**refund** / refunded] my money in full immediately.
저는 회사가 즉시 제 돈을 전액 환불해주어야 한다고 주장했습니다. 🖉 본동사 insisted에 시제를 맞추지 않음

■ **목적어 또는 보어로 사용되는 명사절(=간접의문문)의 접속사 구분**

명사절이 완전한 경우	when, where, why, how
명사절이 불완전한 경우	who, whose, what, whom, which (형용사)

Please indicate [**which** / who] color you would like to order.
어떤 색으로 주문하고 싶으신지 표시해주세요. 🖉 color의 수식어가 필요한 불완전한 구조

■ **to부정사를 이끄는 명사절 접속사**

whether 또는 의문사 명사절은 「의문사 + to do」 구조로 줄여 쓸 수 있다.

Ms. Gibbs wants to discuss [**how** / neither] to increase employee productivity.
깁스 씨는 어떻게 하면 직원 생산성을 향상시킬 수 있는지 논의하고 싶어 한다.

Mr. Shin is not sure [**whether** / neither] to attend the conference or not.
신 씨는 컨퍼런스에 참가할지 말지 확실하지 않다.

1초 QUIZ

I have not yet decided ------- Mr. Graves is going to do if the current project is over.
(A) that   (B) what   (C) how   (D) whether

③ 부사절 접속사

이유	because ~ 때문에 since ~ 때문에 **now that** 이제 ~이므로 as ~때문에
양보	**although** 비록 ~지만 though ~이지만 even though 비록 ~이지만
대조	while ~인 반면 whereas ~인 반면
시간	once ~하자 마자 before ~전에 after ~후에 as soon as ~하자 마자 until ~까지 since ~이래로 when ~할 때 as ~할 때 **while** ~하는 동안 whenever ~할 때마다 each time 매번 every time ~할 때마다 by the time ~할 무렵에
조건	if ~라면 **unless** ~아니라면 assuming (that) ~라면 as long as ~하는 한, ~라면 as if 마치 ~처럼 even if 설령 ~라도 only if 오직 ~일 때만 provided (that) ~라면 providing (that) ~라면 in case ~인 경우에 in the event (that) ~경우에
결과	so ~ that 너무 ~해서 …하다

[**Although** / Despite] previous experience **is not required**, it can be helpful.
비록 이전 경력이 요구되진 않지만, 도움이 될 수 있습니다. ✎ 전치사 오답과 함께 출제

■ 시간, 조건의 부사절에서 현재시제는 미래 의미

when, if 등 시간이나 조건을 나타내는 접속사가 쓰인 부사절에서는 미래의 일을 현재/현재완료 시제로 표현한다.

When you [**return** / will return] to the office, we **will have** a meeting with clients.
당신이 사무실로 돌아오면, 우리는 고객들과 회의를 가질 것이다.

■ 「Wh + ever」 양보부사절

- whenever (=no matter when) 언제 ~하더라도, ~할 때는 언제나
- wherever (=no matter where) 어디서 ~하더라도, ~하는 어디에서나
- however (=no matter how) 형용사/부사: 얼마나 ~하더라도
- whether A or B: A이든 B이든 상관없이 ✎ 상관접속사

[**However** / Rather] **slowly our reader base grows**, we are collecting more advertising revenue.
우리의 독자층이 증가가 아무리 더디더라도, 우리는 아직도 더 많은 광고 수익을 올리고 있다.

4 관계대명사

관계대명사는 사람/사물 선행사 구분, 격 구분 그리고 수 일치 개념만 익혀도 70% 이상 맞힐 수 있다.

■ 사람/사물 선행사에 맞추기

This course is intended for **anyone** [**who** / which] **wants** to learn about classical music.
이 강좌는 클래식 음악에 관해 배우고 싶어하는 모든 분을 대상으로 합니다.

■ 관계대명사절의 수 일치

Please read **the maintenance guide** that [accompany / **accompanies**] the air conditioning unit.
에어컨 기기에 딸려 있는 유지관리 안내책자를 읽어보시기 바랍니다.

■ 전치사 + 목적격 관계대명사

Our employees can speak freely about the department **in** [**which** / where] they are working.
우리 직원들은 자신들이 일하고 있는 부서에 대해 자유롭게 의견을 말할 수 있습니다.

■ 수량명사 + of which[whom]

We only use **fresh ingredients, most of** [**which** / them] are locally produced.
우리는 신선한 재료만을 사용하는데, 이들의 대부분은 현지에서 생산된다.

The lectures will be delivered by **experts** in their field, [**several** / nothing] **of whom** are top business leaders.
강연은 각 분야의 전문가에 의해 진행이 될 것인데, 그들 중 몇몇은 최고의 기업 지도자들이다.

목적격 whom/which와 결합하는 토익 빈출 수량 표현

• most of ~의 대부분	• all of ~의 모두	• each of ~의 각각
• many of ~의 다수	• both of ~의 둘 다	• none of ~중 아무도 (…않다)
• some of ~의 일부	• several of ~의 몇몇	
• any of ~하는 누구든/무엇이든	• a few of ~의 몇몇	

1초 QUIZ

You will be assigned a locker in ------- you can store your shoes.
(A) whom　　(B) where　　(C) which　　(D) what

■ 복합관계대명사

부사의 위치에 사용되면 양보부사절, 명사의 위치에 사용되면 복합관계대명사절이 된다.

	복합관계대명사절 (명사 위치)	양보부사절 (부사 위치)
whoever	anyone who ~하는 누구든	no matter who 누가 ~할지라도
whatever *	anything that ~하는 무엇이든	no matter what 무엇을 ~할지라도
whichever *	anything that ~하는 무엇이든	no matter which 어느 것을 ~할지라도
whomever	anyone whom ~하는 누구에게든	no matter whom 누구를 ~할지라도

✎ whatever와 whichever는 형용사로도 사용 가능

Seminar speakers are welcome to use [**whatever** / any] **equipment** they need.
세미나 발표자분들은 필요한 장비는 무엇이든지 마음껏 사용하실 수 있습니다.

Attendees can practice their presentations in [**whichever** / any] **rooms** are available during the conference.
참석자들은 컨퍼런스 기간 동안 이용 가능한 어느 방에서든 각자의 발표를 연습할 수 있습니다.

[**Whoever** / Anyone] **wishes** to attend the workshop **should notify** Mr. Denny by July 12.
워크샵에 참석하고자 하는 분은 누구든 7월 12일까지 데니 씨에게 알려주시기 바랍니다.

■ 선행사가 생략된 관계대명사 what

what은 선행사를 따로 가지지 않는 관계대명사이므로 빈칸 앞에 선행사가 있다면 which나 that 등 다른 관계대명사를 정답으로 선택해야 한다.

Customer satisfaction is [that / **what**] Vine Security values most.
고객 만족은 바인 시큐리티가 매우 소중하게 여기는 가치입니다. ✎ 선행사가 생략된 위치

■ 선행사가 앞 절 전체인 관계대명사 which

관계대명사 which의 경우, 앞 문장 전체 또는 일부를 지칭할 수 있다. 이때 빈칸 뒤에는 불완전한 절이 위치한다.

Our express deliveries arrive within two business days, [**which** / that] **is our promise to you.**
저희 특급배송 서비스는 2 영업일 이내에 도착하며, 이는 저희가 귀하께 드리는 약속입니다.

5 관계부사

선행사가 관계사절의 부사이며, 관계사절은 완전한 구조를 지닌다. 선행사 또는 관계부사를 생략할 수 있다.

시간	That was the time when ~ = That was the time ~ = That was when ~ 그때가 ~한 때이다
장소	This is the place where ~ = This is the place ~ = This is where ~ 이곳이 ~한 곳이다
이유	That is the reason why ~ = That is the reason ~ = That is why ~ 그것이 ~한 이유이다
방법	That is the way ~ = That is how ~ 그것이 ~한 방법이다 ✏ the way how는 의미가 중복되므로 사용할 수 없음

I worked for **River Limited** [**where** / near] I **gained extensive knowledge of graphic design**.
저는 리버 리미티드 사에서 일했는데, 그곳에서 그래픽 디자인에 관한 포괄적인 지식을 쌓았습니다.

The heavily congested road **is** [who / **why**] I was late for the meeting.
극심한 교통 혼잡이 제가 회의에 늦은 이유입니다. ✏ 선행사가 생략된 자리

6 관계대명사와 관계부사의 구분

■ 관계대명사 + 불완전한 절

관계대명사 who, whom, which, that 등이 이끄는 절은 주어, 목적어, 보어, 소유격 등이 빠진 불완전한 절이다.

Mr. Huffam will speak about the sales conference [**that** / where] he **attended** last week.
허팸 씨가 자신이 지난주에 참석했던 영업 총회에 관해 말씀해 주실 것입니다. ✏ attended의 목적어가 빠짐

■ 관계부사 + 완전한 절

관계부사 where, when, why, how가 이끄는 절은 문장 구조가 완전한 절이다.

Ms. Shiela is satisfied with [which / **how**] **Mr. Morris handles customer complaints**.
쉴라 씨는 모리스 씨가 고객 불만을 처리하는 방식에 대해 만족한다. ✏ 완전한 절의 구조

1초 QUIZ

A professional yet friendly service is ------- we differ from our competitors.
(A) which   (B) how   (C) when   (D) where

PRACTICE TEST

1. We strive to deliver all food orders within thirty minutes, no matter ------- busy we are.
   - (A) if
   - (B) where
   - (C) how
   - (D) so

2. The senior engineer is reviewing the proposal for the construction project to determine ------- can be done to reduce unnecessary expenditure.
   - (A) that
   - (B) what
   - (C) whether
   - (D) there

3. The publication of the contributed article was delayed, primarily because it was unclear ------- had written it.
   - (A) who
   - (B) what
   - (C) where
   - (D) when

4. Ten-day paid vacations and generous bonuses were awarded to ------- surpassed the individual sales target set by the company this year.
   - (A) who
   - (B) anyone
   - (C) whomever
   - (D) whoever

5. Customers with faulty laptops can visit our technical support centers in Allerton or Farnham, ------- is more convenient.
   - (A) whichever
   - (B) everyone
   - (C) other
   - (D) both

6. Once Mr. Jackson ------- the shipment of name tags, he will distribute them among all staff at The Indigo Hotel.
   - (A) receives
   - (B) to receive
   - (C) received
   - (D) was received

7. It is important that every member of the committee ------- in the next meeting.
   - (A) to participate
   - (B) participating
   - (C) participated
   - (D) participate

8. ------- you want to gain muscle or just lose weight, Fitness Clinic can create an appropriate program for you.
   - (A) Plus
   - (B) Either
   - (C) Rather
   - (D) Whether

9. In order to maintain a steady pace of operation, replace the batteries ------- the power level falls to 20 percent.
   - (A) by contrast
   - (B) in summary
   - (C) whenever
   - (D) rather than

10. With only a few days left until the announcement of the winner of the CWA Literary Award, judges have to decide ------- author released the best book this year.
    - (A) about
    - (B) whom
    - (C) on
    - (D) which

11. Vehicles may be parked ------- our building residents can find space.

(A) whoever
(B) wherever
(C) whatever
(D) whichever

12. We will check the building blueprint thoroughly ------- it has been submitted by the architect.

(A) then
(B) while
(C) due to
(D) as soon as

13. ------- she has worked at Paragon Inc. for almost 20 years, Ms. Gilchrist has never been offered a supervisory role at the firm.

(A) Once
(B) Despite
(C) Because
(D) Although

14. The last week of December is ------- many firms will notice fluctuations in overall consumer spending.

(A) what
(B) why
(C) how
(D) when

15. As a relatively new firm, we have only 15 employees, most of ------- are part-time workers.

(A) them
(B) whom
(C) who
(D) theirs

16. The company's CEO took the French clients to a restaurant at ------- live jazz is performed every evening.

(A) where
(B) whose
(C) whom
(D) which

17. Everyone is eagerly anticipating Ms. Fowler's return from Beijing, ------- she met several Chinese entrepreneurs.

(A) while
(B) where
(C) what
(D) why

18. The blooming of the cherry blossom trees is ------- tourists rush to Blue Crest National Park in the early spring.

(A) why
(B) whatever
(C) while
(D) who

19. Only employees who ------- relevant receipts will receive reimbursement for travel expenses.

(A) provides
(B) providing
(C) to provide
(D) provide

20. The e-mail you received yesterday contains several agenda topics ------- will be discussed at tomorrow's staff meeting.

(A) that
(B) where
(C) what
(D) whatever

06 | 준동사: 부정사, 분사, 동명사 Part 5

- 준동사(to부정사, 동명사, 분사)는 매회 1문항씩 꾸준히 출제되며, 부정사 = 분사 > 동명사의 비중으로 출제된다.
- 부정사는 목적을 묻는 부사 용법과 동사의 목적어 자리의 명사 용법이 주로 출제된다.

1 부정사의 명사 용법: 주로 동사와 함께 사용

■ 2형식 동사의 보어

- be to do ~하려는 목적이다
- appear to be ~처럼 보이다
- prove to be ~로 드러나다

This e-mail **is** [**to confirm** / confirmed] that you have won the Jacob Lewison Award.
본 이메일은 귀하가 제이콥 루이슨 어워드 수상자로 선정되었음을 확정해 드리기 위함입니다.

■ 3형식 동사의 목적어

would like to do ~하고 싶다	wish to do ~하기를 바라다	hope to do ~하기를 바라다
pledge to do ~하기로 약속하다	promise to do ~하겠다고 약속하다	aim to do ~할 목적이다
plan to do ~하려고 계획하다	attempt to do ~하려고 시도하다	tend to do ~하는 경향이 있다
strive to do ~하려고 노력하다	decide to do ~하기로 결정하다	choose to do ~하기로 선택하다
hesitate to do ~하기를 주저하다	regret to do ~하게 되어 유감이다	afford to do ~할 형편이 되다

Herman Group has [explained / **pledged**] **to donate** $5 million to local charity organizations.
헤르만 그룹은 지역 자선단체들에 5백만 달러를 기부하기로 약속했다.

■ 5형식 동사의 목적격 보어

능동태와 수동태가 고르게 출제된다.

require A to do A가 ~하도록 요구하다	expect A to do A가 ~하리라고 기대하다
ask[urge] A to do A가 ~하도록 요청하다[촉구하다]	remind A to do A가 ~하도록 상기시키다
encourage[advise] A to do A가 ~하도록 권고하다[조언하다]	inspire A to do A가 ~하도록 영감을 주다
enable A to do A가 ~할 수 있게 하다	would like A to do A가 ~하기를 바라다
invite A to do A가 ~하도록 초대하다	be scheduled to do ~할 예정이다
allow(=permit) A to do A가 ~하도록 허용하다	be prepared to do ~할 준비가 되다

ACR management [**encourages** / includes] all employees **to wear** formal attire at work.
ACR 경영진은 모든 직원에게 직장에서 정장을 입을 것을 권장한다.

2 부정사의 수식 용법

■ 명사를 수식하는 형용사 역할

- plan(=initiative) 계획
- intention(=intent) 의도
- permission 허락
- obligation 의무
- effort 노력
- opportunity 기회
- objective 목표
- proposal 제안
- way 방법
- ability 능력
- aim(=goal) 목표
- request 요청
- decision 결정
- potential 잠재능력
- commitment 약속
- time 때

The Winston City Council has approved a **plan** [attracts / **to attract**] more businesses.
윈스턴 시 의회는 더 많은 기업들을 끌어들이려는 계획을 승인했다.

■ 형용사를 수식하는 부사 역할

이 용법은 아래의 형용사를 보고 그 뒤에 위치한 빈칸에 들어갈 to부정사를 고르는 것은 물론, to부정사를 보고 앞에 위치한 빈칸에 들어갈 형용사를 고르는 문제로 자주 출제된다.

- eligible 자격이 있는
- enough 충분한
- fortunate 다행스러운
- eager 갈망하는
- proud 자랑스러운
- ready 준비를 갖춘
- bound 예정인
- determined 확고한
- available 이용 가능한
- reluctant 꺼리는
- sure 확실한
- hesitant 망설이는
- likely 가망이 있는
- able 가능한

Working with us for over five years is **enough** [**to receive** / will receive] a promotion.
5년 이상의 근속 연수면 승진을 하기에 충분합니다.

We are very [favorite / **proud**] **to announce** that we successfully launched a new product line.
우리 신제품군을 성공적으로 출시했음을 알려드리게 되어 매우 자랑스럽습니다.

■ 절을 수식하여 목적을 나타내는 부사 역할

문장 앞 또는 끝에서 절을 수식하는 준동사 자리는 무조건 목적을 나타내는 to부정사 자리이다.

[**To register** / Registering] for the lottery, please **enter** your phone number.
추첨에 참가하려면 전화번호를 입력하세요.

■ 명사절 접속사를 수식: 절을 구로 단축

- whether to do ~할지
- how to do 어떻게 할지
- what to do 무엇을 할지
- when to do 언제 할지

When writing a proposal, you must focus on [**how** / who] **to make** it persuasive.
제안서를 쓸 때, 제안서를 설득력 있게 만드는 방법에 초점을 맞추어야 합니다. ✎ how to make = how you can make

3 분사의 형용사 기능

■ 보어 역할

분사는 2형식 동사 또는 5형식 동사의 보어 역할을 한다.

The audience seems to **remain** [**engaged** / engagement] with the lecture due to the graphic materials.
청중은 그래픽 자료들 덕분에 강연에 계속 몰입하는 듯 보인다.

■ 명사를 앞 또는 뒤에서 수식하는 형용사

- rising costs 상승하는 원가
- remaining work 남은 일
- growing traffic 증가하는 교통량
- coming Friday 다가오는 금요일
- participating company 가맹 기업
- lasting impression 오래가는 인상

You must pay the [remained / **remaining**] **balance** of your tuition before the class begins.
개강하기 전에 수강료 잔액을 납부해 주셔야 합니다.

Those [**interested** / interest] in the next workshop must register early due to limited seating.
다음 번 워크샵에 관심있는 분들은 자리가 한정되어 있으므로 일찍 신청해야 합니다.

4 분사의 부사 기능: 분사구문

■ 분사구문의 시제

주절과 동일한 시점이라면 단순시제를 사용하고, 주절보다 앞선 시점이라면 완료시제를 사용한다.

[**Having worked** / Working] with us **for many years**, Mr. Walker **deserves** a promotion.
우리와 오랫동안 같이 일을 해왔기 때문에, 워커 씨는 승진할 자격이 충분하다.

■ 분사구문의 접속사 사용

시간 또는 조건 분사구문에서는 접속사가 남겨지는 경우가 많다. 특히 when 다음에 준동사가 온다면 분사가 정답일 확률이 매우 높다.

When [**revising** / revise] your presentation materials, please use more graphics and numbers.
발표 자료들을 개정할 때, 그래픽과 수치들을 더 많이 사용하십시오.

■ 타동사 수동태의 분사구문

분사구문에서도 태가 출제되는데, 분사 뒤에 명사(목적어)가 없다면 수동태인 과거분사가 정답이다.

As [indicating / **indicated**] in the earlier e-mail, we will cease operations as of May 31.
이전의 이메일에서 시사된 바와 같이, 우리는 5월 31일부로 운영을 중단합니다.

5 동명사의 주요 출제 포인트

■ 전치사의 목적어

for, of, about, with, to 등 여러 전치사 뒤에 빈칸이 있고, 그 빈칸 뒤에 명사 목적어가 위치한다면 동명사가 정답이다. 특히 다음 표현들에 속한 전치사 to를 부정사로 착각해서 동사원형을 사용하지 않도록 주의한다.

- look forward to -ing ~하는 것을 고대하다
- be accustomed to -ing ~에 익숙하다
- be used to -ing ~에 익숙하다
- be committed to -ing ~에 헌신하다
- be dedicated to -ing ~에 헌신하다
- in addition to ~뿐만 아니라

Mr. Hughes is mainly responsible **for** [**coordinating** / coordination] **company policies.**
휴즈 씨는 주로 회사 정책을 조율하는 일을 담당하고 있다.

■ 타동사의 목적어

동명사를 목적어로 취하는 동사

- enjoy 즐기다
- finish 끝내다
- quit 그만두다
- discontinue 중단하다
- suggest 제안하다
- recommend 추천하다
- consider 고려하다
- appreciate 감사하다
- include 포함하다
- involve 포함하다
- mind 꺼리다
- avoid 피하다

부정사와 동명사를 모두 목적어로 취하는 동사들

- prefer 선호하다
- start 시작하다
- begin 시작하다
- continue 계속하다

Jansen Electronics will **begin** [**testing** / tests] its new line of mobile devices next month.
얀센 전자는 다음 달에 새로운 모바일 기기 제품을 테스트하기 시작할 것입니다.

■ 동명사의 시제

동명사는 시제 일치 유형으로 출제되지 않으므로 빈칸이 동명사 자리인 것만 확인하면 된다.

After [**having been** / had been] closed for one month, Gibson Hotel **will reopen** on June 1.
한 달 동안 문을 닫은 후에, 깁슨 호텔은 6월 1일에 다시 개장할 것입니다.

점수 UP POINT   동명사와 명사 자리의 구분

동명사는 앞에 관사를 동반하지 않으며, 타동사의 동명사는 반드시 뒤에 목적어를 동반해야 한다.

- The prescription says **the** daily [**allowance** / allowing] **of** the sleep medicine is no more than three pills.
처방전은 수면제의 일일 복용량을 3정 미만으로 정하고 있다.

1초 QUIZ

We look forward to ------- closely with your team over the next few weeks.
(A) work   (B) working   (C) be working   (D) worked

PRACTICE TEST

1. The new software will ------- the graphic design team to improve the quality of its work.

   (A) inhibit
   (B) recruit
   (C) enable
   (D) keep

2. There are a lot of things to consider before you decide ------- to buy a new smartphone.

   (A) whether
   (B) while
   (C) that
   (D) on

3. In his latest painting, *Wind Over Valley,* Pierre Mondeau has ------- to incorporate his own artistic style with traditional styles.

   (A) attempted
   (B) completed
   (C) persuaded
   (D) recognized

4. The committee is seeking a ------- to request more information about the factory's waste disposal procedures.

   (A) way
   (B) will
   (C) tension
   (D) style

5. The Biloxi Hotel is ------- to host this year's *Zeitgeist Magazine* People of the Year Awards.

   (A) essential
   (B) successful
   (C) admired
   (D) fortunate

6. All staff who have worked at Marcott Memorial Hospital for more than five years are ------- to apply for managerial positions.

   (A) eligible
   (B) possible
   (C) measured
   (D) controlled

7. The Hatee 32R Bread Maker has the ------- to mix dough, bake bread, and keep it hot for several hours.

   (A) decision
   (B) ability
   (C) amount
   (D) faculty

8. The bank's finance committee is thinking of thoroughly ------- spending limits for their customers.

   (A) being reviewed
   (B) to review
   (C) will be reviewed
   (D) reviewing

9. Martin Sherman's announcement about ------- with Indigo Software was met with enthusiasm from shareholders.

   (A) collaborating
   (B) to collaborate
   (C) collaborates
   (D) collaborate

10. For your own safety, avoid ------- the grills without the proper safety equipment.

    (A) operated
    (B) operation
    (C) operating
    (D) operates

11. Lawyers from Kim & Chung Associates considered ------- their new legal services to attract new clients in China.

(A) market
(B) marketable
(C) marketed
(D) marketing

12. Sarah Chung is responsible for all APO Industries' press releases in addition to ------- the company at media events.

(A) represent
(B) representing
(C) represents
(D) representative

13. Great Outdoors is a nonprofit group that is committed to ------- camping trips for local children.

(A) arranging
(B) arrangement
(C) arrangements
(D) arrange

14. ------- of your room reservation will be sent to the e-mail address you provided on the booking form.

(A) Confirms
(B) Confirmed
(C) Confirming
(D) Confirmation

15. Nellysan Industries announced its purchase of an Egyptian-based chocolate company, ------- its plans for expansion into the North Africa.

(A) confirm
(B) confirming
(C) confirmed
(D) is confirming

16. Returns on clothes bought from Myer's will be ------- within 7 days of its purchase.

(A) acceptance
(B) accepted
(C) accepting
(D) accept

17. ------- for the Mersoft Corporation for ten years, Omar Willis quit in order to run his own business.

(A) Had worked
(B) Worked
(C) Having worked
(D) Works

18. When ------- with tight deadlines, Mr. Heinz has proved himself capable of meeting them.

(A) face
(B) faces
(C) faced
(D) facing

19. As ------- in the Building Department's inspection report, the old Morse Theater requires extensive structural reinforcement and renovation.

(A) indicated
(B) indication
(C) indicate
(D) indicating

20. Please come to our office in the Horzenbul Hotel so that we can complete all the ------- paperwork prior to the deal.

(A) remain
(B) remains
(C) remaining
(D) remained

- 문법과 어휘가 문맥으로 출제되어, 빈칸이 포함된 문장 외에 지문의 다른 문장에서 단서를 파악해야 한다.
- 문장삽입 유형도 대부분 빈칸 앞 문장들에서 단서를 파악한다.

1 앞 문장과 상반되는 내용을 연결하는 접속부사

접속부사 중 압도적 출제율을 보이는 However는 상반(하지만, 그런데)과 양보(그렇더라도)의 뜻으로 모두 사용되는데 구분할 필요는 없으며, 어느 경우이든 However만 고를 수 있으면 된다.

However 하지만 ✎ 최다 출제	**Unfortunately** 안타깝게도	**Fortunately** 다행히도
Even so 그럴지라도	**Nevertheless** 그럼에도 불구하고	**Nonetheless** 그럼에도 불구하고
On the other hand 다른 한편, 반면에	**Otherwise** 그렇지 않으면	

Management has asked that employees volunteer to work overtime in order to meet production deadlines. **In accordance with company policy, working on Sundays is not compulsory. -------, those with a willingness to work additional hours on Sundays will be paid double, and this will be taken into account during the annual performance evaluation.**

(A) Instead   (B) However   (C) For example   (D) Therefore

2 앞 문장에 이어서 내용을 추가하는 접속부사

In addition 게다가, 덧붙여	**Additionally** 게다가, 덧붙여	**Also** 또한, 역시
Furthermore 게다가, 더욱이	**Moreover** 게다가, 더욱이	**Besides** 게다가, 더욱이
Plus 그 밖에, 또한	**Likewise** 마찬가지로	**Similarly** 유사하게
In fact 사실은, 실제로	**As a matter of fact** 사실은	**For example** 예를 들면
In contrast 반대로	**Instead** 그 대신에	**Best of all** 무엇보다도
Specifically 특히	**With that in mind** 그것을 염두에 두고	

Thank you for your interest in displaying your merchandise at the 6th Annual Home & Hardware Convention. Vendors should check the dimensions of the convention booths provided by the organizers. You can find these details in the enclosed brochure. **Please ensure that you do not bring too many product samples with you, as space is limited. -------, we ask that booths be assembled one day before the event begins** because we do not want any delays on the day of the convention.

(A) Also   (B) Then   (C) Simply   (D) Afterwards

3 앞 문장의 결과 또는 후속상황을 나타내는 접속부사

Therefore 그러므로, 따라서
Consequently 결국
After all 결국
For that reason 그런 이유로
In part 부분적으로는, 어느 정도

As a result 그 결과
Thus 그리하여
Eventually 결국
In the end 결국

Accordingly 그에 따라서
In short 한 마디로, 결국
To that end 그 목적으로
In all 다 합치면, 종합하면

Welcome to Littleton Business Networking Association (LBNA). **It is a policy of the LBNA to include our members' contact information in our online directory. -------, we would like you to check that all your listed details are accurate and complete.** Should you notice that any details need to be updated, you can make all necessary revisions on our Web site yourself. To sign up to receive our monthly newsletter, please check the appropriate box beside your listing in the online directory.

(A) Nonetheless   (B) Therefore   (C) Otherwise   (D) Conversely

4 시간 또는 순서를 나타내는 접속부사

Afterward(s) 나중에
At present 현재
After that 이후에
Then 그리고 나서
In the meantime 한편으로
Next 다음으로

Presently 현재
Since then 그 이래로
At that time 그 당시에
Initially 처음에
At first 우선

Currently 현재
Previously 이전에
As always 늘 그렇듯이
At the same time 동시에
First 처음에는, 우선

Thank you for informing us about the tight schedule you will have while you are here in Bangkok. After reading your message, we modified the times of your day tour itinerary with us. **Regarding the morning portion of the tour, you may choose between two destinations. You can either visit Vimanmek Palace or the Buddhist temple named Wat Arun. -------, you can take a scenic boat ride through the city's vibrant Taling Chan Floating Market, which is open only in the afternoon. Please inform us of your preference for the morning tour.**

(A) Also   (B) Then   (C) After all   (D) In fact

5 문맥을 통해 알맞은 시제 고르기

지문의 다른 문장에 제시된 시간 단서를 통해 빈칸에 들어갈 동사의 시제를 판단한다.

The 11th Annual Stem Cell Research Conference is scheduled for May 10 to May 15 at the Salinas Convention and Expo Center. **The event** ------- lectures and presentations by numerous experts in the field of stem cell therapy. **Keynote speaker Professor Michael Kane will discuss** the most important recent developments in stem cell research.

(A) to feature   (B) will feature   (C) featured   (D) had been featuring

지문의 종류와 시제 힌트
- 공지(notice), 회람(memo), 발표(announcement): 발생 예정인 일을 공지하므로 미래시제 확률이 높음
- 광고(advertisement)
  - 기업의 서비스나 제품 판매 등 사업 종목을 나타낼 때는 현재시제
  - 기업의 과거부터의 업력을 나타낼 때는 현재완료시제
  - 신제품 출시 일정 등을 설명하는 경우 미래시제가 정답

6 문맥을 통해 알맞은 대명사 고르기

빈칸 앞의 다른 문장에서 대명사가 가리키는 대상의 수 또는 사람/사물에 맞는 대명사를 골라야 하며, 해당 문장만으로 정답을 고르는 격 유형은 출제되지 않는다. 인칭대명사와 부정대명사가 주로 출제된다.

A spokesperson for Calcion Industries has announced financial losses for the fourth consecutive year. The medical equipment manufacturer was once a leader in its field but now finds itself struggling to stay profitable. Market experts believe that **the executives at Calcion Industries** have failed to adapt the company to recent market trends. According to Rob Holland, a prominent economist with *World in Review* magazine, "------- will need to make some big changes in order to keep up with **competitors**." Calcion Industries plans to restructure its management and adopt new production approaches starting next year.

(A) You   (B) It   (C) They   (D) Those

7 문장삽입 유형: 지시어 힌트 이용하기

선택지의 각 문장들을 살펴 보고 this, the, its, there, such와 같은 지시어 또는 인칭대명사가 포함되어 있다면, 해당 문장을 해석한 후 빈칸 앞 문장과의 연결 관계를 파악하여 정답을 확인한다.

As I mentioned to you all, I will be out of town from July 19 to July 23 as I will be attending the annual Digistar Technology Convention. During the trip, I may not be available to speak with clients. **I will leave all client account folders and contact telephone numbers with my assistant, Mary.** -------. Should you require any client information, please get in touch with her.

(A) She will not be joining me at this year's convention.
(B) The convention will be held in Houston this year.
(C) In fact, she will explain a technique for organizing files.
(D) On the other hand, I'll meet several of them there.

8 문장삽입 유형: 접속부사 힌트 이용하기

선택지에 however, therefore, if so, also 등 접속부사가 있다면 해당 문장을 먼저 해석한 후, 빈칸 앞뒤 문장과의 문맥상 연결 논리를 비교하여 정답을 확인한다.

Hi Jasmine,

I was very impressed with your revisions to the employee handbook. I realize how demanding this task was, as there were several important changes that needed to be reflected in the employee handbook in order to bring it up to date. Also, please take a look at the attached file, in which I have outlined **some more changes that I would like you to make. The section titled "Health and Safety Regulations in the Workplace" should be included on pages 3 through 5.** -------. Once again, I truly appreciate the time and effort you've devoted to this task.

(A) If you have any questions, Linda can fill you in on the details.
(B) With your experience, I expected a higher quality of work from you.
(C) For example, employees must wear a helmet in the factory.
(D) In addition, the titles for each section should be in size 12 font.

PRACTICE TEST

Questions 1-4 refer to the following e-mail.

Dear Sir or Madam,

My company is planning to have a year-end banquet to celebrate what has been a very successful year for us so far. Approximately 150 members of our staff will attend. The Beverly Hotel has been recommended to me by a number of my colleagues. -------, I **1.** have some reservations about whether you will be able to meet our requirements.

I have concerns that your function rooms may not be ------- for our needs. Specifically, **2.** we would like to find a large room that features a stage and audio-visual equipment, including a public address system, a projector, a laptop, and a screen.

If you could send me detailed information about your function rooms, it would be much appreciated. I am particularly interested in your banquet hall, which I believe is the largest and best equipped of the rooms. -------. I would be happy ------- a reply from you at your **3.** **4.** earliest possible convenience, as we would like to book a venue by the end of this month. Thank you in advance for your help.

Peter Quinn

---

1. (A) However
   (B) Therefore
   (C) Furthermore
   (D) Similarly

2. (A) total
   (B) opposite
   (C) adequate
   (D) able

3. (A) However, another room should be fine if it has already been reserved.
   (B) As a result, you might not have enough staff to handle the catering.
   (C) Stage lighting would also be useful but isn't necessary.
   (D) My employees and I had a wonderful evening there.

4. (A) would receive
   (B) to receive
   (C) being received
   (D) to have been received

Questions 5-8 refer to the following e-mail.

From: colinmaxwell@officemax.com
To: katysloane@gomail.com
Date: July 16
Subject: Re: Missing order

Dear Ms. Sloane,

I just read your message regarding the two Betatech photocopiers you ordered from us on July 8. You are correct: as per our policy, your items should have been delivered within 7 business days. ------- , we usually take a maximum of 5 business days for deliveries.
                                5.
That's why I was very surprised to learn that you have not received them yet. ------- .
                                                                                6.
According to this document, your goods were damaged in transit and returned to our warehouse by the delivery company. We had to wait for two more copiers to come in, and these were sent out to you yesterday. Should the order still not have arrived by July 20, please ------- us. Please accept my utmost apologies. We often have problems with
           7.
our current shipping company. I'm sorry to say it, but this type of issue is becoming quite ------- , and we will have to take action to address this.
       8.

Sincerely,

Colin Maxwell
Office Max Supplies

---

5. (A) However
   (B) After all
   (C) In that case
   (D) In conclusion

6. (A) We can confirm that we have
       received your payment.
   (B) Please refer to our policy on
       shipping and ordering.
   (C) Unfortunately, the goods you
       requested are no longer on sale.
   (D) I was able to locate the monthly
       shipping log.

7. (A) contacted
   (B) to contact
   (C) contacting
   (D) contact

8. (A) welcome
   (B) beneficial
   (C) typical
   (D) affordable

Questions 9-12 refer to the following letter.

Dear Travel City Member,

We thank you for booking your flight with us. Please be sure to sign up for our Instant Alerts Program, which ------- us to send you alerts in the form of text messages. -------.
9. **10.**
We also will be able to send to you, if you request, ------- about related flights, hotels,
11.
popular tourist spots, and more. We also are offering members with a Gold Star Card the chance to enter to win a free trip to Hawaii!

Entering is easy. Simply visit our Web site at www.travelcity.com/event and complete the application form. Then submit it to us. You will receive a confirmation e-mail after we receive the form. The winner will then be contacted ------- three weeks of the end of
12.
the contest with directions on how to obtain the prize. For those who currently do not possess a Gold Star Card, visit our homepage to see if you are qualified for one. Once again, we thank you for doing business with us and hope you enjoy your flight.

---

9. (A) has allowed
   (B) had allowed
   (C) will allow
   (D) allowed

10. (A) Your flight is scheduled to depart Thursday at 8:20 P.M.
    (B) We are sorry to inform you that the hotel has been fully booked.
    (C) Don't forget to bring your passport when you check in at the airport.
    (D) They will contain information regarding your flight, including flight delays, cancellations, and flight-time reminders.

11. (A) performance
    (B) evaluation
    (C) referral
    (D) information

12. (A) within
    (B) until
    (C) since
    (D) due to

Questions 13-16 refer to the following e-mail.

To: Sally Sturgess
From: Guest Services
Subject: Your Recent Stay at Gleneagles Resort
Date: November 25
Attachment: Room Voucher

Dear Ms. Sturgess,

We are terribly sorry to hear about the problems you ------- during your stay at Gleneagles
                                                       13.
Resort from November 19 to November 21. Please be assured that the used towels
and the unchanged bedding you found in your room are not representative of the high
standards of service on which our resort has built its reputation. ------- of our rooms are
                                                                    14.
intended to be equipped with fresh towels and bedding before guests are allowed to
check in.

As a sincere apology for the -------, we would be happy to provide you with a
                             15.
complimentary one-night stay at our resort, including a meal at our Italian restaurant,
Santini's. The next time you reserve a room at our resort, simply print out the voucher
attached to this e-mail and present it to the front desk staff upon checking in. -------.
                                                                                16.

Sincerely,
Oscar Plimpton

---

13. (A) encounter
(B) encountered
(C) to encounter
(D) will have encountered

14. (A) Every
(B) Some
(C) All
(D) More

15. (A) addition
(B) delay
(C) reduction
(D) inconvenience

16. (A) The resort is conveniently located in
the commercial district.
(B) Most of our guests are satisfied with
this new service.
(C) However, one of our staff members
promptly addressed the matter.
(D) Once again, I apologize for the poor
standard of service you received.

Questions 17-20 refer to the following letter.

Dear sir/madam,

Thank you for contacting me regarding Ms. Tina Matthews. I can absolutely ------- Ms.
                                                                                17.
Matthews for the accounting assistant position she has applied for at your firm. Ms.

Matthews ------- at Penforth Manufacturing's headquarters in Swindon. Her primary role
          18.
here is to assist the finance manager with staff payroll and department budgets. She has

shown an outstanding work ethic during her time here, and we consider her a valuable

team member. I have no doubt that she would be a great ------- to any corporation she
                                                        19.
works for throughout her career. -------.
                                 20.

Sincerely,

Gareth Evans
Personnel Manager
Penforth Manufacturing

17. (A) recruit
    (B) remember
    (C) request
    (D) recommend

18. (A) employs
    (B) employed
    (C) is employed
    (D) was employed

19. (A) asset
    (B) outcome
    (C) decision
    (D) effort

20. (A) Please don't hesitate to contact me
        if you have any questions.
    (B) Ms. Matthews will begin her new job
        on the first day of October.
    (C) I appreciate your assistance with the
        recruitment process.
    (D) In conclusion, I feel Ms. Matthews is
        fully deserving of the promotion.

Questions 21-24 refer to the following e-mail.

To: Alex Chen <achen@zoomma.com>
From: Angela Tippett <atippett@techmarket.com>
Date: April 30
Subject: Your purchase

We are grateful that you chose to shop at Technology Market Online, the best source for electronics on the Internet. This e-mail ------- receipt of your recent payment.
21.

-------. However, when you ordered the Lazer V3-571G laptop computer, you neglected
22.
to indicate which color you would prefer. We would appreciate it if you could address this issue by making a ------- at your earliest possible convenience. The model that you
23.
ordered is available in Midnight Black or Cherry Red. After you have informed us, you will receive an updated confirmation e-mail ------- a description of how to track your item by
24.
entering its serial number on our site.

Please don't hesitate to ask me any other questions, should you have any.

Sincerely,

Angela Tippett
Customer Service Agent, Technology Market Online

PART 5 | PART 6 | PART 7

21. (A) acknowledging
    (B) acknowledgement
    (C) acknowledge
    (D) acknowledges

23. (A) purchase
    (B) selection
    (C) contract
    (D) complaint

22. (A) We regret to inform you that the item is no longer in stock.
    (B) Your item is almost ready for shipping.
    (C) The credit card you provided could not be charged.
    (D) Several other offers are available during our Summer Sales event.

24. (A) so that
    (B) even if
    (C) along with
    (D) if only

Questions 25-28 refer to the following advertisement.

Francesca Salinas, the new director of the Museo del Sorolla in Bilbao, invites all art lovers to join her for the art gallery's grand reopening. The gallery director ------- major
25.
changes to the Museo del Sorolla.

The new structural design of the interior, conceived by renowned architect Jose Fernandez, features modern design flourishes ------- with traditional Basque stonework.
26.
-------. Visitors to the Museo del Sorolla will be able to enjoy beverages and selected
27.
snacks on the terrace while overlooking the gallery's colorful garden.

Furthermore, the remodeling ------- the main exhibition hall has introduced modern yet
28.
subtle exhibit lighting and large skylight windows.

Tickets for the event are available from the gallery's Web site.

25. (A) will make
(B) makes
(C) to make
(D) has made

26. (A) integrated
(B) exchanged
(C) recruited
(D) afforded

27. (A) The winning prize will be two nights in a luxurious hotel.
(B) Mr. Fernandez was also commissioned to oversee construction of an attractive terrace.
(C) The architecture company is developing a plan for a department store.
(D) There will be an annual awards ceremony for the best designs.

28. (A) since
(B) of
(C) about
(D) up

Questions 29-32 refer to the following memo.

To: All Flicks Cinema Movie Club Members

The founders of the Flicks Cinema Movie Club plan to meet on October 2 to discuss changes to our ticketing policy for future film showings. As you know, a suggestion was made at the last meeting ------- a limited number of guest cinema tickets.
29.

-------, club members are able to obtain three extra guest tickets for each scheduled
30.
movie club film showing at Flicks Cinema. However, with the increase in the number of club members and the subsequent increase in the number of guests, many club members have had to miss out due to all tickets being sold out. -------. Therefore, it has
31.
been proposed that we limit the number of guest tickets that can be provided in order to ensure that there are ------- tickets for club members.
32.

The outcome of the meeting will be announced in the next cinema club newsletter on October 6.

---

29. (A) designate
(B) designates
(C) designated
(D) to designate

30. (A) Eventually
(B) Immediately
(C) Currently
(D) Formerly

31. (A) New members may enroll on our
Web site.
(B) Obviously, this is unfair to our loyal
club members.
(C) Foreign films tend to be the most
popular.
(D) However, tickets are still available
for later showings.

32. (A) ample
(B) earnest
(C) attentive
(D) proficient

1 주제/목적을 묻는 문제

Part 7에서 가장 많이 출제되는 유형의 하나로, 단서만 찾아서 읽어도 풀 수 있으며, 난이도가 쉬운 편이기 때문에 가장 먼저 푸는 것이 좋다.

- **What is the (main) purpose** of the document? 서류의 (주) 목적은 무엇인가?
- **Why** was the memo **written [sent]?** 회람은 왜 작성되었는가 [보내졌는가]?
- **Why** did Mr. Smith **write to** Ms. Emily? 스미스 씨는 왜 에밀리 씨에게 글을 썼는가?
- **What is the letter (mainly) about?** 편지는 (주로) 무엇에 관한 내용인가?
- **What is the main topic** of the article? 기사의 주된 주제는 무엇인가?
- **What does** the article **mainly discuss?** 기사는 주로 무슨 내용을 다루고 있는가?
- **What is being announced [advertised]?** 무엇이 발표[광고]되고 있는가?

Dear Ms. Anselmo,

We are delighted to be able to **inform our readers that we plan to**   글의 목적
start publishing a secondary weekly magazine called *Vancouver*
Buzz, which will focus solely on the city's music scene. It will feature
concert listings, interviews with local band members, and reviews   세부 설명
written by both staff writers and contributors. It will also include
vouchers for discounts at Robb's Records and on merchandise at
various concerts around the city.

Q. What is the purpose of the letter?   목적 질문
(A) To describe a new publication to a customer
(B) To announce a change in subscription fees

점수 UP POINT 주제/목적 문제 정답 단서가 나오는 문장

- **This e-mail is to inform ~** 이 이메일은 ~을 알려 드리기 위한 것입니다
- **I [We] would like to remind ~** ~을 상기시키고자 합니다
- **Please + 명령문** ~해주십시오
- **I would appreciate it if ~** ~하신다면 감사하겠습니다
- **It would be my pleasure if** ~하신다면 기쁠 것 같습니다
- **I am [We are] pleased [delighted] to announce ~** ~을 발표하게 되어 기쁩니다
- **A spokesperson [The CEO] announced that ~** 대변인이 [대표 이사가] ~라고 발표했습니다

2 세부사항을 묻는 문제

세부사항 유형은 Part 7 전체 문제 중 약 절반의 비중을 차지하며, 무엇이, 언제, 어떻게 등에 해당하는 지문의 세부 내용을 묻는다. 이때 질문의 키워드가 지문에서는 패러프레이징되어 제시된다는 것에 유의해야 한다.

- **Who** will receive an award? 누가 상을 받게 되는가?

- **When** would Mr. Lorie like to give a speech? 로리 씨는 언제 연설을 하고 싶어하는가?

- **Where** did Ms. Wilson begin her career? 윌슨 씨는 어디서 자신의 경력을 시작하였는가?

- **What** is a requirement for the position? 그 직책의 필수조건은 무엇인가?

- **What** event will take place on March 8? 3월 8일에 무슨 행사가 개최될 것인가?

- **How** will candidates apply for the positions? 지원자들은 그 자리에 어떻게 지원할 것인가?

- **How** much is the fee? 요금은 얼마인가?

- **Why** does Mr. Smith mention his neighbors? 스미스씨는 왜 이웃들을 언급하는가?

Vaughn Corporation and Irving Ltd. announced at the Los Angeles Trade Expo yesterday that an agreement to merge the two companies was signed. The new Vaughn-Irving Corporation is scheduled to launch in July. — 글의 목적

It will unite the excellent sales performance of Vaughn Corporation with the efficient manufacturing expertise of Irving. **The Vaughn-Irving headquarters will be based in Seattle, Washington.** This relocation will force closures of Vaughn's offices that currently operate throughout Florida as well as the Irving headquarters in Portland. — 세부 설명

Q. Where will the new company headquarters be located? — 세부사항 질문
(A) In Seattle
(B) In Portland

세부사항 문제에서 키워드로 자주 등장하는 정답 단서

- 보수 공사, 행사, 특정 기간의 시작/종료 날짜나 시간
- 기업 본사 및 지사의 위치
- 할인 정보, 결제 방법, 추가 정보 확인 방법
- 사람 이름과 직책 정보
- 장소 및 위치를 나타내는 고유명사

3 요청사항을 묻는 문제

요청사항 유형은 이메일이나 회람 등의 수신자 또는 다수의 대상에게 요구된 특정 사물 또는 행동에 대해 묻는 것이다. 요청 정보는 주로 지문의 끝부분에 「Please + 동사원형」 등 명령문 형태로 직접 제시되는데, 「I would appreciate it if」 등의 표현을 통해 간접적으로 특정 행동을 하도록 요청하기도 한다.

• **What** is Mr. Raymond **required [asked] to do**? 레이먼드 씨는 무엇을 하도록 요청받는가?

• **What** is Ms. McKnight **encouraged [advised] to do**? 맥나이트 씨는 무엇을 하도록 권장되는가?

• **What** does Mr. Boyle **require [ask, want]** Ms. Ford **to do**?
  보일 씨는 포드 씨에게 무엇을 하도록 요청하는가[원하는가]?

• **What** does Mr. Ryan **recommend that** Ms. Gibson **do**? 라이언 씨는 깁슨 씨에게 무엇을 하도록 권고하는가?

• **What information** does Ms. Colt **request**? 콜트 씨는 어떤 정보를 요청하는가?

To: Gina Stein
From: Catherine Ayer

As a member of the Rewards Plan at Sally's Grocery Store, you can enjoy benefits such as discounts and free delivery for your online purchases. Starting next month, you will also have a chance to participate in a monthly competition to win special store items. **To learn more about this opportunity, please visit www.sallysgrocery.com.**　　세부 설명 / 요청사항

Q. What are Rewards Plan members **encouraged to do** on the Web site?　　요청 질문
(A) Find out about a contest
(B) Update their personal information

요청사항 유형 문제에서 키워드로 자주 제시되는 단서

• Please visit [remember] ~ ~에 방문해 주십시오 [~을 기억해 주십시오]

• Make sure that ~ 반드시 ~하도록 하십시오

• We would like to discuss ~ 저희는 ~을 논의하고 싶습니다

• You should [have to, must] sign ~ 반드시 ~에 서명하셔야 합니다

• I would appreciate it if you could ~ ~해주신다면 감사하겠습니다

• It would be my pleasure to inform ~ ~을 알려드리게 되어 기쁩니다

• If you are interested in ~, please contact ~ ~에 관심이 있으시다면, ~에게 연락해 주세요

• Could [Can, Would, Will] you ~? ~해주시겠어요?

• Can it be done by tomorrow? 내일까지 완료될 수 있을까요?

• Is it possible to ~? ~하는 것이 가능할까요?

4 사실 확인 문제

사실 확인 유형은 지문 내용을 바탕으로 사실인 것을 찾는 유형과 사실이 아닌 것을 확인하는 NOT 유형으로 나뉜다. NOT 유형은 단서가 분산되어 시간을 많이 소요하므로, 다른 문제들을 먼저 풀면서 지문 파악이 된 후에 시도하는 것이 좋다.

사실 유형	NOT 유형
• **What is indicated [mentioned, stated] about ~?** ~에 관해 명시[언급]된 것은 무엇인가?	• **What is NOT indicated [mentioned, stated] about ~?** ~에 관해 명시[언급]되지 않은 것은 무엇인가?
• **What is true about ~?** ~에 관해 사실인 것은 무엇인가?	• **What is NOT true about ~?** ~에 관해 사실이 아닌 것은 무엇인가?
• **What is included in ~?** ~에 포함된 것은 무엇인가?	• **What is NOT included in ~?** ~에 포함되지 않은 것은 무엇인가?
• **What does the e-mail indicate [mention] about ~?** ~에 관해 이메일이 명시[언급]한 것은 무엇인가?	• **What is NOT provided in ~?** ~에서 제공되지 않는 것은 무엇인가?

A Good Place to Eat

I had dinner last night at **Simon's**, a family dining establishment located on Regent Avenue. The menu contains a variety of dishes that are suitable to different tastes. All dishes are prepared at the time of order, and **nothing is overpriced**. Each entrée comes with a large serving of freshly baked bread, a light salad, and your choice of tea or coffee. ⟩ 세부 설명

Q. What is **indicated** about Simon's? ⟩ 사실확인 질문
(A) Its prices are reasonable.
(B) It uses only local ingredients.

사실 확인문제 시간절약 풀이법!

• 사실 유형 문제: 질문에서 찾은 키워드를 지문에서 확인한 후, 선택지와 빠르게 대조한다.
• NOT 유형 문제: 질문에서 키워드를 찾은 후, 선택지를 먼저 읽는다. 그 다음, 선택지의 키워드를 지문에서 대조하여 사실인 선택지를 하나씩 소거하면서 정답을 찾는다.

시간 싸움인 Part 7에서 풀이 시간을 단축하고 고득점을 하려면 패러프레이징을 능숙하게 파악해야 한다.
Part 7 패러프레이징 원리를 이해하고 자주 출제되는 패러프레이징 패턴을 익혀보자.

1.

> All **workers** should be aware that Mega Inc.'s computers will be offline tomorrow. During this stoppage, our technical staff will provide **improvements** to our office's Internet capabilities.

문제 What is the purpose of the notice?
정답 To notify employees of a computer network upgrade

Paraphrasing
workers 직원들 ⇒ employees 직원들
improvements 향상 ⇒ upgrade 개선

2.

> I'm writing to update you on preparations for the **event**. I reserved a banquet hall to celebrate Mr. Ottway's 35 years of service at our firm. He **is stepping down** as vice president next month.

문제 For what type of event has the banquet hall been reserved?
정답 A retirement party

Paraphrasing
event 행사 ⇒ party 파티
is stepping down 사직하다 ⇒ retirement 은퇴

3.

> I have received notification from Phil Oakley in Chicago that roughly 45 employees will attend the retirement party for Mr. Anderson. What I need you to do is **send** me the number of **participants** from your Boston branch.

문제 What is Mr. Turnbull asked to do?
정답 Submit a list of probable attendees

Paraphrasing
send 보내다 ⇒ submit 제출하다
participants 참가자들 ⇒ attendees 참석자들

4.

> As the general manager, you will be responsible for leading your team in the smooth running of your store. Additionally, you will make sure that **labor schedules** are **being maintained** correctly.

문제 What is a stated duty of the advertised position?
정답 Managing employee work schedules

Paraphrasing
labor schedules 업무 일정 ⇒ work schedules 업무 일정
being maintained 관리되는 ⇒ managing 관리하는 것

명사 패러프레이징

- cost estimate 비용 견적 ⇒ information about the price 가격에 대한 정보
- decades 수십 년 ⇒ tens of years 수십 년
- historic sites 사적지들 ⇒ tourist attractions 관광 명소들

- hotel 호텔 ⇒ accommodation facility 숙박 시설
- venue 장소 ⇒ place, location 장소, 위치
- office 사무소, 관청 ⇒ bureau 사무소, 부서
- firm 회사 ⇒ company, enterprise, corporation 회사
- employee evaluations 직원 평가 ⇒ appraise staff 직원을 평가하다
- additional fee 추가 요금 ⇒ extra charge 추가 요금
- contract 계약서 ⇒ agreement 계약서
- clothing 의류 ⇒ apparel, garment, outfit 의류, 의복
- shoes 신발 ⇒ footwear 신발
- pie charts and diagrams 원그래프와 도표 ⇒ graphics 그래픽, 시각자료
- entry 출품작, 응모작 ⇒ submission 제출물

동사 패러프레이징

- offer products in over 30 countries 30여 개국에서 제품을 판매하다 ⇒ distribute goods internationally 국제적으로 상품을 유통하다
- the job requires ~ 그 일자리는 ~을 필요로 합니다 ⇒ job requirements 취업 자격 요건
- provide strength and structure 내구성과 견고함을 제공하다 ⇒ sturdy 튼튼한
- last long 오래가다 ⇒ durable 내구성이 있는, 오래가는
- attract 끌어들이다, 끌어 모으다 ⇒ draw in 끌어들이다
- release (제품을) 공개[발표]하다 ⇒ put ~ on the market, launch ~을 시장에 내놓다, 출시하다
- refund 환불해주다 ⇒ get your money back 돈을 돌려주다
- follow the regulations 규정을 따르다 ⇒ observe, comply with ~을 준수하다
- keep documents safe 서류를 안전하게 두다 ⇒ securely store documents 안전하게 서류를 보관하다
- be sold at the venue 현장에서 판매되다 ⇒ can be purchased on-site 현장에서 구매 가능하다
- fill out the questionnaire 설문지를 작성하다 ⇒ provide feedback, offer an opinion 의견을 제공하다
- check the status of one's order 주문 상태를 확인하다 ⇒ track the progress of one's order 주문 과정을 추적하다
- open another office 또다른 지점을 열다 ⇒ expand 확장하다

형용사/부사 수식어 빈출 패러프레이징

- next Monday 다음 주 월요일 ⇒ early next week 다음 주 초
- before May 1 5월 1일 이전에 ⇒ by April 30 4월 30일까지
- once a year 1년에 한 번 ⇒ annually, yearly 해마다, 연 1회씩
- nationally 전국적으로 ⇒ throughout[across] the country 전국적으로, 국내 도처에서
- worldwide 전세계에, 세계적으로 ⇒ all over the world 세계 곳곳에서
- within the company 사내에(서) ⇒ in-house 사내에(서)
- outside the country 국외에서 ⇒ abroad, overseas 해외에서
- customized 맞춤형의 ⇒ custom-made, tailored 맞춤 제작한
- inexpensive 비싸지 않은 ⇒ affordable, at a reasonable price 가격이 적당한, 합리적인 가격에
- slim and light 얇고 가벼운 ⇒ easy to carry 휴대하기 쉬운

Questions 1-3 refer to the following e-mail.

From:	AlisonRiley@gomail.com
To:	WalterSpiegel@whcc.com
Date:	August 19
Subject:	RE: Wrong charges

Dear Mr. Spiegel,

I am a country club member who is part of the Social Membership plan, which includes pool usage, tennis lessons, and use of the exercise facilities. – [1] –. However, I am currently looking at my bill for the period of May to July and I see that I have been charged $965. Unless I am mistaken, this is the fee normally applied to those who sign up for a Corporate Membership. – [2] –.

At no time since joining the country club eight months ago have I upgraded my membership. – [3] –. If you take a moment to check your computer database, I'm sure you will see that this is the case. Up until this point, I have been very impressed with the country club and its facilities, not to mention your department's attentiveness to members. – [4] –. I intend to remain a member of your country club for years to come, so I would appreciate it if you could amend the bill for the period of May to July and send a new one out. Please do not hesitate to contact me at 555–1192 should you require any information.

I would greatly appreciate it if you could resolve this matter swiftly. Thank you.

Sincerely,
Alison Riley

1. Why was the e-mail sent?

   (A) To inquire about membership options
   (B) To give thanks for good service
   (C) To request access to a facility
   (D) To complain about a charge

2. What does Ms. Riley request that the country club do?

   (A) Issue a full refund
   (B) Extend a payment deadline
   (C) Upgrade her membership
   (D) Send her a revised bill

3. In which of the positions marked [1], [2], [3], and [4] does the following sentence best belong?

   "I typically pay $820 per quarter in order to receive full access to these benefits."

   (A) [1]
   (B) [2]
   (C) [3]
   (D) [4]

Questions 4-7 refer to the following e-mail.

From:	Bernard Huddlestone <bhuddlestone@iversen.com>
To:	All department managers <managerlist@iversen.com>
Date:	Tuesday, April 6
Subject:	Good news

It is my pleasure to inform you all about a pleasing development. Our negotiations with Jagten Technologies have ended successfully, with the Copenhagen-based firm agreeing to lend its expertise by working collaboratively with us on our new cell phone model. This was an extremely important deal for us to sign in order for us to keep on schedule and finish the first stage of product design and development by August.

Jagten is renowned in the electronics industry for its ability to prolong battery life in devices and minimize internal heating. We placed a high priority on such matters, as our customers have voiced concerns over the short battery life and high temperatures of our previous models. I am now confident that these issues will be adequately addressed. I have truly appreciated your endeavors over the past few weeks, and I would like to do something to reward you. Therefore, I am planning to take you all out for dinner next Friday.

I'll send a follow-up e-mail later today with more details. Please try to clear room in your schedules because this is no less than you deserve.

Bernard Huddlestone
Chief Operations Officer, Iversen Incorporated

4. For whom is the e-mail intended?

(A) Product designers at Jagten Technologies
(B) Executives at Jagten Technologies
(C) Customers of Iversen Incorporated
(D) Supervisors at Iversen Incorporated

5. Why is Mr. Huddlestone pleased?

(A) A crucial business deal was made.
(B) A product development stage was completed.
(C) An innovative product has been released.
(D) A merger was successfully carried out.

6. According to the e-mail, what does Mr. Huddlestone expect his company to do in the near future?

(A) Collaborate with several firms
(B) Change a product's appearance
(C) Resolve some customer complaints
(D) Design a rechargeable battery

7. What are the e-mail recipients invited to do?

(A) Join a company committee
(B) Offer suggestions for a meal
(C) Submit nominations for an award
(D) Attend a celebratory event

Questions 8-10 refer to the following letter.

Rebecca Carlton, CEO
Volkom Enterprises

Dear Ms. Carlton,

I recently noticed the Chief Financial Officer (CFO) vacancy advertised in the May issue of the *Long Beach Business Journal*. As you can see from my enclosed résumé, I have over twenty years of business and finance experience. I was employed in the Accounting Department at Pendell Corporation for five years before being moved to the Finance Department. After helping to cut the company's costs by 18 percent within my first year in the department, I was promoted to Financial Manager at the firm's San Francisco headquarters, where for the next six years I was responsible for strategic planning and budgeting of company finances.

I went on to join Wiley Construction Inc. as the Director of Finance at its head office in San Diego nine years ago. In my time there as a director, I have played a key role in establishing and implementing a novel finance operating model, which has allowed the company to make more accurate financial projections and to allocate funds more efficiently.

I would appreciate it if you could give me the opportunity to speak with you in person so that we can discuss my experience and suitability for the role in more detail. I will be patiently awaiting your response.

Sincerely,

Nathan Pogba

---

8. According to the letter, why did Mr. Pogba receive a promotion at Pendell Corporation?

   (A) He helped the company to increase its annual revenue.
   (B) He created an innovative financial model.
   (C) He contributed to the lowering of the firm's expenditure.
   (D) He increased the company's operating budget.

9. How long has Mr. Pogba been working for Wiley Construction Inc.?

   (A) 5 years
   (B) 6 years
   (C) 9 years
   (D) 20 years

10. Why is Mr. Pogba writing to Ms. Carlton?

    (A) To suggest collaborating on a project
    (B) To offer his services as a consultant
    (C) To request more information
    (D) To set up an appointment

Questions 11-14 refer to the following announcement.

Residents of San Andreas have a unique opportunity to attend an interesting event this coming Saturday afternoon. The purpose of the event is to give residents a taste of the services provided by a highly specialized and relatively uncommon company. Treasures & Trinkets may have just opened for business in San Andreas, but its stores in other cities have helped the company to gain a strong reputation for its team of experienced antiques specialists and its valuation services. – [1] –.

Visitors will be able to bring along old items, such as family heirlooms, and have them examined by Treasures & Trinkets' experts, who have specialized backgrounds in furniture, ceramics, jewelry, and art, among other things. – [2] –. Treasures & Trinkets representatives will give customers a bit of background about the items, offer an approximate valuation, and recommend how much the items should be insured for. – [3] –.

Booths and tents will be set up in Brayford Park in the historic Barrettown neighborhood of San Andreas. – [4] –. Those who are unable to attend can visit the store from Monday to Friday or go to www.treasuresandtrinkets.com, where they can submit pictures and receive an online valuation and history of an item. Tips on how you can become an appraiser and antiques expert are also available on our site.

11. What event is being held in Brayford Park?

(A) A market offering local arts and crafts

(B) A demonstration of a company's products

(C) An appraisal of potentially valuable items

(D) An exhibition of antiques found in the area

12. What is indicated about Treasures & Trinkets?

(A) It provides insurance coverage for special items.

(B) It recently opened a new store in San Andreas.

(C) It specializes in the restoration of artifacts.

(D) It is currently accepting donations from residents.

13. What is provided on the Web site?

(A) Tips on taking care of old objects

(B) Photographs of well-known antiques

(C) Directions to business locations

(D) Information on learning a new skill

14. In which of the positions marked [1], [2], [3], and [4] does the following sentence best belong?

"The public can visit these booths for free from 1 P.M. to 6 P.M."

(A) [1]

(B) [2]

(C) [3]

(D) [4]

Questions 15-18 refer to the following letter.

Dear Ms. Fines,

Welcome to the neighborhood, and thank you for joining the Oceanview Tenants Association. We hope you'll enjoy living here and find following the tenant guidelines easy and helpful in keeping our neighborhood great. The tenants association meets on the 10th day of every month in apartment 2. We encourage all members of the tenants association to attend these meetings and to exchange contact information with other tenants to discuss neighborhood issues or in case of emergencies. You can also find copies of the Oceanview Apartments newsletter at our monthly meetings.

The staff of Oceanview Apartments takes care of most of the maintenance, but as a tenant, you will also have some responsibilities. All tenants must comply with the following guidelines:

- Place any garbage in the appropriately marked area
- Separate recyclable items into the provided bins
- Inform any visitors that they must park in the guest parking area

Additionally, we hope you will come to our next monthly meeting to introduce yourself to the rest of the tenants association. Welcome to the neighborhood again, Ms. Fines, and we hope to be good neighbors with you.

Tessie Cole
President, Oceanview Tenants Association

---

15. What is the purpose of the letter?

(A) To ask the receiver to give a presentation
(B) To request that a rent payment be made
(C) To relate the process for membership
(D) To detail duties for a resident

16. How often does the Oceanview Tenants Association meet?

(A) Every week
(B) Every two weeks
(C) Every month
(D) Every year

17. With whom is Ms. Fines expected to stay connected?

(A) The president of the association
(B) Oceanview staff
(C) Newsletter writers
(D) Oceanview tenants

18. What is Ms. Fines encouraged to do within a month?

(A) Introduce herself at a meeting
(B) Invite guests to her apartment
(C) Separate recyclable items from her garbage
(D) Apply for a leadership position

Questions 19-22 refer to the following memo.

To: Medical Research Division
From: Sandra Kernigan, General Manager
Date: July 12

DKL Associates has decided to participate again in the yearly medical convention in London from July 27 to 30. Currently, we are looking for volunteers to work at DKL's booth. From time to time, our volunteers receive highly technical medical questions. For this reason, we need staff in Medical Research who can work in five-hour blocks. Staff members who took part in our most recent study on medicine for back pain are especially needed. This convention provides a chance to expand your knowledge about the various medical fields that DKL specializes in. Anyone interested is asked to contact Mr. Peter Clark before July 19.

We are aware that some of you may not be familiar with techniques on promoting DKL's services, so this will be addressed at a mandatory workshop being held next week for volunteers. Specific services to be showcased at the convention include:

• Medical file management
• Developing electronic prescription software
• Medical referral Web site operations

We will also emphasize our plan to publish fewer medical digests and textbooks. By limiting printed publications, DKL can focus on promoting itself as a global leader in online medical publications. DKL insists that everyone visiting our booth be made fully aware of this.

19. For whom is the memo intended?

(A) All newly hired employees
(B) Executives of an association
(C) Staff in a specific division
(D) Guest speakers at a convention

20. What is required of the individuals who participate in the convention?

(A) They must have worked at prior conventions.
(B) They must be trained as sales professionals.
(C) They must contribute writings.
(D) They must attend a special session.

21. What will convention volunteers NOT be asked to do?

(A) Lead seminars on medicine
(B) Work five hours at a time
(C) Answer challenging questions
(D) Discuss software for prescriptions

22. What is indicated as a company goal?

(A) Producing online publications
(B) Hiring medical experts
(C) Opening an office abroad
(D) Filming a TV documentary

Questions 23-26 refer to the following advertisement.

Posted: September 1

Commercial Unit Available in Downtown Toronto
Rent: $4,500/month

A large commercial space in the Silverlake Shopping Center will be vacated at the end of this month. A new tenant may open for business in the unit on October 1. It is conveniently located on the first floor near the western entrance, resulting in heavy footfall and a high number of potential customers. It is also just a short distance from busy areas, such as the event stage and food court. It is very rare to find a vacancy in this shopping center, and these commercial spaces are highly desirable.

The 290,000-square-meter Silverlake Shopping Center is more expansive than the other malls in the downtown area, and it attracts the highest number of consumers. The unit has ample room for any product displays you wish to set up, and it comes with numerous adjustable shelves. All store owners renting commercial space in the mall are assigned a designated space in the parking lot adjacent to the building.

Silverlake Shopping Center store owners also receive a generous discount at the Piccadilly Movie Theater located on the 5th floor of the shopping center. The unit can be viewed on alternate Mondays when the mall is closed: first on Monday, September 7, and then two weeks later on Monday, September 21. To arrange a viewing or to obtain more information, please e-mail propertyoffice@silverlake.com.

---

23. When will the unit be available for rent?

(A) On September 1
(B) On September 7
(C) On September 21
(D) On October 1

24. What is suggested about the commercial space?

(A) It has recently been renovated.
(B) It is comprised of several rooms.
(C) It is on the 5th floor of the mall.
(D) It is close to dining establishments.

25. What is indicated about the Silverlake Shopping Center?

(A) It is the tallest structure in the downtown area.
(B) It is larger than other local shopping centers.
(C) It currently has numerous vacant commercial units.
(D) It is closed for business every weekend.

26. What comes with the commercial unit?

(A) A membership card
(B) Product displays
(C) Free movie tickets
(D) A parking space

Questions 27-30 refer to the following memo.

From: Jonas Olsson, Sales Manager
To: All sales department staff
Subject: Teambuilding event
Date: Wednesday, July 5

As you know, Konex Telecommunications' annual teambuilding event will take place on Saturday, July 22. After listening to various complaints regarding the previous year's event, the management met and discussed ways to do things differently this year. In an effort to provide a more stimulating environment, we decided that the event will no longer be held at the convention center near the head office. It has been moved to an outdoor area at the Evergreen Valley Farm. Everything else about the event, including the activity itinerary we discussed at Tuesday's meeting, remains largely unchanged.

All staff are required to participate in this excursion. Members of staff from our three other branch offices will also be in attendance, as will representatives from Corporate Challenge, the company that organized the event activities. At the end of the day, we will all assemble at a nearby restaurant for dinner, where company founder Arnold Lundgren will talk to everyone about current company goals. A shuttle bus will be provided on the day of the event. If you wish to take advantage of this, write your name on the form on the noticeboard. Finally, you're all welcome to e-mail me with any questions.

27. Why was the memo sent?

(A) To discuss negative feedback about an event
(B) To ask for suggestions about a group activity
(C) To announce a new venue for an event
(D) To request a change of the event date

28. What is indicated about Mr. Olsson?

(A) He is the founder of Konex Telecommunications.
(B) He attended a meeting about the event.
(C) He will attend a convention next Tuesday.
(D) He helped to organize some event activities.

29. The word "assemble" in paragraph 2, line 4, is closest in meaning to

(A) converse
(B) build
(C) compile
(D) gather

30. What are event attendees asked to do?

(A) Contact a representative from Corporate Challenge
(B) Add their name to a list if they require transportation
(C) Send an e-mail to Mr. Lundgren if they have any queries
(D) Attend a meeting at a different branch office

UNIT

09 │ 문제 유형별 전략 2 [Part 7]

1 추론 문제

추론 문제 유형은 크게 지문 전반의 정보를 기반으로 추론하는 유형과 세부 정보를 추론하는 유형으로 나뉜다.

■ 전체 정보 추론

- **For whom** is the advertisement **(most likely)** intended? 광고는 누구를 위해 의도된 것인가?
- **Where will [would]** this notice **most likely appear [be found]?** 이 공지는 어디서 볼 수 있을 것 같은가?

■ 세부 정보 추론

- **What is suggested [implied] about ~?** ~에 관해 암시되는 바는 무엇인가?
- **What can be inferred about ~?** ~에 대해 추론될 수 있는 것은 무엇인가?
- **What** does the article **imply [suggest] about the product?** 기사는 제품에 관해 무엇을 암시하는가?
- **Where** does Mr. Smith **most likely** work? 스미스 씨는 어디에서 일하겠는가?
- **Who most likely** is Stacey Green? 스테이시 그린 씨는 누구이겠는가?
- **What will most likely** happen on November 24? 11월 24일에 무슨 일이 발생하겠는가?

Dear passengers,

Although we strive to keep our **printed bus timetables** as up-to-date as possible, **there are many factors that can cause our buses to run behind schedule**. In addition, we sometimes operate extra buses on downtown routes during busy seasonal shopping periods. Therefore, we recommend that you visit our Web site frequently, where our bus times and routes are continuously updated.

질문 키워드를 포함한 단서 문장

Q. What is **suggested** about **the printed bus timetables**?
(A) They may **not accurately reflect** actual bus times.
(B) They are available at all downtown bus stops.

질문 키워드 timetable
또 다른 주장

추론 유형에 따른 접근법

- 전체 정보 추론 문제: 선택지를 먼저 읽고 지문의 내용을 파악하여 추론할 수 있는 내용의 선택지를 찾는다.
- 세부 정보 추론 문제: 질문에 제시된 대상(about 뒤에 언급)을 지문에서 찾아서 선별적으로 정보를 확인한다.

2 의도파악 문제

휴대폰 문자 메시지 혹은 컴퓨터 온라인 채팅에서 화자가 말한 특정 표현의 의도를 묻는 유형이다. 인용한 말의 사전적 의미가 아니라 대화 속에서 말한 의미를 묻기 때문에 앞뒤 상황에 맞추어 이해해야 한다.

• **At 3:06 P.M.**, what does Mr. Kraft mean when he writes, **"Sure thing"**?
오후 3시 6분에, 크래프트 씨가 "Sure thing"이라고 썼을 때, 그가 의도한 것은 무엇인가?

• **At 10:19 A.M.**, what does Ms. Yoon most likely mean when she writes, **"Not at all"**?
오전 10시 19분에, 윤 씨가 "Not at all"이라고 메세지를 쓴 의도는 무엇인가?

Tina Lane [10:21 A.M.] Olaf, how about **asking Barney if he'd like to join us for dinner** after work? It's his first day here, **so I'm sure he'd appreciate it.** ⟧ 단서

Olaf Berg [10:22 A.M.] **Good point.** We can probably answer some ⟧ 인용구
of the questions he must have about our company's policies and procedures.

Q. At 10:22 A.M., what does Mr. Berg likely mean when he writes, **"Good ⟧ 의도파악 질문
point"**?
(A) He believes Barney performed well on his first work day.
(B) He agrees that they should involve Barney in their plans.

의도파악 문제에 잘 나오는 긍정/동의, 부정/거절 표현

• [수락] No problem. / It's no bother. 괜찮아요. 바쁘지 않아요.
• [허락] Go ahead. 진행하세요.
• [허락] Take your time. 천천히 하세요.
• [허락] That definitely works. 물론 되죠.
• [동의] Sounds good. / Good idea. / Good point. 좋은 생각이에요.
• [동의] That's true. 맞아요.
• [동의] Same here. 마찬가지예요.
• [동의] I couldn't agree more. / You can say that again. / You have a point. 동감이에요.
• [동의] That's too bad. 안됐네요.
• [수락] Sure thing. / Of course. / Certainly. / Why not? 당연하죠.
• [거절] I wish I could. 저도 할 수 있으면 좋겠어요.
• [반대] I doubt it. 그렇지 않을 겁니다.
• [반대] That won't work for me. 저에게는 해당이 되지 않아요.
• [반대] I don't know. 잘 모르겠어요.
• [반대] No way. 그럴 리가 없습니다.

3 문장 삽입 문제

주어진 문장이 들어가기에 적합한 위치를 찾는 문제이다. 문맥 흐름에 맞춰 해당 문장의 위치를 찾아야 하는 고난도 유형에 속하지만, 특정 단서들을 잘 활용한다면, 앞뒤 문장의 문맥 흐름을 쉽게 파악할 수 있다.

• In which of the positions marked [1], [2], [3], and [4] does the following sentence best belong?
[1], [2], [3], 그리고 [4]로 표시된 곳 중 다음 문장이 들어가기에 가장 적절한 곳은?

문제 풀이 시 이용할 단서	단서 이용 방법
지시대명사/지시형용사 this, that, these, those, such, each	지시대명사 또는 지시형용사는 앞서 언급한 특정 명사를 대신하기 때문에 주어진 문장에 지시대명사가 있다면, 바로 앞문장에서 그것이 가리키는 명사를 찾는다.
인칭대명사 they, it, she, he	주어진 문장이 인칭대명사로 시작한다면, 앞문장에서 사람 명사 또는 이름이 나오는지 확인한다.
접속부사 therefore, however, thus, also, yet	두 문장을 연결하는 접속부사가 있다면 각 번호의 앞 문장을 해석하여 연결 논리가 맞는지 확인한다.
정관사 the + 명사	정관사는 앞에 언급한 특정 명사를 다시 언급할 때 사용하므로, 주어진 문장에 정관사가 있다면, 앞문장에서 그것이 가리키는 명사가 있는지 확인한다.
시간부사구 after, before, prior to, and then, first	시간의 흐름을 나타내는 시간부사구가 있다면, 시간 순서대로 내용이 제대로 연결되는지 확인한다.

Good morning. As you all know, the staff cafeteria will be undergoing several changes next month. The room will be enlarged, the walls will be repainted, and the menu will be updated. – [1] –. All managers and employees are expected to **submit suggestions** for new menu items. Please encourage your workers to **contribute their thoughts**. – [2] –.

〕단서와 동일한 표현

Q. In which of the positions marked [1] and [2] does the following sentence best belong?

"We will review all of **the submitted ideas** at the managers' meeting."

〕문제 풀이 단서

(A) [1]
(B) [2]

4 동의어 찾기 문제

한 단어가 가진 여러 의미 중 주어진 문장에서 사용된 의미와 유사한 단어를 선택하는 유형이다. 즉, 어떤 단어의 의미를 알고 있는지를 묻는 것이 아니라, 그 단어의 여러 의미를 구분해서 그 중 문맥상 어떤 의미로 쓰였는지를 묻는 것이다.

- The word "bargain" in paragraph 4, line 1, is closest in meaning to
  네 번째 문단, 첫 번째 줄의 단어 "bargain"과 의미상 가장 가까운 것은?

- In the e-mail, the word "exposure" in paragraph 2, line 3, is closest in meaning to
  이메일에서, 두 번째 문단, 세 번째 줄의 단어 "exposure"와 의미상 가장 가까운 것은?

Dear Ms. Norwood,

Thank you for applying for the radiology department supervisor position at United Health Medical Center. We would like you to come in for an interview on October 13. As I mentioned, we do not have a designated visitor parking area. We strongly recommend that you try to **secure**   확보하다, 구하다
a parking space along the street if you choose to drive your personal vehicle.

Q. The word "**secure**" in **paragraph 1, line 4**, is closest in meaning to
(A) protect
(B) obtain

점수 UP POINT   **일반적인 의미가 오답으로 제시된 고난도 동의어 문제**

선택지에 제시된 정답과 오답 모두 주어진 단어의 올바른 동의어이며, 더 일반적인 의미가 오답 동의어로 제시되는 경우도 종종 있으므로, 반드시 문장을 읽고 사용된 의미를 파악해야 한다.

출제 단어	출제 의미	정답 동의어	오답 동의어
folded	섞인	added 추가된	bent 접힌
discipline	학문 분야	specialty 전문	control 통제
go with	선택하다	select 선택하다	accompany 동행하다
focused	중점을 둔	specific 구체적인	attentive 집중한
right	정확히	precisely 정확하게	correctly 올바르게
stressed	강조된	emphasized 강조된	worried 걱정하는
appreciate	가치를 두다	value 가치를 두다	understand 이해하다
rest	나머지	remainder 나머지	break 휴식
pass	전달하다	transfer 전달하다	skip 건너뛰다

동의어 문제에서는 선택지에 해당 단어의 다른 동의어들이 함께 제시되므로 반드시 문장 속에서 의미를 파악해야 한다. 다음 문장을 읽고 색으로 표시한 단어가 쓰인 의미와 같은 것의 번호를 적어보자.

credit ❶ money 돈 ❷ approval, recognition 인정	1 Mr. Reynolds deserves all the **credit** for helping us meet the deadline. _____
cover ❶ place over 씌우다, 가리다 ❷ deal with 다루다 ❸ report on 취재하다 ❹ replace 대신하다 ❺ pay for 비용을 부담하다, 보상 범위에 포함하다	2 Our business management classes **cover** a diverse range of topics, such as financial planning and online marketing. _____ 3 *The Winslow Times* has sent a journalist to **cover** the events of the community fair. _____ 4 Employees should note that the cost for the Willow Valley excursion **covers** accommodations and meals for three days. _____
deliver ❶ send, bring 배달하다 ❷ give, present 연설하다 ❸ pass over 넘겨주다	5 The president of Gromore Gardening Company will **deliver** an address at the company's anniversary dinner. _____
draw ❶ attract 끌어들이다 ❷ sketch, illustrate 스케치하다, 그리다 ❸ remove 빼내다, 제거하다	6 The café is a popular spot for several celebrities, so it also **draws** crowds of fans eager to catch a glimpse of their favorite star. _____
carry ❶ stock 재고를 가지다 ❷ transport 이동시키다	7 I've checked every grocery store in town, but Holt's Ice Cream seems to only be **carried** by Foodland. _____
meet ❶ fulfill, achieve 충족하다 ❷ come together 만나다	8 We provide products and services that can **meet** the diverse needs of various clients. _____
condition ❶ state 상태 ❷ circumstance 상황 ❸ provision 조항	9 Customers will only receive a refund if the returned item is in its original **condition** and a store receipt is presented. _____ 10 Various market **conditions** affect the prices of goods at the local grocery store. _____ 11 Please read the terms and **conditions** of the contract very carefully before signing it. _____

clear
❶ bright 맑은
❷ obvious 분명한, 명확한
❸ approve 승인하다, 동의하다
❹ remove 치우다

12 If you have problems setting up your computer, our technical assistance center can provide clear instructions to help you. _____

13 Mr. Cortez's promotion to head of Accounting will be formally cleared by the board of directors sometime next week. _____

extend
❶ grant, offer 주다, 제공하다
❷ prolong 연장하다

14 First of all, I would like to extend a welcome to our guests from Wilson Manufacturing, who will soon be working closely with us on several new projects. _____

critical
❶ extremely important, essential 중대한
❷ negative 부정적인

15 Some critical figures regarding last quarter's profits were missing, so you'll need to redo the report. _____

term
❶ duration 기간   ❷ condition 조건

16 The first term of the online business course will last from February to May. _____

good
❶ high quality 품질이 좋은
❷ well behaved 품행이 좋은
❸ valid 유효한

17 The discount code "DC1468" is good through July for a 10% discount on any online order. _____

function
❶ job 일, 기능, 역할   ❷ gathering 모임, 행사

18 We strive to ensure that your wedding or corporate function becomes an unforgettable occasion. _____

feature
❶ attribute, characteristic 특징
❷ article, story 기사

19 We expect that making you a partner will lead to several new clients seeking us out, especially after that wonderful feature about you in the latest issue of *Advertising Review*. _____

level
❶ layer 층   ❷ degree 정도
❸ rank, position 지위

20 By joining a tour of our production facilities, you can see for yourself the level of talent that goes into creating our first-rate pasta. _____

figure
❶ person, people 인물   ❷ shape 모양
❸ number, amount 액수, 수치

21 I discovered that several of the figures for the employee travel accounts were misrepresented. _____

refer
❶ check 살피다, 참조하다   ❷ direct 보내다

22 Please refer any questions regarding your payment to Mr. Dodd, the company accountant. _____

recognize
❶ know 인지하다
❷ honor, acknowledge 인정하다

23 Mr. Drake will be recognized for his innovative building designs when he is awarded the Altmer Award later this month. _____

PRACTICE TEST

Questions 1-3 refer to the following article.

Local Eatery Receives Overdue Recognition

by Cyrus Deacon

Greenview - In its latest Web article, Foodlovers.com ranked Greenview's very own Big Bone Steakhouse at number three on its list of Top Five Steak Restaurants in Benbow County. According to Foodlovers.com, Big Bone Steakhouse was selected because not only does it serve high-grade, delicious beef, but its generous portions are almost double the size of those offered by its competitors. From T-bone, ribeye, and sirloin beefsteaks, to pork chops and chicken wings, Big Bone Steakhouse has something for everyone.

The proprietor of Big Bone Steakhouse, Gus Brubaker, was overjoyed to hear that his restaurant had been included on the list. When I asked him how he felt about it, he said, "I am delighted that my business has been recognized as one of the leading steak restaurants in the county. Magdalena Grill and Ray's Surf 'N Turf have been in business much longer than we have, so I'm not surprised they took the top two places on the list."

---

1. Why was Big Bone Steakhouse included on the list compiled by Foodlovers.com?

   (A) It is one of the most affordable steak restaurants in the region.
   (B) It offers a wider selection of side dishes than its competitors.
   (C) It focuses on providing meat that is produced locally.
   (D) It serves larger steaks than other restaurants in the county.

2. What is NOT indicated about Big Bone Steakhouse?

   (A) It provides vegetarian options.
   (B) It is based in Greenview.
   (C) It serves various types of meat.
   (D) It is owned by Gus Brubaker.

3. What can be inferred about Magdalena Grill?

   (A) It allows diners to join a membership plan.
   (B) It is not a brand-new establishment.
   (C) It does not offer chicken or pork.
   (D) It is not as profitable as Big Bone Steakhouse.

Questions 4-7 refer to the following letter.

Ms. Regine Butler, Director
Urban Neon Clothing Company

Dear Ms. Butler,

I am sure that I speak for everyone here at the One Love Foundation when I say we owe you a debt of gratitude. – [1] –. We were delighted that you and your company were able to contribute garments for us to use in our fashion show at Guildford Community Center last weekend. – [2] –.

Last year, and the year before that, we struggled to solicit clothing contributions from popular clothing designers. – [3] –. As a result, the turnout was below our expectations, and the event could hardly be described as a success in terms of ticket sales. – [4] –. Generous contributions from high-profile companies such as yours enabled us to increase the ticket price this year and attract even more guests, thereby helping us to raise more funds to distribute among our usual selection of local charities.

Sincerely, many thanks for your support of our endeavors.

Best wishes,

Daniel Alonso, Events Coordinator

---

4. What is the purpose of the letter?

   (A) To respond to a recent inquiry
   (B) To ask a company for a contribution
   (C) To promote a fundraising organization
   (D) To express thanks for assistance

5. Who most likely is Ms. Butler?

   (A) A director of a local charity
   (B) A member of One Love Foundation
   (C) An executive at a clothing firm
   (D) A manager at a community center

6. According to the letter, how was this year's event different from previous events?

   (A) It had relatively poor ticket sales.
   (B) It was held in a different location.
   (C) It involved a higher number of charities.
   (D) It was more expensive to attend.

7. In which of the positions marked [1], [2], [3], and [4] does the following sentence best belong?

   "The event was a great success and we raised a large amount of funds for local charities."

   (A) [1]
   (B) [2]
   (C) [3]
   (D) [4]

Questions 8-11 refer to the following online chat discussion.

Rashad Clemons [9:07 A.M.]	Good morning, everyone. I'm in the 5th floor conference room, but I can't get the laptop in here to work. We can't run the employee orientation without it. Any ideas?
Gary Sandler [9:08 A.M.]	Oh, I had some issues with it, too. Try closing down some of the unnecessary background programs.
Carole Gleason [9:10 A.M.]	Wasn't the room supposed to be fully prepared by 9:15 this morning? We can't train our new hires properly if we can't show them the presentation slides and videos.
Rashad Clemons [9:12 A.M.]	Yes, I asked our intern, Lee Barnes, to do it, but he called in sick early this morning. That's why I got here early to set up the chairs and tables. Now, I just need this laptop to work...
Rashad Clemons [9:13 A.M.]	Gary, it keeps freezing and crashing. Are you free?
Gary Sandler [9:14 A.M.]	Be right there.
Carole Gleason [9:15 A.M.]	Do you need a hand with anything else? Remember - the attendees will be there at 9:30 sharp.
Rashad Clemons [9:17 A.M.]	No, I'm all set once the laptop is up and running. All you guys need to do is bring your own presentations and handouts.
Carole Gleason [9:19 A.M.]	Great. I will be there at 10 to take over from you and discuss company policies. I hope everything will be ready and working fine.

8. What is Mr. Clemons preparing to do?

   (A) Present awards
   (B) Meet with a client
   (C) Install some equipment
   (D) Train new staff

9. Why was the meeting room not prepared by 9:15 A.M.?

   (A) Because Mr. Barnes had another task
   (B) Because the room was being used
   (C) Because Mr. Barnes is absent from work
   (D) Because an event has been rescheduled

10. At 9:14 A.M., what does Mr. Sandler most likely mean when he writes, "Be right there"?

    (A) He will send a laptop up to the 5th floor.
    (B) He will contact a repair technician.
    (C) He wants Mr. Clemons to go to a different room.
    (D) He will provide Mr. Clemons with assistance.

11. What will most likely happen at 10 A.M.?

    (A) Mr. Clemons will tidy up a room.
    (B) Mr. Clemons will welcome some employees.
    (C) Ms. Gleason will begin a talk.
    (D) Ms. Gleason will meet with Mr. Sandler.

Questions 12-15 refer to the following online chat discussion.

Louise Driscoll [4:30 P.M.]: I'd like to ask my like-minded mountain trekkers for some advice. My husband and I are planning to hike Mount Sherman next weekend. I know it's far from the city, but have any of you ever been?

Troy Parks [4:32 P.M.]: Some friends of mine went there, and they said the trails are well maintained and the views are incredible.

Louise Driscoll [4:34 P.M.]: I've heard the same. And I'm just a bit worried that it'll be too crowded.

Jill Findlay [4:35 P.M.]: I went there with my hiking club earlier this year, and you won't be disappointed. The trails were quite empty because the park is so huge.

Louise Driscoll [4:36 P.M.]: Sounds great! And does Mount Sherman have camping facilities? We're tempted to sleep there and make it a two-day trek.

Troy Parks [4:37 P.M.]: Didn't they just get rid of overnight fees for campers, Jill?

Jill Findlay [4:38 P.M.]: Yes, indeed. The campground and camping facilities are all completely free.

Louise Driscoll [4:39 P.M.]: Wow! If only the same could be said for Mount Henry.

Dean Marlowe [4:41 P.M.]: Also, don't forget to visit the park ranger office. I heard they give out free bottles of water during the summer.

Louise Driscoll [4:42 P.M.]: Great tip, thanks! You've all been a lot of help.

---

12. With whom was Ms. Driscoll most likely chatting?

(A) People who live near Mount Sherman
(B) People who will join her on a trip
(C) People who often go hiking
(D) People who sell camping supplies

13. What is Ms. Driscoll concerned about?

(A) Poor weather
(B) How to reach Mount Sherman
(C) Busy trails
(D) Difficulty of a hiking route

14. At 4:39 P.M., what does Ms. Driscoll most likely mean when she writes, "If only the same could be said for Mount Henry"?

(A) Mount Henry's camping facilities are poor quality.
(B) Mount Henry's views are underwhelming.
(C) Mount Henry's trails are poorly maintained.
(D) Mount Henry's campground charges a fee.

15. According to Mr. Marlowe, what can be obtained at the park ranger office?

(A) A map of the trails
(B) A permit for parking
(C) Complimentary beverages
(D) Camping equipment

Questions 16-18 refer to the following excerpt from a brochure.

WHITE SANDS RESORT
ACCOMMODATIONS & ACTIVITIES

White Sands Resort consists of ten beautiful beach huts that include either an electric fan or full air conditioning, plus modern bathroom facilities. We provide 18 hours of electricity per day, which is 2 hours more than other resorts in the region, from 10 A.M. – 4 A.M.

Each beach hut has a large balcony and provides a spectacular view across the sea to a diverse array of islands. White Sands Resort is located on the eastern coast of Palawan, far from major urban areas, so you can have a chance to truly appreciate the beautiful, peaceful environment without any interruptions. – [1] –.

During high tide, you can swim in the sea just outside the beach huts, and there are other places for swimming and snorkeling just 200 meters up the beach. – [2] –. We rent out snorkeling and diving gear, kayaks, and jet skis. You could also borrow one of our mountain bikes and tour the eastern mountains of Palawan. Alternatively, you can rent a boat to sail to a quiet beach, where you can have a picnic and enjoy the wonderful scenery.

We would also be happy to arrange "island hopping" tours for you. These last for either 3 hours or 6 hours and include a delicious lunch consisting of freshly caught, barbecued fish and a wide range of local fruits. – [3] –. Please note that it is compulsory to make a contribution of $5 toward the EPF (Environmental Preservation Fund) before embarking on a tour. – [4] –.

16. What is indicated about the beach huts?

(A) They all contain an air conditioning unit.
(B) They include modern cooking facilities.
(C) They are located near some urban areas.
(D) They sometimes receive no power.

17. What is NOT mentioned as a rental option at White Sands Resort?

(A) Bicycles
(B) Hiking gear
(C) Diving equipment
(D) Boats

18. In which of the positions marked [1], [2], [3], and [4] does the following sentence best belong?

"This will be expertly prepared by your boatman while you explore the beach."

(A) [1]
(B) [2]
(C) [3]
(D) [4]

Questions 19-22 refer to the following review.

Fiesta Cruise Line's newest vessel, the 3,785-passenger Fiesta Gemini, is undoubtedly the company's most impressive ship yet. Following the cruise industry's latest trends, Fiesta has expanded its eating and entertainment offerings on the Gemini, giving passengers more choices than ever before.

I can sum my 10-night cruise up by saying: "So much to do, so little time!" Among my favorite amenities were the mini-golf course, the bowling alley, and the IMAX movie theater. I also loved the magic show and acrobatics show on the main stage in the events auditorium, but I missed the comedy show due to my busy schedule. – [1] –.

The quantity and quality of live music on offer was very impressive. After years of gradually reducing the amount of live music on its ships, Fiesta has listened to passenger feedback and reintroduced concerts. You'll find live bands on the Top Deck Plaza, in the many bars, and even in the casino! – [2] –.

If the ship has any real weakness, it's the breakfast buffet in the main dining room. – [3] –. I felt that the menu repeated items too often, and many of them were not as fresh as they should have been. But my favorite thing about the Gemini was the friendly crew. – [4] –. From the housekeeping staff to the people organizing the activities, everyone always greeted me with a warm smile.

Reviewed By: Greta Mansell

19. What is suggested about the Fiesta Gemini cruise ship?

(A) It is a recent addition to the fleet.
(B) It visits destinations all over the world.
(C) It has received several industry awards.
(D) Its passenger cabins have been remodeled.

20. What is NOT an activity that Ms. Mansell enjoyed during her cruise?

(A) Watching a movie
(B) Attending a music performance
(C) Playing mini-golf
(D) Listening to a comedian

21. What does Ms. Mansell think should be improved?

(A) The cleanliness of the cabins
(B) The dining room menu
(C) The outdoor seating areas
(D) The amount of live music

22. In which of the positions marked [1], [2], [3], and [4] does the following sentence best belong?

"Many of them got to know our names within just days of meeting us."

(A) [1]
(B) [2]
(C) [3]
(D) [4]

Questions 23-26 refer to the following information.

Hiking boots are designed to get dirty, but that doesn't mean you should neglect to keep them clean and in excellent condition. With proper care and maintenance, you can enjoy using your newly purchased Trek Lord boots for many years.

Prior to cleaning your boots, you should remove the laces. Then, use a brush to gently remove dust and dirt from the boots and the laces. If a more thorough cleaning is required, use running water and a suitable boot cleaner. Although most footwear cleaners can be used on a range of materials, always check that your cleaner is suitable for use on your Trek Lord boots.

To avoid damage, never put your boots in the washing machine, and do not use soaps or detergents, as many of these contain chemicals that can be harmful to leather or waterproof materials. Your Trek Lord boots are already waterproof when you purchase them, so wait until you start to notice that water drops no longer bead up on the surface to reapply a waterproofing material.

It is also important to dry and store your boots correctly. – [1] –. You should first remove the insoles and let them air-dry separately from the boots. – [2] –. Dry the boots at room temperature away from high humidity. Refrain from using a heat source, such as a fireplace or radiator, as high temperatures weaken adhesives and age leather. – [3] –. To accelerate the drying process, use a fan or place newspaper inside the boots.

When your boots' smooth leather parts appear dry or cracked, use a conditioner. – [4] –. Leather functions best when moisturized, but excessive use of a conditioner makes boots too soft and weakens ankle and foot support.

23. Where would the information most likely be found?

(A) On a notice board
(B) Inside a product packaging
(C) On a promotional flyer
(D) In a customer review

24. What is indicated about Trek Lord boots?

(A) They are sold with extra laces.
(B) They need waterproofing right after purchase.
(C) They require specific cleaners.
(D) They can be machine-washed.

25. How should the Trek Lord boots be dried?

(A) By placing them near a radiator
(B) By placing them on top of newspaper
(C) By placing them in front of a fan
(D) By placing them in a dark room

26. In which of the positions marked [1], [2], [3], and [4] does the following sentence best belong?

"Take care not to apply too much."

(A) [1]
(B) [2]
(C) [3]
(D) [4]

Questions 27-29 refer to the following memo.

To: All Siegfried Corporation Staff
From: Norman Falkous
Subject: Papaya 6X Smartphone Event
Date: March 22

Dear Staff,

I'd like to inform you all of an exciting opportunity to witness one of the industry leaders unveiling its latest gadget. Tamiya Electronics is holding an industry event on April 15 to mark the release of the Papaya 6X smartphone. The event is bound to be very interesting, especially for those involved in product development and marketing. Of course, we worked alongside Tamiya to help develop its cutting-edge touch screen technology, so we are very proud to see the product finally enter the market.

As a token of appreciation for our contributions, Tamiya Electronics has provided us with 25 guest passes for the event, and these will be allocated on a first-come, first-served basis. For all those who are interested, please make sure to inform me by the end of the month. We need to submit a full list of attendees to Tamiya by April 8. This occasion will serve as an inspiration to those of us here at Siegfried Corporation who dream of becoming a market leader like Tamiya Electronics.

Regards,
Norman Falkous

27. What is the purpose of this memo?

(A) To suggest that workers attend an event
(B) To express gratitude to product developers
(C) To outline a project schedule to employees
(D) To remind staff to purchase event tickets

28. The word "bound" in paragraph 1, line 3, is closest meaning to

(A) firm
(B) restrained
(C) certain
(D) forced

29. When should the employees notify Mr. Falkous about attending the event?

(A) By March 31
(B) By April 8
(C) By April 15
(D) By April 30

• 이중지문 유형은 2개의 지문이 한 세트, 삼중지문 유형은 3개의 지문이 한 세트로 구성되며, 세트 당 5문항이 출제된다. 이 중 1~2문제는 반드시 두 개의 지문을 모두 보고 풀어야 하는 연계 문제로 출제된다.

이중지문

1 빈출 문제 구성

문제 구성은 약간의 변화가 있을 수 있지만 대체로 다음과 같다. (문제 번호는 출제 순서)

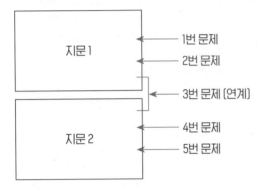

지문 1 ← 1번 문제
2번 문제

← 3번 문제 [연계]

지문 2 ← 4번 문제
5번 문제

2 문제풀이 전략

❶ 주제/목적, 세부사항, 동의어 유형 먼저 풀기

• 지문1의 초반부 또는 상대적으로 적은 부분만 읽고 정답을 찾을 수 있는 주제/목적, 세부사항, 동의어 유형의 문제를 먼저 푼다.

❷ 사실 확인, 추론 문제는 나중에 풀기

• 사실 확인은 지문 전체를 확인해야 하고, 추론 유형은 지문에서 직접적인 정답 단서가 제시되지 않기 때문에 나중에 푸는 것이 좋다.

• 사실 확인 중 특히 NOT 문제는 지문 전체와 선택지를 하나하나 대조해야 하므로 시간이 많이 소요된다. 따라서, 다른 문제들을 풀면서 전체 내용을 어느 정도 파악한 후에 푸는 것이 좋다.

❸ 연계 질문은 마지막으로 풀기

• 문제에 suggested, implied, inferred, most likely 등이 들어가면 연계 질문일 가능성이 매우 높다. 하지만 형태만 추론처럼 보일 뿐, 단서가 세부사항 또는 일반적인 패러프레이징 수준으로 주어지므로 단서만 제대로 찾는다면 정답의 선택은 그리 어렵지 않은 편이다.

• 선택지가 같은 종류의 명사, 숫자, 날짜, 고유명사 등으로 이루어져 있다면, 연계 질문일 가능성이 높으므로 마지막으로 푸는 것이 좋다.

The Hampshire Symphony Orchestra's auditions will take place from March 30 through March 31 **at Marriott Concert Hall** this year. Audition days have been allocated for different types of musical instruments. **Individuals who play string instruments will be invited to audition on March 30**, while those playing woodwind instruments and pianists will audition on the other day.

지문1 단서

Thank you for accepting my application to audition. My own composition is called "Summer Medley", and **I will be performing it on the violin**. I look forward to playing it for you. Thanks once again for this excellent opportunity.

Gemma Atherton

지문2 단서

Q. When will **Ms. Atherton** most likely arrive at **the Marriott Concert Hall**?

질문 키워드

(A) March 30
(B) March 31

📖 이렇게 풀어요

① 문제를 먼저 읽고 질문 유형을 파악

• When will Ms. Atherton **most likely** arrive at **the Marriott Concert Hall**?

② 문제 키워드 파악 후 두 지문에서 키워드 찾기

문제의 키워드를 지문1에서 찾아 주변 내용을 읽어서 연계 키워드를 파악하고, 지문2에서 연계 키워드에 연결된 단서를 찾는다. 이후 두 단서를 조합하여 정답을 파악한다.

• 문제 키워드: Ms. Atherton, Marriott Concert Hall
• 지문1: at Marriott Concert Hall / Individuals who play string instruments will be invited to audition on March 30
• 지문2: My own composition is called "Summer Medley", and I will be performing it on the violin. Gemma Atherton

③ 패러프레이징으로 맥락이 같은 단서를 찾아 날짜를 확인

단서 Individuals who play **string instruments** will be invited to audition on **March 30**.
I will be performing it on the **violin**.

정답 (A) March 30

1 빈출 문제 구성

문제 구성은 약간의 변화가 있을 수 있지만 대체로 아래와 같다. (문제 번호는 출제 순서)

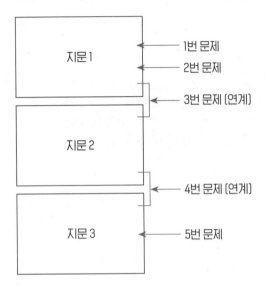

지문 1 — 1번 문제
— 2번 문제
— 3번 문제 (연계)

지문 2

지문 3 — 4번 문제 (연계)
— 5번 문제

2 문제풀이 전략

❶ 주제/목적, 동의어, 세부사항 유형 먼저 풀기

• 각 지문의 초반 또는 상대적으로 단서를 찾기 쉬운 주제/목적, 동의어, 세부사항 유형 문제를 먼저 푼다.
• 지문과 선택지에 제시되는 표현이 동일하지 않고 패러프레이징되는 경우가 많으므로 유의해야 한다.

❷ 사실확인, 추론 문제는 나중에 풀기

• 사실확인 또는 추론 유형은 선택지가 대부분 패러프레이징되어 있기 때문에 나중에 문제를 푸는 것이 좋다.
• 지문에 주어진 단서를 기반으로 지문에 언급되지 않은 내용을 이끌어 내야 하는 추론 유형은 고난도 문제이므로 가급적 마지막으로 푸는 것이 시간 확보에 유리하다.
• 질문에 NOT이 포함되어 있다면 지문과 선택지를 각각 대조하며 풀어야 하기 때문에 많은 시간이 소요되므로 나중에 풀이하는 것이 좋다.

❸ 연계 질문은 마지막으로 풀기

• 지문1과 지문2, 그리고 지문2와 지문3을 연계한 문제들이 출제되는데, 이중지문 연계 문제 풀이 방법과 동일하다.
• 선택지가 숫자나 고유명사 등으로 이루어져 있다면, 두 개의 지문 모두를 참조해야 하는 연계 질문일 가능성이 높으므로 마지막으로 푸는 것이 좋다.

Dear Mr. Hopper,

Last spring, I spoke extensively with you to confirm the authenticity of the records. I felt secure in my purchases, but I later found that the Fukui record was actually from a second recording. Therefore, I'd like to talk about this problem as soon as possible.

Michael Zinn

Hopper's Record Store
R. Fukui, *On the Coastline* ($120.00)
P. Dredger, *Half Past Five* ($55.00)

지문2 단서

Dear Mr. Zinn,

I remember that I did inform you that the record you mentioned was not the original. However, I can understand your confusion, so **I will refund your payment for the record by Paul Dredger.** I hope we can do business again in the future.

Dennis Hopper

지문3 단서

Q. How much will Mr. Zinn receive for **a refund**?

질문 키워드

(A) $120   (B) $55

Q 이렇게 풀어요

① 문제를 먼저 읽고 질문 유형을 파악

• **How much** will Mr. Zinn receive for **a refund**?

② 문제 키워드 파악 후 두 지문에서 키워드 찾기

문제의 키워드를 지문 3에서 찾아 주변 내용을 읽어서 연계 키워드를 파악하고, 지문2에서 연계 키워드에 연결된 단서를 찾는다. 이후 두 단서를 조합하여 정답을 파악한다.

• 문제 키워드: **How much, Mr. Zinn, a refund**
• 셋째 지문: so **I will refund your payment for the record by Paul Dredger**
• 둘째 지문: **P. Dredger, *Half Past Five* ($55.00)**

③ 동일한 키워드를 찾아서 가격 정보를 확인하고 이를 선택지의 가격과 대조

[단서] I will **refund your payment** for the record by **Paul Dredger**.

[단서] **P. Dredger, *Half Past Five* ($55.00)**

[정답] (B) $55

다중지문 연계 문제 유형 감 잡기

지문 1

Gordon Bradley는 전국 채식요리 경연 대회에서 대상을 수상한 셰프로, 최근 문을 연 뉴욕의 Green Delights를 포함해 시카고, LA에 채식 레스토랑을 소유하고 있다.

지문 2

Green Delights 방문 후기

이름: Eva Stephens

저는 비건 음식 애호가로, 지난주 출장으로 간 도시에서 Green Delights라는 식당에 갔는데요, 과연 채식요리 경연 대회 수상자가 오너 셰프인 곳 답게 음식이 아주 훌륭했습니다.

[문제] Ms. Stephens에 대해 사실인 것은?
[정답] 최근에 업무 차 뉴욕에 갔다.

지문 1

지난 6월 5일 우리의 주 타겟 소비자층인 20세 이상 30세 미만의 사람들에게 설문조사를 실시했습니다.

지문 2

날짜: 6월 5일   **참가 번호:** 62
선호하는 스마트폰 케이스 색상:
☐ Black   ☐ White   ■ Silver   ☐ Gold

[문제] 62번 설문 참가자에 대해 추론할 수 있는 것은?
[정답] 20대이다.

지문 1

호텔 예약 확인서

이름: Douglas Holmes
투숙 예정일: 4월 5일~4월 10일
규정 안내: 호텔 투숙 예정일로부터 48시간 전에 취소하면 취소 수수료가 없지만, 그 이후에 취소하게 되면 예약 때 사용하신 카드로 10%의 수수료가 청구됩니다.

지문 2

발신: Douglas Holmes
수신: Grand Garden Hotel manager
날짜: 5월 1일
제가 지난 4월 4일에 홈페이지 상에서 귀하의 호텔 예약을 취소하였습니다. 취소 처리가 제대로 된 줄 알았는데 제 신용카드로 25달러가 청구되었네요. 확인 후 환불 부탁드립니다.

[문제] Mr. Holmes에게 25달러가 청구된 이유는?
[정답] 호텔 이용 예정일 이틀이 채 남지 않은 날 예약을 취소했다.

지문 1

매장 인테리어 디자인 기초 (CID 101): 인테리어 디자이너 Sarah Hamilton 씨가 매출을 높이는 인테리어 공사 노하우를 알려드립니다.

지문 2

작성자: Mike Kim

Sarah Hamilton 씨의 수업을 들었는데요, Sarah 씨는 저희 매장 사진을 보시고, 다양한 조명기구를 이용해 매장 분위기를 바꾸어 보라고 조언해 주셨습니다.

지문 3

매장 인테리어 공사 제안

제안1: 오픈형 주방으로 만들어 손님들이 음식이 준비되는 모습을 볼 수 있게 한다.
제안2: 펜던트 전구, 스트링 전구, 테이블 램프 등을 설치해 매장 내 분위기를 아늑하게 만든다.
제안3: 통창으로 교체하여 하늘이 잘 보이게 한다.
제안4: 코너에 편안한 가구를 배치해 프라이빗 공간을 만든다.

문제 1 Mike Kim이 등록한 CID 수업은 무엇인가?
정답 매장 인테리어 디자인 기초

문제 2 Mike Kim이 Sarah Hamilton과 이야기를 나눈 후 받아들였을 것 같은 제안은?
정답 제안2

지문 1

주문일: 9월 1일	**주문자:** Peter Coleman

유기농 사과 2상자 ·············· $200
닭가슴살 2상자 ·············· $100
팩 오렌지 주스 3상자 ·············· $120
소계: $420
할인: $84
배송비: $10
총계: $346

지문 2

Natural Nook 단골 고객을 위한 창립 10주년 기념 혜택
- 400달러 이상 구매 시 20% 할인
- 특정 품목 Buy one Get one free
- 더블 포인트 적립
- 무료 배송

지문 3

우리 매장 창립일부터 지금까지 꾸준히 단골인 Colman 씨한테서 연락이 왔는데 9월 1일 구매 건에 대해 배송비가 청구되었다고 합니다. 확인 부탁드립니다.

문제 1 9월 1일자 주문에서 할인 받은 이유는?
정답 400달러 이상 구매했다.

문제 2 Peter Coleman에 대해 암시된 것은?
정답 10년간 Natural Nook를 이용해 왔다.

PRACTICE TEST

Questions 1-5 refer to the following advertisement and e-mail.

One-to-One Tours

Campos Eliseos 219 Polanco
Miguel Hidalgo, 11553 Mexico City, Mexico

When you are traveling in Mexico, whether it is for business or pleasure, make the most of your limited time in this beautiful country by contacting One-to-One Tours. Our customers can enjoy:

• Private tours with a knowledgeable local guide
• Discounts on selected local accommodations
• Airport pick-up and transportation to hotel
• Lower admission costs at local tourist sites and landmarks
• Complimentary bottled water available at all times
• Tips on the best restaurants with the most affordable prices

We offer private tours around four of Mexico's most popular tourist destinations. The tour guides named below are very knowledgeable about their respective cities.

Mexico City: Adrianna Alvarez   **Monterrey:** Fernando Barrera
Guadalajara: Javier Zavala   **Morelia:** Esperanza Reyna

We would advise customers to make a reservation for a private tour at least three weeks in advance. Bookings can be made online at www.onetoonetours.com or by calling our office directly at 555-9285.

To	Customer Service Department<customerservices@onetoone.com>
From	Brittany Schwarz<bschwarz@catanmail.com>
Subject	Private tour
Date	November 15

Dear Sir or Madam,

I chose to take advantage of your service earlier this month based on the many positive customer testimonials I read on your Web site. I was very excited to take my first private tour, but I am sorry to say that I will have second thoughts about contacting your company in the future should I ever return to Mexico.

To begin with, Mr. Zavala was more than 45 minutes late in picking me up from the airport. Then, following a brief stop for lunch, I was dropped off at my hotel to find that I was booked into a smoking room, not a non-smoking room as requested. Throughout the remainder of my 3-day tour of the city, I received barely any information from my guide regarding the historic buildings I visited. Also, most of the sites we went to refused to accept the discount coupons, pointing out that they had already expired. Frankly, this was embarrassing and unacceptable.

1. What is NOT offered by One-to-One Tours in its advertisement?

   (A) Reduced hotel rates
   (B) Deals on tourist attractions
   (C) Discounts on local meals
   (D) Free beverages

2. What does One-to-One Tours encourage customers to do?

   (A) E-mail tour guides directly to make a reservation
   (B) Reserve a three-week tour of cities in Mexico
   (C) Recommend the private tours to their acquaintances
   (D) Book their private tour a few weeks before traveling

3. Why does Ms. Schwarz write an e-mail?

   (A) To express thanks for a service
   (B) To report an error in an itinerary
   (C) To request a refund
   (D) To register a complaint

4. In the e-mail, the word "following" in paragraph 2, line 2, is closest in meaning to

   (A) leading to
   (B) prior to
   (C) subsequent to
   (D) according to

5. What is suggested about Ms. Schwarz?

   (A) She found out about One-to-One Tours from a family member.
   (B) She previously went on a private tour of Monterrey.
   (C) She spent time sightseeing in Guadalajara.
   (D) She had originally requested a smoking room.

Questions 6-10 refer to the following announcement and e-mail.

Short Story Contest at the 7th Annual Williamsburg Literary Festival
Sponsored by the Creative Writers Association (CWA)

The Creative Writers Association is now calling on all local writers to apply to participate in a short story contest, which will be running as part of the 7th Annual Williamsburg Literary Festival. The aim of the contest, and indeed that of the festival itself, is to highlight local literary talent and provide exposure and support to these aspiring writers. All of this year's festival events will take place in Williamsburg Community Center and the town's public library from July 27 to August 6. Excerpts from shortlisted short story entries will be read in the latter venue on August 3 and August 4, and the stories will be published online in their entirety for everyone to read.

Only short stories that have not been published elsewhere will be accepted. Stories should either be uploaded at www.cwa.org/festival/contest or sent as an e-mail attachment to writingcontest@cwa.org. Documents must be received by July 20 at the latest. The judging panel will then decide on a final shortlist and notifications will be sent out to successful participants by July 26.

The CWA will arrange for a stage to be erected for the short story readings. Winners chosen from the 15-21 age group will read excerpts on the first of the two aforementioned days, while those in the 21-and-Over category will read on the following day.

For full details and guidelines about the contest, please visit the Creative Writers Association Web site. Alternatively, you may contact the head of the judging panel, Ms. Henderson, directly at 555-8334.

To	Creative Writers Association <members@cwa.org>
From	Bobby Shaye <bshaye@culturex.com>
Date	July 26
Subject	Short Story Readings

Dear CWA Members,

Thank you for choosing to shortlist my work, "In a Glass House", as one of the finalists in this year's writing contest. I originally started writing down ideas for the story after graduating from university and moving to Williamsburg almost a decade ago, but it wasn't until earlier this year that I was inspired to go back to it and finish it off. After working in advertising for several years, I have now decided to turn my attention towards becoming an established author. I would much rather make a living doing something that I have a passion for. I'm looking forward to meeting some of you when I arrive to give my reading. Thank you again for this wonderful opportunity.

Sincerely,

Bobby Shaye

6. What is indicated about the Williamsburg Literary Festival?

(A) It will take place entirely in the public library.
(B) It is sponsored by a leading publisher.
(C) It highlights the work of renowned authors.
(D) It seeks to celebrate local talent.

7. What information is NOT mentioned in the announcement?

(A) The writing credentials of the CWA judging panel members
(B) The date when the shortlisted writers will be contacted
(C) How to submit work for the consideration of the judging panel
(D) The schedule for the readings of shortlisted short stories

8. When will Mr. Shaye most likely arrive at the public library?

(A) July 27
(B) August 3
(C) August 4
(D) August 6

9. What is suggested about Mr. Shaye?

(A) He has met with Ms. Henderson.
(B) He was unsure about the contest guidelines.
(C) He intends to pursue a new career.
(D) He was born in Williamsburg.

10. What is true about the short story, "In a Glass House"?

(A) It was first started earlier this year.
(B) It has never been read by the general public.
(C) It is about events that took place in the local area.
(D) It was published in a university magazine.

Questions 11-15 refer to the following article and e-mail.

Brumpton Gazette

These days, Liza Tetley often finds herself elbow-deep in cookie dough, chocolate chips, nuts, and raisins. Her rapidly growing business, Tetley's Tea Shop, offers a wide variety of teas and coffees, but it is the freshly made cookies that have people lining up along the street. Drawing on her childhood experiences of baking with her mother, the owner of this shop has created sweet treats that are apparently adored by locals and tourists alike.

Ms. Tetley, who served as a successful advertising executive for several years, has almost doubled the shop's number of customers since adding her homemade cakes and cookies to the menu. In an effort to generate interest among customers, she does not stick only to traditional varieties and often experiments with flavors such as cherry-mint and orange-almond cookies. "Actually, I've always baked my own cakes and cookies at home, even while I was still working in an office," she says. "In the end, the urge to open my shop led to me resigning from my job, and my experience in business has actually helped me in my new venture."

Customers stopping by Tetley's Tea Shop give the proprietor high marks for both her endless hard work and her dedication to baking cookies fresh and on-site. While many shops close through the winter months once the tourist season ends, Tetley's Tea Shop still boasts a long line of local residents who are eager to get their hands on a warm, soft cookie. With such loyal clientele, it should come as no surprise that Ms. Tetley has plans to open a second business location.

Tetley's Tea Shop is located in downtown Brumpton near exit 3 of Sawyer subway station and opposite from the Channing Cross bus stop.

To	Liza Tetley <manager@tetleyteashop.com>
From	Mark Bauer <mbauer@prismad.com>
Subject	Recent Article
Date	December 10

Hello Liza,

I just finished reading the piece in yesterday's *Brumpton Gazette*, and it really sounds like your business is doing well. I'm so happy for you! I promise I'll drop by soon to try a few things on your menu! We still talk about you fondly here at the office, and we all miss collaborating with you on projects for our clients. Apart from that, things are going well here, and we will soon need to hire some additional staff to handle our new clients.

I hope to see you soon!

Best wishes,
Mark

11. What is suggested about Ms. Tetley?

(A) She is involved in her family's business.

(B) She creates unique varieties of cookies.

(C) She has just opened a second business location.

(D) She plans to place an advertisement.

12. In the article, the word "marks" in paragraph 3, line 1, is closest in meaning to

(A) prices

(B) regulations

(C) ratings

(D) standards

13. What is NOT indicated about Tetley's Tea Shop?

(A) It closes during the winter season.

(B) It is well served by public transportation.

(C) It has become increasingly popular.

(D) It sells other foods apart from cookies.

14. Why did Mr. Bauer send the e-mail?

(A) To request that Ms. Tetley attend a meeting

(B) To ask Ms. Tetley for assistance with a new client

(C) To ask if Ms. Tetley is hiring new staff

(D) To congratulate Ms. Tetley on her success

15. Where most likely did Mr. Bauer and Ms. Tetley work together?

(A) At a publishing company

(B) At a food manufacturer

(C) At a financial services firm

(D) At an advertising agency

Questions 16-20 refer to the following Web page, press release, and e-mail.

www.circusofbeijing.com/home			
HOME	MEMBERS	TOUR DATES	TICKETS

The Circus of Beijing includes a wide variety of specialty acts in its performances, from trapeze artists to kung-fu masters. The principal performers in the circus are all highly trained Chinese acrobats, with Sun Hanchao being one of the most widely known and highly respected performers in his home country. The performances on our upcoming UK tour, from June 17 to June 27, will be directed by the organization's chief artistic coordinator, Yang Tenglong, and accompanied by Mongolian composer Tamir Altasan's rousing orchestral score.

Since being founded in 2007 by Gao Zhipeng, the Circus of Beijing has given performances in over 120 cities, in countries as far-flung as Peru and Finland. The group's performers and management team have won numerous awards over the years. Most notably, Liao Lisheng was recognized for his breathtaking laser shows, which earned him the Pavlov Award of Excellence last year.

FOR RELEASE TO THE PRESS
Contact: Zhang Liu
zhangliu@beijingcircus.com

(June 6) – All dates on the Circus of Beijing's upcoming tour of the United Kingdom sold out within only a few days of being announced, so the performance group has decided to add four extra dates in order to meet demand. The tour was originally scheduled to begin on June 17 in Birmingham and end on June 27 in London, but it will now continue until July 4. Please see the additional dates below:

Date	Location	Venue
June 28	Edinburgh	Murray Bridge Stadium
June 30	Newcastle	Wilkes Convention Center
July 2	Manchester	Thorpe City Park
July 4	York	Northam Convention Center

From	Debbie Donaldson<ddonaldson@epco.com>
To	Grant Moore <gmoore@epco.com>
Date	June 28
Subject	Circus of Beijing performance

Hi Grant,

I was speaking with Rod earlier, and we both decided we'd like to go and see the Circus of Beijing at Thorpe City Park on Friday. Would you fancy coming with us? The park is only a few blocks from the office, so our plan is to take a quick taxi there after we leave work. I heard there are plenty of hot dog and burger stands at the venue, so we don't need to stop off anywhere for dinner.

I heard that it's the most impressive circus performance in the world these days. Actually, apart from the performers, the circus is supposed to include the most amazing laser show. I read about the man responsible for creating all the light effects in *Global Experience Magazine* recently. It should be spectacular! Let me know if you're interested.

Debbie

16. What is mentioned about Sun Hanchao?

(A) He was one of the founders of the Circus of Beijing.

(B) He is regarded as one of the best acrobats in China.

(C) He was presented with an award last year.

(D) He is responsible for directing circus performances.

17. What is indicated about the Circus of Beijing's upcoming tour?

(A) It will start around one week later than originally scheduled.

(B) It will require the group to travel to more than 120 cities.

(C) It will include several performances in Finland and Peru.

(D) It will feature music written by a Mongolian composer.

18. On the Web page, the word "recognized" in paragraph 2, line 4, is closest in meaning to

(A) illustrated

(B) honored

(C) outlined

(D) featured

19. Who did Ms. Donaldson read about in a magazine article?

(A) Yang Tenglong

(B) Tamir Altasan

(C) Gao Zhipeng

(D) Liao Lisheng

20. Where is Ms. Donaldson's workplace most likely located?

(A) In Edinburgh

(B) In Newcastle

(C) In Manchester

(D) In York

Questions 21-25 refer to the following e-mails and chart.

To	Shaun Dillinger; Meryl Houseman; Raul Gonzales; Selina Moretz
From	Darius Lautner
Subject	Record of sales (Apr-Jul)
Date	August 7, Friday
Attachment	Record of Product Sales.doc

Greetings everyone,

I have attached the sales report for the last few months, which was compiled over the past week by our accounting manager, Ms. Tibbs. I would like to discuss this in detail with you at Monday's meeting, but I'll take this opportunity to point out some noteworthy trends and figures.

The figures listed for coffee are our highest since the opening of the business last year. This was to be expected, as we have been aggressively marketing our new varieties. As you will be able to see, the month during which sales of coffee were highest coincides with the time when we ran the billboard advertisements throughout the downtown area.

Next, please take a look at the sales for muffins. To be honest, these figures fall far below our expectations. In an effort to boost sales, we will begin a new 'Beverage & Muffin' promotion on September 1. We can discuss this strategy in depth next week.

Please familiarize yourselves with the report over the weekend so that we can have a productive meeting on Monday.

Darius

Kalimantan Coffee Shop
Record of Product Sales: April ~ July

	April	May	June	July
Coffee	$16,340	$17,750	$17,150	$18,230
Tea	$9,510	$9,250	$8,750	$8,700
Muffins	$8,200	$7,840	$8,340	$7,560
Bagels	$9,530	$8,560	$8,940	$9,250

To	Darius Lautner
From	Lucy Tibbs
Subject	Sales Figures Error
Date	August 10, Monday

Good morning Darius,

I just realized that I made a mistake when I was recording the figures for the recent sales report that I sent to you. Please refer to the chart and change the figure of $8,340 to $8,560. I forgot to add the sales for the final day of that period. Sorry for the inconvenience!

Lucy

PART 5 | PART 6 | PART 7

21. What is the purpose of the first e-mail?

(A) To discuss certain items on a sales report

(B) To propose new ideas for advertising

(C) To recommend that Ms. Tibbs be promoted

(D) To explain why sales figures have been falling

22. According to the first e-mail, what will most likely happen on September 1?

(A) A new line of beverages will be launched.

(B) Employees will attend a training workshop.

(C) A new sales strategy will be employed.

(D) Customers will be given a complimentary item.

23. When most likely did the business run a series of billboard advertisements?

(A) In April

(B) In May

(C) In June

(D) In July

24. For which item did Ms. Tibbs make a mistake when calculating sales figures?

(A) Coffee

(B) Tea

(C) Muffins

(D) Bagels

25. In the second e-mail, the word "recording" in paragraph 1, line 1, is closest in meaning to

(A) listening

(B) collaborating

(C) initiating

(D) documenting

"한 권으로 끝내는"

시원스쿨
실전토익.
900+

정답 및 해설

LISTENING

UNIT 01 사진 문제 만점 받기

PRACTICE TEST

1. (D)	**2.** (A)	**3.** (D)	**4.** (A)	**5.** (B)
6. (B)	**7.** (B)	**8.** (D)	**9.** (A)	**10.** (B)
11. (A)	**12.** (C)			

1. (A) Shopping baskets have been stacked in a corner.
(B) They are placing some items into a shopping cart.
(C) They are walking down a store aisle.
(D) Some clothes have been hung up.

(A) 쇼핑 바구니들이 한쪽 구석에 쌓여 있다.
(B) 사람들이 몇몇 제품을 쇼핑 카트에 담는 중이다.
(C) 사람들이 매장 복도를 따라 걷는 중이다.
(D) 몇몇 옷들이 걸려 있다.

해설 (A) 구석에 쌓여 있는 쇼핑 바구니(Shopping baskets)를 찾아볼 수 없으므로 오답.
(B) 제품을 쇼핑 카트에 담는(are placing) 동작을 하는 사람을 찾아볼 수 없으므로 오답.
(C) 매장 복도를 따라 걷는 동작을 하는 사람을 찾아볼 수 없으므로 오답.
(D) 매장 내에 옷들이 걸려 있는 상태를 묘사하고 있으므로 정답.

어휘 stack ~을 쌓다, 쌓아올리다 place A into B A를 B에 담다, 넣다 down (길 등) ~을 따라 aisle 복도 hang up ~을 걸다, 걸어 놓다

2. **(A) A woman is bending over a table.**
(B) A man is talking to a server.
(C) Some windows are being installed.
(D) Food is on display in a cafeteria.

(A) 여자가 테이블 위로 몸을 숙이고 있다.
(B) 남자가 서빙하는 사람에게 말을 하는 중이다.
(C) 몇몇 창문들이 설치되는 중이다.
(D) 음식이 구내 식당에 진열되어 있다.

해설 (A) 여자가 테이블 위로 몸을 숙이는(is bending) 동작을 하고 있으므로 정답.

(B) 서빙하는 사람에게 말을 하고 있는 상황은 아니므로 오답.
(C) 창문들이 보이기는 하지만 설치되는 중인(are being installed) 상황은 아니므로 오답.
(D) 진열된 음식을 찾아볼 수 없으므로 오답.

어휘 bend 숙이다, 굽히다 server 서빙하는 사람 install ~을 설치하다 on display 진열된, 전시된 cafeteria 구내 식당

3. (A) An outdoor area is crowded with people.
(B) Some trees are being planted.
(C) Some chairs are being stacked next to a table.
(D) A pathway is paved with stones.

(A) 한 야외 공간이 사람들로 붐비는 상태이다.
(B) 몇몇 나무들이 심어지는 중이다.
(C) 몇몇 의자들이 한 탁자 옆에 쌓이는 중이다.
(D) 보도가 돌로 포장되어 있다.

해설 (A) 사진 속 공간이 사람들로 붐비는(is crowded with people) 상태가 아니므로 오답.
(B) 나무를 심는(are being planted) 동작을 하는 사람을 찾아볼 수 없으므로 오답.
(C) 의자들을 쌓는(are being stacked) 동작을 하는 사람을 찾아볼 수 없으므로 오답.
(D) 돌을 깔아 보도를 포장한 상태를 묘사하고 있으므로 정답.

어휘 be crowded with ~로 붐비다 plant v. ~을 심다 stack ~을 쌓다, 쌓아 올리다 next to ~ 옆에 pathway 보도 pave (도로 등) ~을 포장하다

4. **(A) Park maintenance work is being carried out.**
(B) A worker is inspecting a tool.
(C) Some equipment has been left next to a tree.
(D) A worker is repairing some light fixtures.

(A) 공원 유지 관리 작업이 실시되는 중이다.
(B) 한 작업자가 도구를 점검하는 중이다.
(C) 일부 장비가 나무 옆에 놓인 채로 있다.
(D) 한 작업자가 일부 조명 기구를 수리하는 중이다.

해설 (A) 공원에서 남자가 장비를 이용해 공원 유지 관리 작업을 하는 모습을 묘사하고 있으므로 정답.
(B) 장비를 들여다보며 점검하는(is inspecting) 동작을 하는 것은 아니므로 오답.
(C) 나무 옆에 놓인 장비를 찾아볼 수 없으므로 오답.
(D) 남자가 조명 기구를 수리하는(is repairing) 동작을 하는 것은 아니므로 오답.

어휘 maintenance 유지 관리 carry out ~을 실시하다, 수행하다 inspect ~을 점검하다 tool 기구, 도구 equipment 장비 leave ~을 놓다, 두다 repair ~을 수리하다 light fixture 조명 기구

5. (A) There's a boat sailing along a grassy shore.
(B) There's a deck overlooking a lake.
(C) Some benches are occupied.
(D) Some people are diving off a pier.

(A) 보트 한 척이 풀로 덮인 물가를 따라 항해하고 있다.
(B) 호수를 내려다보는 데크가 있다.
(C) 몇몇 벤치들이 이용중이다.
(D) 몇몇 사람들이 부두에서 다이빙하고 있다.

해설 (A) 항해중인 보트가 보이지 않으므로 오답.
(B) 건물 앞에 나무로 된 데크가 있고, 이것이 호수를 내려다보고 있으므로 정답.
(C) 벤치에 아무도 앉아 있지 않으므로 오답.
(D) 다이빙하는 사람들이 보이지 않으므로 오답.

어휘 sail 항해하다 grassy 풀로 덮인 shore 해변, 물가 deck 데크, 갑판 overlook ~을 내려다보다 occupied 이용 중인 dive 다이빙하다 pier 부두

6. (A) Some tables are positioned side by side.
(B) Light fixtures are suspended from the ceiling.
(C) Some vegetables are on display.
(D) A broom is propped against a plastic bin.

(A) 몇몇 탁자들이 나란히 위치해 있다.
(B) 조명 기구들이 천장에 매달려 있다.
(C) 몇몇 채소가 진열되어 있다.
(D) 빗자루가 플라스틱 쓰레기통에 기대어져 있다.

해설 (A) 나란히 위치해 있는(are positioned side by side) 탁자들을 찾아볼 수 없으므로 오답.
(B) 조명 기구들이 천장에 매달려 있는 모습을 묘사하고 있으므로 정답.
(C) 진열되어 있는(on display) 채소를 찾아볼 수 없으므로 오답.
(D) 플라스틱 쓰레기통에 기대어져 있는(is propped against a plastic bin) 빗자루를 찾아볼 수 없으므로 오답.

어휘 position v. ~을 위치시키다, 놓다 side by side 나란히 light fixture 조명 기구 suspend ~을 매달다 ceiling 천장 on display 진열된, 전시된 be propped against ~에 기대어져 있다 bin 쓰레기통, 통

7. (A) Some tables are lined up in a row.
(B) A field of grass is being mowed by a man.
(C) A tool has been left by some bushes.

(D) Some trees are being planted on a street.

(A) 몇몇 탁자들이 한 줄로 늘어서 있다.
(B) 잔디밭이 한 남자에 의해 깎이는 중이다.
(C) 공구 하나가 덤불 옆에 놓여 있다.
(D) 몇몇 나무들이 거리에 심어지는 중이다.

해설 (A) 한 줄로 늘어서 있는 탁자들을 찾아볼 수 없으므로 오답.
(B) 잔디밭이 남자에 의해 깎이는 모습을 묘사하고 있으므로 정답.
(C) 덤불 옆에 놓여 있는 공구를 찾아볼 수 없으므로 오답.
(D) 남자가 나무를 심는(are being planted) 동작을 하고 있지 않으므로 오답.

어휘 be lined up in a row 한 줄로 늘어서 있다 mow (잔디 등) ~을 깎다 tool 공구, 도구 leave ~을 놓다, 두다 by ~ 옆에 bush 덤불 plant v. ~을 심다

8. (A) One of the men is operating heavy machinery.
(B) A wheelbarrow is being positioned near a column.
(C) A shovel has been placed on a tool rack.
(D) The men are wearing safety vests.

(A) 남자들 중 한 명이 중장비를 작동하는 중이다.
(B) 외바퀴 손수레가 기둥 근처에 놓이는 중이다.
(C) 삽 하나가 공구 걸이에 놓여 있다.
(D) 남자들이 안전 조끼를 착용한 상태이다.

해설 (A) 중장비(heavy machinery)를 작동하는 사람을 찾아볼 수 없으므로 오답.
(B) 외바퀴 손수레(wheelbarrow)가 보이기는 하지만 기둥 근처에 놓이는 상황이 아니므로 오답.
(C) 공구 걸이에 놓여 있는(has been placed) 삽을 찾아볼 수 없으므로 오답.
(D) 남자들이 모두 안전 조끼를 착용한 상태를 묘사하고 있으므로 정답.

어휘 operate ~을 작동하다, 조종하다 heavy machinery 중장비 wheelbarrow 외바퀴 손수레 position v. ~을 두다, 위치시키다 column 기둥 shovel 삽 place v. ~을 두다, 놓다 tool rack 공구 걸이 safety vest 안전 조끼

9. **(A) A picnic area is covered by a roof.**
(B) Tables have been set for a meal.
(C) Some bushes have been planted along a walkway.
(D) Some leaves have been raked into a pile.

(A) 피크닉장이 지붕으로 덮여 있다.
(B) 식사를 위한 테이블이 준비되었다.
(C) 몇몇 덤불들이 보도를 따라 심어져 있다.
(D) 몇몇 잎이 무더기로 긁어모여있다.

해설 (A) 피크닉장(picnic area)이 지붕으로 덮여 있는 상태를 묘

사하고 있으므로 정답.

(B) 테이블이 식사를 위해 준비된 상황이 아니므로 오답.

(C) 보도(walkway)를 따라 심어진 덤불들을 찾아볼 수 없으므로 오답.

(D) 무더기로 긁어 모아진 나뭇잎을 찾아볼 수 없으므로 오답.

어휘 cover ~을 덮다 meal 식사 bush 덤불, 관목 along ~을 따라 walkway 보도, 산책로 rake ~을 긁어 모으다 pile 무더기

10. (A) The woman is carrying a suitcase on the platform.

(B) A structure extends over the railroad tracks.

(C) The station is under construction.

(D) Passengers are boarding a train.

(A) 여자가 승강장에서 여행 가방을 옮기는 중이다.

(B) 철로 위를 가로질러 구조물이 이어져 있다.

(C) 역이 공사 중이다.

(D) 승객들이 열차에 탑승하는 중이다.

해설 (A) 여자가 여행 가방을 옮기는(is carrying a suitcase) 동작을 하는 것이 아니므로 오답.

(B) 철로 위쪽에 지붕이 설치되어 있는 모습을 '구조물이 이어져 있다'는 말로 묘사하고 있으므로 정답.

(C) 역에 공사가 진행되는(under construction) 상황이 아니므로 오답.

(D) 열차에 탑승하는 승객을 찾아볼 수 없으므로 오답.

어휘 carry ~을 옮기다, 나르다, 휴대하다 suitcase 여행 가방 structure 구조물 extend 이어지다, 뻗어 있다, 펼쳐지다 railroad track 철로 under construction 공사 중인 passenger 승객 board ~에 탑승하다

11. **(A) Awnings have been stretched above the display.**

(B) Some people are displaying books on the shelves.

(C) People are relaxing at an outdoor patio.

(D) Boxes of books are being loaded onto a cart.

(A) 차양이 전시물 위로 펼쳐져 있다.

(B) 몇몇 사람들이 선반에 책을 진열하는 중이다.

(C) 사람들이 야외 테라스에서 휴식하고 있다.

(D) 책을 담은 상자들이 카트에 실리는 중이다.

해설 (A) 진열된 책 위로 차양이 펼쳐져 있는 모습을 묘사하고 있으므로 정답.

(B) 책을 진열하는(are displaying) 동작을 하는 사람을 찾아볼 수 없으므로 오답.

(C) 사람들이 휴식을 취하는 것이 아니라 물품을 살펴보고 있으므로 오답.

(D) 책을 카트에 싣는 동작을 하는(are being loaded) 사람을 찾아볼 수 없으므로 오답.

어휘 awning 차양, 가리개 stretch ~을 펼치다 above (분리된 위치) ~ 위에 display ~을 진열하다, 전시하다 relax 휴식하다 outdoor 야외의 patio 테라스 load A onto B A를 B에 싣다

12. (A) Some people are hiking outdoors.

(B) Some leaves are being cleared off a walkway.

(C) A fence runs along the edge of the road.

(D) A pathway leads to a parking area.

(A) 몇몇 사람들이 야외에서 하이킹하고 있다.

(B) 나뭇잎들이 보도에서 치워지고 있다.

(C) 울타리가 도로 가장자리를 따라 뻗어 있다.

(D) 길이 주차장으로 이어져 있다.

해설 (A) 사람들을 찾아볼 수 없으므로 오답.

(B) 나뭇잎을 치우는 사람을 찾아볼 수 없으므로 오답.

(C) 도로를 따라 울타리가 세워져 있는 모습을 묘사하고 있으므로 정답.

(D) 길이 나 있는 끝에 주차장이 보이지 않으므로 오답.

어휘 outdoors 야외에서 clear ~을 치우다 walkway 보도, 인도 fence 울타리 run (길 등이) 뻗어 있다, 이어지다 along (길 등) ~을 따라 edge 가장자리 pathway 작은 길 lead to ~로 이어지다

UNIT 02 의문사 의문문

PRACTICE TEST

1. (A)	**2.** (C)	**3.** (C)	**4.** (C)	**5.** (C)
6. (A)	**7.** (C)	**8.** (B)	**9.** (C)	**10.** (C)
11. (B)	**12.** (A)	**13.** (C)	**14.** (B)	**15.** (A)
16. (A)	**17.** (C)	**18.** (A)	**19.** (B)	**20.** (C)
21. (B)	**22.** (A)	**23.** (C)	**24.** (B)	**25.** (B)

1. When will that car in the garage be repaired?

(A) Once all the parts arrive.

(B) At the hardware store.

(C) Yes, it was a nice drive.

차고에 있는 저 자동차가 언제 수리될까요?

(A) 모든 부품이 도착하는 대로요.

(B) 철물점에서요.

(C) 네, 아주 멋진 드라이브였어요.

해설 자동차 수리 시점을 묻는 When 의문문에 대해 시간 접속사 Once를 이용해 '부품이 도착하는 대로'라는 말로 대략적인 시점을 말한 (A)가 정답이다. (B)는 장소 표현이므로 Where 의문문에 적절한 답변이다. (C)는 car에서 연상 가능한 drive 를 이용한 오답이다.

어휘 garage 차고 once ~하는 대로, ~하자마자 part 부품 hardware store 철물점

2. What do you think about the new chief editor?
(A) We've been introduced.
(B) I knew about it.
(C) She's highly qualified.

신임 편집장님에 대해 어떻게 생각하세요?
(A) 저희는 소개되었어요.
(B) 저는 그것에 대해 알고 있었어요.
(C) 그분은 매우 뛰어난 자격을 지니고 있어요.

해설 「What do you think about ~?」은 어떤 대상에 대해 상대방의 생각을 물을 때 사용하므로 의견이나 평가 등을 말하는 답변이 정답으로 자주 등장한다. 신임 편집장에 대한 생각을 묻고 있으므로 그 사람의 자격과 관련된 평가에 해당되는 (C)가 정답이다.

어휘 chief editor 편집장 introduce ~을 소개하다 highly 매우, 대단히 qualified 자격이 있는, 적격의

3. Where will the championship match be held?
(A) Only if the weather is good.
(B) You need to win five games.
(C) It depends on who plays.

챔피언 결정전이 어디에서 열리나요?
(A) 날씨가 좋을 경우에만요.
(B) 5승을 해야 해요.
(C) 누가 경기하는지에 따라 달라요.

해설 경기 개최 장소를 묻는 Where 의문문에 대해 장소를 직접 언급하는 대신, 누가 경기하는지에 따라 달라질 수 있다는 말로 간접적으로 응답한 (C)가 정답이다. (A)는 경기 장소가 아닌 개최 가능 조건을 말하고 있어 어울리지 않는 반응이며, (B)는 질문에 쓰인 championship match에서 연상 가능한 game 을 이용한 오답이다.

어휘 championship match 챔피언 결정전 hold (행사 등) ~을 개최하다, 열다 only if (오직) ~할 경우에만 depend on ~에 따라 다르다, ~에 달려 있다

4. How are we going to finish the remodeling on time?
(A) The designer recommended it.
(B) At two o'clock.
(C) Actually, we are almost done.

우리가 어떻게 제때 개조 작업을 끝낼 수 있을까요?
(A) 디자이너가 그것을 추천했어요.
(B) 2시에요.
(C) 실은, 거의 끝났어요.

해설 개조 작업을 어떻게 제때 끝낼지 묻는 How 의문문인데, 구체적인 방법을 제시하는 대신 거의 끝났다는 말로 현재의 상황을 알림으로써 그 방법을 생각할 필요가 없음을 나타내는 (C)가 정답이다. (B)는 질문에 쓰인 time에서 연상 가능한 시간을 말해 혼동을 유발하는 오답이다.

어휘 on time 제때 recommend ~을 추천하다, 권하다 done (일을) 끝낸, 완료한

5. Why weren't you at the company dinner yesterday?
(A) Yes, and it was great to see you there.
(B) Sorry, but I'm afraid we're running late.
(C) I went to a birthday party for my cousin instead.

왜 어제 회사 회식에 안 왔어요?
(A) 네, 그리고 그곳에서 뵈어서 정말 좋았어요.
(B) 죄송하지만, 저희는 늦을 것 같아요.
(C) 대신 제 사촌의 생일 파티에 갔어요.

해설 의문사 Why로 시작하는 의문문은 의문사 자체보다 뒤에 이어지는 내용에 더 집중해서 들어야 한다. 회식에 오지 않은 이유를 묻고 있으므로 회식 대신 가야 했던 다른 일을 말하는 것으로 회식에 참석하지 못한 이유를 밝히는 (C)가 정답이다. (A)는 의문사 의문문에 맞지 않는 Yes로 답변하는 오답이며, (B)는 과거의 회식 참석이 아니라 현재 늦는 상황임을 알리는 말이므로 질문의 의도에 맞지 않는 반응이다.

어휘 I'm afraid (that) (부정적인 일에 대해) ~인 것 같다, 유감스럽지만 ~이다 be running late 약속 시간에 늦다 instead 대신

6. Which singer did you like the most?
(A) They were all excellent.
(B) I'm afraid I forgot the song titles.
(C) Mostly ballads.

당신은 어느 가수가 가장 마음에 들었나요?
(A) 전부 훌륭했어요.
(B) 곡 제목들을 잊어버린 것 같아요.
(C) 대체로 발라드요.

해설 Which singer로 시작되어 어느 가수가 가장 마음에 들었는지 묻는 의문문에 대해 모두 훌륭했다는 말로 답변하는 (A)가 정답이다. (B)와 (C)는 모두 singer에서 연상 가능한 song과 ballads를 각각 이용해 혼동을 유발하는 오답이다.

어휘 the most 가장 (많이) forget ~을 잊다 mostly 대체로, 대부분

7. Who's giving the keynote speech at the marketing convention?
(A) It will start at around 9:30.
(B) On January 30th.
(C) Check with Paul in Personnel.

누가 마케팅 컨벤션에서 기조 연설을 하나요?
(A) 9시 30분쯤에 시작할 거예요.
(B) 1월 30일이요.
(C) 인사팀 폴 씨에게 확인해보세요.

해설 누가 기조 연설자인지 묻는 Who 의문문에 대해 해당 정보를 알고 있는 직원의 이름과 부서를 알려주는 (C)가 정답이다. (A)와 (B)는 각각 시간과 날짜를 말하고 있으므로 When 의문문에 어울리는 반응이다.

어휘 give a speech 연설하다 keynote 기조, 주안점 around ~쯤, 약 personnel 인사팀

8. When does the lease for your apartment expire?
(A) There are two bedrooms.
(B) I renewed for another year.
(C) A new building policy.

당신 아파트 임대 계약이 언제 만료되나요?
(A) 침실이 두 개 있어요.
(B) 1년 더 갱신했어요.
(C) 새로운 건물 정책이요.

해설 아파트 임대 계약 만료 시점을 묻는 질문에 대해 1년 더 갱신했다는 말로 대략적인 미래 시점을 나타내는 (B)가 정답이다. (A)와 (C)는 질문에 쓰인 apartment에서 연상 가능한 bedroom과 building을 각각 이용한 오답이다.

어휘 lease 임대 계약(서) expire (기한이) 만료되다 renew ~을 갱신하다 policy 정책, 방침

9. What should I get Jenny for her birthday?
(A) It's the day after tomorrow.
(B) It costs about 10 dollars.
(C) How about a bouquet of flowers?

생일 선물로 제니에게 무엇을 사줘야 할까요?
(A) 그건 모레입니다.
(B) 약 10달러의 비용이 들어요.
(C) 꽃다발은 어때요?

해설 「What should I ~?」는 상대방에게 조언을 구하는 질문으로, 동사구에 특히 집중해 들어야 한다. 생일 선물로 사야 하는 것을 권해 달라는 질문이므로 '~가 어때요?'라는 의미로 쓰이는 「How about ~?」 표현으로 선물 종류를 제안하는 (C)가 정답이다.

어휘 the day after tomorrow 모레 cost v. ~의 비용이 들다 about 약, 대략 bouquet of flowers 꽃다발

10. How many chairs will we need for the banquet?
(A) Eric will chair the meeting.
(B) I enjoyed the speech.
(C) We're not sure yet.

연회에 얼마나 많은 의자가 필요할까요?
(A) 에릭 씨가 회의를 주재할 겁니다.
(B) 저는 그 연설이 즐거웠어요.
(C) 아직 확실하지 않아요.

해설 「How many ~?」로 시작하는 의문문으로 필요한 의자의 수량을 묻고 있지만, 특정 수량 대신 '잘 모르겠다'라는 말로 답변하는 (C)가 정답이다. (A)는 chair의 다른 의미(의자-주재하다)를 이용해 혼동을 유발하는 오답이다.

어휘 banquet 연회 chair v. ~을 주재하다 speech 연설

11. Which of today's island tours should I sign up for?
(A) The tour starts at 9 AM.
(B) They're canceled due to a storm.
(C) It'll last for half a day.

오늘의 섬 투어 중에서 제가 어느 것을 신청해야 하나요?
(A) 그 투어는 오전 9시에 시작합니다.
(B) 그것들이 폭풍우 때문에 취소되었습니다.
(C) 반나절 동안 지속될 겁니다.

해설 자신이 선택할 투어를 묻는 Which 의문문이므로 tours를 They로 지칭해 취소되었다는 말로 선택할 수 없음을 알리는 (B)가 정답이다. (A)는 투어 시작 시점을 말하고 있으므로 When 의문문에 어울리는 답변이며, (C)는 지속 시간을 나타내므로 How long 의문문에 어울리는 응답이다.

어휘 sign up for ~을 신청하다, ~에 등록하다 due to ~ 때문에 storm 폭풍우 last v. 지속되다 half a day 반나절

12. What qualifications are required for the marketer position?
(A) They're listed on the company Web site.
(B) Yes, it's fine now.
(C) It's right across the street.

마케팅 담당자 직책에 어떤 자격 요건이 필요한가요?
(A) 그것들은 회사 웹사이트에 게시되어 있습니다.
(B) 네, 지금은 괜찮아요.
(C) 길 바로 건너편에 있어요.

해설 What qualifications가 핵심이다. 마케팅 담당자 직책에 필요한 자격 요건이 무엇인지 묻는 질문이므로 특정 자격 요건을 말해주는 대답을 예상하기 쉽지만, 이를 직접 알려주는 대신 회사 웹사이트에 나와 있다고 우회적으로 응답한 (A)가 정답이다.

어휘 qualification 자격 (요건) require ~을 요구하다, 필요로 하다 position 직책 list ~을 기재하다, 목록에 올리다 right across the street 길 바로 건너편에

13. Who's in charge of ordering paper for the printer?

(A) The article has many errors.

(B) Mr. Baker gave a speech about the problem.

(C) I'm not, anyway.

프린터 용지를 주문하는 일을 누가 맡고 있죠?

(A) 그 기사는 오류가 많습니다.

(B) 베이커 씨가 그 문제에 대해 연설했습니다.

(C) 어쨌든 저는 아닙니다.

해설 용지 주문 담당자가 누구인지 모르지만 자신은 아니라는 의미를 나타내는 (C)가 정답이다. (B)는 사람 이름을 언급하기는 하지만 용지 주문 담당자가 아니라 발표한 사람을 말하고 있으므로 오답이다.

어휘 be in charge of ~을 맡다, 책임지고 있다 article 기사 give a speech 연설하다

14. When are the investors due to visit our research laboratory?

(A) Yes, 2 o'clock suits me fine.

(B) It hasn't been decided yet.

(C) For additional project funding.

투자자들이 언제 우리 연구소를 방문할 예정인가요?

(A) 네, 2시가 저에게 좋습니다.

(B) 아직 결정되지 않았어요.

(C) 추가 프로젝트 자금 제공을 위해서요.

해설 투자자들이 언제 실험실을 방문할 예정인지 묻는 질문에 대해 '아직 결정되지 않았다'는 말로 아직 알 수 없는 상황임을 우회적으로 답변하는 (B)가 정답이다. (A)는 의문사 의문문에 Yes로 답하고 있어 오답이며, (C)는 질문의 investors에서 연상 가능한 funding을 이용한 오답이다.

어휘 investor 투자자 be due to do ~할 예정이다, ~하기로 되어 있다 research laboratory 연구소 suit A fine A에게 잘 맞다, A에게 좋다 additional 추가적인 funding 자금 (제공)

15. What's the monthly newsletter called?

(A) Check the front page.

(B) She called me last month.

(C) It's been delivered.

그 월간 소식지는 뭐라고 불리나요?

(A) 1면을 확인해 보세요.

(B) 그녀가 지난달에 저에게 전화했어요.

(C) 그것은 배송되었습니다.

해설 월간 소식지의 명칭을 묻고 있으므로 그 명칭을 직접 말하는 대신 1면을 확인해 보라고 간접적으로 응답한 (A)가 정답이다. (B)는 질문에 쓰인 동사 call을 반복한 답변인데, call의 다른 의미(부르다-전화하다)를 이용해 혼동을 유발하는 오답이다.

어휘 monthly 월간의, 매달의 newsletter 소식지 call A B A를 B라고 부르다 front page (신문 등의) 1면 deliver ~을 배송하다

16. How can I get reimbursed for the flight tickets?

(A) Give your receipts to Ms. Blake.

(B) I flew back to India.

(C) I think so.

항공권에 대해 어떻게 환급 받을 수 있나요?

(A) 블레이크 씨에게 영수증을 제출하세요.

(B) 저는 비행기를 타고 인도로 돌아왔어요.

(C) 저는 그렇게 생각해요.

해설 How 뒤에서 '환급 받다'를 뜻하는 get reimbursed가 쓰였으므로 환급 받는 방법을 묻는 의문문임을 알 수 있다. 따라서 비용을 환급 받는 데 필요한 영수증을 제출하라고 알리는 (A)가 정답이다.

어휘 get reimbursed for ~에 대한 비용을 환급 받다 flight ticket 항공권 receipt 영수증 fly back to 비행기를 타고 ~로 돌아오다, 돌아가다

17. Which airline should we take for our trip to Canada?

(A) The company already booked our flights.

(B) At Pearson Airport.

(C) I'm looking forward to it, too.

캐나다 출장을 위해 우리가 어느 항공사를 이용해야 할까요?

(A) 회사에서 이미 우리 항공편을 예약했어요.

(B) 피어슨 공항에서요.

(C) 저도 그것을 고대하고 있습니다.

해설 항공사 선택과 관련된 Which 의문문이므로 회사 측에서 이미 항공편을 예약했다는 말로 어느 항공사를 선택할지 생각할 필요가 없음을 알리는 (A)가 정답이다.

어휘 airline 항공사 take (교통편) ~을 이용하다, 타다 book ~을 예약하다 flight 항공편 look forward to ~을 고대하다

18. What would you like to do this afternoon?

(A) How about having a coffee together?

(B) No, it takes place before noon.

(C) I have a date tomorrow.

오늘 오후에 뭐 하고 싶으세요?

(A) 함께 커피 마시는 건 어때요?

(B) 아뇨, 그건 정오 전에 개최돼요.

(C) 내일 데이트 약속이 있어요.

해설 What 의문문으로 상대방에게 오후에 하고 싶은 일이 무엇인지 묻고 있으므로 함께 하고 싶은 일을 제안하는 (A)가 정답이다. 오늘 오후에 할 일을 묻고 있으므로 내일 있을 약속을 말하

는 (C)는 어울리지 않는 반응이다.

어휘 How about -ing? ~하는 건 어때요? take place (행사, 일 등이) 개최되다, 발생되다

19. Why is our inventory so low this month?
(A) Towards the end of December.
(B) A shipment has been delayed.
(C) If there's a demand for it.

이번 달에 우리 재고 물량이 왜 이렇게 적은 거죠?
(A) 12월 말 무렵에요.
(B) 배송이 지연되었어요.
(C) 그것에 대한 수요가 있다면요.

해설 Why 의문문으로 재고 물량이 적은 이유를 묻고 있으므로 배송이 지연되었다는 말로 아직 물품을 받지 못한 상황임을 알리는 (B)가 정답이다. (A)는 질문에 쓰인 this month와 연관성 있게 들리는 December를 이용해 혼동을 유발하는 오답이다.

어휘 inventory 재고 (목록) towards ~ 무렵에, ~경에 shipment 배송(품) delay ~을 지연시키다 demand for ~에 대한 수요

20. What business did you choose to sponsor our event?
(A) At the Marriott Theater next month.
(B) Yes, Mr. Sawyer will be attending.
(C) I'm still waiting to talk to some of them.

저희 행사를 후원하기 위해 어떤 업체를 선정하셨나요?
(A) 다음 달에 매리어트 극장에서요.
(B) 네, 소여 씨께서 참석하실 예정이에요.
(C) 그중 몇몇 곳들과 얘기를 나누기 위해 여전히 기다리는 중이에요.

해설 What business로 시작해 선정한 업체의 종류나 특성을 묻는 의문문에 대해 여전히 얘기를 나누는 중이라는 말로 아직 선정하지 않았음을 알리는 (C)가 정답이다. (A)는 장소 표현이므로 Where 의문문에 어울리는 답변이며, (B)는 의문사 의문문에 맞지 않는 Yes로 대답하는 오답이다.

어휘 business 업체, 회사 sponsor ~을 후원하다 attend ~에 참석하다

21. Who will be leading the meeting?
(A) It'll be in Conference Room C.
(B) Ms. Perez offered to do it.
(C) I am honored to meet you.

누가 회의를 진행할 예정인가요?
(A) C 회의실에서 열릴 것입니다.
(B) 페레즈 씨가 하겠다고 했어요.
(C) 만나 뵙게 되어 영광입니다.

해설 누가 회의를 진행할 것인지 묻는 Who 의문문에 대해 '페레즈 씨가 하겠다고 했다'고 응답하는 (B)가 정답이다. (A)는 질문에 쓰인 meeting에서 연상할 수 있는 Conference Room을 이용한 오답이며, (C)는 질문에 쓰인 meeting과 발음이 유사한 meet를 이용한 오답이다.

어휘 lead ~을 진행하다, 이끌다 be honored to do ~하게 되어 영광이다

22. How do you like the new copy machine?
(A) It's hard to use so far.
(B) At the coffee shop.
(C) He will be out of office tomorrow.

새 복사기가 마음에 드시나요?
(A) 지금까진 사용하기 어려워요.
(B) 커피 전문점에서요.
(C) 그는 내일 사무실에 있지 않을 거에요.

해설 「How do you like ~?」는 특정 대상이 마음에 드는지 묻는 의문문으로 상대방의 의견을 묻는 것과 같다. 따라서 새 복사기가 아직 사용하기 어렵다는 의견을 밝힌 (A)가 정답이다. (B)는 질문에 쓰인 copy와 발음이 유사한 coffee를 이용해 혼동을 유발하는 오답이다. (C)는 copy machine과 연관성 있게 들리는 office를 이용해 혼동을 유발하는 오답이다.

어휘 so far 지금까지 out of office 사무실에 없는

23. Why is Oscar leaving our law firm?
(A) Yes, in January next year.
(B) He's the most qualified to lead us.
(C) He wants to spend time traveling.

오스카 씨가 왜 우리 법률회사를 그만두는 거죠?
(A) 네, 내년 1월에요.
(B) 그분이 우리를 이끌어 가시는 데 가장 적격이십니다.
(C) 여행을 하면서 시간을 보내고 싶어 하세요.

해설 오스카 씨가 회사를 그만두는 이유를 묻는 Why 의문문이므로 오스카 씨를 He로 지칭해 그 사람이 하고 싶어 하는 일을 언급한 (C)가 정답이다. (A)는 의문사 의문문에 맞지 않는 Yes로 답변하는 오답이며, (B)는 앞으로 함께 일할 가능성이 있는 사람을 대상으로 할 수 있는 말이므로 질문의 의도에 어울리지 않는 반응이다.

어휘 leave ~을 그만두다, ~에서 떠나다 law firm 법률회사 qualified 적격인, 자격을 갖춘 lead ~을 이끌다 spend time -ing ~하면서 시간을 보내다

24. When will the posters be ready?
(A) I don't think red is the best color.
(B) Hasn't Sarah already prepared them?
(C) There was nothing in today's post.

포스터가 언제 준비되죠?

(A) 빨간색이 가장 좋은 색상은 아닌 것 같아요.
(B) 새라 씨가 이미 준비하지 않았나요?
(C) 오늘 우편물에는 아무것도 없었습니다.

해설 When 의문문으로 포스터 준비 시점을 묻고 있지만 새라 씨가 이미 준비하지 않았냐며 되묻는 (B)가 정답이다. When 의문문에 대해 항상 정확한 시점으로 답변하는 선택지만 정답이 되는 것은 아니므로 주의해야 한다.

어휘 poster 포스터, 벽보 prepare ~을 준비하다 post n. 우편(함), 우편물

25. What is the best way to have this stain removed from this shirt?
(A) We straightened everything up before we went home.
(B) You'd better take it to a dry cleaner.
(C) Take the next right and go straight for three blocks.

이 셔츠의 얼룩을 제거하는 가장 좋은 방법이 뭔가요?
(A) 저희가 집에 가기 전에 모두 깨끗이 정리했습니다.
(B) 세탁소에 가져 가시는 게 좋겠어요.
(C) 다음 모퉁이에서 우회전 한 다음, 세 블록 직진하세요.

해설 「What is the best way to do ~?」는 What 의문문이지만 방법을 묻는 표현이며, to do 이하 부분의 내용이 핵심이다. 이 질문에서는 얼룩을 지우는 방법을 묻고 있으므로 세탁소에 가져가 보라고 권하는 (B)가 정답이다. (A)는 질문에 쓰인 stain과 발음이 유사한 straighten을 이용해 혼동을 유발하는 답변이며, (C)는 질문에 쓰인 way로 인해 길을 묻는 질문으로 착각하는 경우에 잘못 고를 수 있는 오답이다.

어휘 have A p.p. A를 ~되게 하다 stain 얼룩 remove ~을 제거하다, 없애다 straighten up ~을 깨끗이 정리하다 had better + 동사원형 ~하는 게 좋다 dry cleaner 세탁소 take a right 우회전하다 go straight 직진하다

UNIT 03 기타 의문문

PRACTICE TEST

1. (A)	**2.** (B)	**3.** (C)	**4.** (B)	**5.** (C)
6. (B)	**7.** (A)	**8.** (C)	**9.** (B)	**10.** (C)
11. (A)	**12.** (C)	**13.** (C)	**14.** (B)	**15.** (B)
16. (A)	**17.** (C)	**18.** (B)	**19.** (A)	**20.** (A)
21. (C)	**22.** (A)	**23.** (B)	**24.** (A)	**25.** (A)

1. Have you made me an extra copy of the contract?
(A) I left it on your desk.
(B) What do you take in your coffee?
(C) One hundred should be enough.

저에게 계약서 추가 사본을 만들어 주셨었나요?
(A) 책상에 놓아 드렸습니다.
(B) 커피에 무엇을 넣어서 드시나요?
(C) 100장이면 충분할 겁니다.

해설 계약서 추가 사본을 만들어서 자신에게 주었는지 확인하는 일반 의문문에 대해 책상에 놓아 두었다는 말로 사본을 만들어 주었음을 의미하는 (A)가 정답이다. (B)는 copy와 발음이 유사하게 들리는 coffee를 이용한 오답이며, (C)는 copy에서 연상 가능한 사본 수량을 이용한 오답이다.

어휘 make A B A에게 B를 만들어 주다 a copy of 사본, 한 부 extra 추가의, 별도의 contract 계약(서) leave A on B A를 B에 놓다, 두다 take ~을 먹다, 섭취하다 enough 충분한

2. Should we arrange a lunch meeting with our clients?
(A) I agree. It was a good plan.
(B) They want it to be quick.
(C) The product launch went smoothly.

우리 고객들과 함께 하는 오찬 모임을 마련해야 할까요?
(A) 동의합니다. 그건 좋은 계획이었어요.
(B) 그분들은 그게 신속히 진행되기를 원하세요.
(C) 제품 출시 행사가 순조롭게 진행되었습니다.

해설 고객들과의 오찬 모임을 준비해야 하는지 확인하는 Should 의문문이므로 clients를 they로, lunch meeting을 it으로 지칭해 고객들이 오찬 모임의 신속함을 원한다고 알리는 (B)가 정답이다. (A)는 과거에 있었던 일에 대한 의견인데, 질문은 앞으로 해야 하는 일에 관해 묻고 있으므로 어울리지 않는 반응이다. (C)는 질문에 쓰인 lunch와 발음이 거의 비슷한 launch를 이용해 혼동을 유발하는 오답이다.

어휘 arrange ~을 마련하다, 조치하다 client 고객, 의뢰인 agree 동의하다 launch 출시, 공개 go smoothly 순조롭게 진행되다

3. We're receiving our new business cards this week, right?
(A) Some new cars.
(B) The company's logo.
(C) I didn't hear anything.

우리가 이번 주에 새로운 명함을 받는 거죠, 맞죠?
(A) 일부 새로운 차량들이요.
(B) 회사 로고요.
(C) 저는 아무 얘기도 듣지 못했어요.

해설 이번 주에 새로운 명함을 받는 것인지 확인하는 부가 의문문에 대해 자신은 알지 못한다는 의미를 나타내는 말로 답변하는 (C)가 정답이다. (A)는 질문에 쓰인 cards와 발음이 유사하게 들리는 cars를 이용한 오답이며, (B)는 business cards에서 연상 가능한 company's logo를 이용한 오답이다.

어휘 business card 명함

4. Would you like this shirt or a bigger one?
  (A) Yes, I have quite a few.
  (B) What sizes do you have?
  (C) It's the largest one we have.

  이 셔츠가 좋으세요, 아니면 더 큰 게 좋으세요?
  (A) 네, 전 꽤 많이 갖고 있어요.
  (B) 어떤 사이즈들이 있나요?
  (C) 그게 저희가 갖고 있는 가장 큰 거예요.

해설 현재 보여주는 셔츠를 원하는지, 아니면 더 큰 것을 원하는지 묻는 선택 의문문에 대해 어떤 사이즈들이 있는지 되묻는 것으로 다른 사이즈를 선택할 생각이 있음을 나타내는 (B)가 정답이다.

어휘 quite a few 꽤 많은 것, 상당수

5. Did you fax the evaluation forms?
  (A) I don't think anyone has fixed it.
  (B) No more than three business days.
  (C) I thought you had taken care of that already.

  평가 양식을 팩스로 보냈나요?
  (A) 아무도 그걸 고치지 않은 것 같습니다.
  (B) 영업일로 3일 내로요.
  (C) 당신이 이미 처리하신 걸로 생각했어요.

해설 평가 양식을 팩스로 보냈는지 묻는 일반 의문문에 대해 상대방이 이미 처리한 줄 알았다는 말로 자신이 할 필요가 없다고 생각했음을 나타내는 (C)가 정답이다. (A)는 질문에 쓰인 fax와 발음이 유사한 fixed를 이용해 혼동을 유발하는 오답이다.

어휘 fax v. ~을 팩스로 보내다 evaluation 평가(서) form 양식, 서식 fix v. ~을 고치다, 바로잡다 no more than + 숫자 ~ 이내, 이하 business day 영업일 take care of ~을 처리하다, 다루다

6. We should check for any errors in these blueprints.
  (A) Building designs, I think.
  (B) Wendy already reviewed them.
  (C) Yes, for a new shopping mall.

  이 설계도에 어떤 오류라도 있는지 확인해 봐야 합니다.
  (A) 제 생각에는 건물 디자인 같아요.
  (B) 웬디 씨가 이미 검토했어요.

  (C) 네, 새로운 쇼핑몰을 위해서요.

해설 설계도에 오류가 있는지 확인해야 한다고 제안하는 평서문에 대해 웬디 씨가 이미 검토했다는 말로 확인할 필요가 없음을 알리는 (B)가 정답이다. (A)는 질문에 쓰인 blueprints(설계도)에서 연상 가능한 building designs를 이용한 오답이며, (C)는 긍정을 나타내는 Yes 뒤에 이어지는 말이 오류 확인과 관련 없는 내용이다.

어휘 check for ~가 있는지 확인하다 blueprint 설계도, 청사진

7. Wasn't the faulty printer supposed to be replaced today?
  (A) It started working again.
  (B) I've never tried that place.
  (C) No, you don't need to print any.

  결함이 있는 프린터가 오늘 교체될 예정이지 않았나요?
  (A) 그게 다시 작동하기 시작했어요.
  (B) 저는 그곳에 한 번도 가 보지 않았어요.
  (C) 아뇨, 아무것도 인쇄하실 필요가 없습니다.

해설 결함이 있는 프린터가 오늘 교체될 예정이지 않았는지 확인하는 부정 의문문에 대해 다시 작동하기 시작했다는 말로 교체할 필요가 없음을 의미하는 (A)가 정답이다. (B)는 질문에 쓰인 replaced와 발음이 유사한 place를 이용해 혼동을 유발하는 오답이며, (C)도 질문에 쓰인 printer와 발음이 유사한 print를 이용해 혼동을 유발하는 오답이다.

어휘 faulty 결함이 있는 be supposed to do ~할 예정이다, ~하기로 되어 있다 replace ~을 교체하다 work (기계 등이) 작동하다, 기능하다 try ~을 한 번 해 보다

8. Is this year's trade fair going to be in Peru?
  (A) I don't know anyone in our office.
  (B) They have a good trade relationship.
  (C) Why don't you ask Tara in Marketing?

  올해 무역 박람회가 페루에서 열리는 건가요?
  (A) 저는 우리 사무실에 아는 사람이 아무도 없어요.
  (B) 그들은 좋은 무역 관계를 맺고 있습니다.
  (C) 마케팅부의 타라 씨에게 물어보는 게 어때요?

해설 올해 무역 박람회가 페루에서 열리는지 확인하는 일반 의문문에 대해 그 정보를 확인할 수 있는 방법으로 마케팅부의 타라 씨에게 물어보도록 권하는 (C)가 정답이다. 이처럼 확인하기 위해 묻는 일반 의문문에 대해 Yes/No를 생략하고 되묻거나 대안을 제시하는 등 여러 유형으로 답변하는 것이 가능하다는 점을 기억해 두면 좋다.

어휘 trade fair 무역 박람회 relationship 관계

9. Would you like to come to the product demonstration?
  (A) In the new laboratory.

(B) Who else is attending?

(C) No, he's not able to come.

제품 시연회에 오고 싶으신가요?

(A) 새로운 실험실에서요.

(B) 또 누가 참석하나요?

(C) 아뇨, 그는 오실 수 없어요.

해설 '~하고 싶으세요?'를 뜻하는 「Would you like to do?」 의문문으로 제품 시연회에 오고 싶은지 정중하게 묻는 것에 대해 긍정이나 부정을 나타내는 대신 누가 참석하는지 확인하기 위해 되묻는 (B)가 정답이다. (C)는 거절을 뜻하는 No 뒤에 이어지는 말이 질문의 의도에 맞지 않는 오답이다.

어휘 demonstration 시연(회), 시범 laboratory 실험실

10. This folding bike isn't as lightweight as I thought it would be.

(A) That's a great idea.

(B) Let's turn on the lights.

(C) Would you like me to carry it?

이 접이식 자전거가 제가 생각했던 것만큼 가볍지 않아요.

(A) 아주 좋은 아이디어입니다.

(B) 조명을 켜 봅시다.

(C) 제가 들어 드릴까요?

해설 자전거의 무게가 가볍지 않음을 알리는 평서문에 대해 대신 들어 주겠다고 제안하는 의미를 담은 (C)가 정답이다. (A)는 상대방의 의견에 동의할 때 사용하는 말이므로 어울리지 않는 반응이며, (B)는 질문에 쓰인 lightweight과 일부 발음이 같은 lights를 이용해 혼동을 유발하는 오답이다.

어휘 folding bike 접이식 자전거 as A as B B만큼 A한 lightweight 가벼운, 경량의 turn on ~을 켜다 carry ~을 들고 다니다, 옮기다

11. Shouldn't we get permission before leaving the office early?

(A) I was going to ask Mr. Ramirez.

(B) Can you apply for the permit?

(C) Okay, I'll leave them in the back.

사무실에서 일찍 나가기 전에 허락을 받아야 하지 않나요?

(A) 제가 라미레즈 씨에게 요청하려고 했어요.

(B) 그 허가증을 신청해 주시겠어요?

(C) 알겠어요, 제가 그것들을 뒤쪽에 놓아 둘게요.

해설 사무실에서 일찍 나가기 전에 허락을 받아야 하지 않는지 확인하는 부정 의문문이므로 허락을 받기 위해 요청하려 했다고 답변하는 (A)가 정답이다. (B)는 질문에 쓰인 permission과 발음이 유사한 permit을, (C)는 leaving의 원형인 leave를 각각 이용해 혼동을 유발하는 오답이다.

어휘 get permission 허락을 얻다 leave ~에서 나가다, ~을 놓아 두다 apply for ~을 신청하다, ~에 지원하다 permit

허가증 hand out ~을 배부하다

12. Did we meet our sales target for the month of September?

(A) I think you're right.

(B) At the end of the month.

(C) I'm sure Mr. Schneider will know.

우리가 9월 한 달 동안 매출 목표를 달성했나요?

(A) 당신 말이 맞는 것 같아요.

(B) 이 달 말에요.

(C) 분명 슈나이더 씨가 알 겁니다.

해설 매출 목표의 달성 여부를 묻는 일반 의문문에 대해 해당 정보를 알고 있을 만한 사람을 알리는 것으로 간접적으로 답변하는 (C)가 정답이다. (B)는 자칫 달성 시점을 말하는 것으로 착각할 수 있지만, 미래 시점에 해당되는 표현이므로 과거의 일을 묻는 질문에 어울리지 않는 오답이다.

어휘 meet (조건 등) ~을 충족하다

13. Why don't you ask for a two-day break from work?

(A) He's been very busy recently.

(B) For about one week.

(C) I already did that.

이틀 동안의 업무 휴가를 요청해 보는 게 어때요?

(A) 그분은 최근에 아주 바쁘셨어요.

(B) 약 일주일 동안이요.

(C) 이미 그렇게 했어요.

해설 이틀 동안 휴가를 내도록 제안하고 있으므로 휴가를 내는 일을 that으로 지칭해 그렇게 했다는 의미를 나타내는 (C)가 정답이다. (A)는 대상을 알 수 없는 He에 대해 말하는 오답이며, (B)는 two-day와 연관성 있게 들리는 기간 표현 one week를 이용한 오답이다.

어휘 ask for ~을 요청하다 break 휴가, 휴식 recently 최근에

14. I just received the annual earnings report.

(A) At the beginning of the year.

(B) The sales figures are impressive, right?

(C) He earns a high salary.

제가 막 연간 수익 보고서를 받았습니다.

(A) 올해 초에요.

(B) 매출 수치가 인상적이에요, 맞죠?

(C) 그분은 높은 연봉을 받습니다.

해설 자신이 막 연간 수익 보고서를 받았음을 알리는 평서문에 대해 그 보고서에 포함된 매출 수치의 특성에 대해 되묻는 (B)가 정답이다. (A)는 시점 표현이므로 When 의문문에 어울리는 반응이며, (C)는 대상을 알 수 없는 He와 함께 earnings와 일부 발음이 같은 earns를 이용해 혼동을 유발하는 오답이다.

어휘 **annual** 연간의, 연례적인 **earnings** 수익, 소득 **at the beginning of** ~초에, ~가 시작될 때 **figure** 수치, 숫자 **impressive** 인상적인 **earn** ~을 벌다, 얻다

---

15. Have the new uniforms been delivered to your branch yet?

(A) Staff must dress appropriately.

(B) I've been off for a few days.

(C) Delivery is available for an extra charge.

혹시 새 유니폼이 당신 지사로 배송되었나요?

(A) 직원들은 반드시 적절하게 갖춰 입어야 합니다.

(B) 저는 며칠 동안 휴무였습니다.

(C) 배송 서비스는 추가 요금을 내시면 이용하실 수 있습니다.

해설 새로운 유니폼이 배송되었는지 확인하는 일반 의문문에 대해 며칠 동안 휴무였다는 말로 배송 여부를 알지 못한다는 뜻을 나타내는 (B)가 정답이다. (A)는 uniforms과 연관성 있게 들리는 dress를 이용한 오답이며, (C)는 delivered와 유사하게 들리는 delivery를 이용해 배송 조건을 말하는 답변이므로 질문에 맞지 않는 오답이다.

어휘 **branch** 지사, 지점 **yet** (의문문에서) 혹시, 벌써 **dress** v. 복장을 갖춰 입다 **appropriately** 적절하게 **off** 휴무인 **delivery** 배송(품) **extra** 추가의, 별도의 **charge** (청구) 요금

---

16. Wasn't Ms. Jennings supposed to arrive for her dental check-up at 11 AM?

(A) She changed her appointment to a later time.

(B) Yes, let's check the flight details.

(C) Great. I'll meet you there.

제닝스 씨가 치과 검진을 위해 오전 11시에 도착하기로 되어 있지 않았나요?

(A) 그분이 나중 시간으로 예약을 변경했습니다.

(B) 네, 항공편 관련 상세 정보를 확인해 봅시다.

(C) 좋아요. 그럼 거기서 뵐게요.

해설 제닝스 씨가 치과 검진을 위해 오전 11시에 도착하기로 되어 있지 않았는지 확인하는 부정 의문문이므로 예약 시간을 나중으로 변경했다는 말로 11시에 오지 않는다는 뜻을 나타내는 (A)가 정답이다.

어휘 **be supposed to do** ~하기로 되어 있다, ~할 예정이다 **check-up** 검진 **appointment** 예약, 약속 **flight** 항공편, 비행 **details** 상세 정보, 세부 사항

---

17. Does the factory supervisor know that Mr. Yates is stopping by today?

(A) Tomorrow would suit me better.

(B) We can stop for a bit.

(C) You'd better remind him.

공장 책임자는 오늘 예이츠 씨가 들르신다는 것을 알고 계신가요?

(A) 저에게는 내일이 더 잘 맞을 것 같습니다.

(B) 저희는 잠시 멈출 수 있습니다.

(C) 그분께 상기시켜 드리는 게 좋겠어요.

해설 예이츠 씨가 들른다는 사실을 공장 책임자가 알고 있는지 확인하는 일반 의문문에 대해 그 책임자를 him으로 지칭해 상기시켜 주도록 권하는 (C)가 정답이다. (A)는 today와 연관성 있게 들리는 tomorrow를 이용한 오답이며, (B)는 질문에 쓰인 stop을 반복한 오답이다.

어휘 **supervisor** 책임자, 부서장, 상사 **stop by** (잠시) 들르다 **suit** ~에게 잘 맞다, 적합하다 **for a bit** 잠깐 동안 **had better + 동사원형** ~하는 게 좋다 **remind** ~에게 상기시키다

---

18. Should I go over my report with Ms. Coleman before presenting it?

(A) The presentation was excellent.

(B) I don't think she's in today.

(C) On the 10 o'clock news.

제 보고서를 제출하기 전에 콜먼 씨와 검토해야 하나요?

(A) 발표가 정말 훌륭했어요.

(B) 오늘 그분이 출근하지 않은 것 같아요.

(C) 10시 뉴스에서요.

해설 콜먼 씨와 함께 보고서를 검토해야 하는지 확인하는 Should 의문문에 대해 '그렇다' 혹은 '아니다'라는 대답 대신 그 사람이 출근하지 않은 것 같다는 말로 검토 작업을 할 수 없다는 뜻을 나타낸 (B)가 정답이다.

어휘 **go over** ~을 검토하다 **present** v. ~을 제출하다

---

19. Has your manager authorized your vacation leave request?

(A) I haven't actually asked him yet.

(B) Thanks. I really appreciate it.

(C) He wants to take a trip to India.

부장님께서 당신의 휴가 신청서를 승인해 주셨나요?

(A) 실은 아직 여쭤보지 않았습니다.

(B) 고맙습니다. 정말로 감사드려요.

(C) 그는 인도로 여행을 떠나고 싶어 해요.

해설 부장이 휴가를 승인해 주었는지 확인하는 질문에 대해 아직 물어보지 않았다는 말로 승인 여부를 알 수 없는 상황임을 나타내는 (A)가 정답이다. (B)는 감사 표현이므로 질문의 의도에 맞지 않는 반응이며, (C)는 질문에 쓰인 vacation에서 연상 가능한 take a trip(여행을 가다)을 이용한 오답이다.

어휘 **authorize** ~을 승인하다 **vacation leave request** 휴가 신청(서) **appreciate** ~에 대해 감사하다 **take a trip to**

~로 여행 가다, 출장 가다

20. Do you think we can leave now or should we wait a bit?

(A) It depends on the traffic.

(B) You can leave it here, thanks.

(C) A bit earlier next time.

우리가 지금 출발해도 될 것 같으세요, 아니면 조금 더 기다려야 하나요?

(A) 교통 상황에 따라 달라요.

(B) 그건 여기에 두시면 돼요, 감사합니다.

(C) 다음에는 좀 더 일찍요.

해설 지금 출발해도 되는지, 아니면 조금 더 기다려야 하는지 묻는 선택 의문문인데, 둘 중 하나를 선택하는 대신 교통 상황에 따라 다르다는 말로 조건을 언급한 (A)가 정답이다.

어휘 leave 출발하다, ~을 놓다, 두다 a bit 조금, 약간 depend on ~에 따라 다르다, ~에 달려 있다

21. Did you send out the notices about the new vacation policy?

(A) I'll make a hotel reservation then.

(B) To work on the poster designs.

(C) I thought you were supposed to do it.

새 휴가 정책에 관한 공지들을 발송하셨나요?

(A) 그럼 제가 호텔을 예약할게요.

(B) 포스터 디자인 작업을 하기 위해서요.

(C) 당신이 하기로 되어 있는 줄 알았어요.

해설 새 휴가 정책에 관한 공지들을 발송했는지 확인하는 일반 의문문이므로 상대방이 하기로 되어 있는 줄 알았다는 말로 발송하지 않았음을 나타내는 (C)가 정답이다.

어휘 send out ~을 발송하다 notice 공지 policy 정책, 방침 make a reservation 예약하다 work on ~에 대한 작업을 하다 be supposed to do ~하기로 되어 있다, ~할 예정이다

22. Won't Food Express be hired to cater our grand opening reception?

(A) The manager will make that decision.

(B) We open on August 10th.

(C) It's on the far side of the lobby.

푸드 익스프레스 사가 우리 개장식 축하 연회에 출장 요리를 제공하도록 고용되는 것 아닌가요?

(A) 부장님께서 그 결정을 내리실 겁니다.

(B) 저희는 8월 10일에 문을 엽니다.

(C) 그것은 로비 저쪽 끝에 있습니다.

해설 특정 업체의 고용 여부를 묻는 부정 의문문에 대해 부장님이 결정할 것이라는 말로 아직 고용 여부를 알 수 없음을 알리

는 (A)가 정답이다. (B)는 opening과 일부 발음이 유사한 open을 이용해 혼동을 유발하는 오답이며, (C)는 reception에서 연상 가능한 lobby를 이용한 오답이다.

어휘 hire ~을 고용하다 cater v. ~에 출장 요리를 제공하다 reception 축하 연회, (호텔 등의) 프런트, 접수처 make a decision 결정하다 on the far side of ~의 저쪽 편에, 저쪽 끝에

23. Ms. Boyd has the receipts from her business trip, doesn't she?

(A) A client meeting in Taiwan.

(B) I think they're on her desk.

(C) There are plenty of seats left.

보이드 씨가 출장 영수증들을 갖고 계시죠, 그렇죠?

(A) 타이완에서 열리는 고객 회의요.

(B) 그것들이 그분 책상에 있는 것 같습니다.

(C) 좌석이 많이 남아 있습니다.

해설 보이드 씨가 영수증들을 갖고 있는지를 확인하는 부가 의문문이므로 receipts를 they로 지칭해 그 사람의 책상에 있을 것이라고 알리는 (B)가 정답이다. (A)는 질문에 쓰인 business trip에서 연상 가능한 client meeting을 이용한 오답이며, (C)도 trip에서 연상 가능한 plenty of seats를 활용한 오답이다.

어휘 receipt 영수증 business trip 출장 There is A left A가 남아 있다 plenty of 많은

24. Wasn't Betty at the sales conference in Osaka last month?

(A) I didn't see her there.

(B) Sales were down last quarter.

(C) On the second floor.

베티 씨가 지난달에 오사카에서 열린 영업 컨퍼런스에 참석하지 않았나요?

(A) 거기서 그분을 보지 못했어요.

(B) 매출이 지난 분기에 떨어졌어요.

(C) 2층에요.

해설 베티 씨가 지난달에 오사카에서 열린 영업 컨퍼런스에 참석하지 않았는지 확인하는 부정 의문문에 대해 베티 씨를 her로 지칭해 그곳에서 보지 못한 사실을 말하는 (A)가 정답이다.

어휘 quarter 분기

25. We have already produced enough shoes to meet our quarterly quota.

(A) Can we slow down production then?

(B) I don't have any.

(C) We'll meet them in March.

우리는 이미 분기별 할당량을 충족할 만큼 충분한 양의 신발

을 생산했습니다.
(A) 그럼 생산 속도를 좀 줄일까요?
(B) 저는 아무것도 갖고 있지 않아요.
(C) 우리는 3월에 그분들을 만날 거예요.

해설 분기별 할당량을 충족할 만큼 충분한 양의 신발을 생산했음을 알리는 평서문이므로 그에 따른 조치로 생산 속도를 늦출지 되묻는 (A)가 정답이다. 질문에 쓰인 produced와 발음이 유사한 production이 들린다고 무조건 오답으로 소거하지 않도록 주의한다.

어휘 produce ~을 생산하다 meet ~을 충족하다 quarterly 분기의 quota 할당량 slow down ~의 속도를 늦추다, ~을 둔화시키다 then ad. 그럼, 그렇다면

UNIT 04 Paraphrasing

대화에 나왔던 단어를 거의 그대로 사용하는 유형

여: 서머빌 도서관입니다. 어떻게 도와드릴까요?
남: 안녕하세요, 저는 독서 동호회 회원인데요. 주간 모임을 위한 장소를 찾고 있어요.
여: 알겠습니다, 저희는 여러 단체들이 이용할 수 있는 방들을 몇 개 갖추고 있습니다. 언제 모임을 하실 것으로 예상하세요?

어휘 club 클럽, 동호회 weekly 매주의 space 공간, 장소 expect to do ~할 것으로 예상하다

Q1. 남자가 서머빌 도서관에 전화하는 이유는?
⇒ 회의실에 대해 문의하고 있다.

여: 교대근무 스케줄에 변경 사항이 있는지 아세요?
남: 네, 변경 사항이 있어요. 우리는 이제 월요일과 수요일마다 1시간 일찍 시작할 거예요.
여: 아, 알겠어요. 알려주셔서 감사해요.

어휘 shift 교대 근무 whether 주어 + 동사 ~인지

Q2. 여자가 알고 싶어 하는 것은?
⇒ 스케줄이 변경되었는지

동의어/상위 개념 어휘를 사용하는 유형

남: 각 테이블의 정확한 치수를 받을 때까진 견적을 내 드릴 수가 없어요. 이 정보를 제게 이메일로 보내 주시겠어요?
여: 그럼요, 제가 최대한 빨리 치수를 수집해서 당신에게 이메일로 보내드리도록 할게요.

어휘 cost estimate 견적(서) exact 정확한 dimension 치수, 크기 measurement 치수 gather ~을 모으다, 수집하다

Q1. 남자가 요구하는 정보는?
⇒ 몇몇 물건들의 크기

여: 저희가 귀사의 행사에 음식을 제공하길 원하시면, 다음 단계는 계약서에 서명하는 것입니다. 제가 계약서를 이메일로 보내드릴 테니, 우선 검토해 보세요.
남: 좋습니다, 이메일을 주의깊게 확인하고, 계약서를 철저하게 검토하겠습니다.

어휘 would like A to do A가 ~하기를 원하다 cater ~에게 음식을 제공하다 corporate 기업의 sign a contract 계약서에 서명하다 have a look 검토하다, 한 번 보다 keep an eye out for A A를 주의깊게 살펴보다 review ~을 검토하다 contract 계약서 thoroughly 철저히

Q2. 여자는 곧이어 무엇을 하겠는가?
⇒ 남자에게 문서를 보내기

상황 요약형 패러프레이징

여: 직원 교육과 개발을 위해 예산의 일부를 할당할 것을 제안합니다.
남: 좋은 것 같네요, 하지만 내일 회의에서 나머지 팀원들이 어떻게 생각하는지 알아보기 위해 이것을 다뤄봅시다.

어휘 propose ~을 제안하다 allocate ~을 할당하다 budget 예산 run ~을 실행시켜보다, 테스트해보다 rest 나머지

Q1. 남자는 내일 무엇을 할 것을 제안하는가?
⇒ 팀원들과 아이디어에 대해 토론하기

남: 이번 금요일에 마케팅 세미나에 참석할 계획이었는데, 부장님께서 제게 그날 이사회에서 발표를 하라고 하셨어요.
여: 안됐군요. 그 세미나를 엄청 기다려왔잖아요.

어휘 look forward to + (동)명사 ~을 기다려오다, 고대하다 scheduling conflict 일정상의 충돌

Q2. 남자의 문제는 무엇인가?
⇒ 일정상의 충돌이 있다.

남: 매장의 새로운 영업시간을 알려주실 수 있나요? 최근에 바뀌었다고 들었습니다.

여: 네. 평소대로 10시부터 7시까지 영업하는데, 지금은 토요일도 엽니다.

어휘 hours 근무 시간, 영업 시간 recently 최근에 additional 추가의, 부가의

Q3. 매장에 최근 어떤 변경이 있었는가?
⇒ 추가로 하루 더 영업한다.

여: 시장 보고서가 어떻게 진행되어 가나요?

남: 힘겹게 하고 있는 중이에요. 지난 분기에 그게 어떤 식으로 되었는지 보면 도움이 될 텐데요.

여: 제 사무실에 예전 것 한 부가 있어요.

어휘 How's A going A가 어떻게 진행되나고 있나요? struggle 힘겹게 애쓰다 quarter 분기

Q4. 남자는 무엇을 원하는가?
⇒ 샘플 문서

여: 현재 로고가 별로 관심을 끌지 못하는 것 같아요. 그래서 우리 디자인 팀원 중 한 명이 새로운 디자인을 생각해 내야 합니다.

남: 음, 제가 브로셔 디자인을 마친 후에 할 수 있겠네요.

여: 아, 당신이 바로 로고 작업을 할 수 있게 그 일은 마리오 씨가 처리하도록 하겠습니다.

어휘 current 현재의 seem to do ~하는 것 같다 attract attention 관심을 끌다 come up with ~을 생각해 내다 handle ~을 처리하다 right away 당장

Q5. 여자는 무엇을 하겠다고 말하는가?
⇒ 업무를 재배정하기

PRACTICE TEST

1. (C)	2. (A)	3. (D)	4. (D)	5. (A)
6. (A)	7. (B)	8. (C)	9. (D)	10. (C)
11. (D)	12. (A)	13. (D)	14. (C)	15. (B)
16. (B)	17. (A)	18. (C)		

Questions 1-3 refer to the following conversation.

W: So, ■1 that comes to eighty-eight dollars and fifty cents. Did you get one of our coupons from the newspaper today? ■1 It will give you twenty percent off all household goods purchased this weekend.

M: Really? No, I don't have one. ■2 I bought today's paper, and I read it from cover to cover, but I didn't see a coupon. Which section was it in?

W: It's on the back page, next to our advertisement. We will be running the same special offer every week, but on different products. ■3 If you go home quickly and get the coupon, I'll refund twenty percent of the total price when you return.

여: 다 해서 88달러 50센트입니다. 오늘 신문에서 저희 쿠폰을 얻으셨나요? 그 쿠폰을 갖고 오시면 이번 주말에 구매하시는 모든 생활용품에 대해 20퍼센트 할인 받으실 수 있습니다.

남: 정말요? 아뇨, 가지고 있지 않아요. 오늘 자 신문을 사서 처음부터 끝까지 읽었는데 쿠폰은 못 봤어요. 어느 섹션에 있었는데요?

여: 뒷면에 있습니다, 저희 광고 바로 옆에요. 동일한 특가행사를 매주 할 예정이긴 한데요, 다른 제품들에 대해서 할 겁니다. 댁에 빨리 가셔서 쿠폰을 가져오실 수 있으면 돌아오셨을 때 총액에서 20퍼센트를 환불해 드리겠습니다.

어휘 come to + 액수 (총액이) ~가 되다 coupon 쿠폰 twenty percent off 20퍼센트 할인 household goods 생활용품 from cover to cover 처음부터 끝까지 section 섹션, (신문의) 란 back page 뒷면 run ~을 운영하다 special offer 특가행사 refund v. ~을 환불해주다 total price 총 가격

1. 여자는 누구이겠는가?
(A) 고객
(B) 배달원
(C) 점원
(D) 신문기자

해설 계산대에서 총 구매액을 말해주며 생활용품 할인 쿠폰 이용에 대한 안내를 해 주는 것으로 보아 여자는 상점의 점원임을 알 수 있으므로 (C)가 정답이다.

2. 남자는 쿠폰에 대해 뭐라고 말하는가?
(A) 그것에 대해 몰랐다.

(B) 다른 매장에서 사용했다.
(C) 이미 만료되었다고 생각한다.
(D) 다음 주에 사용할 것이다.

해설 여자가 오늘 자 신문에서 쿠폰을 얻었는지 묻자 남자는 가지고 있지 않다며, 신문을 사서 읽었지만 쿠폰을 보지 못했다고 (I bought today's paper and I read it from cover to cover, but I didn't see a coupon) 말한다. 이로부터 남자는 쿠폰에 대해 알지 못했음을 알 수 있으므로 (A)가 정답이다.

어휘 expire (기간 등이) 만료되다

3. 여자는 남자에게 무엇을 할 것을 제안하는가?
(A) 매니저와 얘기할 것
(B) 물건을 더 살 것
(C) 회원으로 등록할 것
(D) 나중에 다시 올 것

해설 여자가 제안하는 바를 묻고 있으므로, 여자의 대사에 집중한다. 쿠폰을 가지고 있지 않은 남자에게 여자는 집에 가서 쿠폰을 가져오면 20%를 할인해 주겠다고(If you go home quickly and get the coupon, I'll refund twenty percent of the total price when you return) 말하고 있다. 이는 즉 쿠폰을 가지고 다시 올 것(come back later)을 제안하는 것이므로 (D)가 정답이다.

어휘 sign up for ~에 등록하다 membership 회원자격 come back 돌아오다(= return)

Paraphrase return → come back

Questions 4-6 refer to the following conversation.

M: Hey, Brenda, it looks like we're almost out of product number 893X7, **4** the black ink for inkjet printers. **5** Could you put that on your list for tomorrow's warehouse delivery?

W: 893X7. Got it. They're really selling out fast. I remember filling the shelves with those just last week.

M: **6** Well, they've been on sale this week, at 15 percent off. I guess people were stocking up while the price was lower.

W: You're probably right. Okay, I have it on the list. Is there anything else we need from the warehouse tomorrow?

남: 브렌다 씨, 893X7 제품이 거의 다 떨어진 것 같아요. 잉크젯 프린터에 쓰는 검은색 잉크예요. 내일 창고에서 배달시킬 목록에 그 제품을 적어주겠어요?

여: 893X7. 알겠습니다. 정말 잘 팔리네요. 제 기억으론 바로 지난주에 그것들을 선반에 채워 놓은 것 같은데요.

남: 그게, 이번 주에 15퍼센트 할인했잖아요. 사람들이 값이 쌀 때 사서 비축해 놓으려고 했던 것 같아요.

여: 그렇겠군요. 자, 목록에 올렸어요. 이밖에 우리가 내일 창고에서 필요로 하는 게 또 있나요?

어휘 be out of ~이 다 떨어지다 almost 거의 put A on the list A를 명단에 올리다, 기입하다 warehouse 창고 Got it. (구어) 알겠습니다. remember -ing ~한 것을 기억하다 fill A with B A를 B로 채우다 be on sale 할인 판매하다 stock up 많이 사서 비축하다 lower 더 낮은 have A on the list A를 목록에 포함시키다

4. 이 대화가 이뤄지고 있는 장소는 어디이겠는가?
(A) 휴대폰 할인점
(B) 출판사
(C) 창고
(D) 사무용품점

해설 도입부에 결정적인 힌트가 있다. black ink for ink jet printers(잉크젯 프린터용 검정 잉크)를 취급할 만한 곳은 사무용품점일 것이므로 (D)가 정답이다.

어휘 outlet 할인점 office supply 사무용품

5. 다음 날 어떠한 일이 있을 것인가?
(A) 배송품이 도착할 것이다.
(B) 새로운 직원이 채용될 것이다.
(C) 프린터가 수리될 것이다.
(D) 할인이 시작될 것이다.

해설 Could you put that on your list for tomorrow's warehouse delivery?라고 묻는 데서 내일 배송이 될 것이라는 사실을 알 수 있으므로 (A)가 정답이다.

어휘 following day 다음 날

Paraphrase tomorrow's warehouse delivery
→ A delivery will arrive.

6. 남자는 제품에 대해 뭐라고 말하는가?
(A) 할인가로 제공되고 있었다.
(B) 단종되었다.
(C) 품질이 뛰어나다.
(D) 가격표가 없다.

해설 제품에 대해 남자가 하는 말을 묻는 문제이므로 남자의 대사에 귀 기울여야 한다. 대화 중반부에서 남자는 잉크에 대해 15퍼센트 할인 중이었다고(Well, they've been on sale this week, at 15 percent off) 한다. 따라서 (A)가 정답이다.

어휘 discontinue ~을 단종시키다, 중단하다 quality a. 고급의, 양질의 price tag 가격표 missing 없어진, 사라진

Questions 7-9 refer to the following conversation.

W: Hi, **7** **I just received a Wi-Fi router that I ordered online from you. I've been trying for the last hour to connect it to the Internet, but I can't figure it out.** The manual doesn't seem to be helping me.

M: Okay, I'm sorry about that. **8** **Can you tell me which one you ordered?** And I'll see if I can get someone to instruct you how to do it over the phone.

W: I have a TIME-JEST 30. To be honest, I have problems following specialists over the phone. **9** **Can you direct me to a help page on the Internet?** And I'll try to fix the problem myself.

M: Sure, I can do that for you. We have a very clear Frequently Asked Questions page on our Web site. There's a link to it on the bottom right corner of the homepage.

여: 안녕하세요, 그쪽에서 온라인으로 주문한 와이파이 중계기를 방금 받았어요. 지난 한 시간 동안 그걸 인터넷에 연결시키려고 해봤는데 모르겠어서요. 설명서가 도움이 안 되는 것 같네요.

남: 알겠습니다, 잘 안 된다니 유감입니다. 어떤 것을 주문했는지 말씀해주시겠습니까? 그럼 방법을 전화상으로 알려줄 수 있는 사람을 찾을 수 있는지 알아보겠습니다.

여: TIME-JEST 30를 가지고 있습니다. 솔직히 말해서, 저는 전화상으로 전문가들이 말하는 걸 따라가는 게 어려워요. 저를 인터넷상의 도움말 페이지로 안내해 주시겠어요? 그러면 제가 문제를 혼자서 해결해 볼게요.

남: 물론이죠, 그렇게 해드릴 수 있습니다. 저희 웹사이트에는 아주 명확한 FAQ 페이지가 있어요. 홈페이지 맨 밑에 오른쪽 구석에 거기로 가는 링크가 있습니다.

어휘 Wi-Fi router 와이파이 중계기 connect A to B A를 B에 연결하다 figure out ~을 알아내다 manual 설명서 seem to do ~하는 것 같다 see if ~인지 알아보다 get A to do A가 ~하도록 하다 instruct A B A에게 B를 가르치다, 알려주다 over the phone 전화상으로 to be honest 솔직히 말해서 follow v. (충고·지시 등을) 따르다 specialist 전문가 direct A to B A를 B로 안내하다 help page 도움말 페이지 fix the problem 문제를 해결하다 clear 명백한, 분명한 Frequently Asked Questions 자주 묻는 질문들(= FAQ) bottom 맨 아래

7. 여자는 어떤 문제를 알리는가?
(A) 설명서를 받지 못했다.

(B) 물건이 제대로 작동하지 않는다.
(C) 인터넷 연결이 너무 느리다.
(D) 웹사이트 접속이 안 된다.

해설 첫 대사에서 여자는 온라인으로 주문해 받은 와이파이 중계기가 인터넷에 연결이 안 된다(I just received a Wi-Fi router that I ordered online from you. I've been trying for the last hour to connect it to my Internet) 문제점을 말하고 있다. 기기가 작동이 잘 안되는 상황이므로 (B)가 정답이다.

어휘 properly 제대로 connection 연결 inaccessible 접근할 수 없는

8. 남자는 여자에게 어떤 정보를 요청하는가?
(A) 여자에게 서비스를 제공한 사람의 이름
(B) 웹사이트 비밀번호
(C) 특정 제품의 이름
(D) 여자의 전화번호

해설 와이파이 중계기를 제대로 작동시키지 못하고 있다는 여자에게 남자는 무엇을 주문했는지 말해달라고(Can you tell me which one you ordered) 한다. 이는 주문한 제품명을 알려달라는 뜻이므로 (C)가 정답이다.

어휘 serve ~에게 서비스를 제공하다

9. 여자는 곧이어 무엇을 할 것인가?
(A) 제품을 반환한다.
(B) 설명서의 지시를 따른다.
(C) 전문가와 얘기한다.
(D) 웹페이지를 찾는다.

해설 여자가 인터넷상의 도움말 페이지를 알려달라고 요청하고(Can you direct me to a help page on the Internet) 이에 남자가 FAQ 페이지를 안내하고 있다. 이로부터 여자는 웹사이트의 FAQ페이지를 찾아볼 것임을 알 수 있으므로 (D)가 정답이다.

어휘 return ~을 반환하다, 돌려주다 instruction 지시

Paraphrase a help page on the Internet → a Web page

Questions 10-12 refer to the following conversation.

M: Excuse me, Cindy. I heard **10** **you're the main organizer for the tour of our workplace** tomorrow. Well, when the group of potential investors arrives, **11** **will you be bringing them straight to the assembly line?** I need to make sure my workers are prepared.

W: No. I'll be showing the visitors around other parts of our manufacturing plant first, and then we'll stop by the assembly line at around 11 AM.

M: Okay, that's good to know. I want to hold a brief meeting with all the production line workers first thing in the morning.

W: Good idea. And 12 **I can give you some health and safety handouts today** so that you can give them to the staff at tomorrow's meeting.

M: I'd appreciate that. Thanks a lot.

남: 실례합니다, 신디 씨. 당신이 내일 있을 우리 근무지 견학 행사에 대한 조직 책임자라고 들었습니다. 저, 잠재 투자자들로 구성된 그룹이 도착하면, 조립 라인으로 곧바로 모셔올 건가요? 저희 직원들이 준비되도록 해 둬야 해서요.

여: 아뇨. 제조 공장의 다른 부분들을 먼저 둘러보시게 한 후에 오전 11시쯤에 조립 라인에 들를 겁니다.

남: 알겠습니다, 알아 두면 좋은 정보네요. 아침에 가장 먼저 모든 생산 라인 직원들과 간단히 회의를 열고자 합니다.

여: 좋은 생각이에요. 그리고 내일 있을 회의에서 직원들에게 나눠주실 수 있도록 오늘 보건 안전 유인물을 드릴 수 있습니다.

남: 그 일에 대해 감사드립니다. 대단히 고맙습니다.

어휘 organizer (행사 등의) 조직 담당자, 주최자 tour 견학 workplace 근무지, 작업 장소 potential 잠재적인 investor 투자자 bring A to B A를 B로 데려가다, 가져가다 straight 곧바로, 곧장 assembly line 조립 라인 make sure (that) 반드시 ~하도록 하다 prepared 준비된 show A around B A에게 B를 둘러보게 하다 manufacturing plant 제조 공장 around ~쯤, 약, 대략 hold (행사 등) ~을 열다, 개최하다 brief 간단히 하는, 짤막한 first thing in the morning 아침에 가장 먼저 health and safety 보건과 안전 handout 유인물 so that ~할 수 있도록 appreciate ~에 대해 감사하다

10. 여자는 무엇을 준비하고 있는가?
(A) 직원 야유회
(B) 교육 강좌
(C) 시설물 견학
(D) 구직자들을 위한 행사

해설 대화 시작 부분에 남자가 여자에게 내일 있을 근무지 견학 행사에 대한 조직 책임자라고 언급하는 부분을 통해(you're the main organizer for the tour of our workplace) 여자가 시설물 견학 준비하는 것을 알 수 있으므로 (C)가 정답이다.

어휘 organize ~을 준비하다, 조직하다 outing 야유회 facility 시설(물) job seeker 구직자

11. 화자들은 어디에서 일하고 있을 것 같은가?
(A) 병원에서

(B) 사무실에서
(C) 레크리에이션 센터에서
(D) 공장에서

해설 화자들의 근무 장소를 묻고 있으므로 특정 업체 이름이나 업무 활동 또는 서비스 등과 관련된 표현이 제시되는 부분에서 단서를 찾아야 한다. 대화 시작 부분에 남자가 조립 라인으로 곧바로 사람들을 데리고 가는 것(will you be bringing them straight to the assembly line?)에 대해 묻는 내용을 통해 공장에서 근무하고 있음을 알 수 있으므로 (D)가 정답이다.

12. 여자는 무엇을 하겠다고 제안하는가?
(A) 유인물을 제공하는 일
(B) 회의를 이끄는 일
(C) 행사를 연기하는 일
(D) 정책을 변경하는 일

해설 대화의 후반부에 여자는 남자에게 오늘 보건 안전 유인물을 줄 수 있다는(I can give you some health and safety handouts today) 계획을 언급하고 있으므로 유인물 제공을 의미하는 (A)가 정답이다.

어휘 offer to do ~하겠다고 제안하다 handout 유인물 lead ~을 이끌다, 진행하다 postpone ~을 연기하다, 미루다 policy 정책, 방침

Paraphrase give → provide

Questions 13-15 refer to the following conversation.

W: Hi, 13 **I'm looking to book a holiday in Mexico this coming summer.** I usually speak with Joanne White. Is she available to talk?

M: Unfortunately, 14 **Joanne is no longer working at this office.** Actually, she recently left our agency to have her first child.

W: Ah, okay. I'm happy to hear that. I know that she has wanted to have a child for a while. I really wish she were here to help me though, as she always found me the cheapest price.

M: We were disappointed to lose her, too. She was one of the best staff members we ever had. 15 **You should talk with Gary. He looks after all of our best clients and has been in the industry now for fifteen years.**

여: 안녕하세요, 이번 다가오는 여름에 멕시코에서 보낼 휴가를 예약하려고 알아보고 있어요. 전 평소에 조앤 화이트 씨와 상담하는데요. 그녀와 얘기할 수 있나요?

남: 안타깝지만, 조앤 씨는 이제 이곳 사무실에서 근무하지 않습

니다. 사실 그녀는 최근 첫 아이를 출산하기 위해 회사를 그만 두었어요.

여: 아, 알겠습니다. 그 말을 들으니 기쁘네요. 그녀가 한동안 아이를 갖고 싶어했다는 걸 알거든요. 그녀가 늘 제게 가장 싼 가격을 찾아줬기 때문에 그녀가 여기 있으면서 절 도와줬으면 하는 마음은 있지만요.

남: 저희도 그녀가 떠나서 안타까웠답니다. 저희와 함께 했던 가장 우수한 직원들 중 한 명이었거든요. 게리 씨와 상담해보세요. 그가 저희의 우수 고객들을 담당하고 있고, 이 업계에서 15년째 근무하고 있어요.

어휘 book a holiday 휴가를 예약하다 recently 최근에 leave ~을 그만두다, 떠나다 I wish she were here 그녀가 여기 있으면 좋겠다 find A B A에게 B를 찾아주다 be disappointed to do ~해서 안타깝다, 실망하다 look after ~을 돌보다, 처리하다 industry (특정 분야의) 업계

13. 여자는 왜 전화하는가?
(A) 여행 책자를 요청하기 위해
(B) 회의 시간을 제안하기 위해
(C) 휴가를 취소하기 위해
(D) 휴가를 준비하기 위해

해설 전화를 건 여자가 휴가를 예약하고 싶다고(I'm looking to book a holiday in Mexico this coming summer) 전화 건 용건을 밝히고 있으므로 (D)가 정답이다.

어휘 brochure 안내책자 organize ~을 준비하다, 조직하다

14. 화이트 씨는 왜 여자를 도울 수 없는가?
(A) 멕시코를 여행중이다.
(B) 다른 사무실로 이사했다.
(C) 일을 그만두었다.
(D) 출장 중이다.

해설 Ms. White가 핵심어이므로 White라는 성을 가진 인물이 언급되는 부분을 잘 듣도록 한다. 여자가 늘 하던 대로 Joanne White 씨와 얘기하고 싶다고 하자 남자가 Joanne is no longer working at this office. Actually, she recently left our firm to have her first child라고 알려주고 있다. 아이를 낳기 위해 회사를 그만두었다는 것이다. 따라서 (C)가 정답이다.

어휘 be on a business trip 출장 중이다

Paraphrase left our firm → quit her job

15. 남자는 여자에게 무엇을 하라고 제안하는가?
(A) 다른 매장으로 갈 것
(B) 다른 여행사 직원과 얘기할 것
(C) 화이트 씨에게 이메일을 보낼 것
(D) 다른 목적지를 고를 것

해설 마지막 대사에서 남자는 You should talk with Gary. He looks after all of our best clients and has been in the industry now for fifteen years라며 다른 직원을 소개시켜주고 있다. Gary라는 직원이 우수고객을 담당하고 경험도 많으니 그와 얘기하라는 것이다. 휴가를 예약하고 싶다는 여자의 말에서 남자가 일하는 곳은 여행사임을 알 수 있으므로 Gary를 a different travel agent로 패러프레이징한 (B)가 정답이다.

어휘 destination 목적지

Questions 16-18 refer to the following conversation.

M: Hello. I'm James from Goldman Plumbing. [16] **You called our office this morning about your bathroom. Is there a problem with your pipes?**

W: I'm so glad you are here. Thanks for coming quickly. The problem started last night, and [16] **we haven't been able to take a shower since. We really need it fixed.**

M: I see. Actually, [17] **there have been many problems with the pipes in this building. Many of your neighbors have reported the same thing.** I'll take a look, but I think this is a problem affecting the whole building.

W: Okay, I understand. But, please have a look, just in case. [18] **I have some friends coming over for a dinner party this coming Saturday, so I really need the bathroom problems to be fixed before they arrive.**

남: 안녕하세요. 저는 <골드만 배관>의 제임스입니다. 오늘 오전에 욕실에 대해 저희 사무실로 전화 주셨죠? 댁의 배관 파이프에 문제가 있나요?

여: 오신 걸 보니 너무 반가워요. 빨리 와 주셔서 감사합니다. 문제는 어젯밤에 생겼고요, 그 이후로 샤워도 못하고 있어요. 정말 꼭 수리를 받아야 해요.

남: 알겠습니다. 실은 이 건물의 배관 파이프에 문제가 많습니다. 많은 이웃들이 같은 문제를 알려왔어요. 제가 살펴보긴 하겠지만 이건 건물 전체에 영향을 미치는 문제인 것 같습니다.

여: 알겠습니다. 하지만 혹시 모르니 한 번 봐주세요. 돌아오는 토요일에 친구들이 저녁 식사 파티에 놀러 오거든요. 그래서 친구들이 도착하기 전에 욕실 문제가 꼭 해결되었으면 해요.

어휘 plumbing (건물의) 배관, 배관작업 bathroom 욕실 take a shower 샤워하다 since ad. 그 이후로 need A (to be) fixed A가 수리되어야 한다, 바로잡혀야 한다 I see 알겠습니다 actually 실은 take[have] a look 살펴보다

affect ~에 영향을 끼치다 whole 전체의 just in case 만약을 위해, 혹시 몰라서 come over 놀러오다, 찾아오다

16. 여자는 남자의 회사에 왜 연락했겠는가?

(A) 교체품을 주문하기 위해

(B) 수리를 요청하기 위해

(C) 서비스에 대해 불만을 제기하기 위해

(D) 새 욕조를 설치하기 위해

해설 대화 처음에 남자가 자신을 배관회사 직원이라고 소개하며 여자가 욕실 배관 문제로 전화했음을 확인하고 있다. 이에 여자가 샤워도 못하고 있다며 이 문제가 꼭 해결되어야 한다고 (We really need it fixed) 말한다. 이로부터 여자가 배관 수리를 요청하기 위해 전화했다는 것을 알 수 있으므로 (B)가 정답이다.

어휘 replacement 교체 complain about ~에 대해 불평하다 have A p.p. A가 ~되도록 하다 bath 욕조

17. 남자는 여자의 건물에 대해 뭐라고 말하는가?

(A) 많은 세입자들이 문제를 알렸다.

(B) 최근 새 수도관을 설치했다.

(C) 건물 토대 일부가 약해졌다.

(D) 물 공급을 일시적으로 중단시켰다.

해설 building이 핵심어이므로 남자의 대사 중 building이 언급되는 부분을 잘 듣도록 한다. 남자는 이 건물에 수도관 문제가 많다며 이웃들도 같은 문제를 알려왔다고(there have been many problems with the pipes in this building. Many of your neighbors have reported the same thing) 말하고 있다. 이 점에 대해 언급하면서 your neighbors를 tenants로 패러프레이징한 (A)가 정답이다.

어휘 tenant 세입자 recently 최근에 water pipe 수도관 foundations (pl.) 건물의 토대 cut A off A를 중단[단절]시키다 water supply 물 공급 temporarily 임시로

Paraphrase your neighbors → tenants

18. 여자는 이번 주말에 무엇을 할 것인가?

(A) 친구의 아파트에 간다.

(B) 식당에서 식사를 한다.

(C) 몇몇 손님을 맞이한다.

(D) 욕실을 리모델링한다.

해설 this weekend가 핵심어이므로 여자의 대사 중 이 표현이 언급되는 부분을 잘 듣도록 한다. 대화 마지막 여자의 말 중에서 I have some friends coming over for a dinner party this coming Saturday가 힌트이다. this coming Saturday를 문제에서 this weekend라고 패러프레이징 한 것을 알아차려야 한다. 이번 토요일에 친구들이 파티하러 오기로 했다고 하므로 (C)가 정답이다.

어휘 meal 식사 have A over A를 손님으로 맞이하다 remodel ~을 리모델링하다

Paraphrase have some friends coming over → Have some guests over

---

UNIT 05 의도파악, 시각자료

의도파악 문제

> **남:** 안녕하세요, 폴리 씨. 제가 지금 막 신임 주방장 계약서를 프린트하려고 했는데 프린터가 안 되는 것 같아요.
>
> **여:** 맞아요. 저도 오늘 오전에 런치 메뉴 사본을 만들려는데 계속 "시스템 오류"라는 메시지만 떴어요. 올해만 세 번째네요.
>
> **남:** 음, 교체해야 할 때인가 봐요. 그 프린터는 거의 10년이나 되었어요.
>
> **여:** 맞아요. 이번 달 예산을 검토해 보고 새것을 살 여유가 있는지 볼게요.

어휘 contract 계약서 chef 주방장 malfunction v. 작동이 잘 되지 않다 make a copy 복사하다 keep -ing 계속해서 ~하다 it's about time that ~할 때이다 replace ~을 교체하다 go over 검토하다 budget 예산 see if ~인지 알아보다 afford ~을 살 여유가 있다 be disappointed 실망하다 quit 그만두다 be impressed with ~에 깊은 인상을 받다 performance 수행, 성과 be dissatisfied with ~에 불만족하다 be pleased to do ~하게 되어 기쁘다

Q. 여자는 왜 "올해만 세 번째네요"라고 말하는가?

(A) 직원이 그만둔 것에 실망해서

(B) 남자의 업무 수행에 깊은 인상을 받아서

(C) 기기에 불만이 있어서

(D) 매출이 늘어 기뻐서

시각자료 연계 문제

> **여:** 안녕하세요, 귀사 백화점 웹사이트에서 멋진 파티복을 발견해서 전화드렸습니다. 그 옷을 직접 보고 싶은데요. 매장에 동일한 드레스 제품이 있나요?
>
> **남:** 물론이죠. 그렇습니다. 최근에 새로운 선적물을 받아서 현재 재고가 완전히 확보되어 있습니다. 따라서 귀하는 당사 온라인 카탈로그에 있는 모든 제품을 볼 수 있습니다.
>
> **여:** 정말 잘됐군요! 조만간 꼭 들르겠습니다. 그런데 매장 내 구매에 대한 특별 프로모션이 있나요?

남: 물론이죠, 충성 회원들을 위한 20% 할인을 포함하여 여러 가지 프로모션이 진행 중입니다.

트렌드스퀘어 백화점	
5층	전자기기
4층	식당
3층	패션
2층	보석
1층	화장품

어휘 lovely 예쁜, 멋진 party wear 파티복 view ~을 보다 in person 직접 selection 구색 shipment 선적 currently 현재 be fully stocked 재고를 모두 갖추고 있다 definitely 반드시, 꼭 stop by 들르다 in-store 매장 내의 Absolutely (구어) 물론이죠 ongoing 진행 중인 including ~을 포함하여 loyalty member 충성 회원

Q. 시각자료를 보시오. 여자는 몇 층으로 갈 것인가?
(A) 1층
(B) 2층
(C) 3층
(D) 4층

PRACTICE TEST

1. (B)	2. (D)	3. (A)	4. (C)	5. (B)
6. (D)	7. (A)	8. (B)	9. (C)	10. (B)
11. (B)	12. (C)	13. (B)	14. (A)	15. (D)

Questions 1-3 refer to the following conversation.

M: I'm so busy right now. I don't know how I'll get all of my work finished before **1** I leave for vacation tomorrow.

W: You've been keeping today clear of meetings and extra work for months now. Why are you so busy?

M: **2** Hopper Detergent called to complain about a problem with their latest commercial. I need to meet them at 12 to try to fix it.

W: You know, all of my afternoon meetings were canceled.

M: Well, you are familiar with that ad campaign. And they already mentioned some of the issues over the phone.

W: Sure. **3** Just call and let them know that I'll be meeting with them, not you. It's really not a problem.

───────────────

남: 저는 지금 너무 바쁩니다. 내일 휴가를 떠나기 전까지 제 모든 업무를 어떻게 완료해야 할지 모르겠어요.

여: 당신은 오늘 회의 일정도 없었고 지금 몇 달 째 추가 업무도 없으셨잖아요. 왜 그렇게 바쁘시죠?

남: <호퍼 세제> 사에서 전화를 해서 그들의 최신 광고 방송의 문제점에 관해 불만을 제기했어요. 12시에 그쪽 사람들과 만나서 그 문제를 바로잡도록 해야 합니다.

여: 있잖아요. 오늘 제 모든 오후 회의가 취소되었어요.

남: 음, 당신은 그 광고 캠페인을 잘 알고 계시잖아요. 그리고 그 분들께서는 이미 전화상으로 몇몇 사안들을 언급해 주셨어요.

여: 물론이죠. 전화하셔서 당신이 아닌 제가 그분들과 만나겠다고 알려 드리세요. 이건 그렇게 큰 문제는 아니에요.

어휘 get A p.p. A가 ~되게 하다 leave 떠나다, 출발하다 keep A 형용사 A를 ~한 상태로 유지하다 clear of ~가 없는 extra 추가의, 별도의 latest 최신의 commercial 광고 방송 fix ~을 바로잡다, 고치다 be familiar with ~을 잘 알다, ~에 익숙하다 ad campaign 광고 캠페인 mention ~을 언급하다 over the phone 전화상으로 meet with (약속하여) ~와 만나다

1. 남자는 내일 무엇을 할 것인가?
(A) 다른 지사를 방문한다.
(B) 휴가를 떠난다.
(C) 광고 방송을 촬영한다.
(D) 세미나에 참석한다.

해설 남자가 내일 할 일이 질문의 핵심이므로 내일이라는 미래 시점 표현이 제시되는 부분에서 단서를 찾아야 한다. 대화 시작 부분에 남자가 내일 휴가를 떠난다고(I leave for vacation tomorrow) 알리는 부분이 있으므로 이에 대해 언급한 (B)가 정답이다.

어휘 branch 지사, 지점 film ~을 촬영하다

2. 여자는 왜 "오늘 제 모든 오후 회의가 취소되었어요"라고 말하는가?
(A) 자신의 동료 직원들에 대해 화가 나 있다.
(B) 일찍 퇴근하도록 요청하고 있다.
(C) 자신의 일에 대해 걱정하고 있다.
(D) 남자를 도와줄 시간이 있다.

해설 "내 모든 오후 회의가 취소되었다"라는 말은 대화 중반부에 제시되고 있는데, Hopper Detergent 사가 광고 방송의 문제점에 관해 불만을 제기했고 12시에 그쪽 사람들과 만나서 그

문제를 바로잡아야 한다고(Hopper Detergent called to complain about ~ I need to meet them at 12 to try to fix it) 알리는 남자의 말 다음에 제시되고 있다. 따라서 회의가 모두 취소된 사실을 알리는 것은 남자가 할 일을 돕겠다는 의미에 해당되므로 이에 대해 언급한 (D)가 정답이다.

어휘 upset 화가 난, 기분이 언짢은 leave work 퇴근하다

3. 여자는 남자에게 무엇을 하도록 요청하는가?
  (A) 고객에게 알리는 일
  (B) 예약을 하는 일
  (C) 문서를 복사하는 일
  (D) 보고서를 작성하는 일

해설 여자가 요청하는 일을 묻고 있으므로 여자의 말에서 요청 관련 표현이 제시되는 부분에서 단서를 찾아야 한다. 대화의 마지막에 여자는 전화를 해서 남자가 아닌 자신이 그 사람들과 만나겠다고 알리라고 제안하고 있다(Just call and let them know that I'll be meeting with them, not you). 이는 만날 사람이 변경되는 것에 대해 고객에게 알리라는 말이므로 (A)가 정답이 된다.

어휘 notify ~에게 알리다

Questions 4-6 refer to the following conversation.

W: Hello, Eugene! It's Louise from Advertising. [4] **I think I left my ID badge in your office after lunch. Do you see it?**

M: Hmm... give me a moment. Oh, I found it. I'll bring it right up.

W: That's Okay. A candidate is arriving shortly for an interview. [5] I'll just drop by your office after I finish. I don't need it until later anyway.

M: Sure, I'll be here. Is the interview for the art director position? I thought it had already been filled.

W: Yeah, we actually already made our decision to just promote from within the company. [6] **It was too late to cancel this interview, though, so it will be brief. I'll see you in a little bit.**

여: 안녕하세요, 유진 씨! 저는 광고부의 루이스입니다. 제가 점심 식사 후에 당신의 사무실에 사원증을 놓고 온 것 같아요. 혹시 보이시나요?

남: 흠… 잠시만요. 오, 찾았어요. 지금 바로 갖다드릴게요.

여: 괜찮아요. 면접 때문에 지원자 한 명이 곧 도착할 거예요. 면접을 마친 후에 사무실로 들를게요. 어쨌든 나중까지 필요하진 않거든요.

남: 좋습니다, 저는 여기 있을 거예요. 그 면접이 미술 감독 직책에 대한 것인가요? 저는 그 자리가 이미 충원되었다고 생각

했어요.

여: 네, 사실 회사 내부에서 사람을 승진시키기로 이미 결정을 내렸습니다. 하지만 이 면접을 취소하기에는 너무 늦어서 간단하게 할 거예요. 잠시 후에 뵙겠습니다.

어휘 ID badge 사원증 give me a moment 잠시만요 bring A up A를 갖다 주다 right 바로 candidate 지원자, 후보자 shortly 곧, 머지않아 drop by ~에 들르다 until later 나중까지, 이후에 art director 미술 감독 fill (자리 등) ~을 충원하다, 채우다 make one's decision 결정을 내리다 promote ~을 승진시키다 from within ~의 내부로부터 too + 형용사 + to do ~하기에는 너무 …하다 though (문장 중간이나 끝에서) 하지만 brief 간단한, 잠시 동안의 in a little bit 잠시 후에, 조금 후에

4. 여자는 왜 남자에게 전화를 거는가?
  (A) 기술적인 도움을 요청하기 위해
  (B) 프로젝트를 논의하기 위해
  (C) 분실한 물품을 찾기 위해
  (D) 식사 계획을 세우기 위해

해설 대화 시작 부분에 여자는 점심 식사 후에 상대방의 사무실에 사원증을 놓고 온 것 같다고 말하면서 그것이 보이는지 묻고 있으므로(I think I left my ID badge in your office after lunch. Do you see it?) 분실 물품을 찾기 위해서라는 의미로 쓰인 (C)가 정답이다.

어휘 technical 기술적인 lost 분실한 meal 식사

5. 여자가 "면접 때문에 지원자 한 명이 곧 도착할 거예요"라고 말할 때 무엇을 의미하는가?
  (A) 회의에 대한 준비가 되어 있지 않다.
  (B) 지금 당장은 방해를 받으면 안 된다.
  (C) 결정에 대해 확실치 않다.
  (D) 남자가 서둘러 주기를 원하고 있다.

해설 해당 문장은 "면접 때문에 지원자 한 명이 곧 도착할 것"이라는 의미를 나타낸다. 대화 중반부에 이 말과 함께 여자는 면접을 마친 후에 상대방의 사무실로 들르겠다고(I'll just drop by your office after I finish) 말하고 있으므로 당장은 면접에 집중해야 한다는 의미로 쓰인 문장임을 알 수 있다. 따라서 이와 유사한 의미로 지금은 방해를 받으면 안 된다는 뜻으로 쓰인 (B)가 정답이 된다.

어휘 be unprepared for ~에 대한 준비가 되어 있지 않다 disturb ~을 방해하다 be unsure of ~가 확실치 않다 decision 결정 hurry 서두르다

6. 여자는 면접과 관련해 무엇이라고 말하는가?
  (A) 다른 장소에서 있을 것이다.
  (B) 인터넷상에서 이뤄질 것이다.

(C) 업무 시간 이후에 시작될 것이다.

(D) 오래 지속되지 않을 것이다.

해설 면접과 관련해 여자가 언급한 내용을 묻고 있으므로 면접 진행상의 특징이 제시될 것임을 미리 예상하고 들어야 한다. 대화 후반부에 여자는 면접을 취소하기에는 너무 늦어서 간단하게 할 것이라고(It was too late to cancel this interview, though, so it will be brief) 말하고 있으므로 이와 유사한 의미에 해당되는 (D)가 정답이다.

어휘 location 위치, 지점 be held (행사 등이) 열리다, 개최되다 over the Internet 인터넷상에서 working hours 업무 시간 last v. 지속되다

Questions 7-9 refer to the following conversation and pie chart.

M: 7 Let's review the plans for the proposed construction of the gym in the basement of the apartment building. Tracey, did you bring the surveys that our tenants filled out?

W: Yes, and most tenants are very excited about having a room where they can exercise. However, judging from the survey responses, the tenants are most worried about security.

M: Well, we're installing personal lockers, so there's nothing for them to worry about. So, 8 let's move on to the next biggest concern the tenants have and talk about that.

W: Sure. Actually, 9 I made several copies of this chart that shows a breakdown of the main concerns.

M: Great work! If you don't mind, 9 please pass out a copy to each member of the tenants association before we continue.

남: 아파트 건물 지하로 제안된 체육관 공사 계획을 검토해 봅시다. 트레이시 씨, 우리 세입자들이 작성한 설문 조사지를 갖고 오셨나요?

여: 네, 그리고 대부분의 세입자들은 운동할 수 있는 공간이 생기는 것에 대해 아주 들떠 있어요. 하지만, 설문 조사 답변으로 판단해 볼 때, 세입자들이 대부분 보안에 대해 걱정하고 있어요.

남: 음, 우리가 개인 사물함을 설치하기 때문에, 그분들이 걱정할 것이 전혀 없습니다. 그럼, 세입자들이 그 다음으로 갖고 있는 가장 큰 우려 사항으로 넘어가서 이야기해 봅시다.

여: 좋아요. 실은, 세분화된 주요 우려 사항을 보여주는 이 차트 사본을 여러 장 만들었어요.

남: 아주 잘 하셨어요! 괜찮으시면, 계속 얘기하기 전에 세입자 협회의 각 회원에게 한 장씩 나눠 주시기 바랍니다.

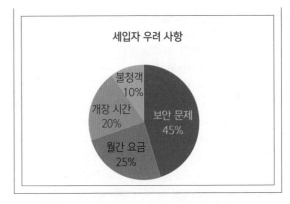

어휘 review ~을 검토하다, 살펴보다 proposed 제안된 construction 공사, 건설 basement 지하(실) survey 설문 조사(지) tenant 세입자 fill out ~을 작성하다 exercise 운동하다 judge from ~을 통해 판단하다 response 답변, 응답 install ~을 설치하다 concern 우려 make a copy of ~의 사본을 만들다, ~을 복사하다 breakdown 세분화, 명세 pass out ~을 나눠주다 association 협회 continue 계속하다 uninvited 초대되지 않은

7. 어떤 종류의 시설이 이야기되고 있는가?

(A) 피트니스 룸

(B) 수영장

(C) 주차장

(D) 비즈니스 센터

해설 대화 시작 부분에 남자가 아파트 건물 지하로 제안된 체육관 공사 계획을 검토해 보자고(Let's review the plans for the proposed construction of the gym in the basement of the apartment building) 말하면서 체육관 시설을 짓는 것과 관련된 내용으로 대화가 진행되고 있다. 따라서 (A)가 정답이다.

어휘 facility 시설(물)

Paraphrase gym → fitness room

8. 시각자료를 보시오. 남자는 어떤 세입자 우려 사항을 이야기하고 싶어 하는가?

(A) 보안 문제

(B) 월간 요금

(C) 개장 시간

(D) 불청객

해설 대화 중반부에 남자는 두 번째로 가장 큰 우려 사항으로 넘어가 이야기하자고(let's move on to the next biggest concern the tenants have and talk about that) 제안하고 있다. 그래프에서 두 번째로 높은 비율로 표기된 것이 25%에 해당되는 Monthly fees이므로 (B)가 정답이다.

9. 여자는 곧이어 무엇을 할 것 같은가?

(A) 세입자들에게 설문 조사하는 일

(B) 프로젝트 예산을 제시하는 일

(C) 문서를 배부하는 일

(D) 공지를 게시하는 일

해설 대화 후반부에 여자가 차트 사본을 여러 장 만들었다고(I made several copies of this chart) 알리자, 남자가 그것을 회원들에게 나눠주라고(please pass out a copy to each member of the tenants association) 말하고 있다. 이는 해당 복사본을 배부하라는 뜻이므로 (C)가 정답이다.

어휘 survey v. ~에게 설문 조사하다 present v. ~을 제시하다, 발표하다 budget 예산 distribute ~을 배부하다, 나눠주다 put up ~을 게시하다, 내걸다 notice 공지, 알림

Paraphrase pass out a copy to each member
→ Distribute documents

Questions 10-12 refer to the following conversation and table.

W: Welcome to Alpine Outdoor Goods. Are you looking for anything specific?

M: Well, **10** my wife and I want to take our son on a camping trip, so I'm looking for a tent we could use.

W: You came to the right place then. We have a few different sizes. What maximum capacity would be best for you?

M: I don't want one that's too big. **11** One that can accommodate up to three people would suit us perfectly.

W: Take a look at this list of popular models. I think this one would be perfect.

M: Great! And **12** is it fairly easy to assemble? I've never had to set one up before, so I'm a bit worried.

W: It's simple. You won't have any problems.

여: <알파인 아웃도어 용품점>에 오신 것을 환영합니다. 특별히 찾고 계신 것이라도 있으세요?

남: 저, 아내와 제가 아들을 데리고 캠핑 여행을 떠나고 싶어서, 저희가 이용할 수 있는 텐트를 찾고 있습니다.

여: 그러시면 제대로 찾아오셨습니다. 저희는 몇 가지 다른 사이즈가 있습니다. 어떤 최대 수용 인원으로 된 것이 가장 적합할까요?

남: 너무 큰 것은 원하지 않습니다. 최대 세 명까지 수용할 수 있는 것이 저희에게 완벽하게 어울릴 겁니다.

여: 인기 모델들을 담은 이 목록을 한 번 확인해 보세요. 저는 이 것이 완벽할 것 같아요.

남: 아주 좋아요! 그리고 조립하기 꽤 쉬운가요? 전에 한 번도 설치했어야 했던 적이 없어서, 약간 걱정이 되네요.

여: 간단합니다. 어떤 문제도 없을 거예요.

모델	최대 수용 인원
베리	2
로완	3
스프링	4
호라이즌	5

어휘 specific 특정한, 구체적인 then 그럼, 그렇다면 maximum capacity 최대 수용 인원 accommodate ~을 수용하다 up to 최대 ~까지 suit ~에게 어울리다, 적합하다 take a look at ~을 한 번 보다 fairly 꽤, 아주, 상당히 assemble ~을 조립하다 set A up A를 설치하다

10. 여자의 근무 장소에서 어떤 종류의 제품을 판매하는가?

(A) 아동용 장난감

(B) 캠핑 용품

(C) 저장용 용기

(D) 가정용 가구

해설 대화 초반부에 남자가 원하는 제품을 언급하면서 '아내와 제가 아들을 데리고 캠핑 여행을 떠나고 싶어서, 저희가 이용할 수 있는 텐트를 찾고 있습니다(my wife and I want to take our son on a camping trip, so I'm looking for a tent we could use)'라고 알리고 있다. 따라서 캠핑 용품을 판매하는 매장임을 알 수 있으므로 (B)가 정답이다.

어휘 storage 저장, 보관 container 용기, 그릇 furnishing 가구, 비품

Paraphrase tent → Camping supplies

11. 시각자료를 보시오. 남자는 어느 모델을 구입할 것인가?

(A) 베리

(B) 로완

(C) 스프링

(D) 호라이즌

해설 남자가 자신이 원하는 텐트의 크기를 언급하는 중반부에 최대 세 명까지 수용할 수 있는 것이 좋겠다고(One that can accommodate up to three people would suit us perfectly) 알리고 있다. 도표에서 최대 수용 인원이 3으로 표기된 제품이 Rowan이므로 (B)가 정답이다.

12. 남자는 무엇에 대해 우려하는가?

(A) 품질

(B) 배송

(C) 조립

(D) 가격

해설 대화 후반부에 남자가 조립하기 쉬운지 물으면서 한 번도 해
본 적이 없어서 걱정된다고(is it fairly easy to assemble?
I've never had to set one up before, so I'm a bit
worried) 알리고 있으므로 (C)가 정답이다.

어휘 be concerned about ~에 대해 우려하다 quality 품질,
질 assembly 조립 (작업)

Questions 13-15 refer to the following conversation
and map.

W: Hi, Jimmy. **13** Have you seen the work
schedule for our restaurant's pizza booth at
the county fair this weekend?

M: I just saw it. I'm working from 11 AM. to 5 PM. on
Saturday. I'll have the evening free for a change!

W: Hmm... I work until 6:30, but would you want to
look around the fair together afterward?

M: Sure, I'll just wait for you to finish. Let's meet
near the event stage.

W: Ah, there are too many people around there. **14**
Let's meet outside of the haunted house. That
way I can find you easily.

M: **14** Okay. And **15** remember, showing our work
IDs will get us free tickets to the circus show.
Let's take advantage of it!

여: 안녕하세요, 지미. 지역 박람회장에 설치된 우리 레스토랑의
피자 부스에 대한 이번 주말 근무 일정표를 보셨나요?

남: 방금 확인했어요. 저는 토요일 오전 11부터 오후 5시까지 근
무합니다. 이번에는 일정이 바뀌어서 저녁 시간에는 근무하
지 않아요!

여: 흠… 저는 6시 30분까지 근무하는데, 그 후에 함께 박람회
장을 둘러 보시겠어요?

남: 그럼요, 끝마치시는 시간까지 기다릴게요. 행사 무대 근처에
서 만나요.

여: 아, 그곳 주변에는 사람들이 너무 많아요. 귀신의 집 밖에서
만나요. 그래야 제가 당신을 쉽게 찾을 수 있을 거예요.

남: 알겠어요. 그리고 우리가 근무자 신분증을 제시하면 무료 서
커스 관람권을 받을 수 있다는 점도 기억해 두세요. 이 서비
스를 이용해 봅시다!

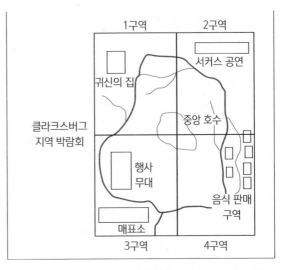

어휘 booth 부스, 칸막이 공간 county fair 지역 박람회 free
(사람이) 시간이 나는, (제품이) 무료인 for a change 여느
때와 달리, 변화를 위해, 기분 전환 삼아 look around ~을
둘러 보다 afterward 그 후에 wait for A to do A가
~하기를 기다리다 near ~ 근처에 outside of ~의 밖에
haunted house 귀신의 집 that way 그렇게 해서, 그런
방법으로 get A B A에게 B를 주다 take advantage of
~을 이용하다

13. 화자들은 누구일 것 같은가?
(A) 초청 음악가들
(B) 레스토랑 직원들
(C) 행사 주최자들
(D) 놀이기구 조작 담당자들

해설 대화 시작 부분에 남자가 박람회장에 설치된 자신의 레스
토랑 피자 부스에 대한 주말 근무 일정표를 봤는지 묻고 있
으므로(Have you seen the work schedule for our
restaurant's pizza booth ~?) 레스토랑에서 근무하는 직원
임을 알 수 있다. 따라서 (B)가 정답이다.

어휘 organizer 주최자, 조직자 operator (장비, 기계 등을)
조작하는 사람, 운전자

14. 시각자료를 보시오. 화자들은 저녁에 어느 구역에서 만날 것
인가?
(A) 1 구역
(B) 2 구역
(C) 3 구역
(D) 4 구역

해설 저녁에 화자들이 만날 장소가 질문의 핵심이며 시각자료에
여러 장소에 대한 명칭이 제시되어 있으므로 이 명칭이 대화
에 언급될 것임을 생각하고 대화를 듣는다. 대화 중반부에 여
자가 귀신의 집 밖에서 만나자고 제안하는 것에 대해(Let's
meet outside of the haunted house. That way I can

find you easily) 남자가 좋다고(Okay) 말하며 동의하고 있다. 따라서 시각자료에서 haunted house가 포함된 구역인 (A)가 정답이다.

15. 남자는 여자에게 무엇에 관해 상기시키는가?
(A) 예약을 하는 일
(B) 경연대회에 참가하는 일
(C) 신분증을 가져 오는 일
(D) 무료 입장권을 이용하는 일

해설 대화의 마지막에 남자가 근무자 신분증을 제시하면 무료 서커스 관람 티켓을 받을 수 있다며 이를 이용해 보자고 (remember, showing our work IDs will get us free tickets to ~. Let's take advantage of it!) 당부하고 있다. 따라서 이를 무료 입장권이라고 표현한 (D)가 정답이다.

어휘 enter ~에 참가하다 contest 경연대회 pick up ~을 가져 오다, 가져 가다

UNIT 06 문제 유형별 전략 1

주제/목적/문제점 문제

남: 저는 거즈만 의사 선생님의 안과에서 전화드린 노아 모튼입니다. 선생님께서는 더 많은 검사를 실시하기 위해 후속 진료 예약을 귀하를 만나고자 하셔요. 10일 수요일 오후 3시가 괜찮으신가요?
여: 물론이죠, 그 시간이 제게 좋네요.
남: 좋아요. 10일 수요일 오후 3시로 예약해드렸어요. 예약일이 가까워지면 알림을 보내드릴까요?
여: 네, 그렇게 해주세요. 그게 도움이 될 것 같아요.

어휘 eye clinic 안과 follow-up appointment 후속 (진료) 예약 run a test 검사를 실시하다 suit ~에게 적합하다 That works for me. 저는 좋아요. schedule A for + 일시 ~의 일정을 …로 잡다 reminder 알림 appointment date 예약일, 약속일 inquire about ~에 대해 문의하다 opinion 의견

Q. 남자는 왜 전화하는가?
(A) 검사 결과를 제공하기 위해
(B) 진료 예약을 하기 위해
(C) 환자 기록에 대해 문의하기 위해
(D) 의사의 의견을 얻기 위해

장소/업종/직업 문제

여: 시청자를 위해 새로운 지역 업체들을 집중 조명하는 뉴스 프로그램의 특별 코너에 오신 것을 환영합니다. 오늘 저는 새로운 베이커리 체인을 시작한 테리 반스 씨와 함께 합니다. 테리 씨, 오늘 저희와 함께 해주셔서 감사합니다.
남: 초대해 주셔서 감사합니다! 지난주에 제가 개업한 빵집들에 대한 정보를 공유하게 되어 기쁩니다. 그 매장들은 모두 현지에서 생산된 유기농 재료로 만든 갓 구운 다양한 제품을 제공합니다.

어휘 segment 부분 spotlight v. ~을 집중 조명하다 local 지역의 business 업체 viewer 시청자 be joined by ~와 함께 하다 launch ~을 출시하다, 시작하다 bakery 빵집 a wide selection of 다양한 freshly 신선하게 baked 구워진 goods 제품 made with ~로 만들어진 organic 유기농의 ingredient 재료 source v. (주로 수동태로 쓰임) (특정한 곳에서 무엇을) 얻다, 공급자를 찾다 locally 지역에서, 현지에서

Q1. 화자들은 어디에 있겠는가?
(A) 빵집
(B) 텔레비전 방송국
(C) 식당
(D) 농장

남: 안녕하세요, 문 씨. 저는 숀 그레이입니다. 귀하의 아파트에 주의가 필요한 문제가 있다고 들었습니다.
여: 빨리 와주셔서 감사해요. 문제는 제 냉장고입니다. 냉장고에서 이상한 소리가 나요.
남: 알겠습니다. 제가 무엇을 할 수 있는지 알아보겠습니다.
여: 정말 감사합니다. 문제는 안에 상하기 쉬운 것들이 있어서 가능한 한 빨리 고쳐져야 해요.

어휘 be informed of ~에 대해 듣다 attention 주의, 관심 promptly 신속하게 refrigerator 냉장고 make a strange noise 이상한 소리를 내다 The thing is 실은, 문제는 perishable 잘 상하는 inside 안에

Q2. 남자는 누구이겠는가?
(A) 부동산 중개업자
(B) 수리 담당자
(C) 호텔 프론트 직원
(D) 영업 사원

PRACTICE TEST

1. (A)	**2.** (C)	**3.** (C)	**4.** (B)	**5.** (D)
6. (C)	**7.** (C)	**8.** (A)	**9.** (C)	**10.** (A)
11. (C)	**12.** (B)	**13.** (A)	**14.** (D)	**15.** (C)
16. (C)	**17.** (D)	**18.** (A)		

Questions 1-3 refer to the following conversation.

W: Good afternoon, Chris. I'm calling **1** in regard to the report I heard you are writing. You've been looking into the finances of all of our overseas stores, right?

M: Yes, I have. But, **2** a spreadsheet from Hong Kong hasn't arrived yet. I need those figures in order to make detailed comparisons with the other stores. Because of this delay, I don't think **1** I'll be able to finish the report until next week.

W: I see. When you do finish writing, **3** can you e-mail the report to me immediately? I need to use the results in a presentation for the management team next week.

M: Okay, **3** I'll make sure I e-mail it to you when I'm done. I'm certain I can have it ready for you by next Thursday.

여: 안녕하세요, 크리스. 당신이 작성 중이라고 들은 보고서에 대해 전화했어요. 당신이 우리의 모든 해외 매장들에 대한 재무 상태를 조사하고 있었죠?

남: 네, 그래요. 하지만 홍콩에서 정산표가 아직 도착하지 않았어요. 다른 매장들과 자세한 비교를 하기 위해서는 그 수치들이 필요하거든요. 이렇게 지연되는 바람에 다음 주나 되어야 보고서를 끝낼 수 있을 것 같아요.

여: 알겠습니다. 작성이 끝나면, 보고서를 제게 즉시 이메일로 보내줄 수 있으세요? 다음 주에 경영팀을 위한 발표에서 그 결과를 이용해야 하거든요.

남: 알겠습니다. 다 마치면 반드시 이메일로 보내드리겠습니다. 다음 주 목요일까지 준비될 수 있을 거라 확신해요.

어휘 in regard to ~에 관해 look into ~을 조사하다 finance 재원, 재정, 자금 overseas 해외의 spreadsheet 정산표 figures 수치, 숫자 make comparisons with ~와 비교하다 detailed 상세한 delay n. 지연 v. ~을 지연시키다 immediately 즉시 result 결과 management 경영, 관리 be done 끝내다 have A ready A를 준비하다

---

1. 화자들은 주로 무엇에 대해 이야기하고 있는가?
(A) 재정 보고서
(B) 잡지 기사
(C) 제품 시연회
(D) 회사 확장

해설 대화의 주된 화제가 무엇인지 묻고 있으며 대화 전반에 걸쳐 두루 언급되는 대상을 통해 확인할 수 있다. 우선, 여자는 남자가 작성중인 보고서와 관련해(in regard to the report I heard you are writing) 전화했다고 용건을 밝히고, 남자가 다음 주나 되어야 완성할 것이라고 응답하고(I'll be able to finish the report until next week), 여자는 보고서를 보내 달라고 요청하는(can you e-mail it to me immediately?) 대화로 보아 보고서에 관한 대화임을 알 수 있다. 여자가 남자에게 재무상태를 조사하고 있었던 것 아니었냐고(You've been looking into the finances of ~) 묻는 부분을 통해 재무 관련 보고서라는 것을 확인할 수 있으므로 정답은 (A)이다.

어휘 financial 재정의, 재무의 article 기사 product demonstration 제품 시연(회) expansion 확장

2. 남자는 어떤 문제를 언급하는가?
(A) 몇몇 직원들이 해고되었다.
(B) 회의가 취소되었다.
(C) 일부 정보가 누락되어 있다.
(D) 제품 선적이 지연되고 있다.

해설 보고서 작성 진행상황을 확인하는 여자에게 남자는 홍콩에서 정산표가 도착하지 않아 완성하지 못하고 있다고(a spreadsheet from Hong Kong hasn't arrived yet) 말한다. 이는 다른 말로 하면 일부 정보가 없는 것이 문제인 상황이므로 (C)가 정답이다. 특정 자료를 information으로, 자료를 갖고 있지 않은 상황을 missing으로 패러프레이징 하였다.

어휘 fire v. ~을 해고하다 missing 누락된, 빠져 있는 shipment 선적 delayed 지연된

3. 남자는 다음 주 목요일까지 무엇을 하는 것에 동의하는가?
(A) 발표하기
(B) 상사에게 전화하기
(C) 문서를 이메일로 보내기
(D) 고객에게 말하기

해설 next Thursday가 중요한 단서이므로 이 시점이 언급되는 곳을 잘 듣도록 한다. 보고서가 다 되면 이메일로 바로 보내 달라는 여자의 부탁에 남자는 그렇게 하겠다며 목요일까지는 준비될 것이라고(I'll make sure I e-mail it to you when I'm done. I'm certain I can have it ready for you by next Thursday) 말한다. 여기서 it은 앞에서 언급된 보고서를 가리키므로 (C)가 정답이다.

어휘 give a presentation 발표하다 supervisor 상사, 감독관
Paraphrase report → document

Questions 4-6 refer to the following conversation.

> M: Good morning! [4] **Welcome to One Road Car Rentals.** How can I help you?
>
> W: Hi. [4] [5] **I reserved a compact car to pick up this morning.** My name is Ally Martin.
>
> M: Let me check… Your reservation is for Thursday, December 17th.
>
> W: Oh, no. I need to drive to Belleville this afternoon for a factory inspection, and there aren't any buses or trains that go there.
>
> M: Well, we have a luxury car available now, but it's more expensive.
>
> W: [6] **Let me call my office to confirm the extra cost.** I'll just be a minute.

> 남: 안녕하세요! <원 로드 자동차 렌탈>에 오신 것을 환영합니다. 무엇을 도와 드릴까요?
>
> 여: 안녕하세요. 제가 소형 자동차를 오늘 아침에 가져가는 것으로 예약했어요. 제 이름은 앨리 마틴입니다.
>
> 남: 확인해 보겠습니다… 고객님의 예약은 12월 17일 목요일로 되어 있습니다.
>
> 여: 아, 안돼요. 제가 공장 점검 때문에 오늘 오후에 벨빌로 차를 운전해서 가야 하는데, 그곳으로 가는 버스나 기차가 하나도 없어요.
>
> 남: 음, 저희에게 지금 이용하실 수 있는 고급 자동차가 한 대 있기는 하지만, 더 비쌉니다.
>
> 여: 제가 추가 비용을 확정 받을 수 있게 제 사무실에 전화해 볼게요. 잠깐이면 될 거예요.

어휘 reserve ~을 예약하다 compact car 소형 자동차 pick up ~을 가져가다, 가져오다 inspection 점검, 조사 confirm ~을 확인하다 extra 추가의, 별도의

4. 어디에서 대화가 이뤄지고 있는가?
(A) 버스 정류장에서
(B) 자동차 대여 업체에서
(C) 공장에서
(D) 호텔에서

해설 대화 시작 부분에 남자가 Welcome to One Road Car Rentals라고 말하며 업체 이름을 알리고 있고, 여자도 가져갈 차량을 예약했다고(I reserved a compact car to pick up this morning) 언급하는 것을 통해 자동차 대여 업체에서 이뤄지는 대화임을 알 수 있으므로 (B)가 정답이다.

어휘 take place (일, 행사 등이) 발생되다, 개최되다 rental 대여, 임대 agency 업체, 대행사

5. 남자가 "고객님의 예약은 12월 17일 목요일로 되어 있습니다"라고 말할 때 암시하는 것은 무엇인가?
(A) 예약이 연기되었다.
(B) 서비스를 이용할 수 있다.
(C) 마감기한이 다가오고 있다.
(D) 실수가 발생되었다.

해설 여자가 오늘 아침에 가져 갈 차량을 예약했다고(I reserved a compact car to pick up this morning) 말한 것에 대해 '예약이 12월 17일 목요일로 되어 있다'고 알리고 있다. 이는 예약할 때 실수를 해 잘못 예약했음을 말하는 것이므로 (D)가 정답이다.

어휘 appointment 예약, 약속 postpone ~을 연기하다, 미루다 approach 다가오다 make a mistake 실수하다

6. 여자는 곧이어 무엇을 할 것 같은가?
(A) 기차 일정표를 확인하는 일
(B) 회의 일정을 재조정하는 일
(C) 허락을 요청하는 일
(D) 신용카드를 제공하는 일

해설 대화 마지막에 여자가 추가 비용을 확정 받을 수 있게 자신의 사무실에 전화해 보겠다고(Let me call my office to confirm the extra cost) 알리고 있는데, 이는 허락을 받으려는 것이므로 (C)가 정답이다.

어휘 reschedule ~의 일정을 재조정하다 permission 허락, 허가

Paraphrase call my office to confirm the extra cost
→ Ask for permission

Questions 7-9 refer to the following conversation with three speakers.

> W1: Hi, Mr. Park. I'm Cathy Harper, the general operations manager here at JX Chemicals. This is our head of production, Lisa Rodriguez, and [7] **we'll be giving you a tour of the manufacturing plant this morning.**
>
> M: Good morning. I'm happy to be here.
>
> W2: Thanks for coming. [8] **We're looking forward to hearing your suggestions on ways we can reduce operating costs and increase our profits** here at our company.
>
> M: Well, I'm here to help. [9] **I'm already impressed with your policies on reusing paper and other recyclable materials.** And, I'm sure I'll find numerous other ways to improve your finances.
>
> W1: We hope so. Now, if you'd like to follow us, we'll take a look at our main assembly line.

여1: 안녕하세요, 박 씨. 저는 캐시 하퍼이며, 이곳 <JX 케미컬스>의 총무부장입니다. 이분은 저희 생산 책임자이신 리사 로드리게즈 씨이며, 저희가 오늘 아침에 귀하께 제조 공장을 견학시켜 드릴 것입니다.

남: 안녕하세요. 이곳에 오게 되어 기쁩니다.

여2: 와 주셔서 감사합니다. 저희가 이곳 저희 회사에서 운영 비용을 줄이고 수익을 늘릴 수 있는 방법에 관한 귀하의 의견을 들어 볼 수 있기를 고대하고 있습니다.

남: 자, 저는 도움을 드리기 위해 이곳에 왔습니다. 저는 이미 종이 및 기타 재활용 물품을 다시 사용하는 귀하의 정책에 깊은 인상을 받았습니다. 그리고, 분명 귀사의 재무 상태를 개선할 다수의 다른 방법들을 찾을 것입니다.

여1: 저희도 그러기를 바랍니다. 자, 저희를 따라오시면, 함께 저희 주요 조립 라인을 보시게 될 겁니다.

어휘 general operations manager 총무부장 head 책임자, 장 manufacturing plant 제조 공장 look forward to -ing ~하기를 고대하다 reduce ~을 줄이다, 감소시키다 operating costs 운영 비용 profit 수익 be impressed with ~에 깊은 인상을 받다 policy 정책, 방침 recyclable 재활용 가능한 material 물품, 재료, 자료 numerous 다수의, 수많은 improve ~을 개선하다, 향상시키다 finance 재무, 재정 follow ~을 따라 가다 assembly 조립

7. 화자들은 왜 만나고 있는가?
(A) 구직 면접을 위해
(B) 교육 시간을 위해
(C) 시설 견학을 위해
(D) 영업 발표를 위해

해설 대화 초반부에 여자 한 명이 남자에게 자신들이 제조 공장을 견학시켜 줄 것이라고(we'll be giving you a tour of the manufacturing plant this morning) 하므로 (C)가 정답이다.

어휘 facility 시설(물)

Paraphrase manufacturing plant → facility

8. 남자의 직업은 무엇일 것 같은가?
(A) 재무 상담 전문가
(B) 채용 책임자
(C) 안전 조사관
(D) 마케팅 이사

해설 대화 중반부에 여자 한 명이 운영 비용을 줄이고 수익을 늘릴 수 있는 방법에 관한 남자의 의견을 듣고 싶다고(We're looking forward to hearing your suggestions on ways we can reduce operating costs and increase our

profits) 알리고 있다. 이는 재무 상담과 관련된 일이므로 (A)가 정답이다.

어휘 profession 직업 financial 재무의, 재정의 advisor 상담 전문가, 자문 recruitment 채용, 모집 inspector 조사하는 사람

9. 남자는 회사에 대해 무엇이 마음에 든다고 말하는가?
(A) 제품 범위
(B) 교육 방식
(C) 재활용 정책
(D) 고급 장비

해설 남자가 마음에 드는 것을 묻고 있으므로 남자가 말하는 긍정적인 정보를 찾아야 한다. 대화 후반부에 남자가 이미 종이 및 기타 재활용 물품을 다시 사용하는 정책에 깊은 인상을 받았다고(I'm already impressed with your policies on reusing paper and other recyclable materials) 하므로 (C)가 정답이다.

어휘 range 범위, 종류 method 방식 advanced 고급의, 진보한 equipment 장비

Questions 10-12 refer to the following conversation.

> **M:** Hello. **10** **I ordered a pepperoni pizza from your Web site, and I'd like to find out when it will arrive.** It's already been one hour since I placed the order.
>
> **W:** Oh, that's strange. Let me just check our database. Ah, I can see that you did make the order, but **11** **I'm afraid your credit card was declined.**
>
> **M:** In that case, why didn't you call me or send me a text message? We have been waiting a long time for our pizza.
>
> **W:** I'm sorry about that, but we've been really busy this evening. **12** **I'll take a note of your name, and you can get five dollars off the next time you call to order a pizza.**

남: 안녕하세요. 제가 귀사의 웹사이트에서 페퍼로니 피자를 주문했는데, 언제 도착할지 알고 싶습니다. 제가 주문을 한 지 벌써 1시간이나 되어서요.

여: 아, 이상한 일이네요. 저희 데이터베이스를 확인해 보겠습니다. 아, 고객님께서 분명히 주문하신 것은 확인할 수 있지만, 신용카드가 거절되었습니다.

남: 그런 경우라면, 제게 전화를 주시든지 아니면 문자 메시지를 보내실 수도 있잖아요? 저희는 오랫동안 피자가 오기를 기다렸어요.

여: 죄송합니다만, 저희가 오늘 저녁에 정말로 계속 바빴습니다. 제가 고객님의 성함을 적어 두었다가 다음번에 피자 주문을 위해 전화주실 때 5달러를 할인 받으실 수 있도록 해 드리겠습니다.

어휘 order ~을 주문하다 find out ~을 알아 내다, 확인해 내다 since ~한 이후로 place an order 주문하다 see that ~임을 알다, 확인하다 I'm afraid (that) (부정적인 일에 대해) ~한 것 같다 decline ~을 거절하다 in that case 그런 경우라면, 그렇다면 text message 문자 메시지 wait a long time for ~을 오래 기다리다 take a note of ~을 적어 두다 get A off A를 할인 받다 the next time + 주어 + 동사 다음번에 ~할 때

10. 남자는 왜 전화를 하는가?
(A) 배송이 얼마나 걸릴지 묻기 위해
(B) 주문의 세부 사항을 변경하기 위해
(C) 특가 서비스에 관해 문의하기 위해
(D) 추가 요금에 관해 문의하기 위해

해설 남자가 대화를 시작하면서 피자를 주문했는데 언제 도착할지 알고 싶다(I ordered a pepperoni pizza ~ I'd like to find out when it will arrive)고 말하고 있으므로 (A)가 정답임을 알 수 있다.

어휘 how long A will take A가 얼마나 걸릴지 details 세부 사항, 상세 정보 special offer 특가 서비스 extra 추가의, 별도의 charge (청구) 요금

11. 여자는 어떤 문제점을 언급하는가?
(A) 배송 주소가 부정확하다.
(B) 매장이 평소보다 일찍 문을 닫는다.
(C) 비용 지불이 되지 않았다.
(D) 물품이 현재 구매 불가능하다.

해설 여자가 언급하는 문제점을 찾아야 하므로 여자의 말에 제시되는 부정적인 정보를 파악해야 한다. 여자는 대화 중반부에 피자 주문과 관련해 상대방의 신용카드가 거절되었다는 문제점을 말하고 있으므로(I'm afraid your credit card was declined) 이를 비용 지불이 되지 않았다는 말로 표현한 (C)가 정답이다.

어휘 incorrect 부정확한, 틀린 than usual 평소보다 payment 비용 (지불) currently 현재 unavailable 구매 불가능한

Paraphrase your credit card was declined
→ A payment was unsuccessful.

12. 여자는 무엇을 하겠다고 제안하는가?
(A) 다른 제품을 배송하는 일
(B) 할인을 제공하는 일
(C) 주문의 규모를 늘리는 일
(D) 남자에게 다시 전화하는 일

해설 여자가 제안하는 일을 찾아야 하므로 여자의 말에서 제안 관련 표현이 제시되는 부분부터 찾아야 한다. 대화의 마지막 부분에서 여자는 이름을 적어 두었다가 다음번에 피자 주문을 위해 전화를 할 때 5달러를 할인 받을 수 있도록 하겠다고(I'll take a note of your name, and you can get five dollars off the next time you call to order a pizza) 제안하고 있으므로 이를 할인 제공이라는 말로 간단히 표현한 (B)가 정답이다.

어휘 call A back A에게 다시 전화하다

Paraphrase you can get five dollars off
→ Provide a discount

Questions 13-15 refer to the following conversation.

W: Hi, Mark. 14 Are you on your way to the meeting? It's in 10 minutes.

M: Ah, the meeting about next year's possible merger? Yes, I'm going there now. Do you want to go together?

W: Management said 14 it was compulsory, but 13 14 I have an appointment with a potential client in 10 minutes. If it goes well, it will mean a lot of money for the company. What should I do?

M: 13 You should definitely go to your appointment. I think management would prefer to have you making us money than attending the meeting. 15 If you want, I can take some notes and share them with you later.

여: 안녕하세요, 마크 씨. 회의에 가는 길이세요? 10분 후에 있잖아요.

남: 아, 내년에 있을지도 모르는 합병에 대한 회의 말이죠? 네, 지금 가는 길이에요. 같이 갈래요?

여: 경영진이 필히 참석해야 하는 회의라고 말했지만 제가 10분 후에 잠재 고객과 약속이 있어서요. 일이 잘 되면 회사에 아주 큰 금전적 이익이 될 텐데. 어떻게 해야 하죠?

남: 당연히 약속에 가야죠. 경영진도 당신이 회의에 참석하기보다는 우리에게 돈을 벌어다 주는 걸 좋아할걸요. 원하면 제가 필기를 해서 나중에 당신과 그 내용을 공유할 수 있어요.

어휘 be on one's way to ~로 가는 길이다 merger 합병 management 경영진 compulsory 의무적인, 필수의 have an appointment with ~와 약속이 있다 potential client 잠재 고객 go well (일 등이) 잘 되다 mean ~을 의미하다 definitely 명확히, 확실히 prefer to do ~하는 것을 선호하다 take notes 노트 필기를 하다 share A with B A를 B와 나누다, 공유하다

13. 화자들은 주로 무엇에 대해 이야기하고 있는가?
(A) 업무 약속
(B) 경쟁사와의 회의
(C) 취업 면접
(D) 교육 과정

해설 회의에 의무적으로 참석해야 하는데 여자가 고객과 중요한 약속이 있는 상황이다. 이러한 상황에 대해 여자가 남자의 의견을 구하고, 남자는 약속에 가는 것이 좋겠다고 권하고 있다. 따라서 이들이 이야기하고 있는 주제는 '여자가 고객과 만나기로 한 약속'이라고 할 수 있다. 따라서 (A)가 정답이다.

어휘 competitor 경쟁사, 경쟁자

Paraphrase an appointment with a potential client
→ A business appointment

14. 여자의 문제는 무엇인가?
(A) 면접을 진행해야 한다.
(B) 방에 들어갈 수 없다.
(C) 회의에 늦을 것이다.
(D) 일정이 겹친다.

해설 여자의 두 번째 대사에서 알 수 있다. 10분 뒤에 열릴 회의에 의무적으로 참석해야 하는데, 같은 시간에 고객과 중요한 약속이 있는 상황으로, 이에 대해 어떻게 해야 하는지 고민하고 있다. 이러한 여자의 문제를 한 마디로 요약하면 '일정이 겹친다'이므로 (D)가 정답이다.

어휘 conduct ~을 수행하다 access ~에 들어가다, ~에 접근하다 have a scheduling conflict 일정이 겹치다

15. 남자는 무엇을 해주겠다고 하는가?
(A) 잠재 고객을 만난다.
(B) 중요한 회의를 주재한다.
(C) 회의 세부 내용을 적는다.
(D) 경영진과 얘기한다.

해설 대화 맨 마지막에서 남자는 여자에게 고객과의 약속에 가라며 회의 내용을 필기해 보여주겠다고(If you want, I can take some notes and share them with you later) 제안하고 있다. 따라서 (C)가 정답이다.

어휘 lead ~을 이끌다 detail 세부 사항, 세부 정보

Paraphrase take some notes → write down the details

Questions 16-18 refer to the following conversation and chart.

> **W:** 🔢 Welcome to PC Max Center. Is there something I can assist you with?
> **M:** 🔢 Yes, I bought this laptop computer from your store a few weeks ago, and it's giving me some problems. The main thing is that it's running slowly and keeps displaying this error message.
> **W:** Let me see. Ah, based on this list of system errors, 🔢 **that error number means that there's a shortage of memory. Have you downloaded a lot of files?**
> **M:** Well, I did download quite a lot of movies recently.
> **W:** 🔢 **You'd better delete some of them. I'll show you how to do that quickly and easily. The laptop should run faster after I'm done.**

여: <PC Max 센터>에 오신 것을 환영합니다. 제가 도와 드릴 일이 있을까요?
남: 네, 제가 몇 주 전에 이 매장에서 이 노트북 컴퓨터를 구입했는데, 문제가 좀 생겼어요. 가장 중요한 점은 느리게 작동되는데다 이 에러 메시지가 계속 나타나고 있다는 것이에요.
여: 확인해 보겠습니다. 아, 시스템 에러에 대한 이 목록에 따르면, 그 에러 번호는 메모리가 부족하다는 것을 의미합니다. 파일을 많이 다운로드 하셨나요?
남: 저, 최근에 상당히 많은 영화를 다운로드하긴 했어요.
여: 그 중 일부를 삭제하시는 편이 좋을 것입니다. 빠르고 쉽게 하실 수 있는 방법을 알려 드리겠습니다. 제가 완료해 드리고 나면 노트북 컴퓨터가 더 빠르게 작동될 겁니다.

일반적인 시스템 에러	세부 정보
#03265	부정확한 비밀번호
#04873	폴더를 찾을 수 없음
#02984	파일을 저장할 수 없음
#05812	충분하지 않은 메모리

어휘 assist A with B B에 대해 A를 돕다 The main thing is that 가장 중요한 점은 ~라는 것이다 run (기계 등이) 작동되다 keep -ing 계속 ~하다 display ~을 보여주다, 나타내다 based on ~에 따르면, ~을 바탕으로 shortage 부족, 모자람 quite 상당히, 꽤 You'd better + 동사원형 ~하는 편이 좋을 것입니다 delete ~을 삭제하다 show A how to do A에게 ~하는 법을 알려 주다 common 일반적인, 흔한 details 세부 정보, 상세 사항 incorrect 부정확한 locate ~의 위치를 찾다 save 저장하다

16. 여자는 누구일 것 같은가?
(A) 공장 직원
(B) 수업을 맡은 강사
(C) 매장 점원
(D) 웹사이트 디자이너

해설 대화를 시작하면서 여자가 PC Max Center에 온 것을 환영한다는 인사와 함께 도와 줄 일이 있을지 묻고 있다(Welcome to PC Max Center. Is there something I can assist you with?). 이에 대해 남자가 매장에서 구입한 노트북 컴퓨터의 문제점을 말하고 있어(I bought this laptop computer from your store ~) 여자가 매장에서 근무하는 점원임을 알 수 있으므로 (C)가 정답이다.

어휘 instructor 강사 clerk 점원

17. 시각자료를 보시오. 노트북은 어느 에러 번호를 보여주고 있는가?
  (A) #03265
  (B) #04873
  (C) #02984
  (D) #05812
해설 대화 중반부에 남자가 언급하는 문제점과 관련해, 여자가 해당 에러 번호는 메모리가 부족하다는 것을 의미한다고 (that error number means that there's a shortage of memory) 말하고 있다. 시각자료에서 메모리 부족 상태에 해당되는 번호가 #05812이므로 (D)가 정답이다.

18. 여자는 곧이어 무엇을 할 것 같은가?
  (A) 시연을 한다.
  (B) 책임자와 얘기한다.
  (C) 기기를 수리한다.
  (D) 예약 일정을 잡는다.
해설 대화의 마지막에 여자는 일부 파일을 삭제하는 것이 좋으며 빠르고 쉽게 할 수 있는 방법을 알려 주겠다고(~ I'll show you how to do that quickly and easily) 말하고 있다. 이는 시범을 보여주는 것에 해당되므로 시연을 한다는 의미로 쓰인 (A)가 정답이 된다.
어휘 demonstration 시연(회) device 기기, 장치 schedule v. ~의 일정을 잡다 appointment 예약, 약속
Paraphrase show you how to do that
  → Give a demonstration

UNIT 07 문제 유형별 전략 2

---

say about 문제

여: 안녕하세요. 저희 식당에 오신 것을 환영합니다! 오늘 식사하시는 분은 몇 명입니까?
남: 안녕하세요, 두 명입니다. 야외에 테이블이 있나요?

여: 물론이죠. 하지만 오늘 밤은 프라이빗 행사로 인해 평소보다 일찍 문을 닫을 예정이라는 점을 말씀드립니다. 마지막 좌석은 오후 8시입니다.
남: 아, 알게 되어서 다행이네요. 그 전에 꼭 마무리하도록 하겠습니다. 알려주셔서 감사합니다.

어휘 dine 식사하다 Absolutely 물론이죠 mention that ~라는 점을 언급하다 earlier than usual 평소보다 일찍 private 사적인 make sure to do 반드시 ~하다 wrap up 마무리하다, 마치다 customer 고객, 손님 be fully booked 예약이 다 차다 business hours 영업 시간

Q1. 여자는 식당에 대해 뭐라고 말하는가?
  (A) 평소보다 손님이 많다.
  (B) 야외 자리가 예약이 꽉 찼다
  (C) 오늘은 영업시간이 다르다.
  (D) 가격을 올렸다.

남: 회사 동료 중 한 분이 여기서 조각상을 샀는데, 비슷한 것을 저도 사고 싶어서요.
여: 저희 제품의 진가를 알아봐주시는 분이 있는 것을 알게 되어 기쁩니다. 매장에 있는 제품 종류를 한 번 보시겠어요?
남: 사실 제 정원 조경을 위한 특정 스타일을 찾고 있습니다. 19세기 일본 용 조각상을 찾고 있어요. 구매 가능할까요?
여: 글쎄요. 지금 매장에 그러한 것은 없습니다만, 주문해 드릴 수는 있어요. 하지만 다른 곳에서 주문하면 추가 비용이 발생할 것입니다.

어휘 co-worker 동료 statue 조각상 similar to ~와 비슷한 appreciate ~의 진가를 알다 range (특정 종류의 상품) 세트 specific 특정한 landscaping 조경 cost A extra A에게 추가 비용이 들다 location 지점 take longer 더 오래 걸리다 normal 보통의, 평소의 extra 여분의, 추가의 amount 양 damaged 손상된, 피해를 입은 shipping 운송, 수송 form 양식, 서식 complete ~을 작성하다

Q2. 여자는 다른 매장에 하는 주문에 대해 무엇이라고 하는가?
  (A) 일반 주문보다 시간이 더 걸린다.
  (B) 추가 금액이 지불되어야 한다.
  (C) 배송 중에 손상될 수 있다.
  (D) 주문 양식이 작성되어야 한다.

기타 세부 사항 문제

여: 안녕하세요, 페드로 씨. 오늘 아침에 우리 건물에 출입하시는 데 문제라도 있으셨나요? 제 카드 키가 작동되지 않아서 보안 직원이 저를 들여보내 주셔야 했어요.

남: 아, 어제 카드 키 판독기가 교체되었기 때문입니다. 회사에서 보안 조치를 강화하기 위해 더 나은 것을 설치했어요.

여: 아, 알겠습니다. 그럼 말이 되네요. 그런데 이제 제 카드 키가 또다시 작동하지 않으면 문이 잠겨버릴까 봐 걱정됩니다.

남: 너무 걱정하지 마세요. 저도 어제 같은 문제가 있었는데 인사팀에 가서 새 카드를 받았습니다. 이제 완벽하게 작동해요.

어휘 have trouble -ing ~하는 데 문제를 겪다 access ~에 출입하다, 접근하다 work 작동되다 let A in A를 들여 보내주다 scanner 판독기, 스캐너 enhance ~을 향상시키다 security measure 보안 조치 be locked out 문이 잠겨서 못 들어가다

Q. 남자에 따르면, 어제 무슨 일이 있었는가?
(A) 일부 장비가 업그레이드되었다.
(B) 몇몇 직원들이 고용되었다.
(C) 사무실이 이전했다.
(D) 컴퓨터가 작동을 멈추었다.

PRACTICE TEST

1. (D)	2. (B)	3. (C)	4. (D)	5. (D)
6. (A)	7. (C)	8. (D)	9. (B)	10. (C)
11. (D)	12. (C)	13. (C)	14. (A)	15. (B)
16. (B)	17. (C)	18. (B)		

Questions 1-3 refer to the following conversation.

W: Hi, I'm calling about the cars you have for sale. I saw an advertisement online this morning.

M: Oh, you mean our special offer this weekend. **2** **For today and tomorrow only, 1 if you buy one of our cars, we'll include a free extra year of warranty on the vehicle.**

W: Excellent. I really need a new car for family travel. **3 But does the deal apply to all car models?** I didn't see a picture of Terran cars in the advertisement.

M: It's for all of our vehicles. In fact, Terran series cars are also being sold at a cheaper price at the moment.

여: 안녕하세요, 판매하시려고 내놓으신 차량에 대해 전화했습니다. 오늘 오전에 온라인으로 광고를 보았어요.

남: 아, 저희 주말 특가 행사 말씀이시군요. 오늘과 내일에 한해, 저희 차량 중 한 대를 구매하시면 해당 차량에 대해 무료 품질 보증 서비스를 1년 더 추가해 드립니다.

여: 좋습니다. 저는 가족 여행용으로 쓸 새 차가 정말 필요해요. 그런데 그 행사는 모든 차량 모델에 적용되는 건가요? 제가 광고에서 Terran 차량 사진은 못 봐서요.

남: 저희의 모든 차량에 해당됩니다. 사실, Terran 시리즈 차량들은 현재 더 저렴한 가격에 판매되고 있어요.

어휘 for sale 팔려고 내놓은 online ad. 온라인으로, 온라인상으로 special offer 특가 행사(제품) include ~을 포함하다 extra 별도의, 추가의 warranty 품질 보증(서) vehicle 차량 deal (제품 또는 서비스 등의) 거래 apply to ~에 적용되다 at a cheaper price 더 저렴한 가격으로 at the moment 현재

1. 남자는 어디에서 일하는가?
(A) 자동차 정비소
(B) 여행사
(C) 광고 회사
(D) **차량 판매 대리점**

해설 여자가 판매 광고중인 차량에 대해 문의하자 남자가 if you buy one of our cars, we'll include a free extra year of warranty on the vehicle이라고 답한다. 차를 사면 품질 보증을 추가로 1년 더 해주겠다고 말하는 것으로 보아 남자는 자동차를 파는 업체에서 일하는 사람일 것으로 추측할 수 있다. 따라서 (D)가 정답이다.

어휘 auto repair 자동차 수리 firm n. 회사 dealership 판매 대리점

2. 특가 행사에 대해 남자는 무슨 말을 하는가?
(A) 금요일에 끝난다.
(B) **이틀 동안 진행될 것이다.**
(C) 오직 회원들만을 위한 것이다.
(D) 주말에는 이용할 수 없다.

해설 special offer가 핵심어이므로 남자의 대사에서 이 표현이 언급되는 곳을 주의 깊게 듣는다. 차량 광고에 대해 문의하는 여자에게 남자는 special offer를 언급하며 오늘과 내일만 추가로 무료 품질 보증을 해주겠다고(For today and tomorrow only, if you buy one of our cars, we'll include a free extra year of warranty) 말하고 있다. 이 말에서 특가 행사는 이틀간만 진행된다는 것을 알 수 있으므로 (B)가 정답이다.

어휘 end v. 끝나다 run 진행되다, 운영되다

3. 여자는 무엇을 알고 싶어 하는가?
(A) 수리 비용이 얼마나 드는지
(B) 어느 차량이 가장 덜 비싼지
(C) **행사에 어느 차량들이 포함되어 있는지**
(D) 품질 보증이 얼마나 오래 지속되는지

해설 여자가 질문하는 부분을 주의 깊게 듣도록 한다. 여자는 자신의 두 번째 대사에서 But does the deal apply to all car models?라고 묻고 있다. 특별 행사가 모든 차량에 해당되는지를 묻는 것은 행사에 어떤 차량들이 포함되는지를 알고 싶은 것이므로 (C)가 정답이다.

어휘 cost + 금액 ~의 비용이 들다 least expensive 가장 덜 비싼 included 포함된 last v. 지속되다

Questions 4-6 refer to the following conversation.

M: I think ▣ **I'm just going to come in to work on Saturday to finish this budget report** due on Monday morning.

W: Saturday? Haven't you heard? They're tearing up the floors to lay new LAN cables throughout the office. ▣ **You won't be able to use any computer in the office.** Everything will be unplugged.

M: What? I had no idea! ▣ **I'd better go ask the boss to let me hand in the report on Tuesday morning** then.

W: Well, I hope she'll give you an extension.

남: 저는 토요일에 회사에 출근해서 월요일 오전까지 마감인 이 예산 보고서를 끝내려고 합니다.

여: 토요일이요? 아직 못 들으셨어요? 사무실 전체에 랜선을 새로 깔아야 해서 바닥을 뜯어낸답니다. 사무실에서 컴퓨터를 전혀 쓸 수 없을 거예요. 모든 전원을 뽑아 놓을 거니까요.

남: 뭐라고요? 저는 전혀 몰랐네요! 그럼 부장님에게 가서 보고서를 화요일 오전까지 낼 수 있게 해달라고 해야겠네요.

여: 그럼, 부장님께서 기한을 연장해 주시길 바랄게요.

어휘 due + 일시 ~까지 하기로 예정된 get A done A를 하다, 마치다 tear up ~을 뜯다, 찢다 lay ~을 놓다, 두다 LAN cable 랜선 throughout ~ 도처에, ~ 전체에 걸쳐 unplugged 전원이 뽑힌 hand in ~을 제출하다 extension 기한 연장

4. 남자는 무엇을 할 작정이었는가?
(A) 회사에 늦게 온다.
(B) 보고서를 일찍 제출한다.
(C) 회의 일정을 다시 잡는다.
(D) 주말에 일한다.

해설 남자가 하려고 한 일이 무엇인지 묻고 있다. 남자의 첫 대사에서 주말에 나와 보고서 작성을 완료할 생각이라고(I'm just going to come into work on Saturday to finish this budget report) 밝히고 있으므로 정답은 (D)가 된다.

어휘 intend to do ~할 의도이다 reschedule ~의 일정을 다시 잡다

Paraphrase work on Saturday → Work on the weekend

5. 남자는 왜 기분이 상했는가?
(A) 중요한 회의에 대해 알지 못했다.
(B) 갑자기 타지로 가야 한다.
(C) 상사가 방금 어려운 프로젝트를 주었다.
(D) 컴퓨터를 쓸 수 없을 것이다.

해설 남자의 기분이 상한 것은 여자의 얘기를 듣고 난 이후이므로, 이유는 여자의 대사에서 알 수 있다. 남자가 주말에 컴퓨터를 사용할 수 없게 되었기 때문이라고(You won't be able to use any computer in the office)하므로 정답은 (D)임을 알 수 있다.

어휘 upset 기분이 상한 go out of town 타지에 나가다 unavailable 이용할 수 없는

Paraphrase won't be able to use → unavailable

6. 남자는 상사에게 무엇을 할 것을 요청할 것인가?
(A) 마감일을 연장할 것
(B) 조수를 고용할 것
(C) 영업관련 제안에 대해 들을 것
(D) 급여를 인상할 것

해설 남자의 마지막 대사에 드러나 있다. 보고서를 월요일이 아닌 화요일에 제출하게 해달라고 요청하겠다고(I'd better go ask the boss to let me hand in the reports on Tuesday morning) 하므로 (A)가 정답이다.

어휘 deadline 마감일 hire ~을 고용하다 assistant 비서, 조수 proposal 제안서 raise ~을 올리다, 인상하다

Questions 7-9 refer to the following conversation.

W: Doug, is that you?

M: Tara! It's been a long time. Are you heading home? ▣ **Let's walk to the subway together.**

W: ▣ **Sure,** that will give us a chance to catch up.

M: So what were you doing down here? Isn't your office on the 10th floor?

W: Yes, but my department will be relocated to this floor. I wanted to get a quick look at my new workspace.

M: ▣ **You were promoted to sales director last year, right?** I hear sales have been great.

W: Well, we just hired twelve new people. We're hoping to enter international markets soon. Oh, do you still work on our online store?

M: Yes. Why?

W: ▣ **Do you think it would be possible to provide a payment option for customers overseas?**

어휘 require ~을 필요로 하다 reduce ~을 감소시키다, 줄이다 likely 가능성 있는 occur 발생하다

9. 여자는 남자에게 무엇에 관해 묻는가?
(A) 일부 의견을 제공하는 일
(B) 비용 지불 방법을 추가하는 일
(C) 워크숍에 참석하는 일
(D) 웹 페이지를 고안하는 일

해설 대화 맨 마지막에 여자가 해외에 있는 고객들을 위해 비용 지불 선택권 하나를 제공하는 게 가능할지(Do you think it would be possible to provide a payment option for customers overseas?) 묻고 있다. 이는 해외 고객을 위한 비용 지불 방법을 추가하는 일에 대한 의견을 묻는 것이므로 (B)가 정답이다.

어휘 feedback 의견 add ~을 추가하다 design ~을 고안하다

Paraphrase provide a payment option
→ Adding a payment method

Questions 10-12 refer to the following conversation.

> **M:** Hello, I moved into an apartment recently, and **10** I just received my first electricity bill from your company. Can I pay that over the phone by credit card?
>
> **W:** I'm afraid not, sir. There are two methods available to you. You can go to our Web site and pay it online, or **11** if there's a Renshaw Energy Store nearby, you can stop by there with your bill.
>
> **M:** Oh, **11** there's one that's just a five-minute drive from here, so I'll just do that then.
>
> **W:** I'm glad I could help. By the way, **12** would you like me to mail you a pamphlet describing the benefits of paying your bills online?
>
> **M:** Sure, that would be nice.
>
> **W:** No problem. It should arrive by the end of this week.

남: 안녕하세요, 제가 최근에 한 아파트로 이사했는데, 귀사로부터 첫 번째 전기세 고지서를 막 받았습니다. 신용카드를 이용해서 전화로 이 요금을 지불할 수 있나요?

여: 그렇게 하실 수 없을 것 같습니다, 고객님. 이용하실 수 있는 두 가지 방법이 있습니다. 저희 웹사이트로 가셔서 온라인으로 지불하시거나, 근처에 <렌쇼 에너지 스토어>가 있을 경우, 고지서를 갖고 그곳에 들르시면 됩니다.

남: 아, 이곳에서 5분 정도 차를 타고 가면 되는 거리에 한 곳이 있으니까, 그럼 그렇게 할게요.

여: 더그 씨, 당신 맞죠?

남: 타라 씨! 오랜만이에요. 집으로 가시는 길이에요? 함께 지하철 역으로 걸어가시죠.

여: 좋아요, 그렇게 하면 그동안의 얘기를 할 수 있는 기회가 될 거예요.

남: 그래서, 이쪽에 내려와서 뭘 하고 계셨어요? 당신 사무실이 10층에 있지 않나요?

여: 네, 하지만 제 부서가 이 층으로 이전될 거예요. 새로운 제 업무 공간을 잠깐 한번 보고 싶었어요.

남: 작년에 영업부장으로 승진되셨죠, 그렇죠? 매출이 계속 아주 좋다는 얘기를 듣고 있어요.

여: 저, 저희가 막 12명의 신입 사원을 고용했어요. 우리가 곧 여러 해외 시장으로 진입하기를 바라고 있거든요. 아, 여전히 우리 온라인 매장에서 일하고 계신가요?

남: 네. 왜 그러시죠?

여: 해외에 있는 고객들을 위한 비용 지불 선택권을 제공하는 게 가능할 것 같으세요?

어휘 It's been a long time 오랜만입니다 head v. 가다, 향하다 catch up 그동안의 얘기를 하다 department 부서 relocate ~을 이전하다, 옮기다 get a quick look at ~을 잠깐 한번 보다 promote ~을 승진시키다 sales 영업, 매출, 판매 hire ~을 고용하다 provide ~을 제공하다 payment 지불(금) overseas 해외의, 해외에

7. 화자들은 어디로 가는 데 동의하는가?
(A) 주차장으로
(B) 레스토랑으로
(C) 지하철 역으로
(D) 고객 회의 장소로

해설 대화 초반부에 남자가 함께 지하철 역으로 걸어 가자고(Let's walk to the subway together) 제안하는 것에 대해 Sure 라고 여자가 긍정의 답변을 하고 있으므로 (C)가 정답이다.

어휘 agree to do ~하는 데 동의하다

8. 여자가 "저희가 막 12명의 신입 사원을 고용했어요"라고 말할 때 암시하는 것은 무엇인가?
(A) 일부 교육이 필요할 것이다.
(B) 예산이 감소되었다.
(C) 몇몇 실수가 발생할 가능성이 있을 것이다.
(D) 부서가 성공적이다.

해설 대화 중반부에 남자가 상대방이 영업부장으로 승진된 것이 맞는지 확인하는 질문과 함께 매출이 아주 좋다고(You were promoted to sales director last year, right? I hear sales have been great) 언급하자, 여자가 '막 12명의 신입 사원을 고용했다'고 알리는 상황이다. 이는 여자가 맡은 부서가 아주 잘 운영되고 있음을 나타내는 것이므로 (D)가 정답이다.

여: 제가 도와드릴 수 있어서 기쁩니다. 그건 그렇고, 온라인으로 비용을 지불하시는 것에 대한 혜택을 설명하는 책자를 우편으로 발송해 드려도 될까요?

남: 그럼요, 그렇게 해 주시면 좋겠어요.

여: 알겠습니다. 이번 주 말까지는 도착할 겁니다.

어휘 move into ~로 이사해 들어가다 electricity bill 전기세 고지서 over the phone 전화상에서 I'm afraid not 그렇지 않을 것 같습니다 method 방법 available to ~가 이용 가능한 nearby 근처에 stop by ~에 들르다 five-minute drive 차로 5분 거리의 then 그럼, 그렇다면 by the way (화제 전환 시) 그건 그렇고 would like A to do A가 ~하기를 원하다 pamphlet 팸플릿, 책자 describe ~을 설명하다 benefit 혜택, 이득

10. 여자는 어디에서 근무하고 있을 것 같은가?
(A) 부동산 중개업소에서
(B) 금융 기관에서
(C) 전기 서비스 회사에서
(D) 가전 기기 매장에서

해설 대화 시작 부분에 남자가 상대방인 여자의 회사로부터 전기서 고지서를 받은 사실을 언급하고 있으므로(I just received my first electricity bill from your company) 전기 서비스 회사를 뜻하는 (C)가 정답임을 알 수 있다.

어휘 real estate agency 부동산 중개업소 financial institution 금융 기관 appliance 가전 기기

11. 남자는 무엇을 하기로 결정하는가?
(A) 서비스 가입 기간을 연장하는 일
(B) 회의 일정을 재조정하는 일
(C) 신용카드로 비용을 지불하는 일
(D) 사업 지점을 방문하는 일

해설 남자가 결정하는 일을 묻고 있으므로 남자의 말에서 결정이나 계획, 확정된 일정 등과 관련된 내용이 제시될 것임을 예상하고 들어야 한다. 대화 중반부에 여자가 근처에 Renshaw Energy Store가 있을 경우 고지서를 갖고 그곳에 가면 된다고(if there's a Renshaw Energy Store nearby, you can stop by there with your bill) 말하자 남자가 그렇게 하겠다고(~ , so I'll just do that then) 동의하고 있으므로 사업 지점 방문을 뜻하는 (D)가 정답임을 알 수 있다.

어휘 extend ~을 연장하다 subscription 서비스 가입, (정기) 구독 reschedule ~의 일정을 재조정하다 make a payment 비용을 지불하다 business location 사업 지점

Paraphrase stop by → Visit

12. 남자에게 무엇이 보내질 것인가?
(A) 월간 계좌 이용 내역서
(B) 회원 카드

(C) 안내 책자
(D) 지불 영수증

해설 남자에게 보내지는 것이 질문의 핵심이므로 발송되는 물품이나 자료 등이 있음을 예상하고 들어야 한다. 대화 후반부에 여자가 온라인으로 비용을 지불하는 것에 대한 혜택을 설명하는 책자를 우편으로 발송해도 될지 묻는 질문에 대해(would you like me to mail you a pamphlet ~) 남자가 Sure라고 동의하고 있으므로 안내 책자를 의미하는 (C)가 정답이다.

어휘 monthly 월간의, 달마다의 account 계좌, 계정 statement 내역서, 명세서 receipt 영수증

Questions 13-15 refer to the following conversation with three speakers.

W1: 🔟 Hi, Karen. Donald and I were just checking that you're settling in well here at Bryce Food Packaging. With your impressive qualifications, 🔟 we're hoping you're going to greatly improve our Web site.

M: And another thing… 🔟 I'd like to run through some survey comments we received about our current site. When are you free today?

W2: Well, I think I'll be pretty busy today. 🔟 The orientation for new staff begins at 10 AM.

W1: Oh, didn't you get the memo? 🔟 It was rescheduled for Friday because the personnel manager is off sick with the flu. Your schedule should be pretty clear today.

여1: 안녕하세요, 캐런 씨. 도널드 씨와 제가 우리 <브라이스 식품 포장> 사에서 당신이 잘 적응하고 있으신지 확인하고 있었어요. 인상 깊은 당신의 자격 사항들과 함께, 저희는 당신이 우리 웹사이트를 크게 개선해 주기를 바라고 있습니다.

남: 그리고 한 가지 더 말씀드리자면… 현재 우리 사이트에 관해 전해 받은 설문 조사 의견을 빨리 살펴보고자 합니다. 오늘 언제 시간이 되시나요?

여2: 저, 오늘은 제가 아주 바쁠 것 같습니다. 신입 직원들을 위한 오리엔테이션이 오전 10시에 시작됩니다.

여1: 아, 메모를 받지 못하셨나요? 인사부장님께서 독감 때문에 병가를 내셔서 금요일로 일정이 재조정되었습니다. 오늘 당신의 일정은 꽤 여유로울 겁니다.

어휘 settle in 적응하다 impressive 인상적인 qualification 자격 (요건) greatly 크게, 대단히 improve ~을 개선하다, 향상시키다 run through 빨리 ~을 살펴보다 comment 의견 current 현재의 pretty 아주, 매우 reschedule ~의 일정을 재조정하다 personnel manager 인사부장 be off sick 병가를 내다 flu 독감 clear (방해, 지장 등이) 전혀 없는, 자유로운

13. 캐런 씨의 전문 영역은 무엇일 것 같은가?
(A) 홍보
(B) 회계
(C) 웹 디자인
(D) 직원 교육

해설 Karen이라는 이름이 제시되는 부분에서 특정 업무와 관련된 정보를 찾아야 한다. 대화 시작 부분에 여자 한 명이 Karen에게 인사하면서 웹사이트를 크게 개선해 주기를 바라고 있다고(we're hoping you're going to greatly improve our Web site) 알리는 부분이 단서이다. 이와 같은 일을 해당되는 보기로 웹 디자인을 뜻하는 (C)가 정답이다.

어휘 area of expertise 전문 영역 public relations 홍보 accounting 회계

14. 남자는 캐런 씨와 함께 무엇을 검토하고 싶어 하는가?
(A) 설문 조사 의견
(B) 근무지 내 규정
(C) 매출 통계 자료
(D) 직원 혜택

해설 남자가 함께 검토하고 싶어 하는 것이 질문의 핵심이므로 남자의 말에서 검토 작업과 관련된 바람이 제시되는 내용이 있음을 예상하고 들어야 한다. 대화 중반부에 남자는 설문 조사 의견을 빨리 살펴 보고자 한다는 말로(I'd like to run through some survey comments) 자신의 바람을 나타내는 부분을 통해 (A)가 정답임을 알 수 있다.

어휘 workplace 근무지, 작업장 regulation 규정, 규제 statistics 통계 (자료) benefit 혜택, 이득

15. 오리엔테이션은 왜 연기되었는가?
(A) 회의실을 이용할 수 없다.
(B) 책임자가 부재 중이다.
(C) 일부 장비가 손상되었다.
(D) 일정 상의 충돌이 발생했다.

해설 오리엔테이션이 연기된 이유를 묻고 있으므로 해당 행사가 연기된 사실과 함께 그 이유가 언급될 것임을 예상하고 들어야 한다. 대화 후반부에 오리엔테이션 일정이 언급된 뒤로 여자 한 명이 인사부장이 독감 때문에 병가를 내서 금요일로 일정이 재조정되었다고(It was rescheduled for Friday because the personnel manager is off sick with the flu) 말하고 있다. 이는 해당 행사를 맡은 사람이 자리에 없다는 뜻이므로 책임자의 부재를 언급한 (B)가 정답이다.

어휘 unavailable 이용할 수 없는 supervisor 책임자, 부서장, 감독관 absent 부재 중인, 자리에 없는 equipment 장비 damaged 손상된 scheduling conflict 일정상의 충돌 occur 발생하다, 일어나다

Questions 16-18 refer to the following conversation and information.

M: Welcome to Belmont Bank. How can I help you this morning?

W: Hi, **16** I'd like to open a high interest savings account to help me save up to buy my first car. Which one would you recommend?

M: We have a few to choose from. Can you tell me the minimum balance you can maintain? You know, the higher the minimum balance, the higher the interest rate.

W: Well, I don't get paid that much, but **17** I'm sure I'll always have a balance of at least $500.

M: Okay. Well, here's a flip chart showing the minimum monthly balance for our most popular savings accounts.

W: Oh, great. And **18** are there any benefits that come with opening a savings account?

M: **18** You'll get a personal calendar, but I'm afraid that's it.

W: That's fine. Thanks for the information.

남: 벨몬트 은행에 오신 것을 환영합니다. 오늘 아침에 무엇을 도와 드릴까요?
여: 안녕하세요, 제가 첫 자동차를 구입하는 데 저축할 수 있도록 도움이 될 고이자 저축 계좌를 개설하고 싶습니다. 어느 것을 추천해 주실 수 있으세요?
남: 저희에게 선택 가능한 몇 가지가 있습니다. 유지하실 수 있는 최소 잔액을 말씀해 주시겠습니까? 최소 잔액이 높을수록 이율이 높습니다.
여: 저, 제가 급여를 그렇게 많이 받지는 않지만, 분명 항상 최소 500달러는 잔액을 갖고 있을 거예요.
남: 좋습니다. 그럼, 가장 인기 있는 저희 저축 계좌들에 대한 최소 월간 잔액을 보여 주는 플립 차트가 있습니다.
여: 아, 잘됐네요. 그럼 저축 계좌를 개설하는 데 딸린 어떤 혜택이라도 있나요?
남: 개인 달력을 받으시겠는데요, 그게 전부인 것 같습니다.
여: 괜찮습니다. 정보 알려 주셔서 감사합니다.

벨몬트 은행 – 저축 계좌	
스탠다드 저축 계좌 $ 최소 잔액 – $10	엑스트라 저축 계좌 $$ 최소 잔액 – $100
인핸스드 저축 계좌 $$$ 최소 잔액 – $500	프리미어 저축 계좌 $$$$ 최소 잔액 – $5,000

어휘 interest 이자 savings account 저축 계좌 save up
저축하다, 모으다 recommend ~을 추천하다, 권하다
minimum 최소의, 최저의 balance 잔액, 잔고 maintain
~을 유지하다 interest rate 금리, 이율 get paid 급여를
받다 that much 그렇게 많이 at least 최소한, 적어도
flip chart (넘기면서 보는) 플립 차트 benefit 혜택 come
with ~에 딸려 있다 that's it 그게 전부다

16. 여자는 왜 저축 계좌를 개설하고 싶어 하는가?
  (A) 해외로 여행을 가고 싶어 한다.
  (B) 새 차량을 구입하기를 바라고 있다.
  (C) 부동산을 구입할 계획이다.
  (D) 학교 등록금을 내야 한다.

해설 대화 초반부에 여자가 자신의 첫 자동차를 구입하는 데 저축
할 수 있는 계좌를 개설하고 싶다고(I'd like to open a high
interest savings account to help me save up to buy
my first car) 알리고 있으므로 (B)가 정답이다.

어휘 overseas 해외로 vehicle 차량 property 건물, 부동산
tuition fee 등록금

Paraphrase buy my first car → purchase a new vehicle

17. 시각자료를 보시오. 여자가 어느 저축 계좌를 선택할 것 같은
가?
  (A) 스탠다드 저축 계좌
  (B) 엑스트라 저축 계좌
  (C) 인핸스드 저축 계좌
  (D) 프리미어 저축 계좌

해설 대화 중반부에 여자가 최소 500달러의 잔액을 갖고 있을 거라
고(I'm sure I'll always have a balance of at least $500)
하는데, 도표에서 이 액수로 표기된 항목이 왼쪽 하단에 위치
한 Enhanced Savings이므로 (C)가 정답이다.

18. 남자는 신규 저축 계좌에 무엇이 딸려 있다고 말하는가?
  (A) 할인 쿠폰
  (B) 스케줄러
  (C) 커피 머그컵
  (D) 월간 소식지

해설 대화 후반부에 여자가 저축 계좌를 개설하는 데 딸린 어떤 혜
택이라도 있는지(are there any benefits that come with
opening a savings account?) 묻자, 남자가 개인 달력을
받는다고(You'll get a personal calendar) 말하므로 (B)가
정답이다.

어휘 voucher 쿠폰, 상품권

Paraphrase a personal calendar → A scheduler

UNIT 08 문제 유형별 전략 3

제안/요청 사항 문제

> 여: 안녕하세요, 존 씨. 당신의 도움이 필요해요. 당신이 이 지역
> 의 좋은 식당들을 다 아는 것 같던데요. 추천해줄 만한 곳이
> 있나요?
> 남: 사실, 있어요. 시내에 제가 좋아하는 인도 식당이 하나 있죠.
> 사실, 제가 막 온라인으로 그 식당에 관한 기사를 읽고 있었
> 어요. 그 기사가 고객을 만나는 일에 그 식당이 적당한 곳인
> 지를 결정하는 데 도움을 줄 겁니다.
> 여: 정말요? 꼭 봐야겠네요. 그 기사 링크 좀 저에게 보내줄래
> 요?
> 남: 그런데 그냥 이쪽 사무실에 제 컴퓨터로 오시겠어요? 그러
> 면 제가 보여드릴게요. 아주 짧아요.

어휘 article 기사 decide whether ~인지 결정하다 suitable
for ~에 적합한 occasion 행사, 일 definitely 반드시
have a look 살펴보다 come over to ~로 오다 review
후기, 비평 workstation 일하는 자리

Q. 남자가 여자에게 제안하는 것은 무엇인가?
  (A) 짧은 후기 쓰기
  (B) 자신의 자리로 오기
  (C) 식당에서 자신과 만나기
  (D) 예약하기

미래 행동/계획을 묻는 문제

> 여: 칼 씨, 저희 전시장에 오셔서 반갑습니다. 저는 영업 매니저
> 인 넬리 카스트로입니다. 현재 보유하고 계신 차량을 대체할
> 새 차를 알아보고 계시다고 들었습니다.
> 남: 네. 앞서 전화로 말씀드린 대로 제가 배달 서비스를 운영하
> 고 있는데, 연비가 뛰어나고 믿을 수 있는 차량이 필요합니
> 다.
> 여: 귀하의 필요에 완벽하게 맞는 소형 밴을 본 것 같아요. 제 컴
> 퓨터에 빠르게 로그인해서 구매 가능한 것이 확인해보겠습
> 니다.

어휘 showroom 전시장 be informed that ~라고 듣다
replace ~을 교체하다 current 현재의 mention
언급하다 run ~을 운영하다 reliable 믿을 수 있는 fuel
efficiency 연비 compact 소형의 fit ~에 맞다 needs
필요, 수요 perfectly 완벽하게 check inventory 재고를
확인하다 agreement 계약서

Q1. 여자는 곧이어 무엇을 할 것인가?
(A) 카탈로그를 보내기
(B) 재고를 확인하기
(C) 계약서에 서명하기
(D) 자신의 휴대전화 번호를 제공하기

> 여: 클레멘트 씨가 다음 달에 그린웨이 지점으로 전근할 것이라는 소식을 방금 들었어요. 제대로 된 배웅을 해주기 위해 뭔가를 준비해야 할 것 같아요.
> 남: 저도 그것에 대해 생각하고 있었어요. 작별 인사를 할 점심 식사 자리를 마련하는 게 어때요? 사무실의 모든 사람을 초대할 수 있어요.
> 여: 좋은 생각이에요. 시내의 스타 비스트로로 가봅시다. 그곳이 분위기도 좋고 메뉴도 다양해요.
> 남: 좋은 것 같아요. 동료들을 초대하기 위해 이메일을 보내겠습니다. 모두 올 수 있으면 좋겠어요.

어휘 transfer to ~로 전근 가다 location 지점 arrange ~을 준비하다 proper 적절한, 제대로 된 send-off 배웅, 전송 organize ~을 조직하다, 준비하다 farewell 작별 인사 extend the invitation 초대하다 atmosphere 분위기 diverse 다양한 join 함께 하다 confirm ~을 확인하다

Q2. 남자는 무엇을 하겠다고 하는가?
(A) 식당을 추천하기
(B) 교통편을 마련하기
(C) 예약을 확인하기
(D) 초대장을 발송하기

PRACTICE TEST

1. (C)	**2.** (D)	**3.** (B)	**4.** (C)	**5.** (C)
6. (D)	**7.** (B)	**8.** (A)	**9.** (B)	**10.** (A)
11. (D)	**12.** (B)	**13.** (C)	**14.** (B)	**15.** (D)
16. (C)	**17.** (C)	**18.** (B)		

Questions 1-3 refer to the following conversation.

> W: Hello, **1** I'm calling in regard to your tennis courts. Could I please reserve two of your courts for April 26th? We would like to start playing at around 3 PM, please.
> M: Sure. Let me just check our schedule for that time. Well, it seems we are booked until 3:30 PM that day. I'll book you in for that time, but I suggest **2** you arrive early, as the group before you will probably finish early.

> W: Okay, thanks a lot. Do you have rackets and balls for rent?
> M: We do. And if you pay today, we have a special offer available. **3** We have free racket and ball rental for bookings for two or more courts.

> 여: 테니스 코트에 관해 문의하려고 전화 드립니다. 4월 26일에 2개 코트를 예약할 수 있을까요? 저희는 오후 3시경에 경기를 시작하려고 합니다.
> 남: 물론입니다. 제가 그 날짜의 스케줄을 확인해 보도록 하겠습니다. 음, 그 날은 오후 3시 30분까지 예약이 있습니다. 그 시간으로 예약해 드리겠습니다. 하지만 앞의 그룹이 일찍 경기를 끝낼 수도 있으니 미리 도착하시길 바랍니다.
> 여: 알겠습니다. 감사합니다. 대여할 수 있는 라켓과 공이 있나요?
> 남: 있습니다. 오늘 비용을 지불하시는 분은 특별한 혜택이 있습니다. 2개 이상 코트를 예약하신 분들께는 테니스 라켓과 공을 무료로 대여해 드립니다.

어휘 in regard to ~에 관하여 reserve ~을 예약하다 booked 예약이 된 book A in A의 이름을 예약 명부에 올리다 racquet 라켓 rent 대여하다 cf. rental 대여 special offer 특별 혜택 booking 예약

1. 여자는 왜 전화하는가?
(A) 테니스 장비를 구입하기 위해
(B) 예약을 취소하기 위해
(C) 운동할 장소를 예약하기 위해
(D) 회원권에 대해 문의하기 위해

해설 전화 건 목적이 드러나는 여자의 첫 대사 I'm calling in regards to your tennis courts. Could I please reserve two of your courts for April 26th?를 들어보면 테니스 코트를 예약하기 위해서임을 알 수 있으므로 정답은 (C)가 된다.

어휘 venue 장소 inquire about ~에 대해 문의하다

Paraphrase reserve two of your courts
→ book a sporting venue

2. 남자는 여자에게 무엇을 할 것을 제안하는가?
(A) 장비를 가지고 올 것
(B) 예약 시간을 변경할 것
(C) 일찍 시작하려면 요금을 낼 것
(D) 장소에 일찍 도착할 것

해설 남자가 제안하는 바는 I suggest ~ 다음에 드러난다. You arrive early as the group before you will probably finish early에서 테니스 코트에 일찍 오라고 제안하고 있으므로 정답은 (D)가 된다.

어휘 fee 요금, 수수료

3. 남자는 무엇을 하겠다고 하는가?
(A) 영업시간을 연장한다.
(B) 무료 장비를 제공한다.
(C) 입장료를 할인해 준다.
(D) 서비스 목록을 보내준다.

해설 남자의 마지막 대사 We have free racquet and ball rental for bookings를 들어보면 라켓과 공을 무료로 대여해 주겠다고 하므로 정답은 (B)가 된다.

Questions 4-6 refer to the following conversation with three speakers.

W: Hi, guys. Our flights and hotel rooms are booked for our business trip to China, but **4** **we still don't know how to get from the airport to our hotel.**

M1: **4** **I was thinking that we should just rent a car once we arrive.** **5** **What do you think, Harry?**

M2: **5** **Well, why don't we take a look at the hotel's Web site?** It probably has information about how to get there easily from the airport.

W: That's a good idea. They might even provide a free shuttle. Dave, **6** **why don't you do that while I finish off the presentation we're giving to our clients?**

M1: Okay. I'll let both of you know what I find online.

여: 안녕하세요, 여러분. 중국으로 떠나는 우리 출장에 필요한 항공편과 호텔 객실은 예약이 되어 있는데, 공항에서 우리 호텔로 가는 방법은 아직 알지 못하고 있습니다.

남1: 저는 우리가 도착하는 대로 차를 한 대 빌려야 한다고 생각하고 있었어요. 어떻게 생각하세요, 해리?

남2: 저, 그 호텔 웹사이트를 한 번 확인해 보는 건 어떨까요? 아마 공항에서 그곳까지 쉽게 갈 수 있는 방법에 관한 정보가 있을 거예요.

여: 좋은 생각이에요. 심지어 무료 셔틀버스를 제공할 수도 있어요. 데이브, 제가 우리 고객들을 대상으로 할 예정인 발표 준비를 끝마치는 동안 그 일 좀 해 주시겠어요?

남1: 알겠습니다. 제가 온라인으로 찾아본 것을 두 분께 알려 드릴게요.

어휘 even 심지어 (~도) shuttle 셔틀버스 finish off ~을 끝마치다, 마무리하다 give a presentation 발표하다

4. 무엇이 주로 논의되고 있는가?
(A) 호텔 예약
(B) 항공편 일정
(C) 교통편 선택권
(D) 투어 패키지

해설 대화 시작 부분에 여자가 공항에서 호텔로 가는 방법은 아직 알지 못한다고(we still don't know how to get from the airport to our hotel) 말하자 남자 한 명이 차를 대여하는 것을 제안하고 있다(we should just rent a car). 따라서 교통편을 선택하는 일에 관한 대화임을 알 수 있으므로 (C)가 정답이 된다.

어휘 itinerary 여행 일정(표) transportation 교통편 option 선택(권)

5. 해리 씨는 무엇을 제안하는가?
(A) 차량을 대여할 것
(B) 출장을 연기할 것
(C) 웹사이트를 방문할 것
(D) 호텔을 변경할 것

해설 Harry가 제안하는 일을 묻고 있으므로 Harry라는 이름이 언급된 다음에 반응하는 사람(Harry)이 제안하는 일을 찾아야 한다. 대화 중반부에 남자 한 명이 Harry의 생각을 묻는 질문을 하자(What do you think, Harry?) 다른 남자가 호텔 웹사이트를 한 번 확인해 보는 건 어떨지(why don't we take a look at the hotel's Web site?) 제안하고 있다. 따라서 웹사이트 방문을 의미하는 (C)가 정답이다.

6. 여자는 곧이어 무엇을 할 것 같은가?
(A) 버스 티켓을 구입한다.
(B) 일부 고객들과 얘기한다.
(C) 호텔 매니저에게 연락한다.
(D) 발표에 대한 작업을 한다.

해설 대화 마지막에 여자가 남자 한 명에게 고객들을 대상으로 하는 발표 준비를 동안 앞서 서로 언급한 일을 해 달라고 묻고 있으므로(why don't you do that while I finish off the presentation we're giving to our clients?) 발표 작업을 말한 (D)가 정답임을 알 수 있다.

Questions 7-9 refer to the following conversation.

M: This is Corey Rutter, host of the Plugged-In Podcast. With me today is **7** **tech-innovator Aya Sasaki, lead designer of the Starwave 4. Aya, tell us a bit about this device.**

W: I'm extremely proud of it. The Starwave 4 improves on every aspect of the previous model.

M: Its development has been very secretive. **8** Is there anything new you can tell us?

W: Well, anyone interested in high-quality video editing should be excited. But that's all for now; you'll have to try it out for yourself. **9** It will be available next week.

남: 저는 <플러그 인 팟캐스트>의 진행자인 코리 러터입니다. 오늘 저와 함께 하실 분은 Starwave 4의 선임 디자이너이자 기술 혁신가이신 아야 사사키 씨입니다. 아야 씨, 저희에게 이 기기에 관해 조금 말씀해 주시죠.

여: 저는 이 제품이 너무나 자랑스럽습니다. Starwave 4는 이전 모델이 지닌 모든 측면을 능가합니다.

남: 이 제품의 개발 과정은 매우 비밀스러웠습니다. 저희에게 말씀해 주실 새로운 것이 있으신가요?

여: 저, 고품질 동영상 편집에 관심이 있으신 분들이시라면 누구나 흥분되실 겁니다. 하지만 지금으로서는 이것이 말씀드릴 수 있는 전부이며, 직접 사용해 보셔야 할 겁니다. 이 제품은 다음 주에 구매 가능합니다.

어휘 host (방송 프로그램 등의) 진행자 tech-innovator 기술 혁신가 lead designer 선임 디자이너 device 기기, 장치 extremely 대단히, 매우, 극히 be proud of ~을 자랑스러워하다 improve 개선되다, 발전하다 aspect 측면, 양상 previous 이전의 development 개발, 발전 secretive 비밀스러운 high-quality 고품질의 editing 편집 for now 지금으로서는, 당분간은 try A out (시험 삼아) A를 사용해 보다 for oneself 직접, 스스로

7. 여자의 전문 분야는 무엇인가?
(A) 미술사
(B) 기술 개발
(C) 웹 디자인
(D) 영상 제작

해설 여자의 전문 분야를 파악해야 하므로 특정 업무나 서비스, 활동 등을 나타내는 표현을 중심으로 단서를 찾아야 한다. 대화 시작 부분에 남자가 여자를 소개하면서 Starwave 4의 선임 디자이너이자 기술 혁신가라고(tech-innovator Aya Sasaki, lead designer of the Starwave 4) 말하면서 해당 기기에 관해 얘기해 달라고 부탁하고 있으므로 기술 개발을 의미하는 (B)가 정답임을 알 수 있다.

어휘 area of expertise 전문 분야 art history 미술사 production 제작, 생산

8. 남자는 여자에게 무엇을 하도록 요청하는가?
(A) 새로운 정보를 공개할 것
(B) 온라인으로 설명을 게시할 것

(C) 청취자들의 전화에 응답할 것
(D) 프로그램을 다시 방문할 것

해설 남자가 요청하는 것을 찾아야 하므로 남자의 말 중 요청 관련 표현이 제시되는 부분에서 단서를 파악해야 한다. 남자는 대화 중반부에 제품과 관련해 말해 줄 새로운 것이 있는지(Is there anything new you can tell us?) 묻고 있으므로 이를 새로운 정보 공개라는 말로 표현한 (A)가 정답이다.

어휘 reveal ~을 공개하다, 밝히다, 드러내다 post ~을 게시하다 instructions 설명, 안내, 지시 respond to ~에 응답하다, 대응하다

9. 여자는 왜 "직접 사용해 보셔야 할 겁니다"라고 말하는가?
(A) 기기에 대한 무료 시연회를 제공하기 위해
(B) 제품에 대한 소비자들의 관심을 증대하기 위해
(C) 기기의 저조한 매출을 변호하기 위해
(D) 자신이 행사에 부재했던 것을 설명하기 위해

해설 해당 문장은 "직접 사용해 봐야 한다"는 의미를 나타낸다. 이 말에 이어 다음 주에 구매 가능할 것(It will be available next week)이라고 말하고 있으므로 제품 구매를 유도하기 위해 사용된 문장이라는 것을 알 수 있다. 이는 소비자들의 관심을 끌기 위한 방법에 해당되는 것이므로 이와 같은 의미로 쓰인 (B)가 정답이 된다.

어휘 demonstration 시연(회) consumer 소비자 defend ~을 변호하다, 옹호하다 poor 저조한, 형편 없는 absence 부재, 자리에 없음

Questions 10-12 refer to the following conversation with three speakers.

M1: Hi Ryan. We're glad you could come in today. Looking at your résumé, I see you've already spent some time in the retail industry. **10** **Do you have any experience with selling furniture?**

M2: Well, I've mostly worked in clothing stores, but I've been a shift manager since last winter.

W: OK, that's helpful. **11** **Would you be able to provide a recommendation letter from the general manager about your experience?**

M2: Sure, I can bring one in for you. May I ask a question, though?

M1: **12** **What's on your mind, Ryan?**

M2: **12** **What's your company's vacation policy for new employees?** I'll need some time off next month for my brother's wedding.

남1: 안녕하세요, 라이언 씨. 오늘 오실 수 있어서 기쁩니다. 이력서를 살펴보니 소매 판매 업계에서 이미 일을 하신 적

이 있으신 것을 확인할 수 있습니다. 가구를 판매하는 일과 관련된 경험이 있으신가요?

남2: 저, 저는 대부분 의류 매장에서 근무했었지만, 지난 겨울 이후로 교대 근무 책임자로 일해 왔습니다.

여: 좋아요, 그건 도움이 되겠어요. 경력과 관련해서 총 책임자로부터 추천서를 받아 제출해 주실 수 있으신가요?

남2: 그럼요, 한 부 가져올 수 있습니다. 그런데 질문을 하나 드려도 될까요?

남1: 무엇인가요, 라이언 씨?

남2: 신입 사원들에 대한 귀사의 휴가 정책은 어떤가요? 제가 다음 달에 동생 결혼식 때문에 휴가 신청을 해야 해서요.

어휘 résumé 이력서 see (that) ~임을 알게 되다, 확인하다 retail 소매 판매 industry 업계 mostly 대부분 clothing 의류 shift 교대 근무(조) since ~ 이후로 recommendation letter 추천서 general manager 총 책임자, 총 지배인 bring A in A를 가져오다 What's on your mind? 무슨 일인가요?, 무슨 생각 중인가요? policy 정책 time off 휴가, 휴무

10. 라이언 씨는 무슨 직책에 대해 면접을 보는 중인가?

(A) 가구 영업 사원
(B) 의류 디자이너
(C) 인테리어 장식 담당자
(D) 품질 보증 책임자

해설 면접을 보는 직책을 묻고 있으므로 업무적인 특성과 관련된 정보부터 찾아야 한다. 대화 시작 부분에 남자 한 명이 Ryan을 부르면서 가구를 판매하는 일과 관련된 경험이 있는지(Do you have any experience with selling furniture?) 묻고 있으므로 가구 영업 사원을 의미하는 (A)가 정답이 된다.

어휘 salesman 영업 사원 decorator 장식 담당자, 장식 전문가 quality assurance 품질 보증

11. 여자는 라이언 씨에게 무엇을 가져오라고 말하는가?

(A) 작문 샘플
(B) 수료증
(C) 제품 샘플
(D) 추천서

해설 여자가 가져오라고 말하는 것이 질문의 핵심이므로 여자의 말에서 뭔가를 가져오도록 요청하는 표현을 통해 단서를 찾아야 한다는 것을 알 수 있다. 대화 중반부에 여자가 경력과 관련해서 추천서를 받아 제출하도록 요청하고 있으므로(Would you be able to provide a recommendation letter ~) 추천서를 뜻하는 (D)가 정답이다.

어휘 diploma 수료증 letter of recommendation 추천서

12. 라이언 씨는 무엇에 관해 묻는가?

(A) 유동적인 근무 시간
(B) 휴가
(C) 매장 위치
(D) 수수료 선택권

해설 Ryan 씨가 묻는 내용을 찾아야 하므로 Ryan 씨가 누구인지 잘 듣고 그가 질문하는 내용의 핵심을 파악해야 한다. 대화 마지막에 한 남자가 무엇을 생각하고 있는지(What's on your mind, Ryan?) Ryan 씨에게 묻자, 바로 뒤이어 다른 남자가 신입 사원들에 대한 회사의 휴가 정책을 묻고 있으므로(What's your company's vacation policy for new employees?) 휴가를 의미하는 (B)가 정답임을 알 수 있다.

어휘 flexible 유동적인, 탄력적인 commission 수수료 option 선택권

Questions 13-15 refer to the following conversation.

M: Rachel, 13 I'm so happy about how popular our pizza store is getting. Diners are really enjoying our menu options and the fresh ingredients we use.

W: Yes, and 14 after the new servers are hired this week, we'll be able to serve all our customers more quickly.

M: You're right. Oh, that reminds me. I'd like to make sure our employees are well prepared, so 15 I was hoping you could make a program for a two-day training session.

W: 15 Sure, I can do that. I should have some spare time this afternoon.

남: 레이첼 씨, 우리 피자 매장이 얼마나 인기를 얻고 있는지에 대해 너무 기쁩니다. 식사 손님들께서 우리 메뉴 선택권과 우리가 사용하는 신선한 재료를 정말로 즐기고 계세요.

여: 네, 그리고 이번 주에 신입 종업원들이 고용되고 나면, 더욱 신속하게 모든 고객들께 서비스를 제공해 드릴 수 있을 거예요.

남: 맞습니다. 아, 그 말씀을 하시니까 생각나네요. 저는 우리 직원들이 반드시 잘 준비되도록 하고 싶어서, 당신이 이틀간의 교육 시간에 대한 프로그램을 만들어 주실 수 있기를 바라고 있었어요.

여: 좋아요, 그렇게 할 수 있어요. 제가 오늘 오후에 여유 시간이 좀 있을 거예요.

어휘 get + 형용사 ~한 상태가 되다 ingredient (음식) 재료 server 종업원 serve ~에게 서비스를 제공하다 remind ~에게 상기시키다 prepared 준비된 spare time 여유 시간

13. 화자들은 어디에서 일하는가?
(A) 서점에서
(B) 슈퍼마켓에서
(C) 식당에서
(D) 피트니스 센터에서

해설 대화를 시작하면서 남자가 자신들의 피자 매장이 인기 있어서 기쁘다는(I'm so happy about how popular our pizza store is getting) 말과 함께 식사 손님들의 반응을 언급하고 있다. 이를 통해 피자 매장이 대화 장소임을 알 수 있으므로 (C)가 정답이다.

`Paraphrase` pizza store → restaurant

14. 이번 주에 무슨 일이 있을 것인가?
(A) 할인이 제공될 것이다.
(B) 직원들이 고용될 것이다.
(C) 장비가 구입될 것이다.
(D) 신제품이 판매될 것이다.

해설 '이번 주'라는 시점이 언급되는 중반부에 여자가 '이번 주에 신입 종업원들이 고용되고 나면(after the new servers are hired this week)'이라는 말을 하고 있으므로 (B)가 정답이다.

`Paraphrase` new servers → workers

15. 여자는 오후에 무엇을 하겠는가?
(A) 구직 지원자들을 면접 보는 일
(B) 행사에 참석하는 일
(C) 광고를 내는 일
(D) 교육 프로그램을 만드는 일

해설 대화 후반부에 남자가 여자에게 이틀간의 교육 시간에 대한 프로그램을 만들어 줄 수 있기를 바라고 있었다고(I was hoping you could make a program for a two-day training session) 말하자, 여자가 할 수 있다고 답변하고 있으므로 (D)가 정답이다.

어휘 job applicant 구직 지원자 place an advertisement 광고를 내다 create ~을 만들어 내다

`Paraphrase` make a program for a two-day training session → Create a training program

Questions 16-18 refer to the following conversation and indicator.

W: Hello, **16** this is the Eclipse Electronics technical support line. My name is Allison. How can I help you?
M: I recently bought an Eclipse KSE500 television at a local department store. It's been working well for a week, but now it won't turn on.

W: Hmm... what happens when you press the power button?
M: Usually there's a ring of light that appears all around the button, but **17** now only the bottom half of the circle lights up briefly.
W: I see. That indicates that it's an error with the internal power supply. It won't be an easy fix.
M: I'm glad I got the warranty then. **18** I'll just take it back to the store this afternoon.

여: 안녕하세요, <이클립스 전자> 기술 지원 전화 서비스입니다. 제 이름은 앨리슨입니다. 무엇을 도와 드릴까요?
남: 제가 최근에 지역 백화점에서 Eclipse KSE500 텔레비전을 구입했습니다. 일주일 동안은 잘 작동되었는데, 현재는 켜지지 않고 있어요.
여: 흠… 전원 버튼을 누르시면 무슨 일이 생기나요?
남: 보통은 버튼 주변 전체에 원형으로 불이 들어오는데, 지금은 그 원 모양의 아래쪽 절반에만 잠깐 불이 켜져요.
여: 알겠습니다. 그 표시는 내부 전력 공급에 오류가 있음을 나타냅니다. 간단한 수리 작업은 아닐 거예요.
남: 그렇다면 품질 보증서가 있어서 다행이네요. 오늘 오후에 매장으로 다시 가져가겠습니다.

간단한 문제 해결 가이드 – Eclipse KSE 시리즈				
"켜짐" (정상)	오류 #13	오류 #19	오류 #23	오류 #37

어휘 technical support 기술 지원 work (기계 등이) 작동되다 turn on 켜지다 happen 발생되다, 일어나다 press ~을 누르다 appear 나타나다, 보이다 all around ~의 주변 전체에 bottom 아래, 하단 circle 원형, 동그라미 light up 불이 들어오다 briefly 잠시 indicate that ~임을 나타내다 internal 내부의 power supply 전력 공급 fix 수리 warranty 품질 보증(서) then 그렇다면, 그럼 take A back to B A를 B로 다시 가져가다 troubleshooting 문제 해결, 문제 진단 normal 정상의

16. 여자는 누구일 것 같은가?
(A) 컴퓨터 기술자
(B) 매장 매니저
(C) 고객 서비스 직원
(D) 텔레비전 프로그램 제작자

해설 대화를 시작하면서 여자가 Eclipse Electronics 기술 지원 전화 서비스에 전화했다고(this is the Eclipse Electronics technical support line) 말하고 있으므로 여자의 신분으로 고객 서비스 직원을 뜻하는 (C)가 정답임을 알 수 있다.

어휘 technician 기술자 representative 직원

17. 시각자료를 보시오. 화자들은 어느 오류에 관해 이야기하고 있는가?
(A) 13번 오류
(B) 19번 오류
(C) 23번 오류
(D) 37번 오류

해설 화자들이 이야기하는 오류를 묻고 있으므로 특정 오류 상태에 해당되는 표시 방법을 설명하는 부분을 찾아야 한다. 대화 중반부에 남자가 자신이 겪는 문제점과 관련해 원 모양의 아래쪽 절반에만 잠깐 불이 켜진다고(now only the bottom half of the circle lights up briefly) 말하고 있다. 시각자료에서 이와 같은 표시 상태에 해당되는 것이 23번 오류이므로 (C)가 정답이다.

18. 남자는 오후에 무엇을 할 것인가?
(A) 웹사이트를 방문한다.
(B) 매장으로 간다.
(C) 조사관에게 전화한다.
(D) 품질 보증 서비스를 구입한다.

해설 남자의 말에서 오후라는 시점 표현과 함께 제시되는 정보를 파악해야 한다. 대화의 끝부분에 남자가 오늘 오후에 매장으로 다시 가져 가겠다고(I'll just take it back to the store this afternoon) 말하고 있으므로 매장으로 찾아 가는 일을 언급한 (B)가 정답이다.

UNIT 09 최빈출 담화 유형 1

전화 메시지

안녕하세요, 조지 씨, 조스 가든의 소유주 미나 문입니다. 제가 최근 저희 직원들과 회의를 했는데, 당신이 저희 레스토랑 조경을 관리하고 계시기 때문에 몇 가지 생각들을 공유해 드리고 싶었습니다. 저희 팀원들 중 한 명이 줄 모양의 전구 또는 랜턴을 추가해서 옥외 식사 구역의 조명을 향상시키도록 제안해 주었습니다. 저는 이것이 아주 좋은 아이디어라고 생각했지만, 저희 예산 내에서 살펴 보고자 합니다. 그래서, 이 아이디어를 시행하는 것과 관련된 비용 견적서를 제공해 주시겠습니까? minamoon@joesgarden.com으로 제게 이메일로 보내 주시면 됩니다. 감사 드리며, 좋은 하루 보내시기 바랍니다.

어휘 owner 소유주, 주인 share A with B A를 B와 공유하다 since ~이므로, ~하기 때문에 oversee ~을 관리하다, ~을 감독하다 landscaping 조경 (작업) enhance ~을 향상시키다, ~을 강화하다 by (방법) ~해서, ~함으로써 add ~을 추가하다 string 줄, 끈 explore ~을 살펴 보다 budget 예산 estimate 견적(서) involved in ~와 관련된, ~에 수반되는 implement ~을 시행하다

1. 화자가 누구일 것 같은가?
(A) 건물 관리 책임자
(B) 조경 전문가
(C) 식당 주인
(D) 시설 관리 작업자

해설 화자의 신분을 묻고 있으므로 특정 업무나 활동 분야, 업체 종류 등과 관련된 정보를 파악해야 한다. 화자가 담화를 시작하면서 자신을 조스 가든의 소유주(owner of Joe's Garden)라고 밝힌 다음, 이 업체를 가리키기 위해 대명사 our와 함께 식당(our restaurant)이라고 언급하고 있으므로 (C)가 정답이다.

어휘 maintenance 시설 관리, 유지 관리

2. 화자가 무엇을 제안하는가?
(A) 영업 시간을 연장하는 일
(B) 조명을 개선하는 일
(C) 공지를 게시하는 일
(D) 새 메뉴 품목들을 맛 보는 일

해설 화자가 제안하는 것을 묻고 있으므로 제안 표현이 언급되는 부분을 놓치지 말고 들어야 한다. 담화 중반부에 화자가 팀원들과의 회의를 통해 옥외 식사 구역의 조명을 향상시키도록 제안하는(One of our team members suggested enhancing the lighting) 내용이 제시되고 있으므로 (B)가 정답이다.

어휘 extend ~을 연장하다, ~을 확대하다 operation 영업, 운영, 가동 post ~을 게시하다 notice 공지, 공고 try ~을 한 번 맛 보다

Paraphrase enhancing the lighting → Improving lighting

3. 화자가 무엇을 요청하는가?
(A) 비용 견적서
(B) 샘플 디자인
(C) 프로젝트 진행 일정표
(D) 회의 안건

해설 화자가 무엇을 요청하는지 묻고 있으므로 요청 표현과 함께 언급되는 정보를 주의 깊게 들어야 한다. 화자가 담화 후반부에 비용 견적서를 제공해 달라고(could you please provide an estimate of the cost) 요청하는 부분이 있으므로 (A)가 정답이다.

어휘 timeline 진행 일정(표) agenda 안건, 의제

Paraphrase an estimate of the cost → cost estimate

회의 발췌

> 먼저 이 회의에 참석해주신 모든 분들께 감사드립니다. 여러분 모두를 이곳에 모신 이유는 내년에 출시할 새 전화기 디자인을 보여드리기 위해서입니다. 예상했던 것보다 훨씬 빨리 개발되어, 언론이 제품에 대해 알기 전에 여러분 모두 꼭 보셨으면 합니다. 오늘 나가시기 전에, 여러분 모두에게 전화기의 모든 기능을 설명하는 소책자를 드릴 것입니다. 우리에게 없는 것은 마케팅 전략인데, 이 점이 바로 여러분 모두가 관여하게 되는 부분입니다. 여러분은 댁에 가셔서 어떻게 하면 이 신제품에 대해 사람들의 관심을 끌 수 있을지를 생각해보시기 바랍니다. 여러분 중 누구든지 뭔가 생각나면 제게 이메일을 보내주세요. 그럼 제가 바로 답변을 드리겠습니다.

어휘 reason 이유, 까닭 have you all here 여러분 모두를 이곳에 오게 하다 show A B A에게 B를 보여주다 release ~을 출시하다 develop ~을 개발하다 media 미디어, 언론 pamphlet 소책자 outline v. ~을 간단히 설명하다 feature 기능, 특색 come in 관여하다 attract attention to ~로 관심[주의]를 끌다 come up with ~을 생각해 내다, 떠올리다 get right back to ~에게 다시 바로 연락하다

1. 어떤 종류의 제품이 논의되고 있는가?
(A) 전자제품
(B) 가구 한 점
(C) 의류 제품
(D) 컴퓨터 프로그램

해설 화자는 내년 출시 예정인 새 전화기 제품의 디자인을 보여주는 것이 모임의 목적이라고 밝히며 신제품 마케팅에 대한 아이디어를 구하고 있다. 따라서 이 담화에서 논의되는 것은 new phone임을 알 수 있다. 이를 electronic device라고 다르게 표현한 (A)가 정답이다.

어휘 electronic 전자의 device 장치, 장비

Paraphrase new phone → electronic device

2. 화자는 청자들에게 무엇을 주겠다고 말하는가?
(A) 제품 샘플
(B) 정보 소책자
(C) 시장 조사 보고서
(D) 잡지 기사

해설 담화 중반부에서 화자는 I'm going to give you all a pamphlet that outlines all the features of the phone이라고 말하고 있다. 새 전화기 제품의 특징을 안내하는 소책자를 주겠다고 하므로 (B)가 정답이다.

3. 청자들에게 무엇에 대해 생각해볼 것을 요청하는가?
(A) 출시 행사 장소
(B) 제품 가격
(C) 신제품 디자인
(D) 마케팅 계획

해설 담화 끝부분에서 화자는 청중에게 집에 돌아가 신제품이 사람들의 관심을 끌게 할 방법을 생각해 볼 것을(I want you to go home and think about how we can attract attention to this new product) 당부하고 있다. how we can attract attention to this new product와 뜻이 통하는 것은 (D) marketing plan이다.

어휘 launch n. (제품 등의) 출시 cost 비용

Paraphrase how we can attract attention to this new product → marketing plan

연설

> 우리 익스프레션즈 매거진의 연례 시상식 연회에 오신 것을 환영합니다. 우리의 첫 번째 명예로운 수상자이신 세실리아 레버슨 씨를 소개해 드리게 되어 기쁩니다. 패션에 관해 지역에서 가장 인기 있는 출판물의 편집장으로서, 세실리아 씨는 20년 넘게 이 잡지의 콘텐츠를 관리해 오셨습니다. 패션 활성화를 위한 진정한 열정이야말로 이분의 일을 훨씬 더 특별하게 만들어 주는 것입니다. 수많은 재능 있는 젊은 디자이너들이 이분의 노력 덕분에 일반 대중에게 선보여지게 되었습니다. 세실리아 씨, 이제 제가 있는 무대로 올라 오셔서 당신의 뛰어난 공헌을 기리는 이 상을 받으시기 바랍니다.

어휘 annual 연례적인, 해마다의 banquet 연회 be delighted to do ~해서 기쁘다 honorable 명예로운, 영광스러운 recipient 수상자, 수령인 editor-in-chief 편집장 region 지역 publication 출판(물) content 콘텐츠, 내용(물) decade 10년 genuine 진정한, 진짜의 passion 열정 promote ~을 활성화시키다, ~을 촉진하다 even (비교급 수식) 훨씬 numerous 수많은 talented 재능 있는 showcase ~을 선보이다 the public 일반 대중 effort 노력 join ~와 함께 하다, ~에 합류하다 outstanding 뛰어난, 우수한 contribution 공헌, 기여

1. 연설의 목적은 무엇인가?
(A) 몇몇 손님들을 즐겁게 하는 것
(B) 일부 지침을 제공하는 것
(C) 시상하는 것
(D) 획기적인 일을 기념하는 것

해설 화자가 담화 시작 부분에 연례 시상식 연회(Welcome to the Annual Awards Banquet)라는 말과 함께 수상자를 한 명 소개하고 있고(I'm delighted to introduce our first honorable recipient), 담화 마지막 부분에 그 수상자에

게 상을 받으러 무대로 올라 오도록 요청하고 있다(Cecilia, please join me on stage now to receive this award). 따라서, 시상하는 것이 목적임을 알 수 있으므로 (C)가 정답이다.

어휘 entertain ~을 즐겁게 하다 instructions 지침, 지시, 설명 present ~을 제공하다, ~을 주다 celebrate ~을 기념하다 milestone 획기적인 일, 중대 시점

Paraphrase please join me on stage now to receive this award → present an award

2. 세실리아 씨의 전문 분야는 무엇인가?
(A) 패션 디자인
(B) 출판
(C) 그래픽 예술
(D) 인적 자원 관리

해설 Cecilia's field of expertise가 핵심어이므로 Cecilia라는 이름과 함께 언급되는 업무 분야를 주의 깊게 들어야 한다. 담화 초반부에 화자가 Cecilia를 소개하면서 패션 잡지의 편집장(the editor-in-chief of the region's most popular publication on fashion)이라고 언급하고 있으므로 (B)가 정답이다.

어휘 field 분야 expertise 전문 지식, 전문 기술 human resources 인적 자원 (관리), 인사(부)

Paraphrase the editor-in-chief of the region's most popular publication on fashion → Publishing

3. 화자의 말에 따르면, 세실리아 레버슨 씨의 일과 관련해 무엇이 특별한가?
(A) 수준 높은 사진
(B) 지역 사회에 대한 관심
(C) 유용한 분석
(D) 젊은 인재에 대한 초점

해설 세실리아 레버슨 씨의 일과 관련해 무엇이 특별한지 묻고 있으므로 특이 사항이나 중요하게 언급하는 정보를 찾는 데 집중해야 한다. 담화 후반부에 화자가 세실리아 씨 덕분에 수많은 재능 있는 젊은 디자이너들이 일반 대중에게 선보여지게 되었다는(Numerous talented young designers have been showcased to the public thanks to her efforts) 사실을 밝히고 있으므로 (D)가 정답이다.

어휘 high-quality 수준 높은, 고급의, 고품질의 concern 관심, 우려 community 지역 사회, 지역 공동체 useful 유용한 analysis 분석 focus on ~에 대한 초점 talent 인재, 재능 (있는 사람)

Paraphrase Numerous talented young designers have been showcased → focus on young talent

공공장소 공지

승객 여러분께 알립니다. 올버니로 향하는 오후 3시 30분 지역 열차가 예기치 못한 오작동으로 인해 취소되었다는 사실을 알려 드리게 되어 유감스럽게 생각합니다. 저희는 이것이 초래할 수 있는 모든 불편함에 대해 사과 드립니다. 하지만, 대체 버스 서비스가 해당 경로를 따라 위치한 모든 정류장에서 이용 가능할 것입니다. 올버니행 모든 열차 티켓이 버스 이동에 대해 유효할 것입니다. 이 버스는 메이플 스트리트와 엘름 애비뉴가 만나는 모퉁이에서 출발합니다. 추가로, 버스에 어떤 쓰레기든 남기는 것을 삼가시도록 승객 여러분께 정중히 요청 드립니다. 여러분의 양해와 협조에 감사 드립니다.

어휘 regret to do ~해서 유감이다 inform A that A에게 ~라고 알리다 regional 지역의 bound for ~로 향하는, ~행의 due to ~로 인해, ~ 때문에 unexpected 예기치 못한 malfunction 오작동, 기능 불량 apologize for ~에 대해 사과하다 inconvenience 불편함 cause ~을 초래하다 alternative 대체의 along (길 등) ~을 따라 route 경로, 노선 valid 유효한 depart 출발하다 additionally 추가로, 게다가 request A to do A에게 ~하도록 요청하다 refrain from -ing ~하는 것을 삼가다 leave ~을 남기다 litter 쓰레기 cooperation 협조

1. 화자가 누구일 것 같은가?
(A) 기차역 직원
(B) 공사장 작업자
(C) 버스 기사
(D) 여행 가이드

해설 화자의 신분을 묻고 있으므로 특정 업무나 활동 분야, 업체 종류 등과 관련된 정보를 파악해야 한다. 담화를 시작하면서 화자가 열차가 예기치 못한 오작동으로 인해 취소된 사실을 알리고(We regret to inform you that the 3:30 PM regional train bound for Albany has been canceled) 있으므로 (A)가 정답이다.

2. 화자가 무엇이 제공될 것이라고 말하는가?
(A) 식권
(B) 인쇄된 지도
(C) 대체 교통 수단
(D) 무료 주차 서비스

해설 무엇이 제공되는지 묻고 있으므로 특정 서비스나 상품, 혜택 등을 주의 깊게 들어야 한다. 화자가 열차 취소 문제를 언급한 후, 대체 버스 서비스가 이용 가능할 것이라는(alternative bus service will be available) 말로 특별히 제공되는 서비스를 알리고 있으므로 (C)가 정답이다.

어휘 voucher 상품권, 쿠폰 transportation 교통 (수단)

Paraphrase alternative bus service → Alternative transportation

3. 화자가 청자들에게 무엇을 하도록 상기시키는가?
- (A) 환불을 요청하는 일
- (B) 온라인에서 일정을 확인하는 일
- (C) 미리 티켓을 구입하는 일
- **(D) 버스에 쓰레기를 남기는 것을 피하는 일**

해설 화자가 청자들에게 상기시키는 것을 묻고 있으므로 요청하거나 주의를 주는 부분을 주의 깊게 들어야 한다. 담화 후반부에 화자가 버스에 어떤 쓰레기든 남기는 것을 삼가도록 정중히 요청한다고(we kindly request passengers to refrain from leaving any litter on the bus) 말하고 있으므로 (D)가 정답이다.

어휘 remind A to do A에게 ~하도록 상기시키다 refund 환불(액) in advance 미리, 사전에 avoid -ing ~하는 것을 피하다

Paraphrase leaving any litter on the bus
→ leaving trash on the bus

PRACTICE TEST

1. (C)	**2.** (D)	**3.** (A)	**4.** (A)	**5.** (C)
6. (D)	**7.** (D)	**8.** (A)	**9.** (B)	**10.** (A)
11. (D)	**12.** (B)	**13.** (C)	**14.** (C)	**15.** (C)
16. (D)	**17.** (B)	**18.** (A)		

Questions 1-3 refer to the following talk.

Welcome to the Rockman Theater, everyone. I'm delighted to see so many people here in attendance tonight. **1 As the founder of the One World Foundation, it gives me great pleasure to host tonight's fundraising banquet.** We have invited many special guests to this evening's event, from movie stars and athletes to some of the most successful business people in the country. **2 The purpose of tonight's event is to receive donations for our various charity projects.** I hope you brought your wallets! Now, before we begin serving the banquet, **3 I'd like you all to watch a short film** that shows the many good causes we are involved in around the world. Thanks.

───────────────

<락맨 극장>에 오신 것을 환영합니다, 여러분. 오늘 밤에 이렇게 많은 분들께서 이곳을 찾아주신 것을 보게 되어 기쁩니다. <원 월드 재단>의 설립자로서, 오늘 밤의 기금 모금 연회를 주최하는 일은 제게 대단한 기쁨을 선사해 줍니다. 오늘 저녁의 행사를 위해 영화 배우와 운동 선수들부터 전국에서 가장 성공한

몇몇 사업가들에 이르기까지 여러 특별 손님들을 초청했습니다. 오늘 밤 행사의 목적은 저희가 진행하는 다양한 자선 프로젝트에 대한 기부금을 모금하는 것입니다. 여러분께서 지갑을 가져오셨기를 바랍니다! 자, 연회에 필요한 음식을 제공하는 일을 시작하기 전에, 저희가 전 세계에서 관여하고 있는 여러 자선 활동들을 보여주는 짧은 영상을 여러분 모두가 봐주셨으면 합니다. 감사합니다.

어휘 be delighted to do ~해서 기쁘다 in attendance 참석한, 출석한 founder 설립자 host ~을 주최하다 fundraising 기금 마련 athlete 운동 선수 business people 사업가들 purpose 목적 donation 기부(금) charity 자선 (활동) wallet 지갑 serve ~에 음식을 제공하다 good cause 자선 활동, 좋은 일, 대의 be involved in ~에 관여하다, 관련되어 있다

1. 화자는 누구일 것 같은가?
- (A) 극장 직원
- (B) 사업가
- **(C) 자선 단체 설립자**
- (D) 영화 감독

해설 담화를 시작하면서 화자는 자신을 One World Foundation의 설립자라고 소개하고 있고(As the founder of the One World Foundation) 오늘 밤에 열리는 기금 모금 연회를 주최하게 되어 기쁘다고(it gives me great pleasure to host tonight's fundraising banquet) 덧붙이고 있다. 따라서 자선 사업을 하는 단체의 설립자라는 것을 알 수 있으므로 (C)가 정답이다.

2. 화자는 왜 "여러분께서 지갑을 가져오셨기를 바랍니다!"라고 말하는가?
- (A) 청자들에게 한 가지 서비스가 비용이 많이 든다고 알리기 위해
- (B) 청자들에게 각자의 개인 소지품들을 챙기도록 상기시키기 위해
- (C) 청자들에게 티켓을 구입하도록 권하기 위해
- **(D) 청자들에게 기부금을 내도록 권하기 위해**

해설 해당 문장을 그대로 해석해 보면 "지갑을 가져오셨기를 바란다"는 의미임을 알 수 있다. 이는 담화 중반부에 화자가 행사의 목적이 다양한 자선 프로젝트에 대한 기부금을 모금하는 것이라고(The purpose of tonight's event is to receive donations for our various charity projects) 알린 후에 들을 수 있다. 따라서 기부금을 내도록 권하기 위한 말이라는 것을 알 수 있으므로 이와 같은 의미로 쓰인 (D)가 정답이다.

어휘 inform A that A에게 ~라고 알리다 remind A to do A에게 ~하도록 상기시키다 belongings 소지품 encourage A to do A에게 ~하도록 권하다, 장려하다 make a donation 기부하다, 기부금을 내다

3. 청자들은 곧이어 무엇을 할 것 같은가?
   (A) 동영상을 시청한다.
   (B) 메뉴를 확인한다.
   (C) 라이브 공연을 즐긴다.
   (D) 다른 연설자의 말을 듣는다.

해설 담화 후반부에 화자는 식사에 앞서 짧은 영상을 봐 주기를 원한다고(I'd like you all to watch a short film ~) 제안하고 있다. 따라서 영상 시청을 뜻하는 (A)가 정답이다.

어휘 performance 공연

Questions 4-6 refer to the following excerpt from a meeting.

I have a very important issue to speak about before we adjourn this morning's meeting. **4** As of next month, we will be closing five of our locations south of the city. Now that most of our business is coming through online sales, our physical locations have become less essential. **5** What has come as a bit of a shock, however, is how well the stores in the north are doing. So, we have decided to keep them going - at least for now. For my management team here today, I'm going to ask you all to **6** e-mail your staffing requirements to our HR manager, Carol Morrison, so we can find new positions at northern stores for those who are currently working in the southern stores.

오늘 오전 회의를 연기하기 전에 한 가지 매우 중요한 사안에 대해 말씀 드리고자 합니다. 다음 달부로, 시 남부의 5개 매장 문을 닫을 것입니다. 대부분의 우리 사업이 온라인 판매를 통해 이루어지므로, 실제 매장들은 중요성이 덜 해졌습니다. 그런데 조금 놀랄 만한 것은 북부 지역의 매장들이 얼마나 잘 유지되고 있는지입니다. 그래서, 우리는 최소한 지금으로선 그 매장들을 그대로 두기로 결정했습니다. 오늘 여기 오신 관리팀 여러분께 알려 드리건대, 여러분의 직원 배치 요청사항을 인사팀장인 캐롤 모리슨 씨에게 이메일로 보내주시기 바랍니다. 그럼 저희는 현재 남부 지역의 매장들에서 근무중인 직원들이 북부 지역의 매장에서 맡을 수 있는 새 직책들을 찾을 수 있을 것입니다.

어휘 adjourn ~을 연기하다, 휴회하다 as of + 일시 ~부로, ~부터 location 영업소, 지점 now that절 ~이니까 a business comes through online sales 온라인 판매를 통해 사업이 이루어지다 physical 물리적인, 실체가 있는 what has come as a bit of a shock 다소 충격으로 다가온 것, 다소 충격적인 것 how well A is doing A가 얼마나 잘 있는지 keep A going A가 지속되게 하다 for now 지금으로서는 management team

관리팀 staffing 직원 배치 requirement 요구, 필요 HR manager 인사부장 cf. HR = Human Resources position 직책 northern a. 북부의 cf. southern 남부의 those who절 ~인 사람들

4. 무엇이 논의되고 있는가?
   (A) 회사 규모 축소
   (B) 신입 직원 교육
   (C) 매장 개조 공사
   (D) 새 본사 오픈

해설 담화 도입부에서 중요한 사안이 있다고 말하며 매장 일부를 닫을 예정이라고(As of next month, we will be closing five of our locations south of the city) 밝히고 있다. 이후는 매장을 닫는 이유와 그에 따른 준비사항에 대한 내용이다. 따라서 일부 매장 문을 닫는 것(closing five of our locations)을 규모 축소(downsizing)라고 다르게 표현한 (A)가 정답이다.

어휘 downsizing 규모 축소, 인력 감축 renovation 개조 공사 headquarters 본사

Paraphrase closing five of our locations → downsizing

5. 화자에 따르면, 무엇이 놀라운가?
   (A) 경쟁사의 매출이 올랐다.
   (B) 온라인을 통한 이윤이 빠르게 떨어졌다.
   (C) 일부 매장들은 성공적이었다.
   (D) 해외 매출이 오르고 있다.

해설 surprising이 핵심어이므로 화자가 놀랍다고 말하는 부분을 주의 깊게 들어야 한다. 이 담화에서는 surprising, surprised 등의 표현 대신 What has come as a bit of a shock라는 표현을 이용해 놀라움을 표하고 있다. 화자가 놀라워하는 것은 매출이 주로 온라인에서 발생해 오프라인 매장들을 줄여야 하는 상황에서 북부 매장들이 잘 되고 있다는 점(how well the stores in the north are doing)이므로 (C)가 정답이다.

어휘 competitor 경쟁사 profit 이윤 fall 떨어지다 rapidly 빠르게 certain 어떤 international 국제적인 rise v. 오르다

Paraphrase doing well → successful

6. 캐롤 모리슨 씨는 무엇을 할 가능성이 큰가?
   (A) 고객과의 만남을 주선한다.
   (B) 교육 연수를 실시한다.
   (C) 일부 고객들을 설문 조사한다.
   (D) 직원들을 이동시키는 것을 돕는다.

해설 Carol Morrison이 핵심어이므로 이 이름이 언급되는 부분을 주의 깊게 듣는다. 담화 마지막 부분에, 인사 담당자인 Carol Morrison에게 이메일로 직원 배치 요청사항을 보내라고 당부하는 내용이 나오는데, 그렇게 해서 곧 문을 닫는 남부 매장 직

원들을 북부 매장에서 근무하게 하는 방안을 찾겠다고(so we can find new positions at northern stores for those who are currently working in the southern stores) 하므로, Carol Morrison이 하게 될 일은 직원 이동을 돕는 일임을 알 수 있다. 따라서 (D)가 정답이다.

어휘 organize ~을 조직하다, 주선하다 conduct ~을 실시하다 survey v. ~을 설문 조사하다 relocate ~을 재배치하다, 이동시키다

Questions 7-9 refer to the following telephone message.

> Hi. I'm calling from Green Valley Grocers. **7** I listened to your message about the problem you had with your weekly order, and I would first like to apologize. Our employees are trained to pack the orders carefully and efficiently. However, **8** it sounds like one of the milk cartons was damaged, which then led to the leak and the umm... messy situation. We can't offer you a refund on the order since we don't know the extent of the loss, but **9** I'll go ahead and give you store credit matching the total cost of your order. Again, I apologize, and I hope you'll keep coming to us for all of your home shopping needs.
>
> ---
>
> 안녕하세요. <그린 밸리 식료품점>에서 전화 드립니다. 귀하의 주간 주문 사항에 대해 겪으신 문제점에 관한 메시지를 들었으며, 우선 사과의 말씀부터 드리겠습니다. 저희 직원들은 주문품들을 신중하고 효율적으로 포장하도록 교육을 받고 있습니다. 하지만 우유갑들 중의 하나가 손상되어 그로 인해 우유가 새고, 음… 엉망인 상황으로 이어진 것 같습니다. 손해의 정도를 저희가 알지 못하기 때문에 해당 주문품에 대해 환불을 제공해 드릴 수는 없지만, 제가 일을 처리해서 귀하께서 주문하신 제품의 총액과 일치하는 매장 포인트를 제공해 드리겠습니다. 다시 한 번 사과 드리며, 귀하께서 필요로 하시는 모든 홈쇼핑 제품에 대해 계속해서 저희를 찾아 주시기를 바랍니다.

어휘 apologize 사과하다 pack ~을 포장하다, 싸다 efficiently 효율적으로 it sounds like ~인 것 같다 carton 종이 상자, 종이갑 damaged 손상된 then 그런 후에, 그런 다음 lead to ~로 이어지다, ~가 초래되다 leak 새는 곳, 누수, 누출 messy 엉망인, 지저분한 situation 상황 offer A B A에게 B를 제공하다 refund 환불 since ~이므로 extent 정도 loss 손해, 손실 go ahead 일을 진행하다, 어서 하다 store credit 매장 포인트 match ~와 일치하다, ~와 대등하다 keep -ing 계속 ~하다 needs 필요(로 하는 것)

---

7. 전화 메시지의 목적은 무엇인가?
(A) 비용 지불에 관해 문의하는 것
(B) 주문을 변경하는 것
(C) 배송 정보를 업데이트하는 것
(D) 문제점에 대해 사과하는 것

해설 전화 메시지의 목적을 묻고 있으므로 담화가 시작될 때 특히 주의해 들어야 한다. 담화 시작 부분에 상대방이 겪은 문제점과 함께 사과부터 하겠다고(I listened to your message about the problem ~, and I would first like to apologize) 알리고 있다. 따라서 문제점에 대해 사과하는 것을 의미하는 (D)가 정답이다.

어휘 inquire about ~에 관해 문의하다 payment (비용) 지불

8. 화자는 무슨 문제점을 언급하는가?
(A) 일부 물품이 손상되었다.
(B) 한 제품의 재고가 다 떨어졌다.
(C) 가격이 인상되었다.
(D) 일부 상품의 유통기한이 만료되었다.

해설 화자가 언급하는 문제점을 찾아야 하므로 부정적인 정보가 제시되는 부분이 있음을 예상하고 들어야 한다. 담화 중반부에 우유갑들 중의 하나가 손상되어 우유가 샜던(it sounds like one of the milk cartons was damaged, ~) 문제점을 언급하고 있으므로 물품 손상이라는 의미로 쓰인 (A)가 정답이다.

어휘 out of stock 재고가 없는 raise ~을 인상하다, 올리다 expired (기한이) 만료된

9. 화자는 무엇을 할 것이라고 말하는가?
(A) 주문품을 다시 보낼 것이다.
(B) 매장 포인트를 제공할 것이다.
(C) 보고서를 제출할 것이다.
(D) 구입 제품을 환불해 줄 것이다.

해설 담화의 후반부에 주문품의 총액과 일치하는 매장 포인트를 제공해 주겠다고(I'll go ahead and give you store credit ~) 알리고 있으므로 이에 대해 언급한 (B)가 정답이다.

어휘 resend ~을 다시 보내다 file ~을 제출하다 refund ~을 환불해 주다 purchase 구입(품)

Questions 10-12 refer to the following announcement.

> We are sorry to announce that **10** the 10:40 PM FastTrak train to Boston has been canceled due to weather conditions. At this time, **11** we ask that all FastTrak travelers leave the boarding platform and wait in the second floor main hall. Since this is the last train of the night, **12** a FastTrak representative will come and hand out one-night vouchers for the nearby Country Inn hotel.

Additionally, you can use your current ticket for any Boston-bound train departing tomorrow morning, though, in most cases, only standing room will be available.

보스턴으로 향하는 오후 10시 40분 패스트트랙 열차가 기상 상태로 인해 취소되었음을 알려 드리게 되어 유감스럽게 생각합니다. 현재, 모든 패스트트랙 이용 여행객들께서는 탑승 승강장에서 나오셔서 2층 대합실에서 대기하시도록 요청 드립니다. 이 열차가 오늘 밤 막차이므로, 패스트트랙 소속 직원이 나와 근처의 컨트리 인 호텔에서 사용하실 수 있는 1박 쿠폰을 나눠드릴 것입니다. 추가로, 대부분의 경우 오직 서서 가는 공간만 이용 가능하겠지만, 현재 갖고 계신 티켓은 내일 아침에 보스턴을 향해 출발하는 어느 열차에 대해서도 사용하실 수 있습니다.

어휘 due to ~로 인해 weather conditions 기상 상태 leave ~에서 나가다, 떠나다 boarding 탑승 platform 승강장 representative 직원 hand out ~을 나눠주다 voucher 쿠폰, 상품권 nearby 근처의 additionally 추가로 current 현재의 bound ~을 향하는, ~행의 depart 출발하다 in most cases 대부분의 경우에

10. 공지는 어디에서 이뤄지고 있는가?
(A) 기차역에서
(B) 공항에서
(C) 백화점에서
(D) 버스 터미널에서

해설 담화 시작 부분에 Boston으로 향하는 오후 10시 40분 FastTrak 열차가 취소되었다고(the 10:40 PM FastTrak train to Boston has been canceled) 알리고 있으므로 (A)가 정답이다.

어휘 make an announcement 공지하다, 발표하다, 알리다

11. 화자는 청자들에게 무엇을 하도록 요청하는가?
(A) 티켓을 한 장 더 구입할 것
(B) 온라인으로 불만 사항을 제출할 것
(C) 각자의 수하물을 찾아 갈 것
(D) 지정된 구역에서 대기할 것

해설 화자가 요청하는 일을 찾아야 하므로 화자의 말에서 요청 관련 표현이 제시되는 부분에서 단서를 파악해야 한다. 담화 초반부에 탑승 승강장에서 나와 2층 대합실에서 대기하도록(we ask that all FastTrak travelers ~ and wait in the second floor main hall) 요청하고 있으므로 지정된 구역에서 대기하는 일을 언급한 (D)가 정답이다.

어휘 complaint 불만 retrieve ~을 다시 찾아가다, 회수하다 luggage 수하물, 짐 designated 지정된

12. 화자의 말에 따르면, 무엇을 나눠줄 것인가?
(A) 무료 식사
(B) 호텔 쿠폰
(C) 시내 지도
(D) 안내 소책자

해설 나눠줄 것이 무엇인지 묻고 있으므로 질문에 제시된 distribute을 비롯해 유사 표현이 제시되는 부분에서 단서를 찾아야 한다. 담화의 중반부에 Country Inn hotel에서 사용할 수 있는 1박 쿠폰을 나눠준다고(~ and hand out one night vouchers for the nearby Country Inn hotel) 나타나 있으므로 (B)가 정답이다.

어휘 distribute ~을 나눠주다, 배부하다

Questions 13-15 refer to the following recorded message and class schedule.

You've reached Sunnyvale Soccer Academy. We're thrilled to announce that **13** **we've opened a second location in the downtown district,** and it'll also offer our usual winter season courses. **14** **We're now accepting registrations for our popular fitness class.** The class helps players build physical fitness and improve their endurance. Check out our homepage for more information. Also, please remember that **15** **we've stopped accepting on-site course fee payments.** We kindly ask that you finalize all transactions using our Web site before attending your first class.

써니베일 축구 아카데미에 연락 주셔서 감사합니다. 저희가 도심 구역에 두 번째 지점을 열었다는 사실을 알려 드리게 되어 대단히 기쁘게 생각하며, 이곳에서도 저희의 평소 겨울 시즌 강좌들을 제공해 드릴 것입니다. 현재 인기 있는 저희 피트니스 강좌에 대한 등록을 받고 있습니다. 이 강좌는 선수들이 체력을 증진하고 지구력을 향상시키는 데 도움을 드립니다. 추가 정보는 저희 홈페이지를 확인해 보시기 바랍니다. 또한, 저희가 현장 수강료 지불액 수납을 중단했다는 사실을 기억해 주시기 바랍니다. 첫 강좌 시간에 참석하시기 전에 저희 웹 사이트를 이용해 모든 거래를 마무리 지으시길 정중히 요청 드립니다.

강좌	월
축구 입문	11월
기술 개발	12월
피트니스 및 컨디션 조절	1월
속도 및 민첩성 훈련	2월

어휘 reach ~에 연락하다 be thrilled to do ~해서 대단히 기쁘다 location 지점, 위치, 장소 downtown 도심의,

시내의 district 구역, ~구 usual 평소의, 보통의 accept
~을 받아들이다 registration 등록 build ~을 증진하다,
~을 이룩하다 physical 신체의, 육체의 endurance
지구력, 인내력 on-site 현장의 fee 요금 payment
지불(액) finalize ~을 마무리 짓다, ~을 최종 확정하다
transaction 거래 introduction 입문, 도입, 소개
development 개발, 발전 conditioning 컨디션 조절
agility 민첩성

13. 화자의 말에 따르면, 무엇이 아카데미에서 변경되었는가?

(A) 간판

(B) 수강료

(C) 지점의 수

(D) 개장 시간

해설 무엇이 아카데미에서 변경되었는지 묻고 있으므로 최신 정
보 또는 청자들의 주의가 필요한 사실 등을 언급하는 부분을
주의 깊게 들어야 한다. 담화 초반부에 화자가 두 번째 지점
을 개장했다는(we've opened a second location in the
downtown district) 최신 정보를 전하고 있으므로 (C)가 정
답이다.

어휘 rate 요금, 등급, 비율, 속도 branch 지점, 지사

14. 시각자료를 보시오. 언급된 강좌가 어느 달에 개최되는가?

(A) 11월에

(B) 12월에

(C) 1월에

(D) 2월에

해설 특정 강좌가 어느 달에 개최되는지 묻고 있으므로 시각자
료에 제시된 강좌명 중 하나가 언급되는 부분을 놓치지 말
고 들어야 한다. 담화 중반부에 화자가 인기 있는 피트니스
강좌에 대한 등록을 받고 있다고(We're now accepting
registrations for our popular fitness class) 언급하면서
해당 강좌에 관해 설명하고 있다. 시각자료에서 '피트니스'가
포함된 강좌가 1월로 표기되어 있으므로 (C)가 정답이다.

어휘 mention ~을 언급하다 take place 개최되다, 발생되다

15. 업체 방문객들이 무엇을 하도록 권장되는가?

(A) 적절히 갖춰 입을 것

(B) 대중 교통을 이용할 것

(C) 미리 비용 지불을 완료할 것

(D) 소식지를 신청할 것

해설 화자가 권장하는 일을 묻고 있으므로 권장이나 제안을 나타
내는 표현과 함께 언급되는 정보를 파악해야 한다. 담화 후반
부에 화자가 현장 결제를 받지 않는다는 사실과 함께 웹 사
이트에서 미리 거래를 완료하도록 권하고 있으므로(we've
stopped accepting on-site course fee payments. We
kindly ask that you finalize all transactions using our
Website before attending your first class) 이에 해당하

는 (C)가 정답이다.

어휘 appropriately 적절히 take (교통편, 도로 등) ~을
이용하다, ~을 타다 public transportation 대중 교통
complete ~을 완료하다 in advance 미리, 사전에 sign
up for ~을 신청하다, ~에 등록하다

Paraphrase course fee payments / finalize all transactions
/ before attending your first class
→ Complete payments in advance

Questions 16-18 refer to the following telephone
message and coupon.

Hi, Joseph, this is Melissa with some updates
on **16** **the dinner party we're planning for the
company's 10th anniversary.** We've settled on
having it on January 12th, and **17** **so far 26 people
have said that they're coming.** I looked at the
coupon you gave me, though, and it turns out we
won't be able to use it. It might be a good idea to
look for another venue besides Napoli's. Oh, and
I'm still working on the slideshow that will play
during the dinner, so **18** **could you send me the old
photos from the company's opening day?** I'll talk
to you later!

안녕하세요, 조셉, 저는 회사의 설립 10주년 기념일을 위해 우
리가 계획하고 있는 저녁 만찬회에 관한 소식을 전해 드리기 위
한 연락 드린 멜리사입니다. 우리는 이 행사를 1월 12일에 열기
로 정했었는데, 지금까지 26명의 사람들이 참석하시겠다고 말
씀해 주셨습니다. 당신이 제게 주신 쿠폰을 확인해 봤는데, 그것
을 사용할 수 없는 것으로 드러났습니다. 나폴리 레스토랑 외에
다른 행사 장소를 찾아보는 것이 좋은 생각일 듯합니다. 아, 그
리고 제가 여전히 이번 만찬 행사에서 보여 드릴 예정인 슬라이
드 쇼 작업을 하는 중이기 때문에 회사가 문을 연 날에 찍은 과
거의 사진들을 좀 보내 주시겠어요? 그럼 나중에 또 얘기해요!

나폴리 이탈리안 레스토랑
"진짜 이탈리아의 맛"

15% 할인 (20명 이하 단체)
– 3시간 동안 개별 식사 공간 이용 가능

만료일: 1월 15일
모든 지점 사용 가능

어휘 **updates** 새로운 소식 **anniversary** (해마다 돌아오는)
기념일 **settle on** ~으로 결정하다 **so far** 지금까지 **it
turns out (that)** ~한 것으로 드러나다, 판명되다 **venue**
행사 장소 **besides** ~외에 **work on** ~을 맡아 작업하다

slideshow 슬라이드 쇼 play 재생하다, 틀어주다
opening day 개업일, 개장일, 개막일 private 개별적인,
사적인 expiration date 유효 기한, 만료일 usable 사용
가능한 location 지점, 위치

16. 행사가 왜 개최되는가?
(A) 제품을 출시하기 위해
(B) 신입 사원들을 환영하기 위해
(C) 뛰어난 사람들에게 상을 주기 위해
(D) 기념일을 축하하기 위해

해설 담화 시작 부분에 회사의 설립 10주년 기념일을 위해 계획하
고 있는 저녁 만찬회라고(the dinner party we're planning
for the company's 10th anniversary) 언급하고 있으므로
(D)가 정답이다.

어휘 hold ~을 개최하다, 열다 release ~을 출시하다 award
~에게 상을 주다 outstanding 뛰어난, 훌륭한 individual
개인, 사람 celebrate ~을 기념하다, 축하하다

17. 시각자료를 보시오. 화자는 왜 행사를 위해 쿠폰을 사용할 수
없는가?
(A) 행사가 다른 장소에서 열릴 것이다.
(B) 행사에 참석하는 사람들이 너무 많을 것이다.
(C) 행사가 너무 오래 지속될 것이다.
(D) 행사가 유효 기한 이후에 열릴 것이다.

해설 쿠폰을 사용할 수 없는 이유를 묻고 있으므로 쿠폰에 제시된
할인 조건이나 유효 기간 등의 정보를 미리 확인해 둔 후 담
화 중에 일치하지 않는 사항이 제시되는 부분을 찾아야 한
다. 화자는 담화 중반부에 26명의 사람들이 참석 의사를 밝혔
다고 알리면서(so far 26 people have said that they're
coming) 쿠폰을 사용할 수 없을 것 같다고 말하고 있다. 시각
자료에서 할인 조건이 20명 이하의 단체 고객으로 되어 있으
므로 인원수와 관련된 문제점을 말한 (B)가 정답이다.

어휘 take place (행사 등이) 열리다, 개최되다 in attendance
참석한 last 지속되다

18. 화자는 청자에게 무엇을 하도록 요청하는가?
(A) 몇몇 사진들을 보내는 일
(B) 메뉴를 나눠주는 일
(C) 물품을 구입하는 일
(D) 목록을 업데이트하는 일

해설 화자의 말에서 요청 관련 표현이 제시되는 부분에 단서를 찾
아야 한다. 담화의 후반부에 회사가 문을 연 날에 찍은 과거
의 사진들을 좀 보내 달라고(could you send me the old
photos ~) 요청하고 있으므로 (A)가 정답이다.

어휘 distribute ~을 나눠주다, 배부하다 supplies 물품, 용품

UNIT 10 최빈출 담화 유형 2

뉴스 보도

지금은 <라디오 세븐> 주간 음악 소식입니다. 이번 토요일은 전
국 최대 규모의 재즈 페스티벌이 시작되는 날입니다. 재즈를 좋
아하는 팬이시라면, 올해 열리는 페스티벌이 좋은 기회가 될 텐
데요, 세계 최고의 재즈 밴드들이 이곳에 오기 때문입니다. 하지
만 아쉽게도, 주요 연주자인 존 마일스는 원인 불명의 질병으로
인해 올해는 페스티벌에 참가할 수 없을 것입니다. 라인업 조정
과 이 변화에 비추어 계획된 특별 행사에 대해 더 알고 싶으시면
계속 들어 주십시오. 짧은 광고 후에 페스티벌 감독과 이야기를
나누도록 하겠습니다.

어휘 mark (날짜 등이) ~을 나타내다, 가리키다 unfortunately
아쉽게도, 안타깝게도 headline (공연 등에) 주 연주자로
나오다 performer 연주자, 공연자 due to ~로 인해
unspecified 규명되지 않은, 불특정한 illness 병, 아픔

1. 보도의 주제는 무엇인가?
(A) 코미디 쇼
(B) 음식 축제
(C) 극장 공연 작품
(D) 음악 행사

해설 화자는 담화를 시작하면서 weekly music report라는 말
로 음악과 관련된 내용이 보도될 것임을 밝히고 있고, 뒤이
어 This Saturday marks the beginning of the biggest
jazz festival in the country라는 말로 재즈 페스티벌이 열
리는 것에 대해 알리고 있으므로 (D)가 정답이다.

어휘 production (극장에서 상연되는) 작품

Paraphrase jazz festival → musical event

2. 화자는 어떤 문제점을 언급하는가?
(A) 장소가 변경되었다.
(B) 남은 티켓이 없다.
(C) 주 연주자가 취소를 했다.
(D) 행사 주최자가 아프다.

해설 problem에 대해 묻는 문제이므로 담화에서 부정적인 내용
이 언급되는 곳을 들어야 한다. 화자는 재즈 페스티벌이 개최
된다는 내용을 소개한 후에 Unfortunately라는 표현을 이용
해 부정적인 내용을 언급하고 있는데, 그 내용이 however,
the headlining performer, John Miles, will not be able
to appear at this year's festival due to an unspecified
illness, 즉 주요 연주자가 올 수 없다는 것이므로 (C)가 정답
이다.

어휘 **venue** 장소, 개최지 **organizer** 주최자, 조직자

Paraphrase headlining performer → main performer

3. 상업 광고 후에 무슨 일이 있을 것인가?
(A) 상품을 나눠줄 것이다.
(B) 초대손님을 인터뷰할 것이다.
(C) 대회 우승자들이 발표될 것이다.
(D) 밴드가 연주를 할 것이다.

해설 마지막 부분에서 짧은 광고 후에 페스티벌 감독과 이야기를 나눈다고 하므로(We'll be speaking with the festival director right after a short commercial break) 게스트 인터뷰가 있을 것이라는 (B)가 정답이다.

어휘 **give out** 나눠주다 **contest winner** 대회 우승자

교통 정보

안녕하세요, 청취자 여러분. WTN 교통 정보입니다. 85번 고속 도로가 오늘 저녁 조슈아 스타디움에서 열리는 축구 경기로 인해 극심한 교통량을 겪고 있습니다. 대체 경로를 찾고 계시는 경우, 저희 웹 사이트에서 실시간 경로 안내 서비스를 확인해 보시도록 권해 드립니다. 추가로, 도로 수리 작업이 다음 주에 도심 구역에서 시작될 예정이며, 이는 메인 스트리트를 따라 일시적인 폐쇄로 이어질 수 있다는 점에도 유의하시기 바랍니다. 해당 공사가 완료되는 대로 여러분께 즉시 알려 드릴 것이므로 안심하시기 바랍니다. 청취해 주셔서 감사 드리며, 즐거운 저녁 시간 보내시기 바랍니다.

어휘 **traffic** 교통(량), 차량들 **experience** v. ~을 겪다, ~을 경험하다 **heavy** (정도, 양 등이) 심한, 많은 **due to** ~로 인해, ~ 때문에 **seek** ~을 찾다 **alternative** 대체의 **route** 경로, 노선 **check out** ~을 확인해 보다 **real-time** 실시간의 **organizer** (도구, 기능 등의) 정리해 주는 것 **additionally** 추가로, 게다가 **please be aware that** ~라는 점에 유의하십시오 **be scheduled to do** ~할 예정이다 **lead to** ~로 이어지다 **temporary** 일시적인, 임시의 **closure** 폐쇄, 닫음 **along** (길 등) ~을 따라 **Rest assured** ~이므로 안심하십시오 **promptly** 즉시, 지체 없이 **complete** 완료된 **tune in** 청취하다, 채널을 맞추다

1. 보도의 주제는 무엇인가?
(A) 스포츠 토너먼트
(B) 최신 교통 정보
(C) 유명 인사 인터뷰
(D) 건축 공사

해설 화자가 담화 시작 부분에 교통 정보 프로그램이라고 알리면서 85번 고속도로의 교통 상황을(Here's your WTN traffic report. Highway 85 is experiencing heavy traffic) 전하고 있으므로 (B)가 정답이다.

어휘 **update** 최신 정보, 최신 소식 **celebrity** 유명 인사

Paraphrase traffic report → traffic update

2. 화자가 청자들에게 무엇을 하도록 권하는가?
(A) 소식지를 구독할 것
(B) 대중 교통을 이용할 것
(C) 경로 안내를 확인할 것
(D) 지역 지도를 출력할 것

해설 화자가 무엇을 하도록 권하는지 묻고 있으므로 권장이나 제안과 관련된 표현과 함께 언급되는 정보에 집중해 들어야 한다. 화자가 담화 중반부에 자사 웹 사이트에서 실시간 경로 안내 서비스를 확인해 보도록 권하는(we suggest checking out the real-time route organizer on our Web site) 내용이 제시되고 있으므로 (C)가 정답이다.

어휘 **subscribe to** ~을 구독하다 **take** (교통편, 도로 등) ~을 이용하다, ~을 타다 **guide** 안내(서)

Paraphrase checking out the real-time route organizer
→ Check a route guide

3. 화자가 다음 주에 무슨 일이 있을 거라고 말하는가?
(A) 예산이 검토될 것이다.
(B) 회사가 이전할 것이다.
(C) 신입 사원들이 고용될 것이다.
(D) 도로 시설 관리 작업이 시작될 것이다.

해설 next week이 핵심어이므로 이 시점 표현이 언급되는 부분에서 제시되는 정보에 집중해 들어야 한다. 담화 중반부에 화자가 도로 수리 작업이 다음 주에 도심 구역에서 시작될 예정이라고(road repair is scheduled to begin in the city center area next week) 알리고 있으므로 (D)가 정답이다.

어휘 **relocate** 이전하다 **maintenance** 시설 관리, 유지 관리

Paraphrase road repair is scheduled to begin
→ Road maintenance will start.

광고

신문, 책, 잡지를 들고 다니기 지겨우십니까? 그렇다면 <지니버스>로 오세요! 저희는 전국에서 가장 다양한 종류의 전자책 단말기들을 보유하고 있으므로 귀하의 모든 기술적 필요를 만족시켜드릴 자신이 있습니다. 저희는 기술에 진지한 관심을 갖고 계신 분들이 저희 전자기기들의 대부분을 사용해보고 작동해볼 수 있는 체험존도 갖추고 있습니다. 그리고 매장에 오실 수 없다면 여러분 댁에서 편안하게 저희의 모든 제품을 구매하실 수 있는 온라인 매장이 있습니다. 저희 온라인 매장에서 구매하시면 모든 제품에 대해 5%의 할인을 받으실 수 있습니다.

어휘 **be sick of** ~에 싫증나다, ~이 지겹다 **if so** 만일 그렇다면 **have the largest range of** 가장 많은 종류의

~을 보유하다 electronic reading devices 전자 독서 단말기 in the country 국내에서 be confident that절: ~라고 확신하다 satisfy ~을 만족시키다 technology needs 기술 관련 필요사항 experience zone 체험존 electronicdevices 전자 기기 from the comfort of one's own home ~의 집에서 편안하게

1. <지니버스>는 어떤 종류의 업체인가?
(A) 온라인 서점
(B) 철물점
(C) 전자제품점
(D) 편의점

해설 광고 첫 부분에서 Ginivers라는 매장을 언급하며 We have the largest range of electronic reading devices in the country, so we are confident that we can satisfy all your technology needs라고 소개하고 있다. 전자책 단말기 (electronic reading devices)를 취급할 만한 곳은 전자제품점이므로 (C)가 정답이다.

2. <지니버스>는 기술제품 애호가들에게 무엇을 제공하는가?
(A) 제품 시범 사용 구역
(B) 안내 책자
(C) 무료 전자기기
(D) 월간 카탈로그

해설 문제의 핵심어 technology enthusiasts를 담화에서는 serious fans of technology라고 표현하고 있다. 이들에 대해 말하면서 기술제품에 관심이 많은 사람들이 제품을 사용해 볼 수 있는 시범 사용 구역을 갖추고 있다고(We even have an experience zone where serious fans of technology can use and play with most of our electronic devices) 한다. 따라서 (A)가 정답이다.

어휘 product trial 제품 시범 사용

Paraphrase experience zone → product trial area

3. 광고는 온라인 주문에 대해 뭐라고 말하는가?
(A) 배송비가 발생하지 않는다.
(B) 할인을 받을 수 있다.
(C) 5일 이내에 배송된다.
(D) 무료 선물포장을 포함한다.

해설 online orders가 핵심어이므로 이와 관련 있는 표현이 언급되는 곳에 귀 기울인다. 담화 후반부에 온라인 매장이 소개되고 있는데, 이곳에 모든 제품들을 갖추고 있으며, 무엇을 구매하든 5% 할인을 해주겠다고(if you do choose to buy from our online store, you'll receive a five percent discount off any item) 한다. 따라서 (B)가 정답이다.

어휘 incur ~을 발생시키다 delivery charge 배송비 be eligible for + 명사 ~을 받을 자격이 있다 ship v. ~을

선적하다 within five days 5일 이내에 include ~을 포함하다 giftwrapping 선물포장

투어 가이드

역사적인 노르위치 시티의 구도심에 오신 것을 환영합니다. 저는 오늘 여러분의 투어를 맡은 가이드입니다. 저는 오늘 이 도시 내에서 거의 2세기 동안 상인들이 각자의 상품을 판매했던 역사적인 시장과 항구 구역 주변으로 여러분을 안내해 드릴 것입니다. 어제 이후로 이메일을 확인하셨다면, 우리가 방문하게 될 4개의 장소와 함께 업데이트된 일정표를 제가 이메일로 보내드린 것을 보셨을 수도 있습니다. 부두를 방문하는 것으로 시작할 것이며, 그 다음으로는 야외 시장으로 갈 예정입니다. 이 구역에서는 볼 거리와 할 거리가 너무 많기 때문에, 아마 저에게 질문하실 부분들이 많을 것입니다. 그런데, 저는 평생을 이곳에서 살았습니다. 자, 그럼 우리의 투어를 시작해봅시다.

어휘 historic 역사적인 take A around B A를 B 주변으로 안내하다 port 항구 district 구역, 지역 trader 상인 goods 상품 dock 부두 open-air market 야외 시장 entire 전체의

1. 청자들은 누구일 것 같은가?
(A) 지역 역사학자들
(B) 도시 계획 담당 직원들
(C) 잠재 투자자들
(D) 단체 관광객들

해설 담화 초반에 화자가 오늘의 투어를 맡은 가이드라고(I'll be your guide for today's tour) 자신을 소개하고 있다. 이는 청자들이 관광객임을 의미하므로 (D)가 정답이다.

어휘 historian 역사학자, 역사가 town planning 도시 계획 potential 잠재적인 investor 투자자

2. 화자가 어제 청자들에게 이메일로 보낸 것은 무엇인가?
(A) 안내 책자
(B) 여행 일정표
(C) 영수증
(D) 메뉴

해설 담화 중반에 화자가 어제 이후로 이메일을 확인했다면 자신이 이메일로 향후 방문할 네 곳의 장소와 함께 업데이트된 일정표를 보낸 것을 보았을 수도 있다고(If you've checked your e-mail since yesterday, you may have seen I e-mailed an updated schedule with the four locations we'll visit) 말하면서, 질문에 나온 yesterday라는 특정 시점을 간접적으로 풀어서 언급하고 있다. 따라서 이를 여행 일정표로 바꿔 말한 (B)가 정답이다.

3. 화자가 "그런데, 저는 평생을 이곳에서 살았습니다"라고 말할

때 암시하는 것은 무엇인가?
(A) 그는 일정을 바꾸고 싶어 한다.
(B) 그는 전근하게 되어서 기쁘다.
(C) 그는 다른 장소들을 방문할 계획이다.
(D) 그는 그 일에 적격이다.

해설 질문에 포함된 문장은 투어를 진행할 장소에서 볼 것과 할 것이 너무 많기 때문에 질문할 것들이 많을 것이라는(There is so much to see and do in this area, and you will probably have many things to ask me) 말 다음에 제시되고 있다. 이는 화자가 이곳에서 평생을 살았기 때문에 얼마든지 질문에 답할 수 있음을 의미하는 말이라는 것을 알 수 있으므로 (D)가 정답이다.

어휘 be excited to ~하게 되어 기쁘다 relocate 이동하다, 전근하다 be qualified for ~을 할 자격이 있다, ~에 적격이다

PRACTICE TEST

1. (B)	2. (A)	3. (B)	4. (A)	5. (C)
6. (D)	7. (D)	8. (C)	9. (D)	10. (C)
11. (B)	12. (D)	13. (C)	14. (A)	15. (D)
16. (A)	17. (C)	18. (C)		

Questions 1-3 refer to the following advertisement.

Looking to redefine your work environment? **1**
Our shared office space, Synergy Hive, is the newest and most modern, situated in the bustling downtown area. Members benefit from state-of-the-art facilities such as high-speed Internet and ergonomic furniture. But **2** **what you'll appreciate most is our vibrant community of like-minded professionals.** Our space isn't just about desks and chairs - from regular networking events to spontaneous brainstorming sessions, we cultivate an atmosphere where ideas flourish and partnerships thrive. **3** **Visit our Website now to experience a virtual tour of our spaces.** Start your journey to success by joining us at Synergy Hive.

업무 환경을 재정립하시기를 바라고 계신가요? 저희 공유 사무 공간인 시너지 하이브는 가장 새로우면서 가장 현대적이며, 분주한 도심 구역에 자리잡고 있습니다. 회원들께서는 초고속 인터넷과 인체 공학적인 가구 같은 최신 시설들로부터 혜택을 얻으시게 됩니다. 하지만 여러분께서 가장 높이 평가하시게 되는 부분은 생각이 비슷한 전문직 종사자들로 구성된 활기찬 저희 공동체입니다. 저희 공간은 단지 책상과 의자만 있는 곳이 아니

라, 정기적인 인적 교류 행사부터 즉흥적인 창조적 집단 사고 시간에 이르기까지, 아이디어들이 꽃피우고 제휴 관계가 번성하는 분위기를 조성해 드립니다. 지금 저희 웹 사이트를 방문하셔서 저희 공간들에 대한 가상 투어를 경험해 보십시오. 저희 시너지 하이브에 가입하셔서 성공을 향한 여러분의 여정을 시작해 보시기 바랍니다.

어휘 look to do ~하기를 바라다 redefine ~을 재정립하다 environment 환경 shared 공유의 situated in ~에 자리잡고 있는 bustling 분주한, 북적거리는 benefit from ~로부터 혜택을 얻다 state-of-the-art 최신의, 최첨단의 facility 시설(물) ergonomic 인체 공학의 appreciate ~을 높이 평가하다, ~을 인정하다 vibrant 활기찬 community 공동체, 공동 집단 like-minded 생각이 비슷한, 마음이 맞는 professional n. 전문직 종사자, 전문가 regular 정기적인, 규칙적인 networking 인적 교류 spontaneous 즉흥적인, 자발적인 brainstorming 창조적 집단 사고, 아이디어 창출 cultivate ~을 조성하다, ~을 구축하다 atmosphere 분위기 flourish 꽃피우다, 번성하다(= thrive) partnership 제휴 virtual 가상의 join ~에 가입하다, ~와 함께 하다

1. 무엇이 광고되고 있는가?
(A) 아파트 단지
(B) 공유 업무 공간
(C) 여행사
(D) 호텔

해설 무엇이 광고되고 있는지 묻고 있으므로 서비스나 제품 등을 소개하는 부분에 특히 집중해 들어야 한다. 화자가 담화 시작 부분에 공유 사무 공간인 시너지 하이브(Our shared office space, Synergy Hive)를 소개하면서 그곳의 몇몇 장점을 설명하고 있으므로 (B)가 정답이다.

어휘 complex (건물) 단지, 복합 건물 coworking 공유 업무
Paraphrase shared office space → coworking space

2. 화자의 말에 따르면, 청자들이 시너지 하이브와 관련해 무엇을 가장 높이 평가할 것인가?
(A) 인적 교류 기회
(B) 친절한 직원들
(C) 알맞은 가격 책정
(D) 편리한 위치

해설 청자들이 시너지 하이브와 관련해 무엇을 가장 높이 평가할 것인지 묻고 있으므로 특별히 언급되는 장점을 파악해야 한다. 화자가 담화 중반부에 청자들이 가장 높이 평가하게 되는 부분은 생각이 비슷한 전문직 종사자들로 구성된 활기찬 공동체라고(what you'll appreciate most is our vibrant community of like-minded professionals) 설명하고 있

다. 이러한 공동체 구성은 서로 교류할 수 있는 기회로 볼 수 있으므로 (A)가 정답이다.

어휘 opportunity 기회 affordable (가격이) 알맞은, 적당한 convenient 편리한 location 위치, 지점

Paraphrase community of like-minded professionals
→ Networking opportunities

3. 화자가 청자들에게 온라인에서 무엇을 하도록 권하는가?
(A) 안내 책자를 다운로드하는 것
(B) 가상 투어를 해 보는 것
(C) 방문 일정을 잡는 것
(D) 몇몇 후기를 읽어 보는 것

해설 온라인에서 하도록 권하는 일을 묻고 있으므로 핵심어 online을 비롯해 권장이나 제안을 나타내는 표현과 함께 언급되는 정보를 파악해야 한다. 담화 후반부에 화자가 자사의 웹 사이트를 방문해 공간들에 대한 가상 투어를 경험해 보도록 권하고 있으므로(Visit our Web site now to experience a virtual tour of our spaces) 이를 언급한 (B)가 정답이다.

어휘 brochure 안내 책자 take a tour 투어를 하다, 둘러 보다 review 후기, 평가

Paraphrase experience a virtual tour → Take a virtual tour

Questions 4-6 refer to the following talk.

Good evening, folks, **4** you're watching Channel 7 News. We're out here on location at Levy's Stadium gearing up for the highly anticipated matchup between the Stockton Soldiers and Arlington Thunderhawks. There's still 2 hours left before the event gets underway, but **5** football fans have already begun filling the venue. I'm standing in Zone 5A, where **5** a regular ticket for this section costs around $500! That's triple the normal price. You can really feel everyone's excitement out here. **6** If you want to catch all the behind-the-scenes action, player interviews, and expert analysis, tune in to our exclusive program later tonight.

안녕하세요, 여러분, 여러분께서는 채널 7 뉴스를 시청하고 계십니다. 저희는 큰 기대를 모아 온 스탁튼 솔저스와 알링튼 썬더호크스 사이의 결전을 준비 중인 레비스 스타디움 현장에 나와 있습니다. 행사가 진행되기 전까지 아직 2시간이나 남아 있지만, 축구 팬들이 이미 행사장을 가득 메우기 시작했습니다. 저는 5A 구역에 서 있는데요, 이 구역의 일반 입장권이 약 500달러나 합니다! 이는 정상 가격의 세 배입니다. 바로 이곳에서 정말로 모든 사람의 열기를 느끼실 수 있습니다. 모든 비하인드 스토

리와 선수 인터뷰, 그리고 전문가 분석을 시청하고자 하시는 경우, 이따가 오늘밤에 저희 독점 프로그램에 채널 맞추시기 바랍니다.

어휘 folks 사람들 on location 현장에서 gear up for ~을 위해 준비하다 highly anticipated 큰 기대를 모아 온 matchup 결전, 대결 There is[are] A left A가 남아 있다 underway 진행 중인 fill ~을 가득 메우다 venue 행사장, 개최 장소 regular 일반의, 보통의, 정규의, 정기적인 cost ~의 비용이 들다 triple the 명사 ~의 세 배인 normal 정상적인, 보통의 catch ~을 시청하다 behind-the-scenes action 비하인드 스토리, 뒷이야기 expert 전문가 analysis 분석 tune in to ~에 채널을 맞추다 exclusive 독점적인, 전용의

4. 화자가 누구일 것 같은가?
(A) 뉴스 기자
(B) 축구 선수
(C) 행사 주최자
(D) 시 관계자

해설 화자의 신분을 묻고 있으므로 특정 업무나 활동 분야, 업체 종류 등과 관련된 정보를 파악해야 한다. 화자가 담화를 시작하면서 채널 7 뉴스를 시청하고 있다는 말과 함께 현장에 나가 있다는(you're watching Channel 7 News. We're out here on location) 사실을 언급하고 있으므로 (A)가 정답이다.

어휘 organizer 주최자, 조직자 official n. 관계자, 당국자

5. 화자가 "이는 정상 가격의 세 배입니다"라고 말할 때 암시하는 것은 무엇인가?
(A) 티켓 가격이 과도하게 책정되었다.
(B) 행사장에 좌석이 충분하지 않다.
(C) 행사 좌석이 수요가 높다.
(D) 행사가 많은 수익을 창출했다.

해설 화자가 담화 중반부에 축구 팬들이 이미 행사장을 가득 메우기 시작한(football fans have already begun filling the venue) 사실과 함께 한 구역의 일반 입장권이 약 500달러나 한다고(football fans have already begun filling the venue a regular ticket for this section costs around $500!) 언급하면서 그것이 정상 가격의 세 배라고 알리고 있다. 이는 그러한 비용에도 불구하고 행사장을 가득 메울 만큼 좌석에 대한 수요가 높다는 뜻이므로 (C)가 정답이다.

어휘 overpriced 가격이 과도하게 책정된, 비싸게 값이 매겨진 venue 행사장, 개최 장소 seating 좌석 (구역) in high demand 수요가 높은 generate ~을 창출하다, ~을 만들어 내다 profit 수익, 이윤

6. 화자의 말에 따르면, 청자들이 어떻게 추가 정보를 얻을 수 있는가?
(A) 웹 사이트를 방문함으로써
(B) 온라인 토론에 참여함으로써
(C) 소셜 미디어 페이지를 팔로우함으로써
(D) 특별 프로그램을 시청함으로써

해설 청자들이 어떻게 추가 정보를 얻을 수 있는지 묻고 있으므로 정보 전달 방식과 관련해 언급하는 부분을 주의 깊게 들어야 한다. 담화 마지막 부분에 화자가 모든 비하인드 스토리와 선수 인터뷰, 그리고 전문가 분석을 시청하려면 오늘 밤에 자사의 프로그램에 채널 맞추라고 권하고 있으므로(If you want to catch all the behind-the-scenes action, player interviews, and expert analysis, tune in to our exclusive program later tonight) 이러한 방식에 해당하는 (D)가 정답이다.

어휘 join ~에 참여하다, ~에 합류하다 view ~을 보다

Paraphrase tune in to our exclusive program
→ viewing a special program

Questions 7-9 refer to the following advertisement.

---

7 Do you get tired of chopping up onions and bulbs of garlic when you're preparing a meal? If so, then you probably need the Bulb Buddy! Our product uses stainless steel blades and an innovative cutting function to help you chop ingredients quickly and effortlessly. And, **8** unlike other similar products on the market, the Bulb Buddy comes with a warranty. If you purchase one today, we will offer you a guarantee that it will work well for the next five years. **9** To purchase a Bulb Buddy, call us now at 555-8276. You won't find them in any stores. So, don't hesitate. Take advantage of this incredible offer, and get a Bulb Buddy today.

식사 준비를 하실 때 양파와 통마늘을 잘게 써는 것이 지겨우신 가요? 그러시다면, 여러분은 벌브 버디가 필요하실 수도 있습니다! 저희 제품은 스테인레스 스틸 칼날과 혁신적인 절단 기능을 활용해 음식 재료를 빠르고 힘들지 않게 썰도록 도와 드립니다. 그리고 시중에 나와 있는 다른 유사 제품들과는 달리, 벌브 버디에는 품질 보증서가 딸려 있습니다. 오늘 구입하실 경우, 앞으로 5년 동안 제대로 기능을 할 것이라는 점을 여러분께 보장해 드립니다. 벌브 버디를 구입하시려면, 555-8276으로 지금 전화주세요. 어느 매장에서도 이 제품을 찾아보실 수 없을 것입니다. 그러니, 주저하지 마시고 이 믿기 힘든 제안을 기회로 오늘 벌브 버디를 구입해 보세요.

어휘 get tired of ~하는 것을 지겨워하다 chop up ~을 잘게 썰다 onion 양파 bulb of garlic 통마늘 meal 식사 If so 그렇다면 stainless steel 스테인레스 스틸 blade 칼날 innovative 혁신적인 function 기능, 성능 ingredient 재료, 성분 effortlessly 힘들이지 않고, 쉽게 unlike ~와 달리 similar 유사한 on the market 시중에 나와 있는 come with ~가 딸려 있다 warranty 품질 보증(서) offer A B A에게 B를 제공하다 a guarantee that ~라는 보증 hesitate 주저하다, 망설이다 take advantage of ~을 (기회로) 이용하다 incredible 믿기 힘든 offer 제공(되는 것), 제안

7. 벌브 버디는 무슨 종류의 제품인가?
(A) 태블릿 컴퓨터
(B) 조명 기구
(C) 원예 도구
(D) 주방 용품

해설 Bulb Buddy가 질문의 핵심이므로 이 명칭과 함께 제시되는 정보를 파악하는 데 집중해야 한다. 담화 시작 부분에 화자는 식사 준비를 할 때 양파와 통마늘을 잘게 써는 것이 지겨운가에 대해 질문을 던짐으로써, 흥미를 유발하면서 이 제품을 언급하고 있다(Do you get tired of chopping up onions and bulbs of garlic when you're preparing a meal? If so, then you probably need the Bulb Buddy!). 따라서 주방 용품을 뜻하는 (D)가 정답이다.

어휘 light fixture 조명 기구 gardening 원예 tool 도구, 공구 kitchen utensil 주방 용품

8. 화자의 말에 따르면, 무엇이 해당 제품을 특별하게 만드는가?
(A) 추가 부품이 딸려 있다.
(B) 재충전이 가능하다.
(C) 품질 보증서가 포함되어 있다.
(D) 다양한 기능이 있다.

해설 담화 중반부에 화자는 유사 제품들과 달리 Bulb Buddy에는 품질 보증서가 딸려 있다고(unlike other similar products on the market, the Bulb Buddy comes with a warranty) 알리고 있다. 따라서 이와 같은 특징을 언급한 (C)가 정답이다.

어휘 extra 추가의, 별도의 part 부품 rechargeable 재충전 가능한 include ~을 포함하다 various 다양한

9. 화자는 왜 "어느 매장에서도 이 제품을 찾아보실 수 없을 것입니다"라고 말하는가?
(A) 제품 회수를 알리기 위해
(B) 제품의 인기를 강조하기 위해
(C) 새로운 웹사이트를 홍보하기 위해
(D) 청자들에게 전화하도록 권하기 위해

해설 해당 문장을 그대로 해석해 보면 "어느 매장에서도 찾을 수 없

을 것이다"라는 의미를 나타낸다. 이는 담화 후반부에 화자가 특정 전화번호와 함께 전화를 걸어 제품을 구매하는 방법(To purchase a Bulb Buddy, call us now at 555-8276)을 소개한 후에 들을 수 있는 말이다. 따라서 제품 구매를 위해 전화하도록 권하기 위해 한 말이라는 것을 알 수 있으므로 (D)가 정답이다.

어휘 recall 회수, 리콜 emphasize ~을 강조하다 popularity 인기 promote ~을 홍보하다

Questions 10-12 refer to the following broadcast.

Today, **10** the city unveiled exciting plans for the renovation of our beloved downtown park. The focal point of this project will be the restoration of the historic pavilion, which will be repurposed into a modern community center. **11** This multipurpose space will serve as a gathering point for residents, greatly enriching their lives by providing them with a place to connect with nature and participate in diverse cultural events and recreational activities. The grand opening festivities are scheduled for next May. **12** For more information and detailed project plans, visit the city's Web site.

오늘, 우리 시가 많은 사랑을 받고 있는 우리 도심 공원에 대한 흥미로운 개조 계획을 공개했습니다. 이 프로젝트의 초점은 역사적인 정자의 복원이 될 것이며, 이는 현대적인 지역 문화 센터로 용도 변경될 것입니다. 이 다목적 공간은 주민들을 위한 만남의 장소 역할을 하게 되어, 자연과 연결되고 다양한 문화 행사 및 여가 활동에 참여하실 수 있는 장소를 제공해 주민 여러분의 삶을 크게 풍요롭게 해 드릴 것입니다. 성대한 개장 기념 축제가 내년 5월로 예정되어 있습니다. 추가 정보 및 상세 프로젝트 계획을 보시려면, 시 웹 사이트를 방문하시기 바랍니다.

어휘 unveil ~을 공개하다 renovation 개조, 보수 beloved (사람들의) 사랑을 받는 focal point 초점, 중점 restoration 복원, 복구 historic 역사적인 pavilion 정자, 가설 건물, 전시관, 전당 repurpose A into B A를 B로 용도 변경하다 community center 지역 문화 센터 multipurpose 다목적의 serve as ~의 역할을 하다 gathering point 만남의 장소 resident 주민 greatly 크게, 대단히, 매우 enrich ~을 풍요롭게 하다 by (방법) ~해서, ~함으로써 provide A with B A에게 B를 제공하다 connect with ~와 연결되다 participate in ~에 참여하다 diverse 다양한 recreational 여가의, 오락의 festivity 축제 be scheduled for ~로 예정되다 detailed 상세한

10. 방송에서 어떤 프로젝트가 이야기되고 있는가?
(A) 웹 사이트를 다시 디자인하는 일
(B) 모금 행사를 마련하는 일
(C) 도시 공원을 개조하는 일
(D) 일부 미술품을 복원하는 일

해설 어떤 프로젝트가 이야기되고 있는지 묻고 있으므로 프로젝트의 목적이나 진행 상황과 관련된 정보를 주의 깊게 들어야 한다. 화자가 담화를 시작하면서 시에서 도심 공원에 대한 흥미로운 개조 계획을 공개한 사실을(the city unveiled exciting plans for the renovation of our beloved downtown park) 언급하고 있으므로 (C)가 정답이다.

어휘 broadcast 방송 organize ~을 마련하다, ~을 조직하다 fundraiser 모금 행사 renovate ~을 개조하다, ~을 보수하다 restore ~을 복원하다, ~을 복구하다

Paraphrase renovation of our beloved downtown park
→ Renovating a city park

11. 화자의 말에 따르면, 누가 해당 프로젝트로부터 혜택을 볼 것인가?
(A) 기업가들
(B) 주민들
(C) 관광객들
(D) 지역 미술가들

해설 누가 해당 프로젝트로부터 혜택을 볼 것인지 묻고 있으므로 특별히 언급되는 대상자들을 찾는 데 집중해야 한다. 담화 중반부에 화자가 용도 변경되는 다목적 공간이 주민들을 위한 만남의 장소 역할을 하게 된다고(This multipurpose space will serve as a gathering point for residents) 알리면서 그로 인한 혜택을 설명하고 있으므로 (B)가 정답이다.

어휘 benefit from ~로부터 혜택을 보다 local 지역의, 현지의

12. 화자가 청자들에게 무엇을 하도록 권하는가?
(A) 라디오 방송국에 전화하는 일
(B) 곧 등록하는 일
(C) 설문 조사지를 작성 완료하는 일
(D) 웹 사이트를 확인하는 일

해설 화자가 무엇을 하도록 권하는지 묻고 있으므로 권장이나 제안과 관련된 표현과 함께 언급되는 정보에 집중해 들어야 한다. 화자가 담화 마지막 부분에 추가 정보 및 상세 프로젝트 계획을 보려면 시 웹 사이트를 방문하라고 권하고 있으므로(For more information and detailed project plans, visit the city's Web site) 이를 언급한 (D)가 정답이다.

어휘 encourage A to do A에게 ~하도록 권하다 register 등록하다 complete ~을 완료하다

Paraphrase visit the city's Web site → Check a Web site

Questions 13-15 refer to the following talk and area map.

All right, everybody. **[13] The next stop on our island tour will be Okuma Beach for a relaxing afternoon.** We'll stay here until 4 PM, so you can spend your time swimming in the ocean, working on your tan, or visiting the various restaurants and shops along the strip. There are some changing rooms next to the pier if you need to put on a swimming suit. Oh, also, **[14] the area in front of the Gael Resort is reserved for its guests, so you can't use the beach there.** Luckily, there's enough sand for everyone! Finally, **[15] I'd suggest picking up a special souvenir from the nearby gift shop.** They're all handmade using shells found on the beach.

좋습니다, 여러분. 저희 섬 투어의 다음 목적지는 여유로운 오후를 위한 오쿠마 해변입니다. 우리는 이곳에서 오후 4시까지 머무를 예정이므로 바다에서 수영을 하시고 선탠을 하시거나 거리를 따라 위치한 다양한 레스토랑 및 상점들을 방문하시면서 시간을 보내실 수 있습니다. 수영복을 착용하셔야 할 경우, 부두 옆에 탈의실이 있습니다. 아, 그리고 가엘 리조트 앞에 있는 구역은 그곳의 손님들을 위해 따로 마련된 공간이므로 그 구역은 이용하실 수 없습니다. 다행히도, 모든 분들을 위한 모래 사장이 충분히 있습니다! 마지막으로, 근처의 선물 매장에서 특별 기념품을 구입하시기를 권해 드립니다. 그 제품들은 모두 해변에서 찾아볼 수 있는 조개 껍질을 이용한 수제 제품들입니다.

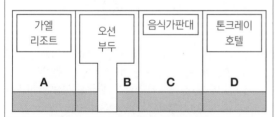

어휘 **stop** 목적지, 정류장, 정차장 **relaxing** 여유롭게 하는, 느긋하게 해 주는 **spend one's time -ing** ~하면서 시간을 보내다 **work on one's tan** 선탠을 하다 **along** (길 등) ~을 따라 **strip** 번화가 **next to** ~옆에 **pier** 부두 **put on** ~을 착용하다 **in front of** ~의 앞에 **be reserved for** ~을 위해 따로 남겨 두다, 예약되어 있다 **luckily** 다행히도 **pick up** ~을 구입하다, 가져가다 **souvenir** 기념품 **handmade** 수제의, 손으로 만든 **stall** 가판대

13. 청자들은 누구일 것 같은가?
(A) 부동산 투자자들
(B) 호텔 손님들

(C) 그룹 투어 참가자들
(D) 새로운 교육 대상자들

해설 담화 시작 부분에 화자는 청자들에게 섬 투어의 다음 목적지가 여유로운 오후를 즐기실 수 있는 Okuma Beach라고(The next stop on our island tour will be Okuma Beach for a relaxing afternoon) 알리고 있으므로 그룹 투어 참가자를 뜻하는 (C)가 정답임을 알 수 있다.

어휘 **real estate** 부동산 **investor** 투자자 **trainee** 교육 받는 사람

14. 시각자료를 보시오. 청자들은 어느 장소를 이용할 수 없는가?
(A) A
(B) B
(C) C
(D) D

해설 이용할 수 없는 장소를 찾아야 하므로 화자의 말에서 출입 금지와 관련된 정보나 특별히 주의를 당부하는 부분이 있을 것임을 예상하고 들을 수 있다. 담화 중반부에 Gael Resort 앞이 그곳의 손님들을 위해 따로 마련된 공간이기 때문에 이용할 수 없다는 사실을 전달하고 있다(the area in front of the Gael Resort is reserved for its guests, so you can't use the beach there). 따라서 시각자료에서 Gael Resort 앞에 위치한 (A)가 정답이다.

15. 화자는 무엇을 권하는가?
(A) 일찍 떠날 것
(B) 간식을 먹을 것
(C) 자외선 차단제를 사용할 것
(D) 기념품을 구입할 것

해설 화자가 권하는 일을 찾아야 하므로 화자의 말에서 권고나 제안 관련 표현이 제시되는 부분에서 단서를 파악해야 한다. 담화 마지막 부분에 근처의 선물 매장에서 특별 기념품을 구입하시기를 권한다고(I'd suggest picking up a special souvenir from the nearby gift shop) 알리고 있으므로 (D)가 정답이다.

어휘 **sun block** 자외선 차단제

Questions 16-18 refer to the following broadcast and floor map.

I'm Mel Cheng, reporting from Brisbane International Airport. **[16] Many locals have probably noticed, but the volume of tourists has significantly risen over the years.** In response to these trends, the airport's chief operations officer has revealed budget allocations that'll be used to improve dining, transportation, shopping, and medical services here in the main terminal. **[17] Food court renovations**

have already begun, while the other projects will start next year. Also, the airport's 100th anniversary concert, its largest event yet, is fast approaching. Tickets will be going on sale soon, and **18** **this Saturday, our station will be announcing the full line-up**, so stay tuned for that.

저는 브리즈번 국제 공항에서 보도해 드리는 멜 쳉입니다. 많은 지역 주민들께서 이미 알아차리셨겠지만, 관광객 규모가 수년 동안에 걸쳐 상당히 증가해 왔습니다. 이러한 추세에 대응해, 이 공항의 최고 운영 책임자는 이곳 중앙 터미널 내의 식사 공간과 운송, 쇼핑, 그리고 의료 서비스를 향상시키는 데 쓰이게 될 예산 할당액을 공개했습니다. 식당가 개조 공사는 이미 시작된 반면, 나머지 프로젝트들은 내년에 시작될 것입니다. 그리고, 이 공항 역사상 가장 큰 행사인, 100주년 기념 콘서트가 빠르게 다가오고 있습니다. 입장권이 곧 판매에 돌입할 것이며, 이번 주 토요일에, 저희 방송국에서 전체 출연진을 전해 드릴 예정이므로, 이를 위해 채널을 고정해 주시기 바랍니다.

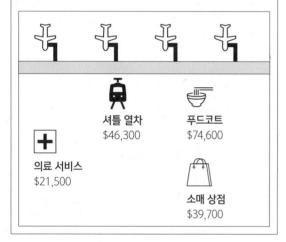

셔틀 열차
$46,300

푸드코트
$74,600

의료 서비스
$21,500

소매 상점
$39,700

어휘 **local** n. 지역 주민 **notice** 알아차리다, 주목하다 **volume** 규모, 부피, 용량 **significantly** 상당히, 많이 **rise** 증가하다, 상승하다 **in response to** ~에 대응해, ~에 대한 반응으로 **chief operations officer** 최고 운영 책임자 **reveal** ~을 공개하다, ~을 드러내다 **allocation** 할당(된 것) **anniversary** (해마다 돌아오는) 기념일 **yet** (최상급 뒤에서) ~ 역사상, 지금까지 중에서 **approach** 다가오다, 다가가다 **go on sale** 판매에 돌입하다 **line-up** 출연진 **stay tuned** 채널을 고정하다 **retail** 소매

16. 화자는 지역 주민들이 무엇을 알아차리게 되었다고 말하는가?
(A) 증가하는 관광객 규모
(B) 다양한 항공편 선택지
(C) 더 높은 티켓 가격

(D) 더 많은 개별화된 편의시설

해설 지역 주민들이 무엇을 알아차리게 되었는지 묻고 있으므로 핵심어인 locals와 함께 제시되는 정보를 파악해야 한다. 담화 시작 부분에 화자가 많은 지역 주민이 알게 된 것으로 관광객 규모가 수년 동안 상당히 증가한 사실을(Many locals have probably noticed, but the volume of tourists has significantly risen over the years) 언급하고 있으므로 (A)가 정답이다.

어휘 **diverse** 다양한 **personalized** 개별화된, 개인 맞춤형의 **amenities** 편의시설

Paraphrase the volume of tourists has significantly risen → Rising tourist volumes

17. 시각자료를 보시오. 현재 작업이 진행되고 있는 프로젝트의 비용은 얼마인가?
(A) $21,500
(B) $46,300
(C) $74,600
(D) $39,700

해설 각 비용이 선택지에 제시되어 있으므로 시각자료에 제시된 프로젝트 명칭들 중 하나가 언급되는 부분을 주의 깊게 들어야 한다. 담화 중반부에 화자가 식당가 개조 공사가 이미 시작되었다고(Food court renovations have already begun) 알리고 있으며, 시각자료에 식당가 관련 프로젝트 비용으로 $74,600가 표기되어 있으므로 (C)가 정답이다.

18. 토요일에 무엇이 예정되어 있는가?
(A) 공개 오디션
(B) 콘서트
(C) 발표
(D) 기념 행사

해설 Saturday가 핵심어이므로 이 시점 표현이 언급되는 부분에 집중해 들어야 한다. 담화 맨 마지막 부분에 이번 주 토요일에 화자의 방송국에서 전체 출연진을 전할 예정이라고(this Saturday, our station will be announcing the full line-up) 알리고 있으므로 (C)가 정답이다.

어휘 **be scheduled for** + 일시 ~로 예정되다

Paraphrase announcing the full line-up → announcement

READING

3초컷 문제 미리 보기: 품사 자리 문제

빈출 명사 자리

1. restoration
그 저택의 복원이 지역의 관광을 촉진할 것으로 예상된다.

어휘 restore ~을 복원하다 restoration 복원 be expected
to do ~할 것으로 예상되다 tourism 관광(업) region
지역

2. alternations
메인 스트리트에 있는 양복점은 전문적인 정장 수선으로 유명하다.

어휘 tailor shop 양복점 be known for ~으로 알려지다
expert a. 전문적인, 숙련된 alter (옷을) 고치다, 수선하다
alteration (옷) 수선, 변경 formal wear 정장

3. Attendance
컨퍼런스 참석자 수가 예상했던 것보다 20퍼센트 적었다.

어휘 attendance 참석자 수 than expected 예상했던 것보다

4. response
많은 사람들이 증가하는 생활비에 대한 대책으로 도시 밖으로 이사
하고 있다.

어휘 in response to ~에 대응하여 living cost 생활비

5. promotion
에라모 씨는 이번 달에 승진 자격이 있다.

어휘 be eligible for ~에 대한 자격이 있다 promote ~을
승진시키다 promotion 승진

빈출 동사 자리

1. contains
새로운 사진 제공 서비스 웹사이트인 포토월드는 매우 다양한 사진
을 보유하고 있다.

어휘 contain ~을 포함하다 a wide variety of 매우 다양한

2. value
저희 와일리 그룹은 저희 서비스에 대한 각 고객의 경험을 중요하게

생각합니다.

어휘 value ~을 소중하게 생각하다

3. considered
5년 이상의 근무 경력을 지닌 분은 누구든 그 자리에 대해 검토될
것입니다.

어휘 employment 고용, 취업 consider ~을 고려하다

4. keep
위험물질들은 적절히 표식이 붙은 안전한 용기에 보관하십시오.

어휘 hazardous 위험한 material 물질 secure 안전한
container 용기 properly 적절하게 label ~에 라벨을
붙이다

5. attend
모든 신입사원들은 근무를 시작하기 전에 예비 직무교육에 참석해
야 합니다.

어휘 attend ~에 참석하다 attendance 참석

빈출 형용사 자리

1. authentic
그 식당은 저렴한 가격에 정통 멕시코 요리를 제공한다.

어휘 authenticate ~이 진짜임을 증명하다 authentic 진짜인,
정통의

2. reasonable
여러분은 오늘 상당히 많은 직원들을 효과적으로 관리하는 방법을
배울 수 있습니다.

어휘 manage ~을 관리하다 a reasonable number of
상당수의 effectively 효과적으로

3. critical
고객들로부터 얻는 각각의 의견은 매우 중요합니다.

어휘 feedback 의견 critically 중요하게, 비판적으로 critical
중요한, 비판적인 of importance 중요한(= important)

4. essential
세스 씨는 항상 팀워크에 필수적인 기술들에 집중한다.

어휘 essential 필수적인

5. related

다가오는 워크숍은 향상된 업무 효율과 관련된 다양한 주제들을 다룹니다.

어휘 upcoming 다가오는, 곧 있을 cover ~을 다루다 various 다양한 relation 관계 related to ~와 관련 있는 efficiency 효율성

빈출 부사 자리

1. finally

긴 협상 끝에, 우리는 마침내 로건 해운과의 계약을 체결했다.

어휘 negotiation 협상 finalize ~을 마무리짓다 finally 마침내

2. frequently

합격자는 세계 곳곳으로 자주 출장을 다닐 것입니다.

어휘 applicant 지원자 frequently 자주 frequent 잦은

3. definitely

출장 경비는 모든 영수증을 제출할 때에만 확실하게 환급될 수 있습니다.

어휘 definite 한정된, 확실한 definitely 확실히 reimbursable 환급 가능한 only if ~인 경우에만 submit ~을 제출하다 receipt 영수증

4. periodically

웰링 교는 유지보수를 위해 정기적으로 폐쇄된다.

어휘 periodical 주기적인 periodically 주기적으로

5. consistently

꾸준히 바르면, 자외선 차단제는 자외선 노출을 상당히 줄여줍니다.

어휘 consist 구성하다 consistently 지속적으로, 꾸준히 apply ~을 바르다 sunscreen 자외선 차단제 reduce ~을 줄이다 UV 자외선(Ultra Violet) exposure 노출 significantly 상당히

6. annually

글로벌 마케팅 서비스 사의 직원들은 해마다 성과에 대해 평가를 받는다.

어휘 evaluate ~을 평가하다 annual 연례의 annually 매년 performance 성과

3초 컷 도전 PRACTICE

1. (D)	2. (A)	3. (C)	4. (A)	5. (A)
6. (C)	7. (C)	8. (B)	9. (C)	10. (B)

11. (A)	12. (D)	13. (C)	14. (C)	15. (C)
16. (C)	17. (C)	18. (A)	19. (B)	20. (D)

1.

정답 (D)

해석 힐플립 소프트웨어 사의 이사진은 지역 학교의 폐교를 막기 위해 50만 달러를 기부하는 데 동의했다.

해설 문장의 동사가 to contribute와 to prevent 등 모두 준동사이므로 정동사가 필요하다. 따라서, 빈칸에는 유일한 정동사의 형태 (D) have agreed가 정답이다.

어휘 executive 이사 agree to do ~하기로 동의하다 contribute 기부하다 prevent ~을 방지하다 closure 폐쇄 local 지역의

2.

정답 (A)

해석 터커 씨가 출장으로 해외에 있었기 때문에, 그녀는 신임 대표 이사에게 이메일로 축하 인사를 전했다.

해설 소유격 대명사 her와 전치사 to 사이에 빈칸이 있으므로 빈칸은 her의 수식을 받을 명사 자리이다. 따라서 명사 (A) congratulations가 정답이다.

어휘 congratulations 축하(의 말) newly-appointed 새로 임명된 congratulate ~에게 축하하다 congratulatory 축하의

3.

정답 (C)

해석 사고를 방지하기 위해, AG Chemicals 사는 자사의 모든 생산 시설 내에서 엄격한 안전 조치를 실시한다.

해설 동사 enforces와 목적어인 복합명사 safety measures 사이에 위치한 빈칸은 명사를 수식할 형용사 자리이므로 형용사인 (C) rigorous가 정답이다. 세 개의 명사가 복합명사를 구성하는 경우가 있기는 하지만, 명사 (A) rigor와 (D) rigors는 safety measures와 복합명사를 구성하지 않는다.

어휘 prevent ~을 방지하다, 막다 accident 사고 enforce (규정, 법률 등) ~을 실시하다, 집행하다 measure 조치 production 생산(량) facility 시설(물) rigor 엄격함, 혹독함 rigorously 엄격히 rigorous 엄격한

4.

정답 (A)

해석 가능한 한 최고의 맛을 이뤄 내기 위해, 반드시 한시도 방심하지 말고 소스의 온도를 관찰하셔야 합니다.

해설 조동사 must와 동사 monitor 사이에 위치한 빈칸은 동사를 수식할 부사 자리이므로 (A) vigilantly가 정답이다.

어휘 the best A possible 가능한 한 최고의 vigilantly 한시도

방심하지 않고, 경계하여 **vigilant** 조금도 방심하지 않는, 경계하는 **vigilance** 경계, 감시 **vigil** 밤샘, 철야

5.
정답 (A)

해석 전자 도서에 대한 최근의 수요 증가로 인해, 모비우스 사는 자사의 전자책 리더기 모델들의 생산을 두 배로 늘릴 것이다.

해설 전치사 in과 for 사이에 빈칸이 있으므로 빈칸은 in의 목적어 역할을 할 명사 자리임을 알 수 있다. 따라서 명사 (A) demand가 정답이다.

어휘 **recent** 최근의 **demand** n. 수요 v. ~을 요구하다 **double** v. ~을 두 배로 늘리다 **production** 생산량 **e-reader** 전자책 리더기 **demanding** 부담이 큰, 힘든

6.
정답 (C)

해석 저희에게 555-0989로 전화하셔서 저희 잡지에 대한 구독 기간을 갱신하기를 원하시는지 확인해 주시기 바랍니다.

해설 Please로 시작하는 문장은 동사원형과 함께 명령문 구조를 이루므로 명령문에 필요한 동사원형 (C) confirm이 정답이다.

어휘 **confirm** ~을 확인하다 **renew** ~을 갱신하다 **subscription** 구독 (기간) **confirmation** 확인 (편지)

7.
정답 (C)

해석 쿡빌에 있는 많은 기업들은 각자의 창고에 대해 보안 담당 직원들을 긴급하게 필요로 하고 있다.

해설 빈칸 바로 앞에 전치사 in이 있고 빈칸 바로 뒤에는 need가 있는데, need 뒤에 전치사 of로 연결되는 것으로 보아 need가 명사로 쓰였음을 알 수 있다. 따라서 명사를 수식하는 형용사가 빈칸에 필요하므로 (C) urgent가 정답이다.

어휘 **in need of** ~을 필요로 하는 **urgent** 긴급한 **personnel** 직원 **urgency** 긴급함 **urgently** 긴급하게

8.
정답 (B)

해석 부서장은 지속되는 결근 문제에 주안점을 두고 직원들과 관련된 여러 가지 사안들을 논의했다.

해설 전치사 with와 on 사이에 빈칸이 있으므로 빈칸은 with의 목적어 역할을 할 명사 자리임을 알 수 있다. 따라서 명사 (B) emphasis가 정답이다.

어휘 **issue** 사안, 문제 **regarding** ~와 관련된 **with emphasis on** ~에 주안점을 두고, ~을 강조해 **persistent** 지속되는, 반복되는 **absenteeism** 결근 **emphatic** 강조하는, 단호한

9.
정답 (C)

해석 모바일 기술이 지속적으로 빠르게 발전하면서, 사람들이 과거보다 훨씬 더 자주 온라인으로 쇼핑하고 있다.

해설 much more와 than 사이에 위치한 빈칸은 비교급을 구성할 형용사 또는 부사가 필요한 자리이다. 그런데 빈칸에 쓰일 단어는 to shop을 수식해야 하므로 자동사를 수식할 수 있는 부사 (C) frequently가 정답이다.

어휘 **rapidly** 빠르게 **go online** 온라인으로 접속하다 **frequently** 자주 **used to do** (과거에) 한때 ~했었다 **frequency** 빈도, 잦음, 주파수 **frequent** a. 잦은, 빈번한 v. ~에 자주 다니다 **frequence** 주파수

10.
정답 (B)

해석 잠재적인 범람 가능성이 틸러슨 에비뉴의 폐쇄가 불가피하도록 만들고 있다.

해설 빈칸 앞에 쓰인 동사 make는 5형식 동사로서 「make + 목적어 + 목적격보어」의 구조로 쓰이므로 빈칸에 5형식 동사의 목적격보어로 쓰일 수 있는 형용사 (B) necessary가 정답이다.

어휘 **potential** 잠재적인 **flooding** 범람, 침수 **close** 폐쇄하다 **necessity** 필요, 필수(품) **necessitate** ~을 필요하게 만들다 **necessarily** 필연적으로

11.
정답 (A)

해석 랜들 박람회 센터의 확장 공사는 7월 15일 낡은 동관을 해체하는 것에서 시작할 것이다.

해설 조동사 will 앞에는 주어 역할을 할 명사가 와야 하므로 명사인 (A) expansion이 정답이다. 주어 역할을 할 수 있는 The Randle Expo Center가 빈칸 앞에 있더라도 더 필요한 것이 있다면 마찬가지로 명사가 들어갈 수밖에 없다.

어휘 **expo** 박람회 **demolish** 해체하다, 허물다 **east wing** 동쪽 별관 **expansion** 확장 **expand** 확장하다 **expandable** 확장 가능한

12.
정답 (D)

해석 블루스카이 사는 캠핑과 하이킹을 위해 디자인된 합리적으로 가격이 책정된 의류와 신발을 생산한다.

해설 동사 produces 뒤에 빈칸이 있고 빈칸 뒤로 produces의 목적어 역할을 하는 명사구 priced clothing and footwear가 위치한 구조이다. 빈칸에는 과거분사인 priced를 수식할 부사가 쓰여야 하므로 (D) reasonably가 정답이다.

어휘 **reasonably** 합리적으로, 저렴하게 **priced** 가격이 책정된 **clothing** 의류 **reason** n. 이유, 근거 v. (근거를 바탕으로)

추론하다, 판단하다

13.

정답 (C)

해석 용품을 주문하실 때, 반드시 주의해서 선택하셔야 하며, 우리가 전적으로 필요로 하는 제품들만 꼭 구입하도록 하십시오.

해설 be동사의 뒤에 올 수 있는 것은 동사의 분사 형태 또는 형용사 보어이다. 그래서 동사의 진행형으로 볼 수도 있지만 빈칸 뒤에 타동사의 목적어가 없으므로 분사 자리가 아니다. 그러므로 형용사인 (C) selective가 정답이다.

어휘 supplies 용품, 물품 selective 조심해서 선택하는 ensure (that) 꼭 ~하도록 하다 absolutely 전적으로, 절대적으로

14.

정답 (C)

해석 출판사는 최신 도서를 소셜 미디어를 통해 적극적으로 홍보함으로써 판매량이 증가할 것으로 기대하고 있다.

해설 빈칸 다음의 동명사 promoting은 동사의 속성을 가진다. 그러므로 동사를 수식할 수 있는 부사 (C) actively가 정답이다.

어휘 actively 적극적으로 promote 홍보하다 latest 최신의 through ~을 통해 active 활발한

15.

정답 (C)

해석 시의회 토론회는 마벨 빌딩에서 개최되었던 기획 회의와 유사하게 구성될 것이다.

해설 타동사 structure의 목적어가 주어 자리에 있으므로 수동태이다. 그러므로 be동사 뒤에는 과거분사 (C) structured가 와야 한다.

어휘 city council 시의회 session (모임, 활동) 시간 structure 구성하다 similarly to ~와 유사하게 planning n. 기획, 계획 hold ~을 개최하다 structure n. 구조 v. 구성하다 structural [명사 수식] 구조적인, 구조상의

16.

정답 (C)

해석 양사의 대표들은 자신들이 옥외 광고판을 이용한 광고 프로젝트에 대해 전통적으로 협업해 왔다고 말했다.

해설 현재완료 시제를 구성하는 조동사 have와 과거분사 collaborated 사이에 위치한 빈칸은 과거분사를 수식할 부사 자리이므로 (C) traditionally가 정답이다.

어휘 mention 말하다 traditionally 전통적으로, 일반적으로 collaborate on ~에 대해 협업하다, 공동 작업하다 billboard 옥외 광고판 traditionalism 전통주의

17.

정답 (C)

해석 자신의 주간지 칼럼에서, 경제 전문가 길스 도킨스 씨는 소매업 부문에서의 소비 경향을 분석한다.

해설 주어인 economist Giles Dawkins 이후에 동사가 없으므로 빈칸이 동사 자리임을 알 수 있다. 따라서 동사의 형태인 (C) analyzes가 정답이다.

어휘 column 칼럼 (기사) analyze ~을 분석하다 spending 소비 trend 추세, 경향 retail 소매(업) sector 분야, 부문 analysis 분석 analyzer 분석가

18.

정답 (A)

해석 에밀리 엔터테인먼트 사의 직원들은 잭슨 필름 스튜디오와의 합병 계약이 승인되자마자 기자 회견을 개최할 것이다.

해설 동사 will hold의 앞 부분이 주어이므로 전치사를 통해 명사와 연결된 빈칸 역시 명사로서 주어의 자리이다. 따라서 명사의 형태인 (A) Representatives가 정답이다.

어휘 representative n. 대리인, 직원 a. 대표하는, 상징하는 hold a press conference 기자 회견을 열다 once ~하자마자 merger 합병 approve ~을 승인하다

19.

정답 (B)

해석 건물 중앙 출입구에 경사로를 설치하면, 장애가 있는 고객들에 대한 귀하의 부동산 사무실의 접근성이 더 좋아지게 될 것입니다.

해설 빈칸 앞에 위치한 동사 make는 5형식 동사로서 「make + 목적어 + 목적격보어」의 구조로 쓰이므로, 5형식 동사의 목적격보어로 쓰이는 형용사가 필요하다. 따라서 형용사인 (B) accessible이 정답이다.

어휘 ramp 경사로 entrance 출입구 realty 부동산 accessible 이용 가능한, 접근이 쉬운 handicapped 장애가 있는 access n. 접근, 이용 v. ~에 접근하다, ~을 이용하다

20.

정답 (D)

해석 레이첼 터너 씨는 자신의 요가 강좌 회원들을 위해 완전히 새로운 일정을 짤 것이다.

해설 부정관사 a와 명사를 수식하는 형용사 new 사이에 빈칸이 위치해 있으므로, 빈칸은 형용사를 수식할 부사 자리이다. 따라서 부사 (D) completely가 정답이다.

어휘 completely 완전히, 전적으로 completion 완료, 완성 complete a. 완전한, 완료된, 완비된 v. ~을 완료하다

UNIT 01 명사, 대명사

1초 퀴즈

정답 (D)

해석 골드 회원들은 또한 우리 매장 어디서든 사용할 수 있는 10% 할인 쿠폰을 받을 것입니다.

해설 장소 전치사 뒤에 나오는 retail은 행위 명사로 장소를 나타내지 못한다. 그러므로 장소를 나타내는 명사인 (D) stores가 빈칸에 추가되어야 한다.

어휘 **10% discount** 10% 할인 **voucher** 쿠폰 **redeemable** 보상할 수 있는, 상품으로 교환할 수 있는 **retail** 소매업, 소매하다

정답 (A)

해석 우리의 정책 중 몇몇은 너무 오래되었으며, 임원들에 의해 검토되고 있다.

해설 동사가 복수동사인 are이므로 빈칸에 들어갈 대명사는 복수 대명사가 되어야 한다. Either는 단수동사로 받아야 한다.

어휘 **policy** 정책, 방침 **outdated** 너무 오래된, 구식인 **review** ~을 검토하다 **executive officer** 간부, 임원

PRACTICE TEST

1. (A)	2. (C)	3. (D)	4. (B)	5. (B)
6. (C)	7. (D)	8. (C)	9. (C)	10. (A)
11. (C)	12. (A)	13. (B)	14. (B)	15. (B)
16. (A)	17. (C)	18. (B)	19. (C)	20. (C)

1.

정답 (A)

해석 스미스 씨는 급여 인상을 요청하기 전에 현재 진행 중인 프로젝트를 끝낼 계획이다.

해설 빈칸 다음의 requests는 명사와 동사로 모두 쓰이는 단어이다. 그런데 requests 다음에 목적어인 명사가 이어지므로 requests가 동사로 쓰였다는 것을 알 수 있다. 따라서 문장의 주어 역할을 할 수 있는 주격 (A) he가 정답이다.

어휘 **currently** 현재 **work on** ~에 대한 일을 하다 **request** v. ~을 요구하다 n. 요구 **raise** 급여 인상

2.

정답 (C)

해석 그 직책에 지원하려면, 직원들은 먼저 소속 부서장의 추천을 받아야 한다.

해설 부정관사 다음은 명사 자리이므로 명사인 (C) referral이 정답이다. –al을 보고 형용사로 착각하지 않도록 주의한다.

어휘 **apply for** ~에 지원하다 **obtain** ~을 얻다, 획득하다 **referral** 추천, 소개, 위탁 **refer** ~을 맡기다, 위탁하다, 참조하다

3.

정답 (D)

해석 노리스 씨는 제안된 직원 인센티브 제도의 잠재적 이점을 평가한 후에 이를 시행하는 것을 고려할 것이다.

해설 선택지가 모두 대명사일 때 명사 앞에 올 수 있는 형태는 소유격이므로 (D) its가 정답이다.

어휘 **consider -ing** ~하는 것을 고려하다 **implement** v. ~을 시행하다, 실시하다 **proposed** 제안된 **incentive** n. 인센티브, 성과급, 장려책 **evaluate** ~을 평가하다 **potential** 잠재적인 **benefit** 혜택

4.

정답 (B)

해석 럼버 킹 사의 모든 영업사원은 '상품 판매 증대' 세미나에 참가하도록 허용될 것이다.

해설 빈칸 앞 동사가 두 개의 목적어를 가지는 give의 수동 형태이고, 받는 대상인 sales staff가 주어 자리에 있으므로 빈칸에는 주어지는 대상을 나타내는 또 다른 명사가 와야 한다. 선택지에서 명사는 (B) permission과 (C) permit인데, 부정관사가 없으므로 불가산명사인 (B) permission이 정답이다.

어휘 **give A permission to do** A에게 ~하는 것을 허락하다 **permit** v. ~을 허락하다, 허가하다 n. 허가증 **permissive** 허용하는

5.

정답 (B)

해석 위생 조사관은 레드우드 식당의 오래된 냉장 장치에 대해 몇 가지 우려를 가졌다.

해설 빈칸은 복수명사를 수식하는 several의 수식을 받을 명사 자리이므로 복수명사 (B) concerns가 정답이다.

어휘 **health inspector** 위생 조사관 **concern** n. 걱정, 우려 v. ~을 걱정스럽게 만들다 **outdated** 오래된, 구식의 **refrigeration** 냉각, 냉장 **concerning** ~에 관련된

6.

정답 (C)

해석 최신 호에 대한 출간 마감일을 지키기 위해, 놀즈 씨는 휴일 동안에 혼자 편집 작업을 완료했다.

해설 전치사 by 뒤의 사람과 주어인 Mr. Knowles가 동일하므로 재귀대명사 (C) himself가 정답이다. by oneself를 숙어로

외워두자.

어휘 **meet the deadline** 마감시한을 맞추다 **publishing** 출간, 발간 **latest** 최신의 **edition** (잡지 등의) 호, 판 **editing** 편집 **by oneself** 혼자, 스스로

7.

정답 (D)

해석 퍼거슨 씨가 최근에 채용된 영업사원들의 교육에 대해 도움을 요청하고 있다.

해설 동사 is requesting의 목적어 자리인데 선택지에 (A) assistant와 (D) assistance 두 개의 명사가 나온다. 앞에 관사가 없으므로 '도움'을 의미하는 불가산명사 (D) assistance 가 정답이다. (A)는 가산명사로 앞에 부정관사가 있어야 하며, 또는 복수형으로 사용된다.

어휘 **request** ~을 요청하다 **assistance** 도움, 보조 **recently** 최근에 **hire** 채용하다 **sales representative** 영업사원

8.

정답 (C)

해석 리치몬드 커뮤니티 센터가 이번 달에 주차장에 대한 보수공사를 하므로, 이곳에 근무하는 직원들은 다른 교통편을 준비해야 한다.

해설 make 뒤에 명사 transportation이 있지만 make의 목적어로는 의미가 통하지 않는다. 따라서 빈칸에는 make의 목적어로서 transportation과 함께 어울리는 명사가 더 필요하므로 명사 형태인 (C) arrangements가 정답이다.

어휘 **parking area** 주차장 **undergo** ~을 겪다 **renovation** 보수, 수리, 개조 **transportation** 운송, 교통 **arrangement** 계획, 조정, 준비

9.

정답 (C)

해석 추가 교육을 받는 데 관심이 있는 직원들은 각자의 부서장에게 연락하여 곧 있을 워크숍에 대해 알아 보십시오.

해설 빈칸은 동사 should contact 다음에 위치해 있고, 빈칸 다음에 contact의 목적어인 supervisor가 이어지는 구조이다. 따라서 명사 앞에 쓰일 수 있는 대명사 소유격 (C) their가 정답이다.

어휘 **additional** 추가의 **contact** ~에게 연락하다 **supervisor** 부서장, 상사, 책임자 **learn about** ~에 대해 알다 **upcoming** 곧 있을, 다가오는

10.

정답 (A)

해석 허가 받은 직원들만 회사의 기밀 파일과 데이터베이스를 이용할 수 있다.

해설 이론상 명사 자리의 빈칸에 (A) access와 (C) accessibility가 들어갈 수 있지만 have와 결합하는 것은 행위를 나타내는 불가산명산인 (A) access이다. accessibility는 성질을 나타내는 명사이다. 타동사의 동명사은 목적어가 필요하므로 전치사 to 앞 자리의 accessing도 오답이다.

어휘 **authorized** 허가 받은, 인가된 **have access to** ~에 접근하다, 이용하다, 출입하다 **confidential** 기밀의 **access** n. 접근 v. ~에 접근하다 **accessible** 접근할 수 있는 **accessibility** 접근성

11.

정답 (C)

해석 다른 부서장들과는 달리, 포세트 씨는 오히려 자신이 직접 월간 업무 일정을 만드는 편이다.

해설 빈칸 앞부분을 보면 이미 주어와 동사, 그리고 목적어까지 문장이 완전하게 구성되어 있으므로 빈칸은 부사가 들어갈 자리이다. 그러므로 '직접, 혼자'라는 의미로 부사로 쓰이는 재귀대명사 (C) herself가 정답이다.

어휘 **department manager** 부서장 **would rather** 오히려 ~하는 것이 낫다 **monthly** 월간의, 달마다의 **work schedule** 업무 일정 **oneself** (부사) 직접, 혼자

12.

정답 (A)

해석 앤드류스 씨는 차주 월요일에 회사 야유회 장소에 대한 그의 결정을 발표할 것이다.

해설 대명사 소유격 다음에 올 수 있는 품사는 명사이므로 (A) decision이 정답이다.

어휘 **decision** 결정 **destination** 목적지 **decide** 결정하다 **decisive** 결정적인 **decisively** 결정적으로

13.

정답 (B)

해석 방문객들은 계속해서 리조트의 청결과 세심한 시설물 관리에 대해 깊은 인상을 받는다.

해설 명사의 소유격 뒤에 올 수 있는 것은 명사이다. (B) cleanliness와 (C) cleaning이 모두 명사로 사용되는데, 빈칸에 들어갈 명사는 깨끗한 상태를 나타내야 하므로 (B) cleanliness가 정답이다. (C) cleaning은 청소 행위를 나타내므로 오답이다.

어휘 **consistently** 계속해서, 끊임없이 **be impressed by** ~에 감명받다 **resort** 리조트, 휴양지 **cleanliness** 청결 **thorough** 철저한, 꼼꼼한 **care** 관리 **facilities** 시설물 **clean** a. 청결한 v. 청소하다 **cleaning** 청소, 세탁

14.

정답 (B)

해석 비록 마틴 크로스 씨와 제니 유 씨가 종종 마케팅 전략에 대해 의견이 엇갈리기는 하지만, 두 사람 모두 각자가 프로젝트에 쏟아 붓는 집중력과 창의성을 존중한다.

해설 빈칸이 주절의 동사 respect 앞 자리이므로 주어 자리이다. 그런데 앞에 언급된 두 명의 인물을 받는 대명사가 필요하므로 (B) both가 정답이다.

어휘 disagree 의견이 엇갈리다, 동의하지 않다 over ~에 대해 strategy 전략 both 둘 모두 respect ~을 존중하다 focus 집중(력) creativity 창의성 the other (둘 중 하나를 제외한) 다른 하나 bring A to B A를 B로 가져오다 another 또 다른 하나 either 둘 중 어느 것이든 less a. 더 적은 ad. 더 적게

15.

정답 (B)

해석 설문 조사 데이터는 시티 익스플로러 여행 카드가 관광객들이 저희의 대중교통 시스템을 이용하도록 동기를 부여했음을 보여줍니다.

해설 동사 give가 목적어를 두 개 취하는 4형식 동사이므로 빈칸은 또 다른 목적어인 명사 자리이다. 그런데 사람에게 사람 (motivator)을 주는 것은 어색하므로 행위를 나타내는 (B) motivation이 정답이다.

어휘 survey 설문조사 motivation 동기 public transportation 대중교통 motivate 동기를 부여하다 motivator 동기 부여자

16.

정답 (A)

해석 딜런 홈 인테리어 사는 소형 아파트에 거주하는 사람들을 위해 고안된 다양한 가구들을 보유하고 있습니다.

해설 빈칸은 전치사 for의 목적어 자리인 동시에 이어지는 관계대명사절의 주어 자리이다. 이 경우 관계대명사절의 주어가 우선하므로 하므로 '사람들'을 뜻하는 (A) those가 정답이다. for만 보고 목적격인 (C) them을 고르지 않도록 주의해야 한다.

어휘 a large selection of 매우 다양한 reside in ~에 거주하다 condominium 아파트

17.

정답 (C)

해석 때맞춰 유능한 법률팀을 고용한 것이 회사의 계약 협상에 큰 도움이 되었다.

해설 전치사구 뒤에 올 수 있는 것은 명사이므로 (B) negotiator 와 (C) negotiations 중에 선택해야 한다. 전치사가 with가

legal team을 고용하는 목적이 일을 돕는 것임을 나타내므로 행위 명사인 (C) negotiations가 정답이다.

어휘 bring in 들여오다 skilled 유능한, 숙련된 legal 법률적인 in a timely manner 제때에, 때맞춰 greatly 대단히 contract 계약 negotiation 협상 negotiate 협상하다 negotiator 협상가 negotiable 협상 가능한

18.

정답 (B)

해석 인사부장은 바지오 씨를 위해 스위트룸을 예약할 것이며, 감비노 씨에게도 같은 것을 하나 더 예약할 것이다.

해설 빈칸은 앞의 suite를 가리키는 대명사가 필요하므로 '하나 더'를 의미하는 (B) another가 정답이다. another는 another suite를 대신해서 쓴 대명사 형태이다.

어휘 reserve ~을 예약하다 suite 스위트룸 another 또 하나(의) one another (다수간) 서로

19.

정답 (C)

해석 메가 딜즈 하우스는 지난 주 스테이트 애비뉴에 새 가게가 문을 열기 전까지는 데일뷰 지역의 유일한 할인점이었다.

해설 앞에 나온 명사와 같은 유형을 받는 대명사 자리이므로 (C) one이 정답이다. 부정관사를 포함하고 있는 대명사 (D) another는 앞에 부정관사, 형용사 등의 수식어가 오지 않으므로 오답이다.

어휘 discount store 할인점

20.

정답 (C)

해석 승무원들은 각 승객들이 안전벨트를 안전하게 착용했는지 반드시 확인해야 한다.

해설 빈칸 다음에 「of the + 복수명사」가 있으므로 빈칸은 복수 대명사인 (B) all과 단수 대명사인 (C) each가 가능하다. 그런데 명사절의 동사 has가 단수 주어를 필요로 하므로 단수인 (C) each가 정답이다.

어휘 flight attendant 승무원 make sure that 반드시 ~하다, ~인지 확인하다 passenger 승객 securely 안전하게 fasten ~을 묶다, 잠그다, 채우다 seatbelt 안전벨트

UNIT 02 동사: 시제, 태

1초 퀴즈

정답 (A)

해석 지금까지, 챗 버디스는 그 제품과 서비스를 인수하기를 바라는 네 곳의 기술 회사로부터 가격 제안을 받아왔다.

해설 문장 맨 앞에 So far라는 현재완료 시간부사가 있으므로 현재완료시제인 (A) has received가 정답이다.

어휘 so far 지금까지 bid 가격 제안, 응찰 technology 기술 acquire 인수하다

정답 (D)

해석 카 씨는 새로운 웹사이트에 대해 불평하는 이메일이 도착했을 때 깜짝 놀랐다.

해설 빈칸은 be동사의 주격 보어 자리이다. 주어인 카 씨가 이메일에 의해 감정을 느끼는 주체이므로 과거분사 (D) surprised가 정답이다.

어휘 surprised 놀란 complain about ~에 대해 불평하다 surprise n. 놀라움, 놀라운 일 v. 놀라게 하다 surprising 놀라게 하는

PRACTICE TEST

1. (D)	2. (B)	3. (B)	4. (A)	5. (D)
6. (B)	7. (D)	8. (B)	9. (A)	10. (D)
11. (A)	12. (B)	13. (B)	14. (C)	15. (D)
16. (C)	17. (D)	18. (B)	19. (C)	20. (C)

1.
정답 (D)

해석 기술자들이 컴퓨터 네트워크 유지보수 작업을 수행 중이며, 그래서 내일까지는 이메일을 이용할 수 없을 것입니다.

해설 미래시제 시간 단서 until tomorrow가 있으므로 (D) will be가 정답이다.

어휘 technician 기술자 perform ~을 수행하다 maintenance 유지보수 access to ~의 이용, ~로의 접근 unavailable 이용할 수 없는

2.
정답 (B)

해석 여러 차례의 체납 발생 후에, 그래함 오피스 서플라이 사는 최근에 화이트 파운틴 사와의 계약을 파기하기로 결정했다.

해설 문장의 동사 자리이므로 시간 단서를 찾아 풀어야 한다. 유일한 단서는 빈칸 바로 앞에 있는 recently이며, 이는 과거 시점을 나타내므로 과거시제인 (B) decided가 정답이다.

어휘 recently 최근에 decide to do ~하기로 결정하다 terminate ~을 파기하다 contract n. 계약(서) late payment 체납, 지불 연체

3.
정답 (B)

해석 4주마다 한 번씩, 스마트세이브 푸드 사는 전 직원들에게 배부되는 사내 소식지를 발간한다.

해설 반복적인 습관을 나타내는 현재시제 publishes가 문장의 동사로 쓰여 있으므로 four weeks라는 기간 복수명사와 결합해 반복 주기를 나타내는 형용사 (B) Every가 정답이다. 이렇게 동사의 시제를 단서로 시간 표현을 선택하는 연습도 필요하다.

어휘 every + 기간 복수명사 ~마다 한 번씩 publish ~을 발간하다, 출판하다 newsletter 소식지 distribute A to B A를 B에게 배부하다, 나눠 주다

4.
정답 (A)

해석 한슨 씨가 휴가를 떠난 동안 이다시 씨가 모든 고객 불만사항을 처리할 것이다.

해설 while이 이끄는 시간부사절에 쓰인 현재시제 is가 미래를 대신하는 것이므로 주절의 동사로 미래시제 (A) will take가 정답이다.

어휘 take care of ~을 처리하다, 수습하다 complaint 불만 be on vacation 휴가 중이다

5.
정답 (D)

해석 사진가 조슈아 데이비스 씨는 지난주에 벨뷰 시각 예술 갤러리에서 있었던 전시회에서 자신의 최근 작품을 전시했다.

해설 과거 시점에 발생한 일을 나타내는 last week's exhibition이 시간 단서이므로 과거시제 (D) presented가 정답이다.

어휘 photographer 사진가 present v. 전시하다, 제시하다 latest 최근의, 최신의 exhibition 전시(회) visual art 시각 예술

6.
정답 (B)

해석 현대적인 식사 경향에 적응하기 위해, 많은 식당들이 지난 몇 년 동안 채식주의자를 위한 음식을 더 많이 제공하기 시작했다.

해설 과거에서 현재까지 이어지는 기간을 나타내는 시간부사구 in the last few years가 있으므로 현재완료시제가 되어야 한다.

따라서 (B) have begun이 정답이다.

어휘 adapt to ~에 적응하다 modern 현대적인 dining 식사
trend 경향, 추세 vegetarian 채식주의자(의) option
선택물, 선택조건

7.

정답 (D)

해석 현재 최고과학이사인 피터슨 씨는 팜콤 주식회사에서 23년
동안 근무하고 있다.

해설 전치사 for와 함께 기간을 나타내는 표현이 문장 맨 끝에 쓰
여 있으므로 기간 표현과 어울리는 현재완료시제인 (D) has
been serving이 정답이다. 참고로, 과거완료는 두 개의 과거
시점을 필요로 하므로 (C)는 오답이다.

어휘 serve 근무하다, ~의 역할을 하다 current 현재의 serve
일하다, 복무하다

8.

정답 (B)

해석 설문 조사에 응답했던 대부분의 고객들은 우리가 지난주에 출
시했던 새로운 메뉴에 만족했다.

해설 빈칸은 be동사 were와 전치사구 사이에 위치해 있으므로 주
격보어 자리이다. 새로운 메뉴에 대해 만족감을 느끼는 주체가
사람명사 customers이므로 과거분사 (B) satisfied가 정답이
다. (D) satisfactory는 사물의 속성을 나타내므로, 보어 자
리라고 해서 분사와 형용사 사이에서 고민할 필요가 없다.

어휘 respond to ~에 응답하다 survey 설문조사 satisfied
만족한 introduce ~을 출시하다, 소개하다 satisfaction
만족 satisfying 만족감을 주는 satisfactory 만족스러운

9.

정답 (A)

해석 우리가 지난 10년에 걸쳐 발전시켜 온 사업 관계들이 우리가
국내에서 선도적인 회계법인으로 성장하는 데 도움이 되었다.

해설 빈칸 다음에 제시된 over the past decade는 과거에서 현
재까지 이어지는 기간을 나타내므로 현재완료 (A) have
developed가 정답이다.

어휘 relationship 관계 decade 10년 leading 선두의, 일류의
accounting firm 회계법인

10.

정답 (D)

해석 페트리 씨가 어제 복사용지를 주문하지 않았더라면, 우리는 지
금쯤 복사용지가 다 떨어졌을 것이다.

해설 가정법 과거완료절 「If + 주어 + had p.p.」와 함께 쓰이는 주
절의 동사는 「조동사 + have p.p.」의 형태이므로 (D) would
have run이 정답이다.

어휘 copy paper 복사용지 run out of ~을 다 쓰다, 떨어지다
by now 지금쯤(현재시점이 아닌 과거시점)

11.

정답 (A)

해석 매월 말일에 발생한 매출은 익월의 월간 수익 보고서에 반영된
다.

해설 타동사 reflect 뒤에 목적어가 없고 전치사가 바로 이어지므로
수동태를 구성하는 과거분사인 (A) reflected가 정답이다.

어휘 sales 매출 reflect ~을 반영하다, 포함시키다 earnings
수익, 수입

12.

정답 (B)

해석 현재, 카타사우쿠아 교육구가 지역의 여러 학교에 보안카메라
를 설치하고 유지보수하는 계약을 위해 공개적으로 입찰을 진
행하고 있다.

해설 타동사 accept 뒤에 목적어가 없으므로 수동태 구조인 (B)
are being accepted가 정답이다.

어휘 currently 현재, 지금 bid 입찰 accept ~을 받아들이다
publicly 공개적으로 school district 교육구 contract
계약(서) install ~을 설치하다 maintain ~을 유지보수하다
security 보안 region 지역

13.

정답 (B)

해석 해피 프레스 사는 청취자들에게 오래도록 기억에 남는 라디오
광고들을 제작하는 것으로 알려져 있다.

해설 동사 자리인 빈칸 다음에 목적어 없이 for가 이끄는 전치사구
가 이어지고 있으므로 수동태인 (B) is known이 정답이다.

어휘 be known for ~로 알려져 있다 create 만들어 내다,
창작하다 memorable 기억할 만한, 인상적인

14.

정답 (C)

해석 실험은 2층에 있는 신 박사의 실험실에서 수요일 하루 종일 실
시되었다.

해설 보기에 제시된 동사 conduct는 '~을 실시하다, 수행하다'라
는 의미로 쓰이는 타동사인데, conduct의 대상이 주어로 쓰
인 The experiment이므로 수동태가 되어야 한다. 따라서 단
수 주어에 수 일치를 한 (C) was conducted가 정답이다. 빈
칸 뒤의 all day Wednesday는 목적어가 아닌 시간 부사구이
다.

어휘 experiment 실험 conduct ~을 실시하다, 수행하다
laboratory 실험실

15.
정답 (D)

해석 데스몬드 에이킨 씨가 비록 수상 경력이 있는 영화감독이기는 하지만, 그의 최근 영화에 대한 초기 관람평은 실망스러웠다.

해설 주어로 쓰인 reviews가 사람에게 실망감을 주는 주체이므로 능동의 의미인 (D) disappointing이 정답이다.

어휘 award-winning 수상 경력이 있는 director 영화감독 latest 최근의 disappointing (사물이) 실망시키는 disappoint ~을 실망시키다 disappointed (사람이) 실망한 disappointment 실망

16.
정답 (C)

해석 베니테즈 씨는 잭맨 교수가 올해의 의료 컨퍼런스에서 연설을 하기로 합의했다는 소식을 듣고 기쁘다.

해설 빈칸은 be동사의 보어 자리인데, 사람 주어인 Ms. Benitez의 감정을 나타내는 의미가 되어야 하므로 과거분사 형태인 (C) pleased가 정답이다.

어휘 be pleased to do ~해서 기쁘다 agree to do ~하기로 합의하다 deliver a speech 연설하다 medical 의료의 pleasure 기쁨, 즐거움 pleasing 기쁘게 하는 please ~을 기쁘게 하다

17.
정답 (D)

해석 저희 정책에 따라, 귀하께서는 3일 늦게 받으신 꽃다발에 대해 환불을 받게 되실 것입니다.

해설 4형식 동사 issue의 목적어 you가 주어 자리로 이동한 수동태 구조이므로 (D) be issued가 정답이다.

어휘 in accordance with ~에 따라 policy 정책, 방침 issue A B A에게 B를 지급하다 refund n. 환불 v. 환불해 주다 bouquet of flowers 꽃다발

18.
정답 (B)

해석 다나 설리반 씨는 3년 연속으로 여자 축구 협회에 의해 올해의 선수로 선정되었다.

해설 4형식 동사 vote의 사람 목적어가 주어 자리에 있으므로 수동태인 (B) has been voted가 정답이다.

어휘 vote A B A를 B로 선정하다, 뽑다 in a row 연속으로

19.
정답 (C)

해석 그 섬유 공장에 의해 시행되는 폐기물 처리 방법은 환경적으로 안전한 것으로 여겨졌다.

해설 동사 deem은 「deem + 목적어 + 목적격보어」의 구조로 쓰이는 5형식 동사인데, 빈칸 다음에 목적어 없이 부사와 형용사 보어만 남아 있으므로 빈칸이 수동태 자리임을 알 수 있다. 따라서 과거분사인 (C) deemed가 정답이다.

어휘 waste 폐기물, 쓰레기 disposal 처리, 처분 method 방법 implement ~을 시행하다 textile 섬유, 직물 deem A 형용사 A를 ~한 것으로 여기다 environmentally 환경적으로

20.
정답 (C)

해석 그랜트 씨가 내년에 위글러 사에서 은퇴할 때쯤이면, 그는 회사에서 33년 동안 일하게 되는 것이다.

해설 시간부사절의 현재시제가 미래를 나타내므로, 주절의 동사는 미래가 되어야 한다. 그런데 시간접속사구 By the time이 완료시제와 사용되므로 미래완료시제인 (C) will have served가 정답이다.

어휘 by the time ~할 무렵에 retire from ~에서 퇴직하다 serve 근무하다

UNIT 03 형용사, 부사

1초 퀴즈

정답 (B)

해석 저희의 휴대폰의 인기가 급격히 증가해 왔으며, 특히 청년층 사이에서 그렇습니다.

해설 전치사구 앞에 빈칸이 있으므로 전치사구를 수식할 수 있는 부사가 쓰여야 알맞다. 따라서 부사 (B) particularly가 정답이다.

어휘 popularity 인기 rise 증가하다, 오르다 dramatically 급격히 particularly 특히 among ~ 사이에서 young adults 청년층 particular 특정한, 특별한 particularize ~을 자세히 다루다, 특별한 예를 들다 particularity 특이성

정답 (C)

해석 해서웨이 씨가 우리 서비스가 해외 고객들에게 더 저렴해 질 수 있도록 하는 작업을 하고 있다.

해설 5형식동사 make의 목적격보어 자리이므로 형용사가 들어가야 한다. 그런데 선택지에 형용사는 비교급 형태밖에 없으므로 (C) more affordable이 정답이다.

어휘 make A B A가 ~하도록 만들다 affordable 저렴한, (가격이) 적당한 overseas 해외의 affordability 구입

가능성 **affordably** 적당하게, 저렴하게

정답 (C)

해석 주택 파동이 발생한 후에, 부동산 시장은 예상했던 것보다 훨씬 더 느리게 회복되었다.

해설 비교급 형태인 more slowly 앞에 빈칸이 있으므로 '훨씬'이라는 의미로 비교급을 강조하는 부사인 (C) much가 정답이다.

어휘 housing crisis 주택 파동, 주택난 **property** 부동산, 건물 **recover** 회복하다, 복구되다 **much** (비교급 수식) 훨씬 **anticipate** ~을 예상하다, 기대하다

PRACTICE TEST

1. (A)	2. (A)	3. (C)	4. (D)	5. (C)
6. (D)	7. (B)	8. (A)	9. (A)	10. (D)
11. (A)	12. (B)	13. (C)	14. (D)	15. (C)
16. (B)	17. (B)	18. (D)	19. (C)	20. (A)

1.

정답 (A)

해석 모든 사무실 직원들은 월요일에 5층 컴퓨터실에서 있을 스프레드시트 사용법 워크숍에 참석해야 한다.

해설 빈칸 다음에 위치한 문장의 주어 office workers가 복수이므로 이를 수식할 수 있는 복수 수량형용사 (A) All이 정답이다.

어휘 spreadsheet 스프레드시트, 표 계산 프로그램

2.

정답 (A)

해석 필라델피아 철도는 2월 말에 새로운 지하철 노선을 개통할 것으로 예상한다.

해설 빈칸은 have의 목적어를 설명할 목적격보어 자리이므로 형용사 (A) functional이 정답이다.

어휘 expect to do ~할 것으로 예상하다, 기대하다 **functional** 가동되는, 작동하는 **function** v. 기능하다 n. 기능 **functionally** 기능상

3.

정답 (C)

해석 기사를 교정할 때, 붉은색 펜을 사용해 기사 내의 모든 철자 오류를 표시해 주십시오.

해설 동사 mark의 목적어로 쓰인 단수명사 spelling error를 수식하면서 '모든'의 뜻을 나타내는 형용사 (C) every가 정답이다.

어휘 proofread ~을 교정하다 **mark** ~을 표기하다 **spelling error** 철자 오류

4.

정답 (D)

해석 오찬 행사를 준비하는 데 어느 한 직원이라도 자원한다면, 출장 요리 서비스를 이용할 필요가 없어서 운영비를 절감할 수 있을 것이다.

해설 명사와 동사가 모두 단수이므로 if절에서 단수 명사를 수식할 수 있는 수량 형용사인 (D) any가 정답이다.

어휘 volunteer to do ~하도록 자원하다, 자원해서 ~하다 **organize** ~을 마련하다, 조직하다 **luncheon** 오찬 **catering** 출장 요리 (서비스) **save** 절약하다 **operating cost** 운영비

5.

정답 (C)

해석 건축가 페넬로페 디아즈 씨는 자신의 모국인 스페인에 있는 여러 공원들에 사용될 분수대를 디자인해 평론가들의 극찬을 받았다.

해설 빈칸은 전치사 for의 목적어로 쓰인 명사 parks를 수식할 형용사 자리이며, parks가 복수형이므로 복수명사를 수식하는 (C) several이 정답이다.

어휘 win (상 등) ~을 받다, 타다 **critical acclaim** 평론가들의 극찬, 호평 **water fountain** 분수대 **home country** 모국, 조국

6.

정답 (D)

해석 민턴은행은 여러분의 투자금을 관리하는 데 필요한 모든 정보를 제공해 드릴 수 있습니다.

해설 빈칸 이후의 내용으로 보아 빈칸에는 앞에 나온 명사 information을 후치 수식하는 구조가 되어야 한다. 따라서 형용사 (D) necessary가 정답이다.

어휘 provide A with B A에게 B를 제공하다 **manage** ~을 관리하다 **investment** 투자(금) **necessitate** v. ~을 필요로 하다 **necessarily** 반드시, 필연적으로 **necessity** 필요(성), 필수품

7.

정답 (B)

해석 우리 공장 직원들의 사기가 계속해서 떨어져 왔으며, 특히 야간 교대 근무 직원들 사이에서 그러하다.

해설 빈칸 이전의 문장 구조가 완전하며, 빈칸 뒤의 among 전치사구도 이상이 없으므로, 전치사구를 수식할 수 있는 부사가 와야 알맞다. 따라서 부사 (B) particularly가 정답이다.

어휘 morale 사기, 의욕 **fall** 떨어지다, 하락하다 **particularly** 특히 **among** ~ 사이에서 **shift** 교대 근무 **particular** 특정한, 특별한 **particularize** ~을 자세히 다루다, 특별한

예를 들다 particularity 특이성   상당히

8.

정답 (A)

해석 설문 응답자 중 거의 50퍼센트가 제품 포장이 눈길을 끌지 않는다고 생각했다.

해설 숫자 바로 앞에서 '거의'라는 의미로 쓰이며 숫자를 수식할 수 있는 부사 (A) Nearly가 정답이다.

어휘 nearly 거의 survey 설문(조사) respondent n. 응답자 packaging 포장 unattractive 눈길을 끌지 않는 increasingly 점점, 더욱 더 mostly 대부분, 대체로 steadily 꾸준히

9.

정답 (A)

해석 여분의 면도날과 면도기는 보통 계산대 뒤에 있는 캐비닛에 보관되어 있다.

해설 동사의 시제가 현재시제이므로 일상적인 일이나 반복되는 일을 나타낼 때 사용되는 (A) usually가 정답이다. recently는 과거 또는 현재완료, formerly는 주로 과거시제와 출제된다.

어휘 extra 여분의, 추가의 razor blade 면도날 handle 손잡이 store v. 저장하다, 보관하다 usually 보통, 대개 recently 최근에 annually 해마다 formerly 이전에

10.

정답 (D)

해석 설문 조사 결과, 프로 테니스 선수 10명 중 약 3명이 우리 브랜드의 라켓을 선호한다.

해설 that절은 주어와 동사 그리고 목적어를 갖춘 완전한 절이다. 따라서 빈칸에는 '대략'이라는 의미로 3 out of 10이라는 숫자 형용사를 수식할 수 있는 부사 (D) approximately가 정답이다.

어휘 indicate that ~임을 나타내다 approximately 거의 out of ~ 중에 professional a. 전문의, 프로의 n. 프로선수, 전문가 racket 라켓 approximation 어림, 추정 approximate 어림잡다, 추정하다

11.

정답 (A)

해석 좋지 않은 기상 여건에도 불구하고, 지난주의 '평화, 사랑 & 음악과 함께' 행사에 많은 사람들이 참석했다.

해설 수동태를 이루는 과거분사를 앞에서 수식할 단어로 부사가 필요한데, 동사를 수식할 수 있는 부사로 (기상 여건을 감안하면) 만족스러움으로 나타내는 (A) well이 정답이다.

어휘 despite ~에도 불구하고 unfavorable 불리한 conditions 여건 well attended 많이 참석한 quite 꽤,

12.

정답 (B)

해석 펀 가구사의 제품 매출이 매장 보수공사 및 신상품 출시 이후로 상당히 증가했다.

해설 빈칸 뒤에 명사가 없으므로 have increased는 자동사로 사용되어 완전한 문장 구조를 갖추고 있다. 따라서 빈칸에는 자동사를 수식할 수 있는 부사 (B) considerably가 정답이다.

어휘 considerably 상당히 renovation 수리, 개축 introduction 소개, 도입 considerable 상당한 consider 고려하다

13.

정답 (C)

해석 노동 단체들은 사람들에게 교육을 더 많이 제공하고, 그로 인해 잠재적 근로자들의 능력 수준을 향상시키도록 정부에 요청했다.

해설 주절과 분사구문을 연결할 접속부사 자리이므로 (C) thereby가 정답이다.

어휘 labor organization 노동 단체 provide A with B A에게 B를 제공하다 citizen 국민, 시민 education 교육 thereby 그로 인해 raise ~ 을 향상시키다, 끌어 올리다 whereas ~인 반면, 한편 if only 오직 ~이기만 하면

14.

정답 (D)

해석 증가하는 수요로 인해, 우리의 레즈너 헤드폰 제품의 재고가 예상했던 것보다 훨씬 더 빠르게 바닥났다.

해설 비교급 형용사 quicker 앞에 빈칸이 있으므로 비교급을 수식할 수 있는 부사 (D) much가 정답이다. (A) very는 원급과 최상급을 수식하는 부사이다.

어휘 due to ~때문에 demand 수요 inventory 재고 sell out 모두 팔리다, 품절이다 anticipate 예측하다

15.

정답 (C)

해석 브라이트 메일은 영국에서 세 번째로 가장 흔히 이용되고 있는 이메일 서비스이다.

해설 빈칸 앞에 위치한 the third는 최상급과 결합해 '세 번째로 가장 ~'이라는 의미를 구성하며, 과거분사 used를 수식하는 부사 형태가 되어야 하므로 부사의 최상급 형태인 (C) most commonly가 정답이다.

어휘 third most commonly 세 번째로 가장 흔히 common 흔한, 일반적인 commonness 보통, 평범(함), 흔함

16.

정답 (B)

해석 브런트 씨는 최대한 밝은 보안 조명조차도 야간에 공장 부지에 침입자가 들어오는 것을 거의 막지 못한다는 결론을 내렸다.

해설 동사 앞에 빈칸이 있으므로 부사인 (B) seldom이 정답이다. seldom과 같은 의미의 부사는 hardly이다.

어휘 conclude ~라는 결론을 내리다 even 심지어, ~조차도 bright 밝은 security lighting 보안용 조명 discourage A from -ing A가 ~하지 못하게 하다 intruder 침입자 hard 어려운, 딱딱한 in case ~하는 경우에

17.

정답 (B)

해석 색슨 제약회사의 대표이사에 따르면, 회사의 재정 상태는 분기별 수치가 의미하는 것보다 더 안정적인 상황이다.

해설 비교 접속사 than 앞에 빈칸이 있으므로 비교급인 (B) more stable이 정답이다.

어휘 according to ~에 따르면 financial 재정의, 재무의 status 상황, 상태 stable 안정적인 quarterly 분기의 figure 수치 imply ~을 내포하다, 의미하다

18.

정답 (D)

해석 하우스홀드 헤븐 사는 고객 불만들, 특히 제품 품질에 대한 불만을 처리할 유능한 직원들을 모시고 있습니다.

해설 빈칸 앞의 customer complaints와 those는 같은 대상이다. 그리고 those 뒤에 수식어구가 customer complaints에 대해 더 상세히 밝히고 있다. 그러므로 빈칸에는 더 좁게 한정하는 초점부사인 (D) especially가 정답이다.

어휘 seek ~을 찾다, 구인하다 talented 유능한 resolve 해결하다 customer complaint 고객불만 especially 특히 related to ~에 관한 product quality 제품 품질

19.

정답 (C)

해석 대부분의 기술 회사들은 능력이 매우 뛰어난 직원들을 20년 전보다 훨씬 더 쉽게 찾을 수 있다.

해설 빈칸은 동사 find를 수식하는 부사 자리이며, 비교 접속사 than과 함께 쓰여야 하므로 부사의 비교급인 (C) more easily가 정답이다.

어휘 highly-skilled 능력이 매우 뛰어난

20.

정답 (A)

해석 현재 TJ 스모크하우스는 작년에 처음 문을 열었을 때보다 훨씬 더 비싸다.

해설 비교급 형용사 more expensive 앞에 빈칸이 있으므로 비교급을 수식하는 부사 (A) a lot이 정답이다.

UNIT 04 전치사

1초 퀴즈

정답 (C)

해석 앞으로 세 시간 이내에 주문을 하신다면 당일 배송을 보장할 것입니다.

해설 빈칸 뒤에 숫자를 포함하는 기간 명사가 나왔으므로 숫자와 결합할 수 있는 전치사인 for와 within 중에서 골라야 한다. 그런데 무료 배송을 받는 조건이 세 시간을 넘지 않는 것이므로 한계 시점을 나타내는 전치사 (C) within이 정답이다. 참고로, during이 the last, the next 등의 표현과 함께 쓰일 경우 숫자 표현을 사용할 수는 있지만(ex. during the last two weeks), 반드시 발생할 한계 시점을 나타내지 않으므로 부적합하다.

어휘 guarantee 보장하다 same-day 당일의 place an order 주문을 넣다 within ~ 이내에 during ~ 동안에

정답 (C)

해석 전 씨는 내년의 수익 예측과 관련해 몇 가지 우려하는 점을 가지고 있다.

해설 빈칸 앞의 명사 concerns와 뒤에 위치한 명사 revenue projections를 연결해 가장 자연스러운 의미 관계를 만들어 주는 (C) regarding이 정답이다.

어휘 concern 우려, 관심 regarding ~와 관련해 revenue 수익 projection 예측 upcoming year 내년 onto ~ 위로 between ~ 사이에

PRACTICE TEST

1. (C)	2. (A)	3. (C)	4. (C)	5. (D)
6. (D)	7. (C)	8. (B)	9. (B)	10. (D)
11. (A)	12. (A)	13. (C)	14. (C)	15. (D)
16. (A)	17. (B)	18. (C)	19. (B)	20. (D)

1.

정답 (C)

해석 부서의 업무 일정이 주말 동안 게시판에 공지되려면 반드시 금요일 전에 제출되어야 합니다.

해설 특정한 일이 완료되어야 하는 시점을 나타내는 명사가 빈칸 다음에 있으므로 '~ 이전에'라는 의미로 쓰이는 (C) before가 정답이다.

어휘 departmental 부서의 post ~을 게시하다 notice board 게시판 over the weekend 주말에 걸쳐 beside ~옆에 next to ~ 옆에

2.
정답 (A)

해석 거리 축제가 진행되는 동안, 포드 스트리트에 있는 주차장은 평상시의 운영 시간 대신에 오전 8시부터 오후 11시까지 개방될 것이다.

해설 빈칸 앞을 보면 축제 기간 동안 주차장이 영업을 하는 시간을 알리고 있는데, 빈칸 다음에는 '평상시의 운영 시간'이라는 말이 있으므로 운영 시간이 일시적으로 변동된 것임을 나타내는 문장이 되어야 한다. 따라서 '~ 대신에'라는 의미로 쓰이는 (A) instead of가 빈칸에 적절하다.

어휘 during ~ 동안 instead of ~ 대신에, ~하지 않고 usual 평상시의, 보통의 operating hour 운영 시간, 영업 시간 in case ~인 경우에 between ~사이에, ~ 중간에

3.
정답 (C)

해석 스트렌코 사의 신입사원 성과급 지급 계획은 내년 초는 되어야 실시된다.

해설 '~까지 …하지 않다' 또는 '~가 되어야 비로소 …하다'라는 의미의 not until 구문을 묻는 문제이므로 (C) until이 정답이다.

어휘 incentive 성과급, 장려금 scheme 계획, 책략 take effect 효력을 발휘하다

4.
정답 (C)

해석 플렙스 제조사의 관리자들은 각각의 공장 신입 근로자의 입사 첫 2개월 내내 매주 실적 평가를 진행한다.

해설 빈칸 뒤에 기간 표현이 위치해 있는데 이와 어울려 '~내내, ~ 전체에 걸쳐'의 의미로 쓰이는 (C) throughout이 정답이다.

어휘 conduct 시행하다, 실시하다 weekly 매주의, 주간의 performance evaluation 실적 평가, 업무 평가 employment 고용, 근무 before ~이전에 toward ~쪽으로 throughout ~내내, 전체에 걸쳐 between (두 항목의) 사이에

5.
정답 (D)

해석 인디 프레스 갤러리는 허드슨 불러바드에 있는 레이니 데이 제과점을 바로 지난 곳에 위치해 있다.

해설 빈칸 앞에 위치한 is located와 어울려 위치 관계를 나타낼 전치사가 필요한데, 길거리 상에서의 위치를 나타내야 하므로 '~을 지난, ~을 지나서' 등의 의미로 쓰이는 (D) past가 정답이다.

어휘 be located past ~를 지난 곳에 위치해 있다 into ~의 안으로 over ~의 위를 가로질러, ~을 건너 among ~ 사이에, ~ 중에서

6.
정답 (D)

해석 부서 내부에서 승진된 직원들은 컴퓨터 활용 능력 시험에서 면제된다.

해설 the department와 함께 쓰여 '부서 내부에서'라는 표현을 구성하는 (D) within이 정답이다. from within the department는 '부서 내부로부터'라는 의미로 잘 쓰이며 전치사가 두 개 연달아 나오는 표현이므로 따로 암기하는 것이 좋다.

어휘 promote 승진하다 be exempt from ~에서 면제되다 from within ~내부로부터 proficiency 숙련

7.
정답 (C)

해석 그 자선 단체는 에밋 화학공업 사에서 기부한 상당한 금액 덕분에 1만 달러의 기금 마련 목표를 충족했다.

해설 빈칸 앞에 주어와 동사가 포함된 절이 있고 빈칸 뒤에는 명사구와 전치사구만 위치한 구조이다. 따라서 빈칸 뒤에 위치한 명사구를 이끌 전치사가 필요하므로 선택지에서 유일한 전치사인 (C) thanks to가 정답이다. 참고로, 접속사 as well as는 앞뒤에 대등한 요소가 필요하다.

어휘 charity 자선 (단체) meet ~을 충족하다 fundraising 기금 마련(활동) thanks to ~ 덕분에, ~ 때문에 substantial 상당한 donation 기부(금) as well as ~뿐만 아니라 overall a. 전반적인 ad. 전반적으로 even if 비록 ~라 하더라도

8.
정답 (B)

해석 플로이드 은행의 고객들은 3월 12일부터 3월 15일까지의 기간 동안 이루어진 거래가 거래 명세서에 바로 나타나지 않을 수도 있다는 점을 유념하시기 바랍니다.

해설 빈칸에는 기간을 나타내는 명사구인 the period of March 12 to March 15 앞에 쓰이는 기간 전치사가 들어갈 자리이므로 (B) during이 정답이다.

어휘 take note 주목하다 transaction 거래 appear 나타나다 immediately 즉시 account statement 거래 명세서 while ~하는 동안 under ~아래로, ~미만으로 above

~위로, ~이상으로

9.
정답 (B)

해석 에쉬베르그 컨벤션 센터의 대강당을 확장하기 위한 건설 공사가 향후 8개월 동안 시행될 것입니다.

해설 빈칸에는 기간을 나타내는 명사를 이끄는 전치사가 들어가야 하므로 (B) over가 정답이다.

어휘 construction work 건설 공사 enlarge 확장하다 carry out ~을 이행하다 above ~위에 over ~동안에 걸쳐 along ~을 죽 따라서

10.
정답 (D)

해석 다큐멘터리를 제외한 모든 장르의 영화들이 연례 홉라이트 축제에서 상영된다.

해설 빈칸 앞에 위치한 명사구는 '모든 장르의 영화'라는 의미로 전체를 나타낸다. 그런데 빈칸 다음에 다큐멘터리라는 특정 장르가 별도로 언급되어 있으므로 제외 대상을 뜻한다는 것을 알 수 있다. 따라서 '~을 제외하고'라는 의미로 쓰이는 (D) except가 정답이다.

어휘 genre 장르 film 영화 except ~을 제외하고 show ~을 상영하다, 상연하다 annual 연례의, 해마다의 opposite ~의 건너편에, 맞은편에 toward (이동) ~을 향해, ~ 쪽으로 (목적) ~을 위해 along (길 등) ~을 따라

11.
정답 (A)

해석 동물 보호소에서 자원봉사를 하는 것과 지역 재즈 밴드에서 피아노를 연주하는 것은 그의 여러 취미들 중 일부다.

해설 두 개의 동명사구가 「A and B」의 구조로 연결된 주어와 동사 are 다음에 빈칸이 있고, 그 뒤로 명사구가 위치한 구조이다. 빈칸 뒤의 명사구는 '여러 취미들'을 의미하므로 주어로 쓰인 동명사구들이 속하는 범위를 나타낸다. 따라서, '~ 중에, ~에 포함된'이라는 의미로 복수명사를 목적어로 취해 범위를 나타낼 때 사용하는 (A) among이 정답이다.

어휘 volunteer 자원봉사를 하다 shelter 보호소 among ~ 중에, ~ 사이에 considering ~을 고려하면, 감안하면 regarding ~와 관련해, ~에 관해

12.
정답 (A)

해석 수개월간의 실망스런 매출 이후에, 웨스코 공업 사의 최근 수치들은 회사가 정상궤도에 올랐음을 보여주고 있다.

해설 같은 단어의 여러 형태가 선택지에 제시되었으므로 품사 문제임을 알 수 있다. 빈칸 다음에 위치한 months of

disappointing sales가 명사구이므로 빈칸에는 전치사가 필요하다. 따라서 현재분사형 전치사 (A) Following이 정답이다.

어휘 following ~ 후에 disappointing 실망시키는, 실망감을 주는 latest 최신의 figure 수치, 숫자 indicate that ~임을 가리키다, 나타내다 be back on track 정상궤도에 오르다, 계획대로 되다 follow ~을 따르다, 따라 하다

13.
정답 (C)

해석 미니 박사에 따르면, 확장 계획은 추가적인 조사가 실시될 수 있을 때까지 연기될 것이다.

해설 사람 이름은 확장 계획이 연기될 것이라는 내용의 출처를 나타내는 관계로 보는 것이 가장 자연스럽다. 그러므로 빈칸에는 출처를 나타내는 전치사 (C) According to가 정답이다.

어휘 according to ~에 따르면 expansion 확장 delay ~을 연기하다, 지연시키다 further 추가적인, 더 conduct ~을 실시하다 as well as ~은 물론이고, ~외에도 such as 예를 들면 aside from ~을 제외하면

14.
정답 (C)

해석 대부분의 향수 원료 비용이 감소했음에도 불구하고, 페넬로페 화장품은 50퍼센트가 넘게 생산량을 줄였다.

해설 선택지가 접속사와 전치사로 구성되어 있으므로 문장 구조를 확인해야 한다. '향수 원료 비용 감소'와 '생산량을 축소하다'라는 상반된 내용을 연결하려면 '~에도 불구하고'를 의미하는 양보 접속사 또는 전치사가 필요한데, 빈칸 뒤에 명사구가 있으므로 전치사 (C) Despite가 정답이다.

어휘 despite ~에도 불구하고 reduction 감소, 축소 cost 비용 perfume 향수 ingredient 원료 cut ~을 줄이다, 삭감하다 production 생산 neither 어느 것도 아닌 as ~로서, ~이기 때문에, ~하면서

15.
정답 (D)

해석 채용 위원회는 귀하의 이전 고용주인 보히스 씨로부터 아직 추천서를 받지 못했습니다.

해설 각 선택지가 모두 전치사이고 빈칸 앞뒤에 각각 명사구들이 위치해 있으므로 이 명사구들 사이의 의미 관계를 가장 잘 나타낼 수 있는 전치사를 찾아야 한다. 동사 obtain과 어울려서 '~로부터'라는 의미로 출처를 나타낼 때 사용하는 (D) from이 정답이다.

어휘 hiring committee 채용 위원회 have yet to do 아직 ~하지 못하다 obtain ~을 받다, 획득하다 a letter of recommendation 추천서 previous 이전의, 예전의

employer 고용주 **over** (위치) ~ 위로 가로질러, ~ 너머로, (수준, 정도) ~ 이상의, (기간) ~ 동안에

16.

정답 (A)

해석 코우마스 씨는 자신의 자동차를 더 신형 모델로 바꾸려고 생각 중이다.

해설 「exchange + 목적어 + 빈칸 + 목적어」의 구조에서 쓸 수 있는 것을 골라야 하므로 선택지 중 변경, 교환의 대상을 나타내는 (A) for가 정답이다.

어휘 **exchange A for B** A를 B로 바꾸다 **automobile** 자동차

17.

정답 (B)

해석 개조 공사 기간 동안, 해당 직원들은 다른 부서로 재배치될 것입니다.

해설 동사 relocate는 대상의 장소를 다른 곳으로 옮긴다는 뜻이다. 따라서, 옮겨갈 장소인 other departments 앞에 목적지를 나타내는 전치사가 들어가야 하므로 (B) to가 정답이다.

어휘 **duration** 기간 **remodeling project** 개조 공사, 개조 사업 **affected** 영향을 받은 **relocate A to B** A의 장소를 B로 옮기다

18.

정답 (C)

해석 오후에 소나기가 내렸음에도 불구하고, 홀든 공원에서 열린 환경인식 박람회는 여전히 수백 명의 참가자들이 몰려들었다.

해설 빈칸 뒤에 명사구가 위치해 있으므로 빈칸은 전치사가 필요한 자리임을 알 수 있다. 따라서 전치사인 (C) Notwithstanding이 정답이다.

어휘 **notwithstanding** ~에도 불구하고 **rain shower** 소나기 **environment** 환경 **awareness** 인식, 자각 **fair** 박람회 **still** 그럼에도, 그래도 **attract** ~을 모으다, 끌어들이다 **on the other hand** 다른 한편으로는, 반면에 **as a matter of fact** 사실, 실은 **eventually** 마침내, 결국

19.

정답 (B)

해석 도시계획부는 허스트 에비뉴의 울퉁불퉁한 보도를 평탄화하는 공사에 대한 자금을 마침내 할당했다.

해설 빈칸 앞에 위치한 leveling은 '평탄화, 평준화' 등을 의미하며, 빈칸 뒤에 위치한 the uneven sidewalks가 그 대상으로서 목적어와 같은 역할을 한다. 따라서 이와 같은 행위 대상 또는 목적물 관계를 나타낼 때 사용하는 전치사인 (B) of가 정답이다.

어휘 **urban planning** 도시 계획 **finally** 마침내, 결국 **allocate**

~을 할당하다, 배정하다 **fund** 자금 **leveling** 평탄화, 평준화 **uneven** 울퉁불퉁한, 평평하지 않은 **sidewalk** 보도, 인도

20.

정답 (D)

해석 승인을 받기 위해 제출되는 주차 허가 신청서에는 차량 등록증과 거주 증명서가 첨부되어야 합니다.

해설 빈칸은 명사 approval을 목적어로 취하는 전치사가 필요한데, request가 허락을 목적으로 요청되는 것이므로 빈칸에는 '~을 위하여'와 같은 의미로 목적을 나타내는 전치사가 필요하므로 (D) for가 정답이다.

어휘 **permit** n. 허가증 v. 허락하다 **request** n. 신청 v. 신청하다 **approval** 승인, 찬성 **be accompanied by** ~을 동반하다 **vehicle** 차량 **registration** 등록 **proof** 증거 **residence** 거주, 저택

UNIT 05 접속사, 관계사

1초 퀴즈

정답 (B)

해석 나는 현재의 프로젝트가 끝나면 그레이브스 씨가 무엇을 해야 할지 아직 결정하지 못했다.

해설 타동사 decide의 목적어 자리에 빈칸이 위치해 있고, 그 뒤에 do의 목적어가 없는 불완전한 구조의 절이 이어지므로 빈칸은 명사절 접속사로서 의문사가 들어가야 한다. 보기 중에서 불완전한 절을 이끄는 명사절 접속사 (B) what이 정답이다. 참고로, 불완전한 절을 이끄는 명사절 접속사 what을 선행사를 포함한 관계대명사라고도 한다.

어휘 **yet** 아직 **current** 현재의

정답 (C)

해석 귀하는 신발을 보관하실 수 있는 라커를 배정받으실 것입니다.

해설 빈칸 뒤에 주어와 동사, 목적어를 갖춘 완전한 구조의 절이 있으므로 빈칸에는 관계부사가 와야 한다. 그런데 빈칸 앞에 사물 선행사 locker와 전치사 in이 있으므로 전치사와 결합 가능한 사물 관계대명사 (C) which가 정답이다. in which는 where과 바꿔 쓸 수 있다.

어휘 **assign A B:** A를 B에게 배정하다, 할당하다 **store** ~을 보관하다, 저장하다

정답 (B)

해석 전문적이지만 친절한 서비스가 저희가 경쟁사들과 다른 방식입니다.

해설 빈칸 뒤에 이어지는 절이 완전하므로 관계부사가 빈칸에 와야 한다. 빈칸 앞에 언급된 주어 service는 고객에게 응대하는 방식(way)에 해당되므로 방법, 방식을 나타내는 관계부사 (B) how가 정답이다.

어휘 professional 전문적인 friendly 친절한 differ from ~와 다르다 competitor 경쟁사

PRACTICE TEST

1. (C)	2. (B)	3. (A)	4. (D)	5. (A)
6. (A)	7. (D)	8. (D)	9. (C)	10. (D)
11. (B)	12. (D)	13. (D)	14. (D)	15. (B)
16. (D)	17. (B)	18. (A)	19. (D)	20. (A)

1.

정답 (C)

해석 저희는 아무리 바쁘더라도, 30분 이내에 모든 음식 주문을 배달해 드리기 위해 애쓰고 있습니다.

해설 빈칸 앞에 위치한 no matter는 의문사와 결합해 '(누가, 무엇이, 어디서 등) ~하더라도'의 의미를 나타낸다. 그런데 빈칸 바로 다음에 「형용사 + 주어 + 동사」의 구조가 이어지고 있으므로 형용사와 결합해 사용되는 (C) how가 정답이다.

어휘 strive to do ~하기 위해 애쓰다

2.

정답 (B)

해석 불필요한 지출을 줄이기 위해 무엇을 할 수 있는지 파악하기 위해, 수석 엔지니어가 건축 프로젝트 제안서를 검토하고 있다.

해설 빈칸 이하는 타동사 determine의 목적어 역할을 할 명사절이 되어야 하는데, 빈칸 이하가 주어가 없는 불완전한 절이므로 선행사를 포함한 관계사이자 명사절 접속사인 (B) what이 정답이다.

어휘 proposal 제안(서) determine ~을 결정하다 reduce ~을 줄이다 unnecessary 불필요한 expenditure 지출

3.

정답 (A)

해석 기고된 기사의 출판이 지연되었는데, 주로 누가 기사를 썼는지 명확하지 않았기 때문이다.

해설 unclear 이하의 명사절에서 주어가 빠져 있다. who와 what이 주어로 사용될 수 있는데, 글을 쓰는 것은 사람이므로 (A) who가 정답이다.

어휘 publication 출판(물) contribute ~을 기고하다 article 기사, 글 delay 지연시키다 primarily 주로 unclear 불확실한, 명확하지 않은

4.

정답 (D)

해석 올해 회사에 의해 정해진 각자의 영업 목표를 초과 달성한 모든 사람들에게 10일간의 유급 휴가와 넉넉한 보너스가 주어졌다.

해설 빈칸 이하가 to의 목적어 역할을 하는 절의 구조이다. 따라서 접속사의 역할을 하면서 동사 surpassed의 주어 역할을 할 복합관계대명사 (D) whoever가 정답이다.

어휘 paid vacation 유급 휴가 generous 넉넉한, 후한 award A to B B에게 A를 주다, 수여하다 surpass ~을 초과하다, 뛰어넘다 set by ~에 의해 정해진, 설정된

5.

정답 (A)

해석 노트북 컴퓨터에 결함이 있는 고객들은 알튼이나 판햄에 있는 저희 기술 지원 센터 중에서 더 편리한 곳을 방문하시면 됩니다.

해설 빈칸 다음에 동사와 형용사가 이어지고 있으므로 접속사와 주어의 기능을 동시에 할 수 있는 복합관계대명사 (A) whichever가 정답이다.

어휘 faulty 결함이 있는 technical support 기술 지원 convenient 편리한

6.

정답 (A)

해석 잭슨 씨는 명찰 배송을 받자마자, 그것들을 인디고 호텔의 모든 직원들에게 나누어 줄 것이다.

해설 주절의 동사가 will distribute로 미래시제이므로, Once가 이끄는 시간부사절은 미래 시점을 나타내기 위해 현재시제가 쓰여야 한다. 따라서 정답은 (A) receives이다.

어휘 shipment 수송, 배송 name tag 명찰, 이름표 distribute 나누어 주다, 배포하다

7.

정답 (D)

해석 위원회의 모든 인원이 다음 회의에 참석하는 것이 중요하다

해설 중요성을 나타내는 형용사 important가 있고 that 뒤로 주어 every member가 있으므로 빈칸은 that절에서 조동사 should가 생략된 동사원형 자리이다. 따라서, 동사원형 (D) participate가 정답이다.

어휘 committee 위원회 participate in ~에 참석하다

8.

정답 (D)

해석 근육을 만들고 싶으신 분이든, 아니면 단지 살을 빼고 싶으신 분이든, 피트니스 클리닉은 여러분을 위해 적절한 프로그램을 만들어 드릴 수 있습니다.

해설 빈칸은 빈칸 이하에 두 개의 절을 연결할 접속사 자리이며, 빈칸이 속한 절에 등위접속사 or가 위치해 있으므로 (D) Whether가 정답이다.

어휘 whether A or B A이든 B이든 gain ~을 얻다 lose weight 살을 빼다 appropriate 적절한 plus 게다가 either (A or B) (A나 B) 둘 중 하나 rather 오히려

9.

정답 (C)

해석 일정한 작동 속도를 유지하려면, 전력 수준이 20퍼센트로 떨어질 때마다 배터리를 교체하시기 바랍니다.

해설 빈칸 앞에는 동사원형 replace가 이끄는 명령문 형태의 절이 있고, 빈칸 뒤에는 주어와 동사가 포함된 또 다른 절이 위치한 구조이다. 따라서 빈칸에는 이 두 개의 절을 연결할 부사절 접속사가 필요하므로 선택지 중에서 유일한 부사절 접속사인 (C) whenever가 정답이다.

어휘 maintain ~을 유지하다 steady 일정한, 꾸준한 pace 속도 operation 가동, 작동, 운영 replace ~을 교체하다 fall to ~로 떨어지다, 줄어들다 by contrast 대조적으로 in summary 요컨대, 요약하자면 rather than ~하지 않고, ~하는 대신

10.

정답 (D)

해석 CWA 문학상의 수상자 발표까지 불과 며칠을 앞두고, 심사 위원들은 어느 작가가 올해 최고의 책을 발간했는지를 결정해야 한다.

해설 빈칸 이하는 타동사인 decide의 목적어 역할을 하는 절이 되어야 하는데, 빈칸 다음에 바로 명사가 있으므로 형용사 역할이 가능한 (D) which가 정답이다.

어휘 with (부대적인 상황) ~하면서, ~한 채로 winner 수상자 judge 심사위원 author 작가

11.

정답 (B)

해석 우리 건물 입주자들이 공간을 찾을 수 있는 곳이라면 어디든지 주차가 가능합니다.

해설 빈칸 뒤로 주어 our building residents, 동사 can find, 그리고 목적어 space까지 빠진 요소가 없는 완전한 절이 위치해 있다. 따라서 완전한 구조로 된 절과 함께 사용하는 (B) wherever가 정답이다.

어휘 vehicle 차량 resident 입주자, 주민 space 공간

12.

정답 (D)

해석 우리는 건물 설계도가 건축가에 의해 제출되는 대로 그것을 철저히 확인할 것이다.

해설 빈칸 앞에 주어 We와 동사 will check로 시작되는 절이 있고, 빈칸 뒤에도 주어 it과 동사 has been submitted가 포함된 절이 있으므로 빈칸에는 이 두 절을 연결할 부사절 접속사가 필요하다. 설계도가 제출되는 대로 확인한다는 의미가 되어야 알맞으므로 '~하는 대로, ~하자마자'를 뜻하는 (D) as soon as가 정답이다.

어휘 blueprint 설계도, 도면 thoroughly 철저히, 빈틈없이 as soon as ~하는 대로, ~하자마자 submit ~을 제출하다 then 그러면, 그런 다음에, 그때 while ~하는 동안, ~인 반면에 due to ~ 때문에, ~로 인해

13.

정답 (D)

해석 길크리스트 씨는 파라곤 주식회사에서 거의 20년 동안 근무를 해왔지만, 회사 내에서 한 번도 책임자 직책을 제안 받은 적이 없다.

해설 빈칸 다음에 주어와 동사가 각각 포함된 두 개의 절이 이어져 있으므로 이 둘을 연결할 접속사가 빈칸에 와야 한다. '20년 가까이 오래 일했음에도 책임자로서 일하도록 제안 받지 않았다'라는 대조적인 의미가 되어야 자연스러우므로, '비록 ~이지만, ~라 하더라도'라는 의미로 쓰이는 (D) Although가 정답이다.

어휘 almost 거의 supervisory 관리의, 감독의 once 일단 ~하면, ~하는 대로 despite ~에도 불구하고

14.

정답 (D)

해석 12월 마지막 주는 많은 회사들이 전반적인 소비자 지출이 오르락내리락한다는 것을 알아차릴 시기이다.

해설 The last week of December를 받는 보어이자 선행사인 the time이 생략되었음을 알 수 있으므로, 시간 관계부사인 (D) when이 정답이다.

어휘 firm 회사 notice 알아채다 fluctuation 오르내림, 동요 overall 전반적인 consumer 소비자 spending 지출

15.

정답 (B)

해석 비교적 신생 회사인 저희는 불과 15명의 직원들이 있으며, 이들 대부분은 시간제 근무자들입니다.

해설 관계대명사절의 주어인 「most of -------」에서 빈칸이 전

치사 of의 목적어 자리이므로 목적격 관계대명사 (B) whom
이 정답이다. 관계사절의 주어 자리처럼 보인다고 주격을 고
르면 안 된다. 관계사절의 주어는 most이다.

어휘 relatively 비교적, 상대적으로 firm 회사

16.
정답 (D)

해석 회사의 대표이사는 프랑스인 고객들을 라이브 재즈 음악이 매
일 저녁 연주되는 레스토랑으로 데려갔다.

해설 「전치사 + 관계대명사」의 구조가 되어야 하는 문장이므로
(C) whom과 (D) which 중에서 골라야 하는데, 바로 앞
의 restaurant이 선행사이므로 사물을 가리킬 수 있는 (D)
which가 정답이다.

어휘 take A to B A를 B로 데려 가다 perform ~을 연주하다,
공연하다

17.
정답 (B)

해석 회사의 모든 사람들이 베이징에서 파울러 씨가 돌아오기를 간
절히 바라고 있는데, 그곳에서 그녀는 몇몇의 중국 사업가들을
만났다.

해설 빈칸 앞에 장소를 나타내는 명사가 있으므로 장소 선행사를
수식하는 관계부사 (B) where가 정답이다.

어휘 eagerly 간절히, 열망하여 anticipate (that) ~을
고대하다, 기대하다 entrepreneur 사업가

18.
정답 (A)

해석 나무들마다 만발한 벚꽃들이 이른 봄에 관광객들이 블루 크레
스트 국립공원으로 몰려 드는 이유이다.

해설 빈칸은 두 개의 절을 연결하는 접속사 자리로 관광객들이 특
정 장소로 몰려드는 이유 또는 원인을 나타낸다. 그러므로 이
유를 나타내는 관계부사 (A) why가 정답이다. 참고로 why
앞에 the reason이라는 선행사가 생략되어 있다.

어휘 blooming 만발한 꽃 cherry blossom tree 벚나무
rush to ~로 몰려 들다

19.
정답 (D)

해석 관련 영수증을 제공하는 직원들만 출장 비용을 환급 받을 것
입니다.

해설 관계사절의 동사는 선행사와 수가 일치되어야 한다. 선행사
employees가 복수명사이므로 복수동사 (D) provide가 정
답이다.

어휘 relevant 관련된 receipt 영수증 reimbursement 환급
expense 지출(비용)

20.
정답 (A)

해석 어제 받으신 이메일에는 내일 직원회의에서 논의될 예정인 여
러 회의 안건들이 포함되어 있습니다.

해설 선행사가 사물명사 agenda topics이고 빈칸 뒤에는 주어가
없는 불완전한 절이 이어지므로, 주격 관계대명사 (A) that이
정답이다.

어휘 contain ~을 포함하다 agenda 안건

UNIT 06 준동사: 부정사, 분사, 동명사

1초 퀴즈
정답 (B)

해석 우리는 앞으로 몇 주에 걸쳐 귀하의 팀과 긴밀하게 일하기를
고대합니다.

해설 숙어 look forward to의 to는 전치사이고 동명사 형태를 목
적어로 가지므로 (B) working이 정답이다.

어휘 look forward to -ing ~하기를 몹시 기다리다 closely
긴밀하게 over ~동안 the next few weeks 앞으로 몇 주

PRACTICE TEST

1. (C)	2. (A)	3. (A)	4. (A)	5. (D)
6. (A)	7. (B)	8. (D)	9. (A)	10. (C)
11. (D)	12. (B)	13. (A)	14. (D)	15. (B)
16. (B)	17. (C)	18. (C)	19. (A)	20. (C)

1.
정답 (C)

해석 새로운 소프트웨어는 그래픽 디자인팀이 팀의 작업 품질을 개
선할 수 있게 해 줄 것이다.

해설 빈칸 다음에 「목적어 + to부정사」의 구조가 이어져 있으므로,
이와 같은 구조와 결합해 '~가 …할 수 있게 하다'라는 의미를
나타낼 때 사용하는 (C) enable이 정답이다.

어휘 enable A to do A가 ~할 수 있게 하다 quality 품질
inhibit ~을 억제하다, ~하지 못하게 하다 recruit ~을
모집하다

2.
정답 (A)

해석 새로운 스마트폰을 구매할지에 대해 결정하기 전에 고려할 것
들이 많이 있다.

해설 빈칸 뒤에 바로 to부정사가 이어져 있으므로 to부정사와 어울
    릴 수 있는 (A) whether가 정답이다.

어휘 consider ~을 고려하다 whether to do ~을 할지

3.

정답 (A)

해석 피에르 몬두는 자신의 최근 작품인 <계곡을 넘는 바람>에서
    자신만의 예술 양식을 전통 양식과 혼합하려고 시도했다.

해설 빈칸 뒤에 to부정사가 있으므로 선택지 중에 to부정사를 목적
    어로 가지는 동사 (A) attempted가 정답이다.

어휘 latest 최근의, 최신의 attempt to do ~하려고 시도하다
    incorporate A with B A를 B와 통합시키다, 혼합하다
    artistic 예술적인 persuade ~을 설득하다, 납득시키다
    recognize ~을 인정하다

4.

정답 (A)

해석 위원회는 그 공장의 폐기물 처리 절차에 대한 더 많은 정보를
    요구할 방법을 찾고 있다.

해설 빈칸은 부정관사 a와 to부정사 사이에 위치해 있으므로 to부
    정사의 수식을 받을 수 있는 명사의 자리이다. 따라서 to부정
    사와 함께 '~할 방법'이라는 의미를 나타내는 (A) way가 정답
    이다.

어휘 committee 위원회 waste disposal 폐기물 처리
    procedure 절차 will 의지 tension 긴장 style 양식,
    모양

5.

정답 (D)

해석 빌록시 호텔은 운이 좋게도 <자이트가이스트 매거진>의 올해
    의 인물 시상식 행사를 주최한다.

해설 빈칸이 be동사와 to부정사 사이에 위치해 있으므로 이 구조
    와 결합해 '운이 좋게 ~하다, ~해서 다행이다'라는 의미로 쓰
    이는 (D) fortunate가 정답이다. successful은 「in + 동명
    사」가 따라온다.

어휘 be fortunate to do 운이 좋게 ~하다, ~해서 다행이다
    host ~을 주최하다 admired 존경 받는 essential
    필수적인

6.

정답 (A)

해석 마르코트 메모리얼 병원에서 5년 이상 근무해 온 모든 직원들
    은 관리직에 지원할 자격이 있다.

해설 빈칸은 be동사와 to부정사와 함께 쓰여 주어의 상태를 나타
    낼 수 있어야 한다. 따라서, 이 구조와 결합해 '~할 자격이 있
    다'라는 의미를 나타내는 (A) eligible이 정답이다. 참고로,

possible은 일의 발생 가능성을 나타내며 사람을 수식하지 않
기 때문에 오답이다.

어휘 be eligible to do ~할 자격이 있다 apply for ~에
    지원하다 managerial 관리의, 경영의 measured 치수를
    잰, 정확히 맞는 controlled 통제된, 억제된

7.

정답 (B)

해석 하티 32R 제빵 기계는 반죽을 만들고, 빵을 구우며, 몇 시간
    동안 빵을 따뜻하게 보관할 수 있는 기능이 있다.

해설 빈칸 바로 뒤에 위치한 to부정사와 어울려 쓸 수 있으면서 '~
    하는 능력[기능]'이라는 의미를 나타낼 수 있는 (B) ability가
    정답이다.

어휘 ability to do ~할 수 있는 능력[기능] mix dough (가루와
    물을 섞어) 반죽을 만들다 bake bread 빵을 굽다 keep
    유지하다, 계속하다 decision 결정 amount 양, 액수
    faculty 능력, 학부

8.

정답 (D)

해석 그 은행의 재정위원회는 고객들의 지불 한도를 상세히 검토하
    는 것에 대해 생각하고 있다.

해설 전치사 of 다음에 부사 thoroughly가 있고 빈칸이 이어지는
    구조이므로, 전치사 of의 목적어 역할을 하면서 부사의 수식
    을 받을 수 있는 동명사 (D) reviewing이 정답이다. 빈칸 뒤
    에 spending limits라는 목적어가 위치해 있으므로 수동태인
    (A) being reviewed는 오답이다.

어휘 finance committee 재정위원회 thoroughly 상세히,
    철저히 review ~을 검토하다 spending limit 지출 한도

9.

정답 (A)

해석 인디고 소프트웨어 사와 협업하는 것에 관한 마틴 셔먼 씨의
    발표는 주주들의 열렬한 호응을 받았다.

해설 빈칸 앞에 전치사 about이 있으므로 전치사의 목적어로 쓰일
    수 있는 동명사 (A) collaborating이 정답이다.

어휘 collaborate with ~와 협업하다, 공동 작업하다 be
    met with (의견 등) ~에 부응하다, ~와 맞닥뜨리다
    enthusiasm 열의, 열정 shareholder 주주

10.

정답 (C)

해석 여러분 자신의 안전을 위해, 적절한 안전 장비 없이는 그릴을
    작동하지 마십시오.

해설 동사 avoid와 명사구 the grills 사이에 빈칸이 위치해 있으므
    로 이 명사구를 목적어로 취하면서 동사 avoid의 목적어 역할

을 동시에 할 수 있는 동명사 (C) operating이 정답이다.

어휘 avoid -ing ~하는 것을 피하다 operate ~을 작동하다,
가동하다 proper 적절한, 알맞은 operation 작동, 운영

11.
정답 (D)

해석 킴&청 어소시에이츠의 변호사들은 중국에서 신규 고객들을
유치하기 위해 새로운 법률 서비스를 마케팅하는 것을 고려했
다.

해설 동사 considered 다음에 빈칸이 있고 빈칸 다음에 명사구가
이어지고 있다. 동사 consider는 동명사를 목적어로 취하는
동사이므로 (D) marketing이 정답이다.

어휘 consider -ing ~할 것을 고려하다 market v. 홍보하다,
시장 활동을 벌이다 legal 법률의, 합법적인 attract ~을
끌어 모으다, 마음을 끌다

12.
정답 (B)

해석 사라 청 씨는 언론을 대상으로 하는 행사에서 회사를 대표하
는 것 외에도, APO 공업사의 모든 보도 자료를 책임지고 있
다.

해설 in addition to는 하나의 전치사이므로 to는 to부정사가 아
닌 전치사이다. 따라서 전치사 뒤에 동사가 오려면 동명사 형
태가 되어야 하므로 (B) representing이 정답이다.

어휘 be responsible for ~에 대한 책임이 있다 press release
보도 자료 in addition to (-ing) ~ 외에도, ~ 뿐만 아니라
represent ~을 대표하다, 대리하다 representative n.
직원, 대리인 a. 대표하는

13.
정답 (A)

해석 그레이트 아웃도어스는 지역 내 아동을 위한 캠핑 여행을 준비
하는 데 전념하는 비영리 단체이다.

해설 빈칸 앞에 위치한 is committed to는 '~하는 데 전념하다,
헌신하다'라는 의미를 나타내며, 여기서 to는 전치사이므로
빈칸에 명사 또는 동명사가 쓰여야 한다. 빈칸 다음에 명사구
camping trips가 바로 이어져 있으므로 이 명사구를 목적어
로 취할 수 있는 동명사 (A) arranging이 정답이다.

어휘 nonprofit 비영리의 be committed to -ing ~하는 데
전념하다, 헌신하다 arrange ~을 마련하다, 조치하다,
배치하다 arrangement 마련, 조치, 배치

14.
정답 (D)

해석 귀하의 객실 예약 확인서가 예약 양식에 기재하신 이메일 주
소로 발송될 것입니다.

해설 빈칸은 동사 will be sent의 주어 자리이므로 동명사 (C)
Confirming과 명사 (D) Confirmation 중에서 정답을 골라
야 한다. 그런데 confirm은 타동사이며 뒤에 목적어를 동반해
야 하므로 전치사 앞에 위치한 빈칸에 올 수 없다. 따라서 명
사 (D) Confirmation이 정답이다.

어휘 confirmation 확인(서) room reservation 객실 예약
booking form 예약 양식 confirm ~을 확인하다

15.
정답 (B)

해석 넬리산 공업사는 이집트에 기반을 둔 한 초콜릿 회사 매입을
발표했는데, 이는 북아프리카 지역으로의 사업 확장 계획을
확인해주는 것이었다.

해설 이미 문장의 동사인 announced가 있으므로 (A) confirm이
나 (D) is confirming은 빈칸에 올 수 없다. 따라서 분사 형태
가 빈칸에 와야 하는데, 빈칸 바로 뒤에 목적어에 해당하는 명
사구가 있으므로 현재분사 (B) confirming이 정답이다.

어휘 Egyptian-based 이집트에 기반을 둔 confirm 사실로
확인하다 expansion 확장

16.
정답 (B)

해석 마이어스에서 구매하신 의류의 반품은 구매 후 7일 이내에만
받아들여질 것입니다.

해설 be동사 다음에 빈칸이 있을 때는 주어와 동사의 관계를 따
져서 수동태인지 능동태 진행형인지를 가려야 한다. 주어
Returns는 사람에 의해 받아들여지는 대상이므로 수동의 의
미를 나타내는 과거분사 (B) accepted가 정답이다.

어휘 return 반품 accept ~을 받아들이다 within ~ 이내에
acceptance 수용, 수락, 용인

17.
정답 (C)

해석 메르소프트 사에서 10년 동안 일한 후에, 오마르 윌리스는 자
신의 사업을 하기 위해 그만두었다.

해설 빈칸과 전치사구 뒤로 주절이 이어지는 문장 구조이므로, 「빈
칸 + 전치사구」가 하나의 분사구문이 되는 것이 가장 적절하
다. 자신의 사업을 하기 이전에 10년간 어떤 회사에서 일한 것
을 나타내는 시제 형태는 대과거, 즉 과거완료가 되어야 하는
데, 과거완료의 동사 형태는 「having + p.p.」이므로 (C)
Having worked가 정답이다.

어휘 quit 그만두다 run ~을 운영하다, 관리하다

18.
정답 (C)

해석 빠듯한 마감시한에 직면했을 때, 하인즈 씨는 자신이 일정에

맞출 능력이 있다는 것을 증명했다.

해설 부사절 접속사 When 뒤에는 절이 와야 하는데, 주어가 없고 전치사구만 있으므로 분사구문이 되어야 한다. 선택지에서 타동사 face의 분사는 (C) faced와 (D) facing이고, 빈칸 뒤에 전치사구가 나타나 있으므로 과거분사 (C) faced가 정답이다.

어휘 faced with ~에 직면한 tight (일정 등) 빠듯한, 꽉 짜인 prove oneself + 형용사 자신이 ~하다는 것을 입증하다 capable of -ing ~할 능력이 있는 meet (기한, 요건 등) ~을 맞추다, 충족하다

19.

정답 (A)

해석 건축관리과의 조사 보고서에 나타난 바와 같이, 낡은 모스 극장은 대규모 구조물 보강과 수리를 필요로 한다.

해설 종속절의 주어가 없으므로 분사구문의 형태를 고르는 문제이다. 타동사 indicate가 들어갈 자리 뒤에 목적어가 없으므로 빈칸에는 수동태를 의미하는 과거분사 (A) indicated가 정답이다. 수동태의 분사구문에서는 being이 생략된다.

어휘 indicate ~라고 밝히다 Building Department (관공서) 건축관리과 inspection 조사, 검사 require ~을 필요로 하다 extensive 대규모의, 폭넓은 structural 구조의, 건축의 reinforcement 보강 renovation 수리 indication 지표, 암시

20.

정답 (C)

해석 거래에 앞서 남아 있는 모든 서류 작업을 완료할 수 있도록, 호젠불 호텔에 있는 저희 사무실을 방문해 주십시오.

해설 정관사 the와 명사 paperwork 사이에 빈칸이 있으므로 빈칸은 paperwork를 수식할 분사의 자리이다. 따라서 선택지에서 분사 형태로 된 것을 골라야 하는데, 동사 remain은 목적어가 필요하지 않은 2형식 자동사이므로 현재분사인 (C) remaining이 정답이다. 참고로, remaining은 '남아 있는, 남은'의 뜻인 분사가 형용사화된 것이다.

어휘 so that + 주어 + can ~할 수 있도록, ~하기 위해 complete ~을 완료하다, 마치다 remaining 남아 있는, 남은 paperwork 서류 작업 prior to ~에 앞서 deal 거래, 합의

UNIT 07 문맥 문제 총정리

예제

1.

경영진이 생산 납기를 지키기 위해 직원들에게 초과근무를 자발적으로 하도록 요청했습니다. 사규에 따르면, 일요일 근무는 의무가 아닙니다. 하지만, 일요일에 초과근무를 할 의향이 있는 사람들에게는 두 배의 보상이 이뤄지고 이것은 연간 실적 평가에서 고려될 것입니다.

해설 ① 앞 문장: 의무가 아니다 ⇒ 요청을 거절해도 된다 ② 뒤 문장: 일할 의사가 있다면 두 배의 임금과 연간 실적 평가 반영 ③ 요청을 거절할 수 있음에도 수락하는 경우에 대한 보상 내용은 양보적 관계이므로 양보 접속부사 (B) However가 정답이다.

어휘 volunteer 자원하다 overtime 초과근무(= additional hours) meet production deadlines 생산 납기를 지키다 in accordance with ~에 따라 compulsory 의무적인 willingness 의사, 의지 be paid double 두 배로 지불되다 be taken into account 고려되다 annual performance 연간 실적 evaluation 평가 take place 발생하다 instead 그 대신 however 그러나, 하지만 for example 예를 들면 therefore 그러므로

2.

귀하의 상품을 제6회 연례 홈&하드웨어 컨벤션에 전시하는 데 관심을 주셔서 고맙습니다. 판매자들께서는 주최 측이 제공하는 부스의 치수를 확인하셔야 합니다. 동봉된 소책자에서 상세정보를 찾으실 수 있습니다. 공간이 한정적이므로 너무 많은 상품 샘플을 가져오시지 말기 바랍니다. 또한, 저희는 행사 당일 그 어떤 것도 지연되는 것을 전혀 원치 않으므로, 행사 시작 하루 전에 부스 조립이 완료되기를 요청드립니다.

해설 ① 앞 문장: 꼭 ~하도록 하세요 ⇒ 요청사항 / ② 뒤 문장: ~하도록 요청합니다 ⇒ 또 다른 요청사항 / ③ 주최 측이 판매자들에게 바라는 두 가지 요청사항이 연결되는 추가 관계이므로 이를 나타내는 접속부사 (A) Also가 정답이다.

어휘 display 전시하다 merchandise 상품 vendor 판매자, 상인 dimension 치수 provided 제공된 details 세부사항 enclosed 동봉된 brochure 소책자 ensure that 반드시 ~하다 space 공간 limited 한정된 assemble 조립하다 delay 지연, 지체 also 또한, 마찬가지로 then 그리고 나서 simply 단지, 그저 afterwards 나중에

3.

리틀턴 비즈니스 네트워킹 협회(LBNA) 가입을 환영합니다. 온라인 주소록에 회원 연락처를 넣는 것이 LBNA의 정책입니다. 따라서, 기재된 귀하의 모든 상세정보가 정확하며 빠진 것이 없는지 확인하시기 바랍니다. 업데이트 될 정보가 있다면, 웹사이트에서 직접 필요한 수정을 하실 수 있습니다. 저희 월간 소식지를 받도록 등록하시려면, 온라인 주소록에서 귀하의 정보란 옆의 해당 박스를 체크하시기 바랍니다.

해설 ① 앞 문장: 정책상 온라인 주소록을 작성합니다 ⇒ 사실 / ② 뒤 문장: 주소록 정보가 맞는지 확인하십시오 ⇒ 요청사항 / ③ 앞 문장을 근거로 회원에게 요청하고 있으므로 인과 관계이다. 따라서 인과 관계를 나타내는 접속부사 (B) Therefore 가 정답이다.

어휘 policy 정책 include ~을 포함하다 contact information 연락처 directory 주소록 listed 기재된, 등재된 details 상세정보 accurate 정확한 complete 완료된 should you + 동사 혹시 ~라면 notice that ~임을 발견하다 make a revision 수정하다 oneself 직접, 스스로 sign up to do ~하도록 등록하다 monthly newsletter 월간 소식지 appropriate 적절한, 알맞은 beside ~의 옆에 listing 등록 정보 nonetheless 그럼에도 불구하고 therefore 그러므로 otherwise 그렇지 않으면 conversely 역으로

4.

이곳 방콕 체류 기간의 바쁜 일정에 대해 알려 주셔서 감사합니다. 귀하의 메시지를 읽은 후, 저희는 귀하의 주간 여행 일정을 조정하였습니다. 오전 관광에 관련하여, 귀하는 두 곳 중 하나를 선택하실 수 있습니다. 비만멕 궁전 또는 왓 아룬이라는 불교 사원을 방문하실 수 있습니다. 그리고 나서, 배를 타고 활기찬 탈링 찬 수상시장을 지나면서 경치 구경을 할 수 있는데, 이 시장은 오후에만 열립니다. 오전 여행으로 어느 곳이 좋으신지 알려 주시기 바랍니다.

해설 ① 앞 문장: 궁전과 사원 중 한 곳 방문 ⇒ 오전 일정 / ② 뒤 문장: 배를 타고 수상시장 구경 ⇒ 오후 일정 / ③ 오전 일정과 오후 일정 사이에 빈칸이 있으므로 경과, 발생 순서를 나타내는 접속부사가 필요하다. 따라서 시간 상의 전후 관계를 나타내는 접속부사 (B) Then이 정답이다.

어휘 tight 빡빡한 modify ~을 수정하다 itinerary 일정표 regarding ~에 관해 portion 부분 destination 여행지 either A or B A 또는 B temple 사원 named ~라는 이름의 scenic 경치가 멋진 vibrant 활기찬 floating 떠있는 preference 선호 also 또한 then 그리고 나서 after all 결국 in fact 사실은

5.

제11회 연례 줄기 세포 연구 총회가 5월 10일부터 15일까지 살리나스 컨벤션 및 엑스포 센터에서 열릴 예정입니다. 이 행사는 줄기 세포 치료 분야의 수많은 전문가들이 펼치는 강연과 발표회를 특징으로 할 것입니다. 기조연설자인 마이클 케인 교수가 줄기세포 연구 분야에서 최근에 이루어진 가장 중요한 진척사항에 대해 이야기할 것입니다.

해설 ① 빈칸을 포함한 문장의 주어 파악: the event = Research Conference / ② 첫 문장의 동사: is scheduled 예정되어 있다 ⇒ 아직 일어나지 않은 일 / ③ 따라서 The event도 아직 일어나지 않은 일임을 알 수 있으므로 미래시제 (B) will feature가 정답이다.

어휘 stem cell 줄기세포 be scheduled for + 날짜 ~로 예정되다 feature v. ~을 특징으로 하다 expert 전문가 field 분야 therapy 치료 keynote speaker 기조연설자 discuss ~에 대해 논의하다 recent 최근의 development 진척, 발전

6.

칼시온 인더스트리 사의 대변인은 4년 연속으로 재정적 손실을 발표했다. 이 의료 장비 제조사는 한때 해당 분야의 선두주자였지만, 현재는 수익성을 유지하기 위해 발버둥치는 상황에 놓여 있다. 시장 전문가들은 칼시온 사의 임원들이 회사가 최근 시장 트렌드에 적응하는 것에 실패했다고 생각한다. <월드 인 리뷰> 잡지에 근무하는 저명한 경제학자 롭 홀랜드 씨는 "그들은 경쟁사들에 뒤쳐지지 않기 위해 대대적인 변화를 만들어 내야 할 것입니다."라고 말했다. 칼시온 사는 내년부터 자사의 경영진을 구조조정하고 새로운 생산 방식을 채택할 계획이다.

해설 ① 선택지 파악: 대명사 ⇒ 앞에서 대상(명사) 찾기 / ② 빈칸 앞에 언급된 사람: 칼시온 사의 임원들 / ③ 선택지 중 칼시온 사의 임원들을 대신할 수 있는 것은 (C) They이다.

어휘 spokesperson 대변인 financial 재정의, 재무의 loss 손실 consecutive 연속되는 manufacturer 제조사 struggle to do ~하기 위해 발버둥치다, 기를 쓰다 executive 임원, 이사 fail to do ~하지 못하다 adapt A to B A를 B에 적응시키다 prominent 저명한 make a change 변화를 만들다 keep up with ~에 뒤쳐지지 않다, ~와 발 맞추다 restructure ~을 구조 조정하다 adopt ~을 채택하다 approach (접근) 방식

7.

여러분 모두에게 언급했다시피, 제가 7월 19일부터 23일까지 연례 디지스타 기술 컨벤션에 참석할 것이기 때문에 출장을 갑니다. 출장을 가 있는 동안, 저는 고객들과 연락을 할 수 없을 지도 모릅니다. 제 비서인 마리 씨에게 모든 고객 계정 관련 폴더

와 연락 가능한 전화번호를 맡겨 둘 것입니다. 그녀는 올해 열리는 컨벤션에 저와 동행하지 않습니다. 고객 정보가 필요하신 분들이 있으시면, 마리 씨에게 연락하시기 바랍니다.

(A) 그녀는 올해 열리는 컨벤션에 저와 동행하지 않습니다.
(B) 올해 컨벤션은 휴스턴에서 열릴 것입니다.
(C) 사실, 그녀는 파일을 정리하는 기술을 설명할 것입니다.
(D) 한편, 저는 그곳에서 그들 중 몇몇을 만날 것입니다.

해설 ① 빈칸 앞 비서 이름을 제시 ⇒ 이 사람을 받는 대명사 예측 / ② 빈칸 뒤: 앞의 정보인 비서 마리를 지칭할 수 있는 대명사 her 사용 / ④ 출장가면서 비서에게 고객 정보를 맡겨 놓는다는 것은 비서가 출장에 동행하지 않는다는 의미이므로 (A)가 정답이다.

어휘 mention 언급하다 out of town 타지에 annual 연례의, 해마다의 available (사람이) 시간이 나는 leave A with B: A를 B에게 맡기다, 남겨 두다 client account 고객 계정 contact telephone number 연락처 assistant 비서, 조수, 보조 require ~을 필요로 하다, 요청하다 get in touch with ~와 연락하다 join 합류하다, 함께 하다 hold 열다, 개최하다 in fact 사실 technique 기술 organize 정리하다, 조직하다 on the other hand 한편

8.

안녕하세요, 재스민 씨,

직원 업무지침서에 귀하께서 수정하신 부분에 대해 깊은 인상을 받았습니다. 직원 업무지침서의 내용을 최신으로 갱신하기 위해 여러 가지 중요한 변동사항들을 반영해야 했기에, 저는 이 같은 업무가 얼마나 까다로운 것인지 잘 압니다. 또한, 첨부해 드린 파일을 한 번 확인해 보시기 바랍니다. 그 안에 귀하께서 적용해 주셨으면 하는 몇 가지 수정사항들을 간략히 적어 두었습니다. "직장 보건 안전 규정"이라는 제목의 조항이 3페이지부터 5페이지까지 포함되어야 합니다. 게다가, 각 조항의 제목들은 서체가 12 폰트로 인쇄되어야 합니다. 다시 한번, 이 업무에 귀하께서 쏟아 주신 시간과 노력에 진심으로 감사드립니다.

(A) 질문이 있으시다면, 린다 씨가 세부사항을 알려줄 수 있습니다.
(B) 귀하의 경험으로, 저는 보다 더 높은 작업 품질을 기대하였습니다.
(C) 예를 들어, 직원들은 공장에서 헬멧을 착용해야 합니다.
(D) 또한, 각 조항의 제목들은 서체가 12 폰트로 되어야 합니다.

해설 ① 몇 가지 수정사항을 언급 / ② 빈칸 앞: 제목을 넣어달라는 한 가지 수정사항을 언급 / ③ 추가사항이 더 제시될 것이므로 선택지에서 추가 접속부사로 시작하는 (D)를 해석: 제목을 12 폰트로 인쇄 ⇒ 추가 수정사항 내용 확인 / ④ 추가 접속부사를 포함한 (D)가 정답이다.

어휘 be impressed with ~에 깊은 인상을 받다 revision 수정 realize ~을 알다, 깨닫다 demanding 까다로운 task 업무, 일 reflect ~을 반영하다 bring A up to date A를 최신으로 유지하다 attached 첨부된, 덧붙여진 outline ~을 간략히 설명하다 titled A A라는 제목이 붙은 regulation 규정 include ~을 포함하다 in addition 추가로, 게다가 truly 진심으로 appreciate ~에 대해 감사하다 effort 노력 devote A to B A를 B에 쏟다, 바치다 details 세부사항 fill in 자세히 알려주다 quality 품질 in addition 또한, 게다가

PRACTICE TEST

1. (A)	2. (C)	3. (A)	4. (B)	5. (A)
6. (D)	7. (D)	8. (C)	9. (C)	10. (D)
11. (D)	12. (A)	13. (B)	14. (C)	15. (D)
16. (D)	17. (D)	18. (C)	19. (A)	20. (A)
21. (D)	22. (B)	23. (B)	24. (C)	25. (D)
26. (A)	27. (B)	28. (B)	29. (D)	30. (C)
31. (B)	32. (A)			

1-4 다음 이메일을 참조하시오.

관계자께,

저희 회사가 지금까지 매우 성공적이었던 한 해를 기념하기 위해 연말 연회를 계획 중입니다. 약 150명의 저희 직원이 참석할 것입니다. 많은 제 동료 직원들에 의해 더 비벌리 호텔이 저에게 추천되었습니다. **1** 하지만, 귀 호텔에서 저희 요구 조건을 충족해 주실 수 있을지에 대해 몇몇 걱정거리가 있습니다.

저는 그곳의 연회실들이 저희가 필요로 하는 사항에 대해 **2** 충분하지 않을 수도 있다는 우려를 갖고 있습니다. 특히, 저희는 실내 방송 설비, 프로젝터 또는 노트북 컴퓨터, 그리고 스크린을 포함한 무대 및 시청각 장비를 갖춘 대형 공간을 찾기를 원합니다.

귀 호텔의 연회장에 관한 상세정보를 저에게 보내주신다면 대단히 고맙겠습니다. 저는 특히 귀 호텔의 연회홀에 관심이 있는데, 공간들 중에서 그곳이 가장 크고 잘 갖춰진 곳이라고 생각합니다. **3** 하지만, 그곳이 이미 예약되어 있다면 다른 공간도 괜찮을 것입니다. 저희가 이달 말까지 행사장을 예약하려고 하므로 가급적 빨리 답장을 **4** 받을 수 있으면 좋겠습니다.

도움에 감사드립니다.

피터 퀸

어휘 year-end 연말의 celebrate ~을 기념하다, 축하하다 approximately 약, 대략 (직원) have reservations about ~에 대해 걱정거리가 있다, 의구심이 있다 **meet** ~을 충족하다 **requirement** 요구 조건, 필요 조건 **concern** 우려, 걱정 **function room** 연회장, 행사장 **adequate** 충분한 **specifically** 특히, 구체적으로(= particularly) **audio-visual equipment** 시청각 장비 **including** ~을 포함해 **public address system** 실내 방송 설비 **detailed** 상세한, 세부적인 **equipped** 갖춰진 **reserve** ~을 예약하다 **at your earliest possible convenience** 가급적 빨리 **book** ~을 예약하다 **venue** 행사장 **in advance** 미리, 사전에

1.

정답 (A)

해설 앞 문장에는 많은 동료들이 추천해 주었다는 긍정적인 정보가, 빈칸 뒤에는 몇몇 걱정거리가 있다는 부정적인 말이 쓰여 있다. 따라서 상반된 내용이 제시되는 흐름임을 알 수 있으므로 '하지만'이라는 의미로 대조나 반대를 나타내는 접속부사 (A) However가 정답이다.

어휘 **therefore** 따라서, 그러므로 **furthermore** 더욱이 **similarly** 유사하게, 마찬가지로

2.

정답 (C)

해설 앞 단락 마지막 문장에 몇몇 걱정거리가 있다고 언급한 것과 관련된 우려사항을 말하는 문장이 되어야 자연스럽다. 따라서 필요를 충족하지 않을 수 있다는 의미가 되어야 알맞으므로 '충분한'을 뜻하는 (C) adequate이 정답이다.

3.

정답 (A)

해석 (A) 하지만, 그곳이 이미 예약되어 있다면 다른 공간도 좋습니다.
(B) 결과적으로, 출장 요리 서비스를 담당할 직원이 충분치 않을 수도 있습니다.
(C) 무대 조명 또한 유용할 수 있겠지만, 필수는 아닙니다.
(D) 저희 직원들과 저는 그곳에서 아주 멋진 저녁 시간을 보냈습니다.

해설 빈칸 앞 문장에 연회홀에 특히 관심이 있음을 밝히면서 그곳이 가장 좋은 공간임을 언급하고 있다. 그렇다면 이 홀에 대한 언급이 이어지는 것이 타당하므로, 이 홀을 it으로 지칭해 이미 예약이 되어 있어 이용하지 못할 경우에 대한 대안을 알리는 (A)가 정답이다.

어휘 **as a result** 결과적으로 **handle** ~을 처리하다, 다루다 **catering** 출장 요리 제공(업)

4.

정답 (B)

해설 빈칸 앞에 위치한 would be happy는 to부정사와 결합해 '~하면 기쁠 것이다, 기꺼이 ~할 것이다' 등의 의미를 나타내므로 (B) to receive가 정답이다.

5-8 다음 이메일을 참조하시오.

발신: colinmaxwell@officemax.com
수신: katysloane@gomail.com
날짜: 7월 16일
제목: 회신: 사라진 주문

슬론 씨께,

귀하께서 7월 8일에 저희를 통해 주문하신 베타테크 복사기 두 대와 관련한 귀하의 메시지를 방금 읽었습니다. 귀하의 말씀이 옳습니다. 저희 정책상으로 귀하의 제품들은 7 영업일 이내에 배송되었어야 합니다. **5** 하지만, 보통 저희는 배송일을 최대 5 영업일로 잡고 있습니다. 그게 귀하께서 아직 주문품을 받지 못 하셨다는 사실을 알고 제가 무척 놀랐던 이유입니다. **6** 제가 월간 배송 일정표를 찾아보았습니다. 이 문서에 따르면, 귀하의 상품은 운송 중에 손상되어 배송회사에 의해 저희 창고로 반품 되었습니다. 저희는 복사기 두 대가 더 들어오기를 기다려야 했으며, 이 제품들은 어제 귀하께 발송되었습니다. 주문품이 7월 20일에도 여전히 배송되지 않을 경우, 저희에게 **7** 연락 주시기 바랍니다. 귀하께 깊은 사과의 말씀을 드립니다. 저희는 지금 배송회사와 자주 문제를 겪습니다. 말씀드리기 죄송하지만, 이러한 종류의 문제가 꽤 **8** 일반적인 일이 되어가고 있어서, 이를 처리하기 위해 저희가 조치를 취해야 할 것입니다.

안녕히 계십시오.

콜린 맥스웰
오피스 맥스 서플라이즈

어휘 **missing** 사라진, 빠진, 없는 **order** n. 주문(품) v. ~을 주문하다 **regarding** ~와 관련해 **per policy** ~에 따라 **should have p.p.** ~했어야 했다 **deliver** 배송하다 **business day** 영업일 **typically** ~보통, 일반적으로 **a maximum of** 최대 ~의 **locate** ~을 찾아내다 **log** 일지, 기록 **goods** 상품 **damaged** 손상된 **in transit** 운송 중인 **utmost** 최고의, 최상의 **current** 현재의 **take action** 조치를 취하다 **address** v. (문제 등) ~을 처리하다, 다루다 **typical** 일반적인, 전형적인

5.

정답 (A)

해설 회사가 정한 기본 배송시간이 7일이라고 하면서 빈칸 뒤에서는 통상 배송에 5일이 걸린다고 한다. 회사가 정한 기간과 실제 배송 기간이 대조(단축)되는 것이므로 상반을 나타내는 (A) However가 정답이다.

어휘 **after all** 결국에는, 어쨌든 **in that case** 그런 경우에 **in**

conclusion 결론으로서, 마지막으로

6.
정답 (D)

해석 (A) 저희가 귀하의 지불액을 받았음을 확인해 드릴 수 있습니다.

(B) 배송 및 주문과 관련해 저희 정책을 참고하시기 바랍니다.

(C) 안타깝게도, 귀하께서 요청하신 상품이 더 이상 판매되지 않습니다.

(D) 제가 월간 배송 일지를 찾아보았습니다.

해설 통상적인 배송일을 초과해도 도착하지 않은 것에 무척 놀랐다고 하면, 그 뒤에는 상황을 파악할 수 있는 자료를 찾아보는 것이 정상적인 반응이다. 따라서 빈칸 다음의 According to this document라는 표현이 그 자료임을 알 수 있다. 따라서 this document라고 불릴 만한 서류로 the monthly shipping log를 언급한 (D)가 정답이다.

어휘 confirm that ~임을 확인해 주다 payment 지불(액) refer to ~을 참고하다 goods 상품 no longer 더 이상 ~ 않다 on sale 판매 중인

7.
정답 (D)

해설 please는 동사원형과 함께 정중한 명령문을 구성하므로 동사원형인 (D) contact가 정답이다.

8.
정답 (C)

해설 this type of issue는 앞 문장에서 배송 업체와 자주 발생한다고 말한 문제를 가리킨다. 따라서 자주 발생하는 상황과 어울리는 형용사 보어가 빈칸에 쓰여야 자연스러우므로 '일상적인, 보통의'라는 뜻인 (C) typical이 정답이다.

어휘 beneficial 유익한, 도움이 되는 affordable 가격이 알맞은, 구입 가능한

9-12 다음 편지를 참조하시오.

트래블 시티 회원께,

저희를 통해 항공권을 예매해 주셔서 감사 드립니다. 저희가 귀하께 문자 메시지로 알림을 보내 드릴 수 **9** 있게 해줄 '즉시 알림 프로그램'에 꼭 가입하시기 바랍니다. **10** 알림에는 항공편 지연과 취소, 그리고 항공 시간 알림을 포함해 귀하의 항공편에 관한 정보를 포함할 것입니다. 저희는 또한 귀하께서 요청하시는 경우에 관련 항공편과 호텔, 인기 관광지를 비롯한 더 많은 부분에 관한 **11** 정보도 보내 드릴 수 있을 것입니다. 저희는 또한 골드 스타 카드를 소지하고 계신 회원들께 하와이로 떠나는 무료 여행에 당첨되도록 참여하실 수 있는 기회도 제공해 드리고 있습니다!

참여 방법은 간단합니다. www.travelcity.com/event로 저희

웹사이트를 방문하셔서 신청 양식을 작성하시기만 하면 됩니다. 그런 다음, 저희에게 그것을 제출해 주시기 바랍니다. 저희가 해당 양식을 받은 후에 확인 이메일을 받으실 것입니다. 그 후에 당첨자는 콘테스트가 종료되고 3주 **12** 내로 상품을 얻는 방법에 관한 안내와 함께 연락을 받으실 것입니다. 현재 골드 스타 카드를 소지하고 계시지 않은 분들께서는, 한 장을 받으실 수 있는 자격이 있는지 알아 보실 수 있도록 저희 홈페이지를 방문하시기 바랍니다. 다시 한번, 저희와 거래해 주시는 것에 대해 감사드리며, 즐거운 비행 되시기 바랍니다.

어휘 book ~을 예약하다 be sure to do 꼭 ~하다 sign up for ~에 가입하다, ~을 신청하다 alert 알림 in the form of ~의 형태로 regarding ~와 관련해 delay 지연 cancellation 취소 reminder (메시지 등) 상기시키는 것 related 관련된 offer A B A에게 B를 제공하다 enter 참여하다, 참가하다 win (상 등) ~을 받다, ~에 당첨되다 application 신청, 지원 form 양식, 서식 confirmation 확인(서) directions 안내, 설명 obtain ~을 얻다 prize 상, 상품, 경품 currently 현재 possess ~을 소지하다, 보유하다 qualified for ~에 대한 자격이 있는 do business with ~와 거래하다

9.
정답 (C)

해설 빈칸 앞의 Please be sure to sign up이 앞으로 하도록 당부하는 표현이므로, 그 후에 발생하는 일의 시제는 미래시제이다. 그러므로 (C) will allow가 정답이다.

10.
정답 (D)

해석 (A) 귀하의 항공편은 목요일 오후 8시 20분에 출발할 예정입니다.

(B) 해당 호텔에 예약이 꽉 찼다는 사실을 알려 드리게 되어 유감입니다.

(C) 공항에서 체크인하실 때 잊지 말고 여권을 지참하고 오시기 바랍니다.

(D) 알림에는 항공편 지연과 취소, 그리고 항공 시간 알림을 포함해 귀하의 항공편에 관한 정보를 포함할 것입니다.

해설 빈칸 앞 문장에 문자 메시지 형태로 알림을 보내는 방법이 쓰여 있다. 따라서 복수명사 alerts를 They로 지칭해 그 알림 메시지에 포함될 정보의 종류를 설명하는 (D)가 정답이다.

어휘 be scheduled to do ~할 예정이다 depart 출발하다, 떠나다 inform A that A에게 ~라고 알리다 be fully booked 예약이 꽉 차다

11.
정답 (D)

해설 전치사 about과 어울리는 명사는 '정보'를 의미하는 (D) information이다.

어휘 evaluation 평가(서) referral 참고, 추천, 위탁

12.

정답 (A)

해설 빈칸 뒤에 기간을 나타내는 명사구 3 weeks가 연락을 받게 되는 시한을 나타내므로 '~ 내에'라는 의미인 (A) within이 정답이다.

13-16 다음 이메일을 참조하시오.

수신: 샐리 스터게스
발신: 고객서비스부
제목: 귀하의 최근 글렌이글스 리조트 이용
날짜: 11월 25일
첨부: 객실 쿠폰

스터게스 씨께,

귀하께서 11월 19일부터 11월 21일까지 저희 글렌이글스 리조트에서 머무르시는 동안 **13** 겪으신 문제점들에 관한 이야기를 듣게 되어 대단히 죄송합니다. 귀하께서 객실에서 발견하신 사용된 수건과 교체되지 않은 침구가 저희가 명성을 쌓아 온 높은 수준의 서비스를 대표하지는 않는다는 것을 꼭 알아주셨으면 합니다. 저희 객실 **14** 모두는 고객들께서 입실이 허용되기 전에 깨끗한 수건과 침구를 갖추도록 되어 있습니다.

고객님이 겪으신 **15** 불편에 대해 진심으로 사과드리는 의미에서, 저희 이탈리안 레스토랑인 산티니즈에서의 식사를 포함해 리조트 1일 무료 숙박 서비스를 기꺼이 제공해 드립니다. 다음번에 저희 리조트 객실을 예약하실 때, 이 이메일에 첨부된 쿠폰을 출력하셔서 체크인하실 때 프런트 데스크 직원에게 제시하시기만 하면 됩니다. **16** 다시 한번, 귀하께서 받으신 좋지 못한 수준의 서비스에 대해 사과드립니다.

안녕히 계십시오.

오스카 플림턴

어휘 voucher 쿠폰, 상품권 terribly 몹시 encounter ~을 접하다, ~을 겪다 stay 체류, 숙소 이용 Please be assured that ~임을 꼭 알아주시기 바랍니다 bedding 침구 be representative of ~을 대표하다 build one's reputation ~의 명성을 쌓다 be equipped with ~을 갖추고 있다 inconvenience 불편함 complimentary 무료의 inconvenience 불편함 reserve ~을 예약하다 attached to ~에 첨부된 present v. ~을 제시하다, 제공하다 upon -ing: ~하는 순간에, ~하자마자 poor 부족한, 질 낮은

13.

정답 (B)

해설 이메일 시작 부분의 We are terribly sorry를 보고 you가 과거에 겪은 일에 대해 사과하는 것임을 알 수 있다. 그러므로 과거시제인 (B) encountered가 정답이다.

14.

정답 (C)

해설 사용된 수건과 갈지 않은 침구로 회사의 서비스를 판단하지 말아달라는 당부 뒤에 '모든 객실이 제대로 청소되도록 하는 것이 호텔의 의도'라는 변명을 하는 것이 타당하므로 주어 자리에는 '모두'를 나타내는 (C) All이 정답이다.

15.

정답 (D)

해설 빈칸이 사과하는 원인을 나타내는 명사 자리이므로 고객이 겪은 '불편'을 뜻하는 (D) inconvenience가 정답이다.

어휘 addition 추가(되는 것) reduction 감소, 할인

16.

정답 (D)

해석 (A) 리조트는 상업 지구 내에 편리하게 위치해 있습니다.
(B) 대부분의 저희 고객들께서는 이 신규 서비스에 만족하고 계십니다.
(C) 하지만, 저희 직원들 중 한 명이 문제를 즉시 처리했습니다.
(D) 다시 한번, 귀하께서 받으신 좋지 못한 수준의 서비스에 대해 사과 드립니다.

해설 고객 불만에 사과하는 글의 맨 끝에 빈칸이 있다. 통상 사과의 글에서는 마지막에서는 사과를 반복하거나 재발 방지를 다짐하는 내용이 들어가므로, 다시 한 번 사과를 전하는 내용인 (D)가 정답이다.

어휘 be conveniently located in ~에 편리하게 위치해 있다 commercial district 상업 지구 be satisfied with ~에 만족하다 staff member 직원 promptly 즉시, 즉각적으로 address v. ~을 처리하다, 다루다 matter 문제

17-20 다음 편지를 참조하시오.

관계자께,

티나 매튜스 씨와 관련해 저에게 연락 주셔서 감사합니다. 저는 매튜스 씨가 귀사에 지원하신 회계 보조원 자리에 대해 전적으로 **17** 추천해 드릴 수 있습니다. 매튜스 씨는 스윈든에 위치한 펜포스 매뉴팩처링의 본사에 **18** 고용되어 있습니다. 이곳에서 그녀의 주된 역할은 직원 급여 및 부서별 예산 업무에 대해 재무 팀장을 돕는 것입니다. 매튜스 씨는 이곳에서 근무하면서 뛰어난 직업 의식을 보여 주었으며, 저희는 그분을 소중한 팀원으로

여기고 있습니다. 의심의 여지 없이 매튜스 씨는 앞으로 근무하게 될 어떤 회사에서도 훌륭한 **19** 인재가 될 것입니다. **20** 어떤 질문이든 있으시면, 주저하지 마시고 저에게 연락하시기 바랍니다.

안녕히 계십시오.

가레스 에반스
인사부장
펜포스 매뉴팩처링

어휘 **regarding** ~와 관련해 **absolutely** 전적으로, 완전히 **accounting** 회계 **apply for** ~에 지원하다 **headquarters** 본사 **primary** 주된 **assist A with B:** B에 대해 A를 돕다 **payroll** 급여 (명단) **outstanding** 뛰어난, 우수한 **work ethic** 직업 의식 **consider A B:** A를 B로 여기다 **valuable** 소중한 **have no doubt that** ~라는 점에 의심의 여지가 없다 **asset** 인재, 자산 **throughout** ~ 전반에 걸쳐 **hesitate to do** ~하기를 주저하다

17.

정답 (D)

해설 뒤에 she has applied for at your firm이라고 나오므로 타 회사 지원자에 대한 추천서임을 알 수 있다. 그러므로 '추천하다'라는 뜻의 (D) recommend가 정답이다.

어휘 **recruit** ~을 모집하다 **request** ~을 요청하다

18.

정답 (C)

해설 매튜스 씨의 role을 언급하면서 현재시제 동사 is를 사용하므로 현재시제임을 알 수 있으며 고용자인 Ms. Matthews가 주어 자리에 있으므로 수동태이다. 그러므로 현재시제 수동태인 (C) is employed가 정답이다.

19.

정답 (A)

해설 be동사 뒤에 보어로 쓰일 명사가 주어 she를 가리키므로 사람명사가 알맞다. 따라서 '인재, 자산' 등의 의미인 (A) asset이 정답이다.

어휘 **outcome** 결과

20.

정답 (A)

해석 (A) 어떤 질문이든 있으시면, 주저하지 마시고 저에게 연락하시기 바랍니다.
(B) 매튜스 씨는 10월 1일에 새로운 일을 시작할 것입니다.
(C) 모집 과정에 대한 귀하의 도움에 감사드립니다.

(D) 결론적으로, 저는 매튜스 씨가 전적으로 승진 자격이 있다고 생각합니다.

해설 사람을 추천하는 글의 마지막 문장이 빈칸이다. 정보를 제공하는 글을 마무리하는 상투적인 표현의 하나로 '더 알고 싶다면 주저하지 말고 연락하라'이므로 이에 해당하는 (A)가 정답이다.

어휘 **hesitate to do** ~하기를 주저하다 **contact** ~에 연락하다 **appreciate** ~에 감사하다 **assistance with** ~에 대한 도움 **recruitment** 모집 **process** 과정 **in conclusion** 결론적으로, 마지막으로 **fully** 전적으로, 완전히 **deserving of** ~할 가치가 있는, ~을 받을 만한

21-24 다음 이메일을 참조하시오.

수신: Alex Chen <achen@zoomma.com>
발신: Angela Tippett <atippett@techmarket.com>
날짜: 4월 30일
제목: 귀하의 구매

온라인 최고의 전자제품 매장인 테크놀로지 마켓 온라인을 이용해 주셔서 감사합니다. 본 이메일은 귀하께서 최근에 지불한 금액의 수령을 **21** 알려 드립니다.

22 귀하의 상품은 배송 준비가 거의 다 되었습니다. 그런데 귀하가 레이저 V3-571G 노트북 컴퓨터를 주문하실 때 실수로 어떤 색상을 선호하는지 표시하지 않으셨습니다. 가능한 빨리 **23** 선택을 하셔서 이 문제를 처리해 주시면 감사하겠습니다. 귀하께서 주문하신 모델은 미드나잇 블랙 또는 체리 레드 색상이 가능합니다. 저희 쪽에 알려주신 후에 새로운 확인 이메일을 받아보실 수 있으며, 일련번호를 저희 웹사이트에 입력해 배송물품을 추적하는 방법에 대한 설명도 **24** 함께 보내 드리겠습니다.

기타 궁금하신 점이 있으시면, 주저하지 마시고 제게 문의하시기 바랍니다.

안녕히 계십시오.

안젤라 티펫
고객서비스 사원, 테크놀로지 마켓 온라인

어휘 **grateful** 감사하는 **electronics** 전자제품 **acknowledge** (편지 등) ~을 받았음을 알리다 **receipt** 수령, 받음 **payment** 지불(액) **neglect to do** ~하는 것을 잊다, 소홀히 하다 **indicate** ~을 표기하다 **prefer** ~을 선호하다 **appreciate it if** ~하시면 감사하겠습니다 **address** v. (문제 등) ~을 처리하다, 해결하다 **make a selection** 선택하다 **purchase** n. 구매(품) **at one's earliest possible convenience** 가능한 빨리 **inform** ~에게 알리다 **confirmation** 확인 **along with** ~와 함께 **description** 설명, 묘사 **track** v. ~ 을 추적하다 **serial number** 일련번호 **don't hesitate to do** 주저하지 말고 ~하세요 **should you have** ~ 혹시 ~가 있으실 경우에

21.

정답 (D)

해설 빈칸 앞뒤에 각각 명사구가 있으므로 문장의 주어와 목적어임을 알 수 있다. 따라서 문장의 동사로 쓰일 수 있는 (C) acknowledge와 (D) acknowledges 중에서 답을 골라야 하는데, This e-mail이 단수 명사이므로 (D) acknowledges가 정답이다.

어휘 acknowledgement 받았음을 알림, 승인(서)

22.

정답 (B)

해석 (A) 그 제품이 더 이상 재고가 없다는 점을 알려 드리게 되어 유감입니다.
(B) 귀하의 제품은 배송 준비가 거의 다 되었습니다.
(C) 귀하께서 제공해 주신 신용카드에는 비용이 청구될 수 없었습니다.
(D) 여름 세일 행사 기간 동안 여러 다른 제공 서비스들이 이용 가능합니다.

해설 빈칸 앞을 보면 비용을 지불했다고 하고, 빈칸 뒤에는 제품 주문 시 색상을 선택하지 않았다고 하므로, 제품이 아직 발송되지 않았음을 알 수 있다. 그러므로 제품을 지칭하는 Your item과 함께 배송 준비가 거의 되었다고 알리는 (B)가 정답이다.

어휘 regret to do ~하게 되어 유감이다 no longer 더 이상 ~않다 in stock 재고가 있는 shipping 배송 charge ~에 비용을 청구하다, 부과하다

23.

정답 (B)

해설 앞 문장에서 노트북 컴퓨터를 구매할 때 색상을 표기하지 않았다고 알려주고 있으며, 뒤에서는 미드나잇 블랙과 체리 레드 색상이 제시되고 있다. 즉 두 가지 색상 가운데 '선택'을 하라는 의미이므로 (B) selection이 빈칸에 와야 알맞다.

어휘 contract n. 계약(서) complaint n. 불만

24.

정답 (C)

해설 빈칸 뒤에 a description of라는 명사구가 이어지므로 전치사 자리이다. 따라서 선택지 중에 '~와 함께'라는 뜻을 나타내는 (C) along with이 정답이다.

어휘 so that (목적) ~할 수 있도록, (결과) 그러므로 even if 비록 ~이더라도 if only 오직 ~이기만 하면

25-28 다음 광고를 참조하시오.

빌바오에 위치한 뮤지오 델 소롤라의 신임 관장 프란체스카 살리나스 씨가 예술을 사랑하는 모든 분들을 미술관 재개관식에 함께 하시도록 초대합니다. 신임 관장은 뮤지오 델 소롤라에 대대적인 변화를 **25** 만들어냈습니다.

유명 건축가 호세 페르난데즈에 의해 구상된 새로운 실내 구조 설계는 전통적인 바스크 석조물이 **26** 통합된 현대적인 디자인 장식을 특징으로 합니다. **27** 페르난데즈 씨는 또한 매력적인 테라스 공사도 총괄하도록 의뢰받았습니다. 뮤지오 델 소롤라 방문객들께서는 미술관의 다채로운 정원을 내려다보는 동안 이 테라스에서 음료와 엄선된 간식을 즐기실 수 있을 것입니다.

게다가, 중앙 전시회장 **28** 에 대한 개조 공사로 현대적이면서도 미묘한 전시 조명과 대형 채광창들이 도입되었습니다.

본 행사 입장권은 미술관 웹사이트에서 구매할 수 있습니다.

어휘 invite A to do A에게 ~하도록 초대하다 make a change 변화를 주다 major 대대적인, 주요한 structural design 구조 설계 conceive ~을 구상하다 renowned 유명한 feature ~을 특징으로 하다 flourishes n. 흘림체 장식 stonework 석조물 commission v. ~을 의뢰하다 oversee ~을 감독하다 beverage 음료 selected 엄선된, 선택된 overlook ~을 내려다보다 A yet B A하면서도 B한 subtle 미묘한, 미세한 skylight window 채광창

25.

정답 (D)

해설 동사의 시제 자리이므로 changes를 만든 시점을 확인한다. changes가 다음 단락에서 The new structural design으로 패러프레이징되었으며 그 동사로 현재시제인 features가 사용되었다. 그러므로 과거에서 현재까지를 나타내는 현재완료시제인 (D) has made가 정답이다.

26.

정답 (A)

해설 빈칸 앞의 디자인은 modern이고 빈칸 뒤는 traditional이 언급되고 있다. 그러므로 빈칸에는 이 두 가지 성질을 혼합한다는 의미의 동사가 필요하다. 따라서 '통합하다'라는 뜻인 integrate의 과거분사형 (A) integrated가 정답이다.

어휘 exchange ~을 교환하다 recruit 채용하다 afford 여유가 되다

27.

정답 (B)

해석 (A) 우승 상품으로 고급 호텔에서의 2박 체류가 제공될 것입

니다.

(B) 페르난데즈 씨께서는 또한 매력적인 테라스 공사도 총괄하도록 의뢰받았습니다.

(C) 그 건축회사가 한 백화점에 대한 도면을 작성하고 있습니다.

(D) 최고의 디자인에 대한 연례 시상식이 열릴 것입니다.

해설 빈칸 앞에 건물 내부를 건축가 Fernandez가 디자인했다고 언급하고 있는데, 다음 문장으로는 추가를 나타내는 접속부사를 통해 Fernandez가 terrace에 대한 공사까지 맡았다는 (B)의 내용이 자연스럽게 연결된다. 그리고 빈칸 다음 문장에서 이 terrace에서 관람객들이 즐기는 장면까지 언급하며 전체 흐름이 자연스럽다. 따라서 정답은 (B)이다.

어휘 winning prize 우승 상품 luxurious 고급의 plan 설계도 awards ceremony 시상식

28.

정답 (B)

해설 빈칸 뒤의 the main exhibition hall은 remodeling 공사가 이루진 장소이다. 그러므로 행위가 이뤄지는 대상물을 가리키는 전치사 (B) of가 정답이다.

29-32 다음 회람을 참조하시오.

> 수신: 모든 플릭스 시네마 무비 클럽 회원
>
> 플릭스 시네마 무비 클럽 설립자들이 10월 2일에 모여 향후 영화 상영에 대한 매표 정책의 변화를 논의할 계획입니다. 아시다시피, 지난번 회의에서 한정된 초대 관람권의 수를 **29** 지정하는 제안이 이뤄졌습니다.
>
> **30** 현재, 클럽 회원들은 플릭스 시네마에서 상영 예정인 각 영화에 대해 세 장의 초대 관람권을 더 받을 수 있습니다. 하지만, 클럽 회원 수가 증가하고 그에 따라 초대 관객들의 수도 증가하면서, 입장권 매진으로 인해 많은 클럽 회원들이 관람 기회를 놓쳐야 했습니다. **31** 분명, 이는 열성적인 클럽 회원들에게 불공평한 일입니다. 따라서, 클럽 회원들에게 돌아갈 **32** 충분한 입장권을 보장하기 위해, 제공되는 초대 관람권의 수를 제한하는 방안이 제안되었습니다.
>
> 회의 결과는 10월 6일에 발간될 다음 시네마 클럽 소식지에 발표될 것입니다.

어휘 founder 설립자, 창립자 ticketing 매표 further 앞으로의 showing 상영회 make a suggestion 제안하다 designate ~을 지정하다 a limited number 한정된 수 obtain ~을 얻다 extra 추가의, 더 scheduled 예정된 subsequent 그 다음의, 이어서 발생하는 miss out 기회를 놓치다 due to ~ 때문에 be sold out 매진되다 obviously 명백히, 분명 unfair 불공평한 loyal 열성적인 therefore 따라서 it is proposed that ~하자고 제안되다

limit ~을 제한하다 ensure that ~을 보장하다, 반드시 ~하도록 하다 outcome 결과

29.

정답 (D)

해설 빈칸 앞에 명사 suggestion을 주어로 하는 완전한 형태의 수동태 절이 있으므로 빈칸 뒤는 suggestion의 내용을 나타내는 준동사 형태가 되어야 한다. 선택지 중에 명사를 후치 수식하는 준동사로서, 앞으로 발생할 일을 나타낼 수 있는 to부정사가 가장 적절하므로 (D) to designate이 정답이다.

30.

정답 (C)

해설 빈칸이 속한 문장의 동사가 현재시제이므로 현재 시점을 나타내는 부사 (C) Currently가 정답이다.

어휘 currently 현재 eventually 결국 immediately 즉시 formerly 이전에

31.

정답 (B)

해설 (A) 신입 회원들은 우리 웹사이트에서 등록할 수 있습니다.

(B) 분명, 이는 열성적인 클럽 회원들에게 불공평한 일입니다.

(C) 외국 영화들이 가장 인기가 많은 경향이 있습니다.

(D) 하지만, 이후에 상영될 영화의 입장권은 여전히 구매 가능합니다.

해설 앞 문장에 입장권 부족으로 클럽 회원들이 표를 구하지 못하는 사실이 언급되어 있으므로 이 사실을 this로 지칭하면서 열성 회원들에게 불공평하다고 알리는 (B)가 정답이다.

어휘 enroll 등록하다 tend to be ~인 경향이 있다

32.

정답 (A)

해설 앞에서 많은 회원들이 입장권을 구하지 못하고 있음을 지적했으므로 입장권에 대해 보장해야 할 내용은 충분한 입장권을 준비하는 것이다. 그러므로 충분하다는 의미인 (A) ample이 정답이다.

어휘 ample 충분한 earnest 성실한, 진심 어린 attentive 주의를 기울이는, 배려하는 proficient 능숙한, 숙련된

UNIT 08 문제 유형별 전략1

예제

1.

안셀모 씨께,

저희의 독자 여러분들께 오로지 우리 도시의 음악계에 대해서만 초점을 맞춘 <밴쿠버 버즈>라는 이름의 두 번째 주간지 출간을 시작할 계획임을 알려 드릴 수 있게 되어 기쁩니다. 이 잡지는 콘서트 목록, 지역 밴드 멤버들의 인터뷰, 그리고 저희 기자 및 기고가들이 쓴 평론을 싣게 됩니다. 또한 롭스 음반사 및 도시 곳곳에서 열리는 다양한 콘서트에서 판매되는 상품에 대한 할인 쿠폰이 포함될 것입니다.

Q. 편지의 목적은 무엇인가?

(A) 고객에게 새로운 출판물에 대해 설명하기

(B) 구독료 변경에 대해 알리기

어휘 be delighted to do ~하게 되어 기쁘다 inform A that A에게 ~라고 알리다 publish ~을 출간하다 secondary 두 번째의 weekly magazine 주간지 focus on ~에 초점을 맞추다, 집중하다 solely 오직 music scene 음악계 feature ~을 특집으로 싣다 review 후기, 평 in-house 사내의 contributor 기고가 merchandise 상품, 제품

2.

본 주식회사와 어빙 유한회사는 어제 로스앤젤레스 무역 박람회에서 그들의 회사를 합병하기 위한 합의서가 서명되었다고 발표했다. 새로운 본-어빙 사는 7월에 출범하기로 예정되어 있다.

새 회사는 본 사의 훌륭한 판매 실적과 어빙 사의 효율적인 제조 전문성을 통합시킬 것이다. 본-어빙 사의 본사는 워싱턴 주의 시애틀에 위치할 것이다. 이번 이전으로 포틀랜드에 있는 어빙 사의 본사 뿐만 아니라, 현재 플로리다 전역에서 운영되고 있는 본 사의 사무실들도 폐쇄될 것이다.

Q. 새로운 회사의 본사는 어디에 위치할 것인가?

(A) 시애틀

(B) 포트랜드

어휘 agreement 협의, 합의 merge ~을 합병하다 be scheduled to do ~할 예정이다 launch 시작하다, 출범하다 corporation 회사 unite A with B A와 B를 통합하다 sales performance 판매 실적 efficient 효율적인 manufacturing 제조 expertise 전문성 headquarters 본사 be based in ~에 근거를 두다, 본사를 두다 relocation 이전, 이사 force ~을 강요하다 closure 폐쇄 operate 가동하다

3.

수신: 지나 스타인

발신: 캐서린 에이어

샐리 식료품점의 리워즈 플랜 회원으로서, 귀하께서는 귀하의 온라인 구매에 대해 할인 및 무료 배송과 같은 혜택을 즐기실 수 있습니다. 다음 달부터, 특별 상품을 획득하실 수 있는 월간 경연대회에 참여하실 기회 또한 가지게 되실 것입니다. 이 기회에 대해 더 알아보시려면 www.sallysgrocery.com을 방문해 주십시오.

Q. 리워즈 플랜 회원들은 웹사이트에서 무엇을 하도록 권고받는가?

(A) 경연대회에 대해 알아보는 것

(B) 개인 정보를 업데이트하는 것

어휘 benefit 혜택 such as 예를 들어, ~와 같은 starting + 일시 ~부로, ~부터 participate in ~에 참가하다 competition 대회 win ~을 타다, 얻다 opportunity 기회

4.

괜찮은 음식점

저는 리젠트 애비뉴에 위치한 패밀리 레스토랑인 사이먼스에서 어젯밤 저녁을 먹었습니다. 이 레스토랑의 메뉴는 다양한 입맛에 맞는 다채로운 요리들로 구성되어 있습니다. 모든 음식들은 주문 즉시 준비되고, 바가지 가격도 없습니다. 각 주요리는 막 구운 빵 1인분, 약간의 샐러드, 그리고 차와 커피 중 선택하신 것과 함께 나옵니다.

Q. 사이먼스에 대해 명시된 것은 무엇인가?

(A) 가격이 합리적이다.

(B) 지역에서 생산되는 재료만 사용한다.

어휘 dining establishment 식당 contain ~을 포함하다 a variety of 다양한 dish 요리 be suitable to ~에 적합하다 taste 입맛, 취향 overpriced 너무 비싼 entrée 앙트레, 주요리 come with ~이 딸려 나오다 serving (음식의) 1인분 freshly baked 갓 구운 light 약간의, 많지 않은 reasonable 합리적인, 적당한 local ingredient 지역에서 생산한 재료

1.

> 모든 직원들은 메가 사의 컴퓨터들이 내일 인터넷 연결이 되지 않을 것이라는 것을 알고 있어야 합니다. 이 중단 기간 동안, 저희 기술 직원들이 사무실의 인터넷 성능을 향상시키는 작업을 실시할 것입니다.

Q. 공지의 목적은 무엇인가?
⇒ 직원들에게 컴퓨터 네트워크 개선을 알리기 위해

어휘 be aware that ~임을 알고 있다 stoppage 중지, 중단 technical staff 기술 담당 직원들 improvement 개선 capability 능력, 역량 notify A of B A에게 B에 대해 알리다

2.

> 저는 행사 준비와 관련된 새로운 소식을 전해 드리기 위해 편지를 씁니다. 저는 오트웨이 씨가 우리 회사에서 35년 동안 근무해 오신 것을 기념하기 위해 연회장을 예약했습니다. 그는 다음 달 부사장 직에서 사임할 예정입니다.

Q. 어떤 종류의 행사를 위해 연회장이 예약되었는가?
⇒ 은퇴 파티

어휘 update A on B A에게 B에 대한 최신 소식을 알리다 preparation 준비 banquet hall 연회장 celebrate ~을 축하하다 service 근무 step down 물러나다 vice president 부사장

3.

> 저는 시카고에 계신 필 오클리 씨로부터 약 45명의 직원들이 앤더슨 씨의 은퇴 기념 파티에 참석할 것이라는 통지를 받았습니다. 귀하가 해주셨으면 하는 것은 귀하께서 계신 보스턴 지사의 참가자 수를 제게 전달해 주시는 것입니다.

Q. 턴불 씨는 무엇을 하도록 요청 받는가?
⇒ 참석 가능한 사람들의 목록을 제출하는 것

어휘 notification 통지, 고지 roughly 대략, 약 participant 참석자 probable 가능한

4.

> 총 지배인으로서, 귀하께서는 맡으시게 될 매장을 원활하게 운영하도록 팀원들을 이끄는 책임을 지게 될 것입니다. 추가로, 직원들의 업무 일정이 반드시 정확히 유지되도록 확인해야 할 것입니다.

Q. 광고되는 직책에 대해 언급된 직무는 무엇인가?

⇒ 직원 업무 일정을 관리하는 것

어휘 general manager 총지배인 be responsible for ~을 lead ~을 이끌다 smooth 순조로운, 원활한 run ~을 운영하다 additionally 추가로 labor 노동, 업무 maintain ~을 유지하다, 지키다

PRACTICE TEST

1. (D)	**2.** (D)	**3.** (A)	**4.** (D)	**5.** (A)
6. (C)	**7.** (D)	**8.** (C)	**9.** (C)	**10.** (D)
11. (C)	**12.** (B)	**13.** (D)	**14.** (D)	**15.** (D)
16. (C)	**17.** (D)	**18.** (A)	**19.** (C)	**20.** (D)
21. (A)	**22.** (A)	**23.** (D)	**24.** (D)	**25.** (B)
26. (D)	**27.** (C)	**28.** (B)	**29.** (D)	**30.** (B)

1-3 다음 이메일을 참조하시오.

> **발신** AlisonRiley@gomail.com
> **수신** WalterSpiegel@whcc.com
> **날짜** 8월 19일
> **제목** 회신: 잘못된 청구 요금
>
> 스피겔 씨께,
>
> **3** 저는 수영장 이용과 테니스 레슨, 그리고 운동 시설 이용 권한을 포함하는 소셜 멤버십 약정을 이용하고 있는 컨트리 클럽 회원입니다. -[1]-. 그런데, 제가 현재 5월에서 7월에 이르는 기간에 대한 청구서를 보고 있는데, **1** 제가 965달러를 청구받은 내역이 보입니다. 제가 잘못 알고 있는 것이 아니라면, 이는 일반적으로 기업 회원에게 적용되는 요금입니다. -[2]-.
>
> 8개월 전에 이 컨트리 클럽에 가입한 이후로, 저는 결코 한 번도 제 멤버십을 업그레이드한 적이 없습니다. -[3]-. 잠시 시간을 내셔서 컴퓨터 데이터베이스를 확인해 보신다면, 이 부분이 명백한 사실임을 아시게 될 것입니다. 현 시점까지, 저는 이 컨트리 클럽 및 시설에 매우 깊은 인상을 받아왔으며, 회원들에 대해 귀하의 부서가 보여준 세심함은 두말할 것도 없습니다. -[4]-. 저는 앞으로 몇 년간 귀하의 컨트리 클럽 회원으로 남아 있을 계획이므로, **2** 5월에서 7월까지의 기간에 대한 청구서를 수정해 새로 발송해 주시면 고맙겠습니다. 어떤 정보든 필요하시다면, 제 번호 555-1192번으로 주저하지 마시고 연락하시기 바랍니다.
>
> 신속히 이 문제를 해결해 주시면 대단히 감사하겠습니다. 고맙습니다.
>
> 안녕히 계십시오.
> 앨리슨 라일리

어휘 facility 시설 bill 청구서, 고지서 be charged A (요금

등) A를 청구 받다 **Unless I am mistaken** 제가 잘못 알고 있는 것이 아니라면 **apply** ~을 적용하다 **sign up for** ~을 신청하다, ~에 등록하다 **at no time** 결코 ~하지 않다, 한 번도 ~하지 않다 **see that A is the case** A가 사실임을 알다 **up until this point** 현 시점까지 **be impressed with** ~에 깊은 인상을 받다 **not to mention** ~은 언급할 필요도 없이 **attentiveness** 세심함 **intend to do** ~할 계획이다, 작정이다 **remain** ~로 남아있다 **amend** ~을 수정하다 **hesitate to do** ~하기를 주저하다 **resolve** ~을 해결하다 **swiftly** 신속히

1. 이메일은 왜 보내졌는가?
(A) 멤버십 옵션에 관해 문의하기 위해
(B) 좋은 서비스에 대해 감사 인사를 하기 위해
(C) 시설에 대한 이용을 요청하기 위해
(D) 청구 요금에 대한 불만을 제기하기 위해

해설 첫 단락에 965달러를 청구받은 내용이 보인다는 말과 함께 그것이 일반적으로 기업 회원에게 적용되는 요금이라고 지적하고 있다. 이는 잘못된 요금 청구에 대해 불만을 제기하는 것이므로 (D)가 정답이다.

어휘 **inquire about** ~에 관해 문의하다 **access to** ~에 대한 이용, 접근 **complain about** ~에 대해 불만을 제기하다 **charge** n. 청구 요금

2. 라일리 씨는 컨트리 클럽에 무엇을 하도록 요청하는가?
(A) 전액 환불 제공
(B) 지불 기한 연장
(C) 자신의 멤버십 업그레이드
(D) 자신에게 수정된 청구서 발송

해설 두 번째 단락 후반부에 5월에서 7월까지의 기간에 대한 청구서를 수정해 새로 발송해 준다면 감사할 것이라고(~ I would appreciate it if you could amend the bill for the period of May to July and send a new one out) 하므로 이를 언급한 (D)가 정답이다.

어휘 **issue a full refund** 전액 환불해 주다 **extend** ~을 연장하다 **revised** 수정된

3. [1], [2], [3], [4]로 표기된 위치들 중에서, 다음 문장이 들어 가기에 가장 적절한 곳은 어디인가?

"저는 이 혜택들을 모두 이용하는 데 보통 분기당 820달러를 지불하고 있습니다."

(A) [1]
(B) [2]
(C) [3]
(D) [4]

해설 제시된 문장에서 these benefits(이러한 혜택들)이라고 지칭하는 것을 지문에서 찾아보면, 첫 문장에서 수영장 이용을 비

롯한 다양한 내용들이 언급되고 있다. 그러므로 그 뒤인 [1]의 위치에 들어가는 것이 흐름이 자연스러우므로 (A)가 정답이다.

어휘 **typically** 일반적으로, 보통 **full** 모든, 완전한, 전면적인 **benefit** 혜택, 이득

4-7 다음 이메일을 참조하시오.

발신 버나드 허들스톤 <bhuddlestone@iversen.com>
4 **수신** 모든 부서장들 <managerlist@iversen.com>
날짜 4월 6일 화요일
제목 좋은 소식

여러분 모두에게 기분 좋은 새 소식 한 가지를 전해 드리게 되어 기쁩니다 **5** 재그텐 테크놀로지와의 협상이 성공적으로 마무리 되어, 코펜하겐에 본사를 둔 이 업체가 우리의 새 휴대전화 모델에 대해 협력함으로써 그곳의 전문 기술을 제공하는 데 합의했습니다. 이는 우리가 일정에 맞춰 8월까지 제품 디자인 및 개발의 첫 단계를 완료하기 위해 꼭 서명해야 했던 대단히 중요한 계약이었습니다.

재그텐 사는 전자제품 업계에서 기기의 배터리 수명을 늘리고 내부의 열을 최소화하는 능력으로 유명합니다. 우리가 그러한 문제들에 대해 최우선 순위를 둔 것은 우리 고객들이 이전 모델들의 짧은 배터리 수명 및 높은 발열 문제에 대해 우려의 목소리를 냈기 때문입니다. **6** 저는 이제 이 문제들이 제대로 처리될 것이라고 확신합니다. 지난 몇 주에 걸친 여러분의 노력에 대해 진심으로 감사드리며, 여러분께 보상하는 의미로 뭔가 해드리고자 합니다. 따라서, **7** 저는 다음 주 금요일에 여러분 모두를 모시고 저녁 회식 자리를 가질 계획입니다.

제가 오늘 중으로 상세한 정보를 담은 후속 이메일을 보내 드리겠습니다. 이는 여러분이 누려 마땅한 것이므로 일정을 비워 두시기 바랍니다.

버나드 허들스톤

최고운영책임자, **4** 이베르센 주식회사

어휘 **inform A about B** A에게 B에 관해 알리다 **development** (새롭게 전개된) 일, 사건, 소식, (제품 등의) 개발 **negotiation** 협상, 협의 **A-based** A에 본사를 둔 **agree to do** ~하기로 합의하다 **lend one's expertise** 전문기술을 제공하다 **collaboratively** 협력하여, 합작으로 **deal** 거래, 계약 **keep A on schedule** A를 일정에 맞추다 **be renowned for** ~로 유명하다 **prolong** ~을 늘리다, 연장하다 **minimize** ~을 최소화하다 **internal** 내부의 **place a high priority on** ~에 최우선 순위를 두다 **voice concerns over** ~에 대해 우려의 목소리를 내다 **temperature** 온도 **appreciate** 감사하다 **endeavor** 노력, 시도 **reward** ~에게 보상해주다 **follow-up** 후속의 **details** 상세 정보 **clear room in** ~에서 공간을 비워두다

no less than ~와 동등한 deserve ~을 받을 만하다

4. 이메일은 누구를 대상으로 하는가?

(A) 재그텐 테크놀로지의 제품 디자이너들

(B) 재그텐 테크놀로지의 이사들

(C) 이베르센 주식회사의 고객들

(D) 이베르센 주식회사의 부서장들

해설 상단의 수신인 항목에 '모든 부서장들(To: All department managers)'이라고 쓰여 있고, 하단의 작성자 이름 옆에 소속 회사 이름이 '이베르센 주식회사(Iversen Incorporated)'라고 적혀 있으므로 이베르센 주식회사의 부서장들이 대상자임을 알 수 있다. 따라서 (D)가 정답이다.

어휘 executive 이사, 임원

5. 허들스톤 씨는 왜 기뻐하는가?

(A) 중대한 사업 계약이 이뤄졌다.

(B) 제품 개발 단계가 완료되었다.

(C) 혁신적인 제품이 출시되었다.

(D) 합병이 성공적으로 실시되었다.

해설 첫 단락에 재그텐 테크놀로지와의 협상이 성공적으로 마무리되었다(Our negotiations with Jagten Technologies have ended successfully)라고 알리고 있다. 이는 두 회사 사이에서 사업 계약이 이뤄졌다는 뜻이므로 (A)가 정답이다.

어휘 crucial 중대한 innovative 혁신적인 release ~을 출시하다, 공개하다 merger 합병 carry out ~을 실시하다, 수행하다

6. 이메일에 따르면, 허들스톤 씨는 자신의 회사가 가까운 미래에 무엇을 하리라고 기대하는가?

(A) 여러 업체들과 협업하는 일

(B) 한 제품의 외관을 변경하는 일

(C) 몇몇 고객 불만사항을 해결하는 일

(D) 재충전 가능한 배터리를 고안하는 일

해설 두 번째 단락에서, 고객들이 짧은 배터리 수명과 높은 발열에 우려의 목소리를 냈다고 하면서, 이 문제들(these issues)이 제대로 처리될 것이라고 말하므로 (C)가 정답이다.

어휘 collaborate with ~와 협업하다, 공동으로 작업하다 appearance 외관, 겉모습 resolve ~을 해결하다 rechargeable 재충전 가능한

7. 이메일 수신자들은 무엇을 하도록 요청받는가?

(A) 회사 위원회 가입

(B) 먹고 싶은 음식 제안

(C) 수상 후보 명단 제출

(D) 축하 행사 참석

해설 두 번째 단락 마지막에서, 다음 주 금요일에 모두를 데리고 나가 저녁 회식을 가질 계획이라고(Therefore, I am planning to take you all out for dinner next Friday) 하므로 축하 행사에 참석한다는 뜻인 (D)가 정답이다.

어휘 recipient 수신자, 받는 사람 be invited to do ~하도록 요청받다 committee 위원회 nomination 후보 지명 celebratory 축하하는, 기념하는

8-10 다음 편지를 참조하시오.

레베카 칼튼, 대표이사
볼콤 엔터프라이즈

칼튼 씨께,

저는 최근 <롱 비치 비즈니스 저널> 5월호에 실린 광고를 보고 최고재무이사(CFO)의 공석을 알게 되었습니다. 동봉해 드린 제 이력서에서 보실 수 있듯이, 저는 20년이 넘는 경영 및 재무 경력을 지니고 있습니다. 저는 주식회사 펜델의 회계부에 5년 동안 일한 후에 재무팀으로 옮겨졌습니다. **8** 이 부서에서의 근무 첫 해에 회사 비용을 18퍼센트 절감하도록 도왔던 후에, 샌프란시스코 본사의 재무팀장으로 승진되었으며, 그곳에서 이후 6년간 회사 재무의 전략 기획 및 예산 편성을 담당하였습니다.

9 그 다음에는 9년 전에 와일리 건설회사의 샌디에이고 본사에 재무이사로 입사했습니다. 그곳에서 이사로 재직한 기간에, 참신한 재무 운영 모델을 확립하고 시행하는 데 있어 중요한 역할을 했으며, 이는 그 회사가 재무와 관련해 더욱 정확한 예측을 하고 더욱 효율적으로 자금을 할당할 수 있게 해주었습니다.

10 제 경험 및 해당 직책에 대한 적합성에 대해 더 상세히 논의할 수 있도록 직접 뵙고 말씀을 나눌 기회를 저에게 주신다면 감사하겠습니다. 인내심을 갖고 귀하의 답변을 기다리도록 하겠습니다.

안녕히 계십시오.
네이선 포그바

어휘 notice ~을 알아차리다 vacancy 공석 enclosed 동봉된 résumé 이력서 finance 재무, 재정 cut ~을 절감하다, 줄이다 be promoted to ~로 승진되다 headquarters 본사 go on to do 계속해서 ~하다 play a key role in ~에 있어 중요한 역할을 하다 establish ~을 확립하다 implement ~을 시행하다 novel 참신한, 새로운 operating model 운영 모델 make a projection 예측하다 accurate 정확한 allocate ~을 할당하다, 배분하다 fund 자금 efficiently 효율적으로 in person 직접 만나서 so that ~할 수 있도록 suitability for ~에 대한 적합성 in more detail 더 상세히 patiently 인내심을 갖고, 참을성 있게 await ~을 기다리다 response 답변, 응답

8. 편지에 따르면, 왜 포그바 씨는 주식회사 펜델에서 승진되었는가?

(A) 연간 수익을 늘리도록 회사에 도움을 주었다.

(B) 혁신적인 재무 관리 모델을 만들어냈다.

(C) 회사 비용 지출 감소에 기여했다.

(D) 회사의 운영 예산을 늘렸다.

해설 주식회사 펜델에서의 경력이 언급된 첫 단락 후반부에, 재무팀에서 근무한 첫 해에 회사 비용을 18퍼센트 절감하도록 도운 후에 본사 재무팀장으로 승진되었다(After helping to cut the company's costs by 18 percent within my first year in the department, I was promoted ~)라고 말한다. 즉 회사 비용 지출을 줄이는 데 기여한 것이므로 (C)가 정답이다.

어휘 annual 연간의, 연례적인 revenue 수익, 수입 innovative 혁신적인 contribute to ~에 기여하다, 공헌하다 lowering 감소, 하락 expenditure 지출 비용

9. 포그바 씨는 얼마나 오래 와일리 건설회사에서 일하고 있는가?

(A) 5년

(B) 6년

(C) 9년

(D) 20년

해설 와일리 건설회사를 언급하는 두 번째 단락에서, 9년 전에 와일리 건설회사의 샌디에이고 본사에 재무이사로 입사했다(I went on to join Wiley Construction Inc. as the Director of Finance at its head office in San Diego nine years ago)라고 언급되어 있고, 그 이후에 이직한 곳은 언급되지 않았으므로 (C)가 정답이다.

10. 포그바 씨는 왜 칼튼 씨에게 편지를 쓰는가?

(A) 한 프로젝트에 대해 협업하도록 제안하기 위해

(B) 상담 전문가로서 자신의 서비스를 제공하기 위해

(C) 더 많은 정보를 요청하기 위해

(D) 약속을 정하기 위해

해설 마지막 단락에서, 자신의 경험 및 해당 직책에 대한 적합성을 더욱 자세히 논의할 수 있도록 직접 말씀드리고 싶다(I would appreciate it if you could give me the opportunity to speak with you in person ~)라고 한다. 이는 포그바 씨가 면접을 치르고 싶다는 의사를 밝힌 것이므로 만날 약속을 잡고 싶다는 뜻으로 쓰인 (D)가 정답이다.

어휘 collaborate on ~에 대해 협업하다, 공동 작업하다 set up an appointment 약속을 정하다

11-14 다음 공지를 참조하시오.

산 안드레아스 주민들께 다가오는 이번 주 토요일 오후에 흥미로운 행사에 참석하실 수 있는 특별한 기회가 있습니다. 이 행사의 목적은 대단히 전문화되어 있으면서 비교적 흔치 않은 회사에서 제공하는 서비스를 경험하실 수 있는 기회를 주민 여러분께 드리는 것입니다. **12** '트레저스 & 트링키츠'가 산 안드레아스에서는 막 개업을 했을 지 모르지만, 다른 여러 도시의 매장들은 그 회사가 유능한 골동품 전문가들로 구성된 팀과 감정 평가 서비스로 훌륭한 명성을 얻는 데 도움을 주었습니다. -[1]-.

11 방문객들께서는 집안의 가보 같은 오래된 물건을 가지고 오셔서, 특히 가구와 도자기, 장신구 및 예술품에 대한 조예가 깊은 '트레저스 & 트링키츠'의 전문가들에게 검사를 받으실 수 있을 것입니다. -[2]-. '트레저스 & 트링키츠' 직원들이 물건들과 관련된 약간의 배경 지식을 고객 여러분께 전해 드리고, 대략적인 감정가를 알려 드리며, 그 물품들에 대해 어느 정도 액수의 보험을 들어야 하는지 추천해 드릴 것입니다. -[3]-.

11 **14** 산 안드레아스의 역사적인 바렛 타운 지역에 있는 브레이포드 공원에 부스와 텐트가 설치될 것입니다. -[4]-. 참석하실 수 없는 분들께서는 월요일부터 금요일까지 매장을 방문하시거나, 웹사이트 www.treasuresandtrinkets.com을 방문하셔서 사진을 제출하고 온라인으로 골동품의 감정가와 역사에 관한 정보를 받아 보실 수 있습니다. **13** 감정사 및 골동품 전문가가 될 수 있는 방법에 관한 조언도 저희 사이트에서 찾아보실 수 있습니다.

어휘 resident 주민 unique 특별한, 독특한 coming 다가오는, 돌아오는 taste 맛보기 highly-specialized 대단히 전문화된 relatively 비교적, 상대적으로 uncommon 흔치 않은 open for business 개업하다 gain a reputation for ~로 명성을 얻다 experienced 경험 많은 antique 골동품 valuation 감정, 평가 bring along ~을 지참하고 오다 heirloom 가보 examine ~을 검사하다, 조사하다 expert 전문가 have specialized backgrounds in ~에 대한 조예가 깊다 representative 직원 approximate 대략적인 be insured for ~의 액수로 보험에 들다 set up ~을 설치하다 appraiser 감정인

11. 브레이포드 공원에서 무슨 행사가 개최되는가?

(A) 지역 예술품과 공예품을 제공하는 시장

(B) 회사 제품의 시연회

(C) 잠재적으로 가치 있는 물건에 대한 감정

(D) 지역 내에서 발굴된 골동품 전시회

해설 브레이포드 공원이라는 명칭은 세 번째 단락에서 부스와 텐트가 설치되는 곳으로(Booths and tents will be set up in Brayford Park ~) 언급되고 있다. 그리고 이렇게 시설물이 설치되는 이유는 두 번째 단락의 핵심 키워드인 valuation(감정, 평가) 때문이므로 (C)가 정답이다.

어휘 demonstration 시연(회) appraisal 감정, 평가
valuable 가치 있는

12. '트레저스 & 트링키츠'에 관해 무엇이 언급되는가?

(A) 특별한 물건에 대해 보험 서비스를 제공한다.

(B) 최근 산 안드레아스에 신규 매장을 열었다.

(C) 공예품의 복원을 전문으로 한다.

(D) 현재 주민들로부터 기부를 받고 있다.

해설 첫 단락 끝 문장에 '트레저스 & 트링키츠'가 산 안드레아스에서는 막 개업을 한 것일 수 있다(Treasures & Trinkets may have just opened for business in San Andreas)고 한 후에 its stores in other cities를 언급하므로, 산 안드레아스에서 최근에 새 매장을 열었음을 알 수 있다. 그러므로 (B)가 정답이다.

어휘 insurance coverage 보험 보장 specialize in ~을 전문으로 하다 restoration 복원, 복구 artifact 공예품, 인공 유물 accept a donation 기부를 받다

13. 웹사이트에서 무엇이 제공되는가?

(A) 오래된 물건을 관리하는 팁

(B) 잘 알려진 골동품 사진

(C) 회사의 여러 지점을 찾아가는 길 안내

(D) 새로운 기술을 배우는 정보

해설 웹사이트가 언급되는 마지막 단락에, 감정사 및 골동품 전문가가 될 수 있는 방법에 관한 조언을 사이트에서 찾아볼 수 있다(Tips on how you can become an appraiser and antiques expert are also available on our site)라고 한다. 이것을 새로운 기술을 배우는 정보라고 표현한 (D)가 정답이다.

어휘 take care of ~을 관리하다, 돌보다 well-known 잘 알려진 directions to ~로 찾아가는 길 안내(도)

14. [1], [2], [3], [4]로 표기된 위치들 중에서, 다음 문장이 들어가기에 가장 적절한 곳은 어디인가?

"일반인들은 오후 1시부터 오후 6시까지 무료로 이 부스들을 방문할 수 있습니다."

(A) [1]

(B) [2]

(C) [3]

(D) [4]

해설 제시된 문장의 these booths가 단서이다. 바로 앞에 booths가 언급된 위치를 확인하면, [4]에 들어가는 것이 적절하므로 (D)가 정답이다.

15-18 다음 편지를 참조하시오.

파인즈 씨께,

우리 동네에 오신 것을 환영하며, 오션뷰 입주자 협회에 가입해 주셔서 감사합니다. 이곳에서 즐겁게 생활하시기 바라며, **15** 입주자 규약 준수가 어렵지 않고 우리 이웃을 훌륭하게 유지하는 데 유익하다는 것을 알아주시기 바랍니다. **16** 입주자 협회는 아파트 2호에서 매달 10일에 모임을 갖습니다. 우리는 입주자 협회의 모든 회원들께 회의에 참석하셔서 이웃 관련 문제를 논의하시거나, 긴급 상황에 대비해 **17** 다른 입주자들과 연락처를 교환하시도록 권장합니다. 또한 월례 회의에서 오션뷰 아파트 소식지도 받아 보실 수 있습니다.

오션뷰 아파트 직원들이 대부분의 시설 관리를 맡고 있지만, 입주자로서 여러분께도 몇 가지 책임이 있습니다. 모든 입주자들은 다음 지침을 준수해야 합니다.

– 쓰레기를 적절하게 표기된 구역에 버리기
– 제공된 용기에 재활용품을 분리 수거하기
– 방문자에게 방문자 주차 구역에 주차하도록 알리기

또한, **18** 귀하께서 다음 번 월례 회의에 오셔서 입주자 협회의 다른 분들에게 소개해 주시기 바랍니다. 파인즈 씨, 다시 한번 우리 동네에 오신 것을 환영하며, 좋은 이웃이 되도록 하겠습니다.

테시 콜
오션뷰 입주자 협회 회장

어휘 neighborhood 동네 join ~에 가입하다 follow ~을 따르다, 준수하다 tenant 입주자 association 협회 encourage A to do A에게 ~하도록 권하다, 장려하다 exchange ~을 교환하다 contact information 연락처 in case of ~에 대비해 emergency 긴급 상황 take care of ~을 처리하다, 다루다 maintenance 시설 관리, 유지 관리 responsibility 책임 comply with ~을 준수하다, 따르다 place v. ~을 놓다, 두다 garbage 쓰레기 appropriately 적절하게, 알맞게 marked 표기된 separate ~을 분리하다 recyclable 재활용 가능한 bin 통, 쓰레기통 inform A that A에게 ~라고 알리다 additionally 또한, 게다가 the rest 나머지 neighbor 이웃

15. 편지의 목적은 무엇인가?

(A) 수신인에게 발표를 하도록 요청하는 것

(B) 임대료가 지불되도록 요청하는 것

(C) 회원 자격에 필요한 과정을 설명하는 것

(D) 주민 대상 의무들을 상세히 설명하는 것

해설 첫 단락에서 입주자 규약 준수가 쉽고 동네를 훌륭하게 유지하는 데 도움이 된다(following the tenant guidelines easy and helpful in keeping our neighborhood great)

고 한다. 여기에서 준수 사항들을 설명하는 글임을 알 수 있으므로 (D)가 정답이다.

어휘 **receiver** 수신인 **give a presentation** 발표하다 **request that** ~하도록 요청하다 **rent** 임대료, 월세 **make a payment** 임대료를 지불하다 **relate** ~을 설명하다 **process** 과정, 처리 **detail** ~을 상세히 설명하다 **duty** 의무, 직무

16. 오션뷰 입주자 협회는 얼마나 자주 만나는가?
(A) 일주일에 한 번
(B) 격주에 한 번
(C) 한 달에 한 번
(D) 일년에 한 번

해설 첫 단락에서 입주자 협회가 아파트 2호에서 매달 10일에 모임을 갖는다(The tenants association meets on the 10th day of every month in apartment 2)고 하므로 (C)가 정답이다.

17. 파인즈 씨는 누구와 연락하고 지낼 것으로 예상되는가?
(A) 해당 협회 회장
(B) 오션뷰 직원들
(C) 소식지 작성자들
(D) 오션뷰 입주자들

해설 첫 단락에서, 입주자 협회 회의에 참석해 다른 입주자들과 연락처를 교환하도록 권장한다(We encourage all members of the tenants association to attend these meetings and to exchange contact information with other tenants ~)라고 하므로, (D)가 정답이다.

어휘 **be expected to do** ~할 것으로 예상되다 **stay connected** ~와 연락하고 지내다

18. 파인즈 씨는 한 달 내로 무엇을 하도록 권장되는가?
(A) 회의에서 자신을 소개하기
(B) 자신의 아파트로 손님들을 초대하기
(C) 자신의 쓰레기에서 나오는 재활용품을 분리하기
(D) 지도부 자리에 지원하기

해설 마지막 단락에서, 다음 번 월례 회의에 참석하여 입주자 협회의 다른 사람들에게 자신을 소개하기를 바란다(we hope you will come to our next monthly meeting to introduce yourself to the rest of the tenants association)고 말하고 있으므로 (A)가 정답이다.

어휘 **be encouraged to do** ~하도록 권장되다 **apply for** ~을 신청하다 **leadership** 지휘부, 지도부

19-22 다음 회람을 참조하시오.

> **19** 수신: 의학연구부
> 발신: 샌드라 커니건, 총무부장
> 날짜: 7월 12일
>
> DKL 협회는 7월 27일부터 30일까지 런던에서 열리는 연례 의학 컨벤션에 다시 한번 참가하기로 결정했습니다. 현재, 우리는 DKL 부스에서 일할 자원봉사자를 찾고 있습니다. 때때로, **21(C)** 우리 자원봉사자들은 매우 전문적인 의학 관련 질문을 받습니다. 이런 이유로, **19 21(B)** 우리는 5시간 단위로 일하실 수 있는 의학연구부 직원이 필요합니다. 특히, 요통 치료약에 대한 우리의 가장 최근 연구에 참여했던 직원들이 필요합니다. 이 컨벤션은 우리 DKL 사가 전문으로 하는 다양한 의학 분야에서 여러분의 지식을 넓힐 수 있는 기회를 제공합니다. 관심이 있는 분은 누구든 7월 19일 전에 피터 클라크 씨에게 연락하시기 바랍니다.
>
> **20** 여러분 중 일부가 우리 DKL 사의 서비스를 홍보하는 기법에 익숙하지 않을 수 있다는 점을 알고 있기 때문에, 다음 주 자원봉사자들을 대상으로 열리는 필수 워크숍에서 이 문제를 다룰 것입니다. 컨벤션에서 선보일 구체적인 서비스는 다음과 같습니다.
>
> · 의료 파일 관리
> · **21(D)** 전자 처방 소프트웨어 개발
> · 진료 의뢰 웹사이트 운영
>
> 우리는 또한 의학 다이제스트 및 교과서 출판을 줄일 계획을 강조할 것입니다. **22** 인쇄물 출판을 제한함으로써, 우리 DKL은 온라인 의학 출판 분야의 세계 선두주자로서 홍보하는 데 초점을 맞출 수 있습니다. DKL은 우리 부스를 방문하는 모든 사람이 이 점을 완전히 인식하도록 만들 것을 강조합니다.

어휘 **participate in** ~에 참가하다 **yearly** 연례적인 **convention** 총회 **volunteer** 자원봉사자 **from time to time** 때때로 **highly** 대단히, 매우 **technical** 전문적인, 기술적인 **block** (시간, 공간 등의) 구간 **back pain** 요통 **especially** 특히 **expand** ~을 넓히다, 확대하다 **field** 분야 **specialize in** ~을 전문으로 하다 **be aware that** ~임을 알다 **be familiar with** ~에 익숙하다 **technique** 기법 **promote** ~을 홍보하다 **address** v. (문제 등) ~을 처리하다, 다루다 **mandatory** 의무적인, 필수의 **specific** 특정한, 구체적인 **showcase** v. ~을 선보이다 **prescription** 처방(전) **referral** 소개, 의뢰, 위탁 **operation** 운영 **emphasize** ~을 강조하다 **digest** n. (문학 작품, 시사 문제 등의) 다이제스트, 요약집 **limit** ~을 제한하다 **publication** 출판(물) **focus on** ~에 초점을 맞추다 **global** 세계적인 **insist that** ~라고 주장하다 **aware of** ~을 인식하고 있는, 알고 있는

19. 이 회람은 누구를 대상으로 하는가?

(A) 새로 고용된 모든 직원들

(B) 협회의 임원진

(C) 특정 부서의 직원들

(D) 컨벤션의 초청 연사들

해설 지문 상단의 수신인 항목에 의학연구부(To: Medical Research Division)라고 쓰여 있고, 두 번째 단락에서 행사장에서 일할 의학연구부 직원이 필요하다(~ we need staff in Medical Research)라고 한다. 즉, 특정 부서 직원들이 수신 대상이므로 (C)가 정답이다.

어휘 intended for ~을 대상으로 하는 newly hired 새롭게 고용된 executive 임원, 이사 association 협회 division (단체 등의) 부, 과

20. 컨벤션에 참가하는 사람들에게 요구되는 것은 무엇인가?

(A) 이전의 컨벤션에 참가했어야 한다.

(B) 영업 전문가 교육을 받아야 한다.

(C) 글을 기고해야 한다.

(D) 특별 교육 시간에 참석해야 한다.

해설 두 번째 단락에서, 회사 서비스 홍보 기법에 익숙하지 않는 사람들을 위해 다음 주에 필수 워크샵(a mandatory workshop)이 열릴 것이라고 하므로 (D)가 정답이다.

어휘 professional n. 전문가

21. 컨벤션 자원봉사자들이 요청받지 않을 일은 무엇인가?

(A) 의학에 관한 세미나를 진행하는 일

(B) 한 번에 5시간 근무하는 일

(C) 까다로운 질문에 답변하는 일

(D) 처방전 소프트웨어에 대해 논의하는 일

해설 NOT 유형이므로 선택지의 키워드를 지문에서 찾아 대조한다. (A)의 seminar는 지문에 등장하지 않는 단어이므로 (A)가 정답이다. (B) work five hours는 work in five-hour block에서, (B) challenging questions는 highly technical medical questions에서, 그리고 (D) prescriptions는 electronic prescription software에서 찾을 수 있다. 그러므로 (A)가 정답이다. 참고로 (A)에서 정답을 찾았다면 중단하고 다음 문제로 넘어가야 한다.

어휘 lead ~을 진행하다 challenging 까다로운, 힘든

22. 무엇이 회사의 목표로 제시되는가?

(A) 온라인 출판물을 제작하기

(B) 의학 전문가를 고용하기

(C) 해외 사무소를 열기

(D) TV 다큐멘터리를 촬영하기

해설 마지막 단락에, 인쇄 출판물을 줄임으로써 온라인 의학 출판 분야의 세계 선두주자로 홍보하는 데 초점을 맞출 수 있다(By limiting printed publications, DKL can focus on promoting itself as a global leader in online medical publications)고 말한다. 즉, 오프라인 출판을 줄이고 온라인 출판에 집중하겠다는 뜻이므로 (A)가 정답이다.

어휘 abroad 해외에 film ~을 촬영하다

23-26 다음 광고를 참조하시오.

게시일: 9월 1일

토론토 시내에서 구입 가능한 상업용 점포

임대료: 월 4,500달러

실버레이크 쇼핑센터 내에 대형 상업용 공간이 이달 말에 자리가 비워질 것입니다. **23** 새로운 입주자는 그 자리에서 10월 1일에 영업을 시작할 수 있습니다. 이곳은 서쪽 출입구에 가까운 1층이라는 편리한 곳에 위치해 있어, 결과적으로 유동 인구가 많고 잠재 고객 수도 꽤 많은 곳입니다. **24** 또한 행사 무대나 식당가 같이 혼잡한 구역들과 아주 가까운 거리에 있습니다. 이 쇼핑센터 내에서는 공실을 찾아보기가 매우 어렵고, 이곳의 상업용 공간들은 대단히 선호도가 높은 곳입니다.

25 29만 평방미터의 실버레이크 쇼핑센터는 번화가의 다른 쇼핑몰들보다 더 넓으며, 가장 많은 소비자들을 끌어들이고 있습니다. 이 점포는 어떤 제품을 진열하더라도 충분한 공간을 지니고 있으며, 다수의 조절 가능한 선반들이 포함되어 있습니다. **26** 이 쇼핑몰에서 상업용 공간을 임대하는 모든 매장 소유주들은 건물과 인접한 주차장에 지정 주차 공간을 배정받습니다.

실버레이크 쇼핑센터 매장 소유주들은 또한 쇼핑센터 5층에 위치한 피커딜리 영화관에서 많은 할인을 받습니다. 이 점포는 쇼핑몰이 문을 닫는 월요일에 격주로 둘러볼 수 있으며, 먼저 9월 7일 월요일, 그 다음으로 2주 후인 9월 21일 월요일에 가능합니다. 둘러볼 시간을 예약하시거나 추가 정보를 원하시면, propertyoffice@silverlake.com으로 이메일을 보내주시기 바랍니다.

어휘 commercial 상업용의 unit (상가, 아파트 등의) 점포, 세대 vacate 비우다 tenant 입주자 be conveniently located 편리한 곳에 위치하다 result in ~의 결과를 낳다 heavy 많은, 심한 footfall 유동 인구 potential customer 잠재고객 just a short distance 아주 가까운 곳 event stage 행사 무대 food court 식당가 rare 드문, 희귀한 vacancy 빈 공간, 공실 highly 몹시, 매우 desirable (사람들이) 선호하는 expansive 넓은 attract ~을 끌어들이다 ample 충분한 room (부정관사 없이) 공간 display 진열, 전시 set up 설치하다 come with ~이 딸려오다, ~이 포함되다 numerous 많은 adjustable 조절 가능한 shelf 선반 rent ~을 임대하다 assign A B A에게 B를 배정하다, 할당하다 designated 지정된 adjacent to ~와 인접한 generous 많은, 넉넉한 alternate 번갈아 발생하는, 교차하는, 격주의 arrange ~을 준비하다, 예약하다 viewing 둘러보기 obtain ~을

얻다

23. 점포는 언제 임대가 가능할 것인가?
(A) 9월 1일
(B) 9월 7일
(C) 9월 21일
(D) 10월 1일

해설 지문 시작 부분에 새로운 입주자는 10월 1일에 해당 점포에서 영업을 개시할 수 있다고(A new tenant may open for business in the unit on October 1) 알리고 있으므로 (D)가 정답이다.

24. 해당 상업용 공간에 관해 암시된 것은 무엇인가?
(A) 최근에 개조되었다.
(B) 여러 방들로 구성되어 있다.
(C) 쇼핑몰 5층에 위치해 있다.
(D) 식당 시설과 가까이 있다.

해설 첫 단락에서, 행사 무대나 식당가 같이 혼잡한 구역들과 아주 가까운 거리에 있다(It is also just a short distance from busy areas such as the event stage and food court)는 특징이 제시되어 있으므로 (D)가 정답이다.

어휘 recently 최근 renovate ~을 개조하다, 보수하다 be comprised of ~로 구성되다 close to ~와 가까운 dining 식사 establishment (학교, 식당, 병원, 가게 등의) 시설(물)

25. 실버레이크 쇼핑센터에 관해 언급된 것은 무엇인가?
(A) 번화가에서 가장 높은 건물이다.
(B) 지역 내 다른 쇼핑센터들보다 더 크다.
(C) 현재 다수의 상업용 점포들이 비어 있다.
(D) 주말마다 문을 닫는다.

해설 Silverlake Shopping Center가 직접 언급되는 둘째 지문에서, 실버레이크 쇼핑센터가 번화가의 다른 쇼핑몰들보다 더 넓다(Silverlake Shopping Center is more expansive ~)는 내용이 나오므로 expansive를 larger로 패러프레이징한 (B)가 정답이다.

어휘 indicate 나타내다, 암시하다 structure 구조(물) local 지역의 vacant 비어 있는

26. 이 점포에 무엇이 딸려오는가?
(A) 회원증
(B) 제품 진열
(C) 영화관 무료 입장권
(D) 주차 공간

해설 선택지의 키워드를 지문에서 찾아서 대조한다. (A) Membership cards는 언급이 없으므로 오답이며, (B) Product displays도 본인이 설치한다(you wish to set up)고 나오므

로 오답이다. 지문에서 영화관에서 할인을 받는다고(receive a generous discount at ~ Movie Theater) 언급되어 있으므로 (C) Free movie tickets 또한 오답이다. 마지막으로 (D) A parking space는 All store owners renting commercial space in the mall are assigned a designated space in the parking lot에서 확인되므로 (D)가 정답이다.

27-30 다음 회람을 참조하시오.

발신: 조나스 올슨, 영업부장
수신: 영업부 전 직원
제목: 단합대회
날짜: 7월 5일 수요일

아시다시피, 우리 코넥스 통신사의 연례 단합대회가 7월 22일, 토요일에 개최될 것입니다. 작년의 행사와 관련된 다양한 불만들을 듣고 나서, **28** 간부진이 모여 올해는 다르게 진행할 방법을 논의했습니다. 더욱 흥미를 불러일으킬 수 있는 환경을 제공하기 위한 노력으로, **27** 우리는 이 행사가 더 이상 본사 근처에 있는 컨벤션 센터에서 열리지 않을 것이라는 결정을 내렸습니다. 이번 행사는 에버그린 밸리 팜이 있는 야외 공간으로 옮겨졌습니다. 화요일 회의에서 논의된 활동 일정을 포함해 이 행사와 관련된 그 외의 모든 내용은 대부분 변경되지 않습니다.

전 직원은 이번 야유회에 참가해야 합니다. 세 곳의 다른 지사에 근무하는 직원들 또한 참석할 것이며, 이 행사 활동을 기획한 업체인 코퍼레이트 챌린지의 직원들도 참석할 것입니다. 행사 당일의 마지막에, 우리 모두가 저녁식사를 위해 근처의 레스토랑에 **29** 모일 것이며, 그곳에서 회사 창업자이신 아놀드 룬드그렌 씨께서 현재 회사의 목표에 관해 말씀하실 것입니다. **30** 행사 당일 셔틀 버스가 제공될 것입니다. 이용을 원하시는 경우, 공지 게시판의 양식에 성함을 적어 주시기 바랍니다. 마지막으로, 어떤 질문이라도 있으시면, 제게 이메일을 주시기 바랍니다.

어휘 annual 연례의, 해마다의 take place (일, 행사 등이) 개최되다, 발생되다 various 다양한 complaint 불만, 불평 regarding ~와 관련해 previous 이전의 management 경영진, 간부진 stimulating 흥미를 불러 일으키는, 자극이 되는 no longer 더 이상 ~ 않다 be moved to ~로 옮겨지다 itinerary 일정(표) remain 그대로 남다 largely 대체로 be required to do ~해야 하다 participate in ~에 참가하다 excursion 야유회, 짧은 여행 branch office 지사 in attendance 참석한 representative 직원 assemble 모이다 nearby 근처의 founder 창업자, 창설자 current 현재의 goal 목표 take advantage of ~을 이용하다 form 양식 noticeboard 공지 게시판 be welcome to do 얼마든지 ~해도 좋다

27. 왜 회람이 발송되었는가?
(A) 행사에 관한 부정적인 의견에 대해 논의하기 위해

(B) 단체 활동에 관한 제안을 요청하기 위해

(C) 새로운 행사 장소를 알리기 위해

(D) 행사의 날짜 변경을 요청하기 위해

해설 첫 단락에 해당 행사가 더 이상 본사 근처에 있는 컨벤션 센터에서 개최되지 않을 것이다(~ the event will no longer be held at the convention center near the head office) 알리면서 새로운 장소 및 관련 세부 정보를 제공하는 것으로 지문 내용이 구성되어 있다. 따라서 새로운 행사 장소를 알리는 것이 목적임을 알 수 있으므로 (C)가 정답이다.

어휘 feedback 의견 venue (행사 등의) 장소

28. 올슨 씨에 관해 언급된 것은 무엇인가?

(A) 코넥스 통신사의 창업자이다.

(B) 해당 행사에 관한 회의에 참석했다.

(C) 다음 주 화요일에 한 컨벤션에 참석할 예정이다.

(D) 여러 행사 활동을 조직하는 도움이 되었다.

해설 첫 번째 단락에 경영진이 모여 논의했다(the management met and discussed)라고 나오는데, 그 다음 문장에 we discussed that이라고 하므로, 올슨 씨가 간부회의에 참석했음을 알 수 있다. 따라서 (B)가 정답이다.

29. 두 번째 단락, 네 번째 줄의 단어 "assemble"과 의미가 가장 가까운 것은 무엇인가?

(A) 대화하다

(B) 짓다

(C) 취합하다

(D) 모이다

해설 assemble에는 '모이다'와 '조립하다'라는 뜻이 있다. 그런데 뒤에 장소 표현(at a nearby restaurant for dinner)이 나오므로 '모이다'를 뜻하는 (D) gather가 정답이다.

30. 행사 참석자들은 무엇을 하도록 요청받는가?

(A) 코퍼레이트 챌린지의 직원에게 연락하는 일

(B) 교통편이 필요할 경우에 각자의 이름을 명단에 추가하는 일

(C) 어떤 문의사항이든 있을 경우에 룬드그렌 씨에게 이메일을 보내는 일

(D) 다른 지사에서 열리는 회의에 참석하는 일

해설 요청사항은 주로 글의 끝부분에서 언급되는데, 둘째 단락 후반부에 양식에 이름을 쓰라는 명령문(write your name on the form)으로 요청사항이 언급되었음을 알 수 있다. 따라서 이를 언급한 (B)가 정답이다. 정답은 대부분 패러프레이징되므로 마지막 문장 you're welcome to e-mail에서 쓰인 e-mail을 그대로 언급한 (C)는 우선 제거해야 할 오답 함정이다.

어휘 attendee 참석자 add ~을 추가하다 be asked to do ~하도록 요청 받다 require ~을 필요로 하다

transportation 교통편 query 문의, 질문

UNIT 09 문제 유형별 전략 2

예제

1.

> 승객들께,
>
> 비록 저희가 버스 시간표 인쇄물을 가능한 한 최신으로 업데이트하려고 노력하고 있지만, 저희 버스들을 일정보다 뒤처지도록 하는 많은 요소들이 있습니다. 게다가, 저희는 때때로 붐비는 쇼핑 시즌 동안 시내 노선에 추가 버스들을 운영하기도 합니다. 따라서, 버스 시간표와 노선들이 꾸준히 업데이트되고 있는 저희 웹사이트에 자주 방문하시는 것을 권장합니다.

Q. 버스 시간표 인쇄물에 관해 암시되는 바는 무엇인가?

(A) 실제 버스 시간을 정확하게 반영하지 않을 수도 있다.

(B) 모든 시내 버스 정류장에서 이용 가능하다.

어휘 strive to do ~하려고 애쓰다, 노력하다 keep A up-to-date A를 최신 상태로 유지하다 factor 요소 cause A to do A가 ~하는 것을 야기하다 run behind schedule 일정보다 뒤처지다 in addition 게다가 operate ~을 운영하다 extra 여분의, 추가의 route 노선 seasonal 시즌의, 시즌 특유의 period 기간 frequently 자주 continuously 지속적으로, 계속해서 accurately 정확하게 reflect ~을 반영하다 actual 실제의 bus stop 버스 정류장

2.

> 티나 레인 [오전 10:21] 올라프 씨, 바니 씨에게 퇴근 후 저녁식사 자리에 합류하고 싶은지 물어보는 게 어떨까요? 오늘 출근 첫 날이기도 하고, 바니 씨도 분명 좋아할 거예요.
>
> 올라프 베르크 [오전 10:22] 좋은 생각이에요. 아마 우리 회사의 방침과 절차에 관해 그가 틀림없이 가지고 있을 몇몇 질문들에 대해 우리가 답변해줄 수도 있을 거예요.

Q. 오전 10시 22분에, 베르크 씨가 "Good point"라고 메시지를 쓴 의도는 무엇인가?

(A) 바니 씨가 근무 첫 날 잘했다고 생각한다.

(B) 그들의 약속에 바니 씨를 초대하는 것에 동의한다.

어휘 appreciate ~에 대해 고마워하다, ~을 환영하다 procedure 절차 perform (일을) 수행하다

3.

> 좋은 아침입니다. 모두 아시다시피, 직원 식당이 다음 달에 몇 가지 변화를 겪을 것입니다. 식사 공간이 확대될 것이고, 벽에 다시 페인트칠을 할 것이며, 메뉴들이 업데이트될 것입니다. – [1] –. 모든 관리자들과 직원들은 새로운 메뉴 상품들에 대해 제안하시기 바랍니다. 직원들이 의견을 낼 수 있도록 독려하시기 바랍니다. – [2] –.

Q. [1] 그리고 [2]로 표시된 곳 중 다음 문장이 들어가기에 가장 적절한 곳은?

"관리자 회의에서 제출된 모든 아이디어를 검토하겠습니다."

(A) [1]

(B) [2]

4.

> 놀우드 씨에게,
>
> 유나이티드 헬스 메디컬 센터에 방사선부 관리직에 지원해 주셔서 감사합니다. 10월 13일에 면접을 위해 방문해 주시기를 요청 드립니다. 제가 언급했던 대로, 저희는 방문자 지정 주차구역이 없습니다. 개인 차량을 운전해 오기로 하셨다면 길가에 주차 공간을 확보하도록 하시는 것을 강력히 권고합니다.

Q. 첫 번째 문단, 네 번째 줄의 단어 "secure"와 의미상 가장 가까운 것은?

(A) 보호하다

(B) 확보하다, 얻다

어휘 apply for ~에 지원하다 supervisor 관리자, 감독관
designated 지정된 visitor parking area 방문자 주차장
strongly 강력하게 secure ~을 확보하다

도전 990!

1. ②	2. ②	3. ③	4. ⑤	5. ②
6. ①	7. ①	8. ①	9. ①	10. ②
11. ③	12. ②	13. ②	14. ①	15. ①
16. ①	17. ③	18. ②	19. ②	20. ②
21. ③	22. ②	23. ②		

1. 레이놀즈 씨는 우리가 마감시한을 맞출 수 있도록 도와준 것에 대한 모든 공을 받을 자격이 있다.

2. 저희 경영 관리 강좌들은 재무 기획과 온라인 마케팅 같은 다양한 주제들을 다루고 있습니다.

3. <윈슬로우 타임즈>는 지역 박람회의 행사들을 취재하기 위해 기자를 보냈다.

4. 직원 여러분께서는 윌로우 계곡 야유회 비용에 3일간의 숙박

및 식사 비용이 포함된다는 점을 유념하시기 바랍니다.

5. 그로모어 조경회사의 사장이 회사 창립 기념일 만찬에서 연설을 할 것이다.

6. 그 카페는 여러 유명 인사들에게 인기 있는 장소이기 때문에, 좋아하는 스타의 모습을 잠깐이라도 볼 수 있기를 갈망하는 수많은 팬들도 끌어 들인다.

7. 저는 시내에 있는 모든 식료품점을 확인해 봤지만, 홀트 아이스크림은 오직 푸드랜드에서만 취급되고 있는 것 같습니다.

8. 저희는 여러 고객들의 다양한 필요를 충족할 수 있는 제품과 서비스를 제공합니다.

9. 고객들은 반납 제품이 원래 상태로 있고 구매한 매장 영수증이 제시되는 경우에만 환불을 받게 될 것입니다.

10. 다양한 시장 상황이 지역 식료품 매장의 상품 가격에 영향을 미친다.

11. 계약서에 서명하기 전에 계약조건들을 아주 꼼꼼하게 읽어보시기 바랍니다.

12. 컴퓨터를 설치하는 데 문제가 있으시면, 저희 기술지원 센터에서 여러분에게 도움이 되는 알기 쉬운 안내서를 제공해 드릴 수 있습니다.

13. 코르테즈 씨의 회계부장 승진이 다음 주 중에 이사회로부터 정식으로 승인될 것이다.

14. 우선, 저는 윌스 매뉴팩처링 사에서 오신 손님들께 환영의 인사를 전해 드리고자 하며, 이분들께서는 곧 여러 새로운 프로젝트에 대해 저희와 긴밀히 작업하시게 될 예정입니다.

15. 지난 분기의 수익과 관련된 일부 중요한 수치 자료들이 빠져 있었기에 당신은 보고서 작업을 다시 해야 할 것입니다.

16. 온라인 비즈니스 과정의 첫 번째 학기는 2월부터 5월까지 지속될 것이다.

17. 할인 코드 "DC1468"은 어떠한 온라인 주문품에 대해서도 10퍼센트의 할인을 받을 수 있도록 7월의 한 달 내내 유효합니다.

18. 저희는 귀하의 결혼식 혹은 회사 모임이 반드시 잊지 못할 행사가 되도록 노력하고 있습니다.

19. 귀하를 저희 파트너로 만들게 되면, 그 결과 몇몇 신규 고객들께서 저희를 찾게 될 것으로 기대하고 있으며, 특히 <애드버타이징 리뷰>지의 최신 호에 귀하에 관한 훌륭한 특집 기사가 실린 후에 말입니다.

20. 저희 생산 시설 견학에 참가하시면, 여러분은 저희의 일등급 파스타를 만드는 데 들어가는 능력치를 직접 목격하실 수 있습니다.

21. 저는 직원들의 출장 관련 계좌에 대한 여러 수치들이 잘못 기입되었음을 발견했습니다.

22. 귀하의 지불 금액과 관련된 모든 질문은 회사의 회계 담당자이신 도드 씨께 전달하시기 바랍니다.

23. 이달 말에 알트머 상을 받을 때, 드레이크 씨는 자신의 혁신적인 건물 디자인에 대해 인정받게 될 것이다.

PRACTICE TEST

1. (D)	**2.** (A)	**3.** (B)	**4.** (D)	**5.** (C)
6. (D)	**7.** (B)	**8.** (D)	**9.** (C)	**10.** (D)
11. (C)	**12.** (C)	**13.** (C)	**14.** (D)	**15.** (C)
16. (D)	**17.** (B)	**18.** (C)	**19.** (A)	**20.** (D)
21. (B)	**22.** (D)	**23.** (B)	**24.** (C)	**25.** (C)
26. (D)	**27.** (A)	**28.** (C)	**29.** (A)	

1-3 다음 기사를 참조하시오.

뒤늦게 인정받고 있는 지역 음식점
작성자, 사이러스 디콘

그린뷰 – 푸드러버스닷컴이 최신 웹 기사에서 **2(B)** 그린뷰의 빅본 스테이크하우스를 벤보우 카운티 내 5대 스테이크 레스토랑 순위 중 3위에 올려 놓았습니다. 푸드러버스닷컴에 따르면, **1** 빅본 스테이크하우스가 선정된 이유는 우수한 등급의 맛있는 소고기를 제공할 뿐만 아니라, 그 넉넉한 양이 여러 경쟁업체에서 제공하는 것보다 거의 두 배에 달하는 크기 때문이기도 했습니다. **2(C)** 티본과 등심, 그리고 채끝살 스테이크에서부터 폭찹과 치킨 윙에 이르기까지, 빅본 스테이크하우스에는 모두를 만족시키는 뭔가가 있습니다.

2(D) 빅본 스테이크하우스의 소유주 거스 브루베이커 씨는 자신의 레스토랑이 이 순위에 포함되었다는 사실을 듣고 뛸 듯이 기뻐했습니다. 그 기분이 어땠는지 물어봤을 때, 그분은 이렇게 말했습니다. "제 업체가 카운티 내에서 손꼽히는 스테이크하우스 레스토랑들 중 하나로 인정받았다는 점이 기쁩니다. **3** 막달레나 그릴과 레이즈 서프 앤 터프가 저희보다 훨씬 더 오래 영업해 왔기 때문에, 저는 그곳들이 최상위 순위 두 개를 차지한 것이 그리 놀랍지도 않습니다."

어휘 eatery 음식점, 식당 overdue 오래 미루어진 recognition 인정 latest 최신의 rank v. ~을 순위에 올리다 select ~을 선정하다 not only A but B A뿐만 아니라 B도 serve (음식) ~을 제공하다 high-grade 우수한 등급의 generous 넉넉한, 후한 portion (제공되는) 양 double the size of ~의 두 배 크기인 competitor 경쟁사, 경쟁자 ribeye 등심 sirloin 채끝살 pork chop 폭찹, 등심살 proprietor 소유주 overjoyed 뛸 듯이 기쁜 be delighted that ~라니 기쁘다 recognize ~을 인정하다 leading 손꼽히는, 선도적인 be in business 영업하다 take the top two places 최상위 순위 두 개를 차지하다

1. 빅본 스테이크하우스는 왜 푸드러버스닷컴이 작성한 목록에 포함되었는가?
(A) 지역 내에서 가격이 가장 적당한 스테이크 레스토랑들 중

하나이다.
(B) 경쟁업체들보다 더 다양한 종류의 곁들임 요리를 제공한다.
(C) 지역에서 생산된 고기를 제공하는 데 초점을 맞춘다.
(D) 카운티 내에서 다른 레스토랑들보다 더 큰 스테이크를 제공한다.

해설 빅본 스테이크하우스가 3위에 선정된 이유가 언급되는 첫 단락에, 우수한 등급의 맛있는 소고기를 제공하는 것과 함께 경쟁사보다 거의 두 배 크기(almost double the size of those offered by its competitors) 때문이라고 나온다. 따라서, 더 큰 스테이크를 제공한다는 의미인 (D)가 정답이다.

어휘 compile (자료 등) ~을 취합하다 affordable 가격이 적당한 a wider selection of 더 다양한 종류의 side dish 곁들임 요리 focus on ~에 초점을 맞추다

2. 빅본 스테이크하우스에 관해 언급되지 않은 것은 무엇인가?
(A) 채식주의자를 위한 옵션을 제공한다.
(B) 그린뷰에 본사를 두고 있다.
(C) 다양한 종류의 고기를 제공한다.
(D) 거스 브루베이커 씨가 소유하고 있다.

해설 NOT 유형이므로 선택지의 키워드를 본문에서 찾아 빠르게 대조한다. (A)의 vegetarian에 대한 언급은 등장하지 않으므로 (A)가 정답이다. (B)는 Greenview's very own Big Bone Steakhouse에서 확인되고, (C)는 From T-bone, ribeye, and sirloin beefsteaks, to pork chops and chicken wings 부분에서 확인할 수 있으며, (D)는 둘째 단락의 The proprietor of Big Bone Steakhouse, Gus Brubaker에서 확인 가능하다.

어휘 be based in ~에 본사를 두다, ~을 기반으로 하다

3. 막달레나 그릴에 관해 유추할 수 있는 것은 무엇인가?
(A) 식사 손님들에게 회원제에 가입할 수 있게 해 준다.
(B) 완전히 새로운 시설이 아니다.
(C) 닭고기 또는 돼지고기를 제공하지 않는다.
(D) 빅본 스테이크하우스만큼 수익성이 좋지는 않다.

해설 막달레나 그릴이 언급되는 두 번째 단락에서, 브루베이커 씨가 "막달레나 그릴과 레이즈 서프 앤 터프가 자신의 업체보다 훨씬 더 오래 영업해 왔다고(Magdalena Grill and Ray's Surf 'N Turf have been in business much longer than we have ~)"라고 말한다. 따라서, 막달레나 그릴이 오래된 곳임을 나타내는 (B)가 정답이다.

어휘 diner 식사 손님 membership plan 회원 약정 brand-new 완전히 새로운 establishment (학교, 식당, 병원 등의) 시설, 업체 profitable 수익성이 좋은

4-7 다음 편지를 참조하시오.

> **5** 레진 버틀러, 이사
> 어번 네온 의류회사
>
> 버틀러 씨께,
>
> **4** 저는 저희 원 러브 재단의 모두를 대신해 귀하께 감사의 빚을 지고 있다고 말씀드립니다. -[1]-. **7** 저희는 귀하 및 귀하의 회사가 지난 주말에 길드포드 지역 문화 센터에서 열린 저희 패션 쇼에서 사용할 수 있도록 옷을 기부해 주실 수 있어서 기뻤습니다. -[2]-.
>
> 작년과 재작년에, 저희는 인기 있는 의류 디자이너들로부터 의류 기부를 요청하는 데 어려움을 겪었습니다. -[3]-. 결과적으로, 참가자 수가 저희 기대치를 밑돌면서, 입장권 판매 측면에서 성공이라고 말하기 어려운 수준이었습니다. -[4]-. 귀사와 같이 사람들의 이목을 끄는 회사로부터 받은 후한 기부 물품은 **6** 올해 저희가 입장권 가격을 올리고 훨씬 더 많은 손님들을 끌어들일 수 있게 해주었으며, 이로 인해 저희가 더 많은 자금을 마련해 저희가 늘 선정한 지역 자선단체들에게 배분하는 데 도움이 되었습니다.
>
> 진심으로, 저희 노력에 대한 귀사의 지원에 크게 감사드립니다.
>
> 안녕히 계십시오.
> 대니얼 알론소, 행사 진행 책임

어휘 speak for ~를 대변하다 foundation 재단 owe A B A에게 B를 빚지다, 신세 지다 debt 빚, 부채 gratitude 감사 delight 기쁜 contribute ~을 기부하다, 기여하다 garment 옷, 의복 struggle to do ~하는 데 어려움을 겪다 solicit ~을 달라고 간청하다 contribution 기부(품) turnout 참가자 수 hardly 거의 ~ 않다 describe A as B A를 B라고 표현하다 in terms of ~의 측면에서 generous 후한 high-profile 사람들의 이목을 끄는 such as 예를 들면 enable A to do A가 ~할 수 있게 하다 attract ~을 끌어들이다 thereby 그로 인해, 그렇게 함으로써 raise (자금 등) ~을 모으다, 조성하다 fund 자금 distribute ~을 배분하다, 나눠주다 selection 선택 charity 자선단체 support 지원, 지지 endeavor 노력

4. 편지의 목적은 무엇인가?
(A) 최근의 문의에 대해 답변하기
(B) 회사에 기부를 요청하기
(C) 기금 마련 단체를 홍보하기
(D) 도움에 대해 감사의 뜻을 표하기

해설 첫 단락 시작 부분에 원 러브 재단의 모두를 대신해 감사의 빚을 지고 있다는 말씀을 드린다(I speak for everyone here at the One Love Foundation when I say we owe you a debt of gratitude)라는 인사말에서 편지의 목적을 알 수 있으므로 (D)가 정답이다.

어휘 respond to ~에 답변하다, 대응하다 inquiry 문의 promote 홍보하다 fundraising 모금 assist ~을 원조하다

5. 버틀러 씨는 누구일 것 같은가?
(A) 지역 자선단체의 책임자
(B) 원 러브 재단의 회원
(C) 한 의류회사의 임원
(D) 지역 문화센터의 부서장

해설 버틀러 씨의 이름이 언급되는 상단에, 이사(Director)라는 직책과 어번 네온 의류 회사(Urban Neon Clothing Company)라는 기업명이 나오므로 (C)가 정답이다.

6. 편지에 따르면, 올해의 행사는 어떻게 예년의 행사들과 다른가?
(A) 상대적으로 입장권 판매량이 저조했다.
(B) 다른 장소에서 개최되었다.
(C) 더 많은 자선단체들을 포함했다.
(D) 참가 비용이 더 높았다.

해설 둘째 단락 중반부에, 유명회사의 기부 물품 덕분에 올해 입장권 가격을 올리고 훨씬 더 많은 손님들을 끌어들일 수 있었다(~ enabled us to raise the ticket price this year and attract even more guests ~)고 언급된다. 입장권 가격이 올랐으므로 (D)가 정답이다.

어휘 previous 이전의 relatively 상대적으로, 비교적 poor 형편없는, 저조한 location 장소, 위치 involve ~을 관여시키다, 포함하다 a high number of 아주 많은 수의 ~

7. [1], [2], [3], [4]로 표기된 위치들 중에서, 다음 문장이 들어가기에 가장 적절한 곳은 어디인가?
"그 행사는 대단한 성공이었으며, 저희는 지역 자선단체들을 위한 큰 액수의 자금을 마련했습니다."
(A) [1]
(B) [2]
(C) [3]
(D) [4]

해설 제시된 문장은 특정 행사를 지칭하는 The event가 주어로 사용되므로 앞에 어떤 행사가 처음 소개되는 곳을 찾으면 된다. 따라서 our fashion show at Guildford Community Center last weekend가 언급되는 다음 위치인 [2]가 적합하므로 (B)가 정답이다.

8-11 다음 온라인 채팅을 참조하시오.

라샤드 클레먼즈 [오전 9:07] 안녕하세요, 여러분. **8** 제가 5층 대회의실에 있는데, 이곳에 있는 노트북 PC를 쓸 수가 없어요. 이것 없이는 직원 오리엔테이션을 진행할 수 없어요. 좋은 아이디어 있으신가요?

개리 샌들러 [오전 9:08] 아, 저도 그것 때문에 문제가 좀 있었어요. 배경에서 돌아가는 몇몇 불필요한 프로그램들을 닫아 보세요.

캐롤 글리슨 [오전 9:10] **9** 그 회의실이 오늘 아침 9시 15분까지 완전히 준비되어 있기로 되어 있지 않았나요? **8** 발표 슬라이드와 동영상을 보여 줄 수 없다면 제대로 신입 사원들을 교육할 수 없을 거예요.

라샤드 클레먼즈 [오전 9:12] **9** 네, 제가 우리 인턴 리 반즈 씨에게 그렇게 하도록 요청했는데, 그분이 오늘 아침 일찍 전화로 병가를 냈어요. 그게 바로 제가 일찍 이곳으로 올라와 의자와 탁자들을 설치한 이유예요. 지금은, 이 노트북 PC만 작동시키면 되는데...

라샤드 클레먼즈 [오전 9:13] **10** 개리 씨, 노트북이 계속 멈추고 다운이 되요. 시간 좀 있으세요?

개리 샌들러 [오전 9:14] 그리로 바로 가겠습니다.

캐롤 글리슨 [오전 9:15] 그 외에 도움이 필요하신 일이 있으신가요? 기억하셔야 할 점은, 참석자들이 정확히 9시 30분에 그곳에 도착할 거예요.

라샤드 클레먼즈 [오전 9:17] 없어요. 일단 노트북만 제대로 작동되면 준비가 다 끝나요. 여러분은 각자 발표 자료와 유인물만 챙겨 오시면 됩니다.

캐롤 글리슨 [오전 9:19] 좋습니다. **11** 제가 10시에 가서 뒤를 이어서 회사 정책을 이야기할 겁니다. 모든 준비가 다 되어서 잘 진행되기를 바랍니다.

어휘 **get A to work** A를 작동시키다 **run** 진행하다 **try -ing** ~하려고 시도하다 **have some issues with** ~하는 데 문제가 있다 **be supposed to do** ~하기로 되어 있다 **fully** 완전히, 전적으로 **prepared** 준비된 **new hire** 신입사원 **properly** 제대로, 적절히 **call in sick** 전화로 병가를 내다 **set up** 설치하다 **freeze** (기계, 프로그램 등이) 멈추다 **crash** (기계, 프로그램 등이) 다운되다 **need a hand** 일손이 필요하다 **attendee** 참석자 **sharp** (시간 뒤에 쓰여) 정확히 ~시에, ~시 정각에 **be all set** 완전히 준비되다 **once** 일단 ~하면, ~하는 대로 **up and running** 제대로 작동되는 **handout** 유인물 **take over from** (순서, 자리 등) ~로부터 이어받다 **policy** 정책

8. 클레먼즈 씨는 무엇을 하려고 준비 중인가?

(A) 시상하기
(B) 고객과 회의하기
(C) 장비를 설치하기
(D) 신입직원을 교육하기

해설 클레먼즈 씨가 첫 메시지에서 5층 대회의실에 있는 노트북 컴퓨터를 작동할 수가 없다고 하면서, 그것 없이는 직원 오리엔테이션을 진행할 수 없다(We can't run the employee orientation without it)라고 한다. 그러므로 employee orientation을 패러프레이즈한 (D)가 정답이다.

어휘 **present awards** 시상하다 **install** ~을 설치하다 **equipment** 설비 **staff** 직원들

9. 회의실이 왜 오전 9시 15분까지 준비되어 있지 않았는가?

(A) 반즈 씨가 또 다른 업무가 있었기 때문에
(B) 그 회의실이 사용 중이었기 때문에
(C) 반즈 씨가 결근한 상태이기 때문에
(D) 한 행사 일정이 재조정되었기 때문에

해설 9시 15분에 준비되어야 하지 않느냐는 글리슨 씨의 질문에 대한 클레먼즈 씨의 9시 12분 대답을 보면, 인턴인 리 반즈 씨에게 요청했는데, 오늘 아침 일찍 전화로 병가를 냈다(Yes, I asked our intern, Lee Barnes, to do it, but he called in sick early this morning)라고 하므로 (C)가 정답이다.

어휘 **task** 일 **absent** 결근한, 부재 중인 **reschedule** ~의 일정을 재조정하다

10. 오전 9시 14분에, 샌들러 씨가 "그리로 바로 가겠습니다"라고 썼을 때, 그가 의도한 것은 무엇인가?

(A) 5층으로 노트북 PC를 올려 보낼 것이다.
(B) 수리 기사에게 연락할 것이다.
(C) 클레먼즈 씨가 다른 방으로 가기를 원한다.
(D) 클레먼즈 씨에게 도움을 제공할 것이다.

해설 클레먼즈 씨가 9시 13분에 개리 씨에게 노트북이 계속 멈추고 다운된다고 하면서 시간 좀 있는지(Are you free?) 물은 것은 도와달라는 의미이다. 도움 요청에 대해 Be right there라고 한 것은 도와주겠다는 의미이므로 (D)가 정답이다.

11. 오전 10시에 무슨 일이 있을 것 같은가?

(A) 클레먼즈 씨가 방을 말끔히 치울 것이다.
(B) 클레먼즈 씨가 몇몇 직원들을 맞이할 것이다.
(C) 글리슨 씨가 연설을 시작할 것이다.
(D) 글리슨 씨가 샌들러 씨와 만날 것이다.

해설 '오전 10시'라는 시간이 언급되는 9시 19분 메시지에, 글리슨 씨가 10시에 가서 순서를 이어받아 회사 정책을 이야기할 것이라고 알리고 있다. 이는 연설을 한다는 뜻이므로 (C)가 정답이다.

어휘 **tidy up** ~을 말끔히 치우다

12-15 다음 온라인 채팅을 참조하시오.

> **루이즈 드리스콜 [오후 4:30]** 🔢 저와 생각이 통하는 등산 애호가 분들께 조언을 좀 요청드립니다. 남편과 제가 다음 주말에 셔먼산으로 등산을 갈 계획입니다. 도시에서 멀리 떨어졌다는 건 아는데, 여러분 중에서 가 보신 분 계신가요?
>
> **트로이 팍스 [오후 4:32]** 제 친구들 몇몇이 그곳에 갔었는데, 등산로가 잘 관리되어 있고 경치도 믿을 수 없을 정도라고 말하더군요.
>
> **루이즈 드리스콜 [오후 4:34]** 저도 같은 얘기를 들었어요. 🔢 그리고 저는 거기가 너무 붐빌까 조금 걱정돼요.
>
> **질 핀들레이 [오후 4:35]** 제가 올해 초에 제 등산 동호회와 함께 거기에 갔었는데, 실망하지 않으실 거예요. 공원이 아주 크기 때문에 등산로가 꽤 비어 있었습니다.
>
> **루이즈 드리스콜 [오후 4:36]** 아주 괜찮게 들리네요! 그리고 셔먼산에 캠핑 시설이 있나요? 저희가 그곳에서 야영을 하면서 이틀간 등산하고 싶어서요.
>
> **트로이 팍스 [오후 4:37]** 그쪽에서 야영객들에 대한 심야 요금을 없애지 않았나요, 질 씨?
>
> **질 핀들레이 [오후 4:38]** 네, 맞아요. 🔢 캠핑장과 캠핑 시설이 모두 완전히 무료입니다.
>
> **루이즈 드리스콜 [오후 4:39]** 와! 헨리산에 대해서도 같은 얘기가 있으면 좋겠어요.
>
> **딘 말로우 [오후 4:41]** 그리고, 🔢 꼭 공원관리사무소를 방문해 보세요. 제가 듣기로는, 여름 기간에 무료로 생수를 나눠준다고 하더라고요.
>
> **루이즈 드리스콜 [오후 4:42]** 아주 좋은 팁이네요, 감사합니다! 여러분 모두 큰 도움이 되어 주셨어요.

어휘 like-minded 같은 마음을 가진 trekker 등산객 hike ~에서 하이킹하다 far from ~에서 멀리 떨어진 trail 등산로, 산길 well-maintained 잘 관리된 incredible 믿을 수 없을 정도의, 정말 뛰어난 a bit 약간 worried 걱정되는 crowded 붐비는 disappointed 실망한 quite 꽤, 몹시 empty 텅 빈 huge 거대한, 커다란 facilities 시설물 be tempted to do ~하고 싶다 make it a two-day trek 1박2일로 등산하다 get rid of ~을 없애다, 제거하다 overnight 야간의, 심야의 fee 요금, 수수료 indeed 사실인, 정말인 completely 완전히 If only + 주어 + 과거동사 ~라면 좋겠다 park ranger 공원 관리원 give out ~을 나눠주다

12. 드리스콜 씨는 누구와 얘기하고 있었을 것 같은가?
 (A) 셔먼산 근처에 살고 있는 사람들
 (B) 자신과 함께 여행할 사람들
 (C) 자주 등산 가는 사람들
 (D) 캠핑 용품을 판매하는 사람들

해설 드리스콜 씨가 채팅을 시작하면서 자신과 같은 마음을 갖고 있는 등산 애호가들에게 조언을 좀 요청한다(I'd like to ask my likeminded mountain trekkers for some advice)라고 말한다. 그러므로 (C)가 정답이다.

어휘 near ~ 근처에 go hiking 하이킹 가다 supplies 용품, 물품

13. 드리스콜 씨는 무엇에 대해 우려하고 있는가?
 (A) 좋지 못한 날씨
 (B) 셔먼산에 가는 방법
 (C) 혼잡한 등산로
 (D) 등산로의 난이도

해설 드리스콜 씨가 4시 34분 메시지에서 너무 붐빌까 조금 걱정된다(I'm just a bit worried that it'll be too crowded)고 말하므로 (C)가 정답이다.

14. 오후 4시 39분에, 드리스콜 씨가 "헨리산에 대해서도 같은 얘기가 있으면 좋겠어요"라고 썼을 때, 그녀가 의도한 것은 무엇인가?
 (A) 헨리산의 캠핑 시설이 좋지 못한 수준이다.
 (B) 헨리산의 경관이 전혀 감동적이지 못하다.
 (C) 헨리산의 등산로가 열악하게 유지된다.
 (D) 헨리산의 캠핑장이 요금을 부과한다.

해설 바로 앞인 핀들레이 씨의 말을 받은 것이다. 핀들레이 시가 (셔먼산의) 캠핑장과 캠핑 시설이 모두 완전히 무료(The campground and camping facilities are all completely free)라고 하므로, 드리스콜 씨의 말은 '헨리산의 캠핑장과 시설이 무료가 아니다'라는 뜻이므로 (D)가 정답이다.

어휘 underwhelming 전혀 감동적이지 않은 poorly-maintained 관리 상태가 형편없는 charge 요금을 부과하다

15. 말로우 씨에 따르면, 공원관리사무소에서 무엇을 얻을 수 있는가?
 (A) 등산로 지도
 (B) 주차 허가증
 (C) 무료 음료
 (D) 캠핑 장비

해설 말로우 씨가 4시 41분에 꼭 공원관리사무소를 방문하라고 알린 후에 하는 말은 여름 기간 중에 무료로 생수를 나눠준다(they give out free bottles of water during the summer)라는 정보이므로 (C)가 정답이다.

어휘 permit 허가증 complimentary 무료의 beverage 음료

16-18 다음 안내 책자 발췌 내용을 참조하시오.

화이트 샌즈 리조트
숙박 및 활동

화이트 샌즈 리조트는 현대적인 욕실 시설과 함께, 선풍기 또는 객실 전체 냉방장치를 포함하는 10개의 아름다운 해변 오두막으로 구성되어 있습니다. **16** 저희는 하루에 오전 10시부터 오전 4시까지 18시간 전기를 공급해 드리고 있으며, 이는 지역 내 다른 리조트들보다 2시간이 더 많은 것입니다.

각 해변 오두막은 대형 발코니가 있으며, 여기에서 바다를 가로질러 아주 다양한 섬들이 펼쳐진 장관을 감상할 수 있습니다. 저희 화이트 샌즈 리조트는 주요 도시들로부터 멀리 떨어진 팔라완 동쪽 해변에 위치해 있으므로, 아무 방해 없이 아름답고 평화로운 자연환경을 진정으로 감상할 수 있는 기회를 가질 수 있습니다. - [1] -.

만조 시에는 해변 오두막 바로 밖에서 수영하실 수 있으며, 해안을 따라 200미터 거리에 수영 및 스노클링을 하실 수 있는 다른 장소들도 있습니다. - [2] -. **17(C)** 저희는 스노클링 및 다이빙 장비, 카약, 그리고 제트 스키를 대여해 드립니다. 또한 **17(A)** 산악 자전거 한 대를 빌려 팔라완 동쪽의 산을 돌아보실 수 있습니다. 아니면, **17(D)** 보트를 빌려 조용한 해변에 가서 소풍도 하고 멋진 경치를 즐길 수도 있습니다.

저희는 또한 여러분께 "섬 둘러보기" 관광도 제공해 드릴 것입니다. **18** 섬 관광은 3시간 또는 6시간 동안 지속되며, 갓 잡아 통구이한 생선과 아주 다양한 지역 과일로 구성된 맛있는 점심 식사를 포함합니다. - [3] -. 관광을 떠나시기 전에 EPF(환경보존기금)에 5달러를 기부하는 것이 의무라는 점에 유의하시기 바랍니다. - [4] -.

어휘 accommodation 숙박 consist of ~로 구성되다 hut 오두막집 full air conditioning 객실 전체 냉방장치 plus ~에 덧붙여, 그 밖에 facilities 시설 electricity 전기 spectacular 장관을 이루는 view 경치 across 을 가로질러 a diverse array of 아주 다양한 be located on the coast 해안에 위치하다 far from ~와 멀리 떨어진 urban 도시의 truly 진정으로 appreciate ~을 감상하다 environment 자연환경 interruption 방해, 지장 high tide 만조 rent out ~을 대여해 주다, 대여하다 borrow ~을 빌리다 tour v. ~을 둘러보다, 돌아보다 alternatively 그 신에, 그렇지 않으면 (대안을 소개할 때 씀) sail 항해하다 scenery 경치, 풍경 arrange ~을 마련하다 island hopping 여러 섬을 둘러보기 last v. 지속하다 consist of ~로 구성되다 freshly caught 갓 잡은 a wide range of 아주 다양한 local 지역의 note 주목하다 compulsory 의무적인 make a contribution 기부하다 embark on ~을 시작하다, ~에 착수하다

---

16. 해변 오두막에 관해 언급된 것은 무엇인가?
(A) 전부 에어컨 기기를 포함한다.
(B) 현대적인 요리 설비를 포함한다.
(C) 몇몇 도회지 근처에 위치해 있다.
(D) 때때로 전기가 들어오지 않는다.

해설 첫 단락에, 하루에 오전 10시부터 오전 4시까지 18시간의 전기를 공급한다(We provide 18 hours of electricity per day ~)라고 나오는데, 이는 전기가 공급되지 않는 시간대가 있다는 뜻이므로 (D)가 정답이다.

어휘 contain ~을 지니다 unit (하나의) 기기, 장치

---

17. 화이트 샌즈 리조트의 대여 옵션으로 언급되지 않은 것은 무엇인가?
(A) 자전거
(B) 등산 장비
(C) 다이빙 장비
(D) 보트

해설 셋째 단락에서 You could also borrow one of our mountain bikes으로 (A)가 확인되고, We rent out snorkeling and diving gear에서 (C)를 확인할 수 있다. 그리고 rent a boat 부분에서 (D)도 확인할 수 있다. 하지만 등산 장비 대여는 찾아볼 수 없으므로 (B)가 정답이다.

어휘 rental 대여, 임대

---

18. [1], [2], [3], [4]로 표기된 위치들 중에서, 다음 문장이 들어가기에 가장 적절한 곳은 어디인가?

"이는 여러분께서 해변을 둘러보시는 동안 보트 운전자에 의해 전문적으로 준비될 것입니다."

(A) [1]
(B) [2]
(C) [3]
(D) [4]

해설 앞서 언급된 특정한 것을 가리키는 This와 함께 보트 운전자가 언급되므로 This로 가리킬 수 있는 단수명사와 보트 운전자가 동시에 들어가는 문장을 찾아야 한다. 셋째 단락에서 단수명사인 a delicious lunch가 언급되고 island hopping tour 도중이므로 보트 운전자가 있음을 알 수 있으므로 [3]의 위치를 나타내는 (C)가 정답이다.

어휘 expertly 전문적으로 explore ~을 탐험하다, 관찰하다

19-22 다음 이용후기를 참조하시오.

19 피에스타 크루즈 라인의 최신 선박으로 정원 3,785명의 피에스타 제미니는 의심의 여지없이 이 회사가 지금까지 보유한 모든 선박들 중 가장 인상적입니다. 여객선 업계의 최신 추세에 따라서, 피에스타는 제미니에서 제공되는 식사 및 오락 서비스를 확대함으로써 그 어느 때보다도 많은 선택을 승객들에게 제공합니다.

"할 것은 너무 많은데 시간이 너무 부족하다!"는 말로 10일 동안의 제 여객선 여행을 요약할 수 있습니다. 제가 가장 좋아했던 편의시설들 중에는 **20(C)** 미니 골프 코스와 볼링장, 그리고 **20(A)** 아이맥스 영화관이 있었습니다. 저는 또한 행사 공연장 중앙 무대에서 있었던 마술 공연과 곡예 공연도 아주 마음에 들었는데, **20(D)** 바쁜 제 일정으로 코미디 공연을 놓쳤습니다. – [1] –.

20(B) 제공되는 라이브 음악의 양과 질이 매우 인상적이었습니다. 선상에서 들려주는 라이브 음악의 양을 몇 년 동안 점차 줄여오던 피에스타는 고객 의견을 듣고 다시 콘서트를 추가하였습니다. 톱 데크 플라자와 기타 많은 바에서, 그리고 심지어 카지노에서도 라이브 밴드들을 볼 수 있을 것입니다! – [2] –.

21 이 선박의 진짜 단점이라면, 그건 중앙 식당에서 제공되는 조식 뷔페입니다. – [3] –. 저는 같은 메뉴가 너무 자주 재탕된다는 느낌을 받았으며, 그 중 많은 것이 기대만큼 신선하지 않았습니다. **22** 하지만, 제미니에 대해 제가 가장 좋았던 점은 친절한 승무원들이었습니다. – [4]–. 객실 관리 직원들부터 활동을 기획하는 분들까지, 모두 항상 따뜻한 미소로 저를 맞이해 주셨습니다.

후기 작성자: 그레타 맨슬

어휘 vessel 선박 undoubtedly 의심의 여지 없이 yet (최상급과 함께) 지금까지 중에서 trend 추세, 경향 expand ~을 확장하다 offering 제공물 than ever before 과거 그 어느 때보다 sum A up A를 요약하다 among ~ 중에 amenities 편의시설, 오락시설 bowling alley 볼링장 acrobatics 곡예 auditorium 공연장, 강당 miss ~을 놓치다, 지나치다 due to ~때문에 on offer 제공되는 impressive 인상적인, 훌륭한 gradually 점차적으로 reduce ~을 줄이다, 감소시키다 re-introduce ~을 다시 도입하다 weakness 약점 buffet 뷔페 dining room 식당 repeat ~을 반복하다, 재탕하다 should have p.p. (당연히) ~했어야 한다 crew 승무원들 housekeeping 객실 관리, 시설 관리 organize ~을 짜다, 조직하다 greet ~을 맞이하다, 인사하다

19. 피에스타 제미니 여객선에 관해 암시된 것은 무엇인가?
(A) 최근 회사 보유 선박으로 추가되었다.
(B) 전 세계에 있는 여행지들을 방문한다.
(C) 업계가 주는 여러 상을 받았다.
(D) 객실이 개조되었다.
해설 첫 문장에 피에스타 크루즈 라인의 최신 선박(Fiesta Cruise Line's newest vessel)이라는 말로 피에스타 제미니를 소개하고 있다. newest vessel이 a recent addition으로 패러프레이즈된 (A)가 정답이다.
어휘 destination 여행지, 목적지 addition 추가(된 것) fleet

(한 업체가 보유한) 전체 선박, 전체 차량 cabin 선실, 객실 remodel ~을 개조하다

20. 맨슬 씨가 여객선 여행 중에 즐긴 활동이 아닌 것은 무엇인가?
(A) 영화 관람
(B) 음악 공연 참석
(C) 미니 골프 경기
(D) 코미디언 공연
해설 NOT 유형이므로 선택지 키워드를 지문에서 찾아 대조한다. 자신이 즐긴 활동들을 열거하는 둘째 단락 끝에서 코미디 공연을 놓쳤다(I missed the comedy show)라고 적었으므로 (D)가 정답이다.
어휘 performance 공연

21. 맨슬 씨는 무엇이 개선되어야 한다고 생각하는가?
(A) 선실의 청결도
(B) 식당 메뉴
(C) 야외 좌석 구역
(D) 라이브 음악의 양
해설 개선되어야 할 단점이 언급되는 마지막 단락에, 어떤 것이든 정말로 단점이 있다면 식당에서 제공되는 조식 뷔페(If the ship has any real weakness, it's the breakfast buffet in the main dining room)라고 하므로 (B)가 정답이다.
어휘 improve ~을 개선하다 cleanliness 청결도 seating 자리, 객석 amount 양

22. [1], [2], [3], [4]로 표기된 위치들 중에서, 다음 문장이 들어가기에 가장 적절한 곳은 어디인가?
"그 중 많은 분들께서 만난 지 불과 며칠 만에 저희들의 이름을 아시게 되었습니다."
(A) [1]
(B) [2]
(C) [3]
(D) [4]
해설 제시된 문장에 복수대명사 them이 사용되었으므로 특정 사람들을 가리키는 명사가 포함된 문장을 찾아보면, 마지막 단락에서 the friendly crew를 확인할 수 있다. 그 뒤인 [4]가 가장 적절한 자리이므로 (D)가 정답이다.
어휘 get to do ~하게 되다

23-26 다음 정보를 참조하시오.

등산화는 원래 더러워지는 것이지만, 그것이 등산화를 깨끗하게 그리고 훌륭한 상태로 유지하는 일을 외면해도 된다는 뜻은 아닙니다. **23** 적절한 관리와 유지보수를 통해, 새로 구입하신 트렉 로드 등산화를 오랫동안 즐겁게 사용하실 수 있습니다.

등산화를 세척하기 전에, 끈을 제거하셔야 합니다. 그런 다음, 솔을 이용해 등산화와 끈에 묻은 먼지와 흙을 부드럽게 제거해 주십시오. 더욱 철저한 세척이 필요하실 경우, 흐르는 물과 적합한 신발 세척제를 사용하시기 바랍니다. **24** 대부분의 신발 세척제가 다양한 재질에 사용될 수 있지만, 갖고 계신 세척제가 여러분의 트렉 로드 등산화에 적합한 것인지 항상 확인하시기 바랍니다.

손상을 피하시려면, 절대로 등산화를 세탁기에 넣지 말아야 하며, 비누 또는 세제를 사용하지 마셔야 합니다. 이런 제품들 다수가 가죽 또는 방수 재질에 유해할 수 있는 화학물질을 함유하고 있기 때문입니다. 트렉 로드 등산화는 구입할 때 이미 방수 처리된 제품이므로, 물방울이 더 이상 표면에 구슬처럼 맺히지 않는 상태가 될 때까지 기다리셨다가 방수 물질을 다시 바르시기 바랍니다.

또한 등산화를 올바르게 건조하고 보관하는 것도 중요합니다. – [1] –. 먼저 깔창 부분을 꺼내 등산화와 별도로 자연 건조하십시오. – [2] –. 습도가 높은 곳을 피해 실온에서 등산화를 건조하십시오. 벽난로나 라디에이터 같은 열 기구 이용을 피하셔야 하는데, 높은 온도가 접착력을 떨어뜨리고 가죽을 노화시키기 때문입니다. – [3] –. **25** 건조 과정을 단축하시려면, 선풍기를 이용하거나 등산화 안쪽에 신문지를 넣어 두십시오.

26 등산화의 부드러운 가죽 부분이 마르거나 갈라져 보이면, 유연제를 활용하십시오. – [4] –. 가죽은 수분이 유지된 상태에서 최상의 기능을 하지만, 과도한 컨디셔너 사용은 등산화를 너무 부드럽게 만들어서 발목 및 발바닥 지지력을 약화시킵니다.

어휘 **be designed to do** ~하도록 만들어지다 **get + 형용사** ~한 상태가 되다 **neglect** ~을 외면하다 **in excellent condition** 훌륭한 상태인 **proper** 적절한 **care** 관리 **maintenance** 유지보수 **newly purchased** 새로 구입한 **prior to** ~ 전에 **lace** 신발 끈 **gently** 부드럽게 **remove** 제거하다 **dust** 먼지, 흙 **thorough** 철저한 **required** 필요한 **running water** 흐르는 물 **suitable** 적합한 **footwear** 신발류 **a range of** 다양한 **avoid** ~을 피하다 **damage** 손상 **soap** 비누 **detergent** 세제 **contain** ~을 함유하다 **chemical** n. 화학물질 **harmful to** ~에게 해로운 **leather** 가죽 **waterproof** a. 방수의 v. 방수처리를 하다 **notice** 알아채다 **water drop** 물방울 **no longer** 더 이상 ~ 않다 **bead up** 구슬 모양으로 맺히다 **surface** 표면 **apply** (표면에) 바르다, 도포하다 **store** v. ~을 보관하다 **correctly** 정확하게 **insole** 깔창, 안창 **air-dry** 자연 건조하다 **separately** 분리하여, 따로 **room temperature** 실온 **away from** ~을 피하여, ~에서 벗어나 **humidity** 습기 **refrain from -ing** ~하는 것을 삼가다 **heat source** 열 기구 **such as** 예를 들면 **fireplace** 난로 **radiator** 방열기, 난방기 **weaken** ~을 약화시키다 **adhesive** n. 접착제 **age** v. ~을 노화시키다 **accelerate**

~을 촉진하다 **process** 과정 **place** v. ~을 놓다 **cracked** 갈라진 **conditioner** 유연제 **function** v. 기능하다, 작용하다 **moisturized** 수분이 유지된 **excessive use of** ~의 과도한 사용 **support** 지지, 지탱

23. 이 정보를 어디에서 찾아볼 수 있을 것 같은가?
(A) 공지 게시판에서
(B) 제품 포장 안에서
(C) 홍보용 전단에서
(D) 고객 사용후기에서

해설 전반적으로 특정 브랜드의 등산화 관리 정보를 다루고 있다. 그러므로 제품 포장에 들어있는 사용 설명서를 가리키는 (B)가 정답이다. (C) 홍보 전단이라면 구매에 대한 정보가 들어가야 하는데 그런 정보가 없으므로 (C)는 오답이다.

어휘 **notice board** 알림판, 게시판 **packaging** 포장 **promotional** 홍보의 **flyer** 전단 **customer review** 고객 이용후기

24. 트렉 로드 등산화에 대해 언급된 것은 무엇인가?
(A) 여분의 신발 끈과 함께 판매된다.
(B) 구입 직후에 방수 처리를 필요로 한다.
(C) 특정 세척제를 필요로 한다.
(D) 세탁기 세척을 할 수 있다.

해설 둘째 단락에서, 갖고 있는 세척제가 트렉 로드 등산화에 적합한지 항상 확인하라(always check that your cleaner is suitable for use on your Trek Lord boots)고 당부하고 있다. 이는 트렉 로드 등산화에 알맞은 세척제가 따로 있다는 뜻이므로 (C)가 정답이다.

어휘 **spare** 여분의 **specific** 특정한, 구체적인 **machine-wash** 기계로 세탁하다

25. 트렉 로드 등산화는 어떻게 건조되어야 하는가?
(A) 라디에이터 근처에 놓아 둠으로써
(B) 신문지 위에 놓아 둠으로써
(C) 선풍기 앞에 놓아 둠으로써
(D) 어두운 방에 놓아 둠으로써

해설 선택지의 키워드를 dried가 언급된 넷째 단락에서 확인한다. radiator는 피하라고 했고, 신문지는 신발 안에 넣으라고 한다. 그리고 선풍기를 사용하라고 하므로 (C)가 정답이다. room temperature라고 했지만 룸이 어두워야 한다는 언급은 없으므로 (D)도 오답이다.

26. [1], [2], [3], [4]로 표기된 위치들 중에서, 다음 문장이 들어가기에 가장 적절한 곳은 어디인가?
"너무 많이 바르지 않도록 주의하시기 바랍니다."
(A) [1]
(B) [2]

(C) [3]

(D) [4]

해설 제시된 문장은 너무 많이 바르지 않도록 주의하라는 의미를 나타내므로 바르는 것이 들어간 문장을 찾아야 한다. 셋째 단락에 waterproofing material이 있지만 앞뒤에 빈칸이 없다. 다섯째 단락의 Use a conditioner가 결정적 단서이므로 그 뒤의 [4]에 들어가야 하므로 (D)가 정답이다.

어휘 take care not to do ~하지 않도록 주의하다

27-29 다음 회람을 참조하시오.

수신: 지그프리드 코퍼레이션 전 직원

발신: 노먼 팔커스

제목: 파파야 6X 스마트폰 행사

29 날짜: 3월 22일

직원 여러분,

27 여러분 모두에게 업계 선두주자들 중의 하나가 최신 기기를 발표하는 걸 지켜볼 수 있는 흥미로운 기회를 알려 드리고자 합니다. 타미야 일렉트로닉스가 4월 15일 파파야 6X 스마트폰의 출시를 기념하기 위한 행사를 개최합니다. 이 행사는 매우 흥미로울 것이 **28** 분명하며, 특히 제품 개발 및 마케팅과 관련 분들께 그럴 것입니다. 물론, 우리는 타미야 사가 최첨단 터치 스크린 기술을 개발하도록 도움을 주기 위해 타미야 사와 공동 작업을 했기 때문에, 그 제품이 마침내 출시되는 것을 보게 되어 매우 뿌듯합니다.

우리가 기여한 것에 대한 감사의 표시로, 타미야 일렉트로닉스가 이 행사의 초대권 25장을 우리에게 제공해 주었으며, 이는 선착순으로 할당될 것입니다. **29** 관심 있는 모든 분들께서는, 이달 말까지 저에게 알려 주시기 바랍니다. 우리는 4월 8일까지 타미야 사에 전체 참석자 명단을 제출해야 합니다. 이 행사는 타미야 일렉트로닉스처럼 시장의 선두주자가 되기를 꿈꾸는 우리 지그프리드 코퍼레이션 직원들에게 영감의 원천이 될 것입니다.

안녕히 계십시오.

노먼 팔커스

어휘 inform A of B A에게 B를 알리다 witness ~을 지켜보다, 목격하다 unveil ~을 발표하다, 공개하다 gadget 기기 mark ~을 기념하다 release 출시, 공개 be bound to do ~할 것이 분명하다 especially 특히 involved in ~에 관계된 alongside ~와 함께 cutting-edge 최첨단의 enter the market 출시되다 as a token of ~의 표시로 appreciation 감사 contribution 기여, 공헌 pass 입장권, 출입증 allocate ~을 할당하다, 배분하다 on a first-come, first-served basis 선착순으로 attendee 참석자 occasion 행사 serve as ~의 역할을 하다 inspiration 영감(을 주는 것)

27. 이 회람의 목적은 무엇인가?

(A) 직원들에게 행사에 참석하도록 제안하기

(B) 제품 개발자들에게 감사의 뜻을 표하기

(C) 직원들에게 프로젝트 일정을 간략히 설명하기

(D) 직원들에게 행사 입장권을 구입하도록 상기시키기

해설 글의 목적이 드러나는 시작 부분에, 업계 선두주자들 중의 하나가 최신 기기를 발표하는 걸 지켜볼 흥미로운 기회가 있음을 알려준다(I'd like to inform you all of an exciting opportunity to witness one of the industry leaders unveiling its latest gadget)라고 하므로, 행사에 참석하도록 제안한다는 뜻의 (A)가 정답이다.

어휘 express ~을 표현하다 gratitude 감사 outline ~을 간략히 설명하다 remind A to do ~에게 ~하도록 상기시키다

28. 첫째 단락 셋째 줄의 단어 "bound"와 의미가 가장 가까운 것은 무엇인가?

(A) 확고한

(B) 억눌린

(C) 분명한

(D) 강요된

해설 형용사 bound는 속박, 예정, 또는 의무 등 다양하게 사용된다. 본문에서 bound는 예정된 결과를 나타내므로 발생 가능성을 높다는 의미인 (C) certain이 정답이다. (A) firm이 헷갈릴 수 있는데, firm은 의지가 확실함을 나타내므로 자연적인 발생 가능성을 나타내는 지문의 상황과는 거리가 멀다.

어휘 firm 확고한 restrained 억눌린 forced 강요된

29. 직원들은 행사 참석과 관련해 언제 팔커스 씨에게 알려야 하는가?

(A) 3월 31일까지

(B) 4월 8일까지

(C) 4월 15일까지

(D) 4월 30일까지

해설 둘째 단락에서 행사 참석에 관심 있는 사람들은 이달 말까지 자신에게 알려달라(For all those who are interested, please make sure to inform me by the end of the month)라고 하는데, 지문 상단의 작성 날짜가 3월 22일이므로 3월 31일까지 알려야 함을 알 수 있다. 따라서 (A)가 정답이다.

어휘 notify ~에게 고지하다, 알려주다

UNIT 10 다중지문 전략

예제

1.

> The New Hampshire Symphony Orchestra 오디션은 올해 3월 30일부터 3월 31일까지 Marriott Concert Hall에서 열릴 것입니다. 오디션 날짜는 악기 유형에 따라 배정될 것입니다. 현악기를 연주하는 사람들은 3월 30일에 오디션을 보도록 초대될 것이며, 관악기 연주자와 피아니스트들은 다른 날 오디션을 볼 것입니다.

> 제 오디션 지원을 받아 주셔서 감사합니다. 제 자작곡은 "Summer Medley"라고 하며, 저는 이 곡을 바이올린으로 연주할 예정입니다. 귀하에게 연주를 들려 드리기를 고대하고 있습니다. 이런 훌륭한 기회에 대해 다시 한 번 감사드립니다.
>
> 젬마 애서튼

어휘 take place 열리다, 개최되다 allocate ~을 할당하다 musical instrument 악기 individual 개인 string instrument 현악기 audition v. 오디션을 보다 woodwind instrument 목관악기 accept ~을 받아들이다 application 지원, 신청 one's own 자신의 composition 작곡, 작품 perform ~을 연주하다

Q. 애서튼 씨는 매리엇 콘서트홀에 언제 도착하겠는가?
(A) 3월 30일
(B) 3월 31일

2.

> 후퍼 씨께,
>
> 지난 봄, 저는 귀하와 음반의 진위 여부에 대해 확인하기 위해 폭넓게 이야기 나눴습니다. 저는 제 구매에 안심하고 있었지만 이후에 후쿠이 음반이 녹음본이었다는 것을 알아냈습니다. 그래서, 가능한 한 빨리 이 문제에 대해 이야기하고 싶습니다.
>
> 미카엘 진

> Hopper's 음반 가게
> R. 후쿠이 On the Coastline (120달러)
> P. 드레저 Half Past Five (55달러)

> 진 씨께,
>
> 귀하께서 언급하신 음반이 진본이 아니라는 것을 알려드린 것으로 기억합니다. 하지만, 귀하의 혼동을 이해하므로 폴 드레저 음반에 대한 귀하의 지불금을 환불해드리겠습니다. 향후에 다시 거래하기를 바랍니다.
>
> 데니스 후퍼

어휘 extensively 광범위하게 authenticity 진짜임 record 음반 secure 안심하는 second recording 음반 사본 inform A that절 A에게 ~라고 알리다 original 원본의 confusion 혼란 refund v. ~을 환불해주다 n. 환불 do business 거래하다

Q. 진 씨는 얼마를 환불 받을 것인가?
(A) 120달러
(B) 55달러

PRACTICE TEST

1. (C)	**2.** (D)	**3.** (D)	**4.** (C)	**5.** (C)
6. (D)	**7.** (A)	**8.** (C)	**9.** (C)	**10.** (B)
11. (B)	**12.** (C)	**13.** (A)	**14.** (D)	**15.** (D)
16. (B)	**17.** (D)	**18.** (B)	**19.** (D)	**20.** (C)
21. (A)	**22.** (C)	**23.** (D)	**24.** (C)	**25.** (D)

1-5 다음 광고와 이메일을 참조하시오.

> **원-투-원 투어**
> 캄포스 엘리세오스 219 폴랑코
> 미구엘 히달고, 11553 멕시코 시티, 멕시코
>
> 출장이든 관광이든 상관 없이 멕시코에서 여행하실 때, 저희 원-투-원 투어에 연락하셔서 이 아름다운 나라에서 여러분의 제한된 시간을 최대로 활용해 보십시오. 고객들께 다음과 같은 서비스가 제공됩니다.
>
> · 박식한 현지 가이드와 함께 하는 개인 투어
> · **1(A)** 엄선된 지역 숙박시설에 대한 할인
> · 공항 마중 및 호텔 이동 교통편
> · **1(B)** 지역 관광지 및 명소 입장료의 할인
> · **1(D)** 항상 이용 가능한 무료 생수
> · 가격이 아주 적당한 최고의 레스토랑들에 대한 팁
> 저희는 멕시코에서 가장 인기 있는 관광지 네 곳을 돌아보는 개인 투어를 제공해 드리고 있습니다. 다음의 투어 가이드들은 각각의 도시에 관해 해박한 지식을 지니고 있습니다.
>
> **멕시코 시티**: 아드리아나 알바레즈
> **몬테레이**: 페르난도 바레라

5 과달라하라: 하비에르 자발라

모렐리아: 에스페란자 레이나

2 저희는 고객들께 최소 3주 전에 미리 개인 투어를 예약하실 것을 권장합니다. www.onetoonetours.com에서 온라인으로, 또는 555-9285번으로 저희 사무실에 직접 전화하셔서 예약하실 수 있습니다.

어휘 pleasure 즐거움 make the most of ~을 최대한 활용하다 limited 제한된 knowledgeable 박식한 local 지역의 selected 엄선된 accommodation 숙박시설 pick-up 마중 나가기, 데려오기 lower 할인된 admission cost 입장료 landmark 명소 complimentary 무료의 bottled 병에 담은 affordable 가격이 적당한 destination 목적지, 여행지 respective 각각의, 해당하는 advise A to do A에게 ~하도록 권하다 make a reservation 예약하다 at least 최소한 in advance 미리, 사전에 booking 예약

수신 고객서비스부<customerservices@onetoone.com>
발신 브리타니 슈월츠<bschwarz@catanmail.com>
제목 개인 투어
날짜 11월 15일

담당자께,

귀사의 웹사이트에서 읽은 많은 긍정적인 고객 추천 후기를 바탕으로 이번 달 초에 귀사의 서비스를 이용하기로 결정했습니다. 저는 첫 개인 투어를 하게 되어 매우 흥분되었지만, **3** 제가 언젠가 멕시코로 다시 간다면, 귀사에게 연락하려는 생각을 재고할 것이라고 말씀을 드리게 되어 유감입니다.

우선, **5** 자발라 씨는 공항에 저를 태우러 오실 때 45분 넘게 늦으셨습니다. 그 다음, 잠깐 점심식사를 한 **4** 후에 저를 호텔에 내려 주셨을 때 제 요청대로 금연 객실이 아닌 흡연 객실로 예약되었다는 사실을 알게 되었습니다. 나머지 3일간의 제 도시 투어 기간 내내, 저는 제가 방문했던 역사적인 건물들에 관해 가이드로부터 어떤 정보도 거의 듣지 못했습니다. 또한, 제가 갔던 대부분의 관광지에서는 만료되었다는 이유로 할인 쿠폰을 거부했습니다. 솔직히, 이는 황당하고 용인할 수 없는 일이었습니다.

어휘 take advantage of ~을 이용하다 based on ~을 바탕으로 positive 긍정적인 customer testimonial 고객 사용기 have second thoughts about ~에 대해 재고하다 ever 언젠가 to begin with 우선 pick up ~를 마중하다 following ~ 후에 brief stop for ~하러 잠깐 들름 drop off ~을 내려주다 be booked into ~로 예약되다 as requested 요청 대로 throughout ~전체에 걸쳐 the remainder of ~의 나머지 barely 거의 ~ 않다 regarding ~에 관해 site 장소, 유적지 refuse to do

---

~하기를 거절하다 accept ~을 받아들이다 point out that ~라고 지적하다 expire 만료되다 frankly 솔직히 embarrassing 당황스러운 unacceptable 받아들일 수 없는

1. 광고에서 원-투-원 투어에 의해 제공되지 않는 것은 무엇인가?
(A) 할인된 호텔 요금
(B) 관광 명소에 대한 서비스
(C) 현지 식사에 대한 할인
(D) 무료 음료

해설 원-투-원 투어가 제공하는 서비스 항목들이 나열된 광고 지문과 선택지를 대조해 본다. Discounts on selected local accommodations에서 (A)를, Lower admission costs at local tourist sites and landmarks에서 (B)를 확인할 수 있고, Complimentary bottled water에서 (D)도 확인 가능하다. 하지만 식사 할인 정보는 언급되어 있지 않으므로 (C)가 정답이다.

어휘 reduced 할인된 deal 거래, 계약 attraction 명소 meal 식사 beverage 음료

2. 원-투-원 투어는 고객들에게 무엇을 하도록 권장하는가?
(A) 투어 가이드에게 직접 이메일을 보내 예약하기
(B) 멕시코에서 3주 동안의 도시 투어를 예약하기
(C) 지인들에게 개인 투어를 추천하기
(D) 여행 몇 주 전에 개인 투어를 예약하기

해설 첫 지문 마지막 부분에 최소 3주 전에 미리 개인 투어를 예약하도록 권한다(We would advise customers to make a reservation for a private tour at least three weeks in advance)라고 언급되어 있으므로 (D)가 정답이다.

어휘 acquaintance 지인, 아는 사람

3. 슈월츠 씨는 왜 이메일을 쓰는가?
(A) 서비스에 대해 감사를 표하기 위해
(B) 일정표의 오류를 알리기 위해
(C) 환불을 요청하기 위해
(D) 불만을 제기하기 위해

해설 둘째 지문 첫 단락에 언젠가 멕시코로 돌아 간다면 다시 연락하는 것을 재고하겠다(I will have second thoughts about contacting your company in future should I ever return to Mexico)라고 말하므로 좋지 않은 경험이 있었음을 알 수 있다. 그러므로 (D)가 정답이다.

어휘 express ~을 표현하다 itinerary 일정(표) register a complaint 불만을 제기하다

4. 이메일에서, 둘째 단락, 둘째 줄의 단어 "following"과 의미가 가장 가까운 것은 무엇인가?

(A) ~로 이어지는

(B) ~에 앞서

(C) ~ 다음에

(D) ~의 말에 의하면

해설 해당 문장에서 following 뒤에 명사구 a brief stop for a lunch가 공항 픽업 이후에 이루어진 일임을 알 수 있다. 따라서 뒤에 발생한 일의 순서를 나타내기 위해 following이 쓰인 것이므로 '~ 다음에'를 뜻하는 (C) subsequent to가 정답이다.

5. 슈월츠 씨에 관해 암시된 것은 무엇인가?

(A) 가족을 통해 원-투-원 투어에 관해 알게 되었다.

(B) 이전에 몬테레이 개인 투어를 갔었다.

(C) 과달라하라에서 관광하면서 시간을 보냈다.

(D) 처음에 흡연 객실을 요청했다.

해설 둘째 지문 둘째 단락에서 자발라 씨가 공항에 태우러 오는 데 있어 45분 이상 늦었다(Mr. Zavala was more than 45 minutes late in picking me up from the airport)라고 하므로 첫째 지문에서 자발라 씨의 지역 정보를 확인한다. 과달라하라 지역 뒤에 이름이 있으므로 (C)가 정답이다.

어휘 previously 전에 spend time -ing ~하면서 시간을 보내다 sightsee 관광하다 originally 원래

6-10 다음 공지와 이메일을 참조하시오.

제7회 연례 윌리엄스버그 문학축제 단편소설 경연대회
창작가협회(CWA) 후원

창작가협회는 현재 모든 지역 작가들에게 제7회 연례 윌리엄스버그 문학축제의 일부로 진행되는 단편소설 경연대회에 참가하시도록 요청드리고 있습니다. **6** 실제 이 축제 자체의 목적이기도 한 이 경연대회의 목적은 지역의 재능 있는 문학 작가를 집중 조명하고, 작가 지망생들의 노출 및 지원을 제공하는 것입니다. 올해 축제의 모든 행사는 7월 26일부터 8월 6일까지 윌리엄스버그 지역 문화센터와 시립 공공도서관에서 개최됩니다. 최종 후보에 오른 단편소설 작품에서 발췌한 내용이 후자의 행사장에서 **7(D)** **8** 8월 3일과 4일에 낭송되며, 그 소설들은 모든 사람이 읽을 수 있도록 전체 내용이 온라인으로 공개될 것입니다.

10 다른 곳에서 출판되지 않은 단편소설만 접수될 것입니다. **7(C)** 작품은 www.cwa.org/festival/contest에 업로드되거나, 이메일 첨부로 writingcontest@cwa.org에 보내야 합니다. 작품은 늦어도 7월 20일까지 접수되어야 합니다. 그 후에 심사위원단이 결선 진출 작품들을 선정할 것이며, **7(B)** 선정된 지원자들께 7월 26일까지 통지서가 발송될 것입니다.

저희 CWA가 단편소설 낭송 행사 무대가 설치되도록 준비할 것입니다. **8** 15세~21세 그룹에서 선정된 수상자들은 위에 알려드린 이틀 중 첫째 날에 발췌 내용을 낭송하게 되며, 21세 이상 부문에서 수상하신 분들은 그 다음 날 낭송하실 것입니다.

본 경연대회에 관한 모든 상세정보 및 운영지침을 보시려면, 창작가협회 웹사이트를 방문하시기 바랍니다. 또는, 심사위원장이신 헨더슨 씨께 555-8334번으로 직접 연락하셔도 됩니다.

어휘 short story 단편소설 annual 연례의 sponsor ~을 후원하다 call on A to do A에게 ~하도록 요청하다 local 지역의 apply 지원하다 participate in ~에 참가하다 run 진행되다 as part of ~의 일부로서 aim 목적 indeed 실제 highlight ~을 집중 조명하다 talent 재능 있는 사람 exposure 노출 aspiring ~가 되기를 원하는 take place 발생하다 excerpt 발췌 내용 shortlist v. ~을 최종 후보에 올리다 n. 최종 후보 명단 entry 참가작, 출품작 the latter (앞서 언급된 둘 중) 후자의 venue 장소 in one's entirety 전체로 elsewhere 다른 곳에서 accept ~을 받아들이다 attachment 첨부(된 것) at the latest 늦어도 judging panel 심사위원단 decide on ~을 결정하다 notification 통지(서) arrange for A to do A가 ~하도록 준비하다, 조치하다 aforementioned 위에서 언급한 details 상세 정보 alternatively 또는, 그렇지 않으면

수신: 창작가협회<members@cwa.org>

발신: 바비 쉐이<bshaye@culturex.com>

날짜: 7월 26일

제목: 단편소설 낭송

CWA 회원 여러분,

10 올해의 글짓기 대회에서 결선 진출 작품들 중 하나로 제 작품 <유리집에서>를 선정해 주셔서 감사합니다. **8** 원래는 약 10년 전 대학교를 졸업하고 윌리엄스버그로 이사한 후에 이 소설에 대한 아이디어를 처음 적어놓기 시작했는데, 올해 초가 되어서야 그 작업을 다시 시작해 끝마치도록 영감을 얻었습니다. **9** 수년 동안 광고계에서 일한 후에, 저는 이제 인정받는 작가가 되는 쪽으로 관심을 돌리겠다고 결심했습니다. 제가 열정을 지닌 뭔가를 하면서 살아가고 싶은 생각이 큽니다. 낭송회장에 도착하면, 여러분 중 몇몇 분을 만나 뵙기를 고대하고 있습니다. 이 멋진 기회에 대해 다시 한번 감사드립니다.

안녕히 계십시오.

바비 쉐이

어휘 finalist 결선 진출 작품, 결선 진출자 decade 10년 not until A that B A가 되어서야 B하다 be inspired to do ~하도록 영감을 얻다 finish A off A를 끝마치다 turn one's attention towards ~로 눈을 돌리다, 관심을 돌리다 established 인정받는, 입증된 would much rather do ~하고 싶은 마음이 크다 make a living 살아가다, 생계를 꾸리다 have a passion for ~에 열정을 가지다

6. 윌리엄스버그 문학축제에 관해 언급된 것은 무엇인가?

(A) 모두 공공 도서관에서 열릴 것이다.

(B) 대형 출판사의 후원을 받는다.

(C) 유명 작가들의 작품을 집중 조명한다.

(D) 지역의 재능 있는 사람들을 널리 알리고자 한다.

해설 윌리엄스버그 문학축제의 목적이자 경연대회의 목적이 언급된 첫 지문 첫 단락에, 지역의 재능 있는 문학 작가를 집중 조명하고 작가 지망생들에게 노출 및 지원을 제공해 주는 것이다(The aim of the contest, and indeed that of the festival itself, is to highlight local literary talent and provide exposure and support to these aspiring writers)라고 언급하므로 provide exposure를 패러프레이징한 (D)가 정답이다.

어휘 entirely 모두, 전적으로 sponsor ~을 재정적으로 후원하다 leading 선도하는, 일류의 publisher 출판사 renowned 유명한 seek to do ~하기를 추구하다 celebrate ~를 널리 알리다

7. 공지에서 언급되지 않은 정보는 무엇인가?

(A) CWA 심사위원들의 저술 경력

(B) 결선에 오른 작가들이 연락 받는 날짜

(C) 심사위원단의 심사를 위해 작품을 제출하는 방법

(D) 결선에 오른 단편소설 낭독 일정

해설 첫 지문 첫 단락의 will be read in the latter venue on August 3 and August 4 부분에서 (D)를, 둘째 단락의 Stories should either be uploaded at ~ or sent as an e-mail attachment to writingcontest@cwa.org에서 (C)를, 그리고 notifications will be sent out to successful participants by July 26에서 (B)를 각각 확인할 수 있다. 하지만 심사위원들의 경력에 대한 정보는 찾을 수 없으므로 (A)가 정답이다.

어휘 credential 자격(증), 경력 consideration 심사, 고려

8. 쉐이 씨는 언제 공공 도서관에 도착할 것 같은가?

(A) 7월 27일

(B) 8월 3일

(C) 8월 4일

(D) 8월 6일

해설 선택지의 날짜를 확인하면, 첫 지문 첫 단락에 낭송일 8월 3일과 4일이 제시되고, 셋째 단락에 15~21세는 첫날에 그리고 21세 이상은 둘째 날에 낭송한다(the 15-21 age group will read excerpts on the first of the two aforementioned days while those in the 21-and-Over category will read on the following day)라고 나온다. 그리고 둘째 지문 중반부에 쉐이 씨가 10년 전에 대학을 졸업한 사실(after graduating from university and moving to Williamsburg almost a decade ago)이 언급

되므로 21세 이상임을 유추할 수 있다. 그러므로 쉐이 씨의 낭송 날짜가 8월 4일임을 알 수 있으므로 (C)가 정답이다.

9. 쉐이 씨에 관해 암시된 것은 무엇인가?

(A) 헨더슨 씨를 만난 적이 있다.

(B) 경연대회 운영지침에 대해 확실히 알지 못한다.

(C) 새로운 직업을 추구할 계획이다.

(D) 윌리엄스버그에서 태어났다.

해설 둘째 지문 후반부에서, 수년 동안 광고계에서 일한 끝에 인정받는 작가가 되는 것에 눈을 돌리기로 결정했다(After working in advertising for several years, I have now decided to turn my attention towards becoming an established author)라고 하므로, 새로운 직업을 추구한다는 뜻인 (C)가 정답이다.

어휘 unsure about ~에 대해 확실하지 않다 intend to do ~할 계획이다, 작정이다 pursue ~을 추구하다

10. 단편소설 <유리집에서>에 대해 사실인 것은 무엇인가?

(A) 올해 초에 처음 시작되었다.

(B) 일반 대중에 의해 한 번도 읽힌 적이 없다.

(C) 지역 내에서 발생한 사건들에 관한 것이다.

(D) 대학 학보에 실렸다.

해설 둘째 지문의 작성자 Shaye가 올해의 글짓기 대회에서 결선 진출 작품들 중의 하나로 자신의 작품 <유리집에서>가 선정된 것에 감사를 표하며(Thank you for choosing to shortlist my work as one of the finalists), 첫 지문 둘째 단락에서 다른 곳에서 출판되지 않은 단편소설들만 받는다(Only short stories that have not been published elsewhere will be accepted)라고 나온다. 따라서 <유리집에서>가 한 번도 출판된 적이 없는 작품이라는 것을 알 수 있으므로 (B)가 정답이다.

어휘 the general public 일반 대중 take place 발생하다

11-15 다음 기사와 이메일을 참조하시오.

브럼튼 가제트

요즘, 리자 테틀리 씨는 쿠키 반죽과 초콜릿 칩, 견과류, 그리고 건포도에 몰두해 있는 자신을 자주 발견한다. 빠르게 성장하고 있는 리자 씨의 업체 테틀리즈 티숍이 아주 다양한 차와 커피를 제공하지만, 사람들이 거리에 줄지어 기다리는 것은 갓 구운 쿠키 때문이다. 이 매장의 주인은 어머니와 함께 쿠키를 굽던 어린 시절의 경험을 바탕으로 지역 주민들과 관광객들 모두에게 똑같이 사랑받는 달콤한 먹거리를 만들어냈다.

15 수년 동안 성공적인 광고 이사로 일했던 테틀리 씨는 메뉴에 홈메이드 케이크와 쿠키를 추가한 이후로 매장의 손님 숫자를 거의 두 배로 늘렸다. 고객들 사이에서 관심을 불러 일으키기 위한 노력의 하나로, 전통적인 상품만 고집하지 않고 **11** 종종 체리-민트 그리고 오렌지-아몬드 쿠키 등의 맛을 실험적으로 만

들어 보기도 한다. "사실, 저는 항상 집에서 저만의 케이크와 쿠키를 구워 왔고, 심지어 제가 여전히 사무실에서 일하던 동안에도 그랬습니다,"라고 리자 씨가 말한다. "결국, 제 매장을 열기 위한 욕구가 퇴사로 이어졌고, 제가 직장에서 일하던 경험이 실제로 제 새로운 사업에서 도움이 되고 있습니다."

테틀리즈 티숍에 들르는 고객들은 리즈 씨의 끝없는 노력 및 신선하게 그리고 직접 쿠키를 굽는데 대한 집념 모두에 대해 주인에게 높은 **12** 점수를 준다. **13** 일단 관광 시즌이 끝나면 많은 매장들이 겨울 기간 내내 문을 닫는 반면, 테틀리즈 티숍은 따뜻하고 부드러운 쿠키를 살 수 있기를 간절히 바라는 지역 주민들의 긴 줄을 여전히 자랑한다. 이렇게 충성스러운 고객층 때문에, 테틀리 씨가 두 번째 매장을 개장할 계획이라는 사실이 전혀 놀랍지 않다.

테틀리즈 티숍은 브럼튼 시내 소이어 지하철역 3번 출구 근처, 채닝 크로스 버스 정류장 맞은편에 위치해 있다.

어휘 elbow-deep in ~에 깊게 빠진 raisin 건포도 rapidly 빠르게 a wide variety of 매우 다양한 line up 줄을 서다 draw on ~을 바탕으로 하다, ~에 의존하다 bake ~을 굽다 treat 특별한 음식, 대접 apparently 분명 adore ~을 아주 좋아하다 A and B alike A와 B 둘 모두 똑같이 serve as ~로서 일하다 executive 이사, 임원 almost 거의 double v. ~을 두 배로 만들다 add ~을 추가하다 generate interest among ~ 사이에서 관심을 불러 일으키다 stick to ~을 고집하다, ~을 고수하다 variety 구색, 종류 experiment 실험하다 flavor 맛 such as 예를 들면 recent 최근의 in the end 결국 urge 욕구, 충동 lead to A -ing A가 ~하는 것으로 이어지다 resign 사임하다, 사퇴하다 venture (모험적) 사업 stop by ~에 들르다 proprietor 소유주 mark 점수 dedication to -ing ~하고자 하는 집념 on-site 현장의 boast ~을 자랑하다 be eager to do ~하기를 간절히 바라다 get one's hands on ~을 손에 넣다 clientele 고객 층 come as no surprise 전혀 놀랍지 않다 be located in ~에 위치하다 opposite from ~의 맞은편에

수신 리자 테틀리<manager@tetleyteashop.com>
발신 마크 바우어<mbauer@prismad.com>
제목 최근의 기사
날짜 12월 10일

안녕하세요. 리자 씨,

어제 <브럼튼 가제트>에 실린 기사를 지금 다 읽어 봤는데, **14** 사업이 정말 잘 되는 것 같습니다. 잘 돼서 너무 기쁩니다! 제가 곧 들러서 메뉴에 있는 몇 가지를 한 번 먹어 보겠다고 약속 드릴 게요! 여기 사무실에서는 여전히 리자 씨에 대해 애정 어린 이야기를 하고 있으며, **15** 우리 모두 고객을 위한 프로젝트에서 리자 씨와 함께 일하던 때를 그리워하고 있어요. 그 밖에도, 여기

회사도 사업이 잘 되고 있어서, 곧 신규 고객들을 담당할 추가 직원을 몇 명 채용해야 합니다.

곧 뵐 수 있기를 바랍니다!

안녕히 계십시오.
마크

어휘 piece (글, 음악, 미술 등) 작품 sound like ~인 것처럼 들리다 promise (that) ~라고 약속하다 drop by 들르다 try 시식하다, 시험삼아 해보다 fondly 애정을 갖고 miss ~을 그리워하다 collaborate with ~와 함께 일하다, 협업하다 apart from that 그 밖에도, 한편 additional 추가의 handle ~을 다루다, 처리하다

11. 테틀리 씨에 관해 암시된 것은 무엇인가?
(A) 가족 기업을 운영하고 있다.
(B) 독특한 종류의 쿠키를 만든다.
(C) 두 번째 매장을 막 개업했다.
(D) 광고를 할 계획이다.

해설 첫 지문 둘째 단락에서 종 체리-민트 그리고 오렌지-아몬드 쿠키 등의 맛을 실험적으로 만들어 보기도 한다 (often experiments with flavors such as cherry-mint and orange-almond cookies)는 내용이 나오는데, experiments에서 독특한 쿠키를 만들기도 한다는 것을 추론할 수 있으므로 (B)가 정답이다.

어휘 be involved in ~에 관련되어 있다 unique 독특한, 특별한 location 장소, 매장 place an advertisement 광고를 내다

12. 기사에서, 세 번째 단락, 첫 번째 줄의 단어 "marks"와 의미가 가장 가까운 것은 무엇인가?
(A) 가격
(B) 규제
(C) 평점
(D) 기준

해설 give high marks for는 높은 점수를 준다는 뜻이다. 그러므로 점수를 뜻하는 (C) ratings가 정답이다.

13. 테틀리즈 티숍에 관해 언급되지 않은 것은 무엇인가?
(A) 겨울철에는 문을 닫는다.
(B) 대중 교통과 잘 연결되어 있다.
(C) 점점 더 인기가 많아졌다.
(D) 쿠키 외에 다른 음식도 판매한다.

해설 첫 지문 셋째 단락에, 일단 관광 시즌이 끝나면 많은 매장들이 겨울 기간 내내 문을 닫는 반면, 테틀리즈 티숍은 따뜻하고 부드러운 쿠키를 살 수 있기를 간절히 바라는 지역 주민들의 긴 줄을 여전히 자랑한다(While many shops close through the winter months once the tourist season ends, Tetley's Tea Shop still boasts a long line of local residents)라고 언급하고 있다. 따라서, 테틀리즈 티숍이 겨울에도 문을 연다는 것을 알 수 있으므로 (A)가 정답이다.

어휘 **well served by public transportation** 대중교통과 잘 연결되어 있는 **increasingly** 점점 더 **apart from** ~외에도

14. 바우어 씨는 왜 이메일을 보냈는가?
(A) 테틀리 씨에게 회의에 참석하도록 요청하기 위해
(B) 테틀리 씨에게 신규 고객에 대한 도움을 요청하기 위해
(C) 테틀리 씨가 신입직원을 고용하고 있는지 묻기 위해
(D) 성공에 대해 테틀리 씨를 축하해 주기 위해

해설 둘째 지문 시작 부분에, 브럼튼 가제트에 실린 기사를 막 읽은 사실과 함께, 테틀리 씨의 사업이 정말로 잘 되어 가고 있는 것 같아서 너무 기쁘다(it really sounds like your business is doing well. I'm so happy for you!)라고 쓰여 있으므로 성공에 대한 축하를 의미하는 (D)가 정답이다.

어휘 **ask A for B** A에게 B를 요청하다 **assistance with** ~에 대한 도움 **ask if** ~인지 묻다

15. 바우어 씨와 테틀리 씨는 어디에서 함께 일했을 것 같은가?
(A) 출판사에서
(B) 식품 제조사에서
(C) 금융 서비스 업체에서
(D) 광고 대행사에서

해설 둘째 지문 중반부에 고객들을 위한 프로젝트에서 테틀리 씨와 함께 일하던 때를 그리워한다(we all miss collaborating with you on projects for our clients)는 내용이 나오고, 첫째 지문 둘째 단락에 테틀리 씨가 수년 동안 성공적인 광고 이사로 재직했다(Ms. Tetley, who served as a successful advertising executive for several years)고 한다. 따라서 광고 업체를 뜻하는 (D)가 정답이다.

어휘 **manufacturer** 제조사 **financial** 금융의, 재무의 **firm** 회사 **agency** 대행사, 회사

16-20 다음 웹 페이지와 보도 자료, 그리고 이메일을 참조하시오.

www.circusofbeijing.com/home			
홈	회원	투어 날짜	관람권

'서커스 오브 베이징'은 공중 그네 예술가에서부터 쿵푸 달인에 이르기까지 공연에 아주 다양한 특별 요소들을 포함합니다. 핵심 서커스 공연자들은 모두 고도로 훈련된 중국 곡예사들이며, **16** 순 한차오 씨는 고국에서 가장 유명하며 매우 존경받는 공연자들 중 한 분입니다. 다가오는 6월 17일부터 6월 27일까지 펼쳐지는 저희 영국 순회 공연들은 저희 서커스단의 수석 예술 연출가인 양 텡롱 씨가 감독하실 것이며, **17** 몽골 작곡가 타미르 알타산 씨의 경쾌한 오케스트라 음악이 동반됩니다.

2007년에 가오 지펭 씨에 의해 설립된 이래로, '서커스 오브 베이징'은 멀게는 페루와 핀란드 등에 이르는 나라들의 120여 개 도시에서 공연을 해왔습니다. 저희 서커스단의 공연자들과 관리 팀은 수년에 걸쳐 다수의 상을 수상한 바 있습니다. 가장 주목할 만하게도, **19** 리아오 리셍 씨는 숨이 멎을 듯한 레이저 조명 쇼를 **18** 인정받았고, 이는 작년에 그에게 파블로프 어워드 오브 엑셀런스 상을 안겨주었습니다.

어휘 **a wide variety of** 매우 다양한 **specialty** 특별, 특수 **act** (공연) 요소 **trapeze** 공중 그네 **principal** 주요한 **performer** 공연자 **highly trained** 고도로 훈련된 **acrobat** 곡예사 **widely known** 널리 알려진, 유명한 **highly respected** 매우 존경받는 **performance** 공연 **upcoming** 다가오는, 곧 있을 **direct** (공연 등) ~을 연출하다, 감독하다 **coordinator** 기획자, 진행자 **accompanied by** ~을 동반한 **composer** 작곡가 **rousing** 경쾌한 **orchestral score** 오케스트라 음악 **found** ~을 창설하다 **far-flung** 멀리 떨어진 **numerous** 많은 **most notably** 가장 주목할 만하게 **be recognized for** ~을 인정받다 **breathtaking** 숨이 멎을 듯한 **be presented with** ~을 받다

보도 자료
담당자: 장 리우
zhangliu@beijingcircus.com

(6월 6일) – 곧 있을 저희 '서커스 오브 베이징' 영국 투어의 모든 공연이 일정이 발표된 지 불과 며칠 만에 매진되었기 때문에, 수요를 맞추기 위해 저희 서커스단은 4일의 공연을 추가하기로 결정했습니다. 이번 투어는 원래 6월 17일 버밍엄에서 시작해 6월 27일 런던에서 종료될 예정이었는데, 이제 7월 4일까지 계속될 것입니다. 다음의 추가된 날짜를 확인해 보시기 바랍니다.

날짜	지역	장소
6월 28일	에든버러	머레이 브리지 경기장
6월 30일	뉴캐슬	윌크스 컨벤션 센터
7월 2일	**20** 맨체스터	소프 시티 파크
7월 4일	요크	노덤 컨벤션 센터

어휘 **sell out** 매진되다, 다 팔리다 **within a few days of** ~한 지 며칠 이내에 **add** ~을 추가하다 **extra** 추가의, 여분의 **meet demand** 수요를 맞추다 **be scheduled to do** ~할 예정이다 **end** 종료하다 **additional** 추가의 **below** 아래에서

발신: 데비 도날드슨<ddonaldson@epco.com>
수신: 그랜트 무어<gmoore@epco.com>
날짜: 6월 28일
제목: '서커스 오브 베이징' 공연

그랜트 씨께,

제가 아까 로드 씨와 이야기하고 있었는데, **20** 저희 둘 모두 금요일에 소프 시티 파크에서 열리는 '서커스 오브 베이징' 공연을 보러 가기로 결정했습니다. 저희와 함께 가시겠어요? **20** 이 공원이 사무실에서 불과 몇 블록 밖에 되지 않는 곳이어서, 저희 계획은 퇴근 후에 얼른 택시를 타고 가는 것입니다. 제가 듣기로는 행사장에 핫도그 및 버거 판매대가 많이 있기 때문에, 저녁식사를 하러 들르지 않아도 됩니다.

저는 이 공연이 요즘 전 세계에서 가장 인상적인 서커스 공연이라고 들었습니다. 실제로, 공연자들 외에, 이 서커스는 가장 놀라운 레이저 쇼를 포함할 예정입니다. **19** 저는 최근에 <글로벌 익스피리언스 매거진>에서 이 모든 조명 효과를 연출하는 책임자에 관한 기사를 읽었습니다. 장관이 펼쳐질 겁니다! 관심 있으신지 알려 주세요.

데비

어휘 fancy -ing ~하고 싶다 take a quick taxi 택시로 빨리 가다 leave work 퇴근하다 plenty of 많은 stand 판매대 venue 행사장 stop off ~에 들르다 impressive 인상적인 apart from ~ 외에(도) be supposed to do ~하기로 되어 있다 responsible for ~을 책임지고 있는 light effects 조명 효과 recently 최근에 spectacular 장관을 이루는

16. 순 한차오 씨에 관해 언급된 것은 무엇인가?
  (A) '서커스 오브 베이징'의 설립자들 중 한 명이었다.
  (B) 중국 최고의 곡예사들 중 한 명으로 여겨진다.
  (C) 작년에 상을 받았다.
  (D) 서커스 공연 연출을 책임지고 있다.

해설 순 한차오 씨의 이름이 언급되는 첫 지문 첫 단락에, 고국에서 가장 유명하며 매우 존경받는 공연자들 중 한 명(Sun Hanchao being one of the most widely known and highly respected performers in his home country)으로 소개하고 있으므로 (B)가 정답이다.

어휘 be regarded as ~로 여겨지다

17. 곧 열릴 '서커스 오브 베이징' 투어에 관해 언급된 것은 무엇인가?
  (A) 원래 예정된 것보다 약 일주일 늦게 시작할 것이다.
  (B) 서커스단이 120개가 넘는 도시를 이동해야 한다.
  (C) 핀란드와 페루에서 진행되는 여러 공연을 포함한다.
  (D) 몽골의 작곡가가 만든 음악을 특징으로 한다.

해설 첫 지문 첫 단락 끝에서 몽골 작곡가 타미르 알타산 씨의 경쾌한 오케스트라 음악이 동반된다(accompanied by Mongolian composer Tamir Altasan's rousing orchestral score)고 언급하므로 (D)가 정답이다.

어휘 than originally scheduled 원래 예정된 것보다 feature ~을 특징으로 하다, 포함하다

18. 웹페이지에서, 둘째 단락, 넷째 줄의 단어 "recognized"와 의미가 가장 가까운 것은 무엇인가?
  (A) 설명된
  (B) 영예를 받은
  (C) 간략히 말한
  (D) 특징을 이룬

해설 recognized는 '알아보다, 인지하다, 승인하다, (표창 등으로) 인정하다' 등 여러 의미가 있다. Recognized 뒤에서 근거를 나타내는 전치사 for가 사용되었으므로 인정한다는 의미로 사용되었음을 알 수 있다. 그러므로 (상 등으로) 영예를 준다는 의미인 (B) honored가 정답이다.

19. 도날드슨 씨는 잡지 기사에서 누구에 관해 읽었는가?
  (A) 양 텡롱
  (B) 타미르 알타산
  (C) 가오 지펑
  (D) 리아오 리셍

해설 셋째 지문 둘째 단락에, 최근에 <글로벌 익스피리언스 매거진>에서 이 모든 조명 효과를 연출하는 책임자에 관한 기사를 읽었다(I read about the man responsible for creating all the light effects in Global Experience Magazine recently)고 말한다. 이 조명 효과에 대한 언급을 첫째 지문 둘째 단락에서 찾을 수 있는데, 리아오 리셍 씨가 숨이 멎을 듯한 레이저 조명 쇼를 인정받았다(Liao Lisheng was recognized for his breathtaking laser and light shows)라고 하므로 (D)가 정답이다.

20. 도날드슨 씨의 직장은 어디에 있을 것 같은가?
  (A) 에든버러
  (B) 뉴캐슬
  (C) 맨체스터
  (D) 요크

해설 셋째 지문 첫 단락에, 금요일에 소프 시티 파크에서 열리는 '서커스 오브 베이징' 공연을 보러 가기로 결정했다(we both decided we'd like to go and see the Circus of Beijing at Thorpe City Park on Friday.)고 하면서, 소프 시티 파크가 사무실에서 불과 몇 블록 밖에 되지 않는다고 말한다. 이제 둘째 지문의 표에서 소프 시티 파크의 위치 정보를 확인하면 (C)가 정답인 것을 알 수 있다.

21-25 다음 두 이메일과 차트를 참조하시오.

수신 숀 딜린저; 메릴 하우스먼; 라울 곤잘레스; 셀리나 모레츠
발신 다리우스 로트너
제목 판매 기록 (4월-7월)
날짜 8월 7일, 금요일
첨부 제품 판매 기록.doc

안녕하세요, 여러분,

21 제가 지난 몇 개월 분의 판매 보고서를 첨부해 드렸는데, 이는 지난 주 동안 회계부장이신 팁스 씨가 취합한 것입니다. 제가 월요일 회의에서 여러분과 함께 이것을 상세히 논의드릴 것이지만, **21** 이 기회에 몇 가지 주목할 만한 경향 및 수치를 짚어 보고자 합니다.

커피의 판매 수치는 작년에 사업을 시작한 이래로 최고 수준입니다. 이는 예상되었던 바로, 우리가 신제품들을 공격적으로 마케팅하고 있기 때문입니다. 여러분도 보실 수 있겠지만, **23** 커피 판매량이 가장 높았던 달은 우리가 시내 전역에서 옥외 광고를 운영했던 시기와 일치합니다.

다음으로, 머핀 판매량을 한 번 보시기 바랍니다. 솔직히, 이 수치는 우리의 기대치보다 훨씬 낮습니다. **22** 판매량을 증대하려는 노력의 하나로, 우리는 9월 1일에 '음료 & 머핀' 판촉 행사를 시작할 것입니다. 다음 주에 이 전략을 깊이 있게 논의할 수 있습니다.

우리가 월요일에 생산적인 회의를 진행할 수 있도록, 주말 동안에 이 보고서 내용을 숙지하시기 바랍니다.

다리우스

어휘 attach ~을 첨부하다 **compile** (자료 등을) 취합하다 **accounting** 회계 **in detail** 상세히 **take this opportunity to do** 이 기회에 ~하다 **point out** ~을 짚고 넘어가다, 지적하다 **noteworthy** 주목할 만한 **trend** 경향, 추세 **figure** 수치, 숫자 **listed** 기재된 **opening** 개시 **aggressively** 공격적으로 **variety** 종류 **coincide with** (시기 등이) ~와 일치하다, ~와 동시에 일어나다 **run** ~을 운영하다, 진행하다 **billboard advertisement** 옥외 광고(판) **to be honest** 솔직히 **fall far below** ~보다 훨씬 낮은 수준에 해당되다 **expectation** 기대(치) **boost** ~을 증대하다, 촉진하다 **promotion** 판촉활동 **strategy** 전략 **in depth** 깊이 있게 **familiarize oneself with** ~을 숙지하다, ~에 익숙해 지도록 하다 **over** ~ 동안에 걸쳐 **productive** 생산적인

킬리만탄 커피 매장
제품 판매 기록: 4월 ~ 7월

	4월	5월	6월	**23** 7월
23 커피	$16,340	$17,750	$17,150	**23** $18,230
차	$9,510	$9,250	$8,750	$8,700
24 머핀	$8,200	$7,840	**24** $8,340	$7,560
베이글	$9,530	$8,560	$8,940	$9,250

수신 다리우스 로트너
발신 루시 팁스
제목 판매 수치 오류
날짜 8월 10일, 월요일

안녕하세요, 다리우스 씨,

제가 보내 드린 최근 판매 보고서에 대한 수치를 **25** 기록하면서 실수를 했다는 사실을 막 알게 되었습니다. **24** 해당 차트를 참고 하셔서 $8,340의 수치를 $8,560으로 변경해 주시기 바랍니다. 그 기간의 마지막 날에 대한 판매 금액을 추가하는 것을 잊었어요. 불편을 드려 죄송합니다!

루시

어휘 realize that ~임을 알아차리다, 깨닫다 **make a mistake** 실수하다 **record** ~을 기록하다 **refer to** ~을 참고하다 **inconvenience** 불편

---

21. 첫째 이메일의 목적은 무엇인가?
   (A) 판매 보고서의 특정 항목에 대해 논의하기
   (B) 광고에 대한 새로운 아이디어를 제안하기
   (C) 팁스 씨가 승진되도록 추천하기
   (D) 왜 판매 수치가 하락하고 있는지 설명하기

해설 첫 지문 첫 단락에, 지난 몇 개월 분의 판매 보고서를 첨부했다고 하면서, 이 기회에 몇 가지 주목할 만한 경향 및 수치를 짚어 보겠다(I'll take this opportunity to point out some noteworthy trends and figures)라고 말한다. This opportunity가 바로 이 이메일을 가리키므로 trends and figures를 some details로 패러프레이징한 (A)가 정답이다.

어휘 item 항목 **propose** ~을 제안하다 **fall** 하락하다

22. 첫째 이메일에 따르면, 9월 1일에 무슨 일이 있을 것 같은가?
   (A) 새로운 음료 제품군이 출시될 것이다.
   (B) 직원들이 교육 워크숍에 참석할 것이다.
   (C) 새로운 판매 전략이 사용될 것이다.
   (D) 고객들에게 무료 제품이 제공될 것이다.

해설 9월 1일이라는 시점이 제시되는 첫 지문 첫 단락에, 판매량을 증대하기 위한 노력의 일환으로 9월 1일에 '음료 & 머핀' 판촉 행사를 시작할 것이다(In an effort to boost sales, we will begin a new 'Beverage & Muffin' promotion on September 1)라고 나온다. 여기서 a new promotion을 패러프레이징한 (C)가 정답이다.

어휘 **line** 제품군 **beverage** 음료 **launch** ~을 출시하다 **employ** ~을 이용하다 **complimentary** 무료의

23. 해당 업체는 언제 일련의 옥외 광고를 운영했을 것 같은가?
(A) 4월에
(B) 5월에
(C) 6월에
(D) 7월에

해설 옥외 광고가 언급되는 첫 지문 둘째 단락에, 커피 판매량이 가장 높았던 달이 시내 전역에서 옥외 광고를 운영했던 시기와 일치한다(the month during which sales of coffee were highest coincides with the time when we ran the billboard advertisements)라고 한다. 둘째 지문의 표에서 가장 높은 커피 매출 수치를 찾아보면 $18,230이므로 (D)가 정답이다.

24. 팁스 씨는 판매 수치를 계산하면서 어느 제품에 대해 실수했는가?
(A) 커피
(B) 차
(C) 머핀
(D) 베이글

해설 셋째 지문에, 실수한 사실과 함께 $8,340라는 수치를 $8,560로 변경하도록 요청하고 있다. 둘째 지문 도표에서 $8,340라는 수치를 찾아 보면 머핀에 해당하므로 (C)가 정답이다.

25. 둘째 이메일에서, 첫째 단락, 첫째 줄의 단어 "recording"과 의미가 가장 가까운 것은 무엇인가?
(A) 듣는
(B) 협업하는
(C) 시작하는
(D) 기록하는

해설 해당 문장을 보면 was recording 뒤에 목적어로 the figures for the recent sales report가 나온다. 따라서 recording은 '기록하다'라는 의미로 사용된 것을 알 수 있으므로 같은 의미를 가지는 동사 document의 현재분사형 (D) documenting이 정답이다.

토익 실전 길잡이 **길지연**

시원스쿨
실전토익

인강 **900+**

핵심이론+실전 모의고사 1000제를 한 번에
한 강의로 고득점 핵심이론과 실전 모의고사 완벽 학습

초고속 이론 정리 후 실전 연습으로 15일 고득점 준비 완료
LC/RC 하루 2강, 모의고사 5일 연습으로 15일 만에 실전 마스터

현강 같은 인강, 귀에 쏙쏙 들어오는 기출 포인트 강의
최신 기출변형 문제풀이로 빠르고 정확한 풀이법과 낡이지 않는 비법 공개

*시원스쿨랩 사이트(lab.siwonschool.com)에서 유료로 수강하실 수 있습니다.

토익 시작할 땐 시원스쿨LAB

성적 NO, 출석 NO! 사자마자 50%,
지금 토익 시작하면 최대 300%+응시료 2회 환급

토익 실전 길잡이
길지연

토익만점 여신
최서아

토익 입문 마스터
켈리 선생님

New
시작이 반
토익환급

**사자마자
50% 환급**

성적 NO, 출석 NO

**100% 환급
+ 응시료 0원**

하루 1강
or 목표 성적 달성

**200% 환급
+ 응시료 0원**

하루 1강 & 성적

**300% 환급
+ 응시료 0원**

하루 1강 & 목표성적
+ 100점

* 지금 시원스쿨LAB 사이트(lab.siwonschool.com)에서 유료로 수강하실 수 있습니다

히트브랜드 토익·토스·오픽 인강 1위

시원스쿨LAB 교재 라인업

*2020-2024 5년 연속 히트브랜드대상 1위 토익·토스·오픽 인강

시원스쿨 토익 교재 시리즈

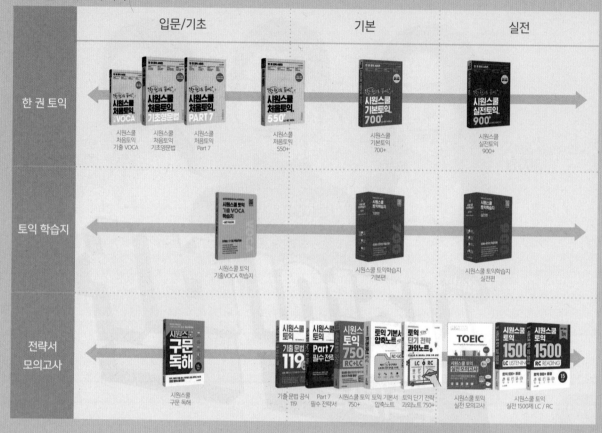

	입문/기초	기본	실전
한 권 토익	시원스쿨 처음토익 기출 VOCA / 시원스쿨 처음토익 기초영문법 / 시원스쿨 처음토익 Part 7 / 시원스쿨 처음토익 550+	시원스쿨 기본토익 700+	시원스쿨 실전토익 900+
토익 학습지	시원스쿨 토익 기출VOCA 학습지	시원스쿨 토익학습지 기본편	시원스쿨 토익학습지 실전편
전략서 모의고사	시원스쿨 구문 독해	기출 문법 공식 119 / Part 7 필수 전략서 / 시원스쿨 토익 토익 기본서 750+ / 토익 단기 전략 과외노트 750+	시원스쿨 토익 실전 모의고사 / 시원스쿨 토익 실전 1500제 LC / RC

시원스쿨 토익스피킹 교재 시리즈

10가지 문법으로 시작하는 토익스피킹 기초영문법 · 28시간에 끝내는 토익스피킹 START · 5일 만에 끝내는 토익스피킹 실전모의고사 · 15개 템플릿으로 끝내는 토익스피킹 필수전략서 · 시원스쿨 토익스피킹 IM - AL · 시원스쿨 토익스피킹 실전 모의고사 · 시원스쿨 토익스피킹 학습지

시원스쿨 오픽 교재 시리즈

시원스쿨 오픽 IM-AL · 시원스쿨 오픽 실전 모의고사 · 시원스쿨 오픽학습지 실전전략편 IH-AL · 멀티캠퍼스X시원스쿨 오픽 진짜학습지 IM 실전 · 멀티캠퍼스X시원스쿨 오픽 진짜학습 IH 실전 · 멀티캠퍼스X시원스쿨 오픽 진짜학습지 AL 실전 · OPIc All in one PACKAGE IM-AL

히트브랜드 토익·토스·오픽 인강 1위
시원스쿨LAB 교재 라인업
*2020-2024 5년 연속 히트브랜드대상 1위 토익·토스·오픽 인강

시원스쿨 토익 교재 시리즈

	입문/기초	기본	실전
한 권 토익	시원스쿨 처음토익 기출 VOCA / 시원스쿨 처음토익 기초영문법 / 시원스쿨 처음토익 Part 7 / 시원스쿨 처음토익 550+	시원스쿨 기본토익 700+	시원스쿨 실전토익 900+
토익 학습지	시원스쿨 토익 기출VOCA 학습지	시원스쿨 토익학습지 기본편	시원스쿨 토익학습지 실전편
전략서 모의고사	시원스쿨 구문 독해	기출 문법 공식 119 / Part 7 필수 전략서 / 시원스쿨 토익 750+ / 토익 기본서 압축노트 / 토익 단기 전략 과외노트 750+	시원스쿨 토익 실전 모의고사 / 시원스쿨 토익 실전 1500제 LC / RC

시원스쿨 토익스피킹 교재 시리즈

10가지 문법으로 시작하는 토익스피킹 기초영문법   28시간에 끝내는 토익스피킹 START   5일 만에 끝내는 토익스피킹 실전모의고사   15개 템플릿으로 끝내는 토익스피킹 필수전략서   시원스쿨 토익스피킹 IM - AL   시원스쿨 토익스피킹 실전 모의고사   시원스쿨 토익스피킹 학습지

시원스쿨 오픽 교재 시리즈

시원스쿨 오픽 IM-AL   시원스쿨 오픽 실전 모의고사   시원스쿨 오픽학습지 실전전략서 IH-AL   멀티캠퍼스X시원스쿨 오픽 진짜학습지 IM 실전   멀티캠퍼스X시원스쿨 오픽 진짜학습 IH 실전   멀티캠퍼스X시원스쿨 오픽 진짜학습지 AL 실전   OPIc All in one PACKAGE IM-AL

이 책 한 권으로 토익 900+ 끝!

POINT 1 900+ 고득점 목표 학습자를 위한 완벽한 구성

[1권] LC+RC 핵심이론 초고속 정리
[2권] 최신 기출변형 실전 모의고사 5회분 (1000제) 수록

POINT 2 딱 15일만 따라 하면 900+!

따라 하기 쉬운 15일 완성 초스피드 학습 플랜 수록
10일(이론 완성) + 5일(1일 1 모의고사) ▶ 15일 완성

POINT 3 최신 기출변형 실전 모의고사 5회분 (1000제)

최신 논란 문제, 고난도 기출 표현, 최근 어려워진 Part 3&4&7 난이도 완벽 반영
QR코드로 제공되는 「시험장 모드」 영상으로 시험 전 완벽한 리허설

POINT 4 900+ 고득점 전용 특급자료 전부 무료

영국/호주 발음 집중 듣기 연습, Part 2 최신 기출 의외의 응답,
Part 3&4 최신 기출 Paraphrasing 등 고득점을 위한 특급자료 무료 제공

POINT 5 현강 같은 인강, 저절로 집중되는 기출 포인트 강의

점수 수직 상승 현강으로 유명한 길토익 길지연 강사의 고득점 비법과 전략

시원스쿨 한 권 토익 시리즈

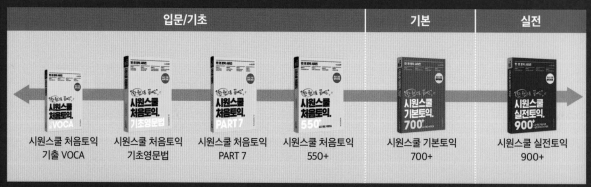

입문/기초				기본	실전
시원스쿨 처음토익 기출 VOCA	시원스쿨 처음토익 기초영문법	시원스쿨 처음토익 PART 7	시원스쿨 처음토익 550+	시원스쿨 기본토익 700+	시원스쿨 실전토익 900+

정가 **17,900원**

13740

9 791161 508528

ISBN 979-11-6150-852-8 13740

한 권 토익 시리즈

시원스쿨 LAB

POINT 1
한 권으로 끝내는 900+

POINT 2
고득점 이론 초고속 정리

POINT 3
실전 모의고사 5회분 수록

POINT 4
900+ 전용 특급 자료 제공

5회분
(1000제)

시원스쿨 실전토익.

실전 모의고사

시원스쿨어학연구소 지음

시원스쿨 토익 베스트셀러가
더 새롭게 더 강해져서 돌아왔다!

*[처음토익] 교보문고 온/오프라인 종합 주간 집계 TOEIC/TOEFL > 종합 주간 베스트 (21년 3월 3-4주차)

기초부터 실전까지 레벨별 한 권으로 끝!
시원스쿨 한 권 토익 시리즈

처음토익
기초영문법

처음토익
PART7

처음토익
550+

기본토익
700+

실전토익
900+

LEVEL 1 ·····▶ LEVEL 2 ·····▶ LEVEL 3

시원스쿨 처음토익

토익 입문자를 위한
기초 스킬&포인트를 담아
누구나 부담없이
끝내는 입문 과정

시원스쿨 기본토익

토익 기본기와 실전력을
동시에 완성!
응용력을 기르고
고난도 문제에 대처하는
꿀팁 제공

시원스쿨 실전토익

한 권 안에 핵심이론과
실전모의고사 1000제 수록
고득점에 필수적인
출제포인트와 암기사항
정리 필수 확인

"한 권으로 끝내는"

시원스쿨
실전토익.
900⁺

시원스쿨어학연구소 지음

실전 모의고사

시원스쿨 LAB

시원스쿨
실전토익 900+

개정 1쇄 발행 2024년 6월 17일
개정 2쇄 발행 2024년 9월 2일

지은이 시원스쿨어학연구소
펴낸곳 (주)에스제이더블유인터내셔널
펴낸이 양홍걸 이시원

홈페이지 www.siwonschool.com
주소 서울시 영등포구 영신로 166 시원스쿨
교재 구입 문의 02)2014-8151
고객센터 02)6409-0878

ISBN 979-11-6150-852-8 13740
Number 1-110104-18180400-09

목차

토익 파트별 문항 구성

구성	파트	내용	문항 수 및 문항 번호		시간	배점
Listening Test	Part 1	사진 묘사	6	1-6	45분	495점
	Part 2	질의 응답	25	7-31		
	Part 3	짧은 대화	39 (13지문)	32-70		
	Part 4	짧은 담화	30 (10지문)	71-100		
Reading Test	Part 5	단문 빈칸 채우기 (문법, 어휘)	30	101-130	75분	495점
	Part 6	장문 빈칸 채우기 (문법, 문맥에 맞는 어휘/문장)	16 (4지문)	131-146		
	Part 7	독해 단일 지문	29 (10지문)	147-175		
		이중 지문	10 (2지문)	176-185		
		삼중 지문	15 (3지문)	186-200		
합계			200 문제		120분	990점

토익 시험 진행 순서

오전 시험	오후 시험	내용
9:30 - 9:45	2:30 - 2:45	답안지 작성 오리엔테이션
9:45 - 9:50	2:45 - 2:50	수험자 휴식 시간
9:50 - 10:10	2:50 - 3:10	신분증 확인, 문제지 배부
10:10 - 10:55	3:10 - 3:55	리스닝 시험
10:55 - 12:10	3:55 - 5:10	리딩 시험

900+ 보장 실전 모의고사 학습법

1 시험 문제 풀기

- 반드시 **실제 시험을 보는 것과 똑같이** 해야 합니다. 「시험장 모드」 영상 이용을 적극 권장합니다.

- 휴대폰 전원을 끄고 책상 위에는 연필/지우개/답안지만 놓고, 제한 시간을 지켜 문제를 풉니다. 제한 시간 내에 답안 마킹까지 끝내야 합니다.

- 200번 문제가 끝날 때까지 중간에 멈추지 않습니다.

2 채점 및 틀린 문제 다시 풀기

- 채점 후 바로 틀린 문제의 해설을 보지 말고, 다시 한 번 내 힘으로 풀어봅니다.

3 틀린 문제 완전히 이해하기

- 틀린 문제는 물론이고, 찍어서 맞은 문제, 맞았지만 헷갈렸던 문제까지 모두 표시해서 완벽하게 이해해야 합니다.

- 해설을 천천히 읽고도 이해가 잘 안 된다면 시원스쿨랩(lab.siwonschool.com) 홈페이지의 공부 질문하기 게시판에 질문을 올려 답변을 받도록 하세요.

- 빠르게 문제 푸는 팁, 다양한 실전 전략을 익히고 싶다면 강의 수강을 권장합니다.

4 오답노트 작성하기

- 시원스쿨랩 홈페이지에서 시원스쿨 토익 오답노트를 다운로드 받아 출력해 여러 장 복사해 둡니다.

- 샘플 예시대로 오답노트를 작성합니다.

- [시원스쿨 실전토익 900+] 오답노트 전용 파일에 오답노트지를 보관합니다.

5 추가 복습

- 각 실전 모의고사의 회차별 Review Note에 나와 있는 어휘/표현을 외웁니다.

- 단어시험지를 활용하여 반드시 외워야 하는 중요 단어들을 테스트합니다.

- 교재 맨 뒤에 나와 있는 스크립트를 소리 내어 여러 번 읽습니다.

- MP3 음원을 휴대폰에 넣고 다니며 시간 날 때마다 듣습니다.

시원스쿨 실전토익 900+

실전 모의고사
TEST 1

TEST 1
「시험장 모드」영상

시험 보기

TEST 1
MP3

바로 듣기

TEST 1
해설

바로 보기

| 시작 시간 | _____시 _____분 |
| 종료 시간 | _____시 _____분 |

▶ 중간에 멈추지 말고 처음부터 끝까지 풀어보세요. 문제를 풀 때는 실전처럼 답안지에 마킹하세요.

실전 모의고사 TEST 1

LISTENING TEST

In the Listening test, you will be asked to demonstrate how well you understand spoken English. The entire Listening test will last approximately 45 minutes. There are four parts, and directions are given for each part. You must mark your answers on the separate answer sheet. Do not write your answers in your test book.

PART 1

Directions: For each question in this part, you will hear four statements about a picture in your test book. When you hear the statements, you must select the one statement that best describes what you see in the picture. Then find the number of the question on your answer sheet and mark your answer. The statements will not be printed in your test book and will be spoken only one time.

Statement (D), "They are taking photographs," is the best description of the picture, so you should select answer (D) and mark it on your answer sheet.

1.

2.

GO ON TO THE NEXT PAGE →

3.

4.

5.

6.

GO ON TO THE NEXT PAGE →

PART 2

7. Mark your answer on your answer sheet.

8. Mark your answer on your answer sheet.

9. Mark your answer on your answer sheet.

10. Mark your answer on your answer sheet.

11. Mark your answer on your answer sheet.

12. Mark your answer on your answer sheet.

13. Mark your answer on your answer sheet.

14. Mark your answer on your answer sheet.

15. Mark your answer on your answer sheet.

16. Mark your answer on your answer sheet.

17. Mark your answer on your answer sheet.

18. Mark your answer on your answer sheet.

19. Mark your answer on your answer sheet.

20. Mark your answer on your answer sheet.

21. Mark your answer on your answer sheet.

22. Mark your answer on your answer sheet.

23. Mark your answer on your answer sheet.

24. Mark your answer on your answer sheet.

25. Mark your answer on your answer sheet.

26. Mark your answer on your answer sheet.

27. Mark your answer on your answer sheet.

28. Mark your answer on your answer sheet.

29. Mark your answer on your answer sheet.

30. Mark your answer on your answer sheet.

31. Mark your answer on your answer sheet.

PART 3

Directions: You will hear some conversations between two or more people. You will be asked to answer three questions about what the speakers say in each conversation. Select the best response to each question and mark the letter (A), (B), (C), or (D) on your answer sheet. The conversations will not be printed in your test book and will be spoken only one time.

32. What did the woman forget to do?

(A) Bring her wallet
(B) Order in advance
(C) Browse a Web site
(D) Call a friend

33. What does the man say about the restaurant?

(A) There is a shortage of servers.
(B) There is a special promotion going on.
(C) A new chef was recruited.
(D) All tables are booked.

34. What will the woman most likely do next?

(A) Make a payment
(B) Place a drinks order
(C) View vegetarian options
(D) Sample some desserts

35. Who most likely is the man?

(A) A fashion designer
(B) A retail store worker
(C) A receptionist
(D) An advertiser

36. What does the woman ask about?

(A) Purchasing multiple items
(B) Examining some products
(C) Obtaining a membership discount
(D) Printing a transaction receipt

37. What does the man say he will do?

(A) Arrange a shipment to the woman's house
(B) Process the woman's payment
(C) Lead the woman to a product
(D) Bring the woman a receipt

38. What type of job does the man most likely want?

(A) HR director
(B) Graphic designer
(C) Financial advisor
(D) Marketing manager

39. What does the woman mention about InnovateLab Inc.?

(A) It has grown quickly.
(B) It received an award.
(C) It offers competitive salaries.
(D) It has several branches.

40. What does the woman ask the man to do?

(A) Sign a contract
(B) Fill out an application form
(C) Attend a seminar
(D) Return at a later time

41. What does the woman say she has finished doing?

(A) Constructing a model
(B) Reviewing a plan
(C) Collecting some data
(D) Sketching a pattern

42. Why was a change made at the last minute?

(A) Some staff members made an error.
(B) An appointment got canceled.
(C) Some investors had internal issues.
(D) A contractor forgot to bring a file.

43. What is the woman concerned about?

(A) The safety of a work zone
(B) The supply of raw materials
(C) The results of a monitoring test
(D) The availability of enough funds

GO ON TO THE NEXT PAGE

44. Who is the woman?

(A) A director
(B) A sound engineer
(C) A musician
(D) An IT technician

45. What does the man highlight about a workspace?

(A) It is well isolated.
(B) It is by a shopping area.
(C) It has adjustable lighting.
(D) It has various equipment.

46. What does the man offer to do for the woman?

(A) Consult a specialist
(B) Provide a demonstration
(C) Introduce some songs
(D) Write down some instructions

47. Who are the speakers?

(A) Data researchers
(B) Mechanical engineers
(C) Software developers
(D) Web designers

48. What was announced in a notice?

(A) Some security equipment will be installed.
(B) A bonus will be given out.
(C) An office will be remodeled.
(D) Some schedules will be changed.

49. What is the man concerned about?

(A) Staying focused at home
(B) Having too much work to do
(C) Missing a deadline
(D) Running out of supplies

50. What does Michelle ask the man to do?

(A) Give a tour of a space
(B) Explain a company policy
(C) Go to meet a colleague
(D) Collect some photographs

51. Where does the conversation most likely take place?

(A) At a car showroom
(B) At a newsroom
(C) At a movie theater
(D) At an art gallery

52. What will the man do next?

(A) Close some doors
(B) Schedule a meeting
(C) Adjust some lighting
(D) Discuss a plan

53. Who most likely is the woman?

(A) A project manager
(B) A sales consultant
(C) A financial advisor
(D) A bank teller

54. Why does the woman say, "the stock market has been unstable recently"?

(A) To suggest postponing a decision
(B) To complain about a service
(C) To apologize for giving poor advice
(D) To predict a schedule

55. What does the woman say she will do?

(A) Open an account
(B) Send some options
(C) Do some research
(D) Develop a plan

56. What do the speakers find surprising about a building?

(A) Its height
(B) Its interior
(C) Its color
(D) Its shape

57. Why are the speakers in a hurry?

(A) A parking pass is about to expire.
(B) They need to collect some materials.
(C) They have a deadline to meet.
(D) A bakery is going to close shortly.

58. What will the speakers most likely do next?

(A) Go to another restaurant
(B) Buy some tickets
(C) Get food for takeout
(D) Try a new menu item

59. What is the conversation about?

(A) Developing a new product
(B) Planning an award ceremony
(C) Revising some hiring policies
(D) Organizing a charity event

60. What does the speaker imply when she says, "Some people might feel too lazy to participate"?

(A) There might be a change in schedule.
(B) There might not be many contributions.
(C) An event will be held on the weekend.
(D) An activity will take too long.

61. What will the woman do next?

(A) Book a delivery service
(B) Create a flyer
(C) Review a budget
(D) Compile a catalog

Level 5	Food Court
Level 4	Home Goods
Level 3	Fashion Outlet
Level 2	Guest Support
Level 1	Luxury Brands

62. Why is the man calling the mall?

(A) To report a lost item
(B) To find out its operation hours
(C) To inquire about exchanging money
(D) To reserve an item at a store

63. Look at the graphic. Which level will the man visit?

(A) Level 1
(B) Level 2
(C) Level 3
(D) Level 4

64. What does the woman assure the man about?

(A) A transaction has no extra fees.
(B) A service offers diverse solutions.
(C) A facility can accommodate many people.
(D) An appointment slot is available.

GO ON TO THE NEXT PAGE

Buses for Sacramento		
From	**Company**	**Departure time**
Vallejo	Horizon Express	12:53 PM
Pittsburgh	SwiftWheels	1:45 PM
Pittsburgh	Sunrise Transit	2:52 PM
Vallejo	Titan	3:48 PM

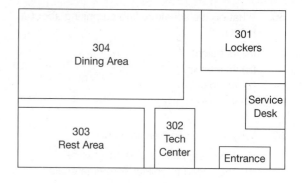

65. Why does the woman need to go to Sacramento?

(A) To train an intern
(B) To give a speech
(C) To conduct an interview
(D) To discuss an expansion

66. Look at the graphic. Which bus company will the woman ride with?

(A) Horizon Express
(B) SwiftWheels
(C) Sunrise Transit
(D) Titan

67. What does the man say he will do?

(A) Adjust a schedule
(B) Return a bus ticket
(C) Text some information
(D) Prepare some documents

68. Who most likely is the woman?

(A) A construction worker
(B) An airport security officer
(C) An airline employee
(D) A cabin crew member

69. Look at the graphic. Which location is the woman referring to?

(A) Section 301
(B) Section 302
(C) Section 303
(D) Section 304

70. What might the man pay extra for?

(A) A meeting room
(B) A meal at the buffet
(C) Locker storage
(D) Laundry services

PART 4

Directions: You will hear some talks given by a single speaker. You will be asked to answer three questions about what the speaker says in each talk. Select the best response to each question and mark the letter (A), (B), (C), or (D) on your answer sheet. The talks will not be printed in your test book and will be spoken only one time.

71. Why is the speaker calling?

(A) To ask about a shipping service
(B) To request a copy of a receipt
(C) To report an equipment problem
(D) To inquire about a lost item

72. What event did the speaker recently participate in?

(A) A boat excursion
(B) A sports game
(C) A music festival
(D) A fishing tour

73. Where does the speaker say he will be this afternoon?

(A) In the office
(B) At the doctor's office
(C) Near a supermarket
(D) At a bank

74. Where is the announcement most likely being made?

(A) At a restaurant
(B) At a grocery store
(C) At a coffee shop
(D) At a tourist office

75. What does the speaker say is happening this week?

(A) An area is being remodeled.
(B) New machine is arriving.
(C) A limited-edition product is available.
(D) Feedback surveys are being distributed.

76. What does the speaker remind the listeners about?

(A) A payment method
(B) A rewards program
(C) Some delivery options
(D) Some newly opened locations

77. What is scheduled for May 25?

(A) A company celebration
(B) A package delivery
(C) A print deadline
(D) A press release

78. What does the speaker recognize Yoon-jin for doing?

(A) Working on multiple projects
(B) Writing an article
(C) Managing some finances
(D) Designing a cover page

79. Why does the speaker say, "we'll need to put our minds together"?

(A) To remind staff that work productivity must increase
(B) To promote friendliness between employees
(C) To emphasize that time is limited
(D) To encourage the listeners to think of alternatives

80. Who is Roy Carter?

(A) A singer
(B) A dancer
(C) An actor
(D) A director

81. What will take place momentarily?

(A) Tickets will go on sale.
(B) A special show will start.
(C) Programs will be distributed.
(D) A celebrity will greet guests.

82. According to the speaker, what can the listeners do at the information desk?

(A) Receive complimentary souvenirs
(B) Rent some equipment
(C) Enter a raffle to meet a star
(D) Purchase a parking permit

83. What topic did the listener write an article about?

(A) Internet privacy
(B) Computer innovations
(C) Home security
(D) Social media usage

84. What does the speaker like about the article?

(A) The insightful information
(B) The visual appeal
(C) The clean format
(D) The relevant statistics

85. Who does the speaker want the listener to interview?

(A) City officials
(B) Tech enthusiasts
(C) Local lawmakers
(D) Industry experts

86. What does the speaker imply when she says, "let's save that enthusiasm for afterward"?

(A) A listener is expected to control the electricity.
(B) The speaker is requesting help from the listeners.
(C) The listeners should start paying attention.
(D) Some information will be provided after the talk.

87. What industry does Dr. Somerville most likely work in?

(A) Manufacturing
(B) Film and Media
(C) Architecture
(D) Internet

88. What does the speaker say she will do within today?

(A) Send out presentation materials
(B) Request some feedback
(C) Contact a supervisor
(D) Schedule an appointment

89. What is the main topic of the training?

(A) Basic information about a company
(B) Workplace safety
(C) Friendly customer service
(D) Employee benefits

90. Where do the listeners most likely work?

(A) At a production factory
(B) At a distribution center
(C) At a car dealership
(D) At a laboratory

91. What does the speaker ask the listeners to do?

(A) Read over a document
(B) Meet a company executive
(C) Turn their cellphones off
(D) Talk with one another

92. What job is Andy retiring from?

(A) Camera operator
(B) Photographer
(C) News anchor
(D) Movie director

93. Why does the speaker say, "I couldn't have asked for a better teammate"?

(A) To express regret
(B) To offer praise
(C) To suggest an idea
(D) To explain a request

94. What will most likely happen next?

(A) A special gift will be given.
(B) Meals will be offered.
(C) A performance will begin.
(D) A video will be shown.

Warner's Wallets

Product Name	Type	Material	Zipper
Hallaway	Tri-fold	Nylon	✔
Carrington	Travel	Leather	✔
Buchanon	Bi-fold	Nylon	✘
Frederick	Travel	Denim	✘

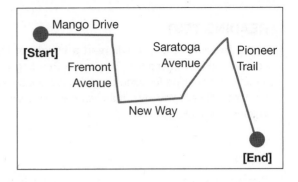

95. Why does the speaker want to purchase wallets?

   (A) To offer as prizes for a giveaway
   (B) To present to employees as gifts
   (C) To conduct some product research
   (D) To use as props in a commercial

96. Look at the graphic. Which wallet fits the speaker's needs?

   (A) Hallaway
   (B) Carrington
   (C) Buchanon
   (D) Frederick

97. What does the speaker ask about?

   (A) Bulk discounts
   (B) Customization options
   (C) A payment method
   (D) A warranty

98. What will begin at 9 A.M. today?

   (A) A partial trail closure
   (B) A bicycle race
   (C) A road repair
   (D) A tree planting event

99. Look at the graphic. Which road will be closed off?

   (A) Mango Drive
   (B) New Way
   (C) Saratoga Avenue
   (D) Pioneer Trail

100. What will the listeners hear after a commercial break?

   (A) A weather forecast
   (B) A traffic report
   (C) A newly released song
   (D) A stock market update

This is the end of the Listening test. Turn to Part 5 in your test book.

READING TEST

In the Reading test, you will read a variety of texts and answer several different types of reading comprehension questions. The entire Reading test will last 75 minutes. There are three parts, and directions are given for each part. You are encouraged to answer as many questions as possible within the time allowed. You must mark your answers on the separate answer sheet. Do not write your answers in your test book.

PART 5

Directions: A word or phrase is missing in each of the sentences below. Four answer choices are given below each sentence. Select the best answer to complete the sentence. Then mark the letter (A), (B), (C), or (D) on your answer sheet.

101. We will hold a meeting answering ------- queries about the changes to the employee bonus structure.

(A) you
(B) your
(C) yours
(D) yourself

102. The hiking trails currently being restored will not be reopened ------- July 1 at the earliest.

(A) into
(B) since
(C) until
(D) while

103. Applications for the senior laboratory technician ------- are now being reviewed by the HR manager.

(A) platform
(B) control
(C) position
(D) business

104. The new shopping mall will ------- over 200 retail outlets and 20 restaurants.

(A) overall
(B) first
(C) about
(D) include

105. *The Voyage of the Lords* has one intricately detailed ------- in the middle of the book.

(A) drawing
(B) drawn
(C) draw
(D) drew

106. Furniture assembly guides are ------- available for download through our Web site.

(A) now
(B) well
(C) gently
(D) brightly

107. ------- the Marigold Hotel is located far from most tourist attractions, it remains popular with visitors to the city.

(A) Although
(B) Despite
(C) For instance
(D) By contrast

108. PRQ Pharmaceuticals will ------- its merger with Tay Biosciences at a press conference tomorrow morning.

(A) consist
(B) announce
(C) issue
(D) tell

109. Greenfingers Landscaping ------- a free one-hour consultation to all new clients.

(A) provider
(B) provides
(C) providing
(D) provide

110. The city council is seeking two experienced event coordinators ------- several upcoming community events.

(A) to manage
(B) managed
(C) managerial
(D) manager

111. Due to the popularity of the restaurant, the owner of Dandilly Bistro recommends making ------- at least ten days in advance.

(A) reservations
(B) observations
(C) exceptions
(D) suggestions

112. Mr. Howell has recently purchased a property in the ------- popular Holly Hills neighborhood in the town of Bracebridge.

(A) tightly
(B) evenly
(C) highly
(D) solely

113. The mayor of Greenacre has ------- to select a location for this summer's music festival.

(A) yet
(B) later
(C) rarely
(D) shortly

114. The Deaver Business Institute will host a series of workshops about ------- topics for recent university graduates this week.

(A) vary
(B) varies
(C) various
(D) variously

115. The amusement park's admission policy states ------- visitors aged 12 years or less must be accompanied by an adult.

(A) so
(B) that
(C) since
(D) for

116. Mr. Rodrigues found property prices to be ------- low in the Bellview neighborhood of the city.

(A) surprise
(B) surprises
(C) surprising
(D) surprisingly

117. At Legends Waxworks Museum, a lifelike statue of Jimi Hendrix is displayed ------- his iconic guitar.

(A) toward
(B) onto
(C) past
(D) beside

118. At the end of the year, the CEO will ------- $5,000 to a charitable foundation based in Oxford.

(A) donate
(B) create
(C) find
(D) charge

119. Zen Telecom has a range of packages to suit all your ------- broadband needs at unbeatable prices.

(A) residing
(B) to reside
(C) residential
(D) resides

120. Gym members can receive ------- fitness advice by signing up to our monthly newsletter.

(A) both
(B) ever
(C) additional
(D) unless

GO ON TO THE NEXT PAGE

121. Grafton Workwear's clothing is designed with ------- in mind, as it is often worn by individuals who have physically demanding jobs.
(A) freshness
(B) durability
(C) enthusiasm
(D) dedication

122. ------- placing online orders from our restaurant, please inform us if you have any food allergies or dietary requirements.
(A) Otherwise
(B) Whatever
(C) Although
(D) Before

123. Moving to lower-cost properties in the suburbs of the city has become an ------- common trend among young professionals.
(A) increases
(B) increased
(C) increasingly
(D) increase

124. The marketing director will decide which car features will be demonstrated at the ------- of the upcoming launch event.
(A) start
(B) day
(C) place
(D) side

125. Last month, most gyms throughout the city ------- a sharp increase in new memberships.
(A) witness
(B) witnessed
(C) has witnessed
(D) to witness

126. The event organizers are searching for potential convention venues, ------- locations with good links to public transportation.
(A) sincerely
(B) especially
(C) positively
(D) seriously

127. Guests who arrive at our hotel before 2 P.M. may enjoy some refreshments in our bar ------- waiting for their rooms to be ready.
(A) since
(B) while
(C) yet
(D) as

128. All conference speakers are ------- to keep the length of their presentations below fifteen minutes.
(A) addressed
(B) regarded
(C) urged
(D) judged

129. All food deliveries to Adderley and Plumpton ------- because of a tree blocking the highway.
(A) delay
(B) have been delayed
(C) have delayed
(D) are delaying

130. Arnoldson Manufacturing will open distribution centers in several countries ------- reduce international shipping costs.
(A) instead of
(B) in order to
(C) as a result of
(D) owing to

PART 6

Directions: Read the texts that follow. A word, phrase, or sentence is missing in parts of each text. Four answer choices for each question are given below the text. Select the best answer to complete the text. Then mark the letter (A), (B), (C), or (D) on your answer sheet.

Questions 131-134 refer to the following memo.

To: All Office Staff

I am writing to inform you about some new policies we are introducing in the break room to ensure a clean and organized environment for everyone.

Firstly, starting from next Monday, we will be ------- a regular cleaning schedule for the break
     131.
room. This schedule will include tasks such as wiping down tables, sanitizing surfaces, and emptying trash bins. The schedule ------- on the notice board in the break room for your
                                            132.
reference.

-------, please ensure that all perishable items stored in the break room refrigerator are removed
133.
by 5 P.M. every Friday. This is to prevent any issues with food spoilage and to maintain cleanliness in the refrigerator.

-------. If you have any questions or concerns, please don't hesitate to reach out to me.
134.

Best regards,

Ben Chester
Office Manager

131. (A) collecting
(B) spending
(C) implementing
(D) describing

132. (A) posted
(B) is posting
(C) will be posted
(D) will post

133. (A) Nevertheless
(B) Additionally
(C) However
(D) Instead

134. (A) You should submit your suggestions by Friday.
(B) For those interested, I can hold a workshop next week.
(C) Let us know if you have any dietary requirements.
(D) Your cooperation is greatly appreciated.

GO ON TO THE NEXT PAGE

The Rustic Kitchen Reveals its Plans

-------. Residents were shocked by the recent announcement about the upcoming closure
135.
of "The Rustic Kitchen," a cherished local dining spot ------- for its farm-to-table cuisine and
136.
cozy atmosphere. After over a decade of serving the community, rising operational costs and
economic challenges have forced the owners to make the difficult decision to close.

To celebrate its final month in business, The Rustic Kitchen is hosting special events and
promotions. From themed dinner nights to live music performances, all the community members
are invited to ------- and create new memories. ------- the closure is a bitter disappointment for
137.   **138.**
locals, the restaurant's legacy of delicious food and warm hospitality will always be remembered.

---

135. (A) Customers can enjoy a new menu at The
Rustic Kitchen.
(B) The number of dining options in the local
area is increasing.
(C) Local business owners are investing in a
new venture.
(D) A local business is planning to go out in
style.

136. (A) known
(B) is known
(C) knowing
(D) knew

137. (A) answer
(B) arrive
(C) attend
(D) anticipate

138. (A) Because
(B) Despite
(C) Provided
(D) Although

To: Ed Garner <egarner@axelcorp.com>
From: Leila Reeves <lreeves@solonet.com>
Date: May 29
Subject: Job Vacancy Inquiry

Dear Mr. Garner,

I am writing to express my interest in the Graphic Designer position recently posted on your company's Web site. I am excited about the opportunity to join your team and contribute my ------- to your creative projects.
139.

Before I apply, could you please provide me with more information about the responsibilities ------- with this role? Additionally, I would like to inquire about the work location and whether
140.
remote work options are available. Furthermore, I am interested in learning more about the benefits package offered to employees, including healthcare, retirement plans, and ------- other
141.
perks available.

-------. I look forward to hearing back from you soon and hopefully having the opportunity to
142.
discuss how I can contribute to the success of your team.

Best regards,

Leila Reeves

---

139. (A) applications
(B) skills
(C) needs
(D) funds

140. (A) association
(B) associating
(C) associate
(D) associated

141. (A) every
(B) any
(C) each
(D) both

142. (A) Please let me know if other opportunities become available.
(B) I'd really appreciate your help in answering my questions.
(C) Unfortunately, I am not a good fit for the position.
(D) Thank you for changing the date of the interview.

GO ON TO THE NEXT PAGE

Dear Team,

Get ready for a day of excitement, because our annual Family Fun Day is coming up soon! We invite you and your loved ones ------- us for a memorable day filled with fun activities and
143.
delicious treats.

Date: Saturday, July 22
Time: 10:00 A.M. to 4:00 P.M.
Location: Meadowview Park (5002 Clarke Street)
Free Admission (Each employee may bring up to three family members)

Activities will include friendly competitions, inflatable obstacle courses, face painting, and a dunk tank! -------, we'll have a delectable buffet featuring BBQ favorites, refreshing beverages, and
144.
sweet treats to satisfy your cravings.

To make transportation hassle-free, shuttle buses will be running ------- the office to the park
145.
starting at 9:30 A.M. and returning at 4:30 P.M.

For more details and to RSVP, please contact Phil Symonds at 555-0138 or by dialing extension 782.

-------.
146.

Warm regards,

Martha Chavez
Event Planning Committee

143. (A) join
(B) are joining
(C) joined
(D) to join

144. (A) As a result
(B) In addition
(C) However
(D) Instead

145. (A) between
(B) into
(C) at
(D) from

146. (A) All of the volunteers will be paid at the overtime rate.
(B) We apologize for this last-minute change of venue.
(C) We encourage all staff to attend this fantastic event.
(D) Tickets are available to buy through the event Web site.

PART 7

Directions: In this part you will read a selection of texts, such as magazine and newspaper articles, e-mails, and instant messages. Each text or set of texts is followed by several questions. Select the best answer for each question and mark the letter (A), (B), (C), or (D) on your answer sheet.

Questions 147-148 refer to the following announcement.

Grand Opening Event at Greenwoods!

We are thrilled to announce the grand opening of Greenwoods, your one-stop destination for all your shopping needs! Join us on September 1st, from 10 A.M. until 5 P.M., as we unveil our brand-new store located at 386 Marchant Avenue in downtown Almondville.

Exclusive Discounts: Be among the first to explore our wide range of products, from fashion to electronics, at special grand opening discounts. Enjoy incredible savings on your favorite brands!

Live Entertainment: In the afternoon, you can enjoy live music performances, entertainment acts, and fun activities for the whole family.

Delicious Refreshments: Indulge your taste buds with complimentary refreshments and snacks as you browse through our aisles.

Special Offers for Early Birds: The first 100 customers through the door will receive special gift vouchers and additional discounts as a thank you for your patronage.

Don't miss out on the excitement of Greenwoods Department Store's grand opening event!

147. What is indicated about Greenwoods?

(A) It operates in several locations.
(B) It is open seven days a week.
(C) It features a children's play area.
(D) It stocks a large variety of goods.

148. How can customers obtain a gift voucher?

(A) By entering a prize draw
(B) By purchasing a specific item
(C) By arriving at the event early
(D) By attending a live performance

GO ON TO THE NEXT PAGE

Castleford Art Museum – Important Information

We would like to inform you that the East Wing of our museum will undergo extensive renovation to enhance your visiting experience. Starting from February 1, the East Wing will be temporarily closed to the public. Renovations will include the installation of state-of-the-art interactive exhibits, modernization of display cases, and restoration of historical artifacts. The renovation is expected to be completed by March 1, with the East Wing reopening to the public on March 7. We apologize for any inconvenience and look forward to welcoming you back to the newly renovated East Wing soon.

149. Who most likely is the information intended for?

(A) Professional artists
(B) Museum visitors
(C) Interior designers
(D) New employees

150. What is true about the East Wing?

(A) It will host a new exhibition on March 1.
(B) It will close for approximately one month.
(C) Its exhibits will be temporarily moved.
(D) Its opening hours will be reduced.

Mark Barr (9:46 A.M.) Hi, Susan! I'm struggling with this ArcSoft software we're using for the project. I can't seem to figure out how to get it to do what I need.

Susan Jones (9:48 A.M.) No problem, I've worked with it before. What specifically are you having trouble with?

Mark Barr (9:50 A.M.) Well, I'm trying to generate a report, but the formatting keeps getting messed up. It's driving me crazy!

Susan Jones (9:51 A.M.) Ah, I see. Have you tried adjusting the page setup options? Sometimes that helps with formatting issues.

Mark Barr (9:52 A.M.) I'll give that a shot. Where can I find those options?

Susan Jones (9:54 A.M.) They should be under the "File" menu, then look for "Page Setup" or "Print Setup." From there, you can adjust things like margins and page orientation.

Mark Barr (9:55 A.M.) Got it, I'll check it out. Thanks for the tip!

151. What problem is Mr. Barr having?

(A) He has lost some important data.
(B) He is struggling to create a document.
(C) He has missed a project deadline.
(D) He cannot install some software.

152. At 9:52 A.M., what does Mr. Barr mean when he writes, "I'll give that a shot"?

(A) He will collaborate with Ms. Jones.
(B) He will try using different software.
(C) He will ask for a deadline extension.
(D) He will follow Ms. Jones's advice.

Introducing the "Clothes for Community" Program

San Pedro (March 11) — In a bid to foster community spirit and support those in need, the city council is launching the "Clothes for Community" program. Starting this week, local residents are encouraged to drop off their unwanted clothing items at designated collection points across town.

These donations will serve a dual purpose: firstly, to provide clothing to individuals and families facing financial hardship; and secondly, to contribute to sustainable fashion by promoting the reuse and recycling of clothing items.

The collected clothing will be sorted and distributed by volunteers to local shelters, charities, and individuals in need. Additionally, any items deemed unsuitable for wear will be responsibly recycled to minimize waste.

Let's come together as a community to make a positive impact! Donate your unwanted clothing today and help us support those in need while promoting environmental sustainability.

For drop-off points and an interactive map, visit San Pedro City Council's Web site.

153. What is the article mainly about?

(A) A local clothing store
(B) An educational workshop
(C) A donation program
(D) A charitable organization

154. What will happen with some of the donated items of clothing?

(A) They will be used as part of an art exhibit.
(B) They will be sold at affordable prices.
(C) They will be given to underprivileged individuals.
(D) They will be used as prizes in a competition.

155. According to the article, what can be found on the council's Web site?

(A) Opening times of a building
(B) Contact details for local charities
(C) Locations for handing in clothing
(D) Suggestions for reusing clothes

To:	Lee Robards <leerobards@biznet.org>
From:	Thomas Kendrick <tkendrick@avalon.com>
Date:	July 2
Subject: Re:	My Recent Stay

Dear Mr. Robards,

I wanted to personally address the concerns you raised regarding your recent stay at Avalon Hotel. First, please accept my sincerest apologies for any inconvenience caused by the unavailability of certain facilities. –[1]–. We understand the importance of providing an enjoyable experience, and we regret that we fell short of meeting your expectations.

The unavailability of the fitness room was due to scheduled renovations. –[2]–. Although we are striving to minimize disruptions to our guests' stays, this situation was beyond our control while working hard to expand the fitness room to accommodate more equipment.

In recognition of the inconvenience you experienced, I would like to offer you a complimentary one-night stay with us during your next visit. –[3]–. Once again, I apologize for any inconvenience caused, and I hope to have the opportunity to welcome you back and provide you with the exceptional experience you deserve. –[4]–.

Best regards,

Thomas Kendrick, Manager
Avalon Hotel

156. What is the main purpose of the e-mail?

(A) To ask a guest for additional information
(B) To inform a guest about hotel amenities
(C) To confirm a guest's reservation
(D) To respond to a guest's complaint

157. What is indicated about Avalon Hotel?

(A) It provided Mr. Robards with a full refund.
(B) It has more than one swimming pool.
(C) It offered Mr. Robards a room upgrade during his stay.
(D) It intends to install additional fitness equipment.

158. In which of the positions marked [1], [2], [3], and [4] does the following sentence best belong?

"It is worth noting that this work was announced on the hotel's Web site."

(A) [1]
(B) [2]
(C) [3]
(D) [4]

GO ON TO THE NEXT PAGE

We appreciate your purchase of Majestic Lighting's delicate glass light fixture and want to ensure its safe handling. Please exercise caution when unpacking and handling this fragile item. Use both hands to support and lift the fixture to prevent accidental drops or damage. Take your time to carefully remove the packaging materials surrounding the light fixture without using sharp objects that may scratch or crack the glass.

Once you've safely unpacked your new fixture, we encourage you to recycle this box in accordance with local recycling guidelines. Your contribution to environmental sustainability is greatly appreciated. Thank you for choosing our product. Should you have any questions or concerns, please don't hesitate to contact our customer service team at 555-0175 for assistance.

159. Where most likely would the information be found?

(A) On a Web site
(B) On product packaging
(C) In a sales brochure
(D) On a noticeboard

160. What is suggested about Majestic Lighting?

(A) It provides a Web chat service for customers.
(B) It includes detailed assembly instructions.
(C) It offers a warranty on all purchases.
(D) It is committed to protecting the environment.

GreenScape Landscaping: Transforming Your Outdoor Space into a Haven

Looking to elevate your outdoor living experience? Look no further than GreenScape Landscaping! With over a decade of experience, our dedicated team is ready to turn your landscaping dreams into reality. –[1]–.

Our comprehensive services include lawn maintenance, garden design, irrigation system installation, hardscaping, and more. Whether you desire a lush, green oasis or a contemporary outdoor entertainment area, we have the expertise to bring your vision to life.

What sets us apart? Our commitment to quality craftsmanship, attention to detail, and most of all, our personalized service. –[2]–. We take the time to understand your unique needs and preferences, ensuring that every project exceeds your expectations.

–[3]–. We would be delighted to offer a complimentary design consultation and 10% off your first service! Let GreenScape Landscaping enhance the beauty and functionality of your outdoor space. –[4]–.

Contact us today to schedule your consultation and take the first step towards your dream landscape!

---

161. What is indicated about GreenScape Landscaping?

(A) It is currently hiring new team members.
(B) It only provides services for residential projects.
(C) It has been in business for over ten years.
(D) It offers a monthly after-care service.

162. What aspect of GreenSpace Landscaping's service makes it unique?

(A) Its specialization in landscaping large urban areas
(B) Its adoption of the latest landscaping technology
(C) Its personal approach to meeting client needs
(D) Its guarantee to match the rates of its competitors

163. In which of the positions marked [1], [2], [3], and [4] does the following sentence best belong?

"We have a special offer for first-time customers."

(A) [1]
(B) [2]
(C) [3]
(D) [4]

Questions 164-167 refer to the following online chat discussion.

Steven Lowe (1:43 P.M.)	Good morning, everyone! As you all know, our company will be celebrating its 20th anniversary soon, and our CEO wants us to start planning the event. Any thoughts on potential venues?
Grace Cheng (1:44 P.M.)	I think we should consider renting out a banquet hall. It can accommodate a large number of guests and many of them are centrally located.
Toby Hanlon (1:46 P.M.)	That's a great suggestion, but what about the cost? Banquet halls tend to be expensive.
Marion Peel (1:48 P.M.)	True. Another option could be to host the celebration at a restaurant with a private dining area. It might be more cost-effective and still offer a nice atmosphere.
Steven Lowe (1:49 P.M.)	I like that idea. Any suggestions for specific restaurants?
Grace Cheng (1:51 P.M.)	How about The Grand Dining Room? They have a spacious private area and offer customizable menus.
Toby Hanlon (1:52 P.M.)	The Grand Dining Room is nice, but it might be too far for some employees to travel.
Marion Peel (1:54 P.M.)	What about catering an office party instead? We could hire a renowned caterer to come to our office. It's convenient and could create a more intimate atmosphere.
Steven Lowe (1:55 P.M.)	Now we're talking! Let's look into that. Could someone reach out to some caterers for a quote?
Grace Cheng (1:56 P.M.)	I can take care of that. I'll get started in a moment and get back to everyone with the details.
Toby Hanlon (1:58 P.M.)	Sounds good. Let's aim to finalize the plans by the end of the week.
Steven Lowe (1:59 P.M.)	Agreed. Thanks for your input, everyone!

164. Why are the writers planning an event?

(A) To welcome a new company executive
(B) To celebrate the company reaching a goal
(C) To commemorate a company's founding
(D) To mark the grand opening of a new branch

165. What disadvantage is mentioned of The Grand Dining Room?

(A) It is too expensive.
(B) It is inconveniently located.
(C) It lacks private dining spaces.
(D) It does not customize menus.

166. At 1:55 P.M., what does Mr. Lowe most likely mean when he writes, "Now we're talking"?

(A) He wants to make a decision immediately.
(B) He would prefer to meet in person.
(C) He wants to speak with his supervisors.
(D) He approves of Ms. Peel's suggestion.

167. What will Ms. Cheng most likely do next?

(A) Contact The Grand Dining Room
(B) Make an announcement to staff
(C) Seek some cost estimates
(D) Compare several menu options

Mr. Randy Dillon
333 Parks Avenue
Hartford, CT 06104

Dear Mr. Dillon,

My name is Lois Cheney, and I am the founder of TechPro Solutions, a cutting-edge technology firm poised to revolutionize the tech support industry.

At TechPro Solutions, we pride ourselves on offering unparalleled 24/7 technical support to our customers. Whether it's troubleshooting computer software glitches or fixing malfunctioning kitchen appliances, our experienced team of experts is here to assist via online chat, phone, or video conferencing.

I am writing to you today because I believe that your expertise in our industry and investment could greatly benefit our company. With your guidance, we can expand our reach and provide our services to a wider customer base. Your investment would be utilized to enhance our infrastructure, recruit top talent, and implement innovative solutions to better serve our customers.

I would love the opportunity to discuss our business model and growth strategy with you in more detail. Would you be available to meet in person at your earliest convenience? Please feel free to contact me at 555-0144 or lcheney@techpro.com to schedule a meeting.

Thank you for considering this opportunity, Mr. Dillon. I look forward to the possibility of working together and taking TechPro Solutions to new heights.

Warm regards,

Lois Cheney, Founder/CEO
TechPro Solutions

168. What is the main purpose of the letter?

(A) To help a customer with an issue
(B) To thank Mr. Dillon for his support
(C) To seek funding from a potential investor
(D) To promote a company's new services

169. What is indicated about TechPro Solutions?

(A) Its support staff are available at all times.
(B) Its technicians will visit customers in person.
(C) It has developed a new range of kitchen appliances.
(D) It operates branches in several major cities.

170. What is suggested about Mr. Dillon?

(A) He is a former colleague of Ms. Cheney.
(B) He contacted TechPro Solutions' support team.
(C) He has experience in the technology sector.
(D) He has received numerous business awards.

171. Why does Ms. Cheney wish to schedule a meeting with Mr. Dillon?

(A) She wants to present some financial figures.
(B) She wants to demonstrate some products.
(C) She wants to discuss ways to grow a company.
(D) She wants to give him a tour of a business location.

Holton Neighborhood Faces Urban Development Controversy

PITTSBURGH (April 11) – The Holton neighborhood is bracing for significant changes as the Pittsburgh City Council prepares to implement an urban development plan starting June 6. The controversial plan involves the demolition of several buildings, including the historic Valeria Theater and a multi-story parking lot, to make room for a new shopping mall.

While the city council claims the plan will stimulate economic growth and job opportunities, many residents express opposition to the plan. Concerns range from the loss of historic landmarks to the increased likelihood of traffic jams and the associated environmental impact.

In response to residents' complaints, the council has announced measures to address these concerns. Desmond Lancing, council member and Head of Urban Planning, reassures residents, stating, "We are committed to preserving Holton's heritage while fostering sustainable development. Traffic studies and environmental assessments are underway to mitigate any adverse effects."

Local residents are encouraged to review the proposed plans on the council's Web site. "Transparency and community engagement are crucial," adds Lancing. "We welcome feedback and encourage residents to participate in public hearings, which will take place at City Hall on April 23 and May 11."

As the debate continues, residents are urged to stay informed and engaged in the decision-making process that will shape the future of their neighborhood.

For more information and to view plans and blueprints, visit the council's Web site.

172. What is the article mainly about?

(A) The increasing popularity of a neighborhood
(B) The improvement of a local shopping mall
(C) The transformation of an urban area
(D) The historical significance of Valeria Theater

173. According to the article, what are local residents worried about?

(A) A decrease in local tourism
(B) A lack of recreational facilities
(C) An increase in property prices
(D) A rise in traffic congestion

174. What can be inferred about Pittsburgh City Council?

(A) It recently offered Mr. Lancing a promotion.
(B) It will relocate Valeria Theater to a new site.
(C) It will conduct research on vehicle emissions.
(D) It will consider canceling the proposed plan.

175. According to Mr. Lancing, how can local residents share their opinions on the project?

(A) By writing to the city council
(B) By signing an online petition
(C) By visiting the council's Web site
(D) By attending public meetings

GO ON TO THE NEXT PAGE

Questions 176-180 refer to the following invoice and e-mail.

BEN'S HARDWARE STORE
Invoice Number: 392028
Date: 26 August

Customer Details:
Name: Phil Thompson
Address: 490 Magnolia Drive, San Francisco, CA
E-mail: pthompson@livenet.com
Phone: 555-0122

Product Code	Description	Quantity	Unit Price	Total Price
#504	Hammer	1	$19.99	$19.99
#298	Power Drill	2	$79.99	$159.98
#317	Circular Saw	1	$139.99	$139.99
#196	Shovel	3	$24.99	$74.97
Total Price				**$394.93**
Member's Discount (10%)				$39.49
Total Amount Due				**$355.44**

Thank you for your purchase! Please ensure payment is made within 7 days of this invoice.

If you have any questions or concerns regarding your order, feel free to contact us at Ben's Hardware Store.

Sincerely,
Ben Amherst

To: Ben's Hardware <bamherst@benshardware.com>
From: Phil Thompson <pthompson@livenet.com>
Date: August 27
Subject: Invoice #392028

Dear Mr. Amherst,

I am writing to bring to your attention an error on the recent invoice I received for my order. Upon reviewing the invoice, I noticed that only one hammer has been listed in the order. However, I had intended to purchase two. Unfortunately, I had a problem with the Web site when placing my order. After I applied my discount code, your site would not allow me to change the quantities of the items I had in the basket. It seems there may be a glitch in the system that needs to be addressed.

Could you please amend the invoice to reflect the desired quantity for that particular item? I would greatly appreciate it if you could resend the corrected invoice at your earliest convenience. Additionally, I kindly request that you look into fixing the issue with the site to prevent future customers from experiencing the same problem.

If you require any further information from me, please do not hesitate to reach out.

Best regards,

Phil Thompson

176. What is indicated about Mr. Thompson on the invoice?

(A) He ordered products for his business.
(B) He has been a member of the store for one year.
(C) He will pay $394.93 to Ben's Hardware Store.
(D) He should pay for his order within one week.

177. What problem did Mr. Thompson encounter while placing his order?

(A) He was unable to apply his discount code.
(B) He had difficulty entering his shipping address.
(C) He tried to purchase out-of-stock items.
(D) He could not make a change to his order.

178. Which product does Mr. Thompson wish to increase the quantity of?

(A) #504
(B) #298
(C) #317
(D) #196

179. In the e-mail, the word "addressed" in paragraph 1, line 5, is closest in meaning to

(A) delivered
(B) labeled
(C) handled
(D) forwarded

180. What does Mr. Thompson suggest that Mr. Amherst do?

(A) Provide a partial refund
(B) Offer a complimentary item
(C) Resolve a Web site issue
(D) Inform customers about a product

GO ON TO THE NEXT PAGE

Discover Your Dream Stay

At Pineview Resort, we offer four unique accommodation options nestled in the heart of a lush forest. All four of our lodges provide a serene retreat where you can unwind and reconnect with nature, hundreds of miles away from the nearest urban areas! Each one has its own unique features and amenities. Choose the perfect accommodation to suit your preferences and create unforgettable memories.

Sycamore Lodge

Escape to rustic luxury in Sycamore Lodge. This cozy retreat features a spacious living area with a fireplace, perfect for chilly evenings. Enjoy breathtaking views of the forest from your private balcony and immerse yourself in the tranquility of nature.

Birch Lodge

Experience modern comfort with a touch of nature in Birch Lodge. Relax in the comfortable bedrooms with panoramic views of the forest. Unwind in the outdoor hot tub or gather around the fire pit for a memorable evening under the stars.

Maple Lodge

Indulge in charm and serenity at Maple Lodge. Wake up to the sound of birds chirping and enjoy breakfast on your private patio overlooking the forest. Explore the nearby wildlife sanctuary or simply relax in the comfort of your lodge.

Cedar Lodge

Seek seclusion and relaxation in Cedar Lodge. This spacious retreat features a fully equipped kitchen, perfect for preparing meals with locally sourced ingredients. Spend your evenings gathered around the bonfire or take a dip in the nearby river.

---

www.honestreviews.ca ▼   — ◻ X

Name: Melissa Simms
Rating: ★★★★☆

I recently stayed at Pineview Resort with my parents, and we had a wonderful experience. The professionalism and efficiency of the staff truly impressed me. They were always courteous and attentive to our needs, making us feel welcomed from the moment we arrived.

The on-site restaurant exceeded our expectations. The dishes were delicious, and you could taste the freshness of the ingredients. The food all arrived very quickly, allowing us to enjoy our meals without any delays. Also, the menu prices were very reasonable; I feel I would have paid double for similar dishes in the city.

However, the only minor disappointment was with our lodge. While it was cozy and comfortable, the hot tub advertised in the brochure malfunctioned during our stay. Additionally, the lodge was not as spacious as we had hoped for our family of four, and there was not enough wood provided for the fire pit.

Despite these small issues, we thoroughly enjoyed our vacation at Pineview Resort. The beautiful surroundings and tranquil atmosphere provided the perfect escape from our busy lives. We just hope that all the lodge amenities will be fully functional when I have time off in July!

181. What is suggested about Pineview Resort?

    (A) It is located in a coastal region.
    (B) It specializes in corporate trips.
    (C) It is owned by a global resort chain.
    (D) It is situated far from any cities.

182. According to the Web page, what can be enjoyed by visitors to Pineview Resort?

    (A) A swimming pool
    (B) A fitness center
    (C) A hiking trail
    (D) An animal sanctuary

183. What positive aspect of the restaurant is NOT mentioned by Ms. Simms in the review?

    (A) The quality of its food
    (B) The speed of its service
    (C) The diversity of its menus
    (D) The good value of its pricing

184. Which lodge did Ms. Simms most likely stay in during her trip?

    (A) Sycamore Lodge
    (B) Birch Lodge
    (C) Maple Lodge
    (D) Cedar Lodge

185. What can be inferred about Ms. Simms from the review?

    (A) She would not recommend Pineview Resort to friends.
    (B) She visited Pineview Resort with work colleagues.
    (C) She intends to visit Pineview Resort again.
    (D) She was moved to a different lodge during her stay.

GO ON TO THE NEXT PAGE

Questions 186-190 refer to the following e-mails and flow chart.

E-Mail Message

To: Liam Houslow <lhouslow@neptune.com>
From: Anna Cartwright <acartwright@neptune.com>
Subject: Typhoon 550
Date: April 5

Hi Liam,

I wanted to touch base with you regarding our upcoming production of the Typhoon 550 washing machine model.

As you know, Neptune Appliances has had a successful year, and I'm thrilled about the launch of the Typhoon 550. However, I believe there's room for improvement in our manufacturing process to boost efficiency and profitability.

One area I've noticed that could use some attention is the time it takes to find and receive the parts required for building the appliances. It seems like we're encountering delays in sourcing and acquiring the necessary components, which ultimately impacts our production timeline and overall efficiency.

I was wondering if you have any insights or suggestions on how we can streamline this aspect of the manufacturing process. I believe that by addressing these challenges proactively, we can enhance our productivity and meet our production targets more effectively. For your reference, I have attached a flow chart showing our current production process. I'd appreciate your thoughts and input on this matter.

Looking forward to hearing from you soon.

Best regards,
Anna Cartwright, Production Manager
Neptune Appliances

NEPTUNE APPLIANCES – PRODUCTION PROCESS

STEP 1 (DESIGN PHASE) – determining the specifications and design of the washing machine.

STEP 2 (PARTS ACQUISITION) - sourcing all the necessary components and materials for the manufacturing process.

STEP 3 (PARTS ASSEMBLY) - putting together all the parts to create the washing machine.

STEP 4 (QUALITY ASSESSMENT) - ensuring that the assembled washing machine meets quality standards and specifications.

STEP 5 (TESTING) - running various tests on the washing machine to ensure its functionality and performance.

STEP 6 (PACKAGING) – packaging and preparing the appliance for shipment to retailers or customers.

To:	Anna Cartwright <acartwright@neptune.com>
From:	Liam Houslow <lhounslow@neptune.com>
Subject:	RE: Typhoon 550
Date:	April 5

Hi Anna,

Thank you for bringing up your concerns about streamlining the manufacturing process for the Typhoon 550. I agree that optimizing our processes is crucial for maintaining our competitive edge in the market.

I'm pleased to inform you that the recent recruitment of new employees will significantly reduce the time taken to carry out Step 5 of the manufacturing process. With additional manpower, we can expedite the testing phase and ensure that the production timeline remains on track.

In regards to your request for suggestions, I will look into alternative suppliers and explore ways to enhance our online inventory management system. We're committed to finding efficient solutions to minimize delays and maximize productivity.

I appreciate your proactive approach to addressing these challenges, and I'm eager to collaborate with you on finding solutions. Let's schedule a meeting for Thursday to discuss this matter face-to-face. As soon as possible, please let me know when you will be free, and I'll arrange the meeting accordingly.

Looking forward to our discussion.

Best regards,
Liam Houslow, Operations Manager
Neptune Appliances

186. Why did Ms. Cartwright send the e-mail?

(A) To discuss a change to a schedule
(B) To resolve a coworker's problem
(C) To seek advice from a colleague
(D) To announce the launch of a new product

187. Which step of the production process does Ms. Cartwright think needs improvement?

(A) Step 1
(B) Step 2
(C) Step 3
(D) Step 4

188. What most likely will the new recruits at Neptune Appliances be responsible for?

(A) Assembling components
(B) Assessing product quality
(C) Testing product performance
(D) Packaging appliances

189. What is indicated about Mr. Houslow?

(A) He will consider different shipping options.
(B) He will try to improve an online system.
(C) He will reschedule Thursday's meeting.
(D) He will remove a step from the production process.

190. What does Mr. Houslow expect Ms. Cartwright to do next?

(A) Make an announcement to staff
(B) Inform him of her availability
(C) Arrange training for new recruits
(D) Contact potential suppliers

GO ON TO THE NEXT PAGE

Questions 191-195 refer to the following e-mail, schedule, and booking confirmation.

To: Vanessa Baird <vbaird@erzanet.com>
From: Peter LaFleur <plafleur@montrealtours.com>
Subject: Tour Information
Date: March 19

Dear Vanessa,

Thank you for reaching out to us with your inquiry about vegetarian options for lunch during our Montreal city tour. We're delighted to make adjustments to ensure you have a memorable experience with us. For lunch, we can provide a variety of vegetarian options at local cafés and restaurants in Old Montreal. You can expect fresh salads, sandwiches, and other vegetarian dishes to choose from.

As requested, I have attached the full schedule for our Montreal city tour to this e-mail. Please note that the last stop on the tour will be changed due to a temporary closure of the location. Additionally, I'm excited to inform you about our limited-time Spring Discount of 15%! If you book your tour directly through our Web site before March 31, you'll receive this special offer. Don't miss out on this fantastic opportunity to explore Montreal at a discounted rate!

Best regards,

Peter LaFleur
Tour Manager
Montreal Tour Company

MONTREAL TOUR COMPANY – TOUR SCHEDULE

Morning

9:00 A.M.	Meet at the tour starting point (Montreal Tour Company Office)
9:15 A.M.	Begin guided walking tour of Old Montreal
-	Visit Notre-Dame Basilica
-	Learn about the history and architecture of the area
11:00 A.M.	Visit Pointe-à-Callière Museum
-	Discover the history of Montreal and its archaeological remains
12:30 P.M.	Lunch break at a local café or restaurant in Old Montreal

Afternoon

2:00 P.M.	Board bus for guided bus tour of Montreal
2:15 P.M.	Drive through Plateau Mont-Royal district
-	Admire the colorful murals and unique architecture
3:00 P.M.	Stop at Mount Royal Park
-	Enjoy panoramic views of the city skyline
4:00 P.M.	Continue bus tour to Mile End neighborhood
-	Explore the vibrant arts and cultural scene
5:00 P.M.	Visit Jean-Talon Market
-	Browse stalls of fresh produce, local delicacies, and artisan crafts
6:30 P.M.	Return to tour starting point

BOOKING CONFIRMATION – MONTREAL TOUR COMPANY

Dear Ms. Baird,

Thank you for choosing Montreal Tour Company for your upcoming Montreal city tour. We're excited to have you and your companions join us for an unforgettable exploration of this beautiful city!

Here are the details of your booking:

Name: Vanessa Baird
E-mail Address: vbaird@erzanet.com
Tour Date: April 10 (Meeting at 9:00 A.M. / Returning at 6:30 P.M.)
Number of Participants: 3
Tour Package: Montreal City Tour
Total Price (before discount): $255
Spring Discount (15%): $38.25
Total Price (after discount): $216.75

Please note that a full refund will be provided if you cancel your booking at least 14 days prior to the date of the tour. For cancellations made less than 14 days before the tour date, refunds will not be available.

To confirm your booking and secure your spot on the tour, please make the payment of $216.75 through our Web site using the provided booking code: 39087.

Best regards,
Montreal Tour Company

---

191. Why did Ms. Baird contact Montreal Tour Company?

(A) To inquire about receiving a discount on a city tour
(B) To find out more detailed information about a specific location
(C) To ask if her dietary preferences can be accommodated
(D) To check how to make a restaurant reservation during her trip

192. Which destination will be temporarily unavailable on the tour?

(A) Notre-Dame Basilica
(B) Pointe-à-Callière Museum
(C) Mount Royal Park
(D) Jean-Talon Market

193. According to the schedule, what is true about the tour participants?

(A) They will enjoy a performance at Plateau Mont-Royal.
(B) They will be given two hours for lunch.
(C) They will board a tour bus at 9:15 A.M.
(D) They will be dropped off at the tour company office.

194. What can be inferred about Ms. Baird from the booking confirmation?

(A) She made her booking before March 31.
(B) She will take the tour with three companions.
(C) She requested a change to the tour schedule.
(D) She received a refund for a previous booking.

195. What should Ms. Baird do when confirming her tour booking?

(A) Pay a partial deposit of the total fee
(B) Enter a code on a Web site
(C) Choose her menu preferences
(D) Select her pick-up location

GO ON TO THE NEXT PAGE

You Are Invited to the Opening Night of "Expressions of Elegance" by Emma Richards

Join us for a captivating evening of art and culture as we celebrate the opening night of "Expressions of Elegance," an exhibition featuring the stunning works of renowned artist Emma Richards.

Emma Richards is known for her exquisite paintings that effortlessly blend realism with abstract elements, resulting in fascinating compositions that evoke emotion and intrigue. Her unique style and attention to detail have garnered international acclaim, making her one of the most sought-after artists of our time.

Date: December 14
Time: 6:30 P.M. to 10:00 P.M.
Location: Sifu Art Gallery
Address: 4100 Matheson Avenue, Bellbrook

Highlights of the evening include:

Exclusive unveiling of her latest collection, "Expressions of Elegance"

Musical accompaniment from the Plover Jazz Quartet

Complimentary wine and hors d'oeuvres

Meet and greet with the artist herself, Emma Richards

Please RSVP by November 30 to secure your spot at this special event. Space is limited, so be sure to reserve your place early.

Warm regards,
Sifu Art Gallery

To: Penny Ng <editor@artscene.com>
From: Rod Gladwell <rod@artscene.com>
Subject: Upcoming Event
Date: November 15

Dear Penny,

I'm writing to request permission to attend and cover the opening night of "Expressions of Elegance" for an article in our magazine. I'm particularly excited about this event because the event venue is conveniently located on the street where I live, making it incredibly convenient for me to visit the exhibition. Additionally, I'm a big fan of the artist, Emma Richards, and her work has always resonated with me on a personal level.

Attending this event would not only provide me with an opportunity to showcase Emma Richards' exceptional talent and the enchanting atmosphere of the exhibition but also allow me to contribute a compelling piece to our magazine's arts and culture section. I believe that covering this event aligns perfectly with our magazine's focus on celebrating local artists and cultural events.

Thank you for considering my request. I look forward to your response.

Best regards,
Rod

Expressions of Elegance: A Captivating Evening at Sifu Art Gallery

By Rod Gladwell

The vibrant pulse of Bellbrook's art scene came to life on December 14 with the grand opening of "Expressions of Elegance" at Sifu Art Gallery. The event, which showcased the breathtaking works of acclaimed artist Emma Richards, drew art enthusiasts and culture aficionados from across the city for an evening of sophistication and creativity.

The atmosphere was electric as guests mingled amidst the gallery's elegant surroundings, eagerly anticipating the unveiling of Richards' latest collection. With a keen eye for detail and a mastery of color and form, Richards' paintings exuded a timeless elegance that mesmerized all who saw them. Those in attendance were overjoyed when they met with Richards and were gifted a complimentary selection of prints of three of the most stunning paintings on display.

In addition, guests were treated to live music performances that complemented the theme of the exhibition, further enhancing the ambiance of the evening. The sounds of jazz and classical melodies filled the air, creating a harmonious backdrop for exploration and contemplation. One of the highlights of the event was the opportunity to enjoy complimentary wine and hors d'oeuvres, adding a touch of indulgence to the already luxurious affair.

For those who missed the opening night, "Expressions of Elegance" will be on display at Sifu Art Gallery for the next month, offering art lovers the opportunity to immerse themselves in Richards' fascinating world of elegance and expression.

196. What is suggested about Emma Richards?

(A) She is mainly known for painting landscapes.
(B) She has exhibited work at Sifu Art Gallery in the past.
(C) She will unveil her new artworks on November 30.
(D) She has received worldwide praise for her work.

197. What is NOT mentioned as part of the event on December 14?

(A) A chance to meet the artist
(B) A live music performance
(C) A selection of refreshments
(D) A talk by a famous art critic

198. What is indicated about Mr. Gladwell?

(A) He recently moved to Bellbrook.
(B) He currently lives on Matheson Avenue.
(C) He owns some paintings by Emma Richards.
(D) He is an aspiring artist.

199. According to the article, what did attendees of the opening night receive?

(A) Membership to an art gallery
(B) Complimentary transportation
(C) Free prints of artworks
(D) Ms. Richards' autograph

200. What can be inferred about the opening night of "Expressions of Elegance"?

(A) Ms. Richards gave a musical performance at the event.
(B) Ms. Ng approved Mr. Gladwell's request to attend.
(C) Part of the exhibition took place outdoors.
(D) Some of the scheduled activities were canceled.

Stop! This is the end of the test. If you finish before time is called, you may go back to Parts 5, 6, and 7 and check your work.

시원스쿨 실전토익 900+

실전 모의고사
TEST 2

TEST 2
「시험장 모드」 영상

시험 보기

TEST 2
MP3

바로 듣기

TEST 2
해설

바로 보기

| 시작 시간 | _____시 _____분 |
| 종료 시간 | _____시 _____분 |

▸ 중간에 멈추지 말고 처음부터 끝까지 풀어보세요. 문제를 풀 때는 실전처럼 답안지에 마킹하세요.

실전 모의고사 TEST 2

LISTENING TEST

In the Listening test, you will be asked to demonstrate how well you understand spoken English. The entire Listening test will last approximately 45 minutes. There are four parts, and directions are given for each part. You must mark your answers on the separate answer sheet. Do not write your answers in your test book.

PART 1

Directions: For each question in this part, you will hear four statements about a picture in your test book. When you hear the statements, you must select the one statement that best describes what you see in the picture. Then find the number of the question on your answer sheet and mark your answer. The statements will not be printed in your test book and will be spoken only one time.

Statement (D), "They are taking photographs," is the best description of the picture, so you should select answer (D) and mark it on your answer sheet.

1.

2.

GO ON TO THE NEXT PAGE

3.

4.

5.

6.

GO ON TO THE NEXT PAGE →

PART 2

Directions: You will hear a question or statement and three responses spoken in English. They will not be printed in your test book and will be spoken only one time. Select the best response to the question or statement and mark the letter (A), (B), or (C) on your answer sheet.

7. Mark your answer on your answer sheet.

8. Mark your answer on your answer sheet.

9. Mark your answer on your answer sheet.

10. Mark your answer on your answer sheet.

11. Mark your answer on your answer sheet.

12. Mark your answer on your answer sheet.

13. Mark your answer on your answer sheet.

14. Mark your answer on your answer sheet.

15. Mark your answer on your answer sheet.

16. Mark your answer on your answer sheet.

17. Mark your answer on your answer sheet.

18. Mark your answer on your answer sheet.

19. Mark your answer on your answer sheet.

20. Mark your answer on your answer sheet.

21. Mark your answer on your answer sheet.

22. Mark your answer on your answer sheet.

23. Mark your answer on your answer sheet.

24. Mark your answer on your answer sheet.

25. Mark your answer on your answer sheet.

26. Mark your answer on your answer sheet.

27. Mark your answer on your answer sheet.

28. Mark your answer on your answer sheet.

29. Mark your answer on your answer sheet.

30. Mark your answer on your answer sheet.

31. Mark your answer on your answer sheet.

PART 3

Directions: You will hear some conversations between two or more people. You will be asked to answer three questions about what the speakers say in each conversation. Select the best response to each question and mark the letter (A), (B), (C), or (D) on your answer sheet. The conversations will not be printed in your test book and will be spoken only one time.

32. Where does the man most likely work?

    (A) At a home appliance shop
    (B) At a mobile phone store
    (C) At a hardware store
    (D) At a computer service center

33. What does the woman say she will do today?

    (A) Take an examination
    (B) Conduct a consultation
    (C) Give a presentation
    (D) Meet with a new client

34. According to the man, what should the woman do?

    (A) Submit a special request
    (B) Bring an item immediately
    (C) Check a warranty policy
    (D) Purchase an extra service

35. Who most likely are the men?

    (A) Electrical contractors
    (B) Apartment managers
    (C) Housekeepers
    (D) Interior designers

36. What does the woman say about the project?

    (A) It will exceed her budget.
    (B) It is environmentally friendly.
    (C) It needs to be completed by next week.
    (D) It should have a specific color scheme.

37. What will happen on Tuesday?

    (A) A board meeting
    (B) A business conference
    (C) A training session
    (D) A monthly workshop

38. What event are the speakers discussing?

    (A) A product showcase
    (B) A team-building activity
    (C) An internal audit
    (D) An advertising campaign

39. What does the man suggest doing this year?

    (A) Lowering some prices
    (B) Developing some packaging
    (C) Filming a commercial
    (D) Changing a display

40. What concern does the woman express?

    (A) Some expertise may be lacking.
    (B) Some fabrics cannot be found.
    (C) A venue is not open yet.
    (D) A fee may be incurred.

41. Who most likely is the man?

    (A) A car mechanic
    (B) A service technician
    (C) A production supervisor
    (D) A warehouse manager

42. What product does the company manufacture?

    (A) Printers
    (B) Game consoles
    (C) Smartphones
    (D) Computers

43. What will the woman most likely do next?

    (A) Meet other employees
    (B) Inspect some equipment
    (C) Learn about a component
    (D) Observe a meeting

GO ON TO THE NEXT PAGE

44. What was the man hoping to do this weekend?

(A) Host a barbecue party
(B) Enjoy a musical performance
(C) Attend a car exhibition
(D) Play in a sports tournament

45. Why does the man need to cancel his plans?

(A) A patient has made an urgent request.
(B) An event has been canceled.
(C) Some equipment is out of order.
(D) Some staff are not able to assist him.

46. What does the woman offer to do?

(A) Adjust a strategy
(B) Order some supplies
(C) Carry out an exam
(D) Accompany the man

47. Where does the conversation most likely take place?

(A) At a shoe store
(B) At a dry cleaner's
(C) At an apparel store
(D) At a fabrics shop

48. What good news does the woman share?

(A) A popular style is in full stock.
(B) A trained professional was recently hired.
(C) Some items have been marked down.
(D) Some services have been expanded.

49. What does the woman tell the man he can do?

(A) Visit on another day
(B) Find out his size
(C) Make a reservation
(D) Schedule a delivery

50. What does the man want to discuss?

(A) A parking policy
(B) A safety device
(C) A rise in visitors
(D) A prevention method

51. What does the woman suggest?

(A) Setting up some bins
(B) Recording a video
(C) Hanging up some banners
(D) Broadcasting an announcement

52. What does the man mean when he says, "Leave that to me"?

(A) He is willing to pick up some litter.
(B) He wants to borrow something from the woman.
(C) He needs to leave for an appointment.
(D) He is confident a proposal will be approved.

53. Where most likely are the speakers?

(A) In an appliance store
(B) In a computer service center
(C) In a car dealership
(D) In a hardware store

54. What does the woman say about the MegaMix blender?

(A) It had a price reduction.
(B) It has durable components.
(C) It received favorable reviews.
(D) It comes with an extended warranty.

55. What will the woman probably do next?

(A) Refund a payment
(B) Get a delivery address
(C) Give a demonstration
(D) Check an inventory

56. Where do the speakers most likely work?

(A) At a hardware store
(B) At a carpet store
(C) At an electronics store
(D) At a furniture store

57. Why does the man say, "it is a win-win situation for both sides"?

(A) To question a decision
(B) To recommend an alternative
(C) To acknowledge a strategy
(D) To encourage participation

58. What does the woman think a business should do?

(A) Improve its Web site
(B) Hire more staff
(C) Add different products
(D) Display a new sign

---

59. What news does the man share?

(A) A manager is sick.
(B) An item is not working properly.
(C) An intern is getting promoted.
(D) A flight has been delayed.

60. Who most likely are the women?

(A) Tour guides
(B) Ticket agents
(C) Cargo handlers
(D) Flight attendants

61. Why is Hae-rin nervous?

(A) She is worried about Ellen's health.
(B) She has too many duties to cover.
(C) She recently made a mistake.
(D) She has not practiced a script yet.

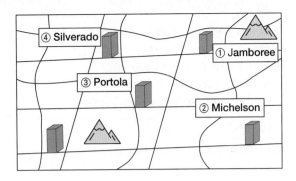

62. What type of business do the speakers work at?

(A) A coffee shop
(B) A convenience store
(C) A home goods store
(D) A restaurant

63. Why do some items need to be relocated?

(A) They were delivered incorrectly.
(B) They will be used at an upcoming event.
(C) They were the wrong flavor.
(D) They are past their sell-by date.

64. Look at the graphic. Where will the items be moved to?

(A) Branch 1
(B) Branch 2
(C) Branch 3
(D) Branch 4

GO ON TO THE NEXT PAGE

Beth's Cooking Studio – April Schedule
April 1 – 8: Thai Cuisine
April 9 – 16: Brazilian Cuisine
April 17 – 23: Indian Cuisine
April 24 – 30: Mediterranean Cuisine

65. What does the woman suggest about an event?

(A) It should be practical.
(B) It should be fun.
(C) It should be affordable.
(D) It should be convenient.

66. Look at the graphic. Which cuisine will be taught during the event?

(A) Thai
(B) Brazilian
(C) Indian
(D) Mediterranean

67. What does the woman say she will do?

(A) Book some spots
(B) Reschedule an appointment
(C) E-mail an inquiry
(D) Ask for some opinions

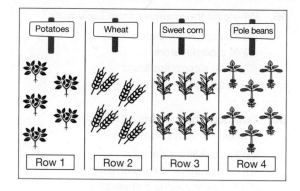

68. What does the man show the woman?

(A) A guidebook
(B) A study
(C) A receipt
(D) A memo

69. Look at the graphic. Which area are the speakers discussing?

(A) Row 1
(B) Row 2
(C) Row 3
(D) Row 4

70. What will the woman do next?

(A) Report an issue
(B) Do some research
(C) Adjust a planting schedule
(D) Call a technician

PART 4

Directions: You will hear some talks given by a single speaker. You will be asked to answer three questions about what the speaker says in each talk. Select the best response to each question and mark the letter (A), (B), (C), or (D) on your answer sheet. The talks will not be printed in your test book and will be spoken only one time.

71. According to the speaker, what do customers like most about some snowboards?

    (A) The designs
    (B) The wide variety
    (C) The durability
    (D) The ease of use

72. What does the rental shop provide for free?

    (A) Snow goggles
    (B) A wooden sled ,
    (C) Waxing services
    (D) Lessons for beginners

73. What can the listener do on a Web site?

    (A) Schedule a delivery
    (B) View hourly rates
    (C) Download a coupon
    (D) Explore a catalog

74. What is the purpose of a meeting?

    (A) To remind staff about an upcoming event
    (B) To introduce a new machine
    (C) To explain a policy change
    (D) To evaluate a team's performance

75. Where do the listeners most likely work?

    (A) At a medical clinic
    (B) At an engineering firm
    (C) At a corporate office
    (D) At a fitness center

76. What does the speaker want a volunteer to do?

    (A) Lead a training workshop
    (B) Deliver a presentation
    (C) Distribute some items
    (D) Administer an exam

77. Where is the tour most likely taking place?

    (A) At a cattle farm
    (B) At a food factory
    (C) At a company cafeteria
    (D) At a produce warehouse

78. What advantage of a machine does the speaker mention?

    (A) It is reliable.
    (B) It is simple to use.
    (C) It is state-of-the-art.
    (D) It is made of stainless steel.

79. According to the speaker, what will Rachel talk about?

    (A) Various flavors
    (B) Marketing tactics
    (C) Organic ingredients
    (D) Packaging designs

80. What type of event is most likely taking place?

    (A) A business gathering
    (B) A community discussion
    (C) An academic conference
    (D) An online orientation

81. What are the volunteers asked to do?

    (A) Check each person's name tag
    (B) Drive participants to the airport
    (C) Record a list of all guest names
    (D) Direct attendees to their shuttles

82. What does the speaker say attendees can do with their tickets?

    (A) Obtain a free parking pass
    (B) Trade them in for a gift
    (C) Register for a raffle
    (D) Get a complimentary meal

83. What industry does the speaker most likely work in?

(A) Automobile
(B) Computer hardware
(C) Video game
(D) Mobile phone

84. What does the speaker mean when she says, "I'm really excited to hear users' responses"?

(A) She expects some positive reviews.
(B) She has resolved a common complaint.
(C) A product has had strong sales.
(D) A service has benefited many people.

85. What does the speaker ask the listener to send?

(A) A text message
(B) A document
(C) Some presentation materials
(D) Some profit projections

86. Why does the speaker say, "This is for the comfort and security of everyone here today"?

(A) To emphasize the quality of a show
(B) To apologize for a delay
(C) To express regret for a problem
(D) To ask the listeners to listen closely

87. What are the listeners encouraged to do?

(A) Equip themselves with a device
(B) Stay alert of their surroundings
(C) Download an emergency warning app
(D) Purchase tickets in advance

88. Where does the speaker say some information can be found?

(A) On a screen display
(B) At the front of a stage
(C) In a pamphlet
(D) On the back of some seats

89. What type of product has the team developed?

(A) A light sensor
(B) A mini video recorder
(C) A portable projector
(D) A photo printer

90. What has caused a problem for some users?

(A) Faulty buttons
(B) A poor design
(C) Unclear audio
(D) Inconsistent brightness

91. What does the speaker suggest that the listeners do?

(A) Contact an industry expert
(B) Sign up for an event
(C) Seek feedback from testers
(D) Watch a demonstration

92. Where does the speaker most likely work?

(A) At a financial consulting firm
(B) At a recruiting firm
(C) At a real estate agency
(D) At a marketing agency

93. What does the speaker imply when she says, "the stock market is unpredictable and complex"?

(A) She is confused about a situation.
(B) She is asking for assistance.
(C) A helpful service needs to be provided.
(D) Some workers might need to be relocated.

94. What will most likely be discussed next?

(A) An image-building plan
(B) A revised company policy
(C) Some upgrades to a computer system
(D) Some improvements to customer service

Best Director Award	
Nominees	**Film Honored**
Casey Silvester	*Ardent Spirits*
Mani Cadfael	*Maple Leaf Road*
Ren Suzuki	*Wandering Youth*
Latifah Tan	*The Battle*

Offered Drinks

Bottled drinks ---------- $1 each
Canned soda ----------- free
Coffee -------------------- $1 (Hot / Iced)
Juice packs ------------- free
Water -------------------- free

95. Look at the graphic. Who is giving the speech?

(A) Casey Silvester
(B) Mani Cadfael
(C) Ren Suzuki
(D) Latifah Tan

96. What does the speaker say inspired her career?

(A) Meeting a famous actor
(B) Receiving words of encouragement
(C) Going to a special movie theater
(D) Attending a local film festival

97. What does the speaker explain about her films?

(A) They showcase diverse cultural experiences.
(B) They depict the power of friendship.
(C) They contain the stories of her friends.
(D) They were made on a low budget.

98. What type of business does the speaker run?

(A) A language academy
(B) A bookstore
(C) A study café
(D) A home appliance store

99. According to the speaker, what did the business receive?

(A) Some furniture donations
(B) Some employment inquiries
(C) A special recognition
(D) A relocation offer

100. Look at the graphic. Which item will change in price?

(A) Bottled drinks
(B) Canned soda
(C) Coffee
(D) Juice packs

This is the end of the Listening test. Turn to Part 5 in your test book.

READING TEST

In the Reading test, you will read a variety of texts and answer several different types of reading comprehension questions. The entire Reading test will last 75 minutes. There are three parts, and directions are given for each part. You are encouraged to answer as many questions as possible within the time allowed. You must mark your answers on the separate answer sheet. Do not write your answers in your test book.

PART 5

Directions: A word or phrase is missing in each of the sentences below. Four answer choices are given below each sentence. Select the best answer to complete the sentence. Then mark the letter (A), (B), (C), or (D) on your answer sheet.

101. Widely known for ------- successful electronic albums, Toyah Mooney also composes music for movie soundtracks.

(A) her
(B) she
(C) hers
(D) herself

102. Mr. Lee organizes many training workshops that are ------- to new recruits.

(A) positive
(B) careful
(C) happy
(D) helpful

103. Tourism in Bridgeport rose by over 10 percent in the ------- weeks after the amusement park was opened.

(A) few
(B) small
(C) high
(D) late

104. Martha's Boutique is offering complimentary gift wrapping on all ------- during the month of December.

(A) capitals
(B) ways
(C) manners
(D) orders

105. Whether you are seeking a venue for a corporate event ------- an informal gathering, Ivy Hotel has a room to meet your needs.

(A) or
(B) yet
(C) but
(D) and

106. The Atkins Institute hosts a seminar series that covers a wide range of -------, such as graphic design and marketing.

(A) subject
(B) subjects
(C) subjected
(D) subjecting

107. The market research group made a ------- decision to conduct online polls rather than mailing out questionnaires.

(A) collect
(B) collects
(C) collective
(D) collectively

108. According to the CFO's e-mail this morning, employees must not use company credit cards for ------- expenses.

(A) entire
(B) active
(C) cautious
(D) personal

109. Ms. Johnson and Mr. Chester have collaborated ------- this year's advertising campaign.
(A) between
(B) by
(C) beside
(D) on

110. Sparkle Gleam laundry detergent can be purchased from all major retail -------.
(A) store
(B) stored
(C) storing
(D) stores

111. All ------- objects should be placed in sturdy boxes to prevent any damage during transportation.
(A) original
(B) physical
(C) difficult
(D) breakable

112. Staff members who ------- industry events should represent our company in a professional manner.
(A) attendance
(B) attends
(C) attending
(D) attend

113. The factory manager demands that ------- trained and experienced workers be permitted to work on the assembly line.
(A) much
(B) only
(C) whose
(D) unless

114. This Friday, Lisa Ferrara, our recently appointed human resources manager, will begin ------- candidates for the vacancies in her department.
(A) keeping
(B) solving
(C) interviewing
(D) attaching

115. This gift certificate is ------- only at participating branches of Dillon Home Hardware.
(A) valid
(B) accurate
(C) significant
(D) entitled

116. The pollution levels in the river ------- by the Water & Agriculture Department since 2021.
(A) have been monitored
(B) monitors
(C) is monitoring
(D) will monitor

117. Based on a review of the feedback forms, Ms. Holmes was ------- the most popular workshop leader at the seminar.
(A) naturally
(B) clearly
(C) usually
(D) very

118. The mobile phone manufacturer expects to sell approximately 500,000 units of the X500 phone by December, ------- on consumer demand.
(A) depends
(B) depending
(C) to depend
(D) depend

119. Ms. Herring was delighted to ------- a resolution to the shipping problem that occurred last week.
(A) have found
(B) be found
(C) finds
(D) finding

120. The data from the consumer survey ------- that the use of facial recognition technology in advertising is extremely unpopular.
(A) understood
(B) confirmed
(C) decided
(D) displayed

GO ON TO THE NEXT PAGE

121. In light of the upcoming project deadline, Mr. Robertson asked ------- to work late this Friday.

(A) everyone
(B) anyone
(C) each other
(D) one another

122. Mr. Grundy decided to announce the policy change by e-mail ------- at the weekly staff meeting.

(A) subsequently
(B) moreover
(C) rather than
(D) in regards to

123. The catering firm has ------- provided alternative dishes when clients have made special dietary requests.

(A) occasional
(B) occasionally
(C) occasioned
(D) occasioning

124. Each Mozo cell phone ------- with a pair of earphones and a $50 gift certificate for Mozo products.

(A) includes
(B) serves
(C) adjusts
(D) comes

125. The Carmine Theater is hosting ------- movie showings during the Monterey Film Festival this week.

(A) every
(B) multiple
(C) next
(D) evenly

126. The Haversham Hydroelectric Dam is a triumph of ------- that has helped reduce energy costs for tens of thousands of people.

(A) engineer
(B) engineered
(C) engineering
(D) to be engineered

127. An announcement will be posted on the staff notice board when ------- for the management training course begins.

(A) appearance
(B) convenience
(C) enrollment
(D) replacement

128. Mr. Lyon should not be contacted this morning ------- there is an urgent matter such as a customer complaint.

(A) within
(B) could
(C) unless
(D) before

129. When cars are parked too ------- in a parking lot, there is a higher chance of accidental vehicle damage.

(A) keenly
(B) closely
(C) patiently
(D) greatly

130. When placing items into the refrigerators in the restaurant kitchen, please ensure that raw meat is separate ------- other ingredients.

(A) from
(B) along
(C) within
(D) among

PART 6

Directions: Read the texts that follow. A word, phrase, or sentence is missing in parts of each text. Four answer choices for each question are given below the text. Select the best answer to complete the text. Then mark the letter (A), (B), (C), or (D) on your answer sheet.

Questions 131-134 refer to the following e-mail.

To: All Rickman Building Tenants <all-members@rickmantenants.com>
From: Roy Ackerman <roy@rickmantenants.com>
Subject: Changes to Garbage Pick-Up Schedule
Date: March 15

Dear Members,

I wanted to inform you about some important changes to our garbage pick-up schedule.

Starting next week, our garbage collection days will be ------- from Tuesdays and Fridays to
                                                            131.
Mondays and Thursdays. This adjustment is aimed at improving efficiency and better ------- our
                                                                                      132.
building's needs.

-------, if any members require new standard or recycling bins, please feel free to reach out to me
133.
directly. I'll be more than happy to assist you in obtaining these. -------.
                                                                    134.

Thank you for your attention to this matter, and please don't hesitate to contact me if you have
any questions or concerns.

Best regards,

Roy Ackerman
Tenant Association Leader

---

131. (A) meeting
(B) publicizing
(C) offering
(D) shifting

132. (A) accommodating
(B) accommodation
(C) accommodated
(D) accommodates

133. (A) For instance
(B) Nevertheless
(C) Additionally
(D) Instead

134. (A) Make sure your garbage is ready for collection on Tuesdays.
(B) The buildup of garbage in communal areas is becoming a problem.
(C) These may be used to access both entrances to the building.
(D) Remember that all food waste goes in the green bins.

GO ON TO THE NEXT PAGE

Questions 135-138 refer to the following notice.

All Ealing Coffee House Customers,

Join us this Saturday at 7 p.m. for an unforgettable performance by the immensely talented Melissa Brooks! Known for her soulful voice and heartfelt lyrics, Melissa ------- us with a captivating blend of folk, pop, and indie tunes.
135.

Admission to this special performance is absolutely free! Come and enjoy an evening of beautiful music in the intimate ------- of our coffee shop.
136.

Plus, don't miss the opportunity to purchase Melissa's brand new album, featuring some of her latest hits! Stick around for a chance to have your album personally signed by Melissa -------
137.
after the performance.

Mark your calendars and spread the word! -------.
138.

---

135. (A) impressed
(B) to impress
(C) will impress
(D) is impressing

136. (A) situation
(B) display
(C) setting
(D) relationship

137. (A) hers
(B) herself
(C) she
(D) her

138. (A) We are confident you will enjoy our new menu.
(B) We look forward to welcoming you to this event.
(C) We accept cash and all major credit cards.
(D) We thank you for your support during this transition.

Introducing the New ProClean Carpet Cleaner!

Say goodbye to stubborn stains and dingy carpets with the ProClean Carpet Cleaner's powerful deep-cleaning action and ------- stain-fighting technology. With its lightweight and maneuverable
139.
design, cleaning has never been easier.

Our ProClean Carpet Cleaner features a built-in stain tool for targeted spot cleaning, and the large capacity tank ensures uninterrupted cleaning sessions. -------, the Quick Clean mode
140.
allows for rapid drying, so you can get back to enjoying your fresh, clean carpets in no time.

-------. The ProClean Carpet Cleaner is available now at your nearest home improvement store or
141.
online -------. You can also purchase directly through our Web site at www.procleanappliances.
142.
com. Get yours today and enjoy cleaner, fresher carpets with ease!

---

139. (A) advancing
(B) advances
(C) advance
(D) advanced

140. (A) Instead
(B) Rather
(C) Furthermore
(D) However

141. (A) The appliance boasts the following unique features.
(B) We offer flexible options for buying the device.
(C) Carpet cleaning involves three easy steps.
(D) We hope you are happy with your recent purchase.

142. (A) retail
(B) retailing
(C) retailed
(D) retailers

GO ON TO THE NEXT PAGE

Questions 143-146 refer to the following memo.

To: All Department Managers
Date: April 12

Dear Department Managers,

-------. As a part of this plan, the conference room on the third floor will be temporarily
143.
inaccessible for a few days. The room will undergo painting and recarpeting starting April 15, and
this work is expected to be completed by April 18.

During this time, I encourage you to utilize alternative meeting spaces for ------- scheduled
144.
meetings, interviews, or training sessions. Alternatives ------- the smaller meeting rooms on the
145.
first and second floors, the cafeteria area, and the outdoor seating areas, weather permitting.

Please coordinate with your team members and adjust your schedules ------. Thank you for your
146.
cooperation and understanding.

Best regards,

Alan Greene
Office Manager

---

143. (A) As we discussed, our product launch has been moved forward.
(B) Please be aware that the office will close early tomorrow.
(C) As you know, we are scheduled to improve our facilities this month.
(D) It is crucial that we revise our recruitment strategy immediately.

144. (A) many
(B) every
(C) any
(D) each

145. (A) include
(B) including
(C) included
(D) inclusive

146. (A) sincerely
(B) tentatively
(C) briefly
(D) accordingly

PART 7

Directions: In this part you will read a selection of texts, such as magazine and newspaper articles, e-mails, and instant messages. Each text or set of texts is followed by several questions. Select the best answer for each question and mark the letter (A), (B), (C), or (D) on your answer sheet.

Questions 147-148 refer to the following online advertisement.

http://www.ambrosiacatering.com ▼

AMBROSIA CATERING
Indulge in Culinary Excellence!

Calling all food enthusiasts and event planners – experience the taste of luxury with our catering services. As a special treat for first-time customers, we're thrilled to offer you a generous 25 percent off the first service we provide for you! From corporate luncheons to intimate gatherings, our team of skilled chefs will craft mouthwatering dishes tailored to your preferences. Elevate your next event with exquisite cuisine and impeccable service.

Don't miss out on this limited-time offer, which is available through January.
Contact us today at inquiries@ambrosia.com!

147. What is the purpose of the advertisement?

(A) To announce a menu change
(B) To promote an upcoming event
(C) To describe job vacancies
(D) To attract new customers

148. What is available through the month of January?

(A) A service discount
(B) An event invitation
(C) A free consultation
(D) A complimentary gift

GO ON TO THE NEXT PAGE ➡

Questions 149-150 refer to the following memo.

To: Local Residents
From: Olivia Noonan
Date: August 3
Subject: Maplewood Street Parade

Attention all residents of Maplewood!

As I am sure you are all aware, the annual Maplewood Street Parade will be happening next Saturday. Join us for a day of fun, music, and festivities as colorful floats, marching bands, and community groups fill the streets. This year, we have sold nearly 3,000 tickets for the event, so we are expecting a large crowd. Please be advised that Palisade Street will be closed to traffic from 9:00 A.M. to 3:00 P.M. to accommodate the parade route and those in attendance. Plan your travel accordingly and use alternate routes to avoid delays.

For further details about the event, including the parade route and alternative driving routes, please go to www.maplewoodcity.org.

Regards,

Olivia Noonan
Community Events Director
Maplewood City Council

149. What is the purpose of the memo?

(A) To reschedule a street parade
(B) To seek community volunteers
(C) To provide directions to an event
(D) To warn of a road closure

150. What is indicated about the Maplewood Street Parade?

(A) It will be taking place for the first time.
(B) It will include free parking for attendees.
(C) It will be watched by almost 3,000 spectators.
(D) It will be held over two days.

Questions 151-152 refer to the following report.

Cornstarch packaging offers a multitude of benefits that make it an increasingly popular choice for environmentally conscious consumers and businesses alike. Derived from renewable corn starch, this biodegradable material provides a sustainable alternative to commonly used plastic packaging, significantly reducing environmental impact.

One of its key advantages lies in its ability to decompose naturally, breaking down into harmless organic matter when disposed of properly, thus minimizing pollution and landfill waste. Additionally, cornstarch packaging is versatile and adaptable, suitable for a wide range of applications including food packaging and disposable utensils. Its lightweight nature also contributes to reduced transportation costs and carbon emissions. Furthermore, cornstarch packaging can be molded into various shapes and sizes, offering flexibility and customization options for product manufacturers.

With its eco-friendly properties and practical benefits, cornstarch packaging represents a promising solution for businesses seeking sustainable packaging solutions in today's environmentally conscious world.

151. What is indicated about cornstarch packaging?

(A) It can be recycled and reused as packaging multiple times.
(B) It is used by the majority of manufacturing businesses.
(C) It is less expensive to manufacture than plastic packaging.
(D) It is an environmentally friendly alternative to traditional materials.

152. What is NOT mentioned as an advantage of cornstarch packaging?

(A) It is easily shaped.
(B) It is relatively light.
(C) It is highly durable.
(D) It helps reduce waste.

GO ON TO THE NEXT PAGE

Questions 153-155 refer to the following job advertisement.

Job Advertisement: Translator

As a Translator at Zenon Corporation, you will play a crucial role in facilitating communication between our staff and clients in diverse linguistic environments. Working closely with the sales team, you will help bridge language barriers and facilitate successful business interactions in global markets.

Main Job Duties:

- Translate materials, contracts, e-mails, presentations, and other documents from English into target languages and vice versa
- Collaborate with the international sales team to understand client needs and preferences, tailoring translations to suit specific audiences and cultural nuances

Application Requirements:

- Bachelor's degree in Translation, Linguistics, or a related field
- Proven experience as a translator, preferably in a business or corporate environment
- Proficiency in English and fluency in at least one other language
- Ability to work under pressure and meet tight deadlines in a fast-paced environment

Please submit your résumé and cover letter detailing your relevant experience to careers@zenon.com. Those who proceed to the next stage will be tested on their language proficiency. We look forward to welcoming you to our dynamic team at Zenon Corporation.

---

153. What is indicated about the job?

(A) It includes a travel allowance.
(B) It may require working on weekends.
(C) It involves working with salespeople.
(D) It is a temporary position.

154. What is listed as a requirement for applicants?

(A) A qualification in marketing
(B) Experience in the sales field
(C) Familiarity with translation software
(D) Ability to complete tasks promptly

155. According to the job posting, what will some applicants be required to do?

(A) Submit a portfolio
(B) Take a test
(C) Attend a workshop
(D) Provide a reference

Questions 156-158 refer to the following Web page.

BAKING BASICS
March 7th, 6:30 P.M. to 9:00 P.M.
Salford Culinary Institute
Instructor: Cheryl Smyth

Explore your passion for baking and sharpen your culinary skills with our upcoming Baking Basics class at the renowned Salford Culinary Institute! Join us for an immersive hands-on experience led by an experienced instructor with over twenty years of experience as a pastry chef in some of the world's best restaurants!

Discover the joy of creating delicious baked goods from scratch! During the class, you will learn about the following:

• Essential baking techniques and tips
• Recipes for classic and modern baked treats
• Proper ingredient measurements and substitutions
• Baking equipment and useful tools
• Decorating and presentation techniques

Registration for the class must be completed by February 15th. A fee of $20 is required, and spaces are limited to 45.

Baking Basics is the first of four classes being hosted at our institute. Join us for Pasta Expertise on March 15th, Soups & Salads on March 25th, and Grill Masters on April 4th. Registration for all three will be open from March 1st.

156. When will the Baking Basics class be held?

(A) On February 15th
(B) On March 1st
(C) On March 7th
(D) On April 4th

157. What topic will probably NOT be covered in the Baking Basics class?

(A) How to use baking equipment
(B) How to create an attractive menu
(C) How to choose alternative ingredients
(D) How to decorate cakes

158. What is indicated about Ms. Smyth?

(A) She is the founder of an institute.
(B) She has registered for Baking Basics.
(C) She will lead a class on March 15th.
(D) She has experience as a chef.

Questions 159-161 refer to the following Web page.

http://www.aitkeninternationalairport.com/transportation

It is our distinct pleasure to introduce our newest shuttle bus service! —[1]—. Say goodbye to transportation hassles and hello to convenience with our direct shuttle service running from the Arrivals Terminal to the convention centers in the city. —[2]—.

Enjoy the following benefits:

• Direct, non-stop service between 7 A.M. and 9 P.M. from the airport to the Dalton Exhibition & Conference Center (DECC) and the Westcott Convention Hall.
• Comfortable and spacious seating for a relaxing journey.
• Free onboard refreshments to keep you energized throughout your trip.
• Complimentary WiFi access, allowing you to stay connected and productive on the go.

—[3]—. Whether you are attending conferences, meetings, or trade shows, our shuttle service provides a hassle-free transportation solution, allowing you to focus on your business priorities. To view the schedule or to reserve a seat for only $15 per person, please click **HERE**. —[4]—.

159. For whom is the information mainly intended?

(A) Travel agents
(B) Tour group members
(C) Airport employees
(D) Business travelers

160. What is indicated about the shuttle bus service?

(A) It is a complimentary service.
(B) It is available 24 hours a day.
(C) It serves three event venues.
(D) It includes free Internet access.

161. In which of the positions marked [1], [2], [3], and [4] does the following sentence best belong?

"Payment in cash will not be accepted by our drivers."

(A) [1]
(B) [2]
(C) [3]
(D) [4]

[3:13 P.M.] Craig Nelson: Hi, Lydia. A potential client is wondering if we can provide 100 sandwiches by noon tomorrow for their staff orientation. They want a wide range of fillings. Would it be possible? This could be a good chance to secure a regular client.

[3:15 P.M.] Lydia Veitch: I really doubt it. We're preparing a platter of pastries and muffins for Silvan Marketing tomorrow morning. Hmm... Would 1 P.M. be okay?

[3:16 P.M.] Craig Nelson: I'll check.

[3:18 P.M.] Craig Nelson: They said they would be happy with that.

[3:19 P.M.] Lydia Veitch: Glad to hear that! We'll have a busy morning tomorrow then.

[3:20 P.M.] Craig Nelson: No worries. I'm sure we can handle it.

162. Where do Mr. Nelson and Ms. Veitch most likely work?

(A) At a marketing firm
(B) At a recruitment agency
(C) At a catering company
(D) At a security firm

163. At 3:16 P.M., what does Mr. Nelson most likely mean when he writes, "I'll check"?

(A) He will confirm the location of a meeting.
(B) He will find some alternative items.
(C) He will reschedule a prior appointment.
(D) He will get in touch with a potential client.

GO ON TO THE NEXT PAGE

Sunlink Technologies Considering Riverdale
By Eddie Yates

(May 11) - One of the most prominent telecommunications firms in the region, Sunlink Technologies, is poised to extend its reach into the digital media sector with the establishment of a new operational base in the vibrant city of Riverdale. Sunlink Technologies, known for its innovative solutions and forward-thinking approach, is currently in talks to launch a strategic office in Riverdale, marking an exciting phase of expansion for the company. While specific details of the initiative remain undisclosed, insiders familiar with the project have revealed that the proposed office space is designed to accommodate a workforce of over 200 employees, indicating a significant investment in the local economy.

When asked directly for a comment on the company's expansion, Sunlink CEO Karl Steiner informed me that the company has identified a prime location for the forthcoming office building. It will be situated adjacent to Summit Plaza, right in the heart of Riverdale. This strategic positioning is expected to enhance accessibility and visibility for Sunlink Technologies, fostering collaboration and synergy within the dynamic digital media landscape. With its commitment to innovation and growth, Sunlink Technologies is poised to make a lasting impact in Riverdale's business community while spearheading advancements in the digital media industry.

Mr. Steiner expects to officially open the new base of operations before the end of the year, but notes that advertisements for job roles will be posted on the company's Web site as early as next month.

164. What is Sunlink Technologies planning to do in Riverdale?

(A) Conduct market research
(B) Launch an advertising campaign
(C) Open a business location
(D) Install new technology

165. What is suggested about Sunlink Technologies?

(A) It has offices in several continents.
(B) It will help improve the economy of Riverdale.
(C) It plans to merge with a digital media company.
(D) It is committed to reducing its environmental impact.

166. How did Mr. Yates most likely obtain some information for the article?

(A) By contacting a Sunlink executive
(B) By attending a press conference
(C) By visiting the Sunlink Web site
(D) By consulting with a colleague

167. According to the article, what is likely to happen in June?

(A) Construction of a building will begin.
(B) New product ranges will be launched.
(C) Employees will undergo training.
(D) Job opportunities will be announced.

Questions 168-171 refer to the following memo.

To: Globespark Executive List
From: Chris Chilton
Date: December 7
Subject: Update

Dear Board Members and Shareholders,

I am pleased to report that Globespark has concluded another successful fiscal year, achieving remarkable financial growth and surpassing our projected targets. Our sales figures for the past year have shown a substantial increase, with a notable growth in profits of 15% compared to the previous year. This outstanding performance is a testament to the dedication and hard work of our teams, as well as the trust and loyalty of our valued customers.

Several destinations and tour packages have emerged as clear favorites among travelers, driving our sales success. —[1]—. The breathtaking landscapes of Iceland and the exotic allure of Southeast Asia have been particularly popular, with travelers drawn to the unique cultural experiences and adventurous activities offered in these regions.

I am also pleased to announce that the recent redesign of our Web site has significantly contributed to our increased sales. —[2]—. Special thanks to our Head of Marketing, Sarah Thompson, for spearheading this initiative and ensuring its successful implementation.

—[3]—. Looking ahead, we have several exciting projects in the pipeline, including the launch of exclusive luxury tours to hidden gems around the world and the expansion of our corporate travel services. —[4]—. We remain committed to delivering exceptional experiences for our customers and maximizing value for our shareholders.

Thank you for your continued support and confidence in our organization.

Warm regards,

Chris Chilton
Chief Financial Officer
Globespark Ltd.

---

168. What type of business is Globespark?

(A) An appliance manufacturer
(B) A book publisher
(C) An energy company
(D) A travel agency

169. In which of the positions marked [1], [2], [3], and [4] does the following sentence best belong?

"And, you will be pleased to know that the future looks bright for our business."

(A) [1]
(B) [2]
(C) [3]
(D) [4]

170. According to the memo, what has the company accomplished this year?

(A) It has hired several new executives.
(B) It has launched a new range of products.
(C) It has increased its profitability.
(D) It has improved its customer service.

171. According to Mr. Chilton, what positive contribution has Ms. Thompson made?

(A) She reduced marketing expenditure.
(B) She oversaw the improvement of a Web site.
(C) She opened a new branch in Southeast Asia.
(D) She supervised the expansion of corporate services.

Questions 172-175 refer to the following online chat discussion.

Martyn Blair (10:15 A.M.)
Hey Claire and Hannah, how's the preparation going for the upcoming employee orientations?

Claire Downing (10:17 A.M.)
Hi Martyn, the morning session for new sales recruits is coming together nicely. We've got the presentation slides ready, and I've finalized the schedule for the day.

Hannah Ritchie (10:18 A.M.)
Hi Martyn, I'm working on the afternoon session for new administrative staff. The materials are almost ready, and I'm just doing some final tweaks to the agenda.

Martyn Blair (10:20 A.M.)
That's great to hear. Claire, do you need any assistance with the morning session?

Claire Downing (10:21 A.M.):
No, I think we're all set. Thanks for asking though.

Hannah Ritchie (10:22 A.M.)
Martyn, I have to go to the dentist for some important work later in the afternoon, so I'll need to depart before the end of the session.

Martyn Blair (10:24 A.M.)
No problem, Hannah. I'll find someone to cover for you during the afternoon session.

Claire Downing (10:25 A.M.)
If you need any help, Martyn, I can step in for Hannah during the afternoon.

Martyn Blair (10:26 A.M.)
Thanks, Claire. I'll keep that in mind. Let's make sure everything runs smoothly for our new employees.

Hannah Ritchie (10:28 A.M.)
Absolutely, I'll make sure to hand over all the materials and information before I leave.

Claire Downing (10:29 A.M.)
Sounds like a plan. We've got this covered.

Martyn Blair (10:30 A.M.)
Thanks, both of you. Let's make these orientations a success!

172. In what department do the writers most likely work?

(A) Technical support
(B) Accounting
(C) Human resources
(D) Advertising

173. What are the writers preparing for?

(A) The opening of a new business location
(B) The posting of job vacancies
(C) The training of new staff members
(D) The launch of a new product

174. What problem does Ms. Ritchie mention?

(A) She does not have some essential materials.
(B) She must leave early for an appointment.
(C) She will arrive late in the morning.
(D) She is struggling to create presentation slides.

175. At 10:29 A.M., what does Ms. Downing most likely mean when she writes, "We've got this covered"?

(A) She is familiar with some presentation materials.
(B) She has already contacted some event participants.
(C) She is confident that some sessions will run smoothly.
(D) She is impressed with the suggestions made by her colleagues.

GO ON TO THE NEXT PAGE

Corvez Biotechnology

Job Posting: Laboratory Supervisor
Date Posted: October 14

Join our innovative team at Corvez Biotechnology, a leading company at the forefront of groundbreaking research and development in the biotechnology industry. We are committed to advancing scientific knowledge and improving lives through our cutting-edge discoveries and technologies.

Job Duties:

- Oversee the daily operations of the laboratory, ensuring compliance with safety protocols, quality standards, and regulatory requirements

- Supervise and mentor laboratory staff, providing support to achieve project goals and objectives

- Coordinate laboratory activities, including scheduling experiments, managing resources, and maintaining inventory levels

Job Requirements:

- Bachelor's degree in a relevant scientific field (e.g., Biology, Biochemistry, Molecular Biology)
- Minimum of three years of laboratory management experience in a biotechnology or life sciences setting
- Strong leadership and interpersonal skills, with the ability to effectively manage a team and foster a collaborative work environment
- High proficiency in laboratory techniques and presentation of data

Interested candidates are invited to submit their résumé and cover letter to lornasinger@corvezbiotech.com with the subject line "Laboratory Supervisor Application - [Your Name]." This must be received no later than November 20. Interviews will be held the week beginning December 1, and the successful candidate will commence work duties on December 15.

To:	Lorna Singer <lornasinger@corvezbiotech.com>
From:	Dave Lynch <dlynch@corvezbiotech.com>
Subject:	Laboratory Supervisor Vacancy
Date:	October 17

Dear Lorna,

I am writing to inquire about the possibility of referring an individual for the Laboratory Supervisor position that was recently posted on our Web site.

During our time together at Lansing Biotics, I was very impressed with the skills and work ethic of Mark Preston. He recently reached out to me expressing interest in exploring new opportunities, and I believe he would be an excellent fit for the Laboratory Supervisor role at our firm.

Mark graduated with a degree in Biology from the University of Michigan two years ago and has since been serving as an Assistant Laboratory Supervisor at Lansing Biotics. In his current role, he has demonstrated strong leadership skills, effectively managing laboratory operations and overseeing research projects. He is well-versed in laboratory techniques and procedures, with a keen eye for detail and a commitment to quality.

I believe Mark possesses the necessary qualifications and experience to excel in the Laboratory Supervisor position at our firm. His dedication, expertise, and proven track record make him a valuable asset to any team.

If you would like to discuss this further or require any additional information, please feel free to reach out to me at your convenience. Thank you for considering Mark as a potential candidate for this role.

Best regards,

Dave

176. According to the job advertisement, what is one job responsibility of the successful candidate?

(A) Organizing tours of laboratories
(B) Setting annual spending budgets
(C) Submitting reports to executives
(D) Providing guidance to employees

177. When is the job application deadline?

(A) October 14
(B) November 20
(C) December 1
(D) December 15

178. What is most likely true about Mr. Lynch and Mr. Preston?

(A) They graduated from the same university.
(B) They grew up in the same neighborhood.
(C) They worked together at the same company.
(D) They applied for the same job vacancy.

179. In the e-mail, the word "fit" in paragraph 2, line 3, is closest in meaning to

(A) success
(B) alternative
(C) match
(D) collaboration

180. According to Mr. Lynch's description, what position requirement might Mr. Preston NOT meet?

(A) Proficiency in scientific methods
(B) Ability to lead workers
(C) Relevant academic qualification
(D) Sufficient management experience

GO ON TO THE NEXT PAGE

To: Isman Ali <iali@megasubs.com>
From: Wendy Dickson <wdickson@megasubs.com>
Subject: Follow-up on your call
Date: May 11
Attachment: proposal.dox

Hi Isman,

I wanted to take a moment to express my gratitude for your recent call regarding the reinstatement of our Customer Loyalty program. Your suggestion to reintroduce the program involving customer loyalty cards with stamping is highly appreciated.

After careful consideration, I wholeheartedly agree that bringing back this program could significantly enhance customer engagement and loyalty. I am pleased to inform you that I will be presenting your proposal to the board members at our upcoming meeting for their review and consideration.

In the meantime, I have attached the proposal document outlining the details of the proposed Customer Loyalty program for your review. I encourage you to take a look and provide any feedback or suggestions you may have.

Once again, thank you for your proactive approach and valuable contribution to our business initiatives. I look forward to discussing this further with you and working together to implement a successful Customer Loyalty program.

Best regards,

Wendy Dickson
Chief Operating Officer
Megasubs Corporation

---

http://www.megasubssandwiches.com

Dear Valued Customers,

We are thrilled to announce the launch of our enhanced Customer Loyalty Program at Megasubs! Starting from July 1, we're introducing a revamped loyalty program designed to reward you for your continued support and patronage.

Here's how it works:

Download our Megasubs app from your preferred app store.
Sign up for our loyalty program and receive your unique QR code.
Present your QR code to be scanned each time you purchase a sandwich at any of our locations.
Earn 10 points for every sandwich purchase!
As you accumulate points, you'll unlock exciting rewards:

50 points: Enjoy a complimentary side dish with your next sandwich purchase.
100 points: Treat yourself to a free sandwich of your choice.
250 points: Indulge in a deluxe combo meal on us!

Our new loyalty program offers even more ways to enjoy your favorite sandwiches while earning fantastic rewards along the way. Plus, it's our little way of saying thank you for being a valued member of the Megasubs family.

Get ready to start earning points and enjoying exclusive rewards! Mark your calendars for July 1, when our new loyalty program officially kicks off.

181. Why did Ms. Dickson send the e-mail?

(A) To welcome a new board member
(B) To confirm the details of a proposal
(C) To respond to a customer complaint
(D) To encourage participation in a program

182. What does Ms. Dickson indicate about Megasubs?

(A) It operates locations all over the world.
(B) It intends to start a staff incentive scheme.
(C) It has run a loyalty program in the past.
(D) It recently appointed a new COO.

183. In the e-mail, the word "implement" in paragraph 4, line 2, is closest in meaning to

(A) modify
(B) repurpose
(C) utilize
(D) establish

184. What does the Web page suggest about Megasubs?

(A) It no longer requires the use of stamp cards.
(B) It provides free delivery on large orders.
(C) It is launching a new range of sandwiches.
(D) It will open a new branch on July 1.

185. How many points are required to earn a complimentary meal?

(A) 10
(B) 50
(C) 100
(D) 250

GO ON TO THE NEXT PAGE

http://www.vanguardrvtechnologies.com

Vanguard RV Technologies

Embark on the ultimate adventure with our latest innovation, the G-Rover 2 from Vanguard RV Technologies! Designed to elevate your RV experience to new heights, the G-Rover 2 boasts a host of updated features and enhancements that redefine comfort, convenience, and performance on the road.

Dynamic Lighting Control: Say goodbye to dimly lit interiors with our state-of-the-art TouchGlow lighting control panel, seamlessly integrated into the kitchen area. Experience unparalleled customization as you effortlessly adjust the ambiance to suit your mood, all at the touch of a button.

Luxurious Sleep Experience: Drift off to dreamland in absolute comfort with our plush DreamComfort bedding system, meticulously engineered to provide the perfect balance of support and softness. Say goodbye to restless nights and hello to rejuvenating sleep on the open road.

Expanded Storage Solutions: Pack everything you need and more with our innovative CargoMax storage system, featuring expanded trunk space for all your gear and essentials. From outdoor equipment to camping supplies, there's room for it all, ensuring you're always prepared for your next adventure.

Enhanced Climate Control: Stay cool and comfortable during your travels with our advanced CoolFlow air conditioning system, now optimized for superior performance in the driving cabin. Experience maximum airflow and temperature regulation, allowing you to stay refreshed even on the hottest of days.

Vanguard RV Technologies – Customer Survey

Customer's Name: Diana Lester

Comment: As a passionate traveler and RV enthusiast, I recently had the pleasure of experiencing the G-Rover 2 from Vanguard RV Technologies, and I must say, it exceeded my expectations in many ways, and I much prefer it to the original G-Rover that I drove for several years.

I was thoroughly impressed with the level of comfort and luxury offered by the G-Rover 2. The DreamComfort bedding system provided the most restful sleep I've ever had on the road, and the expanded storage space in the trunk allowed me to bring along all of my essentials without feeling cramped. The improved air conditioning in the driving cabin was a game-changer, keeping me cool and comfortable even during the hottest days of my journey. Additionally, the TouchGlow lighting control panel in the kitchen area was a convenient feature that allowed me to customize the ambiance of my living space with ease.

If I had one minor complaint, it would be the placement of the TouchGlow panel. While it was convenient for adjusting lighting, I found myself wishing for additional USB outlets in that position instead. Nonetheless, this is a minor inconvenience in an otherwise exceptional RV, and I am delighted with my purchase.

MEMO

TO: Product Development Team
FROM: Desmond Traynor, CEO
DATE: September 3

Dear Team,

I hope this message finds you well. It has come to my attention that we have received several complaints regarding the performance of the CoolFlow in our G-Rover 2 RV model. As you know, customer satisfaction is our top priority, and it is imperative that we address these concerns promptly.

I am therefore requesting that the product development team organize a brainstorming session to explore potential enhancements to the CoolFlow system. Let's leverage our collective expertise and creativity to identify innovative solutions that will improve the efficiency and effectiveness of this technology.

Please coordinate with relevant stakeholders and schedule the brainstorming session at your earliest convenience. I am confident that with our team's dedication and ingenuity, we can overcome this challenge and continue to deliver exceptional products to our customers.

Thank you for your attention to this matter.

Best regards,

Desmond Traynor

---

186. What is the purpose of the Web page?

(A) To encourage customers to provide feedback
(B) To announce modifications to a vehicle
(C) To promote an upcoming vehicle convention
(D) To provide details of a safety inspection report

187. According to the Web page, what has been enlarged in the new G-Rover 2?

(A) The bed
(B) The trunk
(C) The wheels
(D) The windshield

188. What does Ms. Lester indicate in the survey response?

(A) She tested the G-Rover 2 during a business trip.
(B) She contacted Mr. Traynor about a vehicle issue.
(C) She had difficulty using the air conditioning system.
(D) She has owned a Vanguard RV in the past.

189. Where in the vehicle would Ms. Lester prefer extra USB connections?

(A) In the driving cabin
(B) In the sleeping area
(C) In the kitchen
(D) In the living area

190. According to the memo, what needs to be improved in the G-Rover 2?

(A) The lighting control
(B) The storage space
(C) The bedding
(D) The climate control

GO ON TO THE NEXT PAGE

VINTAGE FINDS ANTIQUES SHOP

Step into a world of nostalgia and discovery at Vintage Finds Antiques Shop, where every corner tells a story and every piece holds a piece of history. You can find some of our items through our online store, but please visit us in person to view our full, expansive range! With four distinct sections to explore, there's something for every antique enthusiast:

Collector's Corner: Dive into a treasure trove of rare and unique collectibles, including vintage coins, stamps, and memorabilia. Unearth hidden gems and add to your collection with our curated selection of one-of-a-kind finds.

Elegant Elegance: Indulge in the timeless charm of fine furniture and home decor in our Elegant Elegance section. From exquisite antique furnishings to ornate chandeliers and vintage artwork, brighten up your space with pieces that exude sophistication and style.

Curiosities and Curios: Embark on a journey of curiosity and wonder in our Curiosities and Curios section, where you'll find an eclectic mix of oddities, curios, and whimsical finds. From quirky knick-knacks to bizarre artifacts, let your imagination run wild as you uncover the unexpected. Plus, in this area, you can take advantage of our professional appraisal service to uncover the true value of your treasures.

Restoration Services: Need to breathe new life into a cherished heirloom? Our expert restoration service can revive worn-out pieces and preserve their beauty for generations to come.

Whether you're a seasoned collector or a casual enthusiast, Vintage Finds Antiques Shop invites you to embark on a journey through time and explore the beauty of the past. Visit us today!

Dear Valued Customers,

We would like to inform you that the section of our shop where appraisals are conducted will be temporarily closed for renovations. We apologize for any inconvenience this may cause and appreciate your patience during this time. The renovation is expected to be completed in a few weeks, and the section will reopen on October 20. We look forward to welcoming you back to our newly improved space!

Additionally, please note that starting from September 1, there will be an increase in delivery fees for large items. This decision has been made due to increased operating costs, and we want to ensure that we can continue to provide you with the highest level of service. We appreciate your understanding and continued support.

Thank you for choosing Vintage Finds Antiques Shop for all your antique needs. If you have any questions or concerns, please don't hesitate to contact us.

Sincerely,
Joe Trask
Proprietor

Review Submitted By: Lewis Garland

Date: August 12

I was tasked by my director to source authentic props for an upcoming movie set in the 1920s, and I cannot express enough how thrilled I was with my experience at Vintage Finds Antiques Shop.

From the moment I stepped into the shop, I was transported back in time by the incredible selection of vintage furniture and artwork. Every piece exuded the charm and elegance of the Roaring Twenties, perfectly capturing the essence of the era we are portraying on screen.

The staff at Vintage Finds were incredibly knowledgeable and helpful, guiding me through their extensive collection and offering valuable insights on each item's history and significance. Their passion for antiques was palpable, and it truly enhanced my shopping experience.

Thanks to Vintage Finds, I was able to find everything I needed to bring our movie set to life. The director was equally impressed with the authenticity and quality of the props, and I am confident that they will make a significant impact on the final production.

If you're in need of authentic vintage pieces for your next project or simply looking to add a touch of nostalgia to your home, I highly recommend Vintage Finds Antiques Shop. You won't be disappointed!

---

191. What does the Web site indicate about the online store?

(A) It will be launched in the coming months.
(B) It provides special discounts to store members.
(C) It only offers a limited selection of goods.
(D) It will be unavailable due to maintenance.

192. What is one purpose of the notice?

(A) To apologize for the closure of the shop
(B) To invite customers to a special event
(C) To provide details of new store items
(D) To announce a change to delivery fees

193. What area of Vintage Finds Antiques Shop will reopen in October?

(A) Collector's Corner
(B) Elegant Elegance
(C) Curiosities and Curios
(D) Restoration Services

194. What most likely is Mr. Garland's job?

(A) Movie director
(B) Script writer
(C) Costume designer
(D) Set designer

195. What is implied about Mr. Garland?

(A) He shopped in the Elegant Elegance section of the shop.
(B) He made purchases through the business's Web site.
(C) He purchased some items to use in his own home.
(D) He has been a customer of the shop for several years.

GO ON TO THE NEXT PAGE

Questions 196-200 refer to the following e-mails and receipt.

To: Ryan Faraday <rfaraday@sketchwork.com>
From: Kendra Ebbing <kebbing@proserve.net>
Subject: Travel arrangements
Date: September 23

Dear Mr. Faraday,

As per our discussion, I have almost finalized the transportation arrangements for your attendance at the Illustrators Convention next month.

I can schedule a train journey for you, departing from Central Station at 8:00 A.M. on Friday, October 15. The train will arrive at your destination, Southside Station, at 10:30 A.M. Please note that it is advisable to arrive at Central Station at least an hour early due to a music festival taking place nearby, which may cause increased traffic and crowds, as many event attendees will be arriving by train.

Additionally, I took the liberty of researching local attractions near Southside Station and discovered a highly acclaimed play, "The Art of Imagination," being performed at The Gallery Theater just a 10-minute drive from the station. If your schedule allows, attending this play may provide a delightful cultural experience.

Please let me know if you require any further assistance or if there are any adjustments you would like to make to the travel arrangements.

Warm regards,
Kendra Ebbing
Personal Assistant

E-Mail Message

To: Kendra Ebbing <kebbing@proserve.net>
From: Ryan Faraday <rfaraday@sketchwork.com>
Subject: RE: Travel arrangements
Date: October 3

Hi Kendra,

Before finalizing the train booking, I wanted to inform you that I am considering meeting up with an old college friend on October 14. She has requested some drawings for a book she is writing, and I believe it would be a valuable opportunity to collaborate with her. If I decide to proceed with this meeting, I will need to move my train departure forward by one day to accommodate our discussion and sketching session.

I will reach a decision on this matter within the next few days and will inform you accordingly. Thank you for your flexibility and understanding.

Best regards,

Mr. Faraday

```
Quickstop Taxis - Taxi Receipt
Date: October 14

Passenger: Mr. Faraday
```

```
Pickup Location: Southside Station       Fare Breakdown:
Drop Off Location: The Gallery Theater    Base Fare: $5.00
Distance Traveled: 3.5 kilometers         Distance (3.5 km x $1.50/km): $5.25
Pickup Time: 11:30 A.M.                   Total Fare: $10.25
Drop Off Time: 11:40 A.M.


Payment Method: Cash: ____   Credit Card: _X_

Credit Card Details:
Card Number: XXXX-XXXX-XXXX-5510


Thank you for choosing our taxi service. We hope you had a pleasant journey!
```

196. What is indicated about Central Station?

(A) It is located adjacent to Southside Station.
(B) It is temporarily closed for construction work.
(C) It is located near a convention venue.
(D) It is expected to be busy on October 15.

197. What most likely is Mr. Faraday's job?

(A) Travel agent
(B) Web designer
(C) Artist
(D) Actor

198. What does Mr. Faraday ask Ms. Ebbing to do?

(A) Provide directions to an event venue
(B) Send him a copy of a travel itinerary
(C) Wait for his final confirmation
(D) Check the contact details of a colleague

199. What did Mr. Faraday most likely do in response to a recommendation?

(A) He took a train to a different destination.
(B) He bought tickets for a theater play.
(C) He hired a car at his destination.
(D) He stayed at a hotel near the train station.

200. What can be inferred about Mr. Faraday based on the receipt?

(A) He took a taxi to Southside Station.
(B) He did not attend a convention on October 15.
(C) He is a regular customer of Quickstop Taxis.
(D) He decided to meet with a potential collaborator.

Stop! This is the end of the test. If you finish before time is called,
you may go back to Parts 5, 6, and 7 and check your work.

시원스쿨 실전토익 900+

실전 모의고사
TEST 3

TEST 3
「시험장 모드」 영상

시험 보기

TEST 3
MP3

바로 듣기

TEST 3
해설

바로 보기

시작 시간	_____시 _____분
종료 시간	_____시 _____분

▶ 중간에 멈추지 말고 처음부터 끝까지 풀어보세요. 문제를 풀 때는 실전처럼 답안지에 마킹하세요.

실전 모의고사 TEST 3

LISTENING TEST

In the Listening test, you will be asked to demonstrate how well you understand spoken English. The entire Listening test will last approximately 45 minutes. There are four parts, and directions are given for each part. You must mark your answers on the separate answer sheet. Do not write your answers in your test book.

PART 1

Directions: For each question in this part, you will hear four statements about a picture in your test book. When you hear the statements, you must select the one statement that best describes what you see in the picture. Then find the number of the question on your answer sheet and mark your answer. The statements will not be printed in your test book and will be spoken only one time.

Statement (D), "They are taking photographs," is the best description of the picture, so you should select answer (D) and mark it on your answer sheet.

1.

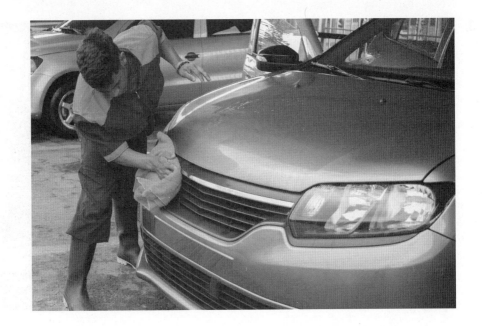

2.

GO ON TO THE NEXT PAGE

3.

4.

5.

6.

GO ON TO THE NEXT PAGE

Directions: You will hear a question or statement and three responses spoken in English. They will not be printed in your test book and will be spoken only one time. Select the best response to the question or statement and mark the letter (A), (B), or (C) on your answer sheet.

7. Mark your answer on your answer sheet.

8. Mark your answer on your answer sheet.

9. Mark your answer on your answer sheet.

10. Mark your answer on your answer sheet.

11. Mark your answer on your answer sheet.

12. Mark your answer on your answer sheet.

13. Mark your answer on your answer sheet.

14. Mark your answer on your answer sheet.

15. Mark your answer on your answer sheet.

16. Mark your answer on your answer sheet.

17. Mark your answer on your answer sheet.

18. Mark your answer on your answer sheet.

19. Mark your answer on your answer sheet.

20. Mark your answer on your answer sheet.

21. Mark your answer on your answer sheet.

22. Mark your answer on your answer sheet.

23. Mark your answer on your answer sheet.

24. Mark your answer on your answer sheet.

25. Mark your answer on your answer sheet.

26. Mark your answer on your answer sheet.

27. Mark your answer on your answer sheet.

28. Mark your answer on your answer sheet.

29. Mark your answer on your answer sheet.

30. Mark your answer on your answer sheet.

31. Mark your answer on your answer sheet.

Directions: You will hear some conversations between two or more people. You will be asked to answer three questions about what the speakers say in each conversation. Select the best response to each question and mark the letter (A), (B), (C), or (D) on your answer sheet. The conversations will not be printed in your test book and will be spoken only one time.

32. Who is the woman purchasing bagels for?

(A) Some regular clients
(B) Some new interns
(C) Some store employees
(D) Some security staff

33. What does the man say about the sculpture?

(A) It was hard to find.
(B) It was purchased at a secondhand shop.
(C) It was crafted by an artisan.
(D) It is a gift from a customer.

34. What will the man show the woman?

(A) Some directions
(B) A similar product
(C) A brief demonstration
(D) Some photographs

35. What are the speakers mainly discussing?

(A) Naming a fashion brand
(B) Developing a line of footwear
(C) Selecting some furniture
(D) Designing some clothing

36. What does the woman warn against?

(A) Choosing a certain fabric
(B) Including a free accessory
(C) Lowering a budget
(D) Changing a supplier

37. What will the woman send to the man?

(A) Size measurements
(B) Brochure examples
(C) Digital sketches
(D) Pricing options

38. Where do the speakers most likely work?

(A) At a newspaper firm
(B) At a catering company
(C) At a grocery store
(D) At a lumber warehouse

39. What change to an order has been requested?

(A) The shipping address
(B) The recipient name
(C) The method of delivery
(D) The kinds of food items

40. What does the woman say she will do?

(A) Fix a machine
(B) Print a schedule
(C) E-mail a client
(D) Contact a supplier

41. What was the man asked to do in preparation for a conference?

(A) Select a theme
(B) Compile an attendees list
(C) Purchase a pointer
(D) Set up a station

42. Who is the conference most likely intended for?

(A) Pet owners
(B) Veterinarians
(C) Medical doctors
(D) Web designers

43. What does the woman want to distribute to conference attendees?

(A) Discount coupons
(B) Study guides
(C) Refreshments
(D) Writing tools

GO ON TO THE NEXT PAGE

44. Where do the speakers most likely work?

(A) At a community center
(B) At a movie theater
(C) At a supermarket
(D) At a shopping mall

45. What does the woman propose?

(A) Adding vending machines
(B) Organizing a musical event
(C) Replacing some light fixtures
(D) Offering more discounts

46. What will the man do tomorrow?

(A) Upload a memorandum
(B) Draft a proposal
(C) Contact a seller
(D) Extend an invitation

47. What is the conversation mainly about?

(A) A research survey
(B) A corporate partnership
(C) A product testing session
(D) A manufacturing plan

48. What does the man emphasize about a product?

(A) Its user-friendly interface
(B) Its long battery life
(C) Its superior technology
(D) Its unmatched durability

49. Why does Vicky join the conversation?

(A) To distribute a document
(B) To introduce some changes
(C) To greet some people
(D) To announce a launch date

50. What will the man do on June 11?

(A) Visit a factory
(B) Go on a business trip
(C) Assist some personnel
(D) Examine some samples

51. Why does the woman say, "the benefits of the equipment will last a lifetime"?

(A) To emphasize the value of a product
(B) To promote a local initiative
(C) To introduce an insurance plan
(D) To advise making a reconsideration

52. Why does the man need to fill out some paperwork?

(A) To gain access to a building
(B) To receive local authorization
(C) To file a legal complaint
(D) To waive some extra costs

53. What has the man recently done?

(A) He conducted a survey.
(B) He received a bank loan.
(C) He relocated his offices.
(D) He signed an agreement.

54. What does the man's company do?

(A) Produce clothes dryers
(B) Repair home appliances
(C) Distribute electronic goods
(D) Gather online data

55. Who is Diana Shyama?

(A) A store clerk
(B) A factory operator
(C) A legal assistant
(D) A consultant

56. What are the speakers preparing for?

(A) A book publication
(B) A sales pitch
(C) A shareholder meeting
(D) An informational workshop

57. What does the man imply when he says, "what about the sales report presentation?"

(A) An agenda has been altered.
(B) A projector is broken.
(C) He was expecting the woman to present.
(D) He was unable to find the woman's substitute.

58. What does the man suggest?

(A) Adding more slides
(B) Postponing an event
(C) Simplifying some information
(D) Calculating some data

59. What does the man want the woman to do?

(A) Organize a conference
(B) Join a research project
(C) Review a report
(D) Replace a colleague

60. Why does the woman decline the man's offer?

(A) She has a prior engagement planned.
(B) She has a conflicting contract.
(C) She does not prefer to travel far.
(D) She thinks she is not qualified.

61. What does the man say he will discuss next?

(A) A fellow expert
(B) A parking policy
(C) Some cost projections
(D) Some tour packages

Occupancy Status

Station	Name
1A	Angus Hereward
2B	Jamaal Dimla
3C	Ariel Boran
4D	Jianhong Bao

62. What most likely is the man's job?

(A) Machine operator
(B) Healthcare professional
(C) Office receptionist
(D) Fitness trainer

63. Look at the graphic. Who will leave a station soon?

(A) Angus Hereward
(B) Jamaal Dimla
(C) Ariel Boran
(D) Jianhong Bao

64. What does the woman remind the man to do?

(A) Retrieve some supplies
(B) Wipe down a surface
(C) Reschedule a travel date
(D) Submit a request

GO ON TO THE NEXT PAGE

```
┌─────────────────────────────────────────┐
│              Stage                        │
├──┬──────┬────┬──────┬────┬──────┬────┬───┤
│Ex│Seat  │    │Seat  │    │Seat  │    │En │
│it│1     │    │2     │    │3     │    │tr │
│  ├──────┴────┴──────┴────┴──────┤Seat│an │
│  │  Section for Councilmen Only  │4   │ce │
│  ├──────┬────┬──────┬────┬──────┬────┤   │
│  │      │    │      │    │      │    │   │
│  ├──────┼────┼──────┼────┼──────┼────┤   │
│  │      │    │      │    │      │    │   │
│  ├──────┼────┼──────┼────┼──────┼────┤   │
│  │      │    │      │    │      │    │   │
└──┴──────┴────┴──────┴────┴──────┴────┘   │
```

Local Cities Map

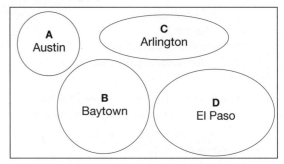

65. What is the woman preparing to do?

(A) Make a donation
(B) Conduct an experiment
(C) Carry out a performance
(D) Give a presentation

66. What did the woman forget?

(A) A completed form
(B) An admission ticket
(C) A photo ID
(D) A piece of equipment

67. Look at the graphic. Where will the mayor be sitting?

(A) In Seat 1
(B) In Seat 2
(C) In Seat 3
(D) In Seat 4

68. Who most likely are the speakers?

(A) Building managers
(B) Construction workers
(C) Fitness instructors
(D) Sales representatives

69. What does the woman say she had access to?

(A) A supply of new tools
(B) A company vehicle
(C) Profit reports of nearby stores
(D) Data on similar facilities

70. Look at the graphic. According to the woman, where should the business be relocated to?

(A) City A
(B) City B
(C) City C
(D) City D

Directions: You will hear some talks given by a single speaker. You will be asked to answer three questions about what the speaker says in each talk. Select the best response to each question and mark the letter (A), (B), (C), or (D) on your answer sheet. The talks will not be printed in your test book and will be spoken only one time.

71. Where most likely are the listeners?

    (A) At an auto repair center
    (B) At a government office
    (C) At a bus station
    (D) At a car dealership

72. What has caused a delay?

    (A) Highway repairs
    (B) Lack of personnel
    (C) Visitor complaints
    (D) Equipment failure

73. What does the speaker ask some listeners to do?

    (A) Collect a document before leaving
    (B) Check in at the front desk
    (C) Visit a different office
    (D) Submit a form

74. What is being advertised?

    (A) A landscaping firm
    (B) A fitness center
    (C) A laboratory
    (D) A medical center

75. What happened last month?

    (A) A shipment was canceled.
    (B) A project was completed.
    (C) A donation was received.
    (D) A campaign was launched.

76. What are the listeners invited to do?

    (A) Participate in a study
    (B) Sign a contract
    (C) Pick up a gift
    (D) Get a free checkup

77. Where does the speaker work?

    (A) At a distribution warehouse
    (B) At a shipping corporation
    (C) At an apartment leasing office
    (D) At a storage center

78. Why does the speaker need the listener to return his call today?

    (A) He needs to retrieve a key.
    (B) He has to arrange a reservation.
    (C) He needs to access an area.
    (D) He has to report a problem.

79. What does the speaker say is being repaired?

    (A) A parking area
    (B) Some sliding doors
    (C) A security system
    (D) An elevator

80. Where does Roland Dell work?

    (A) At an electronics manufacturer
    (B) At a chemistry laboratory
    (C) At a recycling facility
    (D) At an energy plant

81. What did Roland Dell receive recognition for?

    (A) A journal publication
    (B) A cleaning product
    (C) A purification technique
    (D) A conservation policy

82. What will Roland Dell most likely talk about next?

    (A) His academic goals
    (B) His teaching philosophy
    (C) His career motivations
    (D) His research team

83. What does the speaker mean when he says, "I'm also here to help"?

(A) He is part of a team of agents.
(B) He is a certified medical worker.
(C) He can take some photos if needed.
(D) The listeners might have some issues.

84. What did the speaker e-mail the listeners?

(A) A ticket
(B) A survey
(C) An invoice
(D) A schedule

85. What will the listeners most likely do next?

(A) Receive a nametag
(B) Watch a video
(C) Board a bus
(D) Have a meal

86. Where do the listeners most likely work?

(A) At a warehouse
(B) At a drugstore
(C) At a hair salon
(D) At a repair shop

87. What is the speaker mainly discussing?

(A) Ordering some products online
(B) Providing a special service
(C) Dealing with a customer complaint
(D) Maintaining a vibrant workspace

88. What solution does the speaker suggest?

(A) Turning on some equipment
(B) Assembling a machine
(C) Moving to a different room
(D) Opening a door for ventilation

89. What is not working properly?

(A) The air conditioning
(B) The electricity
(C) A door lock
(D) An ice machine

90. According to the speaker, what will happen in an hour?

(A) A manager will bring an item.
(B) A shipment will arrive.
(C) An inspector will stop by.
(D) An emergency meeting will be held.

91. What does the speaker mean when he says, "I've already posted a notice outside"?

(A) Company management has changed.
(B) An opening time has been adjusted.
(C) New hires are being recruited.
(D) A business will close for the day.

92. Who is the speaker?

(A) An ecologist
(B) A landscaper
(C) A photographer
(D) A park ranger

93. Why does the speaker say, "But implementing that is risky"?

(A) To motivate the listeners to act
(B) To describe the necessity of a plan
(C) To express reluctance about an idea
(D) To request assistance with a project

94. What does the speaker invite the listeners to do?

(A) Join an expedition
(B) Check out an area
(C) Volunteer for a task
(D) Propose an alternative

KJ Golf Supplies Workshop Agenda – September 21st

Speaker	Session Name	Time
Nina Gustef	Brand Research	9:00 – 10:20 AM
Viraj Farhan	Internal Branding	10:30 – 11:50 AM
Lunch Break		12:00 – 1:00 PM
Alwin Hans	Developing a Brand Strategy	1:15 – 2:30 PM
Janis Jang	Branding Metrics	2:45 – 4:00 PM

95. According to the speaker, what have the listeners received?

(A) An identification badge
(B) A materials packet
(C) A welcome gift
(D) A registration form

96. Look at the graphic. Who does the speaker say will present last?

(A) Nina Gustef
(B) Viraj Farhan
(C) Alwin Hans
(D) Janis Jang

97. What will the listeners do after lunch?

(A) Watch a demonstration
(B) Participate in a role-play activity
(C) Relocate to a different building
(D) Observe a meeting

98. Look at the graphic. Which step did not go as expected?

(A) Step 1
(B) Step 2
(C) Step 3
(D) Step 4

99. What did Marino suggest doing?

(A) Streamlining an assembly process
(B) Trying out a different heating method
(C) Purchasing a new appliance
(D) Obtaining a different type of product

100. What will the listener receive tomorrow?

(A) An order form
(B) A shipping invoice
(C) A performance review
(D) A procedure checklist

This is the end of the Listening test. Turn to Part 5 in your test book.

In the Reading test, you will read a variety of texts and answer several different types of reading comprehension questions. The entire Reading test will last 75 minutes. There are three parts, and directions are given for each part. You are encouraged to answer as many questions as possible within the time allowed. You must mark your answers on the separate answer sheet. Do not write your answers in your test book.

PART 5

Directions: A word or phrase is missing in each of the sentences below. Four answer choices are given below each sentence. Select the best answer to complete the sentence. Then mark the letter (A), (B), (C), or (D) on your answer sheet.

101. Please make sure that the invoice with ------- order includes a breakdown of delivery fees.

(A) us
(B) ourselves
(C) ours
(D) our

102. Ezra Electronics plans to stock and ------- cell phones when it opens for business next month.

(A) repairable
(B) repairing
(C) repair
(D) repaired

103. The sales department will ------- a training session to ensure all staff are knowledgeable about the new products.

(A) remain
(B) act
(C) decide
(D) conduct

104. At Sweat Fitness Center, members ------- a 50 percent discount on all exercise classes.

(A) receiving
(B) had received
(C) receive
(D) to be received

105. Any promotional materials for the ------- product launch events must be prepared by August 10.

(A) upcoming
(B) estimated
(C) permanent
(D) accurate

106. The baseball stadium ------- Milford City installed better lighting for games held in the evening.

(A) for
(B) in
(C) as
(D) to

107. The owner of Beachfront Condominiums intends to reduce tenants' monthly rental fees -------.

(A) soon
(B) therefore
(C) both
(D) easy

108. Laguna Beach Resort permits guests ------- up to five towels, and these must be returned after use.

(A) borrow
(B) borrowed
(C) will borrow
(D) to borrow

109. The cottages at the Kenmore Club Resort are designed ------- for families with children.

(A) highly
(B) especially
(C) quickly
(D) occasionally

110. Mr. Rickman often notes that raspberry cheesecake is a favorite dessert of -------, so we will provide an assortment of cheesecakes at the board meeting.

(A) himself
(B) him
(C) his
(D) he

111. Many online reviews note how ------- the airline's flight attendants are.

(A) best
(B) helpful
(C) original
(D) promoted

112. Magazine subscribers should pay the annual fee ------- by online bank transfer or by credit card to renew their subscription.

(A) than
(B) either
(C) besides
(D) as if

113. Tourism figures for New Haven were ------- high throughout the summer months because of the food and music festivals hosted by the city.

(A) predictably
(B) carelessly
(C) absently
(D) smoothly

114. On -------, our kitchen appliances continue operating perfectly for twenty years.

(A) average
(B) averagely
(C) averaging
(D) averaged

115. The Dundee Transportation Museum is promoting an ------- on the history of trains and rail travel in Scotland.

(A) exhibit
(B) indication
(C) expression
(D) advertisement

116. The rise in ticket prices has resulted in a decrease in the number of ------- to the Museum of Natural History.

(A) visitors
(B) visitor
(C) visit
(D) visited

117. Employees should ensure they sign the retirement card for Mr. Ferrie before ------- work.

(A) expanding
(B) leaving
(C) allowing
(D) managing

118. ------- Soundwave Music employs several experienced musicians, customers can receive expert advice when purchasing musical instruments.

(A) Because
(B) That
(C) Now
(D) Then

119. Mr. Cooke's plan to relocate the business to Silicon Valley may be too difficult ------- until the company grows more profitable.

(A) implement
(B) implemented
(C) will be implementing
(D) to implement

120. ------- planting flowers and mowing the lawn, the landscaping firm installed a fountain in the center of the garden.

(A) For example
(B) Besides
(C) In contrast to
(D) If

GO ON TO THE NEXT PAGE

121. A leading economist at the business institute ------- that consumer spending will continue to decline over the next few years.

(A) waits
(B) issues
(C) results
(D) predicts

122. Ms. Ruiz believes that the more ------- the sales representative, the more likely he or she is to secure new clients.

(A) knowledge
(B) to know
(C) knowingly
(D) knowledgeable

123. Due to inclement weather, ferries will run with ------- frequency over the next few days.

(A) reduce
(B) reduces
(C) reduced
(D) reduction

124. New tenants at Eisley Condominiums must pay for a parking permit, which is ------- for one year.

(A) qualified
(B) healthy
(C) valid
(D) efficient

125. Testimonials and reviews from many of our satisfied customers can ------- online.

(A) view
(B) viewing
(C) be viewed
(D) is viewed

126. The ------- workforce has been registered for the customer service workshop, so we will arrange free transportation.

(A) attentive
(B) solid
(C) final
(D) entire

127. The apartment complex will be demolished ------- all current residents have removed all of their belongings.

(A) yet
(B) instead
(C) already
(D) once

128. The addition of steps and boardwalks has improved the ------- on the national park's more dangerous hiking trails.

(A) conditions
(B) authority
(C) assortment
(D) backgrounds

129. Jovina Bakery has been serving Meadowbank and the surrounding area for almost three decades, ------- in personalized cakes for any occasion.

(A) specializes
(B) specializing
(C) specialist
(D) specialization

130. ------- any seats in the economy section of the airplane have USB charging ports.

(A) Likely
(B) Slightly
(C) Simply
(D) Hardly

PART 6

Directions: Read the texts that follow. A word, phrase, or sentence is missing in parts of each text. Four answer choices for each question are given below the text. Select the best answer to complete the text. Then mark the letter (A), (B), (C), or (D) on your answer sheet.

Questions 131-134 refer to the following information.

Zap Electronics – Product Registration & Warranty Information

To register your recently purchased Zap 650 washing machine online and ------- its warranty
131.
from 2 years to 5 years, follow these simple steps.

First, visit our official Web site and navigate to the "Product Registration" section. -------.
132.
Required information includes your name, contact details, and the model and serial number of
your washing machine, which can be found on the label attached ------- the appliance. Double-
133.
check all the information for accuracy before submitting the registration form.

After completing the registration process, you will receive a confirmation e-mail verifying that
your warranty ------- successfully to 5 years. Keep this e-mail for your records, as it serves as
134.
proof of registration in case you need to file a warranty claim in the future.

131. (A) extends
(B) extend
(C) extended
(D) extending

132. (A) You can access the troubleshooting guide online.
(B) Zap Electronics provides free repair and replacement parts.
(C) Our products come with a wide range of accessories.
(D) When prompted, enter your details to create an account.

133. (A) from
(B) to
(C) among
(D) into

134. (A) prolonged
(B) is prolonging
(C) has been prolonged
(D) will be prolonged

GO ON TO THE NEXT PAGE

To: Lucia Mancini <manager@manciniresto.com>
From: Cheryl Smith <csmith@telemail.net>
Subject: Recent Visit
Date: September 24

Dear Ms. Mancini,

I wanted to take a moment ------- my sincere appreciation for the incredible dining experience
       135.
my friends and I had at your restaurant last night.

From the moment we walked in, we were impressed by the warm and inviting ambiance of the
place. The attentive service and friendly staff added to the overall enjoyment of our evening.
-------, it was the exceptional quality of the ------- that truly stole the show. Each dish was
  136.   **137.**
bursting with flavor thanks to the fresh ingredients, transporting us to Italy with every bite.

I must commend you for bringing such a high-caliber restaurant to our local area. -------.
                                                                                    138.

Warm regards,
Cheryl Smith

---

135. (A) expressing
(B) to express
(C) expresses
(D) had expressed

136. (A) Therefore
(B) For example
(C) However
(D) Consequently

137. (A) programs
(B) materials
(C) prices
(D) meals

138. (A) I hope you take my suggestions seriously.
(B) Please change my reservation to 8 p.m. on Friday.
(C) We are already looking forward to our next visit.
(D) If this interests you, please respond to me directly.

Attention, Yorkville Residents!

There will be a minor change to the upcoming street parade celebrating our town's founding. Instead of proceeding along Main Street, the parade route will ------- run along Sycamore Street.
139.
This adjustment aims to ------- the traffic congestion downtown and ensure a smoother and
140.
more enjoyable experience for all attendees.

We encourage everyone planning to join the festivities to consider ------- public transport to the
141.
event. By doing so, you will help reduce traffic and contribute to a more eco-friendly celebration.

-------. Let's come together as a community to commemorate our town's rich history and vibrant
142.
spirit. We hope this change causes no inconvenience for you.

Best regards,
Yorkville Town Council

139. (A) yet
(B) still
(C) now
(D) also

140. (A) create
(B) deserve
(C) schedule
(D) avoid

141. (A) to take
(B) taking
(C) will take
(D) are taking

142. (A) Your vehicle may be parked in any of the designated areas.
(B) We truly apologize for the postponement of this event.
(C) Your support was vital in making the event a success.
(D) The parade will begin at 1 p.m. on Saturday, July 8.

GO ON TO THE NEXT PAGE

Questions 143-146 refer to the following article.

River Esk Project: A Huge Success

(ESKFORD) - Local volunteers recently joined forces to tackle the cleanup of a section of our city's beloved River Esk, ------- the results being nothing short of inspiring. Led by dedicated
143.
organizer Zara Johnson, the initiative saw community members coming together to remove debris and restore the natural beauty of the riverbank.

The aim of the cleanup was not only to enhance the aesthetic appeal of the river and promote a healthier ecosystem but also to provide a safer area for recreational activities. -------. All things
144.
considered, the efforts of Ms. Johnson and the volunteers have truly ------- our community in
145.
numerous ways.

Ms. Johnson expressed her gratitude, saying, "It's incredible to see what we can achieve when we work together for a common goal." One volunteer, Tom Gould, added, "This ------- was not
146.
just about beautifying our river; it's about preserving our environment for future generations."

---

143. (A) for
(B) while
(C) so that
(D) with

144. (A) The river is well known for its cleanliness and beauty.
(B) In fact, plans to open a water sports center are underway.
(C) Always make sure to wear a life vest when boating in the river.
(D) As such, fresh flowers have been planted along the riverbank.

145. (A) discounted
(B) donated
(C) benefited
(D) celebrated

146. (A) concern
(B) project
(C) interest
(D) inquiry

PART 7

Directions: In this part you will read a selection of texts, such as magazine and newspaper articles, e-mails, and instant messages. Each text or set of texts is followed by several questions. Select the best answer for each question and mark the letter (A), (B), (C), or (D) on your answer sheet.

Questions 147-148 refer to the following advertisement.

GLAMOUR GLOW - Grand Opening Special Offer!

Indulge yourself at our newly opened branch of Glamour Glow, located at 587 Colwill Road, Midchester! As a token of our appreciation for your support, we're thrilled to offer an exclusive 25% discount on selected services!

At Glamour Glow, we specialize in enhancing your natural beauty with a range of services including rejuvenating facials, soothing massages, elegant manicures, and professional hair styling.

Take advantage of this limited-time offer available through March to treat yourself or a loved one to the ultimate pampering session! Book your appointment now by calling us at 555-0138 and let us make your beauty dreams a reality at Glamour Glow Beauty Salon!

---

147. What is the purpose of the advertisement?

(A) To describe a new beauty treatment
(B) To celebrate a company's success
(C) To announce job openings at a salon
(D) To promote a new business location

148. What is indicated about the discount?

(A) It is available at several locations.
(B) It may be applied through a Web site.
(C) It is only for long-term customers.
(D) It will not be offered in April.

GO ON TO THE NEXT PAGE

Questions 149-150 refer to the following text message chain.

Dan Johns (10:04 A.M.)	Hey, have you thought about what we should get Mr. Fox for his retirement gift? He's always talking about wanting to travel more. Maybe a travel voucher?
Kerry Brown (10:06 A.M.)	Well, we could get him a voucher to his dream destination. Do you know where he wants to go?
Dan Johns (10:08 A.M.)	I think he mentioned wanting to visit Italy. How about a voucher for a luxury hotel in Rome?
Kerry Brown (10:09 A.M.)	He'd love that. And maybe we could include a guidebook to Italy as a thoughtful touch.
Dan Johns (10:11 A.M.)	Great idea! Do you think the rest of the department will contribute towards it?
Kerry Brown (10:12 A.M.)	Without a doubt. Everyone will be sad to see him go.

149. What is indicated about Mr. Fox?

(A) He has booked a vacation to Italy.
(B) He has accepted a job transfer to Rome.
(C) He will be leaving the office.
(D) He recently purchased a travel guidebook.

150. At 10:12 A.M., what does Ms. Brown most likely mean when she writes, "Without a doubt"?

(A) She disagrees with Mr. Johns's suggestion.
(B) She needs more time to research some options.
(C) She thinks Mr. Fox will appreciate a present.
(D) She expects coworkers to pay for some gifts.

Attention!

Please be advised that Subway Line 4 will undergo temporary closure for essential maintenance and upgrade works from April 5th to April 10th. This closure is necessary to ensure the safety and reliability of our services.

During this period, alternative transportation options, such as shuttle bus services, will be provided. We apologize for any inconvenience this may cause and appreciate your understanding as we strive to improve your commuting experience.

For further information and updates, please visit our Web site or contact our customer service team.

Thank you for your cooperation.

Allerton Metro Company

151. Who is the notice intended for?
(A) Safety inspectors
(B) Train drivers
(C) Maintenance workers
(D) Commuters

152. What most likely will happen on April 11?
(A) A bus service will be offered.
(B) A subway line will reopen.
(C) A renovation project will end.
(D) A new train route will be introduced.

GO ON TO THE NEXT PAGE

Questions 153-154 refer to the following memo.

To: All Rodeo Gym Employees
From: Guy Mendez, Manager

Do not forget that tomorrow marks an exciting day for our fitness center as we welcome non-members to try out our facilities for free! This special promotion presents a fantastic opportunity to showcase our services and attract new members. I want to remind everyone that it's mandatory for all staff to work tomorrow. With the anticipated increase in visitors, we need everyone on board to ensure smooth operations and provide exceptional customer service.

Let's prepare for a busy day ahead! Ensure all equipment is in top condition, amenities are well stocked, and our welcoming smiles are ready to greet our guests. Thank you for your dedication and cooperation.

Best regards,
Guy

---

153. What is the main purpose of the memo?

(A) To announce a new membership program
(B) To celebrate the opening of a new gym
(C) To remind staff about a promotion
(D) To ask employees to volunteer at an event

154. According to the memo, what are employees required to do?

(A) Indicate their preferred workdays
(B) Distribute promotional materials
(C) Gather feedback from gym members
(D) Check the condition of equipment

To:	Charlie Carr <ccarr@photoguru.net>
From:	Sally Watson <sally@amazingnature.com>
Subject:	Collaboration Request
Date:	January 23

Dear Mr. Carr,

I am the editor of *Amazing Nature* magazine. Recently, I had the pleasure of stumbling upon your stunning photography showcased on your Web site. Your talent for capturing the beauty and essence of nature is truly remarkable.

I am writing to express our interest in featuring two of your exceptional photographs in an upcoming issue of *Amazing Nature*. The specific images that caught our attention are *Wolves in Winter* and *Eagle in Flight*. We believe they would complement our editorial content perfectly.

In terms of compensation, we are pleased to offer you a competitive rate for the use of your photographs. Additionally, I would like to propose the possibility of collaborating further with you as a freelance photographer for our magazine. We are always on the lookout for talented individuals like you to contribute to our publication.

If this opportunity interests you, I would love to discuss the details further. I would be free to meet with you on January 30 at 2:30 P.M. Please let me know if this suits you.

I look forward to the possibility of working together!

Best regards,

Sally Watson
Editor
Amazing Nature Magazine

155. Why did Ms. Watson send the e-mail?

(A) To discuss a photography exhibition
(B) To thank Mr. Carr for his help
(C) To make a business proposition
(D) To promote a new magazine

156. What can be inferred about Mr. Carr?

(A) He provides photography lessons.
(B) He recently launched a Web site.
(C) He subscribes to Amazing Nature.
(D) He takes pictures of wildlife.

157. What would Ms. Watson like Mr. Carr to do?

(A) Attend a company event
(B) Submit a photography portfolio
(C) Confirm a meeting arrangement
(D) Recommend qualified photographers

GO ON TO THE NEXT PAGE

Questions 158-160 refer to the following Web page.

www.beckfordairport.com/welcome ▼   — ☐ X

WELCOME TO BECKFORD INTERNATIONAL AIRPORT!

We are thrilled to announce the introduction of state-of-the-art sleep pods, designed to enhance your travel experience like never before. —[1]—. Equipped with cutting-edge technology, our sleep pods offer a tranquil haven for weary travelers seeking rest and rejuvenation during their journey.

—[2]—. Located strategically throughout the airport terminals, a total of 50 sleep pods are available for passengers' convenience. Experience the benefits of our sleep pods, which include reducing travel fatigue, enhancing productivity, and providing a comfortable space to unwind between flights. —[3]—. Whether you're a business traveler in need of a power nap or a jet-lagged tourist seeking a moment of relaxation, our sleep pods are the perfect solution.

Priced at just $10 per hour, our sleep pods offer affordable luxury for travelers of all kinds. —[4]—. Visit our Web site for more information and to reserve your pod today!

Experience the future of travel comfort at Beckford International Airport!

158. What is indicated about Beckford International Airport?

(A) It has opened a new terminal.
(B) It has been closed for renovation work.
(C) It is introducing new retail outlets.
(D) It recently installed new amenities.

159. What is mentioned as a benefit of sleep pods?

(A) They are inexpensive to maintain.
(B) They are available 24 hours a day.
(C) They help to boost productivity.
(D) They provide space for luggage.

160. In which of the positions marked [1], [2], [3], and [4] does the following sentence best belong?

"Payment may be made by cash or credit card."

(A) [1]
(B) [2]
(C) [3]
(D) [4]

Eastlee (May 20) - Eastlee is set to welcome a thrilling addition to its cityscape with the upcoming launch of a state-of-the-art entertainment complex. Spearheaded by construction giant, Eastlee Builders Inc., the complex is slated to open its doors to the public on October 1st. The project, which has been in development for the past two years, has seen an investment of over $50 million to bring this vision to life.

The entertainment complex promises to be a one-stop destination for leisure and recreation enthusiasts. Boasting a sprawling indoor theme park, a multiplex cinema, a gourmet food court, and an upscale shopping arcade, there will be something for everyone to enjoy. Additionally, plans include a live performance theater, an arcade gaming zone, and a rooftop bar with panoramic views of the urban skyline.

Mayor Jessica Ramirez expressed her excitement about the new complex, stating, "This development marks a significant milestone for Eastlee. Not only will it provide our residents with world-class entertainment options, but it will also attract visitors from neighboring cities and other countries, stimulating economic growth." With its grand opening just around the corner, anticipation is building as Eastlee prepares to unveil its newest gem to the world.

161. What is the article mainly about?

(A) The economic growth of Eastlee
(B) The need for new amenities in Eastlee
(C) The completion of a development project
(D) The relocation of a commercial building

162. What will visitors to the entertainment complex be able to do?

(A) Obtain special discounts
(B) Visit an aquarium
(C) Watch sporting events
(D) Enjoy views of the city

163. What does Mayor Ramirez indicate about the entertainment complex?

(A) It was completed ahead of schedule.
(B) It was supported by local residents.
(C) It will create numerous jobs.
(D) It will boost local tourism.

GO ON TO THE NEXT PAGE

Questions 164-167 refer to the following online chat discussion.

Chris Keane (6:44 P.M.)	Hey everyone, just a heads up—we have a safety inspection coming up next week. Are there any potential problems we need to address?
Sarah Lewis (6:46 P.M.)	One issue I've noticed is the fire extinguishers. Some of them in the dining area and kitchen are overdue for maintenance checks.
Chris Keane (6:47 P.M.)	That's definitely a concern. We can't afford to have any outdated equipment. We should schedule maintenance checks ASAP.
Mike Mangold (6:49 P.M.)	Another issue could be the cleanliness of the kitchen. We've been a bit lax with the cleaning schedule lately, and if the inspector finds any hygiene issues, it could be a major red flag.
Sarah Lewis (6:51 P.M.)	Agreed, we need to step up our game in the kitchen. Let's make sure everyone sticks to the cleaning schedule.
Chris Keane (6:52 P.M.)	One thing I've noticed is the emergency exits. Some of them are blocked by storage boxes, which is a safety hazard. We need to keep those areas clear at all times.
Mike Mangold (6:54 P.M.)	You're right, Chris. Blocking emergency exits is a serious violation. We should designate specific storage areas and enforce strict rules about using them.
Sarah Lewis (6:59 P.M.)	Also, we need to make sure our staff is up to date on safety procedures. If the inspector asks them about emergency protocols and they're not prepared, it could reflect poorly on us.
Chris Keane (7:01 P.M.)	Funny you should mention that. I've been preparing a new handbook for staff, and it contains detailed safety procedures.
Mike Mangold (7:02 P.M.)	Perfect. Would you like me to distribute those at the staff meeting tomorrow morning?
Chris Keane (7:04 P.M.)	That would be great. I'll e-mail it as an attachment first thing tomorrow. Thank you both for your input.

164. Where most likely do the writers work?

(A) At a government office
(B) At a restaurant
(C) At a production plant
(D) At a repair company

165. Why does Mr. Mangold suggest designating specific areas for storage?

(A) To accommodate surplus stock
(B) To reduce the risk of contamination
(C) To keep emergency exits clear
(D) To make it easier to find items

166. At 7:01 P.M., what does Mr. Keane mean when he writes, "Funny you should mention that"?

(A) Ms. Lewis has told an amusing story.
(B) Ms. Lewis followed some procedures incorrectly.
(C) Ms. Lewis should make an announcement.
(D) Ms. Lewis has raised a relevant point.

167. What most likely will Mr. Mangold do tomorrow?

(A) Create a staff handbook
(B) Send an e-mail to Mr. Keane
(C) Hand out some documents
(D) Reschedule a meeting

GO ON TO THE NEXT PAGE

Mr. Gerald Sleeman, CEO
Home Heaven Inc.
Aster Building, 3928 Miranda Street
San Francisco, CA

Dear Mr. Sleeman,

My name is Lydia Bates, and I am the owner of Wooden Wonders, a small woodcrafting workshop specializing in artisanal furniture that I founded a few years ago. I have admired the quality and reputation of your nationwide furniture store chain for quite some time, and I am reaching out to discuss a potential collaboration that I believe could be mutually beneficial.

I am interested in the possibility of selling my handcrafted furniture items, such as desks and coffee tables, through your esteemed stores. —[1]—. My pieces are meticulously crafted using high-quality wood and traditional woodworking techniques, resulting in unique and timeless pieces that I believe would resonate with your customers.

—[2]—. In terms of quantities, I am currently able to provide 100 desks and 50 coffee tables per month. —[3]—. I have secured potential investment from Richard Jasper, a prominent entrepreneur and investor, who is interested in partnering with me to expand my premises and increase production capabilities.

I have attached a detailed proposal outlining the proposed business arrangement, including pricing and terms. —[4]—. I would be grateful for the opportunity to discuss this further in person at your earliest convenience. Please feel free to contact me at 555-0119 or lydiab@woodenwonders.com to schedule a meeting.

Thank you for considering this proposal. I look forward to the possibility of working together with Home Heaven Inc. to bring artisanal craftsmanship to a wider audience through your reputable furniture stores.

Kind regards,

Lydia Bates

168. What is the main purpose of the letter?

(A) To inquire about specific products
(B) To respond to a job offer
(C) To attract a potential customer
(D) To propose a business deal

169. What does Ms. Bates indicate about Wooden Wonders?

(A) It has been in business for a decade.
(B) It sells items through several large retailers.
(C) Its headquarters are located in San Francisco.
(D) Its products are all made by hand.

170. What is suggested about Mr. Jasper?

(A) He is a business associate of Mr. Sleeman.
(B) He is skilled at designing wooden furniture.
(C) He has purchased several Wooden Wonders products.
(D) He provides financial backing to small businesses.

171. In which of the positions marked [1], [2], [3], and [4] does the following sentence best belong?

"My production capacity can be scaled up considerably with the right support."

(A) [1]
(B) [2]
(C) [3]
(D) [4]

GO ON TO THE NEXT PAGE

Questions 172-175 refer to the following e-mail.

To: Eric Sanderson <esanderson@bizfirst.net>
From: Oliver Pratchett <opratchett@knowlesinstitute.com>
Date: October 6
Subject: RE: Business Seminars

Dear Mr. Sanderson,

We appreciate your recent inquiry about management skills seminars at our business institute. Here is a closer look at three upcoming seminars that might be of interest to you:

Seminar: Effective Leadership Strategies
Date: October 12
Time: 1:00 P.M. – 4:30 P.M.
Content: This seminar will focus on the core aspects of effective leadership, including communication techniques, decision-making strategies, and team management skills. Participants will learn how to inspire and motivate their teams to achieve organizational goals.

Seminar: Strategic Planning and Execution
Date: October 19
Time: 9:00 A.M. – 12:30 P.M.
Content: This session will guide attendees through the process of strategic planning and execution. Topics covered include goal setting, market analysis, and the development of actionable plans to drive business growth and success.

Seminar: Conflict Resolution in the Workplace
Date: October 26
Time: 2:30 P.M. – 5:30 P.M.
Content: This seminar will equip participants with the necessary tools and techniques to effectively resolve conflicts in the workplace. Attendees will learn how to navigate difficult conversations, foster a positive work environment, and promote collaboration among team members.

To secure your spot in any of these seminars, please visit our Web site at www.knowlesinstitute.com and navigate to the Events section. Given the limited availability of seats, we recommend early enrollment to guarantee your participation. Our seminars tend to fill up quickly, so don't miss out on this opportunity to enhance your management skills.

In addition to enrolling in these seminars, we encourage you to subscribe to our mailing list to stay updated on future events and seminars tailored to your professional development needs. Subscribers receive timely notifications about upcoming opportunities, ensuring you never miss out on valuable learning experiences.

Best regards,

Oliver Pratchett
Senior Administrative Manager
Knowles Business Institute

172. Why did Mr. Pratchett send the e-mail?

(A) To respond to an inquiry
(B) To announce a schedule change
(C) To extend an invitation to an event
(D) To request additional information

173. What will attendees learn about at the seminar on October 26?

(A) Motivating team members
(B) Recruiting skilled employees
(C) Resolving workplace disputes
(D) Setting strategic business goals

174. What can be inferred about Knowles Business Institute from the e-mail?

(A) It operates in more than one location.
(B) Its seminars are held only in the afternoon.
(C) It hosts three seminars per year.
(D) Its previous seminars have been popular.

175. According to the e-mail, how can interested individuals receive news about upcoming events?

(A) By contacting the institute by phone
(B) By creating an online profile
(C) By becoming an institute member
(D) By signing up to a mailing list

GO ON TO THE NEXT PAGE

Questions 176-180 refer to the following online review and e-mail.

---

www.whatsoninaberdeen.com/business_reviews

Posted by: Mr. David Purcell
Date: June 4

I recently booked a birthday party package at Kingpin Bowling Alley for my 8-year-old son, and unfortunately, the party we attended yesterday fell short of expectations. While the facilities were excellent, and the price of the party package was reasonable, I was disappointed with some aspects of the event.

Firstly, the party host did not engage with the children enough and failed to keep them interested or excited throughout the duration of the party. This lack of interaction greatly detracted from the overall experience.

Furthermore, the food provided left much to be desired. The pizza and French fries were served cold, and the portions were disappointingly small. This was particularly underwhelming given that food is an important aspect of any birthday celebration.

Overall, while the facilities and pricing at Kingpin Bowling Alley are commendable, the lack of engagement from the party host and subpar food quality left a negative impression. As a result, I would be hesitant to hold another party there, especially for my other son who turns 10 next month.

To:	David Purcell <dpurcell@mymail.com>
From:	Gillian Crabb <gcrabb@kingpin.com>
Subject:	Your Recent Review
Date:	June 5

Dear Mr. Purcell,

I wanted to personally reach out to express my sincere apologies for the disappointing experience you had at our bowling alley during the recent birthday party. Your feedback is invaluable to us, and I am particularly concerned about the performance of the party host. To ensure we address this issue promptly, could you please provide me with the name of the host and time of the party?

I want to assure you that we are taking steps to improve the quality of our services. Moving forward, I can personally guarantee that Ms. Rachel Adler will serve as the host for your next party. Ms. Adler is renowned for her exceptional hosting skills and will provide the type of engaging and enjoyable experience you had hoped for.

As a token of our apology, we would like to offer you three free meal vouchers to use at our diner during your next visit to the bowling alley. To claim your vouchers, simply present a copy of this e-mail to a front desk worker during your visit.

Sincerely,
Gillian Crabb
Customer Service Manager
Kingpin Bowling Alley

176. According to the review, what is suggested about Mr. Purcell?

(A) He is a regular visitor to Kingpin Bowling Alley.
(B) He is the founder of a local reviews Web site.
(C) He attended a birthday party on June 3.
(D) He received a discount on a party package.

177. What aspect of Kingpin Bowling Alley was Mr. Purcell disappointed with?

(A) The cost of an event
(B) The condition of the bowling lanes
(C) The quality of the food
(D) The size of the facility

178. Why did Ms. Crabb suggest that Mr. Purcell contact her?

(A) To receive a refund
(B) To arrange a meeting
(C) To provide specific details
(D) To schedule a future party

179. What is suggested about Ms. Adler?

(A) She was recently hired by Ms. Crabb.
(B) She is skilled at entertaining children.
(C) She is an experienced bowler.
(D) She is a customer service manager.

180. What will Mr. Purcell receive on his next visit to Kingpin Bowling Alley?

(A) A free game of bowling
(B) A membership upgrade
(C) Complimentary drinks
(D) Restaurant coupons

GO ON TO THE NEXT PAGE

Questions 181-185 refer to the following article and e-mail.

(ALBERTVILLE) - In today's fast-paced world, where the demands of work and life often leave little time for relaxation, meditation has emerged as a powerful tool for busy workers to find inner peace and balance. Renowned meditation expert Brad Randolph, author of the best-selling book *Mindfulness*: *Finding Serenity in a Busy World*, advocates for the transformative benefits of meditation on overall well-being.

Research has shown that regular meditation practice can reduce stress, improve focus and concentration, enhance creativity, and promote emotional resilience. For busy professionals juggling hectic schedules, incorporating meditation into their daily routine can provide a much-needed reprieve from the constant demands of work and life.

To further promote the benefits of meditation to the community, Brad Randolph will host a free public meditation workshop in a local park on June 23 at 2 p.m. This workshop offers an opportunity for individuals to experience the power of meditation firsthand and learn practical techniques for incorporating mindfulness into their daily lives.

Whether you're a busy executive, a frazzled parent, or anyone in between, meditation offers a simple yet effective way to cultivate inner calm and improve overall well-being. Join Brad Randolph at the upcoming workshop and take the first step towards a more peaceful and balanced life.

To: Meredith Kudrow <mkudrow@randallcorp.com>
From: Susan Doyle <sdoyle@randallcorp.com>
Subject: Program Suggestion
Date: June 27

Hi Merdith,

I wanted to share a suggestion regarding our upcoming Corporate Wellness Program, particularly in relation to incorporating mindfulness and meditation practices.

As you know, I spent a few days in Albertville last week while I was training some of our new recruits at the branch there. On June 23, I had the afternoon free and had an opportunity to attend a meditation workshop hosted by Brad Randolph. It was an enlightening experience, and I was impressed by the simplicity and effectiveness of his approach to meditation and mindfulness.

Given the proven benefits of meditation on mental well-being and stress reduction, I believe that making a meditation course led by Mr. Randolph a part of our Corporate Wellness Program would be highly beneficial for our employees.

To support this recommendation, I will be sending some short videos of Mr. Randolph's work to provide further insight into his teaching style and the potential benefits for our employees. I believe that offering this course as part of our wellness program would align with our commitment to promoting a healthy work-life balance and fostering a supportive and positive work environment.

Best regards,

Susan Doyle
HR Assistant
Randall Corporation

181. What is the purpose of the article?

(A) To promote a new meditation business
(B) To provide tips on relieving stress
(C) To review a recently published book
(D) To announce an upcoming event

182. In the article, the word "incorporating" in paragraph 2, line 3, is closest in meaning to

(A) including
(B) containing
(C) establishing
(D) assisting

183. What is suggested about Ms. Doyle in the e-mail?

(A) She has read Mr. Randolph's book.
(B) She visited Albertville with Ms. Kudrow.
(C) She recently returned from a business trip.
(D) She has practiced meditation for several years.

184. Where did Ms. Doyle most likely meet Mr. Randolph?

(A) At a branch office
(B) At a convention
(C) At a public park
(D) At a health clinic

185. What does Ms. Doyle plan to provide Ms. Kudrow with?

(A) Contact details
(B) Event tickets
(C) Video clips
(D) Meditation tips

GO ON TO THE NEXT PAGE

To: Tess Flint <tessflint@acesales.com>
From: Aaron West <aaronwest@acesales.com>
Subject: RE: DDSC Convention
Date: April 3

Hi Tess,

With the Digital and Direct Sales Convention (DDSC) in Beresford fast approaching, I am reaching out to seek your valuable advice on accommodation options for our Dartford team. I will just need to book rooms for one night on the day of the convention.

Given your local expertise and familiarity with Beresford, I believe you may have insightful recommendations regarding the hotels listed on the convention Web site. Our group comprises 23 staff members, and ensuring their comfort and convenience during the workshop is important to me.

I like the sound of The Ivor Hotel, which appears to offer competitive rates, so I am very tempted to book rooms there. Before proceeding, I would greatly appreciate your thoughts on this option and any others you deem suitable for our group.

I aim to finalize accommodation arrangements by April 10, so your timely input on this matter would be immensely helpful.

Thank you in advance for your assistance, and I look forward to hearing from you soon.

Warm regards,

Aaron West
Dartford Branch Manager

---

www.acesales.com/ddsc_accommodation ▼

The Ivor Hotel:
Located centrally in Beresford, The Ivor Hotel offers affordable yet elegant accommodation, featuring spacious rooms, complimentary Wi-Fi, and a fitness center. Its proximity to the convention venue makes it a convenient choice for those attending the DDSC.

Beresford Manor:
Nestled amidst lush gardens, Beresford Manor provides luxurious boutique accommodation with individually decorated rooms, a gourmet restaurant, and a tranquil spa. Guests seeking refined comfort and personalized service will appreciate the historic charm and attention to detail at this exquisite hotel.

Riverside Suites:
Perched overlooking the River Beres, Riverside Suites offers contemporary accommodation with breathtaking views, modern furnishings, and private balconies. Just a short walk from the convention venue, Riverside Suites is an attractive option for event participants.

To:	Aaron West <aaronwest@acesales.com>
From:	Tess Flint <tessflint@acesales.com>
Subject:	RE: DDSC Convention
Date:	April 4

Hi Aaron,

Thank you for reaching out regarding accommodation for the upcoming convention. I'm looking forward to meeting you and your team when you arrive in Beresford.

You noted your interest in The Ivor Hotel, and indeed, it's a decent option with its central location and affordability. However, I must mention that the number of rooms there is limited, which may pose a challenge for accommodating your entire group.

Considering the size of your team, Beresford Manor might be a more suitable choice. With its luxurious amenities and ample room availability, it can comfortably accommodate larger groups while providing a refined and personalized experience. Regarding Riverside Suites, you'd actually require transportation if you were to stay there.

Since you want to book rooms for the night of April 15, I suggest that you do that immediately before Beresford Manor fills up.

Regards,

Tess

186. What is the purpose of the first e-mail?

(A) To invite Ms. Flint to a convention
(B) To provide information about local lodgings
(C) To request advice about an event
(D) To discuss a change to a travel itinerary

187. What is suggested about Ms. Flint?

(A) She previously worked in Dartford.
(B) She writes reviews of local hotels.
(C) She currently lives in Beresford.
(D) She will give a talk at a convention.

188. Why is Mr. West interested in staying at The Ivor Hotel?

(A) It provides a corporate discount.
(B) It includes a free shuttle bus.
(C) It offers reasonable room rates.
(D) It is located near a train station.

189. When most likely is the convention scheduled to take place?

(A) On April 3
(B) On April 4
(C) On April 10
(D) On April 15

190. What information on the event Web page does Ms. Flint indicate is inaccurate?

(A) The total number of rooms at The Ivor Hotel
(B) The quality of the restaurant at Beresford Manor
(C) The proximity of Riverside Suites to the venue
(D) The availability of a fitness center at The Ivor Hotel

GO ON TO THE NEXT PAGE

E-Mail Message

To: Officeworks Customer Support <support@officeworks.com>
From: Tom Sharpe <tsharpe@magenta.com>
Subject: Recent Order
Date: March 15

Dear sir/madam,

I am writing to address a concerning issue regarding our recent order of 10 Standard Cubicle Partitions in Midnight Black, which were delivered to Magenta Enterprises on February 2.

Unfortunately, we have encountered significant difficulties with these partitions since their installation. Despite our best efforts, many of them have failed to connect seamlessly, leading to disruptions in workflow and reduced privacy for our employees. Furthermore, after only one month of use, several partitions have already broken, rendering them unusable.

As a long-term customer of your company, we have always valued the quality and reliability of your products. However, the current situation has caused considerable inconvenience and frustration for our team. In order to rectify this issue and maintain our trust in your brand, we kindly request that you replace all 10 partitions with your new Executive Cubicle Partitions at no additional cost to us.

Given our longstanding partnership, we trust that you will prioritize our request and take swift action to resolve this matter.

Best regards,

Tom Sharpe
Office Manager
Magenta Enterprises

---

http://www.officeworks.com/newproducts/executivecubiclepartition ▼

OFFICEWORKS EXECUTIVE CUBICLE PARTITION

Introducing our new Executive Cubicle Partition, designed to enhance privacy, productivity, and aesthetics in any workplace setting. Crafted from high-quality, durable materials, this partition offers a sleek and modern design, seamlessly blending functionality with style.

Features:
- Sturdy aluminium frame for stability and longevity
- Sound-absorbing fabric panels to minimize noise disturbance
- Modular design for easy installation and customization
- Available in various sizes to fit different cubicle configurations
- Optional accessories, such as whiteboards and desk-mounted shelves, for added versatility

Color Options:
Slate Gray (Product ID: CP-0012)
Neutral Beige (Product ID: CP-0028)
Midnight Blue (Product ID: CP-0031)
Charcoal Black (Product ID: CP-0046)

OFFICEWORKS - Invoice

Invoice Number: INV20240419
Date: March 20

Bill To:
Mr. Tom Sharpe
Magenta Enterprises
562 Ealey Avenue, Portland, OR 97204

Description	Quantity	Unit Price	Total
Executive Cubicle Partition Medium (Product ID: CP-0046)	10	$80	$800
Delivery & Installation			$50
		Total Amount Due	**$850**

Thank you for your business! If you have any questions or concerns regarding this invoice, please feel free to contact us at support@officeworks.com.

---

191. What is indicated about Magenta Enterprises?

(A) Its recent order from Officeworks was delayed.
(B) It received a corporate discount from Officeworks.
(C) It has ordered items from Officeworks in the past.
(D) It has multiple office locations.

192. What is the purpose of the e-mail?

(A) To complain about a missing item
(B) To inquire about a new range of partitions
(C) To request that some products be replaced
(D) To schedule the installation of some items

193. What is stated about the Executive Cubicle Partition?

(A) It comes in only one size option.
(B) It is constructed from durable steel.
(C) It is suitable for use with accessories.
(D) It is lighter than other partitions.

194. What is implied about Officeworks?

(A) It provided Mr. Sharpe with a refund.
(B) It performed repairs at Magenta Enterprises.
(C) It offers free shipping and installation services.
(D) It rejected Mr. Sharpe's request.

195. What color are the Executive Cubicle Partitions ordered by Magenta Enterprises?

(A) Slate Gray
(B) Neutral Beige
(C) Midnight Blue
(D) Charcoal Black

GO ON TO THE NEXT PAGE

To: All Bizwear Staff <allstaff@bizwear.com>
From: Dean Smith <dsmith@bizwear.com>
Subject: Company Barbecue
Date: June 10

Greetings!

Join us on Saturday, July 15, for a special event celebrating the release of our new range of business apparel! We invite all staff members to a fun-filled afternoon at Finbury Park, where we'll host a company barbecue with delicious grilled treats and refreshing beverages. The festivities will commence at 12 PM and run until 6 PM, providing ample time for colleagues to mingle, relax, and celebrate our company's achievements.

If you plan to attend, please access the sign-up sheet on our company portal to indicate your attendance and whether you would be willing to volunteer to stay behind for one hour and clean up after the event. I am hoping to recruit two or three people to help with this.

Also, we're pleased to announce that a shuttle bus will be provided for transportation to and from the park. There will be two pick-up points: Head Office and Harper Mall, which is halfway between Head Office and the park. If you require transportation, please note your preferred pick-up point on the attendance sheet so we can make appropriate arrangements.

For any inquiries or further details, please reach out to me by e-mail.

Regards,

Dean Smith, HR Manager
Bizwear Corporation

BIZWEAR - Company Barbecue Sign-up Sheet

Name of Attendee	Transportation Required From	Volunteering After 6 P.M.
Juanita Lopez, CEO	Head Office	No
Arnold Clifton, CFO		No
Beatrice Breen	Harper Mall	No
Guy Mandel		Yes
Evie Lawson	Quay Plaza	No

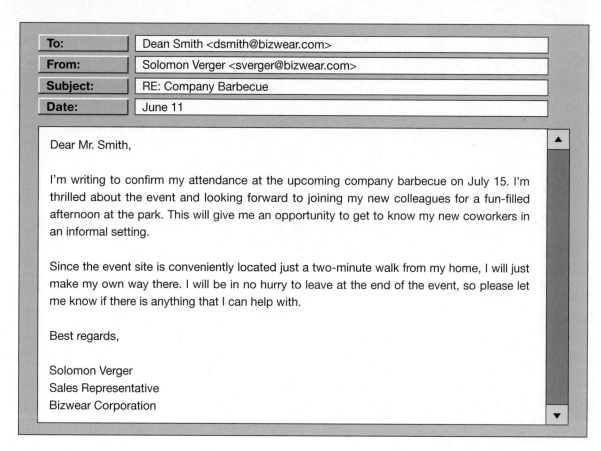

To:	Dean Smith <dsmith@bizwear.com>
From:	Solomon Verger <sverger@bizwear.com>
Subject:	RE: Company Barbecue
Date:	June 11

Dear Mr. Smith,

I'm writing to confirm my attendance at the upcoming company barbecue on July 15. I'm thrilled about the event and looking forward to joining my new colleagues for a fun-filled afternoon at the park. This will give me an opportunity to get to know my new coworkers in an informal setting.

Since the event site is conveniently located just a two-minute walk from my home, I will just make my own way there. I will be in no hurry to leave at the end of the event, so please let me know if there is anything that I can help with.

Best regards,

Solomon Verger
Sales Representative
Bizwear Corporation

196. Why is Bizwear Corporation hosting a company barbecue?

(A) To celebrate a successful financial period
(B) To introduce several new employees
(C) To mark the launch of new products
(D) To present awards to outstanding staff

197. In the first e-mail, the word "run" in paragraph 1, line 4, is closest in meaning to

(A) operate
(B) compete
(C) promote
(D) continue

198. Based on the information on the sign-up sheet, what mistake did Ms. Lawson make?

(A) She did not state which branch she works for.
(B) She forgot to specify her company position.
(C) She chose an invalid transportation pick-up point.
(D) She left one of the fields on the sheet blank.

199. What does the second e-mail suggest about Mr. Verger?

(A) He was recently hired by Bizwear Corporation.
(B) He requires transportation to an event.
(C) He will travel to an event with Mr. Smith.
(D) He works in the HR department.

200. What will Mr. Smith most likely encourage Mr. Verger to do?

(A) Organize group activities
(B) Bring food to an event
(C) Provide transportation for staff
(D) Assist with cleaning up

Stop! This is the end of the test. If you finish before time is called, you may go back to Parts 5, 6, and 7 and check your work.

시원스쿨 실전토익 900+

실전 모의고사
TEST 4

TEST 4
「시험장 모드」영상

시험 보기

TEST 4
MP3

바로 듣기

TEST 4
해설

바로 보기

시작 시간	_____시 _____분
종료 시간	_____시 _____분

▶ 중간에 멈추지 말고 처음부터 끝까지 풀어보세요. 문제를 풀 때는 실전처럼 답안지에 마킹하세요.

실전 모의고사 TEST 4

LISTENING TEST

In the Listening test, you will be asked to demonstrate how well you understand spoken English. The entire Listening test will last approximately 45 minutes. There are four parts, and directions are given for each part. You must mark your answers on the separate answer sheet. Do not write your answers in your test book.

PART 1

Directions: For each question in this part, you will hear four statements about a picture in your test book. When you hear the statements, you must select the one statement that best describes what you see in the picture. Then find the number of the question on your answer sheet and mark your answer. The statements will not be printed in your test book and will be spoken only one time.

Statement (D), "They are taking photographs," is the best description of the picture, so you should select answer (D) and mark it on your answer sheet.

1.

2.

GO ON TO THE NEXT PAGE

3.

4.

5.

6.

GO ON TO THE NEXT PAGE

PART 2

Directions: You will hear a question or statement and three responses spoken in English. They will not be printed in your test book and will be spoken only one time. Select the best response to the question or statement and mark the letter (A), (B), or (C) on your answer sheet.

7. Mark your answer on your answer sheet.

8. Mark your answer on your answer sheet.

9. Mark your answer on your answer sheet.

10. Mark your answer on your answer sheet.

11. Mark your answer on your answer sheet.

12. Mark your answer on your answer sheet.

13. Mark your answer on your answer sheet.

14. Mark your answer on your answer sheet.

15. Mark your answer on your answer sheet.

16. Mark your answer on your answer sheet.

17. Mark your answer on your answer sheet.

18. Mark your answer on your answer sheet.

19. Mark your answer on your answer sheet.

20. Mark your answer on your answer sheet.

21. Mark your answer on your answer sheet.

22. Mark your answer on your answer sheet.

23. Mark your answer on your answer sheet.

24. Mark your answer on your answer sheet.

25. Mark your answer on your answer sheet.

26. Mark your answer on your answer sheet.

27. Mark your answer on your answer sheet.

28. Mark your answer on your answer sheet.

29. Mark your answer on your answer sheet.

30. Mark your answer on your answer sheet.

31. Mark your answer on your answer sheet.

PART 3

Directions: You will hear some conversations between two or more people. You will be asked to answer three questions about what the speakers say in each conversation. Select the best response to each question and mark the letter (A), (B), (C), or (D) on your answer sheet. The conversations will not be printed in your test book and will be spoken only one time.

32. What department does the man most likely work in?

(A) Accounting
(B) Technical support
(C) Human resources
(D) Public relations

33. What does the man ask the woman about?

(A) A policy revision
(B) A project deadline
(C) A contract proposal
(D) A budget report

34. Why is the man surprised?

(A) A meeting schedule was adjusted.
(B) A colleague got promoted.
(C) A deadline was pushed back.
(D) An advertisement was misprinted.

35. Why is the man calling the woman?

(A) To verify a shipping address
(B) To advertise a product
(C) To ask about some items
(D) To offer some discounts

36. What problem does the woman mention?

(A) A request was not made by her.
(B) Some instructions were not provided.
(C) A package has gone missing.
(D) Some appliances are out of stock.

37. What will the man provide to Mr. Emerson?

(A) An updated policy
(B) A price range
(C) Some directions
(D) Some scheduling options

38. Where most likely are the speakers?

(A) At a police station
(B) At a post office
(C) At a movie theater
(D) At an office supply store

39. What are the speakers discussing?

(A) Defective machines
(B) Misplaced items
(C) A log-in issue
(D) A client complaint

40. According to the man, what will happen in the afternoon?

(A) A manager will come in.
(B) A computer will be replaced.
(C) A renovator will visit.
(D) A meeting will be held.

41. What is the conversation mostly about?

(A) A presenter for a speech
(B) An author for a guidebook
(C) A space for an event
(D) A topic for an article

42. According to the man, what has made an item popular?

(A) Entertaining commercials
(B) Disposable parts
(C) Attractive packaging
(D) Viral marketing

43. What does the woman ask the man to do?

(A) Check some reviews
(B) Post some comments
(C) Send an inquiry
(D) Streamline a process

GO ON TO THE NEXT PAGE

44. Where is the conversation most likely taking place?

(A) At a mobile phone store
(B) At an auto repair shop
(C) At a hardware store
(D) At a distribution center

45. What problem is being discussed?

(A) A charging cable was not provided.
(B) A computer will not turn on.
(C) A screen display is defective.
(D) A machine part will not fully close.

46. What does the woman agree to do?

(A) Organize a list
(B) Check a user manual
(C) Look for a tool
(D) Send a package

---

47. What did the man do this morning?

(A) He mailed out some documents.
(B) He inspected an office.
(C) He set up an account.
(D) He delivered some forms.

48. What does the woman ask the man to do?

(A) Rearrange a storage space
(B) Create an access code
(C) Put away some paperwork
(D) Search for some information

49. Why does the man say, "I heard she's out on business this whole week"?

(A) To explain why there was a delay
(B) To indicate a task must be postponed
(C) To point out a mistake
(D) To ask for a deadline extension

50. What is the purpose of the conversation?

(A) To discuss a policy revision
(B) To decide a different branch location
(C) To prepare some marketing strategies
(D) To consider some diverse product options

51. What does the man suggest doing?

(A) Negotiating a celebrity endorsement
(B) Hosting a team-building event
(C) Monitoring customer reviews closely
(D) Selecting various materials

52. Why is the woman concerned?

(A) A store layout will need to be changed.
(B) A contract is coming to an end soon.
(C) Some customers may be disappointed.
(D) Some suppliers might terminate their deals.

---

53. What department do the speakers most likely work in?

(A) Customer service
(B) Operations
(C) Accounting
(D) Sales

54. What has Melanie Zhao done?

(A) She has secured an investment deal.
(B) She has expanded her business.
(C) She has recruited a celebrity model.
(D) She has won an award.

55. Why will the speakers meet this afternoon?

(A) To discuss some market trends
(B) To compile some research
(C) To identify an issue
(D) To troubleshoot a device

56. What are the speakers discussing?

(A) Delivery of an item
(B) Company celebrations
(C) Expansion plans
(D) Machine installation

57. What specific problem does the man mention?

(A) Some plants are not fresh.
(B) A vehicle is too small.
(C) Some roads are being repaired.
(D) A price is too high.

58. Why is Sharon unable to help the man this afternoon?

(A) She is expecting a large shipment to come in.
(B) She only transports certain products.
(C) She has another task scheduled.
(D) She has a meeting with a client.

59. What is the conversation mostly about?

(A) Maintenance work
(B) Overdue charges
(C) A sales presentation
(D) A merger agreement

60. What does the woman mean when she says, "we've used information packets before"?

(A) A client has made a special request.
(B) An alternative option is available.
(C) A form needs to be filled out.
(D) A procedure should be simplified.

61. What does the woman offer to do?

(A) Film some videos
(B) Prepare a script
(C) Collect some opinions
(D) Edit some graphics

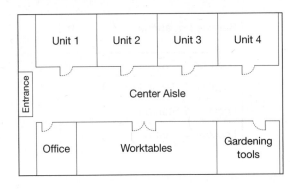

62. Who most likely is the man?

(A) A painter
(B) A carpenter
(C) An interior designer
(D) A plumber

63. Look at the graphic. Which room does the woman refer to?

(A) Unit 1
(B) Unit 2
(C) Unit 3
(D) Unit 4

64. What does the woman provide?

(A) A phone number
(B) Some keys
(C) Some receipts
(D) An instruction manual

GO ON TO THE NEXT PAGE

Service Locations ▼
Location 1 Cypress
Location 2 Buena Park
Location 3 Stanton
Location 4 Arcadia

65. What type of business does the man work at?

(A) A flower shop
(B) A catering company
(C) A restaurant
(D) A grocery store

66. Look at the graphic. At which location is the conversation taking place?

(A) Location 1
(B) Location 2
(C) Location 3
(D) Location 4

67. What does the man say he will do?

(A) Call a supervisor
(B) Authorize a transaction
(C) Display some posters
(D) Notify some employees

Pearl's Pottery Studio

	Beginner's Class	Advanced Class
Individual	$25	$40
Group	$15	$35

* Rates Per Person

68. What is Pearl's Pottery Studio doing this weekend?

(A) Giving away free samples
(B) Offering special lessons
(C) Extending its operation hours
(D) Purchasing new tools

69. Why does the man say he can only visit this weekend?

(A) He is not a local resident.
(B) He is holding a surprise event.
(C) He is moving elsewhere soon.
(D) He usually works on the weekend.

70. Look at the graphic. How much will the man pay?

(A) $15
(B) $25
(C) $35
(D) $40

PART 4

Directions: You will hear some talks given by a single speaker. You will be asked to answer three questions about what the speaker says in each talk. Select the best response to each question and mark the letter (A), (B), (C), or (D) on your answer sheet. The talks will not be printed in your test book and will be spoken only one time.

71. According to the speaker, what are the wetlands known for?

(A) Thick shrubs
(B) Diverse wildlife
(C) Muddy waters
(D) Peaceful scenery

72. What does the speaker remind the listeners to do?

(A) Observe an area
(B) Refrain from taking photos
(C) Watch their step
(D) Speak quietly

73. How can the listeners potentially receive a discount?

(A) By registering as a member
(B) By writing a review online
(C) By submitting a photo
(D) By referring a friend

74. According to the speaker, what are located nearby?

(A) Banks
(B) Bus stops
(C) Restaurants
(D) Convenience stores

75. What new feature of the building does the speaker mention?

(A) High-speed Internet
(B) More elevators
(C) Convenient parking
(D) Vending machines

76. What special offer is available until the end of June?

(A) Complimentary cleaning
(B) Reduced utility rates
(C) Furniture coupons
(D) Moving assistance

77. Who most likely is the speaker?

(A) A loan officer
(B) A data analyst
(C) A journalist
(D) A homeowner

78. What does the speaker imply when she says, "we should definitely talk in person"?

(A) A payment needs to be processed.
(B) A process needs to be explained.
(C) There is an urgent problem.
(D) She is currently not feeling well.

79. What information does the speaker request?

(A) A meeting location
(B) A specific document
(C) A price estimate
(D) A credit score

80. Where does the speaker most likely work?

(A) At a farm
(B) At a restaurant
(C) At a grocery store
(D) At a cooking school

81. What does the device assist with?

(A) Pressing fresh juice
(B) Automating the watering process
(C) Detaching fruit from trees
(D) Spreading soil fertilizers

82. What are the listeners invited to do?

(A) Trim some branches
(B) Watch a demonstration
(C) Enter a drawing
(D) Try some samples

83. What job position are the listeners training for?

(A) Security officer
(B) Car rental agent
(C) Receptionist
(D) Store clerk

84. What information does the speaker request?

(A) Location preferences
(B) Course feedback
(C) A mailing address
(D) A self-evaluation

85. What does the speaker say about a wheelchair?

(A) It must be returned within 24 hours of issuance.
(B) It should be operated by trained assistants.
(C) It is free for senior citizens.
(D) It should be requested by verified members.

86. Who are the listeners?

(A) Reporters
(B) Sales representatives
(C) Boat crew members
(D) Tourists

87. What does the speaker imply when she says, "Calistoga Harbor is closed off all day today"?

(A) Several people will need refunds.
(B) A stop will not be made.
(C) A loading dock is under construction.
(D) There are no alternative routes.

88. What will the listeners do next?

(A) Rehearse some customer service lines
(B) Adjust some navigation settings
(C) Vote on a financial decision
(D) Confirm their schedule

89. What does the speaker ask the listeners to review?

(A) A catering menu
(B) An assignment list
(C) An order invoice
(D) A clothes catalog

90. What is Arisa responsible for?

(A) Sorting products
(B) Locating requested items
(C) Decorating several spaces
(D) Passing out identification badges

91. What does the speaker imply when she says, "this time, several celebrities will be in attendance, too"?

(A) The listeners should expect a larger crowd.
(B) The listeners have received special recognition.
(C) Many pictures should be taken.
(D) Some reporters will be present.

92. According to the speaker, why was a product launch behind schedule?

(A) A vendor canceled an agreement.
(B) A design was changed last minute.
(C) Some regulations were not met.
(D) Some supplies were not available.

93. What does the speaker say will happen next week?

(A) Some expenses will be calculated.
(B) Some discounts will be offered.
(C) A merger will be negotiated.
(D) A system will be upgraded.

94. What will the listeners most likely do next?

(A) Vote on a pattern
(B) Receive a beverage
(C) Introduce themselves
(D) View some advertisements

Airline Company	Voucher Destination
Keegan Airlines	Berlin
Bristole Air	Paris
Suntec Airlines	Hong Kong
Elite Airways	Jakarta

95. Who most likely are the listeners?

(A) Tourists
(B) Advertisers
(C) Aircraft operators
(D) Travel agents

96. What does the speaker ask Wilson to do?

(A) Call an airport customer center
(B) Monitor some reactions
(C) E-mail a client
(D) Revise some itineraries

97. Look at the graphic. Which airline company does the speaker need approval from?

(A) Keegan Airlines
(B) Bristole Air
(C) Suntec Airlines
(D) Elite Airways

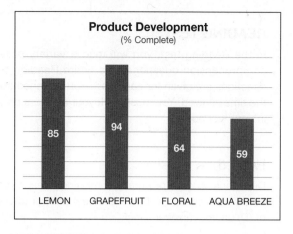

98. According to the speaker, what will take place in December?

(A) A product demonstration
(B) A trade show
(C) An investors' meeting
(D) A staff workshop

99. Look at the graphic. What product did Tiffany's team work on?

(A) Lemon
(B) Grapefruit
(C) Floral
(D) Aqua Breeze

100. What will the listeners do next?

(A) Rate a design
(B) Select a product name
(C) Decide on a marketing budget
(D) Vote on a meeting location

This is the end of the Listening test. Turn to Part 5 in your test book.

READING TEST

In the Reading test, you will read a variety of texts and answer several different types of reading comprehension questions. The entire Reading test will last 75 minutes. There are three parts, and directions are given for each part. You are encouraged to answer as many questions as possible within the time allowed. You must mark your answers on the separate answer sheet. Do not write your answers in your test book.

PART 5

Directions: A word or phrase is missing in each of the sentences below. Four answer choices are given below each sentence. Select the best answer to complete the sentence. Then mark the letter (A), (B), (C), or (D) on your answer sheet.

101. Please create the invitations for the grand opening event and mail ------- to everyone by February 28th.

(A) them
(B) their
(C) ourselves
(D) us

102. Find-A-Space is a new mobile application ------- provides users with information about local parking availability.

(A) whoever
(B) such
(C) that
(D) where

103. Only ------- workers are allowed to operate the machinery on the assembly line.

(A) trainer
(B) train
(C) trained
(D) to train

104. Ryzer Technologies will inform all of ------- shareholders about the decision to relocate the main manufacturing plant.

(A) one
(B) its
(C) ours
(D) whose

105. Bowmore Bridge is ------- closed to all traffic, so motorists should follow the detour signs to take an alternative route.

(A) temporarily
(B) loosely
(C) rapidly
(D) busily

106. Mr. Forbes is ------- that he can raise staff morale and boost productivity in the workplace.

(A) positivity
(B) positives
(C) positively
(D) positive

107. Customers who ------- to our monthly magazine can get news about discounts and other special offers.

(A) alert
(B) propose
(C) receive
(D) subscribe

108. The Aquaworld Swimming Center will be open from 9:00 A.M. ------- 7:30 P.M. throughout the school holidays.

(A) since
(B) until
(C) during
(D) except

109. New recruits at Richmond Telecom will be required to participate in monthly training -------.

(A) assemblies
(B) reasons
(C) workshops
(D) facilities

110. For ------- who prefer to work from home, our company provides laptops and other equipment.

(A) either
(B) whichever
(C) those
(D) one another

111. The HR manager will ------- monitor the performance of the new recruits over the next two weeks.

(A) close
(B) closeness
(C) closer
(D) closely

112. Diamond Fine Foods is implementing a customer reward program to ------- its customer retention rate.

(A) improve
(B) select
(C) market
(D) explore

113. Internal applications for the assistant branch manager position ------- in person to Mr. Hargreaves in HR.

(A) submitted
(B) are submitting
(C) must submit
(D) must be submitted

114. ------- order placed with Aldo's Pizza is guaranteed to arrive within 45 minutes.

(A) Each
(B) Several
(C) All
(D) Either

115. Some sports teams are launching aggressive advertising campaigns in an effort to address ------- low attendance figures.

(A) brightly
(B) actually
(C) usefully
(D) increasingly

116. The Lincoln Theater is finally ready to reopen its doors to theatergoers ------- a five-month remodeling project.

(A) along with
(B) now that
(C) after
(D) when

117. During their orientation, the new recruits were ------- with the company's commitment to good customer service.

(A) conducted
(B) discovered
(C) promoted
(D) impressed

118. Due to the withdrawal of some major investors, Jazz Electronics has suddenly become less ------- stable.

(A) finance
(B) financial
(C) financing
(D) financially

119. ------- our express shipping service to receive your purchased items in less than 24 hours.

(A) Make
(B) Send
(C) Use
(D) Print

120. Staff members must get written ------- from your department manager before taking any time off work.

(A) authorized
(B) authorized
(C) authorizes
(D) authorization

GO ON TO THE NEXT PAGE

121. One of the best substitutes ------- cream in the recipe is natural yogurt, which is a healthier option.

(A) of
(B) near
(C) plus
(D) for

122. Based on last week's -------, company expenses are likely to significantly decrease this year.

(A) report
(B) to report
(C) reported
(D) reportedly

123. After the introduction of a new lunch menu, the number of people choosing to dine at Holly Restaurant rose -------.

(A) sharply
(B) accurately
(C) always
(D) seldom

124. Harley Department Store's annual winter sale begins ------- December 1.

(A) in
(B) on
(C) at
(D) to

125. Government health and safety ------- must be adhered to by all workers in our manufacturing plant.

(A) ceremonies
(B) regulations
(C) departments
(D) constructions

126. Mark Jenkins' new documentary, which is available to stream online, tells a ------- story about a homeless man with extraordinary musical talents.

(A) mover
(B) movement
(C) moving
(D) movingly

127. Morwell Craft Shop visitors may view and purchase a wide variety of local arts and crafts, ------- stone ornaments and wicker baskets.

(A) such as
(B) whereas
(C) even though
(D) likewise

128. Our lunch menu has been widely praised by food critics, ------- our dinner menu has been criticized for its high prices.

(A) namely
(B) besides
(C) whereas
(D) until

129. Professor Galbraith, a sociology expert, ------- provides training to companies that wish to improve staff morale.

(A) highly
(B) comparably
(C) frequently
(D) deeply

130. ------- flight delays, Northwest Airline will provide food vouchers that may be redeemed at any airport restaurant.

(A) For example
(B) In the event of
(C) Prior to
(D) Provided that

PART 6

Directions: Read the texts that follow. A word, phrase, or sentence is missing in parts of each text. Four answer choices for each question are given below the text. Select the best answer to complete the text. Then mark the letter (A), (B), (C), or (D) on your answer sheet.

Questions 131-134 refer to the following memo.

Dear Team,

We will be welcoming Marl Walgrave, the CEO of our hotel chain, as our esteemed guest this coming Saturday. Therefore, it is imperative that we ------- the highest standards of service
131.
during his stay. Please ensure that you are courteous, professional, and adhere to all hotel procedures diligently.

Furthermore, it's important to note that Mr. Walgrave has a dust allergy, ------- his room must be
132.
thoroughly cleaned and inspected for any potential allergens. Lastly, remember to wear your full hotel uniform and name tags ------- your shifts to ensure our professional appearance. -------.
133. **134.**

Thank you for your attention to detail and commitment to providing exceptional service.

Best regards,

Dirk Seymour
Hotel Manager
Martino Hotel

131. (A) maintaining
(B) maintained
(C) will maintain
(D) maintain

132. (A) then
(B) so
(C) yet
(D) before

133. (A) within
(B) except
(C) throughout
(D) among

134. (A) The announcement of our new CEO will be made imminently.
(B) Mr. Walgrave expressed his admiration for your hard work.
(C) New uniforms can be obtained from the HR department.
(D) These measures will make our CEO's stay as pleasurable as possible.

GO ON TO THE NEXT PAGE

To: Sunvale Dry Cleaning <inquiries@sunvale.com>
From: Anders Bern <abern@omegacorp.com>
Subject: Suit Cleaning Service
Date: October 9

Dear sir or madam,

-------. I have been a loyal customer of your dry cleaning service for many years and have always
135.
been satisfied with the quality of your work. However, the service I received during my recent
visit was far below my expectations.

------- examining the business suit I brought in for cleaning on October 5, I discovered that a
136.
seam had been torn, and a stain was still present. As someone who values the professionalism
and attention to detail of your establishment, I am disappointed by this -------.
137.

I kindly request that you consider providing compensation for the damage caused to my suit. I
trust that you ------- the necessary steps to address this matter and restore my confidence in
138.
your services.

Thank you for your attention to this issue.

Sincerely,
Anders Bern

135. (A) I would like to commend the performance
of your employees.
(B) I appreciate your prompt resolution of the
earlier issue.
(C) I am writing to express my dissatisfaction
with your service.
(D) I am still waiting to receive the items I
dropped off for cleaning.

136. (A) Still
(B) Between
(C) Although
(D) Upon

137. (A) decision
(B) postponement
(C) carelessness
(D) closure

138. (A) took
(B) will take
(C) have taken
(D) are taking

Questions 139-142 refer to the following information.

Thank you for purchasing the Hornet V20 Aerial Drone! -------.
139.

Firstly, take a few moments to conduct a thorough pre-flight check of your drone before operating it. This includes ------- the battery, propellers, and other components to ensure
140.
everything is in proper working order.

Secondly, when it comes to selecting a flying -------, opt for open, unobstructed areas away from
141.
people, buildings, and trees. Flying in congested or built-up areas increases the risk of accidents and collisions.

Lastly, maintaining visual line of sight with your drone is crucial for safe operation. Always keep your drone ------- your field of vision to avoid losing control or inadvertently flying into obstacles.
142.

139. (A) These steps will lead you through the proper assembly of the device.
(B) Your warranty terms and conditions are outlined below.
(C) We are sorry to hear that the item you purchased is defective.
(D) It is important to keep the following safety precautions in mind.

140. (A) to inspect
(B) inspection
(C) inspecting
(D) inspects

141. (A) location
(B) manual
(C) duration
(D) lesson

142. (A) onto
(B) ahead
(C) toward
(D) within

Questions 143-146 refer to the following article.

(Bismarck) — The ------- relocation of the software development company GammaSoft to
143.
Bismarck promises great benefits for the city and its residents.

By moving its headquarters to Bismarck, the company is set to ------- hundreds of local job
144.
opportunities, offering a boost to the city's economy and reducing unemployment rates. This
influx of skilled employment will not only provide residents with valuable career prospects but
also contribute to the growth of the local workforce. -------, the presence of a renowned software
145.
firm in Bismarck will enhance the city's reputation as a hub for technology and innovation,
attracting further investment and talent.

GammaSoft is currently advertising new job vacancies through its Web site at www.gammasoft.
com/recruitment. -------.
146.

143. (A) planned
(B) plan
(C) planning
(D) planner

144. (A) design
(B) withdraw
(C) prolong
(D) generate

145. (A) Instead
(B) Moreover
(C) Therefore
(D) However

146. (A) GammaSoft plans to release the new
range of products during the summer.
(B) Bismarck residents are welcome to attend
the event free of charge.
(C) The new head office is expected to open
in approximately two months.
(D) GammaSoft shareholders will vote on the
proposal in the coming days.

Directions: In this part you will read a selection of texts, such as magazine and newspaper articles, e-mails, and instant messages. Each text or set of texts is followed by several questions. Select the best answer for each question and mark the letter (A), (B), (C), or (D) on your answer sheet.

Questions 147-148 refer to the following advertisement.

North End Office Supplies Sale
November 15 and 16

Join us for our annual customer appreciation event as we celebrate one year of serving the downtown business district! Residents working within a five-mile radius of our store are invited to enjoy exclusive discounts on office essentials this weekend. Simply present your business card or employee ID to redeem the special offer.

147. What is being advertised?

(A) The arrival of a new product
(B) A change of ownership
(C) The opening of a new branch
(D) A special deal for nearby customers

148. What is indicated about North End Office Supplies?

(A) It opened its location last year.
(B) It offers online sales only.
(C) It delivers within a 5-mile radius.
(D) It offers a selection of electronics.

GO ON TO THE NEXT PAGE

To:	All FrostTech Refrigerator Factory Employees
From:	Sandra Reynolds
Date:	November 10
Subject:	Employee Referrals

FrostTech Refrigerator Factory is expanding its workforce and is currently seeking additional assembly line workers, maintenance technicians, and warehouse staff. We will be hosting a recruitment and information session on Monday, November 25, from 9 A.M. to 11 A.M. in the FrostTech Conference Room. If you know anyone who would be interested in joining our factory, please encourage them to attend this event. There is no cost for attendance, and appointments are not required.

As a valued employee, you are eligible for a referral bonus if you recommend a candidate who is hired and remains employed for at least three months. To ensure you receive credit for the referral, ask the candidate to indicate your name in the "Referred by" section of their application. The bonus will be included in your next paycheck.

If you have any questions or need further information, please don't hesitate to reach out to me.

Thank you for your ongoing dedication to FrostTech Refrigerator Factory.

Sandra Reynolds

Personnel Manager

149. What is indicated about the hiring and information event?

(A) It will take place in the morning.
(B) It requires pre-registration.
(C) It charges an admission fee.
(D) It will be held on the factory floor.

150. What does Ms. Reynolds encourage employees to do?

(A) Arrive at the factory early
(B) Limit their overtime hours
(C) Refer people to apply
(D) Change their log-in information

Meeting of the Greenfield Community Council

Where: Greenfield Community Center, 1234 Elm Street

When: Thursday, September 23, 7:00 P.M. – 8:30 P.M.

Agenda

- Welcoming new residents to the neighborhood

- Discussion on park renovations

- Selection of committee members for community garden project

- Networking session

Please note:

We are excited to announce the launch of our community garden project! If you're interested in volunteering or learning more about this initiative, please sign up at the meeting or contact Sarah Brown at 456 Maple Avenue. Your involvement is crucial to the success of this project.

We look forward to your participation!

John Smith, Chairperson, Greenfield Community Council

567 Oak Street

151. What is stated about the upcoming meeting?

(A) It will be held on Maple Avenue.
(B) It will elect members for a project.
(C) It will offer a tour of a park.
(D) It will feature a guest speaker.

152. What is true about Ms. Brown?

(A) She is a new resident.
(B) She leads the networking session.
(C) She is involved with a project.
(D) She works at the Greenfield Community Center.

GO ON TO THE NEXT PAGE

Nina Kim (1:06 PM)	Hey, Simon. Just a heads up, I'm stuck in traffic.
Simon Oliver (1:10 PM)	Oh, that's unfortunate. Will you still be able to make it to the 2:00 PM meeting?
Nina Kim (1:11 PM)	I'm not sure yet. It looks like it's going to be at least another hour before traffic clears up.
Simon Oliver (1:12 PM)	Should we reschedule the meeting?
Nina Kim (1:14 PM)	I think you should go ahead without me. The project files for the upcoming office renovation are on my desk. You're familiar with all the updates from the original plan. Feel free to contact me if the client has any questions you can't answer.
Simon Oliver (1:15 PM)	Got it. Keep me updated on your estimated arrival time.
Nina Kim (1:16 PM)	Will do. Thanks.

153. Why does Ms. Kim contact Mr. Oliver?

(A) To inform him of a meeting
(B) To ask him for a ride
(C) To tell him about a delay
(D) To change some project files

154. At 1:15 P.M., what does Mr. Oliver most likely mean when he writes, "Got it"?

(A) He will let Ms. Kim lead a meeting.
(B) He will pick up Ms. Kim.
(C) He will call Ms. Kim if necessary.
(D) He will change a meeting time.

Questions 155-157 refer to the following e-mail.

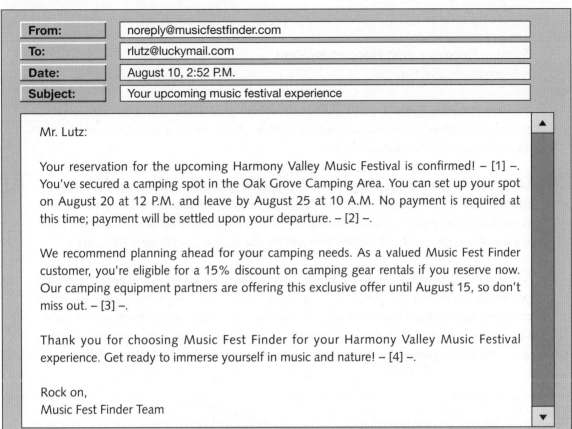

From:	noreply@musicfestfinder.com
To:	rlutz@luckymail.com
Date:	August 10, 2:52 P.M.
Subject:	Your upcoming music festival experience

Mr. Lutz:

Your reservation for the upcoming Harmony Valley Music Festival is confirmed! – [1] –. You've secured a camping spot in the Oak Grove Camping Area. You can set up your spot on August 20 at 12 P.M. and leave by August 25 at 10 A.M. No payment is required at this time; payment will be settled upon your departure. – [2] –.

We recommend planning ahead for your camping needs. As a valued Music Fest Finder customer, you're eligible for a 15% discount on camping gear rentals if you reserve now. Our camping equipment partners are offering this exclusive offer until August 15, so don't miss out. – [3] –.

Thank you for choosing Music Fest Finder for your Harmony Valley Music Festival experience. Get ready to immerse yourself in music and nature! – [4] –.

Rock on,
Music Fest Finder Team

155. When will Mr. Lutz begin his stay at the festival?

(A) August 10
(B) August 15
(C) August 20
(D) August 25

156. What offer is included in the e-mail?

(A) A rental discount
(B) A reserved parking spot
(C) Airport pick-up
(D) A meal service

157. In which of the positions marked [1], [2], [3], and [4] does the following sentence best belong?

"Browse through our Web site to explore the available options and make your reservation today."

(A) [1]
(B) [2]
(C) [3]
(D) [4]

GO ON TO THE NEXT PAGE

Brighton Recovers from Flooding Incident
— Brianna Cole, Staff Reporter

A sudden flooding incident yesterday forced several businesses and local attractions in downtown Brighton to temporarily close their doors. Heavy rainfall during the previous night likely contributed to the situation. – [1] –.

Alex Chung, who runs the popular 7312 downtown bus route, had to detour around the town's historical landmarks in response to the flooding. "Despite the unexpected turn of events, I managed to pick up commuters downtown," Mr. Chung stated. "We redirected our normal route to alternative spots, such as Riverside Park and the elevated areas of Summit Hill." – [2] –.

For the Brighton Botanical Garden, the flooding incident did not impact revenue as its facilities are typically closed to the public on Wednesdays. – [3] –. Brighton Community College suspended its classes for the day, although emergency measures were implemented to ensure the safety and well-being of students residing on campus. Most affected businesses managed to resume operations by late yesterday evening. – [4] –. Today, Brighton is back to its regular routine.

158. What is the main point of the article?

(A) New additions to the downtown area
(B) An emergency situation in Brighton
(C) Changes to a popular bus route
(D) A weather forecast for the next day

159. Who most likely is Mr. Chung?

(A) A bus driver
(B) A university professor
(C) A park worker
(D) A news reporter

160. What does the article mention about the Brighton Botanical Garden?

(A) It did not lose any money.
(B) It offered a special deal.
(C) Its operations were interrupted.
(D) It is closed for the week.

161. In which of the positions marked [1], [2], [3], or [4] does the following sentence best belong?

"Staff members were also able to prevent any water damage."

(A) [1]
(B) [2]
(C) [3]
(D) [4]

Liam Thompson (10:30 A.M.): Hi there. Our new intern, Sophia Chang, will be starting tomorrow. Are there any simple tasks you have in mind for her?

Ella Nguyen (10:31 A.M.): My apologies, but I've been busy with preparations for the museum event next week. Can we discuss this later today?

Nora Patel (10:32 A.M.): I don't have anything specific at the moment for Sophia.

Liam Thompson (10:33 A.M.): That's surprising. Our department head emphasized the importance of having an intern to assist with our summer projects. Can we come up with any suitable tasks for Sophia?

Ella Nguyen (10:34 A.M.): Could you remind us of Sophia's field of study?

Liam Thompson (10:35 A.M.): She majored in art history, with a keen interest in conservation.

Nora Patel (10:36 A.M.): Ah, in that case, I might have a few research tasks related to upcoming exhibits.

Liam Thompson (10:37 A.M.): That will do. I'll also have some archival documents for her to organize. That should be enough for Sophia's first week. But let's aim to brainstorm additional assignments for her by Wednesday.

162. What will Ms. Nguyen do next week?

(A) Hire a summer intern
(B) Start a new job
(C) Host a museum event
(D) Conduct some research

163. What is suggested about Ms. Chang?

(A) She is a new manager.
(B) She is an art historian.
(C) She is an accountant.
(D) She is a museum visitor.

164. At 10:37 A.M., what does Mr. Thompson most likely mean when he writes, "That will do"?

(A) He will finish preparations for a project.
(B) He needs more time for some research.
(C) He will give Ms. Nguyen more work.
(D) He is pleased with Ms. Patel's idea.

165. What does Mr. Thompson ask the writers to do before Wednesday?

(A) Collect some data
(B) Create some tasks
(C) Register for an event
(D) Meet with a new employee

GO ON TO THE NEXT PAGE

Questions 166-168 refer to the following e-mail.

E-Mail Message

From: Olivia Smith <osmith@bluelakesol.com>
To: Daniel Johnson <djohnson@upwork.com>
Sent: April 15, 2:30 P.M.
Subject: Introduction to Online Medical Consultations

Dear Mr. Johnson,

I am reaching out to you on behalf of Blue Lake Solutions, a company dedicated to revolutionizing healthcare through innovative technology. Our mission is to provide accessible and convenient medical consultations to individuals, especially those in underserved areas or with limited access to traditional healthcare facilities.

We would like to invite your clinic to join our network of healthcare providers offering online medical consultations. By partnering with us, you can extend your reach and provide quality medical care to a broader patient population.

On April 30 at 3:00 P.M. PST, Blue Lake Solutions will be hosting a webinar titled "Introduction to Online Medical Consultations." During this webinar, our team will demonstrate the user-friendly platform we have developed for conducting virtual consultations, sharing medical records securely, and sending prescriptions electronically. We will also showcase how healthcare providers like you can integrate our platform seamlessly into their practice to enhance patient care.

To register for the webinar and learn more about the benefits of partnering with Blue Lake Solutions, please visit our Web site at www.bluelakesol.com/webinar/registration.

Should you have any inquiries or require further information, please do not hesitate to contact me directly. We sincerely hope you will consider this opportunity to join us in transforming healthcare delivery.

Warm regards,

Olivia Smith
Business Development Manager

---

166. What does Blue Lake Solutions do?

(A) Sell medical technology to hospitals
(B) Use technology to provide medical help
(C) Build hospitals in underserved areas
(D) Conduct medical research for doctors

167. What is Mr. Johnson asked to do?

(A) Share some data
(B) Hire a tech specialist
(C) Attend a webinar
(D) Extend a contract

168. Who most likely is Ms. Smith?

(A) A student at a university
(B) A professor at a medical college
(C) An executive at a company
(D) A doctor in a clinic

Questions 169-171 refer to the following letter.

9 October
Ellen Baker
233 Range Rd
Grimshaw, Canada 94135

Dear Ms. Baker,

It was an absolute delight to spend the week of September 25 at your charming cabin as part of the Canadian Wilderness Home Exchange program.

Your cabin provided the perfect backdrop for our family retreat. My daughter and son-in-law were enchanted by the serene beauty of the surrounding wilderness, while their children were delighted in exploring the nearby forest trails. Additionally, my husband thoroughly enjoyed the cozy fireplace in the evenings, which created a warm and inviting atmosphere.

We were pleasantly surprised by the abundance of firewood you left for us. It was much appreciated, especially during the chilly evenings.

I must mention, however, that we encountered a small issue during our stay. Unfortunately, a lamp was broken during my grandson's birthday party on September 29, and we were unable to repair it. We ordered a nearly identical replacement, and it should arrive at the cabin within the next week.

I trust that you and your friends had a wonderful time at our apartment in San Francisco. If you ever find yourself longing for another retreat under the California sunshine, we would be more than happy to arrange another home exchange in the future.

Warm regards,

Betty Holland

169. What is the purpose of the letter?

(A) To appreciate some accommodations
(B) To provide some instructions
(C) To confirm a reservation
(D) To complain about a problem

170. What happened on September 29?

(A) A guest departed.
(B) A rainstorm occurred.
(C) A trip was canceled.
(D) An item was broken.

171. What is suggested about Ms. Baker?

(A) She visits San Francisco frequently.
(B) She lives in a rural area.
(C) She has never participated in a home exchange.
(D) She has a mutual friend with Ms. Holland.

GO ON TO THE NEXT PAGE

To:	Lisa Ackrow <lackrow@liddle.net>
From:	Dr. Jennifer Lee <jlee@upstatehealthclinic.com>
Subject:	Welcome to Upstate Health Clinic
Date:	December 2

Dear Ms. Ackrow,

Welcome to Upstate Health Clinic! We are thrilled to have you join our team. Your first day of work is scheduled for Monday, December 17. Please arrive at our clinic located at 123 Main Street at 8:45 A.M. Upon arrival, please check in at the front desk, where you will be provided with a temporary ID badge.

I will personally greet you at the front desk and then accompany you to your designated workspace. Following a brief orientation, I will introduce you to our dedicated team members and give you a tour of our facility.

You will then proceed to our Administrative Office to receive your necessary equipment, including your computer, login credentials, and other pertinent information. Afterward, a member of our Human Resources team will assist you in completing your onboarding paperwork, including payroll and benefits forms.

At 11:30 A.M., I invite you to join me and several colleagues for a welcome lunch at a nearby café. It will be a wonderful opportunity for you to get to know your new colleagues in a relaxed setting.

The rest of the afternoon will be dedicated to settling into your workspace, familiarizing yourself with our procedures, and reviewing any patient information provided to you during the day. I will be available to answer any questions and ensure that you have everything you need to succeed in your new role.

We are excited to have you join our team and look forward to a successful collaboration.

Warm regards,

Dr. Jennifer Lee
Chief Medical Officer
Upstate Health Clinic

172. What will happen on December 17?

(A) A café will open.
(B) Credentials will be updated.
(C) A new employee will start work.
(D) A facility will be reorganized.

173. Where will Ms. Ackrow complete some documents?

(A) At the front desk
(B) At Dr. Lee's office
(C) At the administrative office
(D) At her workspace

174. The word "rest" in paragraph 5, line 1, is closest in meaning to

(A) majority
(B) remainder
(C) break
(D) purpose

175. What will Ms. Ackrow do in the afternoon?

(A) Visit Dr. Lee's office
(B) Read patient information
(C) Tour the clinic
(D) Meet with a supervisor

GO ON TO THE NEXT PAGE

Mobius Guitar Strings Company

Mobius Guitar Strings Company has been a leading manufacturer of metal guitar strings for more than thirty years. Made from the finest components, our strings are of the highest standard and are used by many renowned guitar players, such as Stevie Noonan of the band Wyld Fyre.

Mobius guitar strings must be properly maintained in order to prolong their lifespan. When you do not have them attached to an instrument, avoid storing them in a humid environment, as this will quickly result in rust formation. Keeping them in a plastic bag is an easy way to prevent rust. On some guitar models, dirt can build up on the strings and around the tuning pegs. With some broad tuning pegs, you might need to clean the strings more often than expected, as such pegs can cause a build-up of dirt. Smaller, more modern pegs tend to allow the strings to stay cleaner for longer. In all cases, use a dry cloth to wipe the strings on a regular basis.

We provide a professional cleaning service at a reasonable price. If you wish to use this service, remove your strings, place them in a plastic bag inside an envelope, and either mail them to or drop them off in person at our business location at 308 Gilroy Street, Bracebridge, P1L 1R7.

Cleaning of six strings or less is a flat fee of $15.00. For each additional string, we charge an extra $5. Cleaned strings will be returned by mail in approximately 7 to 10 days.

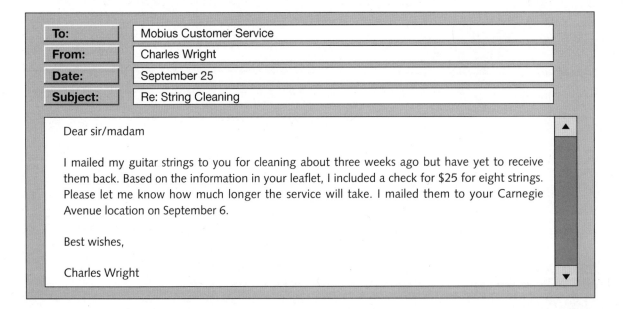

To:	Mobius Customer Service
From:	Charles Wright
Date:	September 25
Subject:	Re: String Cleaning

Dear sir/madam

I mailed my guitar strings to you for cleaning about three weeks ago but have yet to receive them back. Based on the information in your leaflet, I included a check for $25 for eight strings. Please let me know how much longer the service will take. I mailed them to your Carnegie Avenue location on September 6.

Best wishes,

Charles Wright

176. What is suggested about Mobius guitar strings?

(A) They are used by professional musicians.
(B) They are specifically designed for beginners.
(C) They can be purchased through a Web site.
(D) They are cheaper than other brands of strings.

177. According to the leaflet, what will damage Mobius guitar strings?

(A) Installing them incorrectly
(B) Storing them in a plastic bag
(C) Cleaning them with a dry cloth
(D) Exposing them to humidity

178. What is indicated about tuning pegs?

(A) They should be removed when cleaning guitar strings.
(B) They are manufactured by Mobius Guitar Strings Company.
(C) They influence how often strings should be cleaned.
(D) They should be replaced on a regular basis.

179. Why did Mr. Wright send the e-mail?

(A) To find out if he qualifies for a special offer
(B) To check the availability of some merchandise
(C) To complain about poor product quality
(D) To request an update on a service

180. What did Mr. Wright fail to do?

(A) Include an accurate amount of money
(B) Send his strings to the correct location
(C) Place his strings in an envelope
(D) Include his original proof of purchase

GO ON TO THE NEXT PAGE

E-Mail Message

To: IT Services <itdesk@ozmacorp.com>
From: Tracy Kowalski <tkowalski@ozmacorp.com>
Date: March 19
Subject: Security issue

Dear IT Desk:

Since your team finished installing the new retina scanners, I have been unable to access the research labs on the fourth floor. Although my job here at Ozma Corporation rarely requires me to visit the research labs, I do occasionally have business to conduct there. Being a project manager, I would have assumed that I have full security clearance. I bumped into one of your workers in the corridor and mentioned this issue to him. He advised me to contact you with my company details. My employee identification number is 76254. I hope you can rectify this problem as soon as possible. Thanks!

Tracy Kowalski

To:	Tracy Kowalski <tkowalski@ozmacorp.com>
From:	IT Services <itdesk@ozmacorp.com>
Date:	March 19
Subject: Re:	Security issue

Dear Ms. Kowalski,

Thank you for contacting IT Services. Since you provided your name and the other necessary information, I was able to confirm that you should indeed have full security clearance and be able to access every area of our facility. Your retina scan from last year should still work on the new scanners. Obviously an error has occurred, so I suggest doing another scan in Room 233 today at 1 P.M.

For future assistance, please provide your workstation number, and I will be able to access all of your details even more quickly. The number is marked on the floorplan posted next to the elevator on each floor. Many IT-related issues are more easily dealt with when we can quickly look up the employee based on their workstation number.

Also, the next time you require assistance, simply reach me at extension 202 on the company's internal line. If I'm not immediately available, just leave a message with your details and a description of the problem.

Regards,

Frank Corrie

181. What did Ms. Kowalski do before writing her e-mail on March 19?

(A) She requested a new identification card.
(B) She spoke with Mr. Corrie's colleague.
(C) She attempted to reinstall some equipment.
(D) She contacted her direct supervisor.

182. How did Mr. Corrie verify Ms. Kowalski's security clearance level?

(A) By checking her room location
(B) By inputting her details into a retina scanner
(C) By contacting a security guard
(D) By referring to her name and staff ID number

183. Where can Ms. Kowalski find her workstation number?

(A) On the underside of her desk
(B) On her company ID card
(C) In her employee handbook
(D) On a diagram on the wall

184. In the second e-mail, the phrase "look up" in paragraph 2, line 4, is closest in meaning to

(A) observe
(B) respond to
(C) search for
(D) admire

185. How does Mr. Corrie recommend that Ms. Kowalski contact him if she needs help?

(A) By stopping by his office
(B) By sending him an e-mail
(C) By chatting via a Web site
(D) By calling him directly

GO ON TO THE NEXT PAGE

Questions 186-190 refer to the following Web page, article, and review.

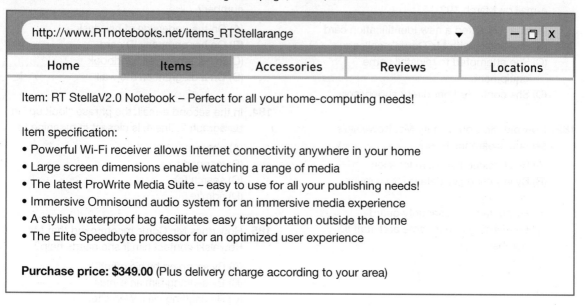

http://www.RTnotebooks.net/items_RTStellarange

| Home | Items | Accessories | Reviews | Locations |

Item: RT StellaV2.0 Notebook – Perfect for all your home-computing needs!

Item specification:
• Powerful Wi-Fi receiver allows Internet connectivity anywhere in your home
• Large screen dimensions enable watching a range of media
• The latest ProWrite Media Suite – easy to use for all your publishing needs!
• Immersive Omnisound audio system for an immersive media experience
• A stylish waterproof bag facilitates easy transportation outside the home
• The Elite Speedbyte processor for an optimized user experience

Purchase price: $349.00 (Plus delivery charge according to your area)

Notebook Owners Be Advised

Garvey City (June 9) – Malfunctions and system errors plague release of RT's new product.

Assistant designer Patric Tarte today spoke at a press conference about the ill-fated launch of the RT StellaV2.0. "I can confirm media reports that there is an issue with the battery mechanism, meaning that some laptops are overheating. Our engineering team has worked tirelessly around the clock to solve this problem, and we are now set to release Version 2.1. Anybody experiencing issues with their notebook's power unit can exchange it for the updated device or receive a full refund of the purchase and shipping charge. To show our commitment to excellent customer service, we will pick up your old computer from your home free of charge."

To arrange pick-up or to speak to one of their technical experts, please call 555-337-4373.

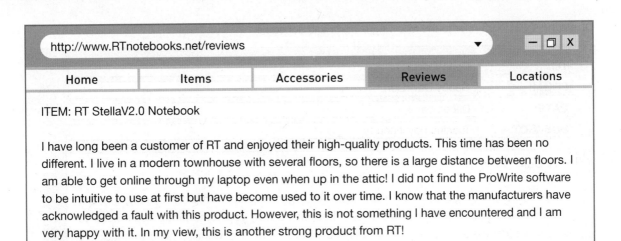

ITEM: RT StellaV2.0 Notebook

I have long been a customer of RT and enjoyed their high-quality products. This time has been no different. I live in a modern townhouse with several floors, so there is a large distance between floors. I am able to get online through my laptop even when up in the attic! I did not find the ProWrite software to be intuitive to use at first but have become used to it over time. I know that the manufacturers have acknowledged a fault with this product. However, this is not something I have encountered and I am very happy with it. In my view, this is another strong product from RT!

Tracy Goodwitch
June 18

186. What is included in the purchase price of the RT Stella notebook computer?

(A) Anti-virus software
(B) The delivery fee
(C) A waterproof travel case
(D) Technical support

187. Why was the article written?

(A) To advertise for a new staff member
(B) To publicize a company's recent sales figures
(C) To announce the signing of a contract with a courier company
(D) To provide information about a faulty product

188. What is mentioned about owners of faulty RT StellaV2.0 laptops?

(A) They must bring their laptop to a retail outlet.
(B) They will be sent a replacement power unit.
(C) They should follow an online troubleshooting guide.
(D) They may receive a refund of at least $349.

189. What does Ms. Goodwitch confirm about the RT StellaV2.0's item description?

(A) The Wi-Fi receiver is extremely powerful.
(B) The publishing software is easy to use.
(C) The processor is extremely fast.
(D) The screen is well-suited to watching films.

190. What does Ms. Goodwitch suggest about her computer?

(A) It has been collected by a courier.
(B) It has sustained water damage.
(C) Its battery unit is fully operational.
(D) The screen was cracked upon delivery.

GO ON TO THE NEXT PAGE

TO:	Don Wonder
FROM:	Gabby Davidson
DATE:	December 4
SUBJECT:	Training day itinerary

Hi Don,

I've heard you're going to be responsible for organizing our company training day this year. As it's your first time doing this, I thought I'd give you some hints. You'll need to send a schedule to all staff members ahead of the event. You will also need to check the attendance of staff members on the day. I have already put together a list of all employees expected to be there and have left this in the top drawer of your desk. On the day, you'll also need to hand out ID badges and allocations for the group projects that will take place. I think it would be best for you to allocate people to groups with people they don't already know. That way, the projects can also be used as a morale building exercise.

I am looking forward to what should be a memorable event. See you on the day!

Gabby

Redmond Law Services – Annual Training Day
December 9, 9:00 a.m. – 4:00 p.m.

Expected attendees: John Rashford, Sally Bramington, Paul Newman, Ryan Renning, Holly Valencia, Jose Censako, Tracey Truman, Gabby Davidson, Brian Wellington

9:00 a.m. – 11:00 a.m.: Corporate Law – What's New?
Please assemble promptly in Meeting Room C for a rundown of the latest changes to legislature.

11:00 a.m. – 12:00 p.m.: Best Practice in Family Law
In-house speakers Sally Bramington and Ryan Renning will provide information collected from their recent seminar in Los Angeles.

12:00 p.m. – 1:00 p.m.: Lunch

1:00 p.m. – 4:00 p.m.: Group Activity

Please see Don Wonder to receive your group allocations.

As many of you are aware, Ursula Pietersen is currently away on annual leave. As such, Sally Bramington will be responsible for sourcing the caterers to provide our midday meal.

Schedule devised by Don Wonder

TO:	Don Wonder
FROM:	John Rashford
DATE:	December 6
SUBJECT:	Training Day

Don,

Thank you for taking time out of your busy schedule in order to organize this year's training event. I also really appreciate your sending round a schedule of the day to everyone.

I just wanted to get in touch with regards to a few things. Mr. Wellington should also be involved in the 11:00 a.m. talk, as he also attended that seminar. I feel his insight will be invaluable to the group. Also, I feel it would be best if we allowed people to choose their own groupings for the afternoon activities rather than allocating them. I've often found in the past that staff often work better when allowed to do so.

Thanks again. I anticipate a highly educational day.

John Rashford

191. What is suggested about Ms. Davidson?

(A) She will not be attending the training event.
(B) She has recently joined the company.
(C) She has printed some ID badges.
(D) She has produced a document.

192. In the second e-mail, the word "found" in paragraph 2, line 4 is closest in meaning to

(A) located
(B) noticed
(C) expected
(D) secured

193. What is Ms. Pietersen usually responsible for?

(A) Arranging lunch catering
(B) Providing a welcome speech
(C) Handing out ID badges
(D) Checking employee attendance

194. What did Mr. Wellington do recently?

(A) Organize a training list
(B) Make a sales pitch
(C) Take a trip to Los Angeles
(D) Help draft changes to legislature

195. What aspect of planning for the training day do Ms. Davidson and Mr. Rashford disagree on?

(A) How to allocate employees to groups
(B) How to monitor attendance
(C) How to arrive at the venue
(D) How to order the events

GO ON TO THE NEXT PAGE →

Royale Burgers Grilling Workshop
Improving Equipment and Procedures

Grilling: The Current Method

* Kitchen staff use the Stendarr 300 Latch Grill
* Manual grill adjustment required when changing between varying patty sizes
* Top plate heat: 215 °C, Bottom plate heat: 177 °C, Grilling time: 46 seconds

Grilling: The Revised Method

* Kitchen staff use the Pegasus 450 Latch Grill
* Automatic adjustment when changing between varying patty sizes
* Top plate heat: 207 °C, Bottom plate heat: 173 °C, Grilling time: 57 seconds

Advantages

→ More evenly cooked and flavorful beef patties
→ Reduced risk of undercooking and food poisoning
→ Improved customer trust and satisfaction

To: Royale Burgers Regional Managers
From: Ron Weston, Director of Operations
Date: February 11
Subject: Re: Grills & Procedure Trials

Dear Royale Burgers Regional Managers,

I was very pleased that you were all able to join the grilling workshop yesterday. It's not often that we have an opportunity to invite you all to headquarters, so it was nice to see some familiar faces again. As I mentioned during the workshop, we would like several Royale Burgers stores in our largest cities to take part in a 20-week trial using the new equipment and procedures I presented to you. While the trial is ongoing, I would like you to provide progress reports covering the effectiveness of the changes and the response from both staff and customers. For this trial to work effectively, we need five stores each from London and Birmingham, and at least three each from Manchester and Newcastle. These stores will be required to replace the necessary equipment accordingly and follow the new cooking guidelines, effective March 1.

Best regards,

Ron Weston
Director of Operations
Royale Burgers

WEEK 3 (March 24) - Overall Report on Trial of New Grills & Procedures

City	Participating Stores
London	5
Birmingham	4
Manchester	3
Newcastle	4

Although cooking time for grilled products has risen, initial results indicate that the benefits greatly outweigh the downsides. Staff involved in the trials have noted more uniform cooking of meat and highly positive customer feedback. Kitchen workers at the Meadow Street branch in Manchester also noted the increased convenience of automatic features. We will continue to monitor the findings presented during the trial.

196. According to the slide, why are changes being made to grilling procedures?

(A) To reduce accidents among kitchen staff
(B) To facilitate the addition of new menu items
(C) To cook food more quickly
(D) To improve the safety of food

197. What is true about the workshop discussed in the e-mail?

(A) It was held using teleconferencing software.
(B) It was organized by regional managers.
(C) It took place at Royale Burgers' head office.
(D) It is conducted regularly throughout the year.

198. According to the e-mail, what are stores participating in the trial required to do?

(A) Install the Pegasus 450 Latch Grill
(B) Change settings on the Stendarr 300 Latch Grill
(C) Reduce the cooking time for grilled products
(D) Compare the performance of two new grills

199. What is indicated about staff at the Meadow Street branch of Royale Burgers?

(A) They require 46 seconds to grill beef patties.
(B) They have received some negative feedback from customers.
(C) They no longer need to adjust grill settings for different products.
(D) They are pleased about a newly implemented grill cleaning feature.

200. In what city was the requested number of stores for the trial NOT provided?

(A) London
(B) Birmingham
(C) Manchester
(D) Newcastle

Stop! This is the end of the test. If you finish before time is called,
you may go back to Parts 5, 6, and 7 and check your work.

시원스쿨 실전토익 900+

실전 모의고사
TEST 5

TEST 5
「시험장 모드」영상

시험 보기

TEST 5
MP3

바로 듣기

TEST 5
해설

바로 보기

시작 시간	_____시 _____분
종료 시간	_____시 _____분

▶ 중간에 멈추지 말고 처음부터 끝까지 풀어보세요. 문제를 풀 때는 실전처럼 답안지에 마킹하세요.

시원스쿨 실전토익 900+
실전 모의고사 TEST 5

LISTENING TEST

In the Listening test, you will be asked to demonstrate how well you understand spoken English. The entire Listening test will last approximately 45 minutes. There are four parts, and directions are given for each part. You must mark your answers on the separate answer sheet. Do not write your answers in your test book.

PART 1

Directions: For each question in this part, you will hear four statements about a picture in your test book. When you hear the statements, you must select the one statement that best describes what you see in the picture. Then find the number of the question on your answer sheet and mark your answer. The statements will not be printed in your test book and will be spoken only one time.

Statement (D), "They are taking photographs," is the best description of the picture, so you should select answer (D) and mark it on your answer sheet.

1.

2.

GO ON TO THE NEXT PAGE

3.

4.

5.

6.

GO ON TO THE NEXT PAGE →

PART 2

Directions: You will hear a question or statement and three responses spoken in English. They will not be printed in your test book and will be spoken only one time. Select the best response to the question or statement and mark the letter (A), (B), or (C) on your answer sheet.

7. Mark your answer on your answer sheet.

8. Mark your answer on your answer sheet.

9. Mark your answer on your answer sheet.

10. Mark your answer on your answer sheet.

11. Mark your answer on your answer sheet.

12. Mark your answer on your answer sheet.

13. Mark your answer on your answer sheet.

14. Mark your answer on your answer sheet.

15. Mark your answer on your answer sheet.

16. Mark your answer on your answer sheet.

17. Mark your answer on your answer sheet.

18. Mark your answer on your answer sheet.

19. Mark your answer on your answer sheet.

20. Mark your answer on your answer sheet.

21. Mark your answer on your answer sheet.

22. Mark your answer on your answer sheet.

23. Mark your answer on your answer sheet.

24. Mark your answer on your answer sheet.

25. Mark your answer on your answer sheet.

26. Mark your answer on your answer sheet.

27. Mark your answer on your answer sheet.

28. Mark your answer on your answer sheet.

29. Mark your answer on your answer sheet.

30. Mark your answer on your answer sheet.

31. Mark your answer on your answer sheet.

PART 3

Directions: You will hear some conversations between two or more people. You will be asked to answer three questions about what the speakers say in each conversation. Select the best response to each question and mark the letter (A), (B), (C), or (D) on your answer sheet. The conversations will not be printed in your test book and will be spoken only one time.

32. Who most likely are the speakers?
    (A) Construction workers
    (B) Automobile mechanics
    (C) Electrical technicians
    (D) Computer engineers

33. What has the man brought with him?
    (A) Some tools
    (B) Some reports
    (C) A handbook
    (D) A notepad

34. Why has some training been postponed?
    (A) A supervisor will be out of town.
    (B) A task is too difficult.
    (C) A customer requested a schedule change.
    (D) A bigger project has been assigned.

35. What problem are the speakers discussing?
    (A) A device is missing.
    (B) A package is mislabeled.
    (C) A product is defective.
    (D) A shipment is late.

36. Who did the woman call?
    (A) A mechanic
    (B) A manager
    (C) A delivery man
    (D) A client

37. What does the man say he will do?
    (A) Notify some coworkers
    (B) Submit a report
    (C) Purchase a new item
    (D) Check a guideline

38. How did the man learn about the woman's work?
    (A) From a television performance
    (B) From a radio program
    (C) From an industry expert
    (D) From a friend

39. Why does the man need a song?
    (A) To express gratitude
    (B) To promote a product
    (C) To improve a video game
    (D) To welcome guests

40. What does the woman want to do?
    (A) Organize a meeting
    (B) View some video clips
    (C) Purchase some equipment
    (D) Go visit a manufacturer

41. Where most likely are the speakers?
    (A) At a grocery store
    (B) At a farm
    (C) At a bakery
    (D) At a catering firm

42. What does the woman ask the man to do?
    (A) Contact a supplier
    (B) Exchange an item
    (C) Refund a payment
    (D) Deliver a message

43. What does the man say about Lorraine Zhao?
    (A) She has lived abroad before.
    (B) She has opened a branch store.
    (C) She will go on a vacation.
    (D) She will be retiring soon.

GO ON TO THE NEXT PAGE

44. Why is the man calling?

(A) To reschedule an appointment
(B) To enroll in a course
(C) To apply for a position
(D) To ask about insurance

45. What does the woman suggest doing?

(A) Notifying a manager
(B) Taking a photo
(C) Trying to avoid a charge
(D) Logging into an account

46. What is the man concerned about?

(A) The weight of product
(B) The security of a Web site
(C) The delivery time of a package
(D) The type of document needed

47. Where do the speakers most likely work?

(A) At a hardware store
(B) At a landscaping company
(C) At an architecture firm
(D) At a real estate agency

48. What problem does the woman mention?

(A) A space is too small.
(B) A deposit was not received.
(C) Some devices are not working.
(D) Some records are inaccurate.

49. What does the woman imply when she says, "I'm sure there's no need to rush"?

(A) A deadline has been extended.
(B) A delivery is experiencing delays.
(C) A project is almost complete.
(D) A repair is not that urgent.

50. What is the conversation mainly about?

(A) A conference presentation
(B) A contract detail
(C) A new company policy
(D) A travel itinerary

51. What should the man submit by next week?

(A) A budget report
(B) An online form
(C) A corporate credit card
(D) A registration fee

52. What does the woman offer to do?

(A) E-mail some information
(B) Approve a reimbursement
(C) Sign a form
(D) Review some receipts

53. What are the speakers mainly discussing?

(A) Staffing shortages
(B) Customer misunderstandings
(C) Scheduling conflicts
(D) Computer repairs

54. What do the speakers agree to try?

(A) Modifying a company policy
(B) Arranging a preliminary meeting
(C) Develop training materials
(D) Analyzing market trends

55. What does the woman offer to do?

(A) Design a questionnaire
(B) Update a Web site
(C) Inspect a machine
(D) Speak with a supplier

56. Where is the conversation most likely taking place?

(A) At a tour agency
(B) At a local park
(C) At a stadium
(D) At a warehouse

57. What does the woman mean when she says, "I still have to check the snack bar inventory"?

(A) She cannot fulfill a request.
(B) She cannot conduct an experiment.
(C) She has gathered an assortment of food.
(D) She would prefer to work indoors.

58. What does the woman ask the man to do?

(A) Escort a guest
(B) Secure some trash bags
(C) Bring some more beverages
(D) Post a sign

---

59. What does Jae-young say about a phone call?

(A) It may incur a service charge.
(B) It may be monitored.
(C) An extension number is needed.
(D) A videoconferencing option is available.

60. What did the woman recently purchase?

(A) Some lights
(B) Some magazines
(C) A plane ticket
(D) An e-book

61. What does Jason say he will do?

(A) Notify a colleague
(B) Apply a special discount
(C) Review an invoice
(D) Send a document

2:00 P.M.	Art Demonstration by Sand Whisperers
3:00 P.M.	Dance Showcase by Rhythmic Roses
4:00 P.M.	Musical Play by Jenson Theater Company
5:00 P.M.	Live Music Concert by Super Lucy
6:00 P.M.	Magic Show by Quantum Circus

62. What is the man's job?

(A) Videographer
(B) Television host
(C) Fashion photographer
(D) Clothing designer

63. What does the man say has been rewarding?

(A) Joining a volunteer organization
(B) Exploring other countries
(C) Working with celebrities
(D) Starting his own business

64. Look at the graphic. What time will the woman be performing?

(A) 3:00 P.M.
(B) 4:00 P.M.
(C) 5:00 P.M.
(D) 6:00 P.M.

GO ON TO THE NEXT PAGE

Tour	Price
Culinary Activities	$720
Historical Exploration	$750
Adventure Excursion	$800
Luxury Experience	$865

65. What event took place yesterday?

(A) A press conference
(B) An anniversary celebration
(C) An international convention
(D) A start-up showcase

66. Look at the graphic. What will the added tour cost?

(A) $720
(B) $750
(C) $800
(D) $865

67. What will the woman do next?

(A) Contact a local official
(B) Write a proposal
(C) Create a list
(D) Visit a space

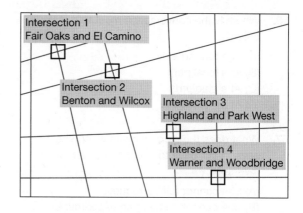

68. Where has the woman just come from?

(A) A local department office
(B) A community center
(C) A construction site
(D) An auto repair shop

69. Look at the graphic. Which intersection will stay open today?

(A) Intersection 1
(B) Intersection 2
(C) Intersection 3
(D) Intersection 4

70. What does the woman say she will ask for?

(A) Resident volunteers
(B) Additional road signs
(C) Patrol officer assistance
(D) Traffic control barriers

Directions: You will hear some talks given by a single speaker. You will be asked to answer three questions about what the speaker says in each talk. Select the best response to each question and mark the letter (A), (B), (C), or (D) on your answer sheet. The talks will not be printed in your test book and will be spoken only one time.

71. Who are the listeners?

(A) Legal consultants
(B) Seasonal volunteers
(C) Electrical engineers
(D) Building contractors

72. What does the speaker demonstrate?

(A) How to organize some supplies
(B) How to open some lockers
(C) How to assemble an object
(D) How to log in to a security system

73. Where will the listeners go next?

(A) To an employee lounge
(B) To a loading dock
(C) To a storage closet
(D) To a control room

74. What is being advertised?

(A) A music player
(B) A software program
(C) Speakers
(D) Headphones

75. What did a recent study discover about a product?

(A) It improves users' productivity.
(B) It reduces stress levels.
(C) It is the most economical option.
(D) It is popular among young consumers.

76. According to the speaker, what can the listeners find on a Web site?

(A) A promotional video
(B) A variety of available models
(C) Store locations
(D) Expert reviews

77. What department does the speaker most likely work in?

(A) Communications
(B) Security
(C) Accounting
(D) Maintenance

78. What has been recently updated?

(A) Some protocols
(B) Some listings
(C) An e-mail address
(D) A database

79. What does the speaker mean when he says, "It worked on a different computer, though"?

(A) The listeners should check their e-mails.
(B) A specific device requires repairs.
(C) Some clients are dissatisfied.
(D) A problem is inconsistent.

80. Where do the listeners most likely work?

(A) At a baked goods factory
(B) At a grocery store
(C) At a frozen food company
(D) At a hotel restaurant

81. What does the speaker imply when she says, "we've already been interviewing candidates since last week"?

(A) A job listing has received many applications.
(B) An employee will be replaced.
(C) A staffing issue will be resolved soon.
(D) A hiring process is ahead of schedule.

82. What does the speaker say is scheduled for this afternoon?

(A) A product development meeting
(B) A seminar presentation
(C) A workplace safety workshop
(D) A conference call

83. Where are the instructions being given?

(A) At a broadcasting studio
(B) At a community center
(C) At a warehouse facility
(D) At a research lab

84. What does the speaker say about a television?

(A) It should not be used during work hours.
(B) It displays important information.
(C) It has a limited number of channels.
(D) It turns off by itself sometimes.

85. What will the listeners most likely do next?

(A) Meet some colleagues
(B) Watch some tutorials
(C) Practice an experiment
(D) Learn to use a tool

86. What will take place in twenty minutes?

(A) A raffle drawing
(B) A holiday parade
(C) A charity event
(D) A dance performance

87. What does the speaker say the listeners should consider doing?

(A) Using a reusable water bottle
(B) Filling out a customer survey
(C) Signing up for a newsletter
(D) Purchasing a special pass

88. What problem does the speaker mention?

(A) A person's backpack is missing.
(B) A parking lot is full.
(C) A facility cannot be used.
(D) A popular item is out of stock.

89. Who does Urban Fort Construction want to hire?

(A) Delivery drivers
(B) Computer programmers
(C) Industrial engineers
(D) Video editors

90. What does the speaker ask the listeners to do?

(A) Write their names
(B) Find their seat
(C) Sign in to a Web site
(D) Select an item

91. What does the speaker mean when she says, "we'll contact you for an interview by phone call only"?

(A) Candidates should be prepared to receive a phone call.
(B) All applicants will receive a notification.
(C) There is not enough time to meet in person.
(D) The listeners should provide their contact information.

92. Who most likely is the speaker?

(A) An aircraft crew member
(B) A maintenance supervisor
(C) A customer service representative
(D) An airport official

93. What does the speaker say will be provided?

(A) Unlimited beverages
(B) Seat upgrade certificates
(C) Lounge passes
(D) Membership points

94. What does the speaker remind the listeners to do?

(A) Readjust their seats to the proper position
(B) Keep their items in a compartment
(C) Turn off their electronic devices
(D) Fasten their seatbelts securely

Description	Price
Base reservation	$45
Equipment usage fee	$15
Parking fee	$8
Credit card payment fee	$5

Total $73

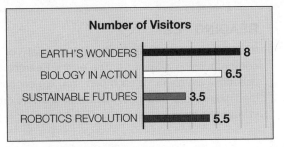

Number of Visitors

EARTH'S WONDERS — 8
BIOLOGY IN ACTION — 6.5
SUSTAINABLE FUTURES — 3.5
ROBOTICS REVOLUTION — 5.5

* thousands of people

95. Why did the speaker reserve a space?

(A) To store some office furniture
(B) To hold a company activity
(C) To conduct a focus group study
(D) To celebrate an achievement

96. Look at the graphic. How much will the speaker expect to be refunded?

(A) $45
(B) $15
(C) $8
(D) $5

97. What does the speaker thank the listener for?

(A) A present
(B) A referral
(C) A sample
(D) A notification

98. What is the speaker mainly discussing?

(A) A customer policy
(B) A special program
(C) Building maintenance
(D) Admission rate changes

99. Look at the graphic. Which exhibition involves virtual reality?

(A) Earth's Wonders
(B) Biology in Action
(C) Sustainable Futures
(D) Robotics Revolution

100. What will happen in two weeks?

(A) A redesigning project will be finished.
(B) A team will be transferred.
(C) A new museum wing will open.
(D) A sketch will be submitted.

This is the end of the Listening test. Turn to Part 5 in your test book.

READING TEST

In the Reading test, you will read a variety of texts and answer several different types of reading comprehension questions. The entire Reading test will last 75 minutes. There are three parts, and directions are given for each part. You are encouraged to answer as many questions as possible within the time allowed. You must mark your answers on the separate answer sheet. Do not write your answers in your test book.

PART 5

Directions: A word or phrase is missing in each of the sentences below. Four answer choices are given below each sentence. Select the best answer to complete the sentence. Then mark the letter (A), (B), (C), or (D) on your answer sheet.

101. Professor Findlay ------- his colleagues have made several significant discoveries in biotechnology.

(A) and
(B) but
(C) so
(D) both

102. A full list of stores and restaurants can be found on the information board ------- the main entrance of the shopping mall.

(A) even
(B) do
(C) get
(D) at

103. Mae Ortega's replica paintings and sculptures look almost the ------- as the original artworks.

(A) even
(B) same
(C) close
(D) true

104. The founder of Astria Industries has ------- an invitation to speak at the upcoming conference.

(A) decline
(B) declined
(C) declines
(D) declining

105. Portman's handcrafted home furnishings are made entirely from locally sourced, natural -------.

(A) versions
(B) materials
(C) portions
(D) models

106. Ms. Brown has asked branch managers to e-mail their monthly sales reports no ------- than noon today.

(A) late
(B) later
(C) lateness
(D) latest

107. To make a complaint about a product or service, call our support team ------- 10:00 A.M. and 4:00 P.M., Monday through Saturday.

(A) from
(B) along
(C) between
(D) after

108. Employees who would like to bring an ------- to the company picnic should first consult the memo regarding food allergies.

(A) item
(B) items
(C) itemize
(D) itemized

109. Additional snacks and beverages should be kept in the storage room adjacent ------- the vending machines.

(A) into
(B) as
(C) off
(D) to

110. Articles submitted after the 5th will be ------- published in the following month's issue.

(A) type
(B) typical
(C) typically
(D) types

111. Last month's ------- storms disrupted our distribution network throughout the province of Alberta.

(A) severe
(B) strategic
(C) full
(D) detailed

112. The new Greenway Supermarket sells double the number of items that the old ------- used to sell.

(A) me
(B) us
(C) one
(D) other

113. The job applicant ------- included a portfolio of his previous writing work also submitted several excellent job references.

(A) that
(B) likewise
(C) whereas
(D) has

114. The event program ------- all the showings for the film festival is available at the information booth.

(A) list
(B) listing
(C) lists
(D) listed

115. This morning's flight delay ------- from an overbooking error on the airline's Web site.

(A) delivered
(B) originated
(C) arrived
(D) resolved

116. In keeping with his background in graphic design, Mr. Lim provided the most ------- suggestion for the layout of our new Web site.

(A) hesitant
(B) persistent
(C) creative
(D) pleasant

117. Choose which activity ------- are most desirable to you before planning a vacation at our resort.

(A) optionally
(B) optional
(C) options
(D) option

118. Based on the ------- taken this morning, we need to double this month's orders with some of our suppliers.

(A) proposal
(B) inventory
(C) consideration
(D) commitment

119. Riley Beauty promises that its Face Cocoa Butter will provide you with the ------- skin, or the company will happily refund you.

(A) smoothness
(B) smoother
(C) smoothest
(D) smoothly

120. Boasting a wide range of foods originating from all over the world, the Global Food Fair in Huntsville also ------- local delicacies.

(A) operates
(B) showcases
(C) extends
(D) undergoes

GO ON TO THE NEXT PAGE

121. Following an ------- absence from the company, Ms. Yates has decided to return on a part-time contract.

(A) extend
(B) extended
(C) extension
(D) extending

122. Mr. Hong hopes to increase Bluefire Software's global ------- by collaborating with several well-known US and European companies.

(A) expedition
(B) evaluation
(C) correlation
(D) presence

123. The founder of Elex Manufacturing reminded ------- planning to attend the year-end banquet to wear formal clothing.

(A) those
(B) which
(C) who
(D) your

124. Michael Lang of *The Sheridan Tribune* has received the ------- Reeves Prize for his contributions to journalism.

(A) enhanced
(B) determined
(C) prestigious
(D) energetic

125. Prior to its closure, the Hakada Motors factory ------- produced more than three hundred vehicles per day.

(A) reported
(B) reportable
(C) reports
(D) reportedly

126. Globe Hopper's travel guides contain detailed ------- of accommodation options for all types of travelers.

(A) destinations
(B) tickets
(C) predictions
(D) descriptions

127. Online shopping gained a wider ------- once improved payment security measures were introduced.

(A) acceptance
(B) acceptable
(C) acceptingly
(D) accepted

128. All ferry departure times are ------- to change and trips could be canceled if weather conditions are potentially dangerous.

(A) required
(B) imaginary
(C) conscious
(D) subject

129. As expected, the safety inspection ------- that the factory had failed to install adequate fire suppression systems.

(A) having revealed
(B) revealing
(C) to reveal
(D) revealed

130. Mr. McDonnell hires Diamond Catering Service ------- his company hosts a special event at its headquarters.

(A) whenever
(B) regarding
(C) neither
(D) nonetheless

Directions: Read the texts that follow. A word, phrase, or sentence is missing in parts of each text. Four answer choices for each question are given below the text. Select the best answer to complete the text. Then mark the letter (A), (B), (C), or (D) on your answer sheet.

Questions 131-134 refer to the following e-mail.

To: Sandra Banks <sbanks@diopharm.com>
From: Harvey Long <hlong@diopharm.com>
Subject: RXA Pharmaceuticals Conference
Date: May 17

Hi Sandra,

-------. As you know, I am going on a business trip to the RXA Pharmaceuticals Conference in
131.
Berlin next month. As your outstanding communication and sales skills ------- me, I believe your
132.
presence at the conference could greatly benefit our company.

Your ability to connect with others and drive sales could be instrumental in attracting new clients
and investors, which aligns perfectly with our goals for the event. -------, I would love to have
133.
you on board for this exciting opportunity. Please let me know if you're interested and available
to ------- me. We can discuss further details and travel arrangements.
134.

Looking forward to your response!

Best regards,
Harvey

131. (A) There has been a change to the
conference schedule.
(B) I need some advice on my travel itinerary.
(C) I'd like to extend an invitation to you.
(D) Thanks for your employment offer.

132. (A) will impress
(B) were impressed
(C) were impressing
(D) have impressed

133. (A) As such
(B) Likewise
(C) Meanwhile
(D) In addition

134. (A) replace
(B) join
(C) teach
(D) visit

GO ON TO THE NEXT PAGE

Questions 135-138 refer to the following notice.

Dear Valued Guests,

We would like to inform you that our swimming pool will be temporarily closed for scheduled maintenance from July 3 to July 5. We apologize for any inconvenience this may cause ------- **135.** your stay.

In appreciation of your cooperation, we are pleased to offer each guest a complimentary ticket to the nearby Aquaworld Waterpark, providing an ------- for your aquatic enjoyment until the **136.** maintenance is finished.

The maintenance is essential to ensure the continued safety and enjoyment of our guests. Thorough cleaning, repairs, and upgrades ------- to enhance the overall experience of our pool **137.** facilities.

-------. If you have any questions, please feel free to speak with a member of our front desk staff. **138.**

Warm regards,

The Management Team

Acacia Hotel

---

135. (A) between
(B) ahead
(C) during
(D) while

136. (A) excuse
(B) attention
(C) outlook
(D) alternative

137. (A) are conducting
(B) will be conducted
(C) were conducted
(D) will conduct

138. (A) We look forward to seeing you at this exciting event.
(B) Thank you for your patience and understanding.
(C) Pool towels can be obtained in the reception area.
(D) Hotel amenities are open from 8 A.M. until 10 P.M.

Introducing the latest innovation in skincare technology: the Rejuven8 Mask by Athena Beauty Company. This cutting-edge mask is designed to revolutionize your skincare routine ------- its

139.

advanced features.

Experience the power of LED lights for skincare, targeting specific skin concerns and promoting a radiant complexion. The warming function gently opens pores, allowing for deeper product absorption and a more effective -------. Additionally, the facial massage function provides

140.

soothing relaxation while stimulating blood circulation for a healthy glow.

-------. Priced at just $99.99, the Rejuven8 Mask will offer a reasonable option for purchase

141.

starting March 1 at your nearest retailers and online at www.athenabeauty.ca. ------- yours today

142.

and discover the future of skincare!

139. (A) in spite of
(B) as well as
(C) thanks to
(D) as a result

140. (A) consultation
(B) treatment
(C) exercise
(D) transaction

141. (A) We apologize for the current lack of product availability.
(B) Our products can be shipped to the following provinces.
(C) Features can be customized by accessing the settings menu.
(D) We have made sure that the mask is affordable to all.

142. (A) To order
(B) Order
(C) Ordering
(D) Ordered

GO ON TO THE NEXT PAGE

Questions 143-146 refer to the following memo.

To: All Big Burger Branch Managers
Subject: Promotional Materials for Product Launch
Date: January 26

Dear Branch Managers,

-------. Unfortunately, there has been a last-minute change to the design of our marketing
143.
materials for our brand new Wonder Burger. -------, the promotional materials will not be shipped
144.
out today as planned. However, we are confident that the revised materials will be delivered
to your branches by February 4. Accordingly, we have made the decision to push back the
release date of the Wonder Burger by two weeks to March 2. ------- will allow us to ensure that
145.
everything is in place for a successful launch.

I apologize for this unforeseen -------, but I am still confident that our new menu item will be a
146.
big hit. If you have any questions or concerns, please feel free to reach out to me directly.

Best regards,

Lionel Grieves
CEO, Big Burger Inc.

---

143. (A) I am pleased to announce the launch of
our new menu item.
(B) I am looking for feedback on our Wonder
Burger advertising.
(C) I am sorry to inform you all about some
unexpected developments.
(D) I would appreciate your assistance with a
training program.

144. (A) On the contrary
(B) In addition
(C) In the meantime
(D) As a result

145. (A) Which
(B) This
(C) These
(D) Either

146. (A) delay
(B) question
(C) offer
(D) warning

PART 7

Directions: In this part you will read a selection of texts, such as magazine and newspaper articles, e-mails, and instant messages. Each text or set of texts is followed by several questions. Select the best answer for each question and mark the letter (A), (B), (C), or (D) on your answer sheet.

Questions 147-148 refer to the following Web page.

---

www.sparklecleanservices.com ▼

Sparkle Clean Services

- Are you passionate about maintaining a tidy environment?
- Do you appreciate top-quality, eco-friendly cleaning solutions?
- Feeling overwhelmed with your cleaning tasks?

Experience the convenience of our professional cleaning services delivered straight to your doorstep! Sparkle Clean Services is thrilled to present an exclusive, limited-time offer. Enjoy a trial week of our premium cleaning package at no cost!

Visit www.sparklecleanservices.com and enter code: FreshStart
Offer available until the end of April with your first monthly booking.

---

147. What is the purpose of the Web page?

(A) To promote a new product
(B) To announce a location change
(C) To find new customers
(D) To correct a mistake

148. What is available through the month of April?

(A) A quick delivery
(B) A facility tour
(C) A product sample
(D) A free service

GO ON TO THE NEXT PAGE →

To:	All Residents
From:	Sarah Johnson
Date:	April 15
Subject:	Exciting News: Parker Heights Arts Festival

Dear Residents,

We are thrilled to announce the upcoming Parker Heights Arts Festival, scheduled for next Saturday. This year's festival will feature a diverse array of local artists, musicians, and performers showcasing their talents throughout the day.

As part of the festivities, Boyd Avenue will be transformed into an artistic hub, with installations, performances, and interactive exhibits lining the street. Please note that due to the festival, Boyd Avenue will be closed to vehicle traffic between 10:00 A.M. and 6:00 P.M.

During this time, access to the Parker Heights parking garage will be limited, and residents' cars will not be able to enter or exit. We advise making necessary arrangements in advance if you anticipate needing your vehicle during these hours.

For more details about the festival schedule, musical performances, and alternative parking options, please visit our Web site at www.parkerheightsartsfestival.com.

We look forward to celebrating the vibrant arts community together!

Warm regards,

Sarah Johnson

Property Manager, Parker Heights

149. What is the purpose of the e-mail?

(A) To announce an upcoming meeting
(B) To encourage volunteering for an event
(C) To highlight a road closure
(D) To explain some maintenance work

150. What is indicated about the arts festival?

(A) It will include music concerts.
(B) It is sponsored by a company.
(C) It is being held in a new location.
(D) It is free for Parker Heights residents.

Questions 151-152 refer to the following report.

One reason that shock-absorbent gel has become such a popular material for transporting delicate electronics is its versatility in customization. Details such as product specifications, handling guidelines, and company branding can be seamlessly embedded into the gel formulation itself. This method, referred to as "integrated labeling," ensures that essential information remains visible and legible throughout the shipping process, without the need for additional printing or labeling. While traditional labeling methods may offer cost savings, many electronics manufacturers prefer integrated labeling since it provides a streamlined solution that enhances the overall presentation of the product and minimizes the risk of damage during transit.

151. What is indicated about shock-absorbent gel?

(A) It is easy to manufacture.
(B) It helps display the item on store shelves.
(C) It protects items from extreme heat.
(D) It is helpful for providing instructions.

152. Why do manufacturers prefer integrated labeling?

(A) It can use a variety of languages.
(B) It is less expensive than traditional labeling.
(C) It makes the final product look better.
(D) It can be done in the factory.

GO ON TO THE NEXT PAGE

HR MANAGER

Position Summary:

TechConnect Solutions, a leading player in the tech industry, is seeking a full-time HR Manager for our Chicago office.

Responsibilities:

1. Develop and implement HR policies and procedures in alignment with company objectives

2. Oversee recruitment and onboarding processes for executive positions

3. Provide guidance and support to employees on HR-related matters

4. Manage employee relations, including conflict resolution and performance management

Required Qualifications/Education:

Bachelor's degree in Human Resources Management or related field; Master's degree preferred

Experience:

Minimum of three years of experience in HR management or related role

Skills:

1. Strong interpersonal and communication skills

2. Excellent organizational and planning abilities

3. Proficiency in HRIS and other relevant software

To be considered, please e-mail your résumé and cover letter to m.sawyer@techconnectsolutions.com. Candidates selected for an interview will be required to lead a mock interview in a professional role play.

153. What is indicated about the job?

(A) It is a remote job.
(B) It is a part-time position.
(C) It has been recently posted.
(D) It involves recruiting high-level staff.

154. According to the advertisement, what must a person do to apply?

(A) Provide a résumé and cover letter
(B) Submit a copy of their master's degree
(C) Attend a recruitment event
(D) Participate in an online interview

155. What will applicants do at an interview?

(A) Participate in a practice task
(B) Take a test on a computer
(C) Provide a writing sample
(D) Meet with executive staff

BIKE REPAIR SEMINAR

September 21, 6 P.M.
Green Wheel Bike Shop, Athens Location
Presenter: Dewey Fox

Are you interested in learning how to maintain and repair your bicycle?

Join us for this hands-on seminar at Green Wheel Bike Shop, where you will learn how to:

- Perform basic bike maintenance, such as tire changes and chain lubrication
- Troubleshoot common issues and make minor repairs
- Choose the right tools and equipment for your bike repair needs
- Ensure your bike is safe and roadworthy for your next ride

The seminar is free, but space is limited. Please register in advance to secure your spot.

This Bike Repair Seminar is part of Green Wheel Bike Shop's commitment to promoting cycling knowledge and community engagement. Be sure to check out our upcoming events, including our Biking Gear Demonstration on October 12 at our Fairview location and October 15 at our Pomeroy location.

Registration opens on September 1. Don't miss out on this opportunity to enhance your biking skills!

---

156. When will the Bike Repair Seminar take place?

(A) On September 1
(B) On September 21
(C) On October 12
(D) On October 15

157. What will NOT be covered in the Bike Repair Seminar?

(A) Performing tire changes
(B) Selecting tools and equipment
(C) Lubricating chains
(D) Choosing different bike models

158. What is indicated about the Bike Repair Seminar?

(A) It is designed for community members.
(B) It is taught by a professional cyclist.
(C) It is an annual event.
(D) It is available online.

GO ON TO THE NEXT PAGE
➡

Questions 159-161 refer to the following Web page.

– [1] –. The Riverside Fitness Club is excited to announce the opening of our new Strength & Conditioning Wing! – [2] –. This state-of-the-art section is designed to meet the needs of fitness enthusiasts looking to take their workouts to the next level.

We now offer:

- Expanded workout areas equipped with the latest strength training and conditioning equipment
- Specialized group fitness classes focusing on strength, endurance, and flexibility
- Personal training services tailored to individual fitness goals and needs
- Complimentary access to nutrition counseling and meal planning services to support your fitness journey

The Riverside Fitness Club is conveniently located near public transportation, with ample parking available for our members. – [3] –.

For more information or to schedule a tour of our new Strength & Conditioning Wing, please e-mail info@riversidefitnessclub.com or call 555-123-4567. We look forward to helping you achieve your fitness goals! – [4] –.

159. For whom is the information intended?

(A) Gym members
(B) Physical trainers
(C) Hotel guests
(D) Business travelers

160. What does the gym provide at no charge?

(A) Personal training sessions
(B) Nutritional supplements
(C) Meal plans
(D) Group classes

161. In which of the positions marked [1], [2], [3], and [4] does the following sentence best belong?

"Plus, our central location provides easy access to local attractions and shopping areas."

(A) [1]
(B) [2]
(C) [3]
(D) [4]

Questions 162-163 refer to the following text message chain.

[10:30 A.M.] Alex Chen	Hey, Sara. We have a last-minute order for a corporate event today. They need lunch for 100 people. Any chance we can pull this off?
[10:32 A.M.] Sara Rodriguez	We're currently handling a large order for the Smith wedding, but I think we can manage it. What time do they need the food by?
[10:33 A.M.] Alex Chen	They're hoping for delivery by 12 P.M. Can you make it happen?
[10:34 A.M.] Sara Rodriguez	Absolutely. I'll coordinate with the kitchen right away.
[10:35 A.M.] Alex Chen	Glad to hear it. Thanks for handling this on such short notice!

162. Where do Mr. Chen and Ms. Rodriguez most likely work?

(A) At a food caterer
(B) At a café
(C) At a fine dining restaurant
(D) At a grocery store

163. At 10:35 A.M., what does Mr. Chen most likely mean when he writes, "Glad to hear it"?

(A) He is happy to be contacted by a new customer.
(B) He is pleased with Ms. Rodriguez's quick actions.
(C) He is relieved that he does not need to come in early.
(D) He is worried that a client is dissatisfied.

GO ON TO THE NEXT PAGE

Successful Fashion Brand Set to Leave NYC

Los Angeles, July 12 - New York-based fashion company LuxeVogue, renowned for its innovative designs and sustainable practices, is making a significant move to Los Angeles. Founded by Justine Wong in 2010, LuxeVogue has grown into a powerhouse in the fashion industry, celebrated for its eco-friendly fabrics and cutting-edge styles that have garnered numerous awards.

The decision to leave New York stems from a strategic desire to be closer to the heart of the entertainment industry and capitalize on LA's booming fashion scene. "Los Angeles offers unparalleled opportunities for creative collaboration and access to a vibrant, trend-setting community," said Wong. "This move aligns perfectly with our vision for the future of LuxeVogue."

The move is expected to bring numerous benefits, including a larger facility for design and production, enhanced logistics for distribution, and proximity to a diverse talent pool. Additionally, the move aims to strengthen the company's sustainability efforts by reducing shipping distances and promoting local production.

The transition is scheduled to take place over the next six months, with the LA headquarters fully operational by December. The move marks a new chapter for LuxeVogue, which is also planning to launch its first retail outlets across Asia in January. "This is just the beginning of many exciting changes," Wong added. "We are eager to bring our unique brand of fashion to a global audience, starting with our expansion into Asia."

164. What is the article mainly about?

(A) New fashion trends in Los Angeles
(B) Increasing competition in the fashion industry
(C) The retirement of a company's founder
(D) The relocation of a fashion business

165. What is suggested about LuxeVogue?

(A) It has been in business for over two decades.
(B) It is committed to limiting its environmental impact.
(C) Its garments have been promoted by several celebrities.
(D) Its production capacity is expected to decrease.

166. What is mentioned as a benefit of being based in Los Angeles?

(A) Reduced labor expenses
(B) Shorter delivery routes
(C) Cheaper production materials
(D) Improved Web site functionality

167. According to the article, what will happen next year?

(A) LuxeVogue will open a business location in Los Angeles.
(B) LuxeVogue will launch new product ranges.
(C) LuxeVogue will commence operations overseas.
(D) LuxeVogue will unveil a new advertising campaign.

Questions 168-171 refer to the following e-mail.

E-Mail Message

From: David Thompson
To: All Blutonics Corporation Employees
Subject: Update on Company Sales
Date: December 13

Dear Blutonics Corporation Team,

I hope this message finds you well. I'm writing to share some positive updates regarding our sales performance this year. – [1] – .

I'm pleased to announce that our sales volume has increased by 20% compared to last year, thanks to our successful expansion into new international markets.

– [2] – . In India, we saw a remarkable 57% increase in sales, driven by our participation in medical conferences and seminars. Similarly, in Mexico, our sales grew by 32%, with a significant demand for our medicinal products expected to continue throughout the year.

In the United Kingdom, despite facing stiff competition, we achieved a modest 10% growth in sales. – [3] –. Moreover, we observed a notable increase in customer engagement and brand loyalty thanks to our popular television commercials.

Finally, our recent market entry into Japan has been a major success, with positive feedback from both healthcare professionals and consumers contributing to strong sales figures.

– [4] –. Overall, it has been an excellent year for us. I'm confident that our new customer referral program, offering incentives to those who recommend our products, will further drive sales growth across all regions.

Thank you for your hard work and dedication. Let's continue to strive for excellence in providing innovative healthcare solutions to our customers worldwide.

Best regards,

David Thompson
Vice President of Sales, Blutonics Corporation

---

168. What kind of business is Blutonics?

(A) An international airline
(B) A pharmaceutical company
(C) A hotel chain
(D) A marketing firm

169. According to the e-mail, where was the company's product seen by an audience?

(A) India
(B) Mexico
(C) United Kingdom
(D) Japan

170. According to Mr. Thompson, what will likely bring increased business in the future?

(A) Customer recommendations
(B) Television commercials
(C) Online subscriptions
(D) Reduced competition

171. In which positions marked [1], [2], [3], and [4] does the following sentence best belong?

"Here's a breakdown of our sales growth across different regions."

(A) [1]
(B) [2]
(C) [3]
(D) [4]

Questions 172-175 refer to the following text message chain.

Lena Smith (12:28 P.M.)	Hey, Cynthia and Jonathan. Can we set up a quick team meeting to kick off our new project?
Cynthia Reyes (12:30 P.M.)	Of course! Do you want to include the entire research team? Let me know how I can help.
Lena Smith (12:32 P.M.)	No, I was thinking specifically about the Everest project, so just the three of us assigned to it should attend.
Cynthia Reyes (12:34 P.M.)	Got it. I'm available either this Thursday or Monday in the late morning.
Jonathan Baker (12:35 P.M.)	I thought I was moved to the Anderson project instead.
Cynthia Reyes (12:37 P.M.)	No, Jacob Simmons joined that team since he has relevant experience from previous projects, like the Everest project and the Summit project.
Jonathan Baker (12:38 P.M.)	Okay, I understand.
Lena Smith (12:39 P.M.)	I'm free on Thursday and Monday too, but I have other meetings starting at 11 A.M. both days for the Wilson project—one with the sales team on Thursday and another with the marketing team on Monday.
Jonathan Baker (12:41 P.M.)	Thursday doesn't work for me, but I can do Monday at 10 A.M.
Lena Smith (12:43 P.M.)	Sounds good! Cynthia?
Cynthia Reyes (12:45 P.M.)	Perfect! I'll book the small conference room for us.

172. In what department do the writers most likely work?

(A) Marketing
(B) Accounting
(C) Research
(D) Human Resources

173. To what project are the three writers assigned?

(A) The Everest project
(B) The Anderson project
(C) The Summit project
(D) The Wilson project

174. At 12:38 P.M., what does Mr. Baker most likely mean when he writes, "Okay, I understand"?

(A) He acknowledges that a change was not made.
(B) He apologizes for being late to a meeting.
(C) He recognizes the need for extra work.
(D) He hopes to receive help with a task.

175. Why was the meeting scheduled for Monday rather than Thursday?

(A) Ms. Smith has two meetings on that day.
(B) Mr. Baker is busy on Thursday.
(C) Ms. Reyes is unavailable next week.
(D) Other team members cannot attend.

GO ON TO THE NEXT PAGE

Open Mic Night
At The Jazz Lounge!

Do you have a song you're dying to sing for an audience? Bring yourself and your voice to The Jazz Lounge! Regardless of your ability, our audience members will offer you their applause and encouragement.

Where: The Jazz Lounge, 334 Main Street
When: Friday, January 21, starting at 7:30 p.m.

Open Mic Night is run monthly on a first-come, first-served basis. Once you arrive, please see the DJ to put your name on the waiting list and be ready to go on stage when your name is called. No advance registrations will be accepted.

The Jazz Lounge is also looking for a music group to play regularly on Tuesday or Friday nights during the month of February. To audition for this time slot, please contact Janice at jjenkins@jazzlounge. com or call 367-5593.

From:	Mike Jacobs <musiclover@premiermail.com>
To:	Janice Jenkins <jjenkins@jazzlounge.com>
Subject:	Open Time Slot
Date:	Saturday, January 22

Dear Ms. Jenkins,

I saw on a flyer that you are looking for bands to fill a weekly time slot. My band, The Blue Notes, has been playing music together for the past seven years. All of the band members are very talented and experienced. I play the saxophone, Rob Stark plays the piano, Tim Crenshaw plays the drums, and Alex Choi plays the bass. We have played at several venues in the area, and we even played on the main stage at the Jazz Fest in Marlborough County last summer. We have a Web site at www.bluenotes.com that features some of our music and live performances if you are interested and want to take a look.

We would love to be given the opportunity to audition for the second time slot. Please reply to this e-mail with the relevant information or call me on my cell phone at 334-5525.

Sincerely,

Mike Jacobs

176. What is the main purpose of the flyer?

(A) To announce a grand opening
(B) To inform people of opportunities
(C) To promote a January 21 audition
(D) To advertise a local music group

177. What can be inferred about the Open Mic Night?

(A) It takes place in several music venues.
(B) Participants should sign up for it a day in advance.
(C) The Jazz Lounge hosts it once a week.
(D) It is open to people of all levels of talent.

178. In the e-mail, the word "fill" in paragraph 1, line 1, is closest in meaning to

(A) allocate
(B) supply
(C) occupy
(D) pack

179. When does Mr. Jacobs want to perform at The Jazz Lounge?

(A) On Mondays
(B) On Tuesdays
(C) On Fridays
(D) On Saturdays

180. What is NOT indicated about The Blue Notes?

(A) They have an experienced manager.
(B) They formed several years ago.
(C) They have performed locally.
(D) They provide audio clips online.

GO ON TO THE NEXT PAGE

Henderson's Fresh Market

Henderson's Fresh Market is pleased and proud to bring you only the best and freshest local produce available at any food retailer. Henderson's Fresh Market, located at the corner of Wilcox St. and Henderson Rd., also sells certified organic produce and meat.

Each week, we run specials spanning from fruits and vegetables to cereal and milk. Our knowledgeable staff is ready and willing to educate you on how to pick produce that is ripe and ready to be enjoyed, and will even share some of their favorite recipes with you. And, every Saturday, we provide samples of our fruits and vegetables for your enjoyment.

If you have not yet given Henderson's Fresh Market a try, come on by. Tell us it's your first time and receive $5 off your total bill of $20 or more. We are open Monday to Thursday, 9 A.M. to 5 P.M., and Friday to Sunday, 10 A.M. to 6 P.M.

From: Jennifer Mallard <jmallard@athomefeast.com>
To: Henderson's Market <info@hendersonsmarket.com>
Subject: Selection
Date: July 31

To whom it may concern,

I am the proprietor of At Home Feast, a local catering company. I am looking for a new supplier of fresh produce for my business. I was hoping I could meet with a member of your management team or someone I could speak with about bulk sales. I would make weekly purchases of between 50 and 100 pounds of produce, depending on that week's catering jobs— sometimes, even more than that. I visited your store last week and enjoyed all the free samples you provided.

If you could please call me on my cell phone at 366-2334 to discuss our possible partnership, I would greatly appreciate it. My current supplier has been providing sub-par products over the past few weeks and my business has been suffering as a result. I depend on customer recommendations to grow my business, so if they are not happy with the food I provide, then I cannot generate new clients.

I look forward to speaking with you.

Sincerely,
Jennifer Mallard

181. What would most likely NOT be found at Henderson's Fresh Market?

(A) Beef
(B) Strawberries
(C) Cheesecake
(D) Broccoli

182. What is offered only to first-time customers?

(A) Free recipes
(B) A discount on purchases
(C) Free delivery
(D) A tour of the market

183. When did Ms. Mallard most likely visit the market last week?

(A) Monday
(B) Thursday
(C) Friday
(D) Saturday

184. What industry does Ms. Mallard work in?

(A) Entertainment
(B) Food service
(C) Retail
(D) Farming

185. Why is Ms. Mallard dissatisfied with her current supplier?

(A) Prices have increased.
(B) Product selection is limited.
(C) Product quality has fallen.
(D) Service is disappointing.

GO ON TO THE NEXT PAGE

April 9
Finch Cassettes & Vinyl
548 Peltzer Avenue, Chicago, IL 60609

Dear Mr. Finch,

I recently found out about Finch Cassettes & Vinyl when I saw your advertisement in an issue of *Record Collector Magazine*. I was impressed by the wide range of rare and collectable albums in your inventory, and I decided to buy some cassettes and vinyl records from your Web store. As a serious record collector, I am only interested in official albums, not unofficial bootleg recordings. Your Web site guaranteed that the cassettes and records are all genuine, original recordings and in their original cases and record sleeves. When I looked at my purchases, however, I noticed that the record sleeve for the Stevie Vaughn album appears to be a poor-quality copy, and not the original album art. I am obviously very disappointed by this.

I would appreciate it if you could respond to this letter with an agreeable solution to this problem.

Regards,
Dave Seymour

INVOICE

Finch Cassettes & Vinyl
548 Peltzer Avenue, Chicago, IL 60609
Customer: Mr. Dave Seymour
Date of purchase: April 9

Title	Artist	Format	Price
Running Wild	The Jaybirds	Vinyl Record	$28.50
Light of my Life	Stevie Vaughn	Vinyl Record	$33.50
New York Beat	Universal Audio	Cassette Tape	$15.00
Endless Nights	The Pretty Days	Vinyl Record	$30.00
Songs of Hope	Loretta Myles	Cassette Tape	$9.50
		TOTAL	$116.50

Refunds provided up to 14 days from the original purchase date.

Finch Cassettes & Vinyl - 548 Peltzer Avenue, Chicago, IL 60609

April 13
Mr. Dave Seymour
113 Peoria Drive, Chicago, IL 60018

Dear Mr. Seymour,

I was sorry to hear that you were dissatisfied with one of your recent purchases. When I put your order together, I also had doubts about the record sleeve you mentioned. I agree that it does appear to be fake, but after a little bit of research, I can confirm to you that it is indeed the genuine record sleeve for that album. It turns out that this is a special collector's edition of the album, and only 500 copies were released in this unique record sleeve. Therefore, please be assured that you purchased a genuine record in its official sleeve.

In a strange turn of events, I noticed that one of the other items you purchased does actually include unoriginal cover art: the cassette tape by Loretta Myles, for which I have provided a full refund to your credit card.

I'm sorry for the inconvenience.

Michael Finch

---

186. Why did Mr. Seymour write to Mr. Finch?

(A) To report a shipping delay
(B) To make an adjustment to a recent order
(C) To complain about an item's packaging
(D) To inquire about new inventory

187. What album is Mr. Seymour concerned about?

(A) Running Wild
(B) Light of my Life
(C) New York Beat
(D) Endless Nights

188. What is suggested about Finch Cassettes & Vinyl?

(A) It is going out of business.
(B) It operates two business locations.
(C) It sells more cassettes than vinyl.
(D) It offers a two-week refund period.

189. What is stated in the second letter?

(A) Mr. Seymour's order has not been sent out yet.
(B) Mr. Seymour's credit card was originally declined.
(C) Mr. Finch verified the authenticity of an item.
(D) Mr. Finch will send a replacement item.

190. How much will Mr. Seymour receive for a refund?

(A) $9.50
(B) $15.00
(C) $28.50
(D) $33.50

GO ON TO THE NEXT PAGE

Questions 191-195 refer to the following instant message, e-mail, and article.

Troy Peters (10:12 A.M.)

Good morning, Ms. Miller. It's almost time for us to make our formal announcement for this year's GES Conference. A couple of our last-minute potential speakers have yet to respond to formally accept our invitation, so I'd like you to follow up on that. Assuming they accept, this will be their first time speaking at the event, and we will need to see a copy of their presentation slides in advance. Also, please take the opportunity to apologize that first-time speakers will not receive a payment. Unfortunately, our budget is only large enough to cover appearance fees for returning speakers.

From:	mjpark@kortechcorp.co.kr
To:	hmiller@gesadmin.net
Date:	March 2
Subject:	Ms. Choi's talk

Dear Ms. Miller,

I am responding to you on behalf of my supervisor, Sarah Choi. Ms. Choi is currently overseas on business and has asked me to coordinate all matters pertaining to her appearance at the Global Eco Solutions Conference in June. Of course, she is delighted to have been invited and looks forward to speaking at the event.

As the R&D Director at Kortech Corporation, Ms. Choi will discuss the company's valuable contributions to wastewater management systems and its plans to implement such systems on a global scale over the coming years. I am afraid I do not have access to her presentation slides at this current time, but I will certainly be able to get these to you once Ms. Choi returns from her business trip in two days' time.

With regard to the appearance fee, Ms. Choi is more than happy to participate without payment. She believes the conference is critical to raising awareness of the need for green energy solutions, and she is proud to participate in such a noble cause.

Best regards,

Min-jung Park

GES Conference Officially Announced

The 3rd annual Global Eco Solutions (GES) Conference will take place on June 13 at the BAC Exhibition Center in Buenos Aires. This year's event will focus on strategies for cleaning up our marine ecosystems and drastically reducing the amount of waste and pollution that is released into our rivers and oceans every year. "The need to address the worsening state of the environment is more pressing than ever, and we hope to bring more attention to some of the technologies that will help us to create a better, cleaner planet," said conference organizer David Diaz.

The conference will feature a total of 14 speakers, with some appearing for the first time and others returning to reinforce themes discussed in their previous talks. All of these talks will be broadcast live, free of charge, on the official GES Conference Web site.

Attendees will notice a familiar face when Diego Martinez takes the stage for the opening presentation. As one of the keynote speakers at the first GES conference, he played a major role in making the event a success and bringing it to a wider audience.

This year, Mr. Martinez will discuss new developments in waste disposal and recycling technology and strategies.

---

191. What is suggested about Ms. Choi?

(A) She has experience in organizing conferences.
(B) She is the founder of Kortech Corporation.
(C) She recently gave a talk in Buenos Aires.
(D) She has never spoken at a GES Conference.

192. Why did Ms. Park write the e-mail?

(A) To suggest a collaboration
(B) To recommend Ms. Choi as a job candidate
(C) To request more event information
(D) To confirm Ms. Choi's participation

193. What will Ms. Park soon be sending to Ms. Miller?

(A) Ms. Choi's business trip itinerary
(B) Presentation materials
(C) A list of conference speakers
(D) A payment schedule

194. What is suggested about Mr. Martinez?

(A) He will receive an appearance fee.
(B) He will give the final talk of the event.
(C) His talk has been rescheduled.
(D) He has previously worked with Ms. Choi.

195. What is NOT mentioned in the article?

(A) The location of the conference
(B) The main topic of the conference
(C) The cost of admission to the conference
(D) The number of conference presenters

GO ON TO THE NEXT PAGE

Questions 196-200 refer to the following notice, advertisement, and e-mail.

From: Desmond Leyton
To: All Regalo Cinema Employees

November 26

As you know, the school term ends next month and students will be off for their Christmas holidays, so we will be offering the yearly 30-percent-off Christmas discount for high school and university students who purchase our Unlimited Movie Pass during the school break, between December 15 and January 5. Furthermore, Regalo Cinema is also thinking about running one of two additional special offers to new and existing Unlimited Movie Pass holders during the upcoming winter season (December 15 - February 15).

We want you, our staff, to consider the two potential offers and let us know your preference. First of all, we might begin showing one movie for free at 9 A.M. every Sunday. This would appeal to our elderly customers, and we could include breakfast items such as muffins, bagels, and coffee.

The second possible offer would be that Unlimited Movie Pass holders receive a discount on food and beverages when they come to a weekend showing. This discount will most likely be 20% and would apply to all drinks, popcorn, nachos, and candy. However, hot dogs would not be covered, to ensure that they do not sell out even quicker than they typically do these days.

I really appreciate your input on this matter by November 29.

Desmond Leyton
Marketing Director, Regalo Cinema

Regalo Cinema
Winter Promotions!

Merry Christmas to all high school and university students!
Purchase an Unlimited Movie Pass between December 1 and January 5 to receive a 30% discount. The Unlimited Movie Pass allows holders to see as many movies as they want over a 12-month period.

Enjoy cheap food and drink on the weekends:
Beginning December 1, all Unlimited Movie Pass holders can receive significant discounts on most · items from our concessions stand. Please note: Sharing of passes for the purpose of buying snacks and beverages is not permitted.

From:	Trent Barker <tbarker@regalocinema.com>
To:	Desmond Leyton <dleytonl@regalocinema.com>
Date:	February 21
Subject:	Re: Winter figures

Dear Desmond,

Thanks for sending me the sales data. I was delighted to see that the number of Unlimited Movie Passes that were purchased during our winter promotion was ten percent higher than it was at this time last year.

In particular, I was amazed by how many high school and university students purchased passes this year. I'm certain that our other special offer contributed to this increased demand, and we should definitely consider doing the same thing in July for our summer break promotion.

By the way, I'd like to get together with you and our sales director to finalize strategies for the festival we're holding next month. We're showing a lot of classic films, and we need to figure out how to target potential customers who might be interested in them. Let me know a day and time that works for you.

Trent Barker
CEO, Regalo Cinema

196. What is the purpose of the notice?

(A) To seek the opinions of staff
(B) To inform customers about discounts
(C) To express gratitude to employees
(D) To announce a closure during a holiday

197. What is implied about the hot dogs at Regalo Cinema?

(A) They will be discounted by 20 percent.
(B) They are currently very popular.
(C) They will be temporarily unavailable.
(D) They are selling relatively poorly.

198. How did the special offer for students change since November?

(A) The length of validity of a pass was increased.
(B) The types of food involved were changed.
(C) The size of the discount was decreased.
(D) The duration of the offer was extended.

199. What is indicated about Regalo Cinema?

(A) It stays open later on weekends.
(B) Ticket prices are lower for senior citizens.
(C) Its winter promotions proved to be unsuccessful.
(D) Many students received discounts on snacks during the winter.

200. What will happen at Regalo Cinema in March?

(A) A sales director will be hired.
(B) A new movie will be premiered.
(C) A movie festival will take place.
(D) A discount on movie passes will end.

Stop! This is the end of the test. If you finish before time is called,
you may go back to Parts 5, 6, and 7 and check your work.

시원스쿨 실전토익 900+

실전 모의고사 정답 및 스크립트

TEST 1

PART 1

1. (D) 2. (D) 3. (D) 4. (B) 5. (A) 6. (B)

PART 2

7. (A)   8. (B)   9. (C)   10. (C) 11. (C) 12. (A) 13. (C) 14. (C) 15. (B) 16. (C)
17. (A) 18. (A) 19. (A) 20. (B) 21. (C) 22. (C) 23. (A) 24. (B) 25. (B) 26. (B)
27. (A) 28. (C) 29. (A) 30. (C) 31. (B)

PART 3

32. (A) 33. (B) 34. (C) 35. (B) 36. (A) 37. (C) 38. (B) 39. (A) 40. (D) 41. (B)
42. (C) 43. (D) 44. (C) 45. (A) 46. (B) 47. (C) 48. (D) 49. (A) 50. (A) 51. (D)
52. (C) 53. (C) 54. (A) 55. (B) 56. (A) 57. (B) 58. (C) 59. (D) 60. (B) 61. (C)
62. (C) 63. (B) 64. (B) 65. (D) 66. (D) 67. (C) 68. (C) 69. (B) 70. (B)

PART 4

71. (D) 72. (B) 73. (B) 74. (C) 75. (C) 76. (B) 77. (C) 78. (D) 79. (D) 80. (C)
81. (A) 82. (B) 83. (A) 84. (A) 85. (D) 86. (C) 87. (D) 88. (A) 89. (A) 90. (A)
91. (D) 92. (A) 93. (B) 94. (D) 95. (B) 96. (B) 97. (D) 98. (A) 99. (A) 100. (B)

PART 5

101. (B) 102. (C) 103. (C) 104. (D) 105. (A) 106. (A) 107. (A) 108. (B) 109. (B) 110. (A)
111. (A) 112. (C) 113. (A) 114. (C) 115. (B) 116. (D) 117. (D) 118. (A) 119. (C) 120. (C)
121. (B) 122. (D) 123. (C) 124. (A) 125. (B) 126. (B) 127. (B) 128. (C) 129. (B) 130. (B)

PART 6

131. (C) 132. (C) 133. (B) 134. (D) 135. (D) 136. (A) 137. (C) 138. (D) 139. (B) 140. (D)
141. (B) 142. (B) 143. (D) 144. (B) 145. (D) 146. (C)

PART 7

147. (D) 148. (C) 149. (B) 150. (B) 151. (B) 152. (D) 153. (C) 154. (C) 155. (C) 156. (D)
157. (D) 158. (B) 159. (B) 160. (D) 161. (C) 162. (C) 163. (C) 164. (C) 165. (B) 166. (D)
167. (C) 168. (C) 169. (A) 170. (C) 171. (C) 172. (C) 173. (D) 174. (C) 175. (D) 176. (D)
177. (D) 178. (A) 179. (C) 180. (C) 181. (D) 182. (D) 183. (C) 184. (B) 185. (C) 186. (C)
187. (B) 188. (C) 189. (B) 190. (B) 191. (C) 192. (D) 193. (D) 194. (A) 195. (B) 196. (D)
197. (D) 198. (B) 199. (C) 200. (B)

PART 1

1. (A) The man is working in a field.
   (B) The man is putting on a safety helmet.
   (C) The man is plugging in some equipment.
   (D) The man is operating a machine.

2. (A) He is getting into a car.
   (B) He is riding a motorcycle down the road.
   (C) He is parking a vehicle.
   (D) He is putting a bicycle on a car rack.

3. (A) Some pavement is being repaired.
   (B) Some trees have fallen across a road.
   (C) A man is taking off his jacket.
   (D) Some people are seated outdoors.

4. (A) Some decorations are hanging from the ceiling.
   (B) Some books have been stacked on the table.
   (C) Some potted plants are being carried into a room.
   (D) Some pillows are being placed on a couch.

5. (A) Some trees line a pedestrian walkway.
   (B) Some workers are trimming trees.
   (C) An outdoor area is crowded with people.
   (D) There's a water fountain in a courtyard.

6. (A) A pathway leads to a parking area.
   (B) A wooden structure has been built outdoors.
   (C) A nature trail has been cleared of debris.
   (D) An outdoor deck is being painted.

PART 2

7. Who's picking up the coffee for the meeting?
   (A) The administrative assistant.
   (B) She made a great presentation.
   (C) Yes, he ordered a muffin.

8. What bus are you taking?
   (A) Can I make a stop there?
   (B) Number 220A.
   (C) It usually takes an hour.

9. Didn't we extend the project deadline?
   (A) Can you turn on the projector?
   (B) Here's the copy of your design draft.
   (C) Yes, we have two more weeks left.

10. Which candidate profile did you look over?
    (A) He received a high salary.
    (B) Before the interview.
    (C) The first one.

11. Who fixed the Internet connection this morning?
    (A) Yes, I saw it.
    (B) There are a lot of networking events.
    (C) John from the IT department.

12. When will the tickets for the concert be available?
    (A) We should get them by next week.
    (B) A famous band is coming.
    (C) 120 euros, I think.

13. Your appointment with Mr. Lee is tomorrow morning, right?
    (A) Generally twice a month.
    (B) No, you need a reservation.
    (C) Yes, at the eye clinic.

14. Where will you put the extra samples?
    (A) We sold out earlier today.
    (B) From a new supplier.
    (C) Probably out on the table.

15. Would you like me to grab you a cup of coffee?
    (A) Some paper cups.
    (B) Yes, but without sugar please.

(C) I tried their cookies before.

16. How do I install this program?
(A) The conference hall.
(B) A data analytics course.
(C) It should be automatic.

17. Did you notice the new sign outside?
(A) I didn't pass by that area.
(B) The weather's been quite fine.
(C) The pen ran out of ink.

18. Should I drive my car or walk to the client's office?
(A) The building is just down the street.
(B) That's not very efficient.
(C) Yes, I'm currently in transit.

19. How long did the performance last?
(A) It got interrupted halfway through.
(B) 70 euros for one Saturday ticket.
(C) I booked it online to save time.

20. When should I submit a request for repairs?
(A) Yes, as soon as possible.
(B) We were able to fix the air purifier.
(C) Since the secretary quit.

21. Why didn't you complete the news briefing?
(A) On the countertop.
(B) No, it was very informative.
(C) I took the day off yesterday.

22. When will the curtains get replaced in the bedroom?
(A) No, it was affordable.
(B) The apartment was luxurious.
(C) In less than two days.

23. I'm not sure if Mr. Patel sent out the shipment already.
(A) The package tracker says it's been delivered.
(B) It's in the next shipment.
(C) A batch of 30 cardboard boxes.

24. Will residents know about this schedule change?

(A) I dropped by the security office.
(B) It'll be announced on our homepage.
(C) That's the best time of day.

25. Could you please e-mail me the cost estimates?
(A) Up to ten percent off on any purchase.
(B) No problem, just give me a second.
(C) Did you inspect the product inventory?

26. What types of companies have you been applying for?
(A) The office is very spacious.
(B) I haven't finished my résumé yet.
(C) We managed to come to an agreement.

27. Where should I enter my information?
(A) In the text box on the lefthand side.
(B) That's wonderful news.
(C) The registration period runs until Sunday.

28. I'm planning a retirement party for our supervisor.
(A) They separated it into several parts.
(B) She's doing a great job.
(C) Who will be invited to it?

29. Are you free to have a meeting today or tomorrow?
(A) I have to visit the warehouse today.
(B) Yes, I've been very busy all day.
(C) A meeting agenda.

30. How much fuel did you use during the trip?
(A) The gas station is next to the bank.
(B) The machine also takes credit card.
(C) We traveled only by train.

31. Please remember to return the binoculars after using them.
(A) I didn't write the investigation report.
(B) Who should I hand them back to?
(C) The scenic view was spectacular.

PART 3

Questions 32-34 refer to the following conversation.

> **M:** Welcome to Darcie's Diner. Party of three?
>
> **W:** Yes, but I just realized I left my wallet at home. I forgot to put it in my bag!
>
> **M:** No worries, we accept mobile payments here. I also wanted to mention that this week marks our tenth year since opening, so we're offering a special anniversary discount on certain dishes. The items on the menu marked with a star are all half off the regular price.
>
> **W:** Wow, great to know! Thanks. One of us is vegetarian. Can you perhaps show us which items contain absolutely no meat products?
>
> **M:** Absolutely. I'll guide you through our menu and highlight all the dishes that are meat-free.

Questions 35-37 refer to the following conversation.

> **W:** Hello, I received a text message notification. It says highly sought-after sneakers that were sold out for a few weeks are now available at this store.
>
> **M:** Oh, I see. Can you tell me the name of the sneakers? I can look it up in our inventory right now to double check if we have them.
>
> **W:** It's the AirJump brand sneakers. Can I buy a large number of pairs?
>
> **M:** We do actually have them in stock, but since they are limited-release items, we sadly have to limit purchases to one pair per customer. I'll show you where they are.

Questions 38-40 refer to the following conversation.

> **W:** Welcome to Career Connect Expo. What's your name?
>
> **M:** Hi, I'm Aiden Abdullah. I'm completing my degree in graphic design next week. So, I'm thinking this job fair would be a good opportunity to meet potential employers.
>
> **W:** Well, then you've come to the right booth here. Our company, InnovateLab Inc., has a promising future despite the competitive market. In fact, we've nearly doubled in size just within the past six months.
>
> **M:** Wow! That's impressive! I'm really interested in applying.
>
> **W:** Well, our HR manager is conducting interviews here today. Let me check... Oh, there's an available slot in an hour. Could you come back then?
>
> **M:** Definitely.

Questions 41-43 refer to the following conversation with three speakers.

> **M1:** Hi, everyone. Did you all review the proposal for our project yet?
>
> **W:** Yes, I finished looking over the blueprint, and both the exterior and interior designs look good.
>
> **M2:** We're going to receive extra funding from the venture capital firm, right?
>
> **M1:** No, they changed their minds at the last minute. They notified me yesterday that they want to pull out from the investment deal due to internal conflicts within their team.
>
> **W:** Oh no. Then maybe we'll need to revise our budget.
>
> **M1:** Don't worry. We should be able to find the materials we've chosen at an affordable price. I trust our suppliers.
>
> **M2:** Even for the marble flooring?
>
> **M1:** Yes. It shouldn't be a problem.

Questions 44-46 refer to the following conversation.

> W: Hello, I'm calling because I'm interested in booking a recording session at your studio. I make music, and I have a deadline to meet soon, but the audio engineer that I usually work with is out of town.
>
> M: You've found the right place. I have over 10 years of experience in this field, and my setup is perfectly isolated from the inside to the outside.
>
> W: That sounds great! As a music artist myself, I know how important it is for a studio to be soundproof.
>
> M: When can you meet to have a preliminary meeting? I can introduce my system and demonstrate how I conduct recording sessions.

Questions 47-49 refer to the following conversation.

> W: Hey, Anders. Everyone's talking about the notice that was released earlier today. Have you read it?
>
> M: I haven't checked my account yet, but I heard the schedule change only applies to us developers.
>
> W: Yeah. Our company will be trying out a hybrid work model. They're giving us new laptops so we can work remotely on a couple of days each week.
>
> M: Wow, that's a big deal. I'm worried I won't be able to focus on coding software while I'm at home though.

Questions 50-52 refer to the following conversation with three speakers.

> W1: Ms. Yamaguchi, we're excited to show you the final layout of the exhibition. Unfortunately, I have a meeting to run to, so Kidambi will show you around. Kidambi, can you please take Ms. Yamaguchi on a run-through of the gallery?
>
> M: Sure thing, Michelle. Glad you could make it, Ms. Yamaguchi. We worked hard to perfect every detail of the space.
>
> W2: Thank you so much. I never thought I'd get a chance to see my art pieces displayed like this.
>
> M: Well, we are all honored to work with you!
>
> W2: You're too kind. Before I take a look around, is it okay if I take a photo of the entry walkway?
>
> M: Of course! I'll enhance the lighting for you.

Questions 53-55 refer to the following conversation.

> M: Hi Lacey, it's been a while since we met.
>
> W: Yes, it's been 6 months since I last gave you financial advice.
>
> M: I was wondering, with my recent promotion at work, how should I invest my increased earnings?
>
> W: Well, the stock market has been unstable recently.
>
> M: Should I hold off on making any big commitments?
>
> W: I think that's the safest move for now. I can send you various savings account options if you want to open a new one instead.

Questions 56-58 refer to the following conversation.

> **W1:** Wow, I didn't know that a mall opened here. This building is massive! It must be at least 10 stories high.
>
> **W2:** I know, right? It's been a while since we had a client meeting in this town. Oh, should we have lunch now? I know a good Mexican restaurant nearby.
>
> **W1:** Hmm, I think we're short on time. We also need to pick up some materials for the meeting at the Henderson Branch.
>
> **W2:** Then, why don't we just order something to-go instead of eating there?
>
> **W1:** Great idea. I'm thinking of trying some tacos.

Questions 59-61 refer to the following conversation.

> **W:** Ross, I want to try to start a clothing donation drive within our office and give prizes to the department that collects the most donations. What do you think?
>
> **M:** It sounds interesting! It would be a great way for our firm to give back to the community, too.
>
> **W:** But we'll need to think of a good incentive for the program. Some people might feel too lazy to participate.
>
> **M:** I agree with you. Bringing in clothing items could be bothersome for those that take public transportation to work. Let's try to promote friendly competition as much as possible.
>
> **W:** Okay, I'll check our budget to see how we can reward the winning department in a special way.

Questions 62-64 refer to the following conversation and building directory.

> **M:** Hi, I'm calling to see if you could help me. I'm a first-time visitor touring your city, but I only have euros with me. Unfortunately, I wasn't able to exchange them into dollars at the airport, so I wanted to ask about the currency exchange services offered at this mall.
>
> **W:** We have a guest support lounge where we assist with all sorts of banking needs.
>
> **M:** Sounds great. I also have leftover cash from a previous vacation in Asia. Would I be able to exchange that too?
>
> **W:** Oh, it shouldn't be a problem. Our foreign currency services can convert money from a wide range of countries from all over the world.
>
> **M:** Great, thank you for the information.

Questions 65-67 refer to the following conversation and departure board.

> **W:** Alan, Sacramento headquarters just called. The Chief of Operations wants to discuss expanding our workforce to create a research department. He wants me to come in before lunchtime tomorrow. Can you check the express bus schedules? I want to try to arrive there by tonight.
>
> **M:** Okay. Usually there's only one bus headed for that area after 3 PM though, which means you'll probably need to start heading out pretty soon to catch the last one.
>
> **W:** That's fine. I'll just wrap up things here, and I'll be good to go. Can you also arrange my accommodation for me? I don't need anything fancy.
>
> **M:** Got it. I'll send you a text of the booking details once it's complete.

> **M:** Hi, I'm interested in using your exclusive lounge at Hudson Airport. I wanted to ask about its services.
>
> **W:** Hello. If you're an Aristo Airways member, you can access any of our airport lounges.
>
> **M:** Yes, I am a member! Do you guys have printers? I want to do some work during my layover.
>
> **W:** Hmm, let me see. The Hudson Airport lounge is equipped with one computer and one printer. They're located immediately left of the entrance, across from the service desk.
>
> **M:** Wonderful!
>
> **W:** Most services in our lounges are complimentary, except for the buffet. If you'd like, a meal there would be $20.

PART 4

Questions 71-73 refer to the following telephone message.

> Hello, this is Brian Yang calling about a missing item. I think I lost my sunglasses at your supermarket last week. I'm sure that I had them on the top of my head when I entered the store because I had just come from a beach volleyball match. I only bought things from the snack aisle that day, so could you check in that area for me? Or, maybe I left them at one of the self-checkout stations. Please call me back at 555-2356 if anything turns up. But, I won't be available later this afternoon because I'll be at a doctor's appointment. Thanks for understanding.

Questions 74-76 refer to the following announcement.

> Attention all BigSip patrons. During this winter season, all of our hot beverages are 10% off when you order to-go. From our herbal teas to caffeinated drinks, all hot drinks are eligible for the discount. What's more, this week only, we're selling limited-edition holiday mugs at select stores. Please remember that although anyone can purchase our mugs and merchandise, bonus perks are available for BigSip rewards program members only. Sign up today using our app!

Questions 77-79 refer to the following excerpt from a meeting.

Don't forget that our scheduled deadline for printing our summer and spring volume is on May 25th. We still have a few more articles that need a final round of editing and proofreading, so let's try to keep our focus until the very end. I want to give recognition to Yoon-jin for her exceptional work on this edition's cover page design. It looks fantastic! However, the wholesale distribution center that we usually work with has increased their prices, so we'll need to put our minds together and maybe reconsider our usual plan.

Questions 80-82 refer to the following announcement.

Welcome to the Monarchy Live Theater. We are excited to present Hollywood movie star Roy Carter as the lead of our special week-long showing of *Dracula: The Musical*, starting in two weeks' time. Ticket sales for Mr. Carter's premier show will begin shortly, both online and at our box office. If you want to get a closer look at the action happening on stage, we have a solution for you. At our information desk located in the lobby, we offer binoculars for rent. These handy devices can enhance your enjoyment of the show by bringing every detail of the performance to life. Please visit our information desk to learn more about this service.

Questions 83-85 refer to the following telephone message.

Hi Mandy, it's Viktor from Silicon City Times. I just reviewed your column on personal privacy and surveillance on the Internet and how users should be aware of the kinds of information that Web sites collect. I loved how insightful your views were, and I'm sure this will be very useful information for our readers. However, I noticed that you didn't explore potential solutions for addressing these privacy concerns, so I think adding some perspectives from industry experts could strengthen that point. Other than that, everything looks in good shape. You did a great job.

Questions 86-88 refer to the following talk.

Thank you for choosing to attend this seminar. I appreciate the energy, but let's save that enthusiasm for afterward. I'd like to now introduce Dr. Frank Somerville as our special speaker. He's the founder of Workforce Makers, an online forum for job listings that combines learning tutorials and career support all into one place. He has decades of experience in digital services and Web site development. By the end of today, I'll be e-mailing everyone all the slides from this presentation, so you don't need to worry about taking notes. Now, please just give your undivided attention to our guest.

Questions 89-91 refer to the following speech.

My name is Katrina Chung, and I'm the orientation leader for your first day at Pear & Co.'s manufacturing factory. By the end of today's training, you'll be an expert on everything related to our company, from our top-of-the-line automobiles to our employee organizational structure. Before receiving hands-on training on the machines here in the production facility, I'm going to be assigning you all some self-paced online learning courses. First things first, please take a moment to introduce yourselves to each other.

Questions 92-94 refer to the following talk.

Thank you all for joining us today to commemorate Andy's retirement. Throughout his career at our Channel 701 News studio, Andy has played a huge role in shaping our news coverage. Thanks to his camera work, we've been able to capture countless important stories and special moments for our local viewers. I have been working with Andy for the past 15 years, and I couldn't have asked for a better teammate. To honor his achievements, we've compiled a video clip highlighting some of Andy's best moments on the job, both in front of the camera and behind the scenes.

Questions 95-97 refer to the following telephone message and chart.

Hello, I was referred to you by a friend about your wallets. My team has achieved record sales this quarter, so I want to purchase special gifts for them as a reward. I'm looking for travel wallets that can store passports because my employees go on business trips often. It'd be great if the wallets could be closed shut using a zipper, too, since security is important. I plan to get at least 10 wallets, so please let me know if you have what I'm looking for and if I can get a product warranty on the items. Thanks.

Questions 98-100 refer to the following broadcast and map.

Welcome to the morning news program on Channel 11 radio. We received word from local authorities that they will partially close a segment of our city's popular scenic biking trail beginning at 9 AM today for about four hours. Officials have decided to block off the area that runs from the start of the trail up until Fremont Avenue in order to clear fallen tree debris that has piled up overnight due to strong winds. City residents are encouraged to avoid using the trail until all maintenance has been completed. Now, in other news, we'll be giving a traffic report on this morning's commute after the commercial break.

TEST 2

PART 1

1. (D)	2. (C)	3. (C)	4. (B)	5. (C)	6. (A)

PART 2

7. (A)	8. (A)	9. (C)	10. (A)	11. (A)	12. (C)	13. (C)	14. (B)	15. (A)	16. (B)
17. (C)	18. (A)	19. (A)	20. (B)	21. (C)	22. (B)	23. (B)	24. (B)	25. (B)	26. (B)
27. (C)	28. (C)	29. (A)	30. (C)	31. (C)					

PART 3

32. (D)	33. (B)	34. (B)	35. (D)	36. (D)	37. (B)	38. (D)	39. (B)	40. (A)	41. (C)
42. (D)	43. (C)	44. (C)	45. (A)	46. (C)	47. (C)	48. (C)	49. (B)	50. (D)	51. (A)
52. (D)	53. (A)	54. (B)	55. (C)	56. (D)	57. (C)	58. (A)	59. (A)	60. (D)	61. (D)
62. (B)	63. (A)	64. (A)	65. (A)	66. (B)	67. (A)	68. (B)	69. (C)	70. (D)	

PART 4

71. (B)	72. (C)	73. (A)	74. (B)	75. (A)	76. (C)	77. (B)	78. (C)	79. (A)	80. (A)
81. (D)	82. (B)	83. (C)	84. (A)	85. (A)	86. (D)	87. (B)	88. (C)	89. (C)	90. (D)
91. (B)	92. (A)	93. (C)	94. (A)	95. (C)	96. (B)	97. (C)	98. (C)	99. (C)	100. (C)

PART 5

101. (A)	102. (D)	103. (A)	104. (D)	105. (A)	106. (B)	107. (C)	108. (D)	109. (D)	110. (D)
111. (D)	112. (D)	113. (B)	114. (C)	115. (A)	116. (A)	117. (B)	118. (B)	119. (A)	120. (B)
121. (A)	122. (C)	123. (B)	124. (D)	125. (B)	126. (C)	127. (C)	128. (C)	129. (B)	130. (A)

PART 6

131. (D)	132. (A)	133. (C)	134. (D)	135. (C)	136. (C)	137. (B)	138. (B)	139. (D)	140. (C)
141. (B)	142. (D)	143. (C)	144. (C)	145. (A)	146. (D)				

PART 7

147. (D)	148. (A)	149. (D)	150. (C)	151. (D)	152. (C)	153. (C)	154. (D)	155. (B)	156. (C)
157. (B)	158. (D)	159. (D)	160. (D)	161. (D)	162. (C)	163. (D)	164. (C)	165. (B)	166. (A)
167. (D)	168. (D)	169. (C)	170. (C)	171. (B)	172. (C)	173. (C)	174. (B)	175. (C)	176. (D)
177. (B)	178. (C)	179. (C)	180. (D)	181. (B)	182. (C)	183. (D)	184. (A)	185. (D)	186. (B)
187. (B)	188. (D)	189. (C)	190. (D)	191. (C)	192. (D)	193. (C)	194. (D)	195. (A)	196. (D)
197. (C)	198. (C)	199. (B)	200. (D)						

PART 1

1. (A) Some cars are parked in a row.
   (B) Some cyclists have stopped in the middle of a road.
   (C) A woman is walking along a path.
   (D) A woman is waiting to cross the street.

2. (A) She's carrying books across an aisle.
   (B) She's piling some books on a cart.
   (C) She's browsing the shelves of a library.
   (D) She's arranging furniture in a library.

3. (A) An audience is listening to a lecturer.
   (B) Some windows are being installed.
   (C) A woman is pointing at a screen.
   (D) One of the men is distributing papers.

4. (A) Some tools have been left on a chair.
   (B) Some tool sets have been laid out.
   (C) A toolbox is being placed on the table.
   (D) One of the table legs is being repaired.

5. (A) A woman is looking into a display case.
   (B) A server is wiping off a counter.
   (C) A menu board has been hung on the wall.
   (D) Some people are waiting in line to order.

6. (A) A walkway runs alongside a body of water.
   (B) Some railings have been installed next to some stairs.
   (C) Some boats are approaching a pier.
   (D) Trees are lining both sides of a walkway.

PART 2

7. When will you approve the request I submitted?
   (A) No later than Friday.
   (B) To some customers.
   (C) I decided to move.

8. Would you like me to toast your sandwich, too?
   (A) Okay, but only slightly please.
   (B) The lunch combination set.
   (C) Have a nice meal.

9. How often does the company hold informational workshops?
   (A) All employees, I think.
   (B) An innovative program.
   (C) Every other month.

10. Can I make an account using my phone number instead?
    (A) Yes, that works too.
    (B) I thought I saw him.
    (C) It's on your desk.

11. Which bank is closest to the company headquarters?
    (A) The one on Main Street.
    (B) To review the loan application.
    (C) I'd like to open an account, please.

12. Where do you plan to get lunch?
    (A) I think the menu looks great.
    (B) Oh, just a quick bite.
    (C) I always bring food from home.

13. Do you like horror movies too, or just action movies?
    (A) The famous actor, Jimmy Lee.
    (B) These tickets include a free drink.
    (C) I can't handle anything scary.

14. When will you finish the cover page design?
    (A) No, this document is too long.
    (B) It's almost ready.
    (C) The pattern is comprised of four layers.

15. I need some assistance with these translations.
    (A) Johanna will come over to help soon.
    (B) An official document.
    (C) No, the communications department.

16. The sales meeting is set to begin at 10 AM, right?
    (A) At the board meeting tomorrow.
    (B) No, the e-mail said 11.
    (C) Because the sales figures are low.

17. Why isn't the performance starting yet?
    (A) No, I didn't see the rehearsal.
    (B) A live musical production.
    (C) They're having technical difficulties.

18. How did you adjust the audio levels?
    (A) Miranda is responsible for that.
    (B) What's the volume measurement?
    (C) I don't like loud music.

19. The inspectors will be coming tomorrow, won't they?
    (A) You didn't see the message?
    (B) It met our expectations.
    (C) A safety inspection.

20. Should we go out for dinner or have it delivered?
    (A) Yes, it's close to my house.
    (B) Let's go with delivery.
    (C) It's scheduled for tomorrow.

21. When will the maintenance check be completed?
    (A) That repairperson was efficient.
    (B) A recalled air conditioner.
    (C) I mentioned it during the meeting.

22. Who's been assigned to create the invoices?
    (A) Oh, my car's parked over there.
    (B) We'll discuss that this afternoon.
    (C) A total cost of 300 euros.

23. Would you ask Kaylee to arrange our transportation to the seminar?
    (A) Some convenient routes.
    (B) I already took care of it.

    (C) I'll escort the client when he arrives.

24. Did you prepare a demonstration along with your presentation?
    (A) At the product launch.
    (B) That was assigned to someone else.
    (C) In room 205, I think.

25. I heard Alexa got promoted.
    (A) To promote some new products.
    (B) She certainly deserves it.
    (C) Several job openings.

26. What kind of backpack should I bring on the tour?
    (A) A travel agent.
    (B) Waterproof would be best.
    (C) I'll make copies of the itinerary.

27. Are the soups ready to be served?
    (A) I'll have the vegetable soup.
    (B) Our beachside dining area.
    (C) There are no customers yet.

28. Could you record the conference call for me later?
    (A) Try turning up the volume.
    (B) The latest smartphone.
    (C) Can you show me how?

29. How long will the money transfer take?
    (A) You'll receive a notification once it's done.
    (B) Every morning, most likely.
    (C) Well, I didn't have any other choice.

30. Isn't the table tennis tournament being held in May?
    (A) Maria is a professional player.
    (B) The audience is clearly excited.
    (C) It was pushed back by two months.

31. The meeting notes are incomplete.
    (A) The project manager.
    (B) No, that won't be enough.
    (C) I forgot to add some details.

PART 3

Questions 32-34 refer to the following conversation.

> **W:** Hi, I need to have my laptop's battery replaced. Can I bring it in later this morning to get that done?
>
> **M:** Sorry, that won't be possible. We don't accept walk-ins for battery replacements, so you'll have to reserve an appointment in advance.
>
> **W:** Oh, but I have to use my laptop for a virtual consultation in the afternoon. So, it's pretty urgent.
>
> **M:** Hmm... Well, here's what we can do for you. We can expedite your request and get it done by noon. But you'll need to drop off your device as soon as possible.

Questions 35-37 refer to the following conversation with three speakers.

> **M1:** Hi, Ms. Alda. I'm Tyler, and this is Rudy. We're here to check out the space that you requested to be redesigned.
>
> **W:** Hi, come on in. I want to change the wallpaper and furniture in my living room.
>
> **M2:** Alright. Let's take a look together.
>
> **W:** The most important thing about this project is that I want the new color scheme to be bright.
>
> **M1:** Sure. We'll compile some combinations of colors and ask for your confirmation later.
>
> **W:** Okay, I have to attend a sales conference on Tuesday, so I'll be quite busy until then.

Questions 38-40 refer to the following conversation.

> **M:** Good morning, Helen. I wanted to discuss some ideas for a new advertising campaign this year, since the market for tableware keeps getting more and more competitive.
>
> **W:** Hmm, since we really promoted the functionality of our products last year, we could expand on that by marketing their low price point.
>
> **M:** I feel like we need a better way to stand out, though. Why don't we develop some attractive packaging for our dinnerware?
>
> **W:** That seems like a good idea, but we'd need to consult a specialist for that. I'm afraid we don't have enough expertise on fancy materials and designs.

Questions 41-43 refer to the following conversation.

> **M:** Nice to meet you, Sora. My name's Tan Fischer, and I'm in charge of production here at this factory. My job is to manage and oversee our machines. We here at Innovia Instruments are excited to have you.
>
> **W:** Thank you for the warm welcome. It's my first time working at a tech company, so I'm a little nervous, but I've always been interested in computers. I look forward to seeing how they're assembled up close.
>
> **M:** Glad to hear it. Since many different pieces of hardware are needed to build one machine, I'll teach you about them one at a time. First, let's go to where we make our processors, which are like the heart of our products.

Questions 44-46 refer to the following conversation.

M: Guess what, Erin? Remember how I was looking forward to checking out the auto show this weekend? It turns out I can't go anymore.

W: Oh no! Why? Has it been called off?

M: No, but a patient wants to schedule an eye exam on Saturday morning. He said that it's the only time that he's available and that he really needs a checkup as soon as possible.

W: Well, I don't have plans this weekend, so I could see the patient instead. Just notify our chief specialist that I'll perform the checkup, and you can help me out next time.

Questions 47-49 refer to the following conversation.

W: Welcome to Regal Formalwear, where we offer the cleanest styles at reasonable rates. How may I help you?

M: I have an interview next week, so I'm looking for a new suit.

W: Well, I have great news for you. We're currently having a summer sale, so certain styles and colors are up to 40% off.

M: Perfect! I'm interested in this navy blue one, but I'm not sure what my size is or if I'll need some alterations.

W: No worries, our store has professional tailors. If you'd like to have your measurements taken right now, you can do a fitting session with us.

Questions 50-52 refer to the following conversation.

M: Renata, let's talk about how we can be more environmentally conscious at our nature reserve. Especially in terms of litter, we need a better method to prevent it.

W: How about installing recycling bins by the trail entrances? Giving people a place to sort their trash should hopefully encourage them to properly dispose of it.

M: I like that idea.

W: But, we'd have to choose animal-resistant ones. Do you think the owner of the reserve will approve that?

M: Leave that to me. I know exactly how to explain this to the owner.

Questions 53-55 refer to the following conversation.

M: Excuse me. I'd like to buy a new blender for my kitchen, but I'm really struggling to make a decision. Which of these two models would you recommend?

W: Well, this week we have a special offer where all VitaFusion blenders are discounted by 20%. However, I think the MegaMix blender would be the better choice. It's known for its strong and reliable motor parts, so you won't have to replace it for years.

M: I see. Well, it seems the blender also has a lot of special features. Could you show me how they work?

W: Absolutely. Let me walk you through its various functions.

Questions 56-58 refer to the following conversation.

M: Hi, Anna. Did you see the update on our social media page?

W: Yeah! A famous influencer in home furnishings and interior design is collaborating with our store! I'm surprised they got someone with so many followers to promote our furniture.

M: Well, it is a win-win situation for both sides.

W: True. Marketing on social media has become very effective lately. But our store should work more on optimizing our Web site for mobile users. It will also significantly boost our online sales.

Questions 59-61 refer to the following conversation with three speakers.

M: I just got word that Ellen won't be joining your crew on this trip. Apparently she's caught the flu, so you guys won't have an in-flight manager on board.

W1: Oh no! That means we'll be short-staffed.

M: Hae-rin, I know you're still a trainee, but we're going to need your help with delivering the pre-flight safety announcement.

W2: I haven't been able to practice the script yet, so I'm nervous.

W1: Don't worry! The rest of us will be covering the other extra cabin duties, so you can just focus on that. You'll do fine.

Questions 62-64 refer to the following conversation and map.

M: Hi, Jeanette. Thanks for managing the convenience store while I stepped out. How are things so far?

W: Everything is going well. Some boxes of potato chips did come in earlier, though. I was trying to store them in the back but then realized we already received a shipment yesterday.

M: Oh, so they don't belong to our store? In that case, we will need to have them shipped out. We are already struggling for storage space.

W: I called our Silverado branch, and they've received theirs too. It turns out the boxes are for the Jamboree store.

M: Looks like we'll have to get these reshipped. Thanks for figuring that out.

Questions 65-67 refer to the following conversation and schedule.

M: Hey, what should we do for the next team-bonding activity?

W: How about a cooking class? I think we should do something practical so that more people would feel inclined to participate.

M: That's not a bad idea. I know a culinary academy that offers classes on a wide range of cuisines. Each week, there's something new.

W: The team activity's set for the second week of April. When does registration at the academy open?

M: It should've already begun.

W: Great. I'll check out the Web site to reserve spots.

Questions 68-70 refer to the following conversation and map.

> **M:** Eva, take a look at this new study that was published by Indiana University the other day.
>
> **W:** What's it about?
>
> **M:** It's about how certain stages of growth require more water supply for tall grass plants. Apparently, the time of day doesn't have much effect on crop production potential.
>
> **W:** What a fascinating finding! This information could help us adjust the irrigators for our sweet corn plants.
>
> **M:** Definitely. Although, we'll probably need to request assistance for that. I don't want to accidentally interfere with the other crops!
>
> **W:** I'll contact our irrigation system's mechanic right now.

PART 4

Questions 71-73 refer to the following telephone message.

> Hi, thanks for inquiring about snowboard rentals at our store. We're proud to carry the widest selection of snowboards in town. That's what customers love about us. Also, we always offer to wax down your boards at no extra cost, so that you can be sure they're in great condition before taking them out on a ride. If coming to find us is a hassle, we can deliver equipment straight to your door. Just use our Web site to schedule a time.

Questions 74-76 refer to the following excerpt from a meeting.

> I have some exciting news to share today. Our new ultrasound machine has finally come in, which means we can now provide more comprehensive services for our patients! As specialists in preventative care, this equipment's updated technology will allow us to make diagnostic assessments more accurately. Also, more shipments of latex gloves have arrived, so I'll need someone to distribute them to the exam rooms. Is anyone willing to volunteer to do that? Your help will be greatly appreciated.

Questions 77-79 refer to the following talk.

Now, moving on, here is where we disinfect the milk used for our yogurt. Known as pasteurization, this method uses low temperatures to kill the pathogenic bacteria in the milk over a long period of time. This pasteurizer machine over here is cutting-edge, thanks to its water-resistant sensor that automatically controls the vessel's temperature. Next, let's move on to where the milk is cooled down and probiotics are added. Rachel is going to explain how we choose the different flavors for our yogurt, which determines the production process going forward.

Questions 80-82 refer to the following announcement.

Attention everyone, today's networking event for business owners will be wrapping up shortly. Thank you, all participants, for joining us here today. We hope that you were able to make many connections and gain valuable insights. Volunteers, please assist participants that need help finding their respective shuttles. The pick-up locations have slightly changed. Lastly, for all attendees that still have their ticket with them, don't forget that you can exchange it for a free card holder. These gifts have been provided to us by one of the companies sponsoring this event. You can redeem your item by the exit.

Questions 83-85 refer to the following telephone message.

Hi Alan, I'm calling because I think we need to select some people to try out the pilot project of our virtual reality game. There's still some time before the preliminary deadline, so let's try to gather some feedback. Now that we've implemented several multilingual functions that enhance accessibility and user experience, I'm really excited to hear users' responses. Let's meet to discuss how we can recruit some enthusiastic gamers. I'll be in a conference call for the next 2 hours, so please text me and let me know when you'll be available for a quick meeting.

Questions 86-88 refer to the following announcement.

Before the 4D Spectacle Light Show begins, please pay attention to the screen in front of you for a brief safety announcement. This is for the comfort and security of everyone here today. In the event of an emergency, please remain calm and do not panic. Be sure to walk, not run. Please refer to the following diagram of the theater to locate the emergency exit that's closest to you. We encourage you to stay aware of your surroundings throughout the show. More information on the procedures for a safe viewing experience can be found in your pamphlets. Thank you for your cooperation.

Questions 89-91 refer to the following excerpt from a meeting.

Hi everyone, the launch of our Lumina 991 Pocket Projector has been making great progress. There have been positive reviews about how our device is lightweight, durable, and convenient to use. I'm confident that our projector is the best in the industry, but there have been several complaints about the brightness of the projection beam. Some say it's inconsistent while others are asking for an adjustable brightness function. We'll need to improve the internal lighting system, so why don't we all sign up together to attend the Mega Tech & Innovators Conference happening this weekend to get some inspiration?

Questions 92-94 refer to the following excerpt from a meeting.

I am proud to claim that we have some of the most talented financial specialists in the industry working here. Our client investors have continuously praised our staff's expertise and quality service. Now, our next goal is to build a stronger presence on social media so that we can attract younger customers, too. As we all know, the stock market is unpredictable and complex. So it's up to us to help people understand how to use their assets wisely. Going forward, let's discuss a strategy to build a more attractive and credible image of ourselves.

Questions 95-97 refer to the following speech and award nominees.

I am so honored to be here tonight. Words cannot express how much this award means to me. As the director of *Wandering Youth*, I was privileged to work with an outstanding cast and film crew. However, I want to give recognition to my fellow, talented nominees and the figures that made *Ardent Spirits* and *The Battle*, too. Personally, these films moved me. Thanks to my first-year college professor, Dr. Fox, I'm able to stand here on this stage today. He encouraged me to study cinematography by saying that I have a unique perspective and that my storytelling ability is exceptional. Lastly, I want to dedicate this award to my beloved friends, whose life stories are often used in my works.

Questions 98-100 refer to the following excerpt from a meeting and sign.

Hi, staff. Our study café has now been open for one year, and I'm proud that we've become the representative study spot for students all across our city. Recently, a local magazine, *Discovering Centerfield Bay*, has given special recognition to our shop for being an innovative business. I am so delighted with this honor and want to extend the praise to all of you, too. Also, don't forget that our free refreshment policy has changed slightly. Coffee will now also be complimentary, which leaves bottled drinks as the only item that costs a dollar.

TEST 3

PART 1

1. (C)   **2.** (D)   **3.** (D)   **4.** (A)   **5.** (D)   **6.** (B)

PART 2

7. (A)   **8.** (A)   **9.** (C)   **10.** (A)   **11.** (A)   **12.** (C)   **13.** (A)   **14.** (B)   **15.** (A)   **16.** (B)

17. (A)   **18.** (A)   **19.** (C)   **20.** (A)   **21.** (C)   **22.** (C)   **23.** (C)   **24.** (B)   **25.** (B)   **26.** (B)

27. (A)   **28.** (A)   **29.** (C)   **30.** (B)   **31.** (C)

PART 3

32. (D)   **33.** (B)   **34.** (A)   **35.** (D)   **36.** (A)   **37.** (C)   **38.** (B)   **39.** (D)   **40.** (D)   **41.** (C)

42. (B)   **43.** (D)   **44.** (D)   **45.** (A)   **46.** (C)   **47.** (C)   **48.** (C)   **49.** (B)   **50.** (C)   **51.** (A)

52. (B)   **53.** (D)   **54.** (A)   **55.** (D)   **56.** (C)   **57.** (C)   **58.** (C)   **59.** (B)   **60.** (C)   **61.** (A)

62. (B)   **63.** (C)   **64.** (D)   **65.** (C)   **66.** (D)   **67.** (C)   **68.** (C)   **69.** (D)   **70.** (C)

PART 4

71. (B)   **72.** (B)   **73.** (D)   **74.** (D)   **75.** (C)   **76.** (D)   **77.** (D)   **78.** (B)   **79.** (D)   **80.** (B)

81. (B)   **82.** (C)   **83.** (C)   **84.** (A)   **85.** (C)   **86.** (C)   **87.** (C)   **88.** (A)   **89.** (C)   **90.** (A)

91. (B)   **92.** (A)   **93.** (C)   **94.** (B)   **95.** (B)   **96.** (B)   **97.** (A)   **98.** (B)   **99.** (B)   **100.** (A)

PART 5

101. (D)   **102.** (C)   **103.** (D)   **104.** (C)   **105.** (A)   **106.** (B)   **107.** (A)   **108.** (D)   **109.** (B)   **110.** (C)

111. (B)   **112.** (B)   **113.** (A)   **114.** (A)   **115.** (A)   **116.** (A)   **117.** (B)   **118.** (A)   **119.** (D)   **120.** (B)

121. (D)   **122.** (D)   **123.** (C)   **124.** (C)   **125.** (C)   **126.** (D)   **127.** (D)   **128.** (A)   **129.** (B)   **130.** (D)

PART 6

131. (B)   **132.** (D)   **133.** (B)   **134.** (C)   **135.** (B)   **136.** (C)   **137.** (D)   **138.** (C)   **139.** (C)   **140.** (D)

141. (B)   **142.** (D)   **143.** (D)   **144.** (B)   **145.** (C)   **146.** (B)

PART 7

147. (D)   **148.** (D)   **149.** (C)   **150.** (D)   **151.** (D)   **152.** (B)   **153.** (C)   **154.** (D)   **155.** (C)   **156.** (D)

157. (C)   **158.** (D)   **159.** (C)   **160.** (D)   **161.** (C)   **162.** (D)   **163.** (D)   **164.** (B)   **165.** (C)   **166.** (D)

167. (C)   **168.** (D)   **169.** (D)   **170.** (D)   **171.** (C)   **172.** (A)   **173.** (C)   **174.** (D)   **175.** (D)   **176.** (C)

177. (C)   **178.** (C)   **179.** (B)   **180.** (D)   **181.** (D)   **182.** (A)   **183.** (C)   **184.** (C)   **185.** (C)   **186.** (C)

187. (C)   **188.** (C)   **189.** (D)   **190.** (C)   **191.** (C)   **192.** (C)   **193.** (C)   **194.** (D)   **195.** (D)   **196.** (C)

197. (D)   **198.** (C)   **199.** (A)   **200.** (D)

PART 1

1. (A) He's leaning over a bucket of water.
   (B) He's parking a car near a curb.
   (C) He's washing the front of a car.
   (D) He's getting out of a vehicle.

2. (A) A woman is purchasing some books.
   (B) A woman is reaching for a book.
   (C) A woman is reading at a desk.
   (D) A woman is standing near some shelves.

3. (A) They're waiting in a seating area.
   (B) They're walking up some stairs.
   (C) They're checking in luggage at a counter.
   (D) They're pulling suitcases.

4. (A) Lamps have been attached to the wall.
   (B) A bedside table is being moved.
   (C) There are some pillows on the floor.
   (D) Some furniture is being stored in a closet.

5. (A) Some employees are unloading boxes
       from a truck.
   (B) A worker is assembling some shelves.
   (C) Some products are being displayed in a
       store.
   (D) Some boxes are stacked in a warehouse.

6. (A) Some boats are being taken out of the
       water.
   (B) A city skyline is visible in the distance.
   (C) Some people are strolling along the water.
   (D) Trees are growing on a hillside along the
       coast.

PART 2

7. When do you need to post the construction
   notice?
   (A) Before 6 PM.
   (B) A residential building.
   (C) He is the supervisor.

8. Did you see the breaking news yesterday?
   (A) No, but I heard about it.
   (B) An increasing number of sales.
   (C) The machine was fixed already.

9. How many speakers will be at the conference?
   (A) What a wonderful presentation!
   (B) The booming financial district.
   (C) Six, according to the Web site.

10. Can we extend the deadline by a week?
    (A) Well, we don't have time.
    (B) It's an ideal location.
    (C) The safety procedures.

11. Are you still aiming to launch a new model by
    next winter?
    (A) Yes, we have everything planned out.
    (B) I've never tried mountain skiing.
    (C) This microwave produces almost no
        sound.

12. What type of cake should we get for Mr. Lee's
    birthday?
    (A) Since the bakery downtown is closed.
    (B) Yes, I'm already starving.
    (C) You can't go wrong with chocolate.

13. How much will parking at the stadium cost?
    (A) Probably $20 per hour.
    (B) The last spot left.
    (C) A car broke down.

14. Does this price include free international
    shipping?
    (A) An oversized package.
    (B) Sorry, it does not.
    (C) The post office carries stamps.

15. Will Ms. Oliva check out the property today?

(A) She hasn't mentioned otherwise.
(B) Yes, that's our property manager.
(C) I can review it for you later.

16. The plumber didn't fix the sink, did he?
(A) Yes, a cup of tap water.
(B) No, but he'll be here soon.
(C) The repair shop next door to us.

17. What time is the training session supposed to end?
(A) It got postponed.
(B) I'll need some help when I present.
(C) We reviewed the old digital modules.

18. Have you arranged the clothes by the storefront window?
(A) Yes, they've been folded neatly.
(B) She's a fashion designer.
(C) I did my laundry yesterday.

19. Where's the board meeting going to happen?
(A) Newly remodeled apartments.
(B) I'm looking for the men's restroom.
(C) Let's check with our chief of operations.

20. Why are you reorganizing the cupboards?
(A) Because some items were getting hard to find.
(B) We used an automated program.
(C) I'll check the storage room.

21. I resolved the coding error.
(A) That's stored in the break room.
(B) More often than not.
(C) Can you show me it later?

22. How are we planning to book a taxi?
(A) Is it an SUV?
(B) It's a convenient location.
(C) Robinson's Cab Service is reliable.

23. Have the light fixtures in the company cafeteria been inspected?
(A) The food quality has improved.
(B) That's a very bright room.
(C) Our technician checked them earlier today.

24. Were we told to serve the water in paper or glass cups?
(A) That bowl matches with the dinnerware.
(B) The head chef wants to reduce waste.
(C) She's offering us beverages.

25. Where will the follow-up interviews be held?
(A) 5 people were selected.
(B) We will send an e-mail.
(C) Okay, I'll handle it.

26. Are you going to appoint a new manager or adjust our roles?
(A) He made some very good points.
(B) I haven't decided yet.
(C) I applied online.

27. With profit margins decreasing, we'll need a new strategy.
(A) I'll assemble a committee.
(B) Participation is highly recommended.
(C) Place it next to the coat rack.

28. Ms. Guan can provide you with a parking pass.
(A) She left for the day.
(B) Yes, it's right across the street.
(C) The cooking class is full.

29. When should we negotiate a deal with the investors?
(A) Sure, I'll treat you to a meal.
(B) Beside the copy machine.
(C) The proposal still needs to be reviewed.

30. Why are all the interns giving a presentation tomorrow?
(A) No, use the office projector in the meeting room.
(B) Didn't you know that it's part of their evaluation?
(C) The slideshow sent out by e-mail.

31. I'm planning to tour the coastline of Chile next month.
(A) The popular beach.
(B) Yes, a historic highway.
(C) Have you booked your lodging yet?

PART 3

Questions 32-34 refer to the following conversation.

> **M:** Order number 46 for Ana! Ana, your order of bagels is ready for pickup.
>
> **W:** Thanks, these are for the security team at my office. They're always so hard-working. By the way, that's a lovely marble sculpture out in front by the entrance.
>
> **M:** I'm glad you noticed it. I recently picked it up from a store that sells used goods.
>
> **W:** Oh, I love those kinds of shops!
>
> **M:** You should check out the one pretty close to here. The owner is very friendly, too. I'll show you how to get there.

Questions 35-37 refer to the following conversation.

> **M:** I'm so excited to be working with you on the design of our garments. Our apparel company has been planning to release activewear since last year.
>
> **W:** I'm delighted, too! So, I know you mentioned wanting to use cotton material to keep production costs low, but it's actually not very lightweight nor elastic.
>
> **M:** Oh, what would you recommend instead?
>
> **W:** I suggest choosing nylon or a polyester blend. I'll send you some design sketches of different options that I've already made on my computer later tonight.

Questions 38-40 refer to the following conversation with three speakers.

> **W:** Hey, Marvin and Paul, remember the legal firm that placed an order for refreshments only?
>
> **M1:** Yeah, they wanted an assortment of wines and some cheese and crackers for their event this Thursday.
>
> **W:** Right. Well, they just called because now they want us to set up a salad bar, too.
>
> **M1:** Paul, how does our equipment register look? Can we add that service for them?
>
> **M2:** Hmm, we have a larger event that same day, so we might be short on serving plates. Could we maybe order some last-minute?
>
> **W:** In that case, I'll contact our suppliers for more.

Questions 41-43 refer to the following conversation.

> **W:** Hi, William. I heard that you were able to buy the laser pointer we asked you to get for our conference.
>
> **M:** Yes! Having the pointer will definitely make it easier for Dr. Morris to deliver his talk on pet health and veterinarian medicine. After all, I know his presentation contains lots of diagrams and charts that the attendees need to study.
>
> **W:** I'm glad it'll work out. I wonder if we can also provide everyone with a pen or pencil, just in case.
>
> **M:** I'll check our supply room to see what we have.

Questions 44-46 refer to the following conversation.

M: Natalie, our mall manager is asking how we can improve our facility's services for shoppers. As the outlet's operations coordinator, do you have any thoughts?

W: I'm aware that customers have been wanting us to add vending machines near each seating area. Why don't we propose that idea?

M: Oh, I actually was contacted yesterday by someone who sells factory refurbished vending machines. I should give them a call back tomorrow and ask about them!

Questions 47-49 refer to the following conversation with three speakers.

W1: Great to see you, Arthur. The product testing session is about to start soon. We're going to see how our robotic vacuum cleaners handle uneven surfaces like bathroom tiles and hardwood flooring.

M: I bet this VXL 12 prototype will do just fine. Its sensor technology is practically unmatched, with precise navigation and obstacle detection capabilities that surpass anything else on the market.

W1: Yes, I hope it goes well. Ah, here comes Vicky with the testing procedures.

W2: Hey, guys. There's a slight change of plans. I decided to make some minor adjustments to our regular protocols so that we can manage the gathered data more easily. Let me briefly go over the changes before we begin.

Questions 50-52 refer to the following conversation.

W: Hello, I'm calling from Green Thumb Solar. I wanted to confirm the installation of rooftop solar panels at your home. You'll be present on June 11 to let in our staff, correct?

M: Hi there. Yes, I'll be here to help them. Just out of curiosity, how long will the entire process take?

W: From mounting the panels to testing the system, it should take about four to five hours. But the benefits of the equipment will last a lifetime. Our solar panels not only reduce your carbon footprint but also significantly lower your energy bills over the years.

M: Got it.

W: Were you aware that you need to obtain a city permit, too? I'll send you the application form so that you can fill it out and submit it.

Questions 53-55 refer to the following conversation.

M: Hello. I was referred to you by a colleague. I signed a collaboration deal with another company last week and would like to connect with specialists to launch our project.

W: Thanks for reaching out to us. Could you tell me more about your company?

M: My company makes high-quality, durable dryers for clothing of all types. Since we've partnered with Maglan Washers to create customizable washer and dryer sets for consumers, we're looking for expertise in product design and market analysis to ensure a successful launch.

W: Sounds like you're in the manufacturing business, so I'm going to direct you to Diana Shyama. She's highly experienced in consulting with experts in your industry. I'll arrange a meeting with her for you.

Questions 56-58 refer to the following conversation.

W: Mark, I know it's unlikely, but is there a chance I could skip the shareholder meeting later? I'm not feeling too well.

M: Oh, but then what about the sales report presentation?

W: I can have my assistant do it. I already sent her the materials and gave her a quick overview.

M: Well, why don't we just reduce the length of the presentation and focus on the main ideas? That way, it'll be easier for your assistant.

Questions 59-61 refer to the following conversation.

M: I appreciate your willingness to meet. I'm from Hopkins Archaeological Institute, and I've heard many great things about your prolific career, so I want to invite you to fill the last spot on our team's trip to Europe for an excavation project.

W: Wow, thank you! If I were younger, I'd never pass up such an exciting opportunity to conduct field research, but now that I've traveled quite extensively, I try to avoid long distance flights. Unfortunately, I'll have to decline.

M: Oh, I understand your concerns. In that case, I know a fellow archaeologist who works locally and is also looking for help. If it's alright, I can tell you more about what she does.

Questions 62-64 refer to the following conversation and list.

W: Hi, Maxwell, I just wanted to check how things are going in the blood donation room.

M: All the patient stations are currently occupied.

W: Got it. I have a walk-in donor that just came in. How long would he have to wait?

M: Station 3C should be ready in under 5 minutes.

W: Great, I'll let him know. This patient says he doesn't need the free light snack, by the way.

M: No problem. I'll still make sure to offer him a drink afterward.

W: Thanks. Also, I remember you mentioned that you're planning a vacation for October, so please don't forget to send a time-off request to HR by this Wednesday.

M: Okay, thanks for reminding me.

Questions 65-67 refer to the following conversation and seating chart.

M: Are you ready for your first charity performance?

W: I've practiced so many times for this moment, but I'm still so nervous! I even forgot my personal microphone.

M: Luckily, we have backups here at the community center. You can use one of them. You know that the city mayor will be in the front row of the audience, too, right?

W: Yes, I heard. Where will he be sitting?

M: Close to the entrance. Some councilmen will also be attending right behind him.

M: Hi, Haruka. Have you heard that this
building is going to be torn down to make
way for apartments? We'll need to start
thinking about relocation destinations for
our fitness classes.

W: Yes, I heard the news. I was just compiling
a list based on the data I accessed about
areas with fewer fitness centers like ours.
Four cities in particular look promising.

M: It's great that you're taking the lead on this!
Which city seems the most ideal to you?

W: Well, Austin and Baytown might have
a lot of potential. They both have large
populations. But I'm leaning towards
Arlington because the rent there is relatively
affordable.

PART 4

Attention, visitors to the Nebraska Department
of Motor Vehicles. This is an important
announcement regarding behind-the-wheel
driving examinations. A staffing shortage has
caused a delay in test administration. Average
wait times are expected to be prolonged
by about 30 minutes. We apologize for the
inconvenience. If you have a reservation for
a different purpose, such as renewing your
driver's license, please ensure that you have
completed your request form and hand it in
when your number is called.

Attention all residents! The brand new Selador
Medical Center is finally open to the public
after almost two years of construction. Last
month, the center received a donation from
the Will and Belinda Young Foundation, which
allowed us to add beautiful landscaping
elements around the perimeter of our facilities,
like lavender bushes, magnolia trees, hanging
lanterns, and a rose archway. Also, we are
offering free medical checkups to all city
residents throughout the month of February.
Stop by our health clinic to receive yours
today!

Questions 77-79 refer to the following telephone message.

Hello, I'm calling to verify whether you'd like to extend your current storage contract that you have with us. Your lease for unit 26C will expire next week, and since it's one of our larger spaces, I already have a customer that wants to use it right after you. Can you call me back as soon as possible today to confirm your decision so that I can set up a booking for them? Oh, and the elevator at the back of our center is undergoing repairs, so please use the side one instead when visiting. Thank you!

Questions 80-82 refer to the following broadcast.

You're listening to *Science Icons*, a podcast where we meet actual scientists who are leaving an impact on modern society. Today we have chemist Roland Dell as our guest. He works at a research lab that develops eco-friendly domestic cleaning products. Dr. Dell has decades of experience working with chemicals of all sorts. Recently, he was recognized for creating the first ever non-hazardous, scent-free bleaching product. Dr. Dell, I want to ask you, what has inspired you to work in this industry?

Questions 83-85 refer to the following tour information.

I'm so excited to have you all here with me on this tour. I'm Marcus Baros, and I'll be guiding you through Porto today. Porto is renowned for its rich history, stunning architecture, and vibrant culture, so feel free to take as many photos and videos as you'd like along the way. I'm also here to help. Hopefully you've all checked your e-mails because I sent everyone the mobile tickets that you'll need for the ferry ride later. Alright, let's all hop on the bus and get going!

Questions 86-88 refer to the following talk.

Hi, guys. As you know, we pride ourselves in using the highest quality hair products at this shop. But I wanted to address what happens when a customer complains about the strong odor of a product when getting their hair dyed or treated. If this happens, don't prop the door open for ventilation because the wind from the outside could affect other stylists and customers. Instead, activate all the air purifiers that we have strategically placed throughout the shop. Also, please remind guests that we provide masks if needed. Ensuring everyone's comfort and safety is our top priority.

Questions 89-91 refer to the following talk.

Hi, everyone. As we all know, the automated lock on our walk-in refrigerator has malfunctioned again, and the doors are shut tight. I'm sure it's really inconvenient not to have access to certain ingredients right now. We're going to fix this as soon as possible. Our general manager is coming in an hour with the spare keys to open the fridge manually. I know dinner service starts at 5, but I've already posted a notice outside. Thanks for being patient.

Questions 92-94 refer to the following excerpt from a meeting.

Greetings, I will be discussing the current conditions of Ortega State Park. As the head ecologist of this nature reserve, I know how hard our staff and researchers have been working to preserve the health of this park's wonderful attractions. Recently, it's been brought to my attention that visitors have been requesting outdoor lights along our trails. But implementing that is risky and could disrupt the fragile ecosystems that live here. If we're serious about these changes, we'd need to use products with soft illumination. Additionally, I invite you all to visit the site of our bluebell flower patches which are currently in full bloom! It's a sight not to be missed, and it highlights the biodiversity thriving within our park.

Questions 95-97 refer to the following talk and schedule.

Welcome to the KJ Golf Supplies' Brand Strategy workshop. Everyone should've received a packet of materials that will be used for the activities we have planned today, so please store them in your folders. I want to mention that a slight change has been made to our schedule. The lecture about internal branding will actually be happening last, and the other sessions will be pulled forward.
Oh, and I've received some questions about our new Intranet system. We'll briefly be demonstrating how to use it after the lunch break.

Questions 98-100 refer to the following telephone message and flowchart.

Hi, it's Eleanor calling. The first day of candle-making class has been going well, and we even practiced making a few tealight candles. However, the stovetop wasn't heating up properly, so melting the wax to the right temperature was difficult. Marino made a great suggestion about placing the bowl of wax halfway into a boiling pot of water instead of onto the heat directly. We should definitely try that next time the stovetop is having issues. Oh, and I'll be submitting an order form to you tomorrow for more bulk packages of beeswax because I noticed we're running low.

TEST 4

PART 1
1. (A)   2. (A)   3. (C)   4. (A)   5. (A)   6. (D)

PART 2
7. (B)   8. (A)   9. (A)   10. (A)   11. (C)   12. (B)   13. (C)   14. (A)   15. (C)   16. (B)
17. (C)   18. (B)   19. (B)   20. (C)   21. (C)   22. (A)   23. (C)   24. (A)   25. (A)   26. (B)
27. (A)   28. (A)   29. (C)   30. (B)   31. (B)

PART 3
32. (A)   33. (D)   34. (A)   35. (C)   36. (A)   37. (C)   38. (B)   39. (C)   40. (A)   41. (D)
42. (D)   43. (A)   44. (A)   45. (C)   46. (D)   47. (D)   48. (B)   49. (B)   50. (D)   51. (D)
52. (B)   53. (D)   54. (D)   55. (B)   56. (A)   57. (B)   58. (C)   59. (C)   60. (B)   61. (D)
62. (B)   63. (D)   64. (B)   65. (A)   66. (A)   67. (D)   68. (B)   69. (A)   70. (C)

PART 4
71. (B)   72. (D)   73. (C)   74. (C)   75. (B)   76. (A)   77. (A)   78. (B)   79. (A)   80. (A)
81. (C)   82. (D)   83. (C)   84. (A)   85. (C)   86. (C)   87. (B)   88. (A)   89. (D)   90. (B)
91. (A)   92. (C)   93. (B)   94. (D)   95. (D)   96. (B)   97. (C)   98. (B)   99. (A)   100. (B)

PART 5
101. (A)   102. (C)   103. (C)   104. (B)   105. (A)   106. (D)   107. (D)   108. (B)   109. (C)   110. (C)
111. (D)   112. (A)   113. (D)   114. (A)   115. (D)   116. (C)   117. (D)   118. (D)   119. (C)   120. (D)
121. (D)   122. (A)   123. (A)   124. (B)   125. (B)   126. (C)   127. (A)   128. (C)   129. (C)   130. (B)

PART 6
131. (D)   132. (B)   133. (C)   134. (D)   135. (C)   136. (D)   137. (C)   138. (B)   139. (D)   140. (C)
141. (A)   142. (D)   143. (A)   144. (D)   145. (B)   146. (C)

PART 7
147. (D)   148. (A)   149. (A)   150. (C)   151. (B)   152. (C)   153. (C)   154. (C)   155. (C)   156. (A)
157. (C)   158. (B)   159. (A)   160. (A)   161. (C)   162. (C)   163. (B)   164. (D)   165. (B)   166. (B)
167. (C)   168. (C)   169. (A)   170. (D)   171. (B)   172. (C)   173. (C)   174. (B)   175. (B)   176. (A)
177. (D)   178. (C)   179. (D)   180. (B)   181. (B)   182. (D)   183. (D)   184. (C)   185. (D)   186. (C)
187. (D)   188. (D)   189. (A)   190. (C)   191. (D)   192. (B)   193. (A)   194. (C)   195. (A)   196. (D)
197. (C)   198. (A)   199. (C)   200. (B)

PART 1

1. (A) He's climbing a ladder.
   (B) He's washing some windows.
   (C) He's standing on a balcony.
   (D) He's repairing a roof.

2. (A) The men are facing each other.
   (B) One of the men is adjusting his tie.
   (C) They're seated in a circle.
   (D) Some handouts are being distributed.

3. (A) The sun is being blocked by some window blinds.
   (B) Some rugs are being rolled up.
   (C) There are some windows near a seating area.
   (D) Some furniture is being moved to a corner.

4. (A) They're placing bags in the back of a car.
   (B) A car is stopped at the traffic signal.
   (C) A woman is opening a door of a vehicle.
   (D) A man is bending over some tools.

5. (A) The man is resting his arm on a counter.
   (B) The man is facing a shelving unit.
   (C) The woman is carrying a bag by the handles.
   (D) The woman is choosing an item off a shelf.

6. (A) Some items have been left in the sink.
   (B) Some cleaning tools are propped against a wall.
   (C) Water is flowing from a faucet.
   (D) A cabinet door has been left open.

PART 2

7. Where should I drop off the books I finished reading?
   (A) Yes, that place looks familiar.
   (B) There's a return box by the front counter.
   (C) Because I want to visit the exhibition.

8. Are you available to review this project outline?
   (A) Yes, I'd be glad to!
   (B) It's okay, he won't be here.
   (C) It does have a lovely view.

9. Who can explain to me what this notice is?
   (A) Alfred posted it himself.
   (B) I gave a speech this afternoon.
   (C) Up to 30 minutes early.

10. Why isn't the Internet loading?
    (A) Because the hardware is undergoing repairs.
    (B) Six devices without connection.
    (C) The company Web site looks wonderful.

11. How are our spendings looking this month?
    (A) More than 5%.
    (B) It'll be during the summer.
    (C) Lower than we anticipated.

12. Simon is a certified technician, isn't he?
    (A) I've printed the forms already.
    (B) Yes, it says so on the Web site.
    (C) It's in the toolbox.

13. Are you keeping track of the participants' attendance?
    (A) My truck is oversized.
    (B) I'm always a bit early.
    (C) No, there's no need to.

14. Where can I find the company handbook?
    (A) It's not saved onto your computer?
    (B) Thanks, but I revised the final draft yesterday.
    (C) On 7th Avenue.

15. Don't we still offer extended warranties?

(A) I recently installed a new washer.
(B) A car dealership across the street.
(C) Our policy changed last week.

16. Should we post the flyer in the lobby or the staff room?
(A) Yes, I've visited that place.
(B) The lobby gets more foot traffic.
(C) A building directory.

17. Which hair salon do you frequently use?
(A) I made a reservation on the phone.
(B) Well, I look forward to it.
(C) The place by City Hall.

18. Won't you need help assembling the printer in the copy room?
(A) Yes, there's enough ink.
(B) Oh, I've done it before.
(C) In color or black-and-white?

19. Would you prefer to receive your flu shot now or on another day?
(A) It seems like a great idea.
(B) I can get it now.
(C) She's a family doctor.

20. Could you adjust the ceiling lights for me?
(A) Your studio has lots of equipment.
(B) A lightbulb for the lamp.
(C) No problem, let me grab a ladder.

21. Wasn't that the last bus for today?
(A) A shuttle service to the hospital.
(B) The main transit center.
(C) No, it'll run until midnight.

22. Will we be able to compile the data in time for our 1 o'clock presentation?
(A) Yes, we're almost done.
(B) It's the third room to your right.
(C) No, the analytics software.

23. How popular is the restaurant?
(A) I'd like to see the menu, please.
(B) Have a seat over here.
(C) I waited over 3 hours.

24. Excuse me, the maple syrup isn't in aisle 12 anymore.
(A) This store was renovated recently.
(B) Yes, I would choose that, too.
(C) The new sales representative.

25. Should we wear semi-casual or formal attire to the seminar?
(A) I prepared a business suit.
(B) Yes, she dressed appropriately last time.
(C) By the clothes rack.

26. The regional coordinator is making a surprise visit at noon tomorrow.
(A) No, the safety procedures didn't specify.
(B) I'll push back our sales meeting.
(C) A briefing room on the second floor.

27. How many times have our packages been damaged during delivery?
(A) We should look for a different shipping provider.
(B) Please put the package over there.
(C) I'd like to send it express.

28. We'd like to collect menu suggestions from patrons.
(A) I have an idea for the chef.
(B) We ordered 10 minutes ago.
(C) A kitchen space.

29. Why don't we hold the celebration at a park?
(A) I'm planning on going, too.
(B) No, we visited three sites in total.
(C) I'll reserve an outdoor seating area.

30. The script you wrote is quite detailed.
(A) This movie is a must-watch.
(B) There were a few editors that helped.
(C) I scheduled it for 3 o'clock.

31. Who did the client consult with during her last meeting?
(A) I reviewed the report yesterday.
(B) She's new to our services.
(C) We should hire a consultant.

PART 3

Questions 32-34 refer to the following conversation.

M: Hi, Dana. I finished calculating the estimated expenses for the office renovation.

W: Really? That was fast!

M: What was it about a report that you mentioned earlier? I think you said it was related to a budget.

W: Oh, right. Can you also draft a statement regarding our team's annual budget? I have to present it tomorrow.

M: Tomorrow? I thought the funding meeting was next week.

W: Didn't you see the memo? Our sales manager moved it to tomorrow. I've already started preparing.

Questions 35-37 refer to the following conversation.

M: Hello, Ms. Townsend. Maurice Emerson is here in the leasing office to pick up some bulk items from you to throw away. Is your stuff ready yet?

W: Mr. Emerson, from the city's waste management division? There must be a misunderstanding. I never requested to have any large furniture disposed of.

M: That's odd. Wait, isn't the unit next door to you, room #202, moving out today?

W: Yes, you're right actually! He must've confused my apartment number with my neighbor's.

M: That explains it. I'll double-check with Mr. Emerson and direct him to the correct place, then.

Questions 38-40 refer to the following conversation.

W: Mr. Emmert, I'm trying to log into the postal management system to update information on this undelivered package, but I can't get in.

M: Hmm, some other mail clerks have also been having trouble logging in for some reason. Apparently, it has to do with employee passwords getting reset without notice.

W: So I'm not the only one having this issue... What should we do?

M: For now, we'll have to write down the information we need to keep track of on paper and input it all digitally later. The IT manager will be coming after lunch to troubleshoot the software, so hopefully we can access our accounts soon.

Questions 41-43 refer to the following conversation.

M: Carly, I thought of a topic for our article in next week's newspaper. How about addressing the emergence of virtual reality games?

W: That kind of entertainment has definitely been getting popular these days.

M: Yes, and it's because of the viral marketing techniques that companies are utilizing. Social media and the relatively younger customer base play a big role, too.

W: That really sounds like an interesting subject. Then, why don't we start out by analyzing user reviews of different games? Can you do that for me?

Questions 44-46 refer to the following conversation with three speakers.

> **M1:** Good afternoon, I'm here to get my phone fixed. I have a warranty on it.
>
> **W:** Alright. We do offer same day in-store device repairs at this service location. Stewart is our certified technician.
>
> **M2:** Hello, there. What's wrong with your device?
>
> **M1:** My cell phone screen keeps flickering. There aren't any cracks in it, but the display is faulty.
>
> **W:** Hmm, sounds like an internal software glitch. Stewart, you can handle this, right?
>
> **M2:** Yes, but I was about to send out this restored device for shipment to a different customer. Can you take the package to the post office for me instead, then?
>
> **W:** Okay, sure.

Questions 47-49 refer to the following conversation.

> **M:** Hi, Jennifer. I prepared all of our company's tax forms. I dropped them off in your office earlier this morning.
>
> **W:** Awesome. And we need to think of a secure way to electronically store them, since they include sensitive data. I think we should encrypt the digital file. Could you set up a strong password for the document?
>
> **M:** Sure. Do you want me to send these records to anyone else?
>
> **W:** Let's notify the executive chairman, too. She usually likes to keep track of these things.
>
> **M:** I heard she's out on business this whole week. I'll update her once she returns.
>
> **W:** Sounds good. Thanks.

Questions 50-52 refer to the following conversation.

> **W:** Welcome, Riku. I was looking through our product catalog of large hardware supplies, and I think we should offer a more diverse set of step ladders to keep up with our competitors.
>
> **M:** Alright then. I think we can start by choosing a wider variety of materials, like aluminum or fiberglass, to fit the different needs of different customers.
>
> **W:** That sounds promising. But our contract with Katrica Equipment will be over soon, so we'll actually have to find an entirely new supplier. We need a replacement before time runs out.
>
> **M:** Actually, I already have one in mind. They produce a whole assortment of ladders, too.

Questions 53-55 refer to the following conversation.

> **M:** Jill, our team is going to meet with an aspiring tennis apparel company next week to negotiate a deal for us to sell their products.
>
> **W:** Oh, the company that produces clothing made of bamboo fiber, right?
>
> **M:** Exactly. They're definitely pioneering the way for sustainable tennis clothes. Their CEO, Melanie Zhao, is actually an award-winning environmental scientist! She was the winner of the Green Innovation Award last year for her groundbreaking work in sustainable fabrics.
>
> **W:** Wow! That means we'll really need to draft up an appealing proposal so that we don't lose this great opportunity. We should probably compile some research on the brand's background and growth first.
>
> **M:** I agree. Do you want to meet this afternoon then?
>
> **W:** That works for me.

Questions 56-58 refer to the following conversation with three speakers.

> **M:** Hi, I want to buy a fresh Christmas tree as decoration for the holidays. I bought one from you guys last year, too.
>
> **W1:** Oh, thanks for returning. As of right now, we only have trees that are 6 feet or taller.
>
> **M:** Hmm, I wasn't expecting such large sizes. I don't think it would fit on top of my car, then!
>
> **W1:** Well, Sharon is in charge of delivery. Sharon, would you be able to squeeze in a tree delivery this afternoon?
>
> **W2:** I'm scheduled to pick up a refrigerator that needs repairs later. How about tomorrow instead?

Questions 59-61 refer to the following conversation.

> **M:** Dona, we still haven't received the replacement for the broken projector. We might just have to hold the sales meeting without displaying the presentation slides. We were supposed to present some graphs with our sales figures, too.
>
> **W:** Well, we've used information packets before.
>
> **M:** That's a good point. We'll need to get started on making paper copies, then. We have to make sure none of the information is too small to read, though.
>
> **W:** I'm very familiar w,ith converting electronic files into handouts. I'll edit the graphs to an appropriate size.

Questions 62-64 refer to the following conversation and floor plan.

> **W:** Hello, Timothy. Thanks for making time to do some wood repairs at my storage shed today. I've been needing to get some sections fixed.
>
> **M:** I'm glad we could help. We also brought the wooden panels that you mentioned. Where did you want them to be installed?
>
> **W:** There are several boards that need replacing. Why don't you start with the shelving units? Do you see the gardening tools over there? The section across from it requires the most attention right now.
>
> **M:** Got it. We'll start there.
>
> **W:** I have to run to the store real quick, so here's the shed keys in case you need to access other areas.

Questions 65-67 refer to the following conversation and web drop-down menu.

> **W:** Hi, my name is Samantha Kim. I'm here to pick up the bouquet I ordered for my friend's birthday today.
>
> **M:** I'm sorry, but we don't have any orders under that name. Did you place your order over the phone or online?
>
> **W:** I ordered it online yesterday and selected the standard bouquet option.
>
> **M:** Let me check our system. It looks like you chose our Stanton location for pickup, but you're at our Cypress one.
>
> **W:** Oh, my apologies! I must have selected the wrong location by mistake.
>
> **M:** Not a problem at all. I'll cancel the order from Stanton and let our florists here know we have a customer waiting. Please bear with us for a few moments while we prepare your bouquet.

Questions 68-70 refer to the following conversation and chart.

> **W:** Pearl's Pottery Studio, how can I help you?
>
> **M:** Hi, are there openings for classes this Sunday?
>
> **W:** Yes! And actually, this weekend, we have a special visitor. Angelina Trista, a renowned clay artist, will be leading the classes.
>
> **M:** That does sound wonderful, but I'm also bringing three friends with me. I only have time this weekend because I'm from out of town.
>
> **W:** Oh, got it. So, you'd like to register four people at the group rate, right? Each person can pay individually on site.
>
> **M:** Yep, and okay. Also, we've all done pottery before, so we'd like to sign up for the advanced class.

PART 4

Questions 71-73 refer to the following tour information.

> I hope you're having fun on this safari tour so far. We're approaching the wetlands, which are best known for the various wild species that live there, like hippos and crocodiles. We'll stop next to the area for about 30 minutes so that everyone has time to take pictures. Remember, if you spot some animals, please keep your voices low to avoid disturbing them. And after the tour is over, please submit your photos to us by e-mail. If yours gets chosen as the best one from this tour, you'll receive a reduced rate on your next excursion with us.

Questions 74-76 refer to the following advertisement.

> Ivy Valley Tower has available office spaces for lease. Our state-of-the-art building is ideally located in the heart of the financial district, with plenty of restaurants close by. You'll never run out of places to eat. Plus, we've recently remodeled and added two more elevators, making that six in total. This will ensure that accessing any floor of our 20-story complex is fast and easy. If you sign a contract with us by the end of June, we'll provide free cleaning services before you move in. Call our building manager today at 555-4689 to schedule a visit.

Questions 77-79 refer to the following telephone message.

Hi, Mr. Carnando. This is Bora Kusuma returning your call about a loan that you wanted to apply for. You requested my help in selecting the right loan product based on your financial needs and circumstances. I know the application process can be a headache, so we should definitely talk in person. Feel free to call me back at any time and let me know where you want to meet. Thanks for reaching out, and I look forward to assisting you further.

Questions 80-82 refer to the following talk.

Now that I've explained how we trim and care for our orange trees, let's move on to the picking process. Here is a machine called the fruit picker. It mechanically harvests the oranges by using a shaking method. Thanks to this, we can efficiently remove many fruits from the trees all at once without damaging them. Now, let's go inside to where we're currently developing a new juice product. We're excited to share with you our innovative approach to blending flavors and ensuring the highest nutritional value in our juices. Would anyone like to have a taste and provide us with feedback? Your input is invaluable as we strive to create the best possible product.

Questions 83-85 refer to the following talk.

Good morning, everyone. You've all been doing a great job during this month-long training program to become medical receptionists. I hope you're excited to start working officially next week. We'll be assigning each of you to a department in our hospital soon, so please select up to two locations you're willing to be stationed at within this list that I'm giving you. Now, let's go over wheelchair assistance protocols for visitors. Usually, upon request by senior citizens aged 65 and higher, you can provide them with a wheelchair for free. Other guests needing one for whatever reason should be charged a small fee.

Questions 86-88 refer to the following excerpt from a meeting.

I've called this morning's meeting to discuss some operational updates. As you know, passengers rely on our ferry's accurate service to get where they need to be on time, especially for those who are commuting over the water. Today, we expected to be on stand-by for rough seas due to windy conditions, but the weather has actually improved significantly. Thankfully, we can proceed as normal, besides one thing. Calistoga Harbor is closed off all day today, so let's practice how to address customers in case they have complaints. We will go over some ways you can apologize to any unhappy individuals.

Questions 89-91 refer to the following talk.

This is the site for the fashion show, but we need to check a few things before the big day tomorrow. First and foremost, please look over this catalog of our entire seasonal collection. As coordinators, it's essential to be familiar with all the apparel that'll be showcased, even for the pieces you're not in charge of. Accessories, shoes, and garments will be set up in separate areas, so ask Arisa if you can't find something. Now, our audience is usually quite small, but this time, several celebrities will be in attendance, too.

Questions 92-94 refer to the following excerpt from a meeting.

I will now begin this product performance meeting to discuss how our handbags did on the market this past quarter. If you remember, we had to postpone the release of our summer collection because we failed to meet some new sustainable packaging guidelines. But once we implemented more eco-friendly materials, sales were up, and consumer feedback has been positive. Next week, we'll be holding a promotional campaign by offering discounts on the summer collection models. We're hopeful that the positive reactions will keep coming in. Katrina from the marketing team has prepared some of the online advertisements that'll be used. Katrina, are you ready to present them now?

Questions 95-97 refer to the following excerpt from a meeting and table.

I want to address one last item. One of our clients was so satisfied with their travel experience that they even created a video about how to use our services. It's received quite a lot of views, so Wilson, I'd like you to keep monitoring viewers' reactions and comments on the clip. This could be a great promotional tool for our agency, so I want to give thanks to the uploader by gifting them with some airfare vouchers. However, I still need to get approval from the airline company for the voucher to Hong Kong. Josh, can you help me with that?

Questions 98-100 refer to the following excerpt from a meeting and graph.

Now, let's discuss how the development of our new line of dish soaps has been going. It's important that our full line is ready for the trade show in December. This data shows our progress so far. Our grapefruit soap is almost all ready to go, so that's great. But I'd like to also recognize Tiffany and her team for their efforts. They've already reached 85% completion on their product despite starting their planning late. Aqua Breeze still requires some more work, though, and we're considering renaming the product. Let's choose a new one from the options displayed on the next slide.

TEST 5

PART 1

1. (A)　2. (B)　3. (B)　4. (C)　5. (C)　6. (A)

PART 2

7. (B)　8. (B)　9. (C)　10. (C)　11. (B)　12. (C)　13. (A)　14. (B)　15. (A)　16. (A)
17. (B)　18. (B)　19. (C)　20. (A)　21. (A)　22. (B)　23. (A)　24. (A)　25. (C)　26. (C)
27. (C)　28. (C)　29. (A)　30. (B)　31. (A)

PART 3

32. (C)　33. (C)　34. (C)　35. (A)　36. (B)　37. (A)　38. (B)　39. (B)　40. (B)　41. (C)
42. (D)　43. (D)　44. (A)　45. (C)　46. (D)　47. (B)　48. (C)　49. (D)　50. (C)　51. (B)
52. (A)　53. (A)　54. (C)　55. (A)　56. (C)　57. (A)　58. (B)　59. (B)　60. (C)　61. (D)
62. (C)　63. (D)　64. (C)　65. (C)　66. (A)　67. (C)　68. (A)　69. (B)　70. (C)

PART 4

71. (D)　72. (B)　73. (D)　74. (D)　75. (A)　76. (B)　77. (C)　78. (D)　79. (D)　80. (A)
81. (C)　82. (A)　83. (D)　84. (B)　85. (D)　86. (B)　87. (D)　88. (C)　89. (C)　90. (B)
91. (A)　92. (A)　93. (B)　94. (B)　95. (B)　96. (B)　97. (B)　98. (B)　99. (C)　100. (A)

PART 5

101. (A)　102. (D)　103. (B)　104. (B)　105. (B)　106. (B)　107. (C)　108. (A)　109. (D)　110. (C)
111. (A)　112. (C)　113. (A)　114. (B)　115. (B)　116. (C)　117. (C)　118. (B)　119. (C)　120. (B)
121. (B)　122. (D)　123. (A)　124. (C)　125. (D)　126. (D)　127. (A)　128. (D)　129. (D)　130. (A)

PART 6

131. (C)　132. (D)　133. (A)　134. (B)　135. (C)　136. (D)　137. (B)　138. (B)　139. (C)　140. (B)
141. (D)　142. (B)　143. (C)　144. (D)　145. (B)　146. (A)

PART 7

147. (C)　148. (D)　149. (C)　150. (A)　151. (D)　152. (C)　153. (D)　154. (A)　155. (A)　156. (B)
157. (D)　158. (A)　159. (A)　160. (C)　161. (C)　162. (A)　163. (B)　164. (D)　165. (B)　166. (B)
167. (C)　168. (B)　169. (C)　170. (A)　171. (B)　172. (C)　173. (A)　174. (A)　175. (B)　176. (B)
177. (D)　178. (C)　179. (C)　180. (A)　181. (C)　182. (B)　183. (D)　184. (B)　185. (C)　186. (C)
187. (B)　188. (D)　189. (C)　190. (A)　191. (D)　192. (D)　193. (B)　194. (A)　195. (C)　196. (A)
197. (B)　198. (D)　199. (D)　200. (C)

PART 1

1. (A) A man is weighing an item on a scale.
   (B) A man is stocking the shelves.
   (C) A woman is setting up a product display.
   (D) A woman is packing merchandise into boxes.

2. (A) They're assembling some equipment.
   (B) They're bending over a work project.
   (C) One of the men is removing his eyeglasses.
   (D) One of the men is pointing at a screen.

3. (A) A lawnmower is being used to cut the grass.
   (B) A large bush is being trimmed.
   (C) Some leaves are being gathered into a pile.
   (D) Some tools are propped against a wall.

4. (A) An entrance is blocked by a chair.
   (B) Some windows are being washed.
   (C) Some chairs have been arranged in a line.
   (D) Some tables are occupied.

5. (A) Some food is being taken out of a kitchen.
   (B) Some diners are being shown to their seats.
   (C) A server is delivering a food order.
   (D) A tray has been stacked with dirty dishes.

6. (A) Luggage is being loaded onto an airplane.
   (B) Some passengers are boarding an airplane.
   (C) Some suitcases are being inspected.
   (D) A technician is working on some wheels.

PART 2

7. Would you like me to heat your soup for you?
   (A) It's a grocery store.
   (B) That'd be nice, thanks.
   (C) No, I met a talented chef.

8. What colors do you want on your banner?
   (A) We can use this scanner.
   (B) Green, white, and blue.
   (C) I hung up the sign.

9. When does the check-in counter open?
   (A) The self-service kiosk.
   (B) Some baggage at the gate.
   (C) No later than 8 AM.

10. Why is Kiana overseeing the townhouse remodeling project?
    (A) The downtown area is lively.
    (B) These apartments are available for rent.
    (C) Because she has the most experience.

11. Which inspector is coming in today?
    (A) My computer needs some troubleshooting.
    (B) Mr. Meyers will be checking our heating unit.
    (C) A grand spectacle.

12. That potted plant needs to be watered, right?
    (A) The local community garden.
    (B) That closet is fully stocked.
    (C) Yes, before the end of the day.

13. Where can I find the building directory for this hospital?
    (A) It's by the main entrance.
    (B) An accurate navigation system.
    (C) No, she's distributing gloves.

14. How do you suggest contacting the manager?
    (A) Only after 1 PM.
    (B) Send him an e-mail.
    (C) Let's report it to management.

15. Have you seen where the stapler went?
    (A) Office supplies are in that cabinet.
    (B) Yes, it was the best one.

(C) For about 2 minutes only.

16. I can help collect ideas regarding the company retreat.
    (A) The chairman has already decided the location.
    (B) Vacation requests should be submitted early.
    (C) A new employee benefit.

17. Are you having a greenhouse built in your yard?
    (A) The internal temperature is too high.
    (B) Yes, construction will begin next weekend.
    (C) This paint is cracked from the cold.

18. Who's preparing the sales presentation for the monthly board meeting?
    (A) No, it's held more often than that.
    (B) Let me discuss that with the team.
    (C) In the main auditorium.

19. Would you like to purchase a paperback version or a hardcover one?
    (A) Inside the display case.
    (B) Yes, the book is a best-seller.
    (C) I need it in hardcover.

20. Wasn't the inspection set to happen today?
    (A) No, it's scheduled for Monday.
    (B) We've reviewed the guidelines before.
    (C) It's a production line.

21. How do you keep up with the market trends?
    (A) I conduct research often.
    (B) That brand is popular these days.
    (C) The sale will start on the 20th.

22. I'm sorry, but I can't connect to the company Wi-Fi.
    (A) A shared password.
    (B) A wiring system is being installed today.
    (C) I appreciate the assistance.

23. Are you free to stop by tomorrow afternoon?
    (A) I will be out of town.
    (B) Those items are complimentary.
    (C) Our bus service offers convenient stops.

24. Who should we appoint to head the advertising campaign for our footwear?
    (A) I have a list of candidates ready.
    (B) Yes, participation is mandatory.
    (C) It seems like sneakers are selling well.

25. Why don't we visit the farmer's market this weekend?
    (A) I'll present the list of vendors.
    (B) No, it was quite popular.
    (C) It got canceled because of bad weather.

26. Who canceled the sales meeting?
    (A) The sales have increased by 20%.
    (B) On September 10.
    (C) It's been rescheduled.

27. Our new supervisor is about to be announced.
    (A) About 15 minutes later.
    (B) Yes, she's on leave.
    (C) We should all give a round of applause.

28. The volume sounds a little too loud, doesn't it?
    (A) On the device settings.
    (B) Did you like the song?
    (C) The loudspeaker can't be adjusted.

29. Will the maintenance happen this month or next month?
    (A) I was told it's postponed indefinitely.
    (B) Several state-of-the-art machines.
    (C) She's a highly skilled mechanic.

30. You're offering discounts to gym members, aren't you?
    (A) The exercise room is on the 4th floor.
    (B) You need an identification.
    (C) She has a yearly membership.

31. Can't we add more bright colors to the cover?
    (A) Our publication manager is in a meeting right now.
    (B) It covers a wide range of topics.
    (C) Before October ends.

PART 3

Questions 32-34 refer to the following conversation.

> W: You're doing great with training so far, Travis. You'll be able to install lights on your own soon.
> M: Thanks, Leah. I'm excited for the next task. I'll be learning about electrical wiring today, right?
> W: Yep. Let's review the basic wiring methods from our handbook. We'll need it to refer to the diagrams.
> M: Okay! I have it right here with me.
> W: Oh, and we'll have to wait until next Tuesday for your practical training, though. The client for the project I want you to assist with asked to adjust our appointment date.
> M: Got it. I remember you mentioning this important client, so I really want to do well.

Questions 35-37 refer to the following conversation.

> M: Dolores, it seems like the office's external hard drive is missing. I need it to access some important files for our merger proposal.
> W: Oh, don't worry, it's not stolen. I called our supervisor about it, and she confirmed that she took it with her for a meeting somewhere in town today.
> M: Got it, thanks for letting me know. I'll send a message to all our team members, so that everyone's aware that we don't have it right now.

Questions 38-40 refer to the following conversation.

> M: Nice to meet you, Jin-hee. I'm honored to be working with such a talented producer.
> W: Thanks for the compliment. How did you find out about my music?
> M: Well, I heard your songs on a radio broadcast. I think your music style will fit great with my latest video for an automobile company.
> W: And how exactly would you use my song?
> M: I need background music to add to the commercial.
> W: Okay. I'd first like to see some unedited footage to gather ideas about the advertisement's overall mood. Would that be possible?
> M: Sure, I have some recordings that I can send to you right now.

Questions 41-43 refer to the following conversation.

> M: Here are the bagels you ordered. Five poppy seed, four cinnamon raisin, and two blueberry.
> W: Thanks. My coworkers and I love how fresh the bagels are here. Please tell your boss that we hope this business never shuts down.
> M: Oh. I certainly will. Our store owner, Lorraine Zhao, has been running this store for over 30 years, but she's stepping down soon and will be passing it on to her daughter.
> W: That's wonderful to hear. I hope her daughter keeps up the great quality and service.

Questions 44-46 refer to the following conversation.

W: Major's Hair Studio. How can I help you?

M: Hi. I'm calling to change my haircut appointment that's scheduled for tomorrow at 3 PM. I have to leave town at the last minute.

W: Let me check... You must be Felix. I do have you down for 3 PM tomorrow, but you'll be charged an extra fee for adjusting your appointment less than 24 hours beforehand. You should submit relevant documentation to our e-mail if you'd like to waive the fee.

M: Oh, I didn't know I could do that. Can I just attach a photo of my flight reservation? I'm afraid I can't send the original file since that contains sensitive company information.

W: We accept photo documentation, too.

Questions 47-49 refer to the following conversation.

W: Hi, Mitchell, you oversaw the landscape lighting installation at the Perry residence yesterday, right?

M: I sure did. We also trimmed all the overgrown shrubs in their yard.

W: Well, Ms. Perry just called us and mentioned that some of the garden lights aren't working.

M: Really? How many?

W: Four to be exact.

M: There must be a wiring issue, then. Please relay my apologies and let her know that I'll arrange to check them out as soon as possible.

W: Alright, but I'm sure there's no need to rush. Ms. Perry mentioned that it can wait until your next visit.

Questions 50-52 refer to the following conversation.

W: Hi, Sam. Welcome back from your business trip to Chicago. I heard the conference presentation went very well. Great job! I just called to remind you that the company changed its reimbursement policy for business trips.

M: Yes, I checked the e-mail update. From now on, we need to submit receipts for all expenses, right?

W: That's correct. And there's also a form that you need to fill out on our internal Web site. The deadline for all September expenses is next week, so I advise you to prioritize it.

M: Yeah, but the part about how to fill out the form is a little confusing. Do you know if there's any documentation on that?

W: Yes, I have a link where you can find more details on reimbursement procedures. I'll send it to you via e-mail.

Questions 53-55 refer to the following conversation with three speakers.

M1: Our coffee bean sales have been rising, but we don't have enough employees to keep up with production demands.

M2: Well, we can't hire more people right now. Instead, we could create an advanced training handbook for inexperienced employees to improve their productivity levels.

M1: I like that idea. How about you, Selena?

W: We can definitely try that. I can draw up a questionnaire to ask about what kind of information our experienced workers think is the most useful for them on the factory floor.

Questions 56-58 refer to the following conversation.

> **M:** The fan merchandise has been laid out, and cash registers are all set up. The rope barriers for crowd control have been put up by the stadium entrance, too. Can you help me with placing some cones in the stadium parking lot?
>
> **W:** I still have to check the snack bar inventory.
>
> **M:** Okay, let's meet up again once you're done to review the remaining tasks.
>
> **W:** Alright. Oh, we also need to make sure all the trash bags around the venue are fastened to their containers. Could you give me a hand with that later, too?

Questions 59-61 refer to the following conversation with three speakers.

> **M1:** Thank you for calling A&K Airlines. To improve customer service, we would like to let you know that we may monitor this call. I'm Jae-young. How can I assist you?
>
> **W:** Hi. I bought a round-trip flight for my upcoming trip to Malaysia, but I haven't received my e-ticket yet. My reservation number is "CGJ6688".
>
> **M1:** Let me take a look. Now, I see your payment has gone through. I'm going to transfer you to our reservations associate, Jason. He can help you.
>
> **M2:** Hi, this is Jason. I understand that you're calling about a missing e-ticket. Please give me a minute to issue one for you.

Questions 62-64 refer to the following conversation and conference schedule.

> **W:** Hi, Roman. I didn't expect to see you here at this gala. What a coincidence!
>
> **M:** Hey, Sophie! It's great to see you.
>
> **W:** I heard you've been working as a photographer for fashion brands. How's that going?
>
> **M:** Wonderful. In fact, I launched my own business and hired assistants, too, so that's been rewarding. How have you been?
>
> **W:** Well, I've been busy rehearsing for this event.
>
> **M:** Oh, are you one of the performers for today?
>
> **W:** Yes, I'm playing with my band, Super Lucy.
>
> **M:** Oh, how exciting!

Questions 65-67 refer to the following conversation and chart.

> **M:** Thanks for meeting to discuss our tour offerings. By the way, the international travel convention yesterday went really well. Tourists thought our services looked fun and lots of them took a brochure from us.
>
> **W:** Great. And I looked over the feedback we received from previous customers.
>
> **M:** Really? What did they say they wanted to see more of while on our tours?
>
> **W:** It seems like travelers are interested in doing culinary activities, like visiting markets and cooking local foods.
>
> **M:** Great, let's add that then. We'll need to create a catalog of local markets worth checking out.
>
> **W:** I can do that right away then.

Questions 68-70 refer to the following conversation and map.

M: Did you contact the department of transportation about which locations we'll be working at today?

W: Yes, I just stopped by their office. The traffic supervisor said three intersections will need to be closed for road work.

M: Wow, that's a lot. Does that include Benton and Wilcox?

W: No, that area is fine.

M: That's a relief. That's our town's busiest intersection! So, who's going to help us put up the traffic signs?

W: Good question. I'll request some help from patrol officers.

PART 4

Questions 71-73 refer to the following instructions.

Welcome to our factory floor, where we've subcontracted your help for our reconstruction project. I'll start with our entrance procedures. When you come in, please store all your personal belongings in these temporary lockers here. I'll demonstrate how to open them. First, turn the handle all the way to the left, and then pull this lever down. Push lightly on the right side of the locker door, and it'll pop open. Easy, right? Before we do anything else, let me show you our control room where we monitor and control machinery.

Questions 74-76 refer to the following advertisement.

Do you like listening to music? Are you looking for a high-quality, surround-sound listening experience? We have the perfect product for you. Introducing InfinityTech's new noise-canceling headphones. A recent study found that these headsets helped boost users' productivity levels, so they're the perfect product for people who want to focus while also enjoying their favorite songs. Visit your local electronics store to see and try out our devices for yourself. You can also check out our Web site, infinitytech.com, to view our diverse selection of available colors and styles.

Questions 77-79 refer to the following excerpt from a meeting.

Alright, team, it's very important that we as accountants accurately record our company's financial transactions this quarter. Nothing should be left out. I'd like everyone to read over our guidelines for preparing financial statements once again after this meeting. Oh, and just to let you know, our recently updated online database is having issues. I was trying to download some old reports but was denied access. It worked on a different computer, though.

Questions 80-82 refer to the following talk.

Good morning, everyone. I wanted to come down to the production line today to thank you all for keeping up with the growing demand for our baked products. We even hit record sales for our brownies this month! Now, I'm aware that we've been understaffed these days. You should know that we've already been interviewing candidates since last week. Also, remember that we're planning to release a new flavor of cookies, so we have a product development meeting this afternoon. Your supervisor will send a reminder.

Questions 83-85 refer to the following instructions.

Welcome to Moojin Bio & Research. We'll start the day with a tour of our lab's common areas. This is our chemical storage room. It's equipped with a state-of-the-art ventilation system and has specialized cabinets, containers, and shelving units as well. The television over here helps us to keep track of certain data for safety purposes, so it always shows important things like the room's temperature, humidity levels, fine dust levels, and more. Next, I'd like to demonstrate how to use our microscopes. These are essential for everyday tasks here on the job.

Questions 86-88 refer to the following announcement.

Greetings, park visitors. In twenty minutes, there will be a Christmas parade on Central Boulevard. Enjoy a festive celebration with Santa Claus and his reindeer, accompanied by a marching band. Also, please consider purchasing an Eternal Land fast pass. Pass holders get to skip waiting in long lines on all park attractions. Finally, a plumbing system issue at our south gate restrooms means that they are inaccessible until further notice. We apologize for the inconvenience.

Questions 89-91 refer to the following talk.

Thank you all for applying to be an engineer with Urban Fort Construction. We're excited to have you here for our pre-employment assessment. This exam will determine how much you know about basic industrial engineering. As you may have already noticed, it'll be conducted using a computerized testing system. Please find the seat with your name on it. Also, we'd like to remind you that based on your test results, we'll contact you for an interview by phone call only. So, please double-check your phone number in your application.

Questions 92-94 refer to the following announcement.

Attention, passengers. We regretfully inform you that our plane will be taking off 15 minutes later than scheduled due to some traffic on the runways. We are sorry for the inconvenience. To make up for it, we will be giving all travelers a seat upgrade certificate that can be used on any future flights. The certificates will not have a set expiration date, so you can feel confident in their value. Also, this is a friendly reminder that all personal belongings must be stored in the overhead bins before takeoff. Thank you.

Questions 95-97 refer to the following telephone message and bill.

Hi, this is Samuel Shi. I recently reserved and used one of your tennis courts for a team-building activity with my colleagues. The date was July 3rd, last Saturday. I'm looking over the bill, and I think I've been incorrectly charged. We had brought our own tennis gear to use. I would appreciate it if you could review my billing statement and refund the proper amount. And thanks for referring me to Coach Choi for private lessons. He's been great so far.

Questions 98-100 refer to the following excerpt from a meeting and graph.

At our last meeting, I talked about our science museum's goal to promote eco-friendliness by launching a unique program. We introduced a brand-new virtual reality exhibit this past month but found that it attracted the lowest number of visitors. It seems like the subject matter may not be exciting enough for guests, so they're opting for other exhibits. Right now, the design team is modifying the displays to be more hands-on and interactive. They're set to be complete in two weeks, so I hope to report better visitor numbers at our next meeting.

실전 모의고사

시원스쿨LAB

ANSWER SHEET

이름

테스트 회차

날짜

LISTENING TEST (PART 1~4)

NO	ANSWER A B C D	NO	ANSWER A B C D	NO	ANSWER A B C D	NO	ANSWER A B C D
1	ⓐ ⓑ ⓒ ⓓ	21	ⓐ ⓑ ⓒ	41	ⓐ ⓑ ⓒ ⓓ	61	ⓐ ⓑ ⓒ ⓓ	81	ⓐ ⓑ ⓒ ⓓ
2	ⓐ ⓑ ⓒ ⓓ	22	ⓐ ⓑ ⓒ	42	ⓐ ⓑ ⓒ ⓓ	62	ⓐ ⓑ ⓒ ⓓ	82	ⓐ ⓑ ⓒ ⓓ
3	ⓐ ⓑ ⓒ ⓓ	23	ⓐ ⓑ ⓒ	43	ⓐ ⓑ ⓒ ⓓ	63	ⓐ ⓑ ⓒ ⓓ	83	ⓐ ⓑ ⓒ ⓓ
4	ⓐ ⓑ ⓒ ⓓ	24	ⓐ ⓑ ⓒ	44	ⓐ ⓑ ⓒ ⓓ	64	ⓐ ⓑ ⓒ ⓓ	84	ⓐ ⓑ ⓒ ⓓ
5	ⓐ ⓑ ⓒ ⓓ	25	ⓐ ⓑ ⓒ	45	ⓐ ⓑ ⓒ ⓓ	65	ⓐ ⓑ ⓒ ⓓ	85	ⓐ ⓑ ⓒ ⓓ
6	ⓐ ⓑ ⓒ ⓓ	26	ⓐ ⓑ ⓒ	46	ⓐ ⓑ ⓒ ⓓ	66	ⓐ ⓑ ⓒ ⓓ	86	ⓐ ⓑ ⓒ ⓓ
7	ⓐ ⓑ ⓒ	27	ⓐ ⓑ ⓒ	47	ⓐ ⓑ ⓒ ⓓ	67	ⓐ ⓑ ⓒ ⓓ	87	ⓐ ⓑ ⓒ ⓓ
8	ⓐ ⓑ ⓒ ⓓ	28	ⓐ ⓑ ⓒ	48	ⓐ ⓑ ⓒ ⓓ	68	ⓐ ⓑ ⓒ ⓓ	88	ⓐ ⓑ ⓒ ⓓ
9	ⓐ ⓑ ⓒ ⓓ	29	ⓐ ⓑ ⓒ	49	ⓐ ⓑ ⓒ ⓓ	69	ⓐ ⓑ ⓒ ⓓ	89	ⓐ ⓑ ⓒ ⓓ
10	ⓐ ⓑ ⓒ ⓓ	30	ⓐ ⓑ ⓒ	50	ⓐ ⓑ ⓒ ⓓ	70	ⓐ ⓑ ⓒ ⓓ	90	ⓐ ⓑ ⓒ ⓓ
11	ⓐ ⓑ ⓒ ⓓ	31	ⓐ ⓑ ⓒ	51	ⓐ ⓑ ⓒ ⓓ	71	ⓐ ⓑ ⓒ ⓓ	91	ⓐ ⓑ ⓒ ⓓ
12	ⓐ ⓑ ⓒ ⓓ	32	ⓐ ⓑ ⓒ ⓓ	52	ⓐ ⓑ ⓒ ⓓ	72	ⓐ ⓑ ⓒ ⓓ	92	ⓐ ⓑ ⓒ ⓓ
13	ⓐ ⓑ ⓒ ⓓ	33	ⓐ ⓑ ⓒ	53	ⓐ ⓑ ⓒ ⓓ	73	ⓐ ⓑ ⓒ ⓓ	93	ⓐ ⓑ ⓒ ⓓ
14	ⓐ ⓑ ⓒ ⓓ	34	ⓐ ⓑ ⓒ	54	ⓐ ⓑ ⓒ ⓓ	74	ⓐ ⓑ ⓒ ⓓ	94	ⓐ ⓑ ⓒ ⓓ
15	ⓐ ⓑ ⓒ	35	ⓐ ⓑ ⓒ	55	ⓐ ⓑ ⓒ ⓓ	75	ⓐ ⓑ ⓒ ⓓ	95	ⓐ ⓑ ⓒ ⓓ
16	ⓐ ⓑ ⓒ ⓓ	36	ⓐ ⓑ ⓒ	56	ⓐ ⓑ ⓒ ⓓ	76	ⓐ ⓑ ⓒ ⓓ	96	ⓐ ⓑ ⓒ ⓓ
17	ⓐ ⓑ ⓒ	37	ⓐ ⓑ ⓒ	57	ⓐ ⓑ ⓒ ⓓ	77	ⓐ ⓑ ⓒ ⓓ	97	ⓐ ⓑ ⓒ ⓓ
18	ⓐ ⓑ ⓒ	38	ⓐ ⓑ ⓒ	58	ⓐ ⓑ ⓒ ⓓ	78	ⓐ ⓑ ⓒ ⓓ	98	ⓐ ⓑ ⓒ ⓓ
19	ⓐ ⓑ ⓒ	39	ⓐ ⓑ ⓒ	59	ⓐ ⓑ ⓒ ⓓ	79	ⓐ ⓑ ⓒ ⓓ	99	ⓐ ⓑ ⓒ ⓓ
20	ⓐ ⓑ ⓒ ⓓ	40	ⓐ ⓑ ⓒ ⓓ	60	ⓐ ⓑ ⓒ ⓓ	80	ⓐ ⓑ ⓒ ⓓ	100	ⓐ ⓑ ⓒ ⓓ

READING TEST (PART 5~7)

NO	ANSWER A B C D	NO	ANSWER A B C D	NO	ANSWER A B C D	NO	ANSWER A B C D
101	ⓐ ⓑ ⓒ ⓓ	121	ⓐ ⓑ ⓒ ⓓ	141	ⓐ ⓑ ⓒ ⓓ	161	ⓐ ⓑ ⓒ ⓓ	181	ⓐ ⓑ ⓒ ⓓ
102	ⓐ ⓑ ⓒ ⓓ	122	ⓐ ⓑ ⓒ ⓓ	142	ⓐ ⓑ ⓒ ⓓ	162	ⓐ ⓑ ⓒ ⓓ	182	ⓐ ⓑ ⓒ ⓓ
103	ⓐ ⓑ ⓒ ⓓ	123	ⓐ ⓑ ⓒ ⓓ	143	ⓐ ⓑ ⓒ ⓓ	163	ⓐ ⓑ ⓒ ⓓ	183	ⓐ ⓑ ⓒ ⓓ
104	ⓐ ⓑ ⓒ ⓓ	124	ⓐ ⓑ ⓒ ⓓ	144	ⓐ ⓑ ⓒ ⓓ	164	ⓐ ⓑ ⓒ ⓓ	184	ⓐ ⓑ ⓒ ⓓ
105	ⓐ ⓑ ⓒ ⓓ	125	ⓐ ⓑ ⓒ ⓓ	145	ⓐ ⓑ ⓒ ⓓ	165	ⓐ ⓑ ⓒ ⓓ	185	ⓐ ⓑ ⓒ ⓓ
106	ⓐ ⓑ ⓒ ⓓ	126	ⓐ ⓑ ⓒ ⓓ	146	ⓐ ⓑ ⓒ ⓓ	166	ⓐ ⓑ ⓒ ⓓ	186	ⓐ ⓑ ⓒ ⓓ
107	ⓐ ⓑ ⓒ ⓓ	127	ⓐ ⓑ ⓒ ⓓ	147	ⓐ ⓑ ⓒ ⓓ	167	ⓐ ⓑ ⓒ ⓓ	187	ⓐ ⓑ ⓒ ⓓ
108	ⓐ ⓑ ⓒ ⓓ	128	ⓐ ⓑ ⓒ ⓓ	148	ⓐ ⓑ ⓒ ⓓ	168	ⓐ ⓑ ⓒ ⓓ	188	ⓐ ⓑ ⓒ ⓓ
109	ⓐ ⓑ ⓒ ⓓ	129	ⓐ ⓑ ⓒ ⓓ	149	ⓐ ⓑ ⓒ ⓓ	169	ⓐ ⓑ ⓒ ⓓ	189	ⓐ ⓑ ⓒ ⓓ
110	ⓐ ⓑ ⓒ ⓓ	130	ⓐ ⓑ ⓒ ⓓ	150	ⓐ ⓑ ⓒ ⓓ	170	ⓐ ⓑ ⓒ ⓓ	190	ⓐ ⓑ ⓒ ⓓ
111	ⓐ ⓑ ⓒ ⓓ	131	ⓐ ⓑ ⓒ ⓓ	151	ⓐ ⓑ ⓒ ⓓ	171	ⓐ ⓑ ⓒ ⓓ	191	ⓐ ⓑ ⓒ ⓓ
112	ⓐ ⓑ ⓒ ⓓ	132	ⓐ ⓑ ⓒ ⓓ	152	ⓐ ⓑ ⓒ ⓓ	172	ⓐ ⓑ ⓒ ⓓ	192	ⓐ ⓑ ⓒ ⓓ
113	ⓐ ⓑ ⓒ ⓓ	133	ⓐ ⓑ ⓒ ⓓ	153	ⓐ ⓑ ⓒ ⓓ	173	ⓐ ⓑ ⓒ ⓓ	193	ⓐ ⓑ ⓒ ⓓ
114	ⓐ ⓑ ⓒ ⓓ	134	ⓐ ⓑ ⓒ ⓓ	154	ⓐ ⓑ ⓒ ⓓ	174	ⓐ ⓑ ⓒ ⓓ	194	ⓐ ⓑ ⓒ ⓓ
115	ⓐ ⓑ ⓒ ⓓ	135	ⓐ ⓑ ⓒ ⓓ	155	ⓐ ⓑ ⓒ ⓓ	175	ⓐ ⓑ ⓒ ⓓ	195	ⓐ ⓑ ⓒ ⓓ
116	ⓐ ⓑ ⓒ ⓓ	136	ⓐ ⓑ ⓒ ⓓ	156	ⓐ ⓑ ⓒ ⓓ	176	ⓐ ⓑ ⓒ ⓓ	196	ⓐ ⓑ ⓒ ⓓ
117	ⓐ ⓑ ⓒ ⓓ	137	ⓐ ⓑ ⓒ ⓓ	157	ⓐ ⓑ ⓒ ⓓ	177	ⓐ ⓑ ⓒ ⓓ	197	ⓐ ⓑ ⓒ ⓓ
118	ⓐ ⓑ ⓒ ⓓ	138	ⓐ ⓑ ⓒ ⓓ	158	ⓐ ⓑ ⓒ ⓓ	178	ⓐ ⓑ ⓒ ⓓ	198	ⓐ ⓑ ⓒ ⓓ
119	ⓐ ⓑ ⓒ ⓓ	139	ⓐ ⓑ ⓒ ⓓ	159	ⓐ ⓑ ⓒ ⓓ	179	ⓐ ⓑ ⓒ ⓓ	199	ⓐ ⓑ ⓒ ⓓ
120	ⓐ ⓑ ⓒ ⓓ	140	ⓐ ⓑ ⓒ ⓓ	160	ⓐ ⓑ ⓒ ⓓ	180	ⓐ ⓑ ⓒ ⓓ	200	ⓐ ⓑ ⓒ ⓓ

시원스쿨 LAB

ANSWER SHEET

시원스쿨 **LAB**

실전 모의고사

이름	테스트 회차	날짜

LISTENING TEST (PART 1~4)

NO	ANSWER A B C D	NO	ANSWER A B C D	NO	ANSWER A B C D	NO	ANSWER A B C D
1	ⓐ ⓑ ⓒ	21	ⓐ ⓑ ⓒ ⓓ	41	ⓐ ⓑ ⓒ ⓓ	81	ⓐ ⓑ ⓒ ⓓ
2	ⓐ ⓑ ⓒ	22	ⓐ ⓑ ⓒ ⓓ	42	ⓐ ⓑ ⓒ ⓓ	82	ⓐ ⓑ ⓒ ⓓ
3	ⓐ ⓑ ⓒ	23	ⓐ ⓑ ⓒ ⓓ	43	ⓐ ⓑ ⓒ ⓓ	83	ⓐ ⓑ ⓒ ⓓ
4	ⓐ ⓑ ⓒ	24	ⓐ ⓑ ⓒ ⓓ	44	ⓐ ⓑ ⓒ ⓓ	84	ⓐ ⓑ ⓒ ⓓ
5	ⓐ ⓑ ⓒ	25	ⓐ ⓑ ⓒ ⓓ	45	ⓐ ⓑ ⓒ ⓓ	85	ⓐ ⓑ ⓒ ⓓ
6	ⓐ ⓑ ⓒ	26	ⓐ ⓑ ⓒ ⓓ	46	ⓐ ⓑ ⓒ ⓓ	86	ⓐ ⓑ ⓒ ⓓ
7	ⓐ ⓑ ⓒ	27	ⓐ ⓑ ⓒ ⓓ	47	ⓐ ⓑ ⓒ ⓓ	87	ⓐ ⓑ ⓒ ⓓ
8	ⓐ ⓑ ⓒ	28	ⓐ ⓑ ⓒ ⓓ	48	ⓐ ⓑ ⓒ ⓓ	88	ⓐ ⓑ ⓒ ⓓ
9	ⓐ ⓑ ⓒ	29	ⓐ ⓑ ⓒ ⓓ	49	ⓐ ⓑ ⓒ ⓓ	89	ⓐ ⓑ ⓒ ⓓ
10	ⓐ ⓑ ⓒ	30	ⓐ ⓑ ⓒ ⓓ	50	ⓐ ⓑ ⓒ ⓓ	90	ⓐ ⓑ ⓒ ⓓ
11	ⓐ ⓑ ⓒ	31	ⓐ ⓑ ⓒ ⓓ	51	ⓐ ⓑ ⓒ ⓓ	91	ⓐ ⓑ ⓒ ⓓ
12	ⓐ ⓑ ⓒ	32	ⓐ ⓑ ⓒ ⓓ	52	ⓐ ⓑ ⓒ ⓓ	92	ⓐ ⓑ ⓒ ⓓ
13	ⓐ ⓑ ⓒ	33	ⓐ ⓑ ⓒ ⓓ	53	ⓐ ⓑ ⓒ ⓓ	93	ⓐ ⓑ ⓒ ⓓ
14	ⓐ ⓑ ⓒ	34	ⓐ ⓑ ⓒ ⓓ	54	ⓐ ⓑ ⓒ ⓓ	94	ⓐ ⓑ ⓒ ⓓ
15	ⓐ ⓑ ⓒ	35	ⓐ ⓑ ⓒ ⓓ	55	ⓐ ⓑ ⓒ ⓓ	95	ⓐ ⓑ ⓒ ⓓ
16	ⓐ ⓑ ⓒ	36	ⓐ ⓑ ⓒ ⓓ	56	ⓐ ⓑ ⓒ ⓓ	96	ⓐ ⓑ ⓒ ⓓ
17	ⓐ ⓑ ⓒ	37	ⓐ ⓑ ⓒ ⓓ	57	ⓐ ⓑ ⓒ ⓓ	97	ⓐ ⓑ ⓒ ⓓ
18	ⓐ ⓑ ⓒ	38	ⓐ ⓑ ⓒ ⓓ	58	ⓐ ⓑ ⓒ ⓓ	98	ⓐ ⓑ ⓒ ⓓ
19	ⓐ ⓑ ⓒ	39	ⓐ ⓑ ⓒ ⓓ	59	ⓐ ⓑ ⓒ ⓓ	99	ⓐ ⓑ ⓒ ⓓ
20	ⓐ ⓑ ⓒ	40	ⓐ ⓑ ⓒ ⓓ	60	ⓐ ⓑ ⓒ ⓓ	100	ⓐ ⓑ ⓒ ⓓ

READING TEST (PART 5~7)

NO	ANSWER A B C D	NO	ANSWER A B C D	NO	ANSWER A B C D	NO	ANSWER A B C D
101	ⓐ ⓑ ⓒ ⓓ	121	ⓐ ⓑ ⓒ ⓓ	141	ⓐ ⓑ ⓒ ⓓ	161	ⓐ ⓑ ⓒ ⓓ	181	ⓐ ⓑ ⓒ ⓓ
102	ⓐ ⓑ ⓒ ⓓ	122	ⓐ ⓑ ⓒ ⓓ	142	ⓐ ⓑ ⓒ ⓓ	162	ⓐ ⓑ ⓒ ⓓ	182	ⓐ ⓑ ⓒ ⓓ
103	ⓐ ⓑ ⓒ ⓓ	123	ⓐ ⓑ ⓒ ⓓ	143	ⓐ ⓑ ⓒ ⓓ	163	ⓐ ⓑ ⓒ ⓓ	183	ⓐ ⓑ ⓒ ⓓ
104	ⓐ ⓑ ⓒ ⓓ	124	ⓐ ⓑ ⓒ ⓓ	144	ⓐ ⓑ ⓒ ⓓ	164	ⓐ ⓑ ⓒ ⓓ	184	ⓐ ⓑ ⓒ ⓓ
105	ⓐ ⓑ ⓒ ⓓ	125	ⓐ ⓑ ⓒ ⓓ	145	ⓐ ⓑ ⓒ ⓓ	165	ⓐ ⓑ ⓒ ⓓ	185	ⓐ ⓑ ⓒ ⓓ
106	ⓐ ⓑ ⓒ ⓓ	126	ⓐ ⓑ ⓒ ⓓ	146	ⓐ ⓑ ⓒ ⓓ	166	ⓐ ⓑ ⓒ ⓓ	186	ⓐ ⓑ ⓒ ⓓ
107	ⓐ ⓑ ⓒ ⓓ	127	ⓐ ⓑ ⓒ ⓓ	147	ⓐ ⓑ ⓒ ⓓ	167	ⓐ ⓑ ⓒ ⓓ	187	ⓐ ⓑ ⓒ ⓓ
108	ⓐ ⓑ ⓒ ⓓ	128	ⓐ ⓑ ⓒ ⓓ	148	ⓐ ⓑ ⓒ ⓓ	168	ⓐ ⓑ ⓒ ⓓ	188	ⓐ ⓑ ⓒ ⓓ
109	ⓐ ⓑ ⓒ ⓓ	129	ⓐ ⓑ ⓒ ⓓ	149	ⓐ ⓑ ⓒ ⓓ	169	ⓐ ⓑ ⓒ ⓓ	189	ⓐ ⓑ ⓒ ⓓ
110	ⓐ ⓑ ⓒ ⓓ	130	ⓐ ⓑ ⓒ ⓓ	150	ⓐ ⓑ ⓒ ⓓ	170	ⓐ ⓑ ⓒ ⓓ	190	ⓐ ⓑ ⓒ ⓓ
111	ⓐ ⓑ ⓒ ⓓ	131	ⓐ ⓑ ⓒ ⓓ	151	ⓐ ⓑ ⓒ ⓓ	171	ⓐ ⓑ ⓒ ⓓ	191	ⓐ ⓑ ⓒ ⓓ
112	ⓐ ⓑ ⓒ ⓓ	132	ⓐ ⓑ ⓒ ⓓ	152	ⓐ ⓑ ⓒ ⓓ	172	ⓐ ⓑ ⓒ ⓓ	192	ⓐ ⓑ ⓒ ⓓ
113	ⓐ ⓑ ⓒ ⓓ	133	ⓐ ⓑ ⓒ ⓓ	153	ⓐ ⓑ ⓒ ⓓ	173	ⓐ ⓑ ⓒ ⓓ	193	ⓐ ⓑ ⓒ ⓓ
114	ⓐ ⓑ ⓒ ⓓ	134	ⓐ ⓑ ⓒ ⓓ	154	ⓐ ⓑ ⓒ ⓓ	174	ⓐ ⓑ ⓒ ⓓ	194	ⓐ ⓑ ⓒ ⓓ
115	ⓐ ⓑ ⓒ ⓓ	135	ⓐ ⓑ ⓒ ⓓ	155	ⓐ ⓑ ⓒ ⓓ	175	ⓐ ⓑ ⓒ ⓓ	195	ⓐ ⓑ ⓒ ⓓ
116	ⓐ ⓑ ⓒ ⓓ	136	ⓐ ⓑ ⓒ ⓓ	156	ⓐ ⓑ ⓒ ⓓ	176	ⓐ ⓑ ⓒ ⓓ	196	ⓐ ⓑ ⓒ ⓓ
117	ⓐ ⓑ ⓒ ⓓ	137	ⓐ ⓑ ⓒ ⓓ	157	ⓐ ⓑ ⓒ ⓓ	177	ⓐ ⓑ ⓒ ⓓ	197	ⓐ ⓑ ⓒ ⓓ
118	ⓐ ⓑ ⓒ ⓓ	138	ⓐ ⓑ ⓒ ⓓ	158	ⓐ ⓑ ⓒ ⓓ	178	ⓐ ⓑ ⓒ ⓓ	198	ⓐ ⓑ ⓒ ⓓ
119	ⓐ ⓑ ⓒ ⓓ	139	ⓐ ⓑ ⓒ ⓓ	159	ⓐ ⓑ ⓒ ⓓ	179	ⓐ ⓑ ⓒ ⓓ	199	ⓐ ⓑ ⓒ ⓓ
120	ⓐ ⓑ ⓒ ⓓ	140	ⓐ ⓑ ⓒ ⓓ	160	ⓐ ⓑ ⓒ ⓓ	180	ⓐ ⓑ ⓒ ⓓ	200	ⓐ ⓑ ⓒ ⓓ

사원스쿨 **LAB**

실전 모의고사

ANSWER SHEET

시원스쿨 LAB

이름

테스트 회차

날짜

LISTENING TEST (PART 1~4)

NO	ANSWER A B C D	NO	ANSWER A B C D	NO	ANSWER A B C D	NO	ANSWER A B C D
1	ⓐ ⓑ ⓒ ⓓ	21	ⓐ ⓑ ⓒ ⓓ	41	ⓐ ⓑ ⓒ ⓓ	61	ⓐ ⓑ ⓒ ⓓ	81	ⓐ ⓑ ⓒ ⓓ
2	ⓐ ⓑ ⓒ ⓓ	22	ⓐ ⓑ ⓒ ⓓ	42	ⓐ ⓑ ⓒ ⓓ	62	ⓐ ⓑ ⓒ ⓓ	82	ⓐ ⓑ ⓒ ⓓ
3	ⓐ ⓑ ⓒ ⓓ	23	ⓐ ⓑ ⓒ ⓓ	43	ⓐ ⓑ ⓒ ⓓ	63	ⓐ ⓑ ⓒ ⓓ	83	ⓐ ⓑ ⓒ ⓓ
4	ⓐ ⓑ ⓒ ⓓ	24	ⓐ ⓑ ⓒ ⓓ	44	ⓐ ⓑ ⓒ ⓓ	64	ⓐ ⓑ ⓒ ⓓ	84	ⓐ ⓑ ⓒ ⓓ
5	ⓐ ⓑ ⓒ ⓓ	25	ⓐ ⓑ ⓒ ⓓ	45	ⓐ ⓑ ⓒ ⓓ	65	ⓐ ⓑ ⓒ ⓓ	85	ⓐ ⓑ ⓒ ⓓ
6	ⓐ ⓑ ⓒ ⓓ	26	ⓐ ⓑ ⓒ ⓓ	46	ⓐ ⓑ ⓒ ⓓ	66	ⓐ ⓑ ⓒ ⓓ	86	ⓐ ⓑ ⓒ ⓓ
7	ⓐ ⓑ ⓒ	27	ⓐ ⓑ ⓒ ⓓ	47	ⓐ ⓑ ⓒ ⓓ	67	ⓐ ⓑ ⓒ ⓓ	87	ⓐ ⓑ ⓒ ⓓ
8	ⓐ ⓑ ⓒ	28	ⓐ ⓑ ⓒ ⓓ	48	ⓐ ⓑ ⓒ ⓓ	68	ⓐ ⓑ ⓒ ⓓ	88	ⓐ ⓑ ⓒ ⓓ
9	ⓐ ⓑ ⓒ	29	ⓐ ⓑ ⓒ ⓓ	49	ⓐ ⓑ ⓒ ⓓ	69	ⓐ ⓑ ⓒ ⓓ	89	ⓐ ⓑ ⓒ ⓓ
10	ⓐ ⓑ ⓒ	30	ⓐ ⓑ ⓒ ⓓ	50	ⓐ ⓑ ⓒ ⓓ	70	ⓐ ⓑ ⓒ ⓓ	90	ⓐ ⓑ ⓒ ⓓ
11	ⓐ ⓑ ⓒ	31	ⓐ ⓑ ⓒ ⓓ	51	ⓐ ⓑ ⓒ ⓓ	71	ⓐ ⓑ ⓒ ⓓ	91	ⓐ ⓑ ⓒ ⓓ
12	ⓐ ⓑ ⓒ ⓓ	32	ⓐ ⓑ ⓒ ⓓ	52	ⓐ ⓑ ⓒ ⓓ	72	ⓐ ⓑ ⓒ ⓓ	92	ⓐ ⓑ ⓒ ⓓ
13	ⓐ ⓑ ⓒ ⓓ	33	ⓐ ⓑ ⓒ ⓓ	53	ⓐ ⓑ ⓒ ⓓ	73	ⓐ ⓑ ⓒ ⓓ	93	ⓐ ⓑ ⓒ ⓓ
14	ⓐ ⓑ ⓒ ⓓ	34	ⓐ ⓑ ⓒ ⓓ	54	ⓐ ⓑ ⓒ ⓓ	74	ⓐ ⓑ ⓒ ⓓ	94	ⓐ ⓑ ⓒ ⓓ
15	ⓐ ⓑ ⓒ ⓓ	35	ⓐ ⓑ ⓒ ⓓ	55	ⓐ ⓑ ⓒ ⓓ	75	ⓐ ⓑ ⓒ ⓓ	95	ⓐ ⓑ ⓒ ⓓ
16	ⓐ ⓑ ⓒ ⓓ	36	ⓐ ⓑ ⓒ ⓓ	56	ⓐ ⓑ ⓒ ⓓ	76	ⓐ ⓑ ⓒ ⓓ	96	ⓐ ⓑ ⓒ ⓓ
17	ⓐ ⓑ ⓒ ⓓ	37	ⓐ ⓑ ⓒ ⓓ	57	ⓐ ⓑ ⓒ ⓓ	77	ⓐ ⓑ ⓒ ⓓ	97	ⓐ ⓑ ⓒ ⓓ
18	ⓐ ⓑ ⓒ ⓓ	38	ⓐ ⓑ ⓒ ⓓ	58	ⓐ ⓑ ⓒ ⓓ	78	ⓐ ⓑ ⓒ ⓓ	98	ⓐ ⓑ ⓒ ⓓ
19	ⓐ ⓑ ⓒ ⓓ	39	ⓐ ⓑ ⓒ ⓓ	59	ⓐ ⓑ ⓒ ⓓ	79	ⓐ ⓑ ⓒ ⓓ	99	ⓐ ⓑ ⓒ ⓓ
20	ⓐ ⓑ ⓒ	40	ⓐ ⓑ ⓒ ⓓ	60	ⓐ ⓑ ⓒ ⓓ	80	ⓐ ⓑ ⓒ ⓓ	100	ⓐ ⓑ ⓒ ⓓ

READING TEST (PART 5~7)

NO	ANSWER A B C D	NO	ANSWER A B C D	NO	ANSWER A B C D	NO	ANSWER A B C D	NO	ANSWER A B C D
101	ⓐ ⓑ ⓒ ⓓ	121	ⓐ ⓑ ⓒ ⓓ	141	ⓐ ⓑ ⓒ ⓓ	161	ⓐ ⓑ ⓒ ⓓ	181	ⓐ ⓑ ⓒ ⓓ
102	ⓐ ⓑ ⓒ ⓓ	122	ⓐ ⓑ ⓒ ⓓ	142	ⓐ ⓑ ⓒ ⓓ	162	ⓐ ⓑ ⓒ ⓓ	182	ⓐ ⓑ ⓒ ⓓ
103	ⓐ ⓑ ⓒ ⓓ	123	ⓐ ⓑ ⓒ ⓓ	143	ⓐ ⓑ ⓒ ⓓ	163	ⓐ ⓑ ⓒ ⓓ	183	ⓐ ⓑ ⓒ ⓓ
104	ⓐ ⓑ ⓒ ⓓ	124	ⓐ ⓑ ⓒ ⓓ	144	ⓐ ⓑ ⓒ ⓓ	164	ⓐ ⓑ ⓒ ⓓ	184	ⓐ ⓑ ⓒ ⓓ
105	ⓐ ⓑ ⓒ ⓓ	125	ⓐ ⓑ ⓒ ⓓ	145	ⓐ ⓑ ⓒ ⓓ	165	ⓐ ⓑ ⓒ ⓓ	185	ⓐ ⓑ ⓒ ⓓ
106	ⓐ ⓑ ⓒ ⓓ	126	ⓐ ⓑ ⓒ ⓓ	146	ⓐ ⓑ ⓒ ⓓ	166	ⓐ ⓑ ⓒ ⓓ	186	ⓐ ⓑ ⓒ ⓓ
107	ⓐ ⓑ ⓒ ⓓ	127	ⓐ ⓑ ⓒ ⓓ	147	ⓐ ⓑ ⓒ ⓓ	167	ⓐ ⓑ ⓒ ⓓ	187	ⓐ ⓑ ⓒ ⓓ
108	ⓐ ⓑ ⓒ ⓓ	128	ⓐ ⓑ ⓒ ⓓ	148	ⓐ ⓑ ⓒ ⓓ	168	ⓐ ⓑ ⓒ ⓓ	188	ⓐ ⓑ ⓒ ⓓ
109	ⓐ ⓑ ⓒ ⓓ	129	ⓐ ⓑ ⓒ ⓓ	149	ⓐ ⓑ ⓒ ⓓ	169	ⓐ ⓑ ⓒ ⓓ	189	ⓐ ⓑ ⓒ ⓓ
110	ⓐ ⓑ ⓒ ⓓ	130	ⓐ ⓑ ⓒ ⓓ	150	ⓐ ⓑ ⓒ ⓓ	170	ⓐ ⓑ ⓒ ⓓ	190	ⓐ ⓑ ⓒ ⓓ
111	ⓐ ⓑ ⓒ ⓓ	131	ⓐ ⓑ ⓒ ⓓ	151	ⓐ ⓑ ⓒ ⓓ	171	ⓐ ⓑ ⓒ ⓓ	191	ⓐ ⓑ ⓒ ⓓ
112	ⓐ ⓑ ⓒ ⓓ	132	ⓐ ⓑ ⓒ ⓓ	152	ⓐ ⓑ ⓒ ⓓ	172	ⓐ ⓑ ⓒ ⓓ	192	ⓐ ⓑ ⓒ ⓓ
113	ⓐ ⓑ ⓒ ⓓ	133	ⓐ ⓑ ⓒ ⓓ	153	ⓐ ⓑ ⓒ ⓓ	173	ⓐ ⓑ ⓒ ⓓ	193	ⓐ ⓑ ⓒ ⓓ
114	ⓐ ⓑ ⓒ ⓓ	134	ⓐ ⓑ ⓒ ⓓ	154	ⓐ ⓑ ⓒ ⓓ	174	ⓐ ⓑ ⓒ ⓓ	194	ⓐ ⓑ ⓒ ⓓ
115	ⓐ ⓑ ⓒ ⓓ	135	ⓐ ⓑ ⓒ ⓓ	155	ⓐ ⓑ ⓒ ⓓ	175	ⓐ ⓑ ⓒ ⓓ	195	ⓐ ⓑ ⓒ ⓓ
116	ⓐ ⓑ ⓒ ⓓ	136	ⓐ ⓑ ⓒ ⓓ	156	ⓐ ⓑ ⓒ ⓓ	176	ⓐ ⓑ ⓒ ⓓ	196	ⓐ ⓑ ⓒ ⓓ
117	ⓐ ⓑ ⓒ ⓓ	137	ⓐ ⓑ ⓒ ⓓ	157	ⓐ ⓑ ⓒ ⓓ	177	ⓐ ⓑ ⓒ ⓓ	197	ⓐ ⓑ ⓒ ⓓ
118	ⓐ ⓑ ⓒ ⓓ	138	ⓐ ⓑ ⓒ ⓓ	158	ⓐ ⓑ ⓒ ⓓ	178	ⓐ ⓑ ⓒ ⓓ	198	ⓐ ⓑ ⓒ ⓓ
119	ⓐ ⓑ ⓒ ⓓ	139	ⓐ ⓑ ⓒ ⓓ	159	ⓐ ⓑ ⓒ ⓓ	179	ⓐ ⓑ ⓒ ⓓ	199	ⓐ ⓑ ⓒ ⓓ
120	ⓐ ⓑ ⓒ ⓓ	140	ⓐ ⓑ ⓒ ⓓ	160	ⓐ ⓑ ⓒ ⓓ	180	ⓐ ⓑ ⓒ ⓓ	200	ⓐ ⓑ ⓒ ⓓ

시원스쿨 LAB

ANSWER SHEET

시원스쿨 **LAB**

실전 모의고사

이름

테스트 회차

날짜

LISTENING TEST (PART 1~4)

NO	ANSWER A B C D	NO	ANSWER A B C D	NO	ANSWER A B C D	NO	ANSWER A B C D	NO	ANSWER A B C D
1	ⓐ ⓑ ⓒ ⓓ	21	ⓐ ⓑ ⓒ	41	ⓐ ⓑ ⓒ ⓓ	61	ⓐ ⓑ ⓒ ⓓ	81	ⓐ ⓑ ⓒ ⓓ
2	ⓐ ⓑ ⓒ ⓓ	22	ⓐ ⓑ ⓒ	42	ⓐ ⓑ ⓒ ⓓ	62	ⓐ ⓑ ⓒ ⓓ	82	ⓐ ⓑ ⓒ ⓓ
3	ⓐ ⓑ ⓒ ⓓ	23	ⓐ ⓑ ⓒ	43	ⓐ ⓑ ⓒ ⓓ	63	ⓐ ⓑ ⓒ ⓓ	83	ⓐ ⓑ ⓒ ⓓ
4	ⓐ ⓑ ⓒ ⓓ	24	ⓐ ⓑ ⓒ	44	ⓐ ⓑ ⓒ ⓓ	64	ⓐ ⓑ ⓒ ⓓ	84	ⓐ ⓑ ⓒ ⓓ
5	ⓐ ⓑ ⓒ ⓓ	25	ⓐ ⓑ ⓒ	45	ⓐ ⓑ ⓒ ⓓ	65	ⓐ ⓑ ⓒ ⓓ	85	ⓐ ⓑ ⓒ ⓓ
6	ⓐ ⓑ ⓒ ⓓ	26	ⓐ ⓑ ⓒ	46	ⓐ ⓑ ⓒ ⓓ	66	ⓐ ⓑ ⓒ ⓓ	86	ⓐ ⓑ ⓒ ⓓ
7	ⓐ ⓑ ⓒ ⓓ	27	ⓐ ⓑ ⓒ	47	ⓐ ⓑ ⓒ ⓓ	67	ⓐ ⓑ ⓒ ⓓ	87	ⓐ ⓑ ⓒ ⓓ
8	ⓐ ⓑ ⓒ ⓓ	28	ⓐ ⓑ ⓒ	48	ⓐ ⓑ ⓒ ⓓ	68	ⓐ ⓑ ⓒ ⓓ	88	ⓐ ⓑ ⓒ ⓓ
9	ⓐ ⓑ ⓒ ⓓ	29	ⓐ ⓑ ⓒ	49	ⓐ ⓑ ⓒ ⓓ	69	ⓐ ⓑ ⓒ ⓓ	89	ⓐ ⓑ ⓒ ⓓ
10	ⓐ ⓑ ⓒ ⓓ	30	ⓐ ⓑ ⓒ	50	ⓐ ⓑ ⓒ ⓓ	70	ⓐ ⓑ ⓒ ⓓ	90	ⓐ ⓑ ⓒ ⓓ
11	ⓐ ⓑ ⓒ ⓓ	31	ⓐ ⓑ ⓒ	51	ⓐ ⓑ ⓒ ⓓ	71	ⓐ ⓑ ⓒ ⓓ	91	ⓐ ⓑ ⓒ ⓓ
12	ⓐ ⓑ ⓒ ⓓ	32	ⓐ ⓑ ⓒ	52	ⓐ ⓑ ⓒ ⓓ	72	ⓐ ⓑ ⓒ ⓓ	92	ⓐ ⓑ ⓒ ⓓ
13	ⓐ ⓑ ⓒ ⓓ	33	ⓐ ⓑ ⓒ	53	ⓐ ⓑ ⓒ ⓓ	73	ⓐ ⓑ ⓒ ⓓ	93	ⓐ ⓑ ⓒ ⓓ
14	ⓐ ⓑ ⓒ ⓓ	34	ⓐ ⓑ ⓒ	54	ⓐ ⓑ ⓒ ⓓ	74	ⓐ ⓑ ⓒ ⓓ	94	ⓐ ⓑ ⓒ ⓓ
15	ⓐ ⓑ ⓒ ⓓ	35	ⓐ ⓑ ⓒ	55	ⓐ ⓑ ⓒ ⓓ	75	ⓐ ⓑ ⓒ ⓓ	95	ⓐ ⓑ ⓒ ⓓ
16	ⓐ ⓑ ⓒ ⓓ	36	ⓐ ⓑ ⓒ	56	ⓐ ⓑ ⓒ ⓓ	76	ⓐ ⓑ ⓒ ⓓ	96	ⓐ ⓑ ⓒ ⓓ
17	ⓐ ⓑ ⓒ	37	ⓐ ⓑ ⓒ	57	ⓐ ⓑ ⓒ ⓓ	77	ⓐ ⓑ ⓒ ⓓ	97	ⓐ ⓑ ⓒ ⓓ
18	ⓐ ⓑ ⓒ	38	ⓐ ⓑ ⓒ	58	ⓐ ⓑ ⓒ ⓓ	78	ⓐ ⓑ ⓒ ⓓ	98	ⓐ ⓑ ⓒ ⓓ
19	ⓐ ⓑ ⓒ	39	ⓐ ⓑ ⓒ	59	ⓐ ⓑ ⓒ ⓓ	79	ⓐ ⓑ ⓒ ⓓ	99	ⓐ ⓑ ⓒ ⓓ
20	ⓐ ⓑ ⓒ	40	ⓐ ⓑ ⓒ ⓓ	60	ⓐ ⓑ ⓒ ⓓ	80	ⓐ ⓑ ⓒ ⓓ	100	ⓐ ⓑ ⓒ ⓓ

READING TEST (PART 5~7)

NO	ANSWER A B C D	NO	ANSWER A B C D	NO	ANSWER A B C D	NO	ANSWER A B C D	NO	ANSWER A B C D
101	ⓐ ⓑ ⓒ ⓓ	121	ⓐ ⓑ ⓒ ⓓ	141	ⓐ ⓑ ⓒ ⓓ	161	ⓐ ⓑ ⓒ ⓓ	181	ⓐ ⓑ ⓒ ⓓ
102	ⓐ ⓑ ⓒ ⓓ	122	ⓐ ⓑ ⓒ ⓓ	142	ⓐ ⓑ ⓒ ⓓ	162	ⓐ ⓑ ⓒ ⓓ	182	ⓐ ⓑ ⓒ ⓓ
103	ⓐ ⓑ ⓒ ⓓ	123	ⓐ ⓑ ⓒ ⓓ	143	ⓐ ⓑ ⓒ ⓓ	163	ⓐ ⓑ ⓒ ⓓ	183	ⓐ ⓑ ⓒ ⓓ
104	ⓐ ⓑ ⓒ ⓓ	124	ⓐ ⓑ ⓒ ⓓ	144	ⓐ ⓑ ⓒ ⓓ	164	ⓐ ⓑ ⓒ ⓓ	184	ⓐ ⓑ ⓒ ⓓ
105	ⓐ ⓑ ⓒ ⓓ	125	ⓐ ⓑ ⓒ ⓓ	145	ⓐ ⓑ ⓒ ⓓ	165	ⓐ ⓑ ⓒ ⓓ	185	ⓐ ⓑ ⓒ ⓓ
106	ⓐ ⓑ ⓒ ⓓ	126	ⓐ ⓑ ⓒ ⓓ	146	ⓐ ⓑ ⓒ ⓓ	166	ⓐ ⓑ ⓒ ⓓ	186	ⓐ ⓑ ⓒ ⓓ
107	ⓐ ⓑ ⓒ ⓓ	127	ⓐ ⓑ ⓒ ⓓ	147	ⓐ ⓑ ⓒ ⓓ	167	ⓐ ⓑ ⓒ ⓓ	187	ⓐ ⓑ ⓒ ⓓ
108	ⓐ ⓑ ⓒ ⓓ	128	ⓐ ⓑ ⓒ ⓓ	148	ⓐ ⓑ ⓒ ⓓ	168	ⓐ ⓑ ⓒ ⓓ	188	ⓐ ⓑ ⓒ ⓓ
109	ⓐ ⓑ ⓒ ⓓ	129	ⓐ ⓑ ⓒ ⓓ	149	ⓐ ⓑ ⓒ ⓓ	169	ⓐ ⓑ ⓒ ⓓ	189	ⓐ ⓑ ⓒ ⓓ
110	ⓐ ⓑ ⓒ ⓓ	130	ⓐ ⓑ ⓒ ⓓ	150	ⓐ ⓑ ⓒ ⓓ	170	ⓐ ⓑ ⓒ ⓓ	190	ⓐ ⓑ ⓒ ⓓ
111	ⓐ ⓑ ⓒ ⓓ	131	ⓐ ⓑ ⓒ ⓓ	151	ⓐ ⓑ ⓒ ⓓ	171	ⓐ ⓑ ⓒ ⓓ	191	ⓐ ⓑ ⓒ ⓓ
112	ⓐ ⓑ ⓒ ⓓ	132	ⓐ ⓑ ⓒ ⓓ	152	ⓐ ⓑ ⓒ ⓓ	172	ⓐ ⓑ ⓒ ⓓ	192	ⓐ ⓑ ⓒ ⓓ
113	ⓐ ⓑ ⓒ ⓓ	133	ⓐ ⓑ ⓒ ⓓ	153	ⓐ ⓑ ⓒ ⓓ	173	ⓐ ⓑ ⓒ ⓓ	193	ⓐ ⓑ ⓒ ⓓ
114	ⓐ ⓑ ⓒ ⓓ	134	ⓐ ⓑ ⓒ ⓓ	154	ⓐ ⓑ ⓒ ⓓ	174	ⓐ ⓑ ⓒ ⓓ	194	ⓐ ⓑ ⓒ ⓓ
115	ⓐ ⓑ ⓒ ⓓ	135	ⓐ ⓑ ⓒ ⓓ	155	ⓐ ⓑ ⓒ ⓓ	175	ⓐ ⓑ ⓒ ⓓ	195	ⓐ ⓑ ⓒ ⓓ
116	ⓐ ⓑ ⓒ ⓓ	136	ⓐ ⓑ ⓒ ⓓ	156	ⓐ ⓑ ⓒ ⓓ	176	ⓐ ⓑ ⓒ ⓓ	196	ⓐ ⓑ ⓒ ⓓ
117	ⓐ ⓑ ⓒ ⓓ	137	ⓐ ⓑ ⓒ ⓓ	157	ⓐ ⓑ ⓒ ⓓ	177	ⓐ ⓑ ⓒ ⓓ	197	ⓐ ⓑ ⓒ ⓓ
118	ⓐ ⓑ ⓒ ⓓ	138	ⓐ ⓑ ⓒ ⓓ	158	ⓐ ⓑ ⓒ ⓓ	178	ⓐ ⓑ ⓒ ⓓ	198	ⓐ ⓑ ⓒ ⓓ
119	ⓐ ⓑ ⓒ ⓓ	139	ⓐ ⓑ ⓒ ⓓ	159	ⓐ ⓑ ⓒ ⓓ	179	ⓐ ⓑ ⓒ ⓓ	199	ⓐ ⓑ ⓒ ⓓ
120	ⓐ ⓑ ⓒ ⓓ	140	ⓐ ⓑ ⓒ ⓓ	160	ⓐ ⓑ ⓒ ⓓ	180	ⓐ ⓑ ⓒ ⓓ	200	ⓐ ⓑ ⓒ ⓓ

사원스쿨 LAB

실전 모의고사

ANSWER SHEET

시원스쿨 **LAB**

이름	테스트 회차	날짜

LISTENING TEST (PART 1~4)

NO	ANSWER A B C D	NO	ANSWER A B C D	NO	ANSWER A B C D	NO	ANSWER A B C D	NO	ANSWER A B C D
1	ⓐ ⓑ ⓒ ⓓ	21	ⓐ ⓑ ⓒ ⓓ	41	ⓐ ⓑ ⓒ ⓓ	61	ⓐ ⓑ ⓒ ⓓ	81	ⓐ ⓑ ⓒ ⓓ
2	ⓐ ⓑ ⓒ ⓓ	22	ⓐ ⓑ ⓒ ⓓ	42	ⓐ ⓑ ⓒ ⓓ	62	ⓐ ⓑ ⓒ ⓓ	82	ⓐ ⓑ ⓒ ⓓ
3	ⓐ ⓑ ⓒ ⓓ	23	ⓐ ⓑ ⓒ ⓓ	43	ⓐ ⓑ ⓒ ⓓ	63	ⓐ ⓑ ⓒ ⓓ	83	ⓐ ⓑ ⓒ ⓓ
4	ⓐ ⓑ ⓒ ⓓ	24	ⓐ ⓑ ⓒ ⓓ	44	ⓐ ⓑ ⓒ ⓓ	64	ⓐ ⓑ ⓒ ⓓ	84	ⓐ ⓑ ⓒ ⓓ
5	ⓐ ⓑ ⓒ ⓓ	25	ⓐ ⓑ ⓒ ⓓ	45	ⓐ ⓑ ⓒ ⓓ	65	ⓐ ⓑ ⓒ ⓓ	85	ⓐ ⓑ ⓒ ⓓ
6	ⓐ ⓑ ⓒ ⓓ	26	ⓐ ⓑ ⓒ	46	ⓐ ⓑ ⓒ ⓓ	66	ⓐ ⓑ ⓒ ⓓ	86	ⓐ ⓑ ⓒ ⓓ
7	ⓐ ⓑ ⓒ ⓓ	27	ⓐ ⓑ ⓒ	47	ⓐ ⓑ ⓒ ⓓ	67	ⓐ ⓑ ⓒ ⓓ	87	ⓐ ⓑ ⓒ ⓓ
8	ⓐ ⓑ ⓒ ⓓ	28	ⓐ ⓑ ⓒ	48	ⓐ ⓑ ⓒ ⓓ	68	ⓐ ⓑ ⓒ ⓓ	88	ⓐ ⓑ ⓒ ⓓ
9	ⓐ ⓑ ⓒ ⓓ	29	ⓐ ⓑ ⓒ	49	ⓐ ⓑ ⓒ ⓓ	69	ⓐ ⓑ ⓒ ⓓ	89	ⓐ ⓑ ⓒ ⓓ
10	ⓐ ⓑ ⓒ	30	ⓐ ⓑ ⓒ	50	ⓐ ⓑ ⓒ ⓓ	70	ⓐ ⓑ ⓒ ⓓ	90	ⓐ ⓑ ⓒ ⓓ
11	ⓐ ⓑ ⓒ	31	ⓐ ⓑ ⓒ	51	ⓐ ⓑ ⓒ ⓓ	71	ⓐ ⓑ ⓒ ⓓ	91	ⓐ ⓑ ⓒ ⓓ
12	ⓐ ⓑ ⓒ	32	ⓐ ⓑ ⓒ	52	ⓐ ⓑ ⓒ ⓓ	72	ⓐ ⓑ ⓒ ⓓ	92	ⓐ ⓑ ⓒ ⓓ
13	ⓐ ⓑ ⓒ	33	ⓐ ⓑ ⓒ	53	ⓐ ⓑ ⓒ ⓓ	73	ⓐ ⓑ ⓒ ⓓ	93	ⓐ ⓑ ⓒ ⓓ
14	ⓐ ⓑ ⓒ	34	ⓐ ⓑ ⓒ	54	ⓐ ⓑ ⓒ ⓓ	74	ⓐ ⓑ ⓒ ⓓ	94	ⓐ ⓑ ⓒ ⓓ
15	ⓐ ⓑ ⓒ	35	ⓐ ⓑ ⓒ	55	ⓐ ⓑ ⓒ ⓓ	75	ⓐ ⓑ ⓒ ⓓ	95	ⓐ ⓑ ⓒ ⓓ
16	ⓐ ⓑ ⓒ	36	ⓐ ⓑ ⓒ	56	ⓐ ⓑ ⓒ ⓓ	76	ⓐ ⓑ ⓒ ⓓ	96	ⓐ ⓑ ⓒ ⓓ
17	ⓐ ⓑ ⓒ	37	ⓐ ⓑ ⓒ	57	ⓐ ⓑ ⓒ ⓓ	77	ⓐ ⓑ ⓒ ⓓ	97	ⓐ ⓑ ⓒ ⓓ
18	ⓐ ⓑ ⓒ	38	ⓐ ⓑ ⓒ	58	ⓐ ⓑ ⓒ ⓓ	78	ⓐ ⓑ ⓒ ⓓ	98	ⓐ ⓑ ⓒ ⓓ
19	ⓐ ⓑ ⓒ	39	ⓐ ⓑ ⓒ	59	ⓐ ⓑ ⓒ ⓓ	79	ⓐ ⓑ ⓒ ⓓ	99	ⓐ ⓑ ⓒ ⓓ
20	ⓐ ⓑ ⓒ	40	ⓐ ⓑ ⓒ	60	ⓐ ⓑ ⓒ ⓓ	80	ⓐ ⓑ ⓒ ⓓ	100	ⓐ ⓑ ⓒ ⓓ

READING TEST (PART 5~7)

NO	ANSWER A B C D	NO	ANSWER A B C D	NO	ANSWER A B C D	NO	ANSWER A B C D	NO	ANSWER A B C D
101	ⓐ ⓑ ⓒ ⓓ	121	ⓐ ⓑ ⓒ ⓓ	141	ⓐ ⓑ ⓒ ⓓ	161	ⓐ ⓑ ⓒ ⓓ	181	ⓐ ⓑ ⓒ ⓓ
102	ⓐ ⓑ ⓒ ⓓ	122	ⓐ ⓑ ⓒ ⓓ	142	ⓐ ⓑ ⓒ ⓓ	162	ⓐ ⓑ ⓒ ⓓ	182	ⓐ ⓑ ⓒ ⓓ
103	ⓐ ⓑ ⓒ ⓓ	123	ⓐ ⓑ ⓒ ⓓ	143	ⓐ ⓑ ⓒ ⓓ	163	ⓐ ⓑ ⓒ ⓓ	183	ⓐ ⓑ ⓒ ⓓ
104	ⓐ ⓑ ⓒ ⓓ	124	ⓐ ⓑ ⓒ ⓓ	144	ⓐ ⓑ ⓒ ⓓ	164	ⓐ ⓑ ⓒ ⓓ	184	ⓐ ⓑ ⓒ ⓓ
105	ⓐ ⓑ ⓒ ⓓ	125	ⓐ ⓑ ⓒ ⓓ	145	ⓐ ⓑ ⓒ ⓓ	165	ⓐ ⓑ ⓒ ⓓ	185	ⓐ ⓑ ⓒ ⓓ
106	ⓐ ⓑ ⓒ ⓓ	126	ⓐ ⓑ ⓒ ⓓ	146	ⓐ ⓑ ⓒ ⓓ	166	ⓐ ⓑ ⓒ ⓓ	186	ⓐ ⓑ ⓒ ⓓ
107	ⓐ ⓑ ⓒ ⓓ	127	ⓐ ⓑ ⓒ ⓓ	147	ⓐ ⓑ ⓒ ⓓ	167	ⓐ ⓑ ⓒ ⓓ	187	ⓐ ⓑ ⓒ ⓓ
108	ⓐ ⓑ ⓒ ⓓ	128	ⓐ ⓑ ⓒ ⓓ	148	ⓐ ⓑ ⓒ ⓓ	168	ⓐ ⓑ ⓒ ⓓ	188	ⓐ ⓑ ⓒ ⓓ
109	ⓐ ⓑ ⓒ ⓓ	129	ⓐ ⓑ ⓒ ⓓ	149	ⓐ ⓑ ⓒ ⓓ	169	ⓐ ⓑ ⓒ ⓓ	189	ⓐ ⓑ ⓒ ⓓ
110	ⓐ ⓑ ⓒ ⓓ	130	ⓐ ⓑ ⓒ ⓓ	150	ⓐ ⓑ ⓒ ⓓ	170	ⓐ ⓑ ⓒ ⓓ	190	ⓐ ⓑ ⓒ ⓓ
111	ⓐ ⓑ ⓒ ⓓ	131	ⓐ ⓑ ⓒ ⓓ	151	ⓐ ⓑ ⓒ ⓓ	171	ⓐ ⓑ ⓒ ⓓ	191	ⓐ ⓑ ⓒ ⓓ
112	ⓐ ⓑ ⓒ ⓓ	132	ⓐ ⓑ ⓒ ⓓ	152	ⓐ ⓑ ⓒ ⓓ	172	ⓐ ⓑ ⓒ ⓓ	192	ⓐ ⓑ ⓒ ⓓ
113	ⓐ ⓑ ⓒ ⓓ	133	ⓐ ⓑ ⓒ ⓓ	153	ⓐ ⓑ ⓒ ⓓ	173	ⓐ ⓑ ⓒ ⓓ	193	ⓐ ⓑ ⓒ ⓓ
114	ⓐ ⓑ ⓒ ⓓ	134	ⓐ ⓑ ⓒ ⓓ	154	ⓐ ⓑ ⓒ ⓓ	174	ⓐ ⓑ ⓒ ⓓ	194	ⓐ ⓑ ⓒ ⓓ
115	ⓐ ⓑ ⓒ ⓓ	135	ⓐ ⓑ ⓒ ⓓ	155	ⓐ ⓑ ⓒ ⓓ	175	ⓐ ⓑ ⓒ ⓓ	195	ⓐ ⓑ ⓒ ⓓ
116	ⓐ ⓑ ⓒ ⓓ	136	ⓐ ⓑ ⓒ ⓓ	156	ⓐ ⓑ ⓒ ⓓ	176	ⓐ ⓑ ⓒ ⓓ	196	ⓐ ⓑ ⓒ ⓓ
117	ⓐ ⓑ ⓒ ⓓ	137	ⓐ ⓑ ⓒ ⓓ	157	ⓐ ⓑ ⓒ ⓓ	177	ⓐ ⓑ ⓒ ⓓ	197	ⓐ ⓑ ⓒ ⓓ
118	ⓐ ⓑ ⓒ ⓓ	138	ⓐ ⓑ ⓒ ⓓ	158	ⓐ ⓑ ⓒ ⓓ	178	ⓐ ⓑ ⓒ ⓓ	198	ⓐ ⓑ ⓒ ⓓ
119	ⓐ ⓑ ⓒ ⓓ	139	ⓐ ⓑ ⓒ ⓓ	159	ⓐ ⓑ ⓒ ⓓ	179	ⓐ ⓑ ⓒ ⓓ	199	ⓐ ⓑ ⓒ ⓓ
120	ⓐ ⓑ ⓒ ⓓ	140	ⓐ ⓑ ⓒ ⓓ	160	ⓐ ⓑ ⓒ ⓓ	180	ⓐ ⓑ ⓒ ⓓ	200	ⓐ ⓑ ⓒ ⓓ

실전 모의고사

ANSWER SHEET

시원스쿨 LAB

이름

테스트 회차

날짜

LISTENING TEST (PART 1~4)

NO	ANSWER A B C D	NO	ANSWER A B C D	NO	ANSWER A B C D	NO	ANSWER A B C D
1	Ⓐ Ⓑ Ⓒ	21	Ⓐ Ⓑ Ⓒ Ⓓ	41	Ⓐ Ⓑ Ⓒ Ⓓ	61	Ⓐ Ⓑ Ⓒ Ⓓ
2	Ⓐ Ⓑ Ⓒ Ⓓ	22	Ⓐ Ⓑ Ⓒ	42	Ⓐ Ⓑ Ⓒ Ⓓ	62	Ⓐ Ⓑ Ⓒ Ⓓ
3	Ⓐ Ⓑ Ⓒ Ⓓ	23	Ⓐ Ⓑ Ⓒ	43	Ⓐ Ⓑ Ⓒ Ⓓ	63	Ⓐ Ⓑ Ⓒ Ⓓ
4	Ⓐ Ⓑ Ⓒ Ⓓ	24	Ⓐ Ⓑ Ⓒ	44	Ⓐ Ⓑ Ⓒ Ⓓ	64	Ⓐ Ⓑ Ⓒ Ⓓ
5	Ⓐ Ⓑ Ⓒ Ⓓ	25	Ⓐ Ⓑ Ⓒ	45	Ⓐ Ⓑ Ⓒ Ⓓ	65	Ⓐ Ⓑ Ⓒ Ⓓ
6	Ⓐ Ⓑ Ⓒ	26	Ⓐ Ⓑ Ⓒ	46	Ⓐ Ⓑ Ⓒ Ⓓ	66	Ⓐ Ⓑ Ⓒ Ⓓ
7	Ⓐ Ⓑ Ⓒ	27	Ⓐ Ⓑ Ⓒ	47	Ⓐ Ⓑ Ⓒ Ⓓ	67	Ⓐ Ⓑ Ⓒ Ⓓ
8	Ⓐ Ⓑ Ⓒ	28	Ⓐ Ⓑ Ⓒ	48	Ⓐ Ⓑ Ⓒ Ⓓ	68	Ⓐ Ⓑ Ⓒ Ⓓ
9	Ⓐ Ⓑ Ⓒ	29	Ⓐ Ⓑ Ⓒ	49	Ⓐ Ⓑ Ⓒ Ⓓ	69	Ⓐ Ⓑ Ⓒ Ⓓ
10	Ⓐ Ⓑ Ⓒ	30	Ⓐ Ⓑ Ⓒ Ⓓ	50	Ⓐ Ⓑ Ⓒ Ⓓ	70	Ⓐ Ⓑ Ⓒ Ⓓ
11	Ⓐ Ⓑ Ⓒ	31	Ⓐ Ⓑ Ⓒ Ⓓ	51	Ⓐ Ⓑ Ⓒ Ⓓ	71	Ⓐ Ⓑ Ⓒ Ⓓ
12	Ⓐ Ⓑ Ⓒ	32	Ⓐ Ⓑ Ⓒ Ⓓ	52	Ⓐ Ⓑ Ⓒ Ⓓ	72	Ⓐ Ⓑ Ⓒ Ⓓ
13	Ⓐ Ⓑ Ⓒ	33	Ⓐ Ⓑ Ⓒ Ⓓ	53	Ⓐ Ⓑ Ⓒ Ⓓ	73	Ⓐ Ⓑ Ⓒ Ⓓ
14	Ⓐ Ⓑ Ⓒ	34	Ⓐ Ⓑ Ⓒ Ⓓ	54	Ⓐ Ⓑ Ⓒ Ⓓ	74	Ⓐ Ⓑ Ⓒ Ⓓ
15	Ⓐ Ⓑ Ⓒ	35	Ⓐ Ⓑ Ⓒ Ⓓ	55	Ⓐ Ⓑ Ⓒ Ⓓ	75	Ⓐ Ⓑ Ⓒ Ⓓ
16	Ⓐ Ⓑ Ⓒ	36	Ⓐ Ⓑ Ⓒ Ⓓ	56	Ⓐ Ⓑ Ⓒ Ⓓ	76	Ⓐ Ⓑ Ⓒ Ⓓ
17	Ⓐ Ⓑ Ⓒ	37	Ⓐ Ⓑ Ⓒ Ⓓ	57	Ⓐ Ⓑ Ⓒ Ⓓ	77	Ⓐ Ⓑ Ⓒ Ⓓ
18	Ⓐ Ⓑ Ⓒ	38	Ⓐ Ⓑ Ⓒ Ⓓ	58	Ⓐ Ⓑ Ⓒ Ⓓ	78	Ⓐ Ⓑ Ⓒ Ⓓ
19	Ⓐ Ⓑ Ⓒ	39	Ⓐ Ⓑ Ⓒ Ⓓ	59	Ⓐ Ⓑ Ⓒ Ⓓ	79	Ⓐ Ⓑ Ⓒ Ⓓ
20	Ⓐ Ⓑ Ⓒ	40	Ⓐ Ⓑ Ⓒ Ⓓ	60	Ⓐ Ⓑ Ⓒ Ⓓ	80	Ⓐ Ⓑ Ⓒ Ⓓ
						81	Ⓐ Ⓑ Ⓒ Ⓓ
						82	Ⓐ Ⓑ Ⓒ Ⓓ
						83	Ⓐ Ⓑ Ⓒ Ⓓ
						84	Ⓐ Ⓑ Ⓒ Ⓓ
						85	Ⓐ Ⓑ Ⓒ Ⓓ
						86	Ⓐ Ⓑ Ⓒ Ⓓ
						87	Ⓐ Ⓑ Ⓒ Ⓓ
						88	Ⓐ Ⓑ Ⓒ Ⓓ
						89	Ⓐ Ⓑ Ⓒ Ⓓ
						90	Ⓐ Ⓑ Ⓒ Ⓓ
						91	Ⓐ Ⓑ Ⓒ Ⓓ
						92	Ⓐ Ⓑ Ⓒ Ⓓ
						93	Ⓐ Ⓑ Ⓒ Ⓓ
						94	Ⓐ Ⓑ Ⓒ Ⓓ
						95	Ⓐ Ⓑ Ⓒ Ⓓ
						96	Ⓐ Ⓑ Ⓒ Ⓓ
						97	Ⓐ Ⓑ Ⓒ Ⓓ
						98	Ⓐ Ⓑ Ⓒ Ⓓ
						99	Ⓐ Ⓑ Ⓒ Ⓓ
						100	Ⓐ Ⓑ Ⓒ Ⓓ

READING TEST (PART 5~7)

NO	ANSWER A B C D	NO	ANSWER A B C D	NO	ANSWER A B C D	NO	ANSWER A B C D
101	Ⓐ Ⓑ Ⓒ Ⓓ	121	Ⓐ Ⓑ Ⓒ Ⓓ	141	Ⓐ Ⓑ Ⓒ Ⓓ	181	Ⓐ Ⓑ Ⓒ Ⓓ
102	Ⓐ Ⓑ Ⓒ Ⓓ	122	Ⓐ Ⓑ Ⓒ Ⓓ	142	Ⓐ Ⓑ Ⓒ Ⓓ	182	Ⓐ Ⓑ Ⓒ Ⓓ
103	Ⓐ Ⓑ Ⓒ Ⓓ	123	Ⓐ Ⓑ Ⓒ Ⓓ	143	Ⓐ Ⓑ Ⓒ Ⓓ	183	Ⓐ Ⓑ Ⓒ Ⓓ
104	Ⓐ Ⓑ Ⓒ Ⓓ	124	Ⓐ Ⓑ Ⓒ Ⓓ	144	Ⓐ Ⓑ Ⓒ Ⓓ	184	Ⓐ Ⓑ Ⓒ Ⓓ
105	Ⓐ Ⓑ Ⓒ Ⓓ	125	Ⓐ Ⓑ Ⓒ Ⓓ	145	Ⓐ Ⓑ Ⓒ Ⓓ	185	Ⓐ Ⓑ Ⓒ Ⓓ
106	Ⓐ Ⓑ Ⓒ Ⓓ	126	Ⓐ Ⓑ Ⓒ Ⓓ	146	Ⓐ Ⓑ Ⓒ Ⓓ	186	Ⓐ Ⓑ Ⓒ Ⓓ
107	Ⓐ Ⓑ Ⓒ Ⓓ	127	Ⓐ Ⓑ Ⓒ Ⓓ	147	Ⓐ Ⓑ Ⓒ Ⓓ	187	Ⓐ Ⓑ Ⓒ Ⓓ
108	Ⓐ Ⓑ Ⓒ Ⓓ	128	Ⓐ Ⓑ Ⓒ Ⓓ	148	Ⓐ Ⓑ Ⓒ Ⓓ	188	Ⓐ Ⓑ Ⓒ Ⓓ
109	Ⓐ Ⓑ Ⓒ Ⓓ	129	Ⓐ Ⓑ Ⓒ Ⓓ	149	Ⓐ Ⓑ Ⓒ Ⓓ	189	Ⓐ Ⓑ Ⓒ Ⓓ
110	Ⓐ Ⓑ Ⓒ Ⓓ	130	Ⓐ Ⓑ Ⓒ Ⓓ	150	Ⓐ Ⓑ Ⓒ Ⓓ	190	Ⓐ Ⓑ Ⓒ Ⓓ
111	Ⓐ Ⓑ Ⓒ Ⓓ	131	Ⓐ Ⓑ Ⓒ Ⓓ	151	Ⓐ Ⓑ Ⓒ Ⓓ	191	Ⓐ Ⓑ Ⓒ Ⓓ
112	Ⓐ Ⓑ Ⓒ Ⓓ	132	Ⓐ Ⓑ Ⓒ Ⓓ	152	Ⓐ Ⓑ Ⓒ Ⓓ	192	Ⓐ Ⓑ Ⓒ Ⓓ
113	Ⓐ Ⓑ Ⓒ Ⓓ	133	Ⓐ Ⓑ Ⓒ Ⓓ	153	Ⓐ Ⓑ Ⓒ Ⓓ	193	Ⓐ Ⓑ Ⓒ Ⓓ
114	Ⓐ Ⓑ Ⓒ Ⓓ	134	Ⓐ Ⓑ Ⓒ Ⓓ	154	Ⓐ Ⓑ Ⓒ Ⓓ	194	Ⓐ Ⓑ Ⓒ Ⓓ
115	Ⓐ Ⓑ Ⓒ Ⓓ	135	Ⓐ Ⓑ Ⓒ Ⓓ	155	Ⓐ Ⓑ Ⓒ Ⓓ	195	Ⓐ Ⓑ Ⓒ Ⓓ
116	Ⓐ Ⓑ Ⓒ Ⓓ	136	Ⓐ Ⓑ Ⓒ Ⓓ	156	Ⓐ Ⓑ Ⓒ Ⓓ	196	Ⓐ Ⓑ Ⓒ Ⓓ
117	Ⓐ Ⓑ Ⓒ Ⓓ	137	Ⓐ Ⓑ Ⓒ Ⓓ	157	Ⓐ Ⓑ Ⓒ Ⓓ	197	Ⓐ Ⓑ Ⓒ Ⓓ
118	Ⓐ Ⓑ Ⓒ Ⓓ	138	Ⓐ Ⓑ Ⓒ Ⓓ	158	Ⓐ Ⓑ Ⓒ Ⓓ	198	Ⓐ Ⓑ Ⓒ Ⓓ
119	Ⓐ Ⓑ Ⓒ Ⓓ	139	Ⓐ Ⓑ Ⓒ Ⓓ	159	Ⓐ Ⓑ Ⓒ Ⓓ	199	Ⓐ Ⓑ Ⓒ Ⓓ
120	Ⓐ Ⓑ Ⓒ Ⓓ	140	Ⓐ Ⓑ Ⓒ Ⓓ	160	Ⓐ Ⓑ Ⓒ Ⓓ	200	Ⓐ Ⓑ Ⓒ Ⓓ
				161	Ⓐ Ⓑ Ⓒ Ⓓ		
				162	Ⓐ Ⓑ Ⓒ Ⓓ		
				163	Ⓐ Ⓑ Ⓒ Ⓓ		
				164	Ⓐ Ⓑ Ⓒ Ⓓ		
				165	Ⓐ Ⓑ Ⓒ Ⓓ		
				166	Ⓐ Ⓑ Ⓒ Ⓓ		
				167	Ⓐ Ⓑ Ⓒ Ⓓ		
				168	Ⓐ Ⓑ Ⓒ Ⓓ		
				169	Ⓐ Ⓑ Ⓒ Ⓓ		
				170	Ⓐ Ⓑ Ⓒ Ⓓ		
				171	Ⓐ Ⓑ Ⓒ Ⓓ		
				172	Ⓐ Ⓑ Ⓒ Ⓓ		
				173	Ⓐ Ⓑ Ⓒ Ⓓ		
				174	Ⓐ Ⓑ Ⓒ Ⓓ		
				175	Ⓐ Ⓑ Ⓒ Ⓓ		
				176	Ⓐ Ⓑ Ⓒ Ⓓ		
				177	Ⓐ Ⓑ Ⓒ Ⓓ		
				178	Ⓐ Ⓑ Ⓒ Ⓓ		
				179	Ⓐ Ⓑ Ⓒ Ⓓ		
				180	Ⓐ Ⓑ Ⓒ Ⓓ		

시원스쿨 **LAB**

ANSWER SHEET

시원스쿨 LAB

실전 모의고사

이름

테스트 호차

날짜

LISTENING TEST (PART 1~4)

NO	ANSWER A B C D	NO	ANSWER A B C D	NO	ANSWER A B C D	NO	ANSWER A B C D	NO	ANSWER A B C D
1	ⓐⓑⓒⓓ	21	ⓐⓑⓒⓓ	41	ⓐⓑⓒⓓ	61	ⓐⓑⓒⓓ	81	ⓐⓑⓒⓓ
2	ⓐⓑⓒⓓ	22	ⓐⓑⓒⓓ	42	ⓐⓑⓒⓓ	62	ⓐⓑⓒⓓ	82	ⓐⓑⓒⓓ
3	ⓐⓑⓒⓓ	23	ⓐⓑⓒⓓ	43	ⓐⓑⓒⓓ	63	ⓐⓑⓒⓓ	83	ⓐⓑⓒⓓ
4	ⓐⓑⓒⓓ	24	ⓐⓑⓒⓓ	44	ⓐⓑⓒⓓ	64	ⓐⓑⓒⓓ	84	ⓐⓑⓒⓓ
5	ⓐⓑⓒⓓ	25	ⓐⓑⓒⓓ	45	ⓐⓑⓒⓓ	65	ⓐⓑⓒⓓ	85	ⓐⓑⓒⓓ
6	ⓐⓑⓒⓓ	26	ⓐⓑⓒⓓ	46	ⓐⓑⓒⓓ	66	ⓐⓑⓒⓓ	86	ⓐⓑⓒⓓ
7	ⓐⓑⓒ	27	ⓐⓑⓒ	47	ⓐⓑⓒⓓ	67	ⓐⓑⓒⓓ	87	ⓐⓑⓒⓓ
8	ⓐⓑⓒ	28	ⓐⓑⓒ	48	ⓐⓑⓒⓓ	68	ⓐⓑⓒⓓ	88	ⓐⓑⓒⓓ
9	ⓐⓑⓒ	29	ⓐⓑⓒ	49	ⓐⓑⓒⓓ	69	ⓐⓑⓒⓓ	89	ⓐⓑⓒⓓ
10	ⓐⓑⓒ	30	ⓐⓑⓒ	50	ⓐⓑⓒⓓ	70	ⓐⓑⓒⓓ	90	ⓐⓑⓒⓓ
11	ⓐⓑⓒ	31	ⓐⓑⓒ	51	ⓐⓑⓒⓓ	71	ⓐⓑⓒⓓ	91	ⓐⓑⓒⓓ
12	ⓐⓑⓒ	32	ⓐⓑⓒ	52	ⓐⓑⓒⓓ	72	ⓐⓑⓒⓓ	92	ⓐⓑⓒⓓ
13	ⓐⓑⓒ	33	ⓐⓑⓒ	53	ⓐⓑⓒⓓ	73	ⓐⓑⓒⓓ	93	ⓐⓑⓒⓓ
14	ⓐⓑⓒ	34	ⓐⓑⓒ	54	ⓐⓑⓒⓓ	74	ⓐⓑⓒⓓ	94	ⓐⓑⓒⓓ
15	ⓐⓑⓒ	35	ⓐⓑⓒ	55	ⓐⓑⓒⓓ	75	ⓐⓑⓒⓓ	95	ⓐⓑⓒⓓ
16	ⓐⓑⓒ	36	ⓐⓑⓒ	56	ⓐⓑⓒⓓ	76	ⓐⓑⓒⓓ	96	ⓐⓑⓒⓓ
17	ⓐⓑⓒ	37	ⓐⓑⓒ	57	ⓐⓑⓒⓓ	77	ⓐⓑⓒⓓ	97	ⓐⓑⓒⓓ
18	ⓐⓑⓒ	38	ⓐⓑⓒ	58	ⓐⓑⓒⓓ	78	ⓐⓑⓒⓓ	98	ⓐⓑⓒⓓ
19	ⓐⓑⓒ	39	ⓐⓑⓒ	59	ⓐⓑⓒⓓ	79	ⓐⓑⓒⓓ	99	ⓐⓑⓒⓓ
20	ⓐⓑⓒ	40	ⓐⓑⓒ	60	ⓐⓑⓒⓓ	80	ⓐⓑⓒⓓ	100	ⓐⓑⓒⓓ

READING TEST (PART 5~7)

NO	ANSWER A B C D	NO	ANSWER A B C D	NO	ANSWER A B C D	NO	ANSWER A B C D	NO	ANSWER A B C D
101	ⓐⓑⓒⓓ	121	ⓐⓑⓒⓓ	141	ⓐⓑⓒⓓ	161	ⓐⓑⓒⓓ	181	ⓐⓑⓒⓓ
102	ⓐⓑⓒⓓ	122	ⓐⓑⓒⓓ	142	ⓐⓑⓒⓓ	162	ⓐⓑⓒⓓ	182	ⓐⓑⓒⓓ
103	ⓐⓑⓒⓓ	123	ⓐⓑⓒⓓ	143	ⓐⓑⓒⓓ	163	ⓐⓑⓒⓓ	183	ⓐⓑⓒⓓ
104	ⓐⓑⓒⓓ	124	ⓐⓑⓒⓓ	144	ⓐⓑⓒⓓ	164	ⓐⓑⓒⓓ	184	ⓐⓑⓒⓓ
105	ⓐⓑⓒⓓ	125	ⓐⓑⓒⓓ	145	ⓐⓑⓒⓓ	165	ⓐⓑⓒⓓ	185	ⓐⓑⓒⓓ
106	ⓐⓑⓒⓓ	126	ⓐⓑⓒⓓ	146	ⓐⓑⓒⓓ	166	ⓐⓑⓒⓓ	186	ⓐⓑⓒⓓ
107	ⓐⓑⓒⓓ	127	ⓐⓑⓒⓓ	147	ⓐⓑⓒⓓ	167	ⓐⓑⓒⓓ	187	ⓐⓑⓒⓓ
108	ⓐⓑⓒⓓ	128	ⓐⓑⓒⓓ	148	ⓐⓑⓒⓓ	168	ⓐⓑⓒⓓ	188	ⓐⓑⓒⓓ
109	ⓐⓑⓒⓓ	129	ⓐⓑⓒⓓ	149	ⓐⓑⓒⓓ	169	ⓐⓑⓒⓓ	189	ⓐⓑⓒⓓ
110	ⓐⓑⓒⓓ	130	ⓐⓑⓒⓓ	150	ⓐⓑⓒⓓ	170	ⓐⓑⓒⓓ	190	ⓐⓑⓒⓓ
111	ⓐⓑⓒⓓ	131	ⓐⓑⓒⓓ	151	ⓐⓑⓒⓓ	171	ⓐⓑⓒⓓ	191	ⓐⓑⓒⓓ
112	ⓐⓑⓒⓓ	132	ⓐⓑⓒⓓ	152	ⓐⓑⓒⓓ	172	ⓐⓑⓒⓓ	192	ⓐⓑⓒⓓ
113	ⓐⓑⓒⓓ	133	ⓐⓑⓒⓓ	153	ⓐⓑⓒⓓ	173	ⓐⓑⓒⓓ	193	ⓐⓑⓒⓓ
114	ⓐⓑⓒⓓ	134	ⓐⓑⓒⓓ	154	ⓐⓑⓒⓓ	174	ⓐⓑⓒⓓ	194	ⓐⓑⓒⓓ
115	ⓐⓑⓒⓓ	135	ⓐⓑⓒⓓ	155	ⓐⓑⓒⓓ	175	ⓐⓑⓒⓓ	195	ⓐⓑⓒⓓ
116	ⓐⓑⓒⓓ	136	ⓐⓑⓒⓓ	156	ⓐⓑⓒⓓ	176	ⓐⓑⓒⓓ	196	ⓐⓑⓒⓓ
117	ⓐⓑⓒⓓ	137	ⓐⓑⓒⓓ	157	ⓐⓑⓒⓓ	177	ⓐⓑⓒⓓ	197	ⓐⓑⓒⓓ
118	ⓐⓑⓒⓓ	138	ⓐⓑⓒⓓ	158	ⓐⓑⓒⓓ	178	ⓐⓑⓒⓓ	198	ⓐⓑⓒⓓ
119	ⓐⓑⓒⓓ	139	ⓐⓑⓒⓓ	159	ⓐⓑⓒⓓ	179	ⓐⓑⓒⓓ	199	ⓐⓑⓒⓓ
120	ⓐⓑⓒⓓ	140	ⓐⓑⓒⓓ	160	ⓐⓑⓒⓓ	180	ⓐⓑⓒⓓ	200	ⓐⓑⓒⓓ

시원스쿨 **LAB**

실전 모의고사

ANSWER SHEET

시원스쿨 LAB

이름

테스트 회차

날짜

LISTENING TEST (PART 1~4)

NO	ANSWER A B C D	NO	ANSWER A B C D	NO	ANSWER A B C D	NO	ANSWER A B C D
1	ⓐ ⓑ ⓒ ⓓ	21	ⓐ ⓑ ⓒ	41	ⓐ ⓑ ⓒ ⓓ	61	ⓐ ⓑ ⓒ ⓓ
2	ⓐ ⓑ ⓒ ⓓ	22	ⓐ ⓑ ⓒ	42	ⓐ ⓑ ⓒ ⓓ	62	ⓐ ⓑ ⓒ ⓓ
3	ⓐ ⓑ ⓒ ⓓ	23	ⓐ ⓑ ⓒ	43	ⓐ ⓑ ⓒ ⓓ	63	ⓐ ⓑ ⓒ ⓓ
4	ⓐ ⓑ ⓒ ⓓ	24	ⓐ ⓑ ⓒ	44	ⓐ ⓑ ⓒ ⓓ	64	ⓐ ⓑ ⓒ ⓓ
5	ⓐ ⓑ ⓒ ⓓ	25	ⓐ ⓑ ⓒ	45	ⓐ ⓑ ⓒ ⓓ	65	ⓐ ⓑ ⓒ ⓓ
6	ⓐ ⓑ ⓒ ⓓ	26	ⓐ ⓑ ⓒ	46	ⓐ ⓑ ⓒ ⓓ	66	ⓐ ⓑ ⓒ ⓓ
7	ⓐ ⓑ ⓒ ⓓ	27	ⓐ ⓑ ⓒ	47	ⓐ ⓑ ⓒ ⓓ	67	ⓐ ⓑ ⓒ ⓓ
8	ⓐ ⓑ ⓒ ⓓ	28	ⓐ ⓑ ⓒ	48	ⓐ ⓑ ⓒ ⓓ	68	ⓐ ⓑ ⓒ ⓓ
9	ⓐ ⓑ ⓒ ⓓ	29	ⓐ ⓑ ⓒ	49	ⓐ ⓑ ⓒ ⓓ	69	ⓐ ⓑ ⓒ ⓓ
10	ⓐ ⓑ ⓒ ⓓ	30	ⓐ ⓑ ⓒ	50	ⓐ ⓑ ⓒ ⓓ	70	ⓐ ⓑ ⓒ ⓓ
11	ⓐ ⓑ ⓒ	31	ⓐ ⓑ ⓒ	51	ⓐ ⓑ ⓒ ⓓ	71	ⓐ ⓑ ⓒ ⓓ
12	ⓐ ⓑ ⓒ	32	ⓐ ⓑ ⓒ ⓓ	52	ⓐ ⓑ ⓒ ⓓ	72	ⓐ ⓑ ⓒ ⓓ
13	ⓐ ⓑ ⓒ	33	ⓐ ⓑ ⓒ ⓓ	53	ⓐ ⓑ ⓒ ⓓ	73	ⓐ ⓑ ⓒ ⓓ
14	ⓐ ⓑ ⓒ	34	ⓐ ⓑ ⓒ ⓓ	54	ⓐ ⓑ ⓒ ⓓ	74	ⓐ ⓑ ⓒ ⓓ
15	ⓐ ⓑ ⓒ	35	ⓐ ⓑ ⓒ ⓓ	55	ⓐ ⓑ ⓒ ⓓ	75	ⓐ ⓑ ⓒ ⓓ
16	ⓐ ⓑ ⓒ	36	ⓐ ⓑ ⓒ ⓓ	56	ⓐ ⓑ ⓒ ⓓ	76	ⓐ ⓑ ⓒ ⓓ
17	ⓐ ⓑ ⓒ	37	ⓐ ⓑ ⓒ ⓓ	57	ⓐ ⓑ ⓒ ⓓ	77	ⓐ ⓑ ⓒ ⓓ
18	ⓐ ⓑ ⓒ	38	ⓐ ⓑ ⓒ ⓓ	58	ⓐ ⓑ ⓒ ⓓ	78	ⓐ ⓑ ⓒ ⓓ
19	ⓐ ⓑ ⓒ	39	ⓐ ⓑ ⓒ ⓓ	59	ⓐ ⓑ ⓒ ⓓ	79	ⓐ ⓑ ⓒ ⓓ
20	ⓐ ⓑ ⓒ	40	ⓐ ⓑ ⓒ ⓓ	60	ⓐ ⓑ ⓒ ⓓ	80	ⓐ ⓑ ⓒ ⓓ

NO	ANSWER A B C D
81	ⓐ ⓑ ⓒ ⓓ
82	ⓐ ⓑ ⓒ ⓓ
83	ⓐ ⓑ ⓒ ⓓ
84	ⓐ ⓑ ⓒ ⓓ
85	ⓐ ⓑ ⓒ ⓓ
86	ⓐ ⓑ ⓒ ⓓ
87	ⓐ ⓑ ⓒ ⓓ
88	ⓐ ⓑ ⓒ ⓓ
89	ⓐ ⓑ ⓒ ⓓ
90	ⓐ ⓑ ⓒ ⓓ
91	ⓐ ⓑ ⓒ ⓓ
92	ⓐ ⓑ ⓒ ⓓ
93	ⓐ ⓑ ⓒ ⓓ
94	ⓐ ⓑ ⓒ ⓓ
95	ⓐ ⓑ ⓒ ⓓ
96	ⓐ ⓑ ⓒ ⓓ
97	ⓐ ⓑ ⓒ ⓓ
98	ⓐ ⓑ ⓒ ⓓ
99	ⓐ ⓑ ⓒ ⓓ
100	ⓐ ⓑ ⓒ ⓓ

READING TEST (PART 5~7)

NO	ANSWER A B C D	NO	ANSWER A B C D	NO	ANSWER A B C D	NO	ANSWER A B C D	NO	ANSWER A B C D
101	ⓐ ⓑ ⓒ ⓓ	121	ⓐ ⓑ ⓒ ⓓ	141	ⓐ ⓑ ⓒ ⓓ	161	ⓐ ⓑ ⓒ ⓓ	181	ⓐ ⓑ ⓒ ⓓ
102	ⓐ ⓑ ⓒ ⓓ	122	ⓐ ⓑ ⓒ ⓓ	142	ⓐ ⓑ ⓒ ⓓ	162	ⓐ ⓑ ⓒ ⓓ	182	ⓐ ⓑ ⓒ ⓓ
103	ⓐ ⓑ ⓒ ⓓ	123	ⓐ ⓑ ⓒ ⓓ	143	ⓐ ⓑ ⓒ ⓓ	163	ⓐ ⓑ ⓒ ⓓ	183	ⓐ ⓑ ⓒ ⓓ
104	ⓐ ⓑ ⓒ ⓓ	124	ⓐ ⓑ ⓒ ⓓ	144	ⓐ ⓑ ⓒ ⓓ	164	ⓐ ⓑ ⓒ ⓓ	184	ⓐ ⓑ ⓒ ⓓ
105	ⓐ ⓑ ⓒ ⓓ	125	ⓐ ⓑ ⓒ ⓓ	145	ⓐ ⓑ ⓒ ⓓ	165	ⓐ ⓑ ⓒ ⓓ	185	ⓐ ⓑ ⓒ ⓓ
106	ⓐ ⓑ ⓒ ⓓ	126	ⓐ ⓑ ⓒ ⓓ	146	ⓐ ⓑ ⓒ ⓓ	166	ⓐ ⓑ ⓒ ⓓ	186	ⓐ ⓑ ⓒ ⓓ
107	ⓐ ⓑ ⓒ ⓓ	127	ⓐ ⓑ ⓒ ⓓ	147	ⓐ ⓑ ⓒ ⓓ	167	ⓐ ⓑ ⓒ ⓓ	187	ⓐ ⓑ ⓒ ⓓ
108	ⓐ ⓑ ⓒ ⓓ	128	ⓐ ⓑ ⓒ ⓓ	148	ⓐ ⓑ ⓒ ⓓ	168	ⓐ ⓑ ⓒ ⓓ	188	ⓐ ⓑ ⓒ ⓓ
109	ⓐ ⓑ ⓒ ⓓ	129	ⓐ ⓑ ⓒ ⓓ	149	ⓐ ⓑ ⓒ ⓓ	169	ⓐ ⓑ ⓒ ⓓ	189	ⓐ ⓑ ⓒ ⓓ
110	ⓐ ⓑ ⓒ ⓓ	130	ⓐ ⓑ ⓒ ⓓ	150	ⓐ ⓑ ⓒ ⓓ	170	ⓐ ⓑ ⓒ ⓓ	190	ⓐ ⓑ ⓒ ⓓ
111	ⓐ ⓑ ⓒ ⓓ	131	ⓐ ⓑ ⓒ ⓓ	151	ⓐ ⓑ ⓒ ⓓ	171	ⓐ ⓑ ⓒ ⓓ	191	ⓐ ⓑ ⓒ ⓓ
112	ⓐ ⓑ ⓒ ⓓ	132	ⓐ ⓑ ⓒ ⓓ	152	ⓐ ⓑ ⓒ ⓓ	172	ⓐ ⓑ ⓒ ⓓ	192	ⓐ ⓑ ⓒ ⓓ
113	ⓐ ⓑ ⓒ ⓓ	133	ⓐ ⓑ ⓒ ⓓ	153	ⓐ ⓑ ⓒ ⓓ	173	ⓐ ⓑ ⓒ ⓓ	193	ⓐ ⓑ ⓒ ⓓ
114	ⓐ ⓑ ⓒ ⓓ	134	ⓐ ⓑ ⓒ ⓓ	154	ⓐ ⓑ ⓒ ⓓ	174	ⓐ ⓑ ⓒ ⓓ	194	ⓐ ⓑ ⓒ ⓓ
115	ⓐ ⓑ ⓒ ⓓ	135	ⓐ ⓑ ⓒ ⓓ	155	ⓐ ⓑ ⓒ ⓓ	175	ⓐ ⓑ ⓒ ⓓ	195	ⓐ ⓑ ⓒ ⓓ
116	ⓐ ⓑ ⓒ ⓓ	136	ⓐ ⓑ ⓒ ⓓ	156	ⓐ ⓑ ⓒ ⓓ	176	ⓐ ⓑ ⓒ ⓓ	196	ⓐ ⓑ ⓒ ⓓ
117	ⓐ ⓑ ⓒ ⓓ	137	ⓐ ⓑ ⓒ ⓓ	157	ⓐ ⓑ ⓒ ⓓ	177	ⓐ ⓑ ⓒ ⓓ	197	ⓐ ⓑ ⓒ ⓓ
118	ⓐ ⓑ ⓒ ⓓ	138	ⓐ ⓑ ⓒ ⓓ	158	ⓐ ⓑ ⓒ ⓓ	178	ⓐ ⓑ ⓒ ⓓ	198	ⓐ ⓑ ⓒ ⓓ
119	ⓐ ⓑ ⓒ ⓓ	139	ⓐ ⓑ ⓒ ⓓ	159	ⓐ ⓑ ⓒ ⓓ	179	ⓐ ⓑ ⓒ ⓓ	199	ⓐ ⓑ ⓒ ⓓ
120	ⓐ ⓑ ⓒ ⓓ	140	ⓐ ⓑ ⓒ ⓓ	160	ⓐ ⓑ ⓒ ⓓ	180	ⓐ ⓑ ⓒ ⓓ	200	ⓐ ⓑ ⓒ ⓓ

시원스쿨 LAB